古文观止

GUWEN GUANZHI

上

〔清〕吴楚材 吴调侯 | 编选

主编 徐北文

译注 袁梅 刘炎

李永祥 徐北文

齐鲁书社
·济南·

图书在版编目（CIP）数据

古文观止 / (清) 吴楚材,(清) 吴调侯编选；徐北文主编；袁梅等译注. -- 济南：齐鲁书社,2024.4
ISBN 978-7-5333-4838-0

Ⅰ.①古… Ⅱ.①吴… ②吴… ③徐… ④袁… Ⅲ.①《古文观止》 Ⅳ.①H194.1

中国国家版本馆CIP数据核字(2024)第017555号

责任编辑　孔　帅
装帧设计　亓旭欣　郑　义

古文观止

GUWEN GUANZHI

〔清〕吴楚材　吴调侯　编选
徐北文　主编　袁梅　刘炎　李永祥　徐北文　译注

主管单位	山东出版传媒股份有限公司
出版发行	齐鲁书社
社　　址	济南市市中区舜耕路517号
邮　　编	250003
网　　址	www.qlss.com.cn
电子邮箱	qilupress@126.com
营销中心	（0531）82098521　82098519　82098517
印　　刷	山东华立印务有限公司
开　　本	720mm×1020mm　1/16
印　　张	57
插　　页	6
字　　数	800千
版　　次	2024年4月第1版
印　　次	2024年4月第1次印刷
标准书号	ISBN 978-7-5333-4838-0
定　　价	179.00元（上下册）

前　言

　　《古文观止》是清朝康熙年间编选的一部供学塾使用的文章读本。所谓"古文"，是指非骈体文、制义文（八股文）的文言散文作品。所谓"观止"，来源于《左传》的《季札观周乐》（见本书卷二）：吴国公子季札在鲁国观赏乐舞，当演出虞舜的《韶箾》之后，季札赞叹道："观止矣！若有他乐，吾不敢请已。"季札认为已经观赏了最高水平的啦（观止矣），其余的就不必再看了。编者以"观止"来表明本书已将古文中的精华选尽了，所以标名为《古文观止》。如此取名，显然有些夸张，是当时书坊为读物的命名习气使然。

　　原编者为吴楚材、吴调侯。两人都不是著名人物，我们只能根据原序得知一二。原序作者吴兴祚（1632—1698），字伯成，浙江山阴（今浙江省绍兴市）人。他于清初入旗籍，从征耿精忠有功，累官两广总督，后徙任古北口都统。他是个贡生出身的人，著有《宋元诗声律选》《史迁句解》等。从其著作来看，吴兴祚是位通俗读物的编选者。序称"岁戊午"（康熙十七年，1678 年）他在福建巡抚任上请师教子，并由他的侄子吴楚材、堂孙吴调侯参与伴读。序称吴楚材"工举业（擅长八股文），尤好读经史，于寻常讲贯之外，别有会心，与从孙调侯，日以古学相砥砺"。另外，清朝颇为流行的一部通俗史书《纲鉴易知录》，也是吴楚材所著。据该书序目，我们得知他原名吴乘权，字楚材，于康熙五十年(1711)著成《纲鉴易知录》。《古文观止》初版于康熙三十四年(1695)，看来，则是他的中年之著作。上述情况说明吴氏堂祖孙三人都只是具有中等学养者，在清代学术界和文坛上是不入流的人物。但是，也正因为如此，才决定了本书的特色，使它成了一部很流行的语文读物。

历来由名家所编的诗文选本并不少，以明清两朝为例，如李于鳞的《唐诗选》、钟惺的《诗归》、茅坤的《唐宋八大家文钞》、姚鼐的《古文辞类纂》等，也曾赫赫有名，风靡一时。但以盛行不衰、印数之多相比，终不如非名人所选的《唐诗三百首》和这部《古文观止》。这倒是值得深思的一个问题。

名家选文，往往带有两种习气。第一，既是名家，多是某一流派的大师或中坚，所选作品是用其文学流派的标准来衡量的，这样就不免带有主观武断的成分。如李于鳞选诗着重于高古华美的盛唐风格，对其他风格的作品则予以轻视或排斥。姚鼐选古文，讲究桐城派的"义法"，对于晚明公安派、竟陵派的作品则一概不选。第二，既是名家，眼光就较高，往往选一些表现手法偏高、属于尖端的作品，这就使初学者难以领会，不利于循序渐进，因而不受欢迎。如王士禛的《唐人万首绝句选》，就不如《千家诗》选的作品，后者容易为普通读者所理解，使初学诗歌者有门径可寻。而《古文观止》一书，恰恰是没有上述的两种名家习气，同时也没有某些通俗读物的固陋的毛病。

《古文观止》选取了从先秦至明末的文章共222篇，分为12卷，篇幅长短适中，篇目及分卷也较匀称。入选的人物，大都是有影响的作者，从中可以看出我国历代散文发展的轮廓。特别是编者所处的时代(清初)，没有受桐城派"义法"

的束缚，对于古文和骈体文的态度不那么泾渭分明，所选虽以古文为主，但有些骈文名篇仍择要选入，如《北山移文》《滕王阁序》等。这就使读者能较全面地理解文言文的各种体裁特色。对于各个流派也能兼收并蓄，如明代的"七子"、唐宋派、公安派的文章也能选入。这就不致使初学者眼界偏狭。其次，入选的文章，有相当多的具有代表性的作品，是历来传诵的名篇，如《曹刿论战》《召公谏厉王止谤》《邹忌讽齐王纳谏》《报任安书》《兰亭集序》《桃花源记》《师说》《捕蛇者说》《醉翁亭记》《赤壁赋》等。选进这些篇目，今天看来，仍然是适宜的。

本书入选的作者虽然是大家，但选有他们青年时的习作，或水平较低之作，出现了从第一流作家那里专选其第二流作品的情况。例如选了不少苏轼为应试而写的文章，像《刑赏忠厚之至论》《范增论》等；而对某些作者的代表作，如司马迁的《项羽本纪》等却没有入选；也有些名家，上古如庄周、近古如钟惺等，其作品亦未列入。这些看来似乎是缺点，但是从另一角度考虑，也有它好的一面，因为像庄周、钟惺等人的作品，虽其艺术成就较高，但初学者不易欣赏；司马迁的《项羽本纪》及王安石的万言书等，篇幅又太长，学习时难以记诵；而某些水平不高的作品，如习作、应试文章等，因其表现手法比较简单，反而使初学者容易领会，便于吸取，能使他们由此入门，循序渐进。

编者生于乾嘉考据学盛行之前，有些伪作，尚未发现。如《李陵答苏武书》《后出师表》《辨奸论》等篇，也被不加分辨地选了进来。同时，正和封建时期多数著作一样，本书还有不少维护封建伦常、宣扬唯心论观点的文字。这些，编者都是以肯定的态度选入的。当然，我们和他相反，对此是持批判态度的。现在予以保留，则是为了作为反面材料，使读者在对照、思考中得到锻炼,从而提高自己的认识能力。我们在"解题"中,对一些有毒素的作品,一般都有所批判。

这次注译《古文观止》的意图是:认为供学习文言文的一些选本中,仍以本书较好(其理由见上文所举者)。至于对某些封建意识浓厚,写作技巧较差,乃至个别伪作的篇目,并没有加以调整,而是全部保留。之所以这样做,除前面所说的留作反面材料之外,还考虑到,本书已在我国广为流传三百多年,入选篇目在过去已成为中等文化水平的人所熟悉的文章。他们在著述行文、口头宣讲中经常把其中的词语、章节片段作为词汇和典故来运用。《古文观止》各篇成了近代文字的文言词汇的重要来源之一,直到目前,在报刊和文件中经常使用的成语典故,大多数不是直接取之于古籍原书,而是间接来源于这部《古文观止》。试翻本书各篇,几乎处处发现尚在现代文字中应用的词组、成语。即使是伪作,其中如"猛将如云,谋臣如雨""视死如归"(《李陵答苏武书》),"食不甘味""鞠躬尽瘁,死而后已"(《后出师表》),"月晕而风,础润而雨""见微知著"(《辨奸论》)等,也仍在当代文字中常常使用。总之,《古文观止》对我国近代语文,不论是文言文还是白话文都有深广的影响;初学文言文的读者,从《古文观止》入手,可以取得事半功倍的效果。所以,它的选目自有其稳定性,还是保留全部为宜,倒不仅仅是为了尊重原编者的缘故。

本书最早的版本,有映雪堂刊本,并附有原编者的评注。但其注解并不详审,而且也脱离现在读者的实际;其评语主要是供封建学塾的师生作为习作八股文的参考,因此使用的术语、所持的观点,大都是为提高八股文的写作水平而着眼的。对于这些注评,我们则没有保留,只是吸取其中有益成分,写进现在的"解题""注释"等项中去。

　　在"五四"提倡白话文之后,上海等地的出版机构曾出版了许多种"文白对照"的《古文观止》,附有白话译文,个别的也做了新的注释。但是,因为它是一部初级读物,在旧社会不为上层人士重视。当时稍有地位的学者,虽然他年轻时是乘了《古文观止》这艘航船驶进古代文献的海洋的,但长大有成之后对这一点讳莫如深,不屑一顾,好像一沾上这部书就有失尊严似的。因此出版机构只能请一些水平较低的人来担任新的译注工作。我们曾翻阅了若干种,其中肃房编译室编译、上海沈鹤记书局发行的一部,应是较早出现的文白对照本。译者的态度还是认真的,对文言文还是较熟悉的。但他可能是江南县城的一位落拓秀才在参考书不足的情况下伏于亭子间起草的,何况他不会讲普通话,只好用蓝青官话来凑付,不仅半文半白,而且也无意中带进了些吴语方言,使译文生涩难通。他辛苦一场,得了些菲薄的报酬后,连姓名也没标出。但是,后来的几种新译本多是窃取他的成果来赚取钱钞的。如广益书局印行、署名陆文昭译的一种,就是在前者的译文基础上,将个别半文半白的句子又改得现代化了一些,可惜此人文言基础更差,经他改动的地方,貌似浅显,但又增加了许多错误。此外,近年来也翻印了几种,如署名宋晶如的译注本以及署名许啸天的译注本,但其水平仍不如那位默默无闻的江南老先生的那一部。这些文白对照的本子,无疑是满足不了现在读者的要求的。为了帮助初学者,我们觉得应提供新的注译本,以代替上述的坊间旧本。因此,我们不揣谫陋,重新为本书做了注译。正当脱稿付印之际,在广告上得知其他出版单位也将印行新的注译本。我们认为,鲁迅是主张一部书应容许几种译文共存的,也考虑到过去此书也有若干译本同时并行的情况,觉得不妨仍然出版问世,让读者有多种借鉴的机会,得以取长补短,这未必不是有益之事。

　　本书注译分工是:第一、二、三卷,袁梅;第四、五、六卷,刘炎;第七、八、九卷,李永祥;第十、十一、十二卷,徐北文(其中第九卷末三篇为徐北文,第十二卷末三篇为李永祥执笔);最后由徐北文审阅全书,统一体例。

　　我们限于水平,难免有错误疏漏,谨请读者教正。

　　　　　　　　　　　　　　　一九八一年十二月

凡　例

一、本书的分卷、篇目一律依照原书。

二、本书正文有被原编者删节之处，一般不再增补。唯
　　有个别显系定稿或原刻本遗漏者，则根据所选该文
　　的原本予以增补。

三、本书所用底本为映雪堂刊本，并参考其他印本，加以
　　标点、分段。

四、每篇作品都与其原在书籍加以校对，如司马迁的，校
　　以中华书局校点本《史记》；韩愈的，校以《四部备
　　要》本《韩昌黎集》等。其中文字虽异，但读之通顺，
　　显系来源于另一版本者，则照旧不改。确认是误字
　　者，则照所校本改动，但不出校记。

五、"作者介绍"，置于同一作者各文的首篇之前。"解
　　题"，除提供必要的背景材料、文章分析，对于内容有
　　时提出批判意见，对于伪作也予以指出。

六、"注释"着重于年代、地名、典章文物等，一般词语因
　　有译文可供参照，不予详注。至于个别问题不能解

决者,亦标以"未详",不敢妄加穿凿附会。

七、译文力求遵守"信、达、雅"的准则。全书由四人分工译注,虽经多次讨论以求统一,但每人文笔的风格不可能完全一致。我们认为,保留不同译者的风格,对于读者来说,或许更能增加其阅读的兴味,故不强行一律。

原　序

吴兴祚

余束发就学时,辄喜读古人书传。每纵观大意,于源流得失之故,亦尝探其要领;若乃析义理于精微之蕴,辨字句于毫发之间,此衷盖阙如也。

岁戊午,奉天子命抚八闽。会稽章子、习子,以古文课余子于三山之凌云处;维时从子楚材实左右之。楚材天性孝友,潜心力学,工举业,尤好读经史,于寻常讲贯之外,别有会心,与从孙调侯,日以古学相砥砺。调侯奇伟倜傥,敦尚气谊,本其家学,每思继序前人而光大之。二子才器过人,下笔洒洒数千言无懈漫,盖其得力于古者深矣。

今年春,余统师云中,寄身绝塞,不胜今昔聚散之感。二子寄余《古文观止》一编。阅其选,简而该;评注,详而不繁。其审音辨字,无不精切而确当,披阅数过,觉向时之所阙如者,今则戡然以喜矣。

以此正蒙养而裨后学，厥功岂浅鲜哉！亟命付诸梨枣，而为数语以弁其首。

康熙三十四年（1695）五月端阳日，愚伯兴祚题。

目　录

上　册

卷　一

下　册

卷一

左　传

　　《左传》是先秦的一部重要的历史著作。旧传它是春秋末期鲁国史官左丘明解说孔子所修订的《春秋》的传注。但自宋代以来，有许多学者认为它是春秋末期至战国初期的史官所著，可能不是出自一人之手。它本名《左氏春秋》，与孔子所修订的《春秋》同为独立的史籍，后代学者将它分年附在《春秋》之后，起解说《春秋》的作用，于是又叫《春秋左氏传》，简称《左传》。

　　这部著作比较系统而具体地记述了春秋时代各国的许多重大史实，反映了那个时代的面貌，也表现了作者的儒家思想，是研究我国先秦历史的重要文献。《左传》的文字简洁流畅，叙事概括而曲折，描述人物生动形象，因而又是一部富有文采的散文著作。

郑伯克段于鄢　隐公元年

【解题】

　　本篇记叙了郑庄公与其弟共叔段、其母武姜勾心斗角、互相倾轧的过程，反映了郑国统治集团内部的矛盾斗争。作者善于通过人物的行动来体现其性格。如写庄公的阴险，就是选取他的几件事来透露的。这样写,就使人物形象更为生动,富有启发性。

　　初,郑武公娶于申①,曰武姜②,生庄公及共叔段③。庄公寤生④,惊姜氏,故名曰寤生,遂恶之。爱共叔段,欲立之。亟请于武公⑤,公弗许。及庄公即位,为之请制⑥。公曰:"制,岩邑也⑦,虢叔死焉⑧,他邑唯命⑨。"请京⑩,使居之,谓之京城大叔⑪。

　　祭仲曰⑫:"都城过百雉,国之害也。先王之制,大都不过参国之一,中五之一,小九之一⑬。今京不度,非制也,君将不堪。"公曰:"姜氏欲之,焉辟害⑭?"对曰:"姜氏何厌之有! 不如早为之所,无使滋蔓。蔓,难图

---

　　① 郑武公:名掘突,死后谥号武。郑:古国名,姬姓,在今河南省新郑市一带。申:古国名,姜姓,在今河南省唐河县西北。
　　② 武姜:她的丈夫是武公,母家姓姜,故称武姜。
　　③ 庄公:郑庄公,武公之子,即本篇标题所称之郑伯。共叔段:本名段,是郑庄公之弟,因称叔段;由于他后来出奔共国,故又称共叔段。共(gōng):古国名,在今河南省辉县市。
　　④ 寤:通"牾",横逆,不顺。牾生:逆生,生时先出脚。
　　⑤ 亟(qì):屡次。
　　⑥ 制:古地名,又叫虎牢,在今河南省荥阳市汜水镇西。
　　⑦ 岩邑:险隘之地。
　　⑧ 虢(guó):东虢国,后为郑所灭。制本是它的领地,也被郑占有。虢叔:东虢国之君。
　　⑨ 他:又作"佗",其他的,别的。唯命:唯命是听。
　　⑩ 京:古地名,在今河南省荥阳市东南。
　　⑪ 大:通"太"。
　　⑫ 祭(zhài)仲:郑国大夫。
　　⑬ 参国之一:三国之一。参,通"三"。大都不过三国之一,是说其他的大城市不得超过国都的三分之一。中五之一,"中都不过五国之一"的省文。小九之一,同例。雉:计算城墙面积的量词。古城墙长三丈、高一丈为一雉,按古制,侯伯的国都为三百雉。
　　⑭ 辟:通"避"。

也。蔓草犹不可除，况君之宠弟乎？"公曰："多行不义必自毙，子姑待之。"

既而大叔命西鄙、北鄙贰于己①。公子吕曰②："国不堪贰，君将若之何？欲与大叔，臣请事之；若弗与，则请除之。无生民心。"公曰："勿庸，将自及。"

大叔又收贰以为己邑，至于廪延③。子封曰："可矣。厚将得众。"公曰："不义不昵，厚将崩。"

大叔完聚，缮甲兵，具卒乘，将袭郑。夫人将启之。公闻其期，曰："可矣。"命子封帅车二百乘以伐京。京叛大叔段，段入于鄢，公伐诸鄢④。五月辛丑⑤，大叔出奔共。

书曰⑥："郑伯克段于鄢。"段不弟，故不言弟；如二君，故曰克；称郑伯，讥失教也；谓之郑志。不言出奔，难之也。

遂寘姜氏于城颍⑦，而誓之曰："不及黄泉，无相见也。"既而悔之。颍考叔为颍谷封人⑧，闻之，有献于公。公赐之食，食舍肉。公问之，对曰："小人有母，皆尝小人之食矣，未尝君之羹，请以遗之⑨。"公曰："尔有母遗，繄

----

①　贰：两属。贰于己：既属于庄公，又属于太叔自己。
②　公子吕：字子封，郑国大夫。
③　廪(lǐn)延：在今河南省延津县东北。
④　鄢(yān)：古地名，在今河南省鄢陵县西北。
⑤　五月辛丑：古代以干支纪日，按王韬《春秋朔闰表》推算，五月辛丑，是鲁隐公元年(前722)五月二十三日。
⑥　书：指《春秋》经文。书曰：指《春秋》经文的记述。以下几句是解释《春秋》经文为何这样记述(这类文字可能是后人所加)。
⑦　寘(zhì)：通"置"。城颍，郑国邑名，故城在今河南省临颍县西北。
⑧　颍考叔：郑国大夫。
⑨　遗(wèi)：赠，送给。

我独无。"颍考叔曰:"敢问何谓也?"公语之故,且告之悔。对曰:"君何患焉? 若阙地及泉①,隧而相见,其谁曰不然?"公从之。公入而赋:"大隧之中,其乐也融融。"姜出而赋:"大隧之外,其乐也泄泄②。"遂为母子如初。

君子曰③:"颍考叔,纯孝也,爱其母,施及庄公④。《诗》曰:'孝子不匮,永锡尔类⑤。'其是之谓乎?"

【译文】

当初,郑武公从申国娶了一位夫人,称作武姜,生了庄公和共叔段。庄公出生时难产,使姜氏受到惊吓,所以给他取名寤生,从此姜氏就很厌恶庄公。姜氏很宠爱共叔段,想立他为太子,就屡次向武公请求,武公始终不应允。到了庄公即位以后,姜氏便替共叔段请封制邑,庄公说:"制邑是很险要的地方,虢叔就死在那里。如果您要其他城邑,那就都听您吩咐。"姜氏又为段请封京邑,庄公让他住在那里,人们称他为京城太叔。

祭仲对庄公说:"都邑的城墙如超过百雉,就是国家之害啊。先王的制度,大都邑的城墙不得超过国都的三分之一,中等都邑不得超过五分之一,小都邑不得超过九分之一。现在京邑不合法度,违反先王的制度,这样下去,您会承受不了的。"庄公说:"姜氏要这样做,我怎能避开祸患?"祭仲回答说:"姜氏哪有满足的时候! 不如趁早给他安排个地方,不要

① 阙(jué):通"掘"。
② 泄泄(yì yì):与上文"融融"义近,形容快乐的样子。
③ 君子曰:是作者自己以"君子"的口吻加以评论。
④ 施(yì):延伸。
⑤ "孝子不匮,永锡尔类":引自《诗经·大雅·既醉》,意为:孝子的美德是不竭不已的,永远能赐予你同类者以孝道。锡,赐。

让他的势力滋长蔓延。假使蔓延起来，就难以对付了。蔓生的野草尚且不易除掉，何况您那受宠的弟弟呢？”庄公说："不义之事干多了，必然会自行垮台，您且等着看吧！"

过了不久，太叔命令西方和北方的边邑既服从庄公，又归属自己。公子吕便向庄公进谏说："国家受不住分属二主的情形，您打算怎么办呢？如果想把君位让给太叔，就请允许我前去侍奉他；假如不想让位给他，那就请您铲除他。不要使黎民百姓产生二心。"庄公说："不用那样做，他将会自己招致灾祸的。"太叔又进一步收那两属之地为己有，一直到了廪延一带。子封说："可以下手了。他的土地日益扩大，将会得民心的。"庄公答道："他对国君不义，对兄长不亲，纵然土地扩大了，也必将崩溃。"

太叔修筑城池，聚集粮草，整治盔甲武器，准备士兵、战车，打算突袭国都。姜氏也打算开城门做内应。庄公探听到共叔段突袭的日期，就说："可以进攻了。"于是命令子封统率战车二百辆，去攻打京邑，京邑的人背叛了太叔，他就逃到鄢地，庄公赶到鄢地。五月二十三日，太叔段逃亡到共国。

《春秋》是这样写的："郑伯克段于鄢。"段不守做弟弟的本分，所以不称他为弟；如同两个君主相争，所以叫作克；对庄公称呼郑伯而不称兄长，是讥讽他有失教弟之道；《春秋》这样记载就表明了庄公的本意是蓄意养成共叔段之罪而除掉他。不说太叔段逃亡，是史官下笔有为难之处。

庄公击败太叔之后，就将姜氏安置到城颍，并向她发誓说："不到黄泉路上，决不相见！"可是事后又后悔了。当时，颍考叔在颍谷是管理疆界的官，听说这事，就去向庄公进献礼物，庄公就赐给他食物，他进餐时把带汁的肉放在一边不吃，庄公问他这样做的缘故，他回答说："小人有老母，我所孝敬的饮食她都尝过了，就是没尝过国君您赏赐的带汁肉，请让我把它带回去送给老母吧!"庄公说:"您有母亲可以孝敬,唯独我却没有啊!"颍考叔说:"敢问您这话是什么意思?"庄公就将原委告诉了他,并表明自己感到后悔。颍考叔说:"您在这事上愁什么呢? 如能掘地到黄泉,和母亲在隧道里相见,谁又能说您不对呢?"庄公就听从了他的话。他进入隧道并赋诗说:"在大隧道之中,那天伦之乐真是乐融融!"姜氏也走出隧道赋诗作答:"在大隧道之外,心中真畅快!"于是恢复了母子关系,像从前那样。

君子说:"颍考叔,是纯真的孝子啊! 非常敬爱他的母亲,又能将孝道推广到庄公身上。《诗经》中有这样的话:'孝子的孝心无穷无尽,永远赐给你的同类。'这大概说的就是这种情况吧?"

周郑交质　隐公三年

【解题】

本文叙述周、郑统治者交换儿子做人质的经过,从而指出讲求诚信对维护周王室政权的重要性。

　　郑武公、庄公为平王卿士①。王贰于虢②,郑伯怨王。王曰:"无之。"故周、郑交质③。王子狐为质于郑,

---

①　平王:周平王,是幽王之子,名宜臼,因避犬戎之乱,自镐京迁都王城,是为东周。卿士:执政的大臣。

②　贰:两属。虢:西虢国君虢公忌父。贰于虢:指周平王想分政于西虢公,不再专任郑伯,也就是削弱郑伯的实权。

③　周、郑交质:周朝的平王和郑国的庄公互相交换儿子做抵押以取信。质:押物(或人)以取信于对方,此指人质。

郑公子忽为质于周①。王崩，周人将畀虢公政②。四月，郑祭足帅师取温之麦③；秋，又取成周之禾④。周、郑交恶。

君子曰⑤："信不由中，质无益也。明恕而行，要之以礼，虽无有质，谁能间之⑥！苟有明信，涧溪沼沚之毛⑦；蘋、蘩、蕰、藻之菜⑧，筐、筥、锜、釜之器⑨，潢污、行潦之水⑩，可荐于鬼神，可羞于王公⑪，而况君子结二国之信，行之以礼，又焉用质？《风》有《采蘩》《采蘋》⑫，《雅》有《行苇》《泂酌》⑬，昭忠信也。"

【译文】

　　郑武公、郑庄公相继担任周平王的执政大臣。平王暗中又让西虢公也参与执政并分权给他，郑庄公为此抱怨平王。平王说："没有这么回事。"因此，周王朝就和郑国交换人质。

---

　　①　王子狐：周平王的儿子。郑公子忽：郑庄公的儿子。

　　②　畀(bì)：授予。

　　③　祭(zhài)足：人名，即祭仲，郑国大夫。温：周畿内国，在今河南省温县西南。

　　④　成周：古城名。在今河南省洛阳市白马寺东，汉魏洛阳城故址一带。

　　⑤　君子：作者自称之辞。

　　⑥　明：彼此心地光明，互相了解。恕：彼此宽厚相待，互相体谅。间：离间。

　　⑦　毛：草。

　　⑧　蘋、蘩、蕰、藻：都是野菜名。

　　⑨　筐：方形的盛物竹器。筥(jǔ)：圆形的盛物竹器。锜(qí)：有足的锅。釜：无足的锅。

　　⑩　潢污：不流动的积水。行潦(lǎo)：沟中的流水。

　　⑪　荐：与"羞"同义，均为进献义。

　　⑫　《采蘩》《采蘋》：均为《诗经·国风》中《召南》的篇名。

　　⑬　《行苇》《泂(jiǒng)酌》：均为《诗经·大雅》中《生民之什》的篇名。

平王的儿子狐到郑国做人质,庄公的儿子忽到周王朝做人质。平王去世后,周王室的人打算把执政大权交给西虢公。这年四月,郑国的祭足却统率军队割取温地的麦子;到了秋季,又去割取成周的谷子。从此,周、郑之间互相憎恶、仇视。

君子说:"如果言不由衷,即使交换人质,也没什么益处。设身处地将心比心来办事,再以礼义相约束,纵然没有人质,谁又能挑拨离间呢? 如果有光明诚信之心,即使山沟里的水,池塘、小洲的草,蘋、蘩、蕰、藻一类的野菜,筐、筥、锜、釜等器皿,不流动的水和流动的水,都能用来供奉于鬼神,进献于王公,何况君子缔结两国之间的信约,按照礼义准则行事,又何必采取交换人质的做法?《国风》中有《采蘩》《采蘋》,《大雅》中有《行苇》《泂酌》,这些诗篇都是彰明忠诚信实之心的啊。"

石碏谏宠州吁　隐公三年

【解题】

卫国大夫石碏谏诤卫庄公应教子以义方,切勿宠子骄纵,以免后患。

卫庄公娶于齐东宫得臣之妹①,曰庄姜②,美而无子,卫人所为赋《硕人》也。又娶于陈,曰厉妫③,生孝伯,早死。其娣戴妫,生桓公④,庄姜以为己子。公子州

---

① 卫庄公:名扬,卫武公之子。东宫得臣:齐庄公之世子,名得臣,因居东宫,故称东宫得臣。

② 庄姜:卫庄公夫人,齐是姜姓国,故称庄姜。

③ 厉妫(guī):也是卫庄公夫人,陈是妫姓国,故称厉妫。

④ 戴妫:是厉妫的从嫁者。桓公:名完。

吁,嬖人之子也①,有宠而好兵,公弗禁,庄姜恶之。

石碏谏曰②:"臣闻爱子,教之以义方③,弗纳于邪。骄奢淫佚,所自邪也。四者之来,宠禄过也。将立州吁,乃定之矣;若犹未也,阶之为祸。夫宠而不骄,骄而能降,降而不憾④,憾而能眕者⑤,鲜矣。且夫贱妨贵,少陵长,远间亲,新间旧,小加大,淫破义,所谓六逆也。君义,臣行,父慈,子孝,兄爱,弟敬,所谓六顺也。去顺效逆,所以速祸也。君人者将祸是务去,而速之,无乃不可乎!"弗听。

其子厚⑥,与州吁游。禁之,不可。桓公立,乃老。

【译文】

卫庄公从齐国娶了东宫得臣的妹妹做夫人,称为庄姜。她容貌美丽,却没生儿子,卫国人为她作了《硕人》这首诗。庄公后来又从陈国娶来一位夫人,名叫厉妫。她生了孝伯,却早早死了。她的从嫁妹妹戴妫,生了桓公,庄姜把他作为自己的儿子。公子州吁,是庄公爱妾所生,颇受庄公宠爱,且又喜欢玩兵器,庄公也不加管束,庄姜却十分厌恶他。

石碏对庄公谏诤说:"臣曾听说爱儿子,应当以正当的道理教育他,不能让他走上邪路。骄矜、奢侈、放荡和逸乐,就是走上邪路的开端。产生这四种恶习的原因,就是宠爱过度、禄位太高啊。如果您想立州吁,就该确立他的名位;如果

---

① 嬖(bì)人:此指宠妾,古代称社会地位低下而得宠的人为嬖。
② 石碏(què):卫国大夫。
③ 义方:行事应遵守的规范和道理。
④ 降:地位下降。
⑤ 眕(zhěn):抑制,克制。
⑥ 厚:人名,石碏之子。

还不能确定,那就会逐渐酿成祸乱。至于受宠而不骄矜,骄矜而能安于地位下降,地位下降而不怨恨,怨恨而能自我克制,这样的人太少了。而且卑贱者危害高贵者,年少的人欺凌年长的,关系疏远的离间关系亲密的,新来的离间旧有的,势力小的加害势力大的,放荡无度的破坏正义的,这就是所谓六种悖理的情况啊。而君王行事得宜,臣下执行命令,父亲慈祥,儿子孝顺,兄长友爱,弟弟恭敬,这就是所谓六种顺理的情况啊。违离顺理之道,效尤悖理之事,是使祸患加速到来的原因。为人君者要尽力消除祸患,如今却加速它的到来,这恐怕不行吧!"庄公不听。

石碏的儿子名厚,和州吁交游,石碏劝阻也不听。到桓公即位时,石碏便告老引退。

臧僖伯谏观鱼　隐公五年

【解题】

臧僖伯对鲁隐公观鱼一事加以劝阻。他认为,国君的一举一动都要合于礼法,不可自乱其政。

春,公将如棠观鱼者①。臧僖伯谏曰:"凡物不足以讲大事②,其材不足以备器用,则君不举焉③。君将纳民于轨物者也。故讲事以度轨量谓之轨,取材以章物采谓之物,不轨不物谓之乱政。乱政亟行,所以败也。故春

---

① 棠:亦作"唐",邑名,在今山东省鱼台县东北,其地有观鱼台址。棠处鲁、宋两国边界。

② 臧僖伯:即公子驱(kōu)。僖是他的谥号。大事,指祭祀与兵戎之事。

③ 材:指下文的皮革齿牙、骨角毛羽。器用:指祭祀、戎事所用之器。举:动,行动。

蒐、夏苗、秋狝、冬狩,皆于农隙以讲事也①。三年而治兵,入而振旅②,归而饮至,以数军实③。昭文章,明贵贱,辨等列,顺少长,习威仪也。鸟兽之肉不登于俎,皮革齿牙、骨角毛羽不登于器④,则君不射,古之制也。若夫山林川泽之实,器用之资,皂隶之事,官司之守,非君所及也⑤。"公曰:"吾将略地焉⑥。"遂往,陈鱼而观之。僖伯称疾,不从。书曰:"公矢鱼于棠。"非礼也,且言远地也。

【译文】

春天,鲁隐公要到棠邑观赏捕鱼。臧僖伯进谏说:"凡是一种东西不能用到谋划祭祀、兵戎的大事上,它的材料不能用来制作礼器和兵器,那么国君就不该对它有所行动啊。国君是要把人们的行为纳入法度和礼制的人。所以谋划大事以揆正法度,就叫作'轨';选取材料能使器用的色彩更加彰明的,就叫作'物'。做事不合于'轨',不合于'物',就叫作乱政。屡次施行乱政,国家便由此败亡。所以春蒐、夏苗、秋狝、冬狩这四种狩猎活动,都是在农闲时演习武事的。每三年大演习一次,回到国都还要整顿军队,祭告宗庙,饮酒庆祝,清点车马、士众、器械和猎物。车服旌旗的文采要鲜明,

① 不轨不物:指器用众物不合法度。蒐(sōu):搜索择取不孕者。苗:为苗除害。狝(xiǎn):顺秋气以杀。狩:围猎,无选择地猎取各种禽兽。讲事:讲习武事。

② 三年:指三年而大习。治兵:在外练兵。振旅:整顿军队。

③ 饮至:国君外出朝觐、盟会、作战归来,还告于宗庙,并饮酒庆祝的典礼。数军实:指归来后清点车马、士众、器械及所获之禽兽。

④ 俎:祭祀宗庙之器。器:法度之器(礼器)。

⑤ 皂隶:古代的贱役。官司:各有专职的官吏。

⑥ 略地:巡行边地。

贵贱等级分明，高低等列有别，晚辈、长辈进退有序：这是学习、熟练各种威仪啊。鸟兽的肉不能盛到俎中去上供，它的皮革、牙齿、骨、角、羽毛不能装饰到礼器上去，那么国君就不该去射猎：这是古代的制度啊。至于山林、河流、湖泽的产物，一般器用材料，这都是皂隶的公事，专职官吏的职责，而不是国君所应参与的。"鲁隐公说："我是想去巡行边地啊！"于是他就启程前往，让捕鱼者摆出捕鱼的场面来观赏。僖伯则假托生病，不跟隐公同去。《春秋》是这样记述的："隐公在棠邑陈列渔具。"表示隐公此举是不合礼法的，而且暗示棠邑是边远地区。

郑庄公戒饬守臣　隐公十一年

【解题】

　　本文主要记述郑庄公对其守许之臣的戒饬之辞，可以看出他度德量力，相机而动，运用权术，都是从其本身利害出发的。

　　秋七月，公会齐侯、郑伯伐许。庚辰，傅于许①。颍考叔取郑伯之旗蝥弧以先登②。子都自下射之③，颠。瑕叔盈又以蝥弧登④，周麾而呼曰："君登矣！"郑师毕登。壬午⑤，遂入许。许庄公奔卫。齐侯以许让公，公曰："君谓许不共，故从君讨之。许既伏其罪矣，虽君有

---

　　① 公：鲁隐公。齐侯：即齐僖公。许：姜姓国，在今河南省许昌市东。庚辰：七月一日。

　　② 蝥（máo）弧：用以指挥士众的一种旗子。

　　③ 子都：即公孙阏，郑国大夫。

　　④ 瑕叔盈：郑国大夫。

　　⑤ 壬午：七月三日。

命,寡人弗敢与闻。"乃与郑人。

郑伯使许大夫百里奉许叔以居许东偏①,曰:"天祸许国,鬼神实不逞于许君,而假手于我寡人。寡人唯是一二父兄②,不能共亿③,其敢以许自为功乎? 寡人有弟,不能和协,而使糊其口于四方④,其况能久有许乎? 吾子其奉许叔以抚柔此民也⑤,吾将使获也佐吾子⑥。若寡人得没于地,天其以礼悔祸于许,无宁兹,许公复奉其社稷,唯我郑国之有请谒焉,如旧昏媾,其能降以相从也⑦。无滋他族,实逼处此,以与我郑国争此土也。吾子孙其覆亡之不暇,而况能禋祀许乎⑧? 寡人之使吾子处此,不唯许国之为,亦聊以固吾圉也。"乃使公孙获处许西偏,曰:"凡而器用财贿,无置于许,我死,乃亟去之⑨。吾先君新邑于此⑩,王室而既卑矣,周之子孙日失其序。夫许,大岳之胤也⑪,天而既厌周德矣,吾其能与许争乎?"

---

①　许叔:许庄公之弟,即穆公新臣。
②　一二父兄:指同姓群臣。
③　共亿:相安无事。
④　糊其口于四方:寄食于四方。
⑤　吾子:指百里。抚柔:安抚怀柔。
⑥　获:公孙获,郑国大夫。佐:辅助,其实也有监督作用。
⑦　请谒:请求,求告。昏:通"婚"。降:降心,委屈自己的心意。降以相从:有"俯允"义。
⑧　禋(yīn)祀:此泛指祭祀。
⑨　而、乃:均犹汝。亟(jí):赶快地、急迫地。
⑩　先君:先父,这是庄公称其先父。新邑:新建都城。邑,指都城,此处用作动词。按:郑国初封地在今陕西省渭南市华州区境,至郑武公(庄公父)迁都至今河南省新郑市。庄公之父武公始东迁此邑,故称新邑于此。
⑪　大:通"太"。太岳:此指许人的祖先,传说为神农之后,尧、舜时的四岳(四方部落首领)之一。胤(yìn):继嗣。

君子谓："郑庄公于是乎有礼。礼,经国家,定社稷,序人民,利后嗣者也。许无刑而伐之,服而舍之,度德而处之,量力而行之,相时而动,无累后人①,可谓知礼矣。"

【译文】

秋季七月,鲁隐公会同齐僖公、郑庄公讨伐许国,庚辰日,三国的大军围住许国的都城。颍考叔举着郑庄公的蝥弧旗而最先登上城头,子都由于嫉恨而从下面射他,他中箭坠城而死。紧跟着瑕叔盈又持蝥弧旗登城,并向四面挥舞着旗子大喊道："我们国君登城了!"于是郑国军队全部登上城墙。到壬午日,就攻入了许国。许庄公仓皇逃奔到卫国。齐僖公将许国让给鲁隐公,隐公说："您曾说许国不交纳贡品,所以我便跟从您讨伐它。现在许国既已伏其罪了,虽然您有命令,寡人也不敢从命。"于是就将许国给予郑庄公。

郑庄公派遣许国大夫百里侍奉许叔,住在许都的东部边邑,并对他说："上天降祸于许国,是因为鬼神对许国之君不满,而借我之手以惩罚许国啊。寡人连一两个父兄辈的臣子尚且不能彼此相安无事,怎敢将攻克许国当作自己的功劳呢?寡人有个弟弟,都不能和谐相处,而使他出奔外地,寄食于四方,那又怎能长久占有许国呢?您就侍奉许叔而安抚爱护这里的老百姓吧,我将派公孙获来佐助您。寡人到长眠地下之时,上天如果能重新对许国以恩礼相待,又后悔降祸于许国了,愿意让许公再复位享国;到那时,只要我们郑国有所请求,许国也许会像多年的老亲戚一样,克制自己,依从我们

————————

① 刑:法。相时而动:指观察时势的推移变化而顺应它,采取行动。无累后人:指不要因昧于时势而贻害后代子孙,与前文"利后嗣"义同。

的请求。千万不要让别的国家逼近我们，占领此地，与我们争夺这许国的土地啊。如果那样，我的子孙挽救败亡尚且自顾不暇，又怎能替许国祭祀祖先而享有许国呢？寡人所以派您居处此地，不独为了许国而这样做，也是赖以巩固郑国的边境啊。"于是又派遣公孙获居于许国西部边远之地，对他说："凡是您的器用财物，都不要放在许国。我若死了，您就赶快离开许国。我先父新建都邑在此，我们的王室东迁以后就已衰微了，我们周家的姬姓子孙一天天地失去了原来的地位。许国，是太岳的后裔啊，国运正不可限量。上天既已厌恶周族的德行了，我哪能与许国相争呢？"

君子说："郑庄公在这件事上表现得颇有礼义。礼义，是治理国家，安定社稷，安抚人民，有利于后世子孙的啊。许国不遵守法度而讨伐它，服罪了就宽恕它，揣度自身的德行而处理事情，估量自身的力量而去实行，观察并掌握时机而采取行动，不牵累贻害后人，可以称得上深知礼义了。"

臧哀伯谏纳郜鼎　桓公二年

【解题】

鲁桓公接受宋督所贿赂的郜鼎而置于太庙。鲁大夫臧哀伯以为将赂器纳于太庙是非礼的，于是力谏桓公：应发扬善德，杜绝邪恶。臧哀伯的谏词，较好地说明了周礼对于统治者的作用，可帮助读者理解礼乐制度的本质。

夏四月,取郜大鼎于宋①,纳于大庙,非礼也②。

臧哀伯谏曰③:"君人者,将昭德塞违,以临照百官,犹惧或失之,故昭令德以示子孙④。是以清庙茅屋⑤,大路越席⑥,大羹不致⑦,粢食不凿⑧,昭其俭也。衮冕黻珽⑨,带裳幅舄⑩,衡紞纮綖⑪,昭其度也⑫。藻率鞞鞛⑬,

---

① 取郜(gào)大鼎于宋:此谓鲁桓公接受宋督所贿赂的郜国大鼎。宋督,宋戴公之孙,即太宰督,字华父,以字为氏,故又称华父督。他曾谋杀孔父而夺其妻,又弑宋殇公,担心诸侯会诛罚自己,便用郜国制造的大鼎贿赂鲁桓公。郜国,周文王之子所封,故地在今山东省成武县东南郜鼎集。

② 大庙:太庙。非礼:此言鲁桓公受弑君者贿赂之器置于太庙,有污祖德,是不合礼法的。

③ 臧哀伯:即臧孙达,僖伯之子,鲁国大夫。

④ 昭德:昭明善德。塞违:杜绝邪恶。令德:善德。

⑤ 清庙:此谓祀文王之庙。茅屋:谓清庙尚朴,以茅为顶。

⑥ 大路:又名玉辂,是天子所乘之车,此指祭天用的车。越(huó)席:结草之席,用来铺垫大路车。越:一种蒲类植物。

⑦ 大羹:太羹,祭祀时所用的带汁肉。不致:不备五味。致,精细,此指五味调和。

⑧ 粢食(zī sì):用黍稷做成的饭食。凿(zuò):通"糳",精米。不凿:不用精米。以上四句,表示崇尚俭朴之德。

⑨ 衮(gǔn):彩绘之衣。冕:古代的一种礼帽。黻(fú):蔽膝。珽(tǐng):玉笏。

⑩ 带:束衣的带。裳:下衣。幅(bī):即行縢,是裹腿的布帛。舄(xì):双底鞋。

⑪ 衡:用以绾发固冕的一种横簪。紞(dǎn):冠冕上悬挂瑱玉的丝绳,垂于冠冕两边。纮(hóng):结系冠冕的丝纽带,由颔下挽住,又引上去系于笄之两端。綖(yán):覆在冕冠顶部的板状饰物。

⑫ 度:此指古代尊卑有别的冠服制度。

⑬ 藻率(lǜ):垫玉器的垫板,以皮革包裹而成。鞞(bǐng):佩刀鞘上之饰。鞛(běng):佩刀鞘下之饰。

鞶厉游缨①,昭其数也②。火龙黼黻③,昭其文也④。五色比象⑤,昭其物也⑥。钖鸾和铃⑦,昭其声也⑧。三辰旂旗⑨,昭其明也。夫德,俭而有度,登降有数,文物以纪之,声明以发之,以临照百官,百官于是乎戒惧而不敢易纪律⑩。今灭德立违,而置其赂器于大庙,以明示百官,百官象之,其又何诛焉⑪? 国家之败,由官邪也⑫;官之失德,宠赂章也⑬。部鼎在庙,章孰甚焉! 武王克商,迁九鼎于雒邑⑭,义士犹或非之⑮。而况将昭违乱之赂器于大庙,其若之何?”

---

① 鞶(pán):革带。在衣内,用以系韠袚(裳外蔽膝之衣)及其他饰物。厉:腰带系结后的下垂部分,即绅。游(liú):旌旗边缘所缀之饰物。缨:马胸带前之饰物。

② 数:指以上各种饰物,按制度均有定数。

③ 火龙黼黻:都是古代礼服上的花纹。火,火焰纹。龙,游龙纹。黼(fǔ),白黑相次之斧形纹。黻(fú):黑青相次之“亞”形纹。

④ 文:指古代衣饰,按制度各有不同的花纹。

⑤ 五色比象:指古代器物上以各种饰色象征天地四方之气,如东方象春,其色青;南方象夏,其色赤;等等。

⑥ 物:色彩。指按制度,车服器用各有其色彩,尊卑有别。

⑦ 钖(yáng):马前额的金属装饰物,动则发声。鸾:马勒两端之小铃。和:车衡上的小铃。铃:旗上的小铃。

⑧ 声:指以上四物之声。

⑨ 三辰:指日、月、星。旂旗:此处泛指旗帜。

⑩ 不敢易纪律:不敢违反纪纲制度。

⑪ 百官象之,其又何诛焉:指百官从而效尤“灭德立违”之事,又怎能诛责他们呢?

⑫ 官邪:谓百官做邪恶之事。

⑬ 章:彰,昭明,明显。

⑭ 武王克商,迁九鼎于雒邑:九鼎,商、周传国之重器,据传说为夏禹所铸,以象征九州。其后历世相承,至商汤二十七年,迁九鼎于商邑。周武王克商,又迁九鼎于雒邑,以示得国。

⑮ 义士:指伯夷、叔齐等。非之:指非难周文王、周武王。相传文王东伐纣之时,伯夷、叔齐曾叩马谏净。武王伐纣成功之后,天下臣服,伯夷、叔齐却“义不食周粟”,饿死于首阳山。

公不听。周内史闻之①，曰："臧孙达其有后于鲁乎？君违，不忘谏之以德。"

【译文】

夏季四月，鲁桓公从宋国取来宋督所贿赂的郜国大鼎，放进太庙之中，这是不合礼法的啊。

臧哀伯劝谏说："为人君的，要发扬善德，杜绝邪恶，而以其善德之光辉照临百官，犹恐不能世代坚守而失掉它，所以就昭明善德而示范于子孙。因此，庄严的清庙以茅草饰屋，大路车以草席铺垫，带汁的肉不加调料，不用黍稷的精米制作食品，都显示俭约的美德啊。礼服、礼帽、蔽膝与玉笏、腰带、裙子、行縢和双底鞋，横簪、瑱绳、系冕的纽带、冕冠顶部饰物，都显示尊卑有别，各有制度啊。熟皮彩绘的饰物、刀鞘上端的装饰、刀鞘下端的装饰、束衣的革带及绅、旌旗边缘的垂旒、马胸带前面的缨饰，都显示尊卑有别，各有定数啊。朝服上的火焰纹、游龙纹、黑白相次纹、黑青相次纹，都显示尊卑有别，各有不同的花纹啊。在车服器物上用五色比况天地四方之象，都显示各有其色彩啊。马额之锡铃、马勒之鸾铃、车衡之和铃、旂上之小铃，都显示它们依照法度，各有其声啊。绘有日、月、星的旗帜，都显示其光明啊。美善之德，就是俭约而有法度，增减而有定数，用纹饰、色彩来记录它，用声音、光亮来宣扬它，并以此昭示百官。百官于是就戒慎恐惧，而不敢违反纲纪法度。现在却抹杀美德，树立邪恶，而将贿赂之器置放于太庙之内，以公开显示于百官。如果百官群起效尤此事，那又怎能责罚百官呢？国家的衰败，是由于百官的邪恶；百官丧失美德，是由于官吏受

---

① 周内史：周朝的官名，协助天子管理爵禄废置之事。

宠而贿赂公行。郜国大鼎放在太庙之内,还有什么邪恶比它更为昭彰明显的呢? 周武王战胜商纣,将九鼎迁到雒邑,义士们尚且非难他;何况将这标志邪恶的赂器放在太庙,这怎么能成呢?"

鲁桓公不听劝谏。周王朝的内史官听到这事,就评论说:"臧孙达将会在鲁国有承受福荫的后代子孙吧! 国君有邪恶背德之事,他却不忘以善德之理进行谏诤。"

季梁谏追楚师　桓公六年

【解题】

楚武王与大臣谋划,助长随国的骄气以削弱随国,随侯中计,但贤臣季梁劝止随侯,说明应"忠于民,信于神",有道之小国能胜淫乱之大国的道理,终于引起随侯的警戒而修明政治,使楚国不敢伐随。季梁所论民与神的关系,以民为神主,先民后神,反映了当时有远见的政治家的见解。

楚武王侵随①,使薳章求成焉②,军于瑕以待之③。随人使少师董成④。

斗伯比言于楚子曰⑤:"吾不得志于汉东也⑥,我则使然。我张吾三军,而被吾甲兵,以武临之,彼则惧,而

---

① 楚武王:名熊通,是楚国第十七代君主。随:姬姓国,故地在今湖北省随州市。

② 薳(wěi)章:楚大夫。

③ 瑕:随国地名,在今湖北省随州市境。

④ 少师:官名,随国大夫,因不详姓名,故只称其官职。董:主持。成:议和。

⑤ 斗伯比:楚大夫。楚子:指楚武王。

⑥ 汉东:指汉水以东各小国。

协以谋我,故难间也①。汉东之国,随为大。随张,必弃
小国。小国离,楚之利也。少师侈,请羸师以张之②。"
熊率且比曰③:"季梁在④,何益?"斗伯比曰:"以为后
图,少师得其君。"王毁军而纳少师⑤。

少师归,请追楚师。随侯将许之,季梁止之曰:"天
方授楚。楚之羸,其诱我也,君何急焉?臣闻小之能敌
大也,小道大淫⑥。所谓道,忠于民而信于神也。上思利
民,忠也;祝史正辞,信也。今民馁而君逞欲,祝史矫举
以祭⑦,臣不知其可也。"公曰:"吾牲牷肥腯⑧,粢盛丰
备⑨,何则不信?"对曰:"夫民,神之主也。是以圣王先
成民,而后致力于神。故奉牲以告曰:'博硕肥腯。'谓民
力之普存也,谓其畜之硕大蕃滋也,谓其不疾瘯蠡也⑩,
谓其备腯咸有也。奉盛以告曰:'洁粢丰盛。'谓其三时
不害,而民和年丰也。奉酒醴以告曰:'嘉栗旨酒。'谓其
上下皆有嘉德,而无违心也。所谓馨香,无谗慝也⑪。故

① 间:离间。
② 张(zhàng):此谓自傲自大。
③ 熊率且(lǜ jū)比:楚大夫。
④ 季梁:随国的贤臣。
⑤ 毁军:毁损军容,犹云羸师,故意使军容疲弱不整。
⑥ 小道大淫:小国而有道,大国而淫乱。这是承接上句,说明小能
敌大之理。
⑦ 矫举以祭:指以虚伪的言辞歌功颂德以祭告鬼神。
⑧ 牲牷:指供祭祀用的纯色全牲。腯(tú):肥硕貌。
⑨ 粢盛(chéng):盛在祭器中的黍稷等。
⑩ 瘯蠡(cù luǒ):癣疥类皮肤病。不疾瘯蠡:指不生癣疥。
⑪ 谗慝(tè):谗谀邪恶。

务其三时,修其五教①,亲其九族②,以致其禋祀。于是乎民和而神降之福,故动则有成。今民各有心,而鬼神乏主,君虽独丰,其何福之有?君姑修政而亲兄弟之国,庶免于难。"

随侯惧而修政,楚不敢伐。

【译文】

楚武王入侵随国,先派遣薳章与随讲和,驻军于瑕地等待结果。随国派少师主持议和的事。

斗伯比对楚武王说:"我们楚国不能在汉东地区得志,都是我们自己造成的这种局面。我们扩大军队,整顿军备,以武力加于他们小国,他们感到恐惧,就联合起来算计我们,所以就很难离间他们啊。汉东一带各国,以随国为最大。随国若骄傲自大,必定抛弃小国。小国脱离随国,就对楚国有利啊。少师很自高自大,请以疲弱的军队去迷惑他,使他更加自大。"熊率且比却说:"随国有季梁在,这计策又有何益处?"斗伯比又说:"这是为长远打算。少师很得随君宠信,随君早晚会听从他的。"楚武王就撤掉精锐部队和装备,陈其疲弱之兵以接待少师。

少师返回,就请命追击楚军。随侯想要答应他,这时季梁就劝止国君,说道:"上天正在帮助楚国。楚国的疲弱之军,那是用来引诱我们的啊,国君何必那样着急呢?臣听说小国能战胜大国,就是因为小国有道而大国淫乱。所说的道,是指对人民忠诚、对鬼神诚信啊。主上想到对人民有利,

----

①　务其三时:指春、夏、秋三时均致力农事,不夺农时。五教:指父义、母慈、兄友、弟恭、子孝。

②　九族:旧注说法不同,有的以为上至高祖,下至玄孙;有的以为除本族之外,加上本家的亲戚。

就是忠啊;祝巫和史官的言辞都很真实,就是信啊。现今的情况是人民受饥饿而国君纵欲无度,祝巫和史官用谗谀虚伪的话向鬼神祭祷,臣真不知道这样是否能行啊。"随侯说:"我祭神用的牺牲是肥硕的,盛在礼器中的粮食十分丰满齐备,怎么不诚信呢?"季梁回答说:"人民,是神的主人啊。因此圣明的君王首先要使人民家成业就,然后才尽力供奉鬼神。所以祝巫奉献牺牲而祭告说:'牲体硕大肥胖。'这是说人民普遍存有财力啊,那牲畜硕大而蕃育滋生啊,那牲畜不长疥癣毛皮光滑啊,又有各种优良品种啊。奉献盛满黍稷的礼器而祭告说:'洁净的黍稷非常丰盛。'这是说春、夏、秋三季都无灾害,而人民和乐,大有丰年啊。又奉献甜酒而祭告说:'米又好,酒又香。'这是说君臣上下都有美德,而无邪违之心啊。所说的祭品馨香,就是人心没有邪恶念头啊。所以做国君的必须在春、夏、秋三时致力农事,修明那五教,亲睦那九族,以此来虔诚地祭祀神明。这样一来,人民和乐,鬼神也会赐福,做什么事都能成功。现在人们却各有私心,而鬼神没有依靠,国君虽然独有丰盛的祭品,哪会有什么福气降临呢?国君您姑且去修明政治,亲近兄弟国家,大概就能幸免于灾难。"

随侯因此戒慎恐惧而修明政治,楚国也就不敢攻伐随国了。

曹刿论战　庄公十年

【解题】

本文记述了齐鲁长勺之战,这次作战中所体现的积极防御原则,对后代产生了深远的影响。

齐师伐我①,公将战,曹刿请见②。其乡人曰:"肉食者谋之③,又何间焉?"刿曰:"肉食者鄙,未能远谋。"遂入见。

问何以战。公曰:"衣食所安,弗敢专也,必以分人。"对曰:"小惠未遍,民弗从也。"公曰:"牺牲玉帛,弗敢加也,必以信。"对曰:"小信未孚,神弗福也。"公曰:"小大之狱,虽不能察,必以情。"对曰:"忠之属也,可以一战。战则请从。"

公与之乘,战于长勺④。

公将鼓之⑤。刿曰:"未可。"齐人三鼓,刿曰:"可矣。"齐师败绩。公将驰之。刿曰:"未可。"下,视其辙;登,轼而望之,曰:"可矣。"遂逐齐师。

既克,公问其故。对曰:"夫战,勇气也。一鼓作气,再而衰,三而竭。彼竭我盈,故克之。夫大国难测也,惧有伏焉。吾视其辙乱,望其旗靡,故逐之。"

【译文】

齐国军队来攻打我国,鲁庄公准备迎战,曹刿请求进见庄公。他的同乡人说:"这是吃肉的大官们商量的事,你何必参与呢?"曹刿说:"当官的人见识鄙陋,不能深谋远虑。"于是他就入见庄公。

曹刿问庄公道:"您凭什么作战?"庄公说:"衣食等养生

---

① 我:鲁人自我之称。
② 公:鲁庄公。曹刿(guì):又名曹沫,鲁人。
③ 肉食者:指禄位高的人。
④ 与之乘:与他共坐一车。长勺:鲁国地名。在今山东省济南市莱芜区和庄镇马杓湾村。
⑤ 鼓之:指鸣鼓进军。

的东西,我不敢独享,一定把它分给别人。"曹刿说:"小恩小惠没有普遍施及民众,人民是不会听从您的。"庄公说:"祭祀用的三牲、玉器和丝绸,祷告时不敢虚报,一定照实说。"曹刿答道:"这只是小小的信用,还不是遍及众人的大信,神不会降福给您。"庄公说:"大大小小的诉讼案件,即使不能一一明察,也一定以真心诚意来审理。"曹刿答道:"这是尽力替人民办事,可以凭借这个条件跟齐国作战。如果作战,就请您让我跟您同去。"

　　庄公和他同乘一辆战车,在长勺与齐军交战。庄公打算下令鸣鼓进军,曹刿说:"不行。"等到齐军鸣鼓三通以后,曹刿才说:"可以了。"于是齐军大败。庄公又要下令驱车追击齐军,曹刿说:"不行。"他下了车察看齐军留下的辙印,又登上车凭轼瞭望齐军,这才说:"可以追击了。"于是就追击齐军。

　　打了胜仗以后,庄公询问其中缘故。曹刿回答说:"作战,是靠勇气啊。第一次击鼓,能振作士气;第二次击鼓,士气就有些衰退了;第三次击鼓,士气就耗尽了。他们的士气耗尽,而我们的士气正盛,所以能战胜他们。大国,是难以猜测的,恐怕他们设下伏兵,我看到他们兵车的轮迹乱了,又瞭望到他们的旗帜东倒西歪,所以决定追击他们。"

齐桓公伐楚盟屈完　僖公四年

【解题】

　　此篇记述了齐桓公会同诸侯伐楚及订立盟约的过程。文中主要人物齐桓公时露霸气,楚国使者则不为所屈,机智沉着,善于应对,维护了国家利益。

春，齐侯以诸侯之师侵蔡①，蔡溃，遂伐楚。楚子使与师言曰②："君处北海，寡人处南海，唯是风马牛不相及也③。不虞君之涉吾地也，何故？"管仲对曰④："昔召康公命我先君太公曰⑤：'五侯九伯⑥，女实征之，以夹辅周室。'赐我先君履⑦，东至于海，西至于河，南至于穆陵，北至于无棣⑧。尔贡包茅不入，王祭不共，无以缩酒⑨，寡人是征；昭王南征而不复，寡人是问⑩。"对曰："贡之不入，寡君之罪也，敢不共给？昭王之不复，君其问诸水滨⑪！"

师进，次于陉⑫。

①　齐侯：齐桓公。诸侯：此指齐桓公当时联合的鲁侯、宋公、陈侯、卫侯、郑伯、许男、曹伯，加齐侯本身，共八个诸侯。蔡：国名，故地在今河南省汝南县、上蔡县、新蔡县一带。

②　楚子：指楚成王。

③　北海：犹云北方。南海：犹云南方。风马牛不相及：风，放逸、走散。此指齐、楚两国相去辽远，即使牛马风逸，也不会聚到一处，喻两国本不相涉，无从引起边境纠纷。

④　管仲：齐大夫。

⑤　召（shào）康公：即召公奭，周武王时的执政大臣。太公：即姜尚，因为他是齐始封之祖，故称"先君太公"。

⑥　五侯九伯：五等诸侯，九州之伯，此泛称天下诸侯。

⑦　赐履：赐予践履所及之国土疆界。

⑧　河：黄河。穆陵：关隘名，在今山东省沂水县马站镇境内。无棣：即今山东省无棣县。

⑨　包茅：裹束的菁茅，是楚国进贡的土产。缩酒：滤酒，此指以菁茅滤酒。

⑩　昭王：周昭王。南征而不复：周昭王南巡时，渡汉水，至中流，船坏溺死，没能回去。

⑪　问诸水滨：指问汉水之滨的人。因当时楚国的统治权力还没达到周昭王溺死的地方，所以让齐人去"问诸水滨"，表示与楚无涉。

⑫　陉（xíng）：春秋楚地，在今湖北省广水市以北。

　　夏,楚子使屈完如师①。师退,次于召陵②。

　　齐侯陈诸侯之师③,与屈完乘而观之。齐侯曰:"岂不縠是为? 先君之好是继④。与不縠同好,何如?"对曰:"君惠徼福于敝邑之社稷⑤,辱收寡君,寡君之愿也。"齐侯曰:"以此众战,谁能御之? 以此攻城,何城不克?"对曰:"君若以德绥诸侯,谁敢不服? 君若以力,楚国方城以为城⑥,汉水以为池,虽众,无所用之!"

　　屈完及诸侯盟。

【译文】

　　在春季,齐桓公纠集诸侯的军队侵伐蔡国,把蔡国打败了,接着就去攻伐楚国。楚成王派遣使者到诸侯军那里诘问,说:"您处在北方,我们处在南方,相去辽远,即使马牛走失了,也跑不到对方国境之内。不料您却走到我国的土地上来,究竟是何缘故?"管仲回答:"往昔召康公命令我先君太公说:'五侯九伯,如果谁有罪,你就可以征伐他们,以辅助周王朝。'并赐我先君的征伐范围:东到大海,西到黄河,南到穆陵,北到无棣。你们应贡的菁茅没有按时进献,以致王室祭祀时没有滤酒的东西,我来索取它;周昭王南巡没有返回,我要责问此事。"楚使回答说:"贡物没有进献,是我们国君的罪过,怎敢不供给呢? 周昭王没有回朝,您还是到汉水之滨问问吧!"

　　诸侯的军队向前开进,驻扎在陉地。

————————

　　① 屈完:楚大夫。
　　② 召(shào)陵:地名,今河南省漯河市召陵区。
　　③ 陈诸侯之师:指将八国之军列阵于其地。
　　④ 不縠:不善,这是诸侯自我之谦称。先君之好:先君的旧好。
　　⑤ 君惠徼(yāo)福于敝邑之社稷:此言以君之惠而为敝国社稷求福。惠,表敬副词。徼,求。
　　⑥ 方城:山名,在今河南省叶县南、方城县东北。

到了夏季,楚成王又派使臣屈完前往诸侯军驻地议和。诸侯军便退驻于召陵。

齐桓公将八国大军列开阵势,就与屈完同乘一车而观军容。齐桓公说:"你看诸侯出兵,岂止为我一人? 这是继续保持先君所建立的友好关系。现在你们也和我友好,怎么样?"屈完回答说:"蒙您惠顾,为敝国社稷求福,您能屈驾而接纳我们国君,这正是我们国君的心愿啊。"齐桓公说:"用这强大的军队作战,谁能抵挡它? 用这强大的军队攻城,什么城攻不下?"屈完又答道:"您若以仁德安抚诸侯,谁敢不宾服? 您若动用武力的话,楚国就会将方城山当作城墙,将汉水当作护城河,即使您的将士众多,也没有用处!"

屈完就和诸侯订立了盟约。

宫之奇谏假道　僖公五年

【解题】

晋献公想再次假道虞国而征伐虢国,虞国大夫宫之奇根据形势与情理,力谏虞公警惕晋国的阴谋,但虞公不听,终于招致覆亡。

晋侯复假道于虞以伐虢①。宫之奇谏曰②:"虢,虞之表也。虢亡,虞必从之。晋不可启,寇不可玩③。一之为甚,其可再乎? 谚所谓'辅车相依,唇亡齿寒'者,其

---

① 晋侯:晋献公。虞:周武王时分封的诸侯国,姬姓。在今山西省平陆县。虢:姬姓国,有东、西虢之分。东虢,在今河南省荥阳市东。西虢,在今陕西省宝鸡市。平王东迁,西虢迁至今河南省三门峡市及山西省平陆县一带。

② 宫之奇:虞之贤大夫。

③ 启:启其贪心。玩:轻忽。

虞、虢之谓也①。"公曰："晋,吾宗也。岂害我哉?"对曰：
"大伯、虞仲,大王之昭也②。大伯不从,是以不嗣③。虢
仲、虢叔,王季之穆也④,为文王卿士;勋在王室,藏于盟
府⑤。将虢是灭,何爱于虞? 且虞能亲于桓、庄乎,其爱
之也? 桓、庄之族何罪,而以为戮,不唯逼乎⑥? 亲以宠
逼,犹尚害之,况以国乎?"公曰："吾享祀丰洁,神必据
我⑦。"对曰："臣闻之,鬼神非人实亲,唯德是依⑧。故
《周书》曰:'皇天无亲,唯德是辅。'又曰:'黍稷非馨,明
德唯馨。'又曰:'民不易物,唯德繄物⑨。'如是,则非德
民不和,神不享矣。神所冯依,将在德矣。若晋取虞而
明德以荐馨香,神其吐之乎?"弗听,许晋使。宫之奇以
其族行⑩,曰："虞不腊矣⑪! 在此行也,晋不更举矣⑫。"

---

①   辅:颊辅。车:牙床。"辅车相依,唇亡齿寒":此处是比喻虞国
像齿和牙床,虢国像唇和颊辅,两国休戚相关。

②   大(tài)伯、虞仲:都是太王之子。昭:古代宗庙,左为昭,右为
穆,世代迭推为序,太王于周庙为穆,故其子为昭。大王之昭:即太王
之子。

③   大伯不从,是以不嗣:此言太伯不从父命,让位适吴,因此没有
继承周之王位。

④   虢仲、虢叔:都是王季之子。由于王季于周庙为昭,往下迭推,
其子即为穆。王季之穆:犹云王季之子。

⑤   盟府:藏盟约之府库。

⑥   桓、庄:即桓叔、庄伯,是晋献公的曾祖和祖父。桓叔、庄伯之族
是晋献公的从祖兄弟,晋献公因患其势逼而尽杀之。此处是宫之奇引以
告诫虞公。

⑦   据我:犹言保佑我。据,依,依附。

⑧   非人实亲:并非尽人皆亲。唯德是依:只对有德者凭依佑护。

⑨   繄(yī):是。

⑩   以其族行:率其族人远走以避祸。

⑪   虞不腊矣:指虞国等不到举行腊祭之期就灭亡了。腊,岁末祭
祀众神叫腊祭。

⑫   不更举:不需要再举兵。

冬,晋灭虢。师还,馆于虞。遂袭虞,灭之,执虞公。

【译文】

　　晋献公再次向虞国借道以攻打虢国。宫之奇劝谏虞公道:"虢国,是虞国的屏障啊,虢国灭亡了,虞国也必定随着它灭亡。不可启发晋国的贪欲,对贼寇是不能轻忽的。一次借路给它,就已经是很过分了,还能再来第二次吗? 谣谚所说的'辅车相依,唇亡齿寒',大概就是说的虞国与虢国吧!"虞公说:"晋国,和我们同宗,难道会害我吗?"宫之奇回答:"太伯、虞仲,都是太王的儿子,太伯不从父命,让位于其弟王季而避居于吴,因此没能继承王位。虢仲、虢叔,都是王季的儿子,曾做过文王的卿士,对王室立下了大功,那因功受赏的文书都收藏在盟府。既然晋国要消灭虢国,对虞国又有什么可爱惜的? 再说,晋国之爱虞国,还能比桓、庄之族更亲吗? 桓叔、庄伯的族人有什么罪过? 而献公却把他们全部杀害,这不是因为他们威胁到晋君的利益吗? 至亲而以宠势相逼,献公尚且杀害他们,何况以国相逼呢?"虞公又说:"我献享的祭品丰盛而又洁净,鬼神一定保佑我。"宫之奇便回答说:"我听说,鬼神并非对人人都亲近,而是只保佑有德的人。所以《周书》说:'皇天是无亲的,他只对有德的人亲近。'又说:'黍稷并不是馨香的,只有明德才是馨香远闻的。'还说:'人们进献的祭品没有什么不同,鬼神却只欣享有德之人的祭品。'这样看来,如果没有德行,人民就不和谐,鬼神也不屑享受祭品了。鬼神所凭依保佑的,当是那有德行的人。若是晋国攻取了虞国,发扬美德而献上馨香的祭品,鬼神难道会吐出来吗?"虞公却不听劝谏,应许了晋国使者借道的要求。宫之奇就带着亲属远走避难,他说:"虞国等不到举行腊祭了! 晋国夺取虞国,就在这一次了,它也不必另行举兵了。"

到了冬季，晋国消灭了虢国。回师驻扎在虞国，于是又突袭虞国并消灭了它，俘虏了虞公。

齐桓下拜受胙　僖公九年

【解题】

周襄王派宰孔以祭庙之肉赏赐齐桓公，并对他"加赐一级"，免其下拜之礼。这时齐桓公为霸主，周王形同虚位，但齐桓公一再表示对周天子的尊崇，恭行下拜受胙之礼。作者以极简练之笔，表现出为了利用周天子名义，齐桓公故作谦恭的戏剧性的动作。

会于葵丘①，寻盟，且修好，礼也。

王使宰孔赐齐侯胙②，曰："天子有事于文、武③，使孔赐伯舅胙④。"齐侯将下拜，孔曰："且有后命。天子使孔曰：'以伯舅耋老，加劳赐一级，无下拜。'"对曰："天威不违颜咫尺⑤。小白余敢贪天子之命，无下拜⑥？恐陨越于下，以遗天子羞⑦，敢不下拜！"下，拜；登，受⑧。

---

①　葵丘：宋地，在今河南省兰考县东。鲁僖公九年（前651），周、齐、宋、鲁、卫、郑、许、曹诸国会于其地。

②　王：周襄王。宰孔：宰是官职，孔是名，是周王室的太宰。齐侯：齐桓公。胙（zuò）：祭肉。天子赐异姓诸侯以祭肉，是一种优厚的礼遇。

③　有事于文、武：指祭祀于文王、武王之庙。

④　伯舅：因周王室与异姓诸侯通婚，所以称异姓诸侯为伯舅。

⑤　天威：天子的威严。违：距离。颜：颜面。咫：八寸。咫尺：形容距离很近。

⑥　小白：齐桓公名。余：齐桓公自称。命：宠命。

⑦　陨越：颠坠。遗天子羞：谓使天子蒙羞。

⑧　下：下阶。拜：拜谢。登：登堂。受：受胙。

【译文】

　　齐桓公同周室及诸侯在葵丘相会,重温从前的盟约,并且发展友好关系,这是合乎礼仪的啊。

　　周襄王派遣宰孔为代表,赐给齐桓公祭肉,说:"天子在文王、武王的庙里举行祭典,派我代表他将祭肉赐给伯舅。"齐桓公就要下阶拜谢。宰孔说:"还有别的诏命。天子指使我对您说:'因为伯舅年纪大了,又有功于王室,将礼遇提高一级,就不要下阶拜谢了。'"齐桓公回答说:"天子的威严就在眼前,我小白怎敢过分贪求天子的宠命而不下阶拜谢呢?不下阶拜谢,我恐怕要跌倒在堂下,致使天子为此蒙羞,岂敢不下阶拜谢!"

　　于是,齐桓公便下阶拜谢,又登堂恭受祭肉。

阴饴甥对秦伯　僖公十五年

【解题】

　　在秦晋韩原(今陕西省韩城市)之战中,晋军战败,晋惠公被擒。后经秦晋双方一些人的努力,秦答应讲和。阴饴甥作为晋国的外交代表与秦穆公相会于王城。针对秦穆公提出的问题,阴饴甥巧妙地构想出"君子""小人"的两种不同议论,显示出晋国的同仇敌忾之气。同时,又针对秦穆公的霸权心态,既予以颂扬,又晓以利害,终于使秦穆公释放惠公回国。吴曾祺谓阴饴甥的一席话"凭虚巧构,生出两种议论,使听者意解",又说子金之言"婉曲周至,足为千古词令之祖"。

十月，晋阴饴甥会秦伯，盟于王城①。秦伯曰："晋国和乎？"对曰："不和。小人耻失其君，而悼丧其亲②，不惮征缮，以立圉也③。曰：'必报仇，宁事戎狄④。'君子爱其君，而知其罪，不惮征缮，以待秦命⑤。曰：'必报德！有死无二。'以此不和。"

秦伯曰："国谓君何？"对曰："小人戚，谓之不免；君子恕，以为必归⑥。小人曰：'我毒秦，秦岂归君⑦？'君子曰：'我知罪矣，秦必归君。贰而执之，服而舍之，德莫厚焉，刑莫威焉。服者怀德，贰者畏刑，此一役也⑧，秦可以霸。纳而不定，废而不立，以德为怨，秦不其然⑨。'"秦

---

① 阴饴（yí）甥：人名，姓瑕吕，名饴甥，字子金，称瑕吕饴甥，亦称吕甥子金，又因食采于阴，或称阴饴甥，是晋国大夫。秦伯：秦穆公，名任好，秦国第十三代国君，是春秋霸主之一。王城：秦地，在今陕西省大荔县朝邑镇以东。

② 君：指晋惠公夷吾，在秦穆公扶持下立为晋侯，既立，背秦，在两国交战中为秦所虏，后又归国，是晋国第二十二代国君。亲：指在秦晋交战中丧生的亲属。

③ 不惮征缮：不怕征赋车马与缮治甲兵之艰难。圉（yǔ）：即太子圉，为惠公之子。曾在韩原战败后被秦扣留为人质，闻惠公病，逃归。惠公卒，圉继为晋第二十三代国君，被公子重耳派人杀害，在位仅五个月。

④ 必报仇，宁事戎狄：言宁肯服侍戎狄以为君，也要报秦之仇。

⑤ 以待秦命：以待秦让惠公归晋之命。

⑥ 不免：指晋惠公难免为秦所害。恕：此指互相体谅。归：指惠公归晋。

⑦ 我毒秦：指晋不报秦三施之德，因而伤害了秦国。三施，指秦国给予晋国三次援助，即惠公奔梁时求于秦，曾得到秦的支持；惠公被秦国收留，又在秦国扶持下归晋成为国君；晋国遇大饥荒，秦国从水路运输大批粮食支援晋国（即"泛舟之役"）。后来，秦遭饥荒，要求籴晋国的粮食，晋国拒绝出粮，并与秦国交战。

⑧ 贰：背叛，有二心。执：捉住，俘获。服：服罪。怀德、畏刑：言秦归晋侯，使诸侯都因此自知怀德畏刑。一役：指韩原之战。

⑨ 不其然：不会这样做。

伯曰："是吾心也。"改馆晋侯,馈七牢焉①。

【译文】

　　十月,晋国大夫阴饴甥到王城与秦穆公会盟。秦穆公问他:"晋国人和睦吗?"阴饴甥回答:"不和睦。小人为失去国君而感到羞耻,并为亲人战死而悼伤,于是不怕征敛资财和修治甲兵之艰难,拥立太子圉为君。他们说:'一定要报秦国的仇! 为此宁肯事戎狄为君主。'君子则爱戴国君,而又知道他的罪过,不怕征敛资财和修治甲兵之艰难,等待秦国的命令。他们说:'一定要报答秦国的恩德! 到死也没有二心。'因此不和睦。"

　　秦穆公又问道:"晋国人认为秦国会怎么处置晋君呢?"阴饴甥回答:"小人很忧戚,认为晋惠公在秦国难免受害;君子却能体谅秦国,认为秦国一定能放君主回来。小人说:'我们晋国忘恩负义,不报三施之德而伤害了秦国,秦国岂肯放君主归晋?'君子却说:'我国已经知罪,秦国一定能让君主回来。有二心就抓起来,服罪之后就释放他,德行没有比这更宽厚的了,刑罚没有比这更威严的了。服罪的感念秦国的恩德,有二心的惧怕秦国的刑罚。这样一来,秦国可以称霸诸侯了。秦国当初既送惠公回国而现在又不让他安定,甚至废掉他而不再立为国君,将恩德变为怨仇,我们以为秦国是不会这样做的。'"秦穆公听了这番话,便说:"对,这就是我的心意啊。"于是,便对晋侯厚礼优待,请他迁到国宾馆去住,并且馈赠他七牢之牲。

---

　　①　七牢:牛、羊、豕各一为一牢,七牢是牛、羊、豕各七。馈七牢:是加礼的表示。

子鱼论战　僖公二十二年

【解题】

宋襄公不顾本身国力疲弱,妄想当诸侯的霸主,企图复兴其祖先殷王的事业。在泓水与楚国决战时,他又想以"仁义"笼络人心,盲目地提出了一些迂腐的主张,拒不接受子鱼切合实际的建议,结果遭到惨败。

楚人伐宋以救郑①,宋公将战②。大司马固谏曰③:"天之弃商久矣④。君将兴之,弗可赦也已⑤。"弗听。及楚人战于泓⑥。

宋人既成列,楚人未既济⑦。司马曰⑧:"彼众我寡,及其未既济也,请击之!"公曰:"不可。"既济而未成列,又以告。公曰:"未可。"既陈而后击之,宋师败绩⑨。公伤股,门官歼焉⑩。

---

①　楚人伐宋以救郑:鲁僖公二十二年(前638)三月,郑文公曾前往楚国聘问,这使宋襄公大为怨怒,便发兵伐郑。楚国为了援救郑国而兴师袭宋。

②　宋公:宋襄公,是桓公之子,名叫兹父,春秋五霸之一,与楚在泓水决战,一败涂地。

③　大司马:指子鱼,即公子目夷,宋襄公庶兄。宋襄公即位,他以左师听政。

④　弃商:犹云弃宋,因为宋是商之后代。

⑤　弗可赦:言违天之罪,不可赦免。此处是讽谏宋襄公不要争战图霸,天既弃商,岂能凭恃武力兴复先王之业?

⑥　泓:水名,在今河南省柘(zhè)城县北(古宋地)。

⑦　列:战阵行列。既济:尽皆渡水。

⑧　司马:仍指子鱼。

⑨　陈:即"阵"。既陈(阵):已布好战阵。败绩:指军队大溃。

⑩　门官:守门之军官,出征时在国君左右护卫。歼:被歼灭。

国人皆咎公。公曰:"君子不重伤,不禽二毛①。古之为军也,不以阻隘也②。寡人虽亡国之余,不鼓不成列③。"子鱼曰:"君未知战。勍敌之人,隘而不列,天赞我也④。阻而鼓之,不亦可乎? 犹有惧焉。且今之勍者,皆吾敌也。虽及胡耇,获则取之,何有于二毛⑤? 明耻教战,求杀敌也⑥。伤未及死,如何勿重? 若爱重伤,则如勿伤;爱其二毛,则如服焉。三军以利用也;金鼓以声气也⑦。利而用之,阻隘可也。声盛致志,鼓儳可也⑧。"

【译文】

楚国为了援救郑国,就发兵攻打侵郑的宋国,宋襄公将要迎战。大司马子鱼极力劝谏说:"上天厌弃殷商由来已久了。尽管国君您想复兴图霸,但是,违天获罪,是不可宥赦的啊。"宋襄公不听从他的意见。于是,宋国与楚国大战于泓水。

宋国军队已经排成阵列,楚国军却还没全部渡河,司马

---

① 重(chóng)伤:对已伤之敌再加杀伤。禽:通"擒"。二毛:黑白发相间,指头发斑白、年龄大的人。

② 不以阻隘:指不迫人于险隘之地以求胜。阻,迫。隘,险隘之地。

③ 亡国之余:言宋乃已亡的商纣之后。鼓:指鸣鼓进攻。

④ 勍(qíng):强劲。隘而不列:困于险隘之地而不成阵列。赞:助。

⑤ 胡耇(gǒu):年老之称。耇:长寿老人。

⑥ 明耻教战:明确地指出刑戮之耻,教导将士战斗杀敌。

⑦ 三军以利用:言指挥军队作战,要掌握有利条件,争取优势,见机而动。金鼓以声气:指鸣金击鼓以壮声气,齐号令。古代鸣金(即钲)以收兵,击鼓以进军。

⑧ 声盛致志:指鼓声大盛能达到鼓舞斗志的目的。鼓,指击鼓进攻。儳(chán),不整齐貌,此指阵列不整齐的敌人。鼓儳:击鼓进攻队列不整齐的敌人。

子鱼说:"他们军队众多,我们人少,趁他们尚未全部渡河,请立刻下令攻击他们!"宋襄公说:"不行。"后来,楚军已全部渡河,但还没有布好阵列。子鱼又将情况告诉襄公,劝他下令出击,襄公还是说:"不行。"直等到楚军完全布好阵列,宋军才发动攻击,结果宋军遭到惨败。宋襄公伤了大腿,守门的近卫军官全被歼灭。

　　国人都责备襄公的过失。襄公说:"君子在作战中不对受伤者再加伤害,不擒获头发斑白的人。古代用兵的原则,不截击陷于险地的敌军。寡人虽是亡国的殷商后代,但是我要遵循古训,不进击未成阵列的敌军。"子鱼说:"国君您不懂得作战的原则。那强劲之敌陷于险地而又未成阵列,这是上天赞助我们啊。趁此机会截击他们,有何不可? 这样还恐怕不能取胜呢。况且今日的强劲之军都是我们的敌人。即使其中有的人已到老年,在战斗中也要擒获他,对头发斑白的敌人有什么舍不得的呢? 申明刑戮之耻,教导将士英勇战斗,就是为了多杀敌人啊。敌人受伤而没有死,怎么不可再杀伤他呢? 如果爱护他们,不再杀伤,一开始就该不伤害他;爱护那头发斑白的人,不加擒获,就该早早服从他。指挥三军作战的原则,是要掌握有利条件,见机而动啊;鸣金击鼓,是用来壮声气、齐号令啊。既掌握了有利条件,见机而动,那么,在险隘之地截击敌军是可以的啊。鼓声大盛能有力地鼓舞斗志,那就可以对立足未稳、阵列不整的敌军发动攻击。"

寺人披见文公　僖公二十四年

【解题】

　　晋惠公旧臣吕甥、郤芮策划杀害晋文公,寺人披得知此事,想密告文公,而文公犹不释旧怨,拒绝见他,寺人披极力为自己辩解,并举齐桓公不念旧恶而起用管仲的事例,说服了文公。被召见后,寺人披将吕甥、郤芮的密计报告了文公,文公立即采取了相应的对策,因而得免于难。

吕、郤畏逼,将焚公宫而弑晋侯①。寺人披请见,公使让之,且辞焉②,曰:"蒲城之役,君命一宿,女即至③。其后余从狄君以田渭滨,女为惠公来求杀余,命女三宿,女中宿至④。虽有君命,何其速也!夫袪犹在,女其行乎⑤。"对曰:"臣谓君之入也,其知之矣⑥。若犹未也,又将及难⑦。君命无二,古之制也。除君之恶,唯力是视。蒲人、狄人,余何有焉⑧?今君即位,其无蒲、狄乎⑨?齐桓公置射钩而使管仲相,君若易之,

① 吕、郤(xì):指吕甥、郤芮,都是晋惠公、晋怀公的亲信大臣。畏逼:惧文公将加逼害。晋侯,指新继位的重耳,即晋文公。

② 寺人披:寺人是古代宫廷的内官,相当于后世的宦官。披,人名。让:责备。辞:拒绝。

③ 蒲城之役:指鲁僖公五年(前655),晋献公派寺人披攻蒲,收捕重耳。一宿:指越一宿,即第二天。即至:当日到达。女:汝。

④ 狄君:狄国之君。在重耳由蒲城奔狄时,狄君曾留他住了十几年。有一次重耳跟从狄君在渭水之滨打猎,晋惠公派寺人披来求狄君杀害重耳,未成。中宿:次宿。

⑤ 袪(qū):袖。袪犹在:指蒲城之役,在重耳逾垣逃走时,被寺人披斩断的衣袖犹在,表示不忘旧仇。

⑥ 入:言重耳入晋为君。知之:指知其为君之道,并知人臣为君除害之理。

⑦ 及难:遭到祸患。

⑧ 蒲人、狄人,余何有焉:言献公时重耳在蒲,即为蒲人;在惠公时重耳在狄,即为狄人,对我有何关系呢?

⑨ 其无蒲、狄乎:怎么知道没有在蒲城、狄国遇到的那种危难呢?

何辱命焉①？行者甚众，岂唯刑臣②？"

公见之，以难告③。晋侯潜会秦伯于王城④。己丑晦，公宫火。瑕甥、郤芮不获公，乃如河上，秦伯诱而杀之⑤。

【译文】

晋惠公死后，旧臣吕甥、郤芮担心晋文公会迫害他们，于是秘密策划，要放火烧文公的宫室，并杀死文公。寺人披此时求见文公，文公派人传话责备他，并拒绝接见，说："以前在蒲城的那件事，献公命令你过一宿到达，你竟然在当天就赶到。后来，我跟从狄君到渭河之滨打猎，你为惠公来求狄君杀我，惠公命令你过三宿到达，你却又在第二宿提前赶到。虽有国君之命，你为何来得这么快呢？当年在蒲城被你砍破了的衣袖还在呢，你还是走吧。"寺人披回答说："臣以为君主入晋继位得国之后，应该就知道君臣之道了。如果还不知道，恐怕又将遭到灾祸了。人臣接受君命要忠贞不贰，这是自古以来的制度啊。为君主除恶，应全力以赴。当初，您已经算是蒲人和狄国人了，蒲人和狄人，跟我有什么关系呢？

---

① 置射钩：鲁庄公九年（前685）夏，伐齐，并纳公子纠（齐桓公之庶兄），秋季，鲁国军队攻到齐国的乾时。当时，管仲曾帮助公子纠争夺政权，在战斗中射中齐桓公的带钩。此后，齐桓公却置不问罪，表现了他的豁然大度。易之：指一反桓公之道，而不忘旧仇。何辱命焉：言"我将自行离去，又何劳君命呢"？

② 行者甚众：言"如果文公念人之旧恶，则畏罪而去者甚多"。刑臣：刑余之臣，寺人是受过宫刑的阉人，所以自称刑臣。

③ 以难告：寺人披将吕、郤之密谋报告了文公。

④ 晋侯潜会秦伯于王城：晋文公在王城秘密会见了秦穆公，并在其地避难。王城：秦地名，在今陕西省大荔县朝邑镇东。

⑤ 己丑：二十九日。晦：阴历每月最后一天。鲁僖公二十四年（前636）三月二十九日是月底，故称己丑晦。河：黄河。（王城地近黄河）

现在,君主您已经就位,难道就不会有在蒲、狄那样的事情发生吗?从前,齐桓公对管仲曾射中他的带钩一事置而不问,反而重用管仲为相。君主如果一反齐桓公的做法,念念不忘旧仇,那么,我自己会走的,何劳国君下令呢?恐怕为避祸而走的人很多,岂止我一人而已呢?"

晋文公为寺人披这番话所感动,就召见了他。寺人披就把即将发生的祸乱报告了文公。三月,晋文公在王城暗中会见了秦穆公,并在那里避难。到了三月底,大火烧了文公的宫室。吕甥、郤芮在宫中没有搜捕到文公,就赶到黄河上,秦穆公定计将他们诱来一齐杀掉。

介之推不言禄 僖公二十四年

【解题】

当晋文公还国为君之时,随其出亡的群臣都纷纷争功求禄,唯独介之推却不居功邀赏,并与其母偕隐于绵山。

晋侯赏从亡者①。介之推不言禄,禄亦弗及②。推曰:"献公之子九人,唯君在矣。惠、怀无亲,外内弃之③。天未绝晋,必将有主。主晋祀者,非君而谁④?天实置之,而二三子以为己力,不亦诬乎⑤?窃人之财,犹

---

① 晋侯:晋文公。从亡:随从出亡。

② 介之推:姓介名推,"之"是语助,又作"子"。他是追随晋文公出亡十九年的人。在晋文公对从亡诸臣论功行赏时,他却不居功邀赏,与其母偕隐于绵山而死。禄亦弗及:指介之推不自求禄赏,晋文公也忽略了他,因而在颁禄时未及介之推。

③ 惠:晋惠公。怀:晋怀公。无亲:指众叛亲离。外:指诸侯国。内:指国内臣民。

④ 主晋祀:主持宗庙之祭祀,也就是指继位享国。

⑤ 置:立。二三子:指从亡诸臣。诬:欺骗。

谓之盗；况贪天之功，以为己力乎？下义其罪，上赏其奸，上下相蒙，难与处矣①！"

其母曰："盍亦求之？以死谁怼②？"对曰："尤而效之，罪又甚焉③。且出怨言，不食其食④。"其母曰："亦使知之，若何？"对曰："言，身之文也。身将隐，焉用文之⑤？是求显也。"其母曰："能如是乎？与汝偕隐。"遂隐而死。

晋侯求之，不获，以绵上为之田⑥。曰："以志吾过，且旌善人⑦。"

【译文】

晋文公归国为君之后，赏赐随他出亡的群臣。唯独介之推没有主动表白自己的功劳以求禄位，禄位也没他的份。介之推说："献公有九个儿子，八个已死去，只有文公一人还在。惠公、怀公，没有人亲近，国外诸侯和国内臣民都厌弃他们。看来上天还不想让晋国绝后，国家定有明主。能主持宗庙祭典而继承君位的，不是文公又是谁呢？上天要立文公为君，

---

① 下义其罪：意谓贪天之功，本是一种罪过，在下者反将其罪过当作正当的行为。上赏其奸：意谓贪天之功，本是奸邪之事，在上者反以为推立之赏。上下相蒙：意谓在上者不究其奸而赏之，在下者不自知其罪而邀功求赏，上下互相欺蒙。处：指同处于朝。

② 盍：何不。怼(duì)：怨恨。

③ 尤：责备。效：仿效。

④ 怨言：指对"上下相蒙"而发的怨言。不食其食：不应再食其禄赏。

⑤ 文：文饰。焉：安，何。是求显也：谓伪装退隐，实则有追求显达之心。

⑥ 绵上：晋地名，在今山西省介休市介山下，又叫绵山。为之田：指以绵上之地为介之推私田，以供祭祀。

⑦ 志吾过：记住我颁赏忘贤的过失。旌善人：表彰介之推这类有功而不贪的善人。

而这些随从流亡的人们却居为自己的功劳,这不是欺骗吗?窃取人家的财物,尚且叫作盗贼,何况贪占上天之大功,而当作自己的功劳呢?在下的臣子把欺妄之罪当作合理的事;在上的国君对奸邪之人加以奖赏,上下互相欺蒙,我难以和他们同处于朝了!"

介之推的母亲说:"你何不也去求赏呢?就这样死了,又能怨谁呢?"介之推回答:"明知其错而又去仿效,罪就更大了。况且我已经口出怨言,就更不应再接受那禄赏。"他的母亲又说:"也该让人们知道你的功劳,你认为如何?"他又回答:"言辞,是人身的文饰啊。我自身要退隐了,何用再加文饰呢?如果再加文饰,这就是又有自求显达之心啊。"他的母亲最后说:"真能这样吗?那么,我就和你一同隐居起来吧。"于是,他们母子就隐居山林而死。

晋文公派人各处寻觅介之推,没有找到,他就颁赐绵上之地作为介之推的祭田。晋文公说:"借此记下我颁赏忘贤之过失,并表彰有功而不贪的善人。"

展喜犒师　僖公二十六年

【解题】

齐孝公兴师伐鲁,鲁僖公派遣大夫展喜迎上前去,犒劳齐师。展喜援引先王之遗命及齐国祖宗辅周之遗德,以当时的道义来说服齐侯,并申明鲁国所恃者乃以为齐国不会"弃命废职"。由于展喜的机敏善辩,据理应对,鲁国终于取得了外交上的胜利,遂使齐侯还师。

齐孝公伐我北鄙①。公使展喜犒师②，使受命于展禽③。

齐侯未入竟，展喜从之④。曰：“寡君闻君亲举玉趾，将辱于敝邑，使下臣犒执事⑤”。齐侯曰：“鲁人恐乎？”对曰：“小人恐矣，君子则否。”齐侯曰：“室如县罄，野无青草，何恃而不恐⑥？”对曰：“恃先王之命⑦。昔周公、大公股肱周室，夹辅成王⑧。成王劳之，而赐之盟，曰：‘世世子孙无相害也！’载在盟府，大师职之⑨。桓公是以纠合诸侯，而谋其不协，弥缝其阙，而匡救其灾，昭旧职也⑩。及君即位，诸侯之望曰：‘其率桓之功⑪。’我敝

---

①　我：鲁人自称。北鄙：北部边境。

②　公：指鲁僖公。展喜：鲁国大夫，公子展之后。犒师：此处是鲁国为缓解齐国的进犯，派展喜迎齐师而犒劳之。

③　使受命于展禽：让展喜向展禽请教劳师之辞令。展禽，名获，为展喜之兄，也是鲁国大夫，食邑于柳下，谥曰“惠”，故又称柳下惠。

④　竟：即“境”字。展喜从之：指展喜迎上前去，从见齐侯。

⑤　玉趾：犹言玉步，对人行止之敬辞。辱于敝邑：屈驾辱临我国境。下臣：展喜自谦之辞。执事：本指左右执事之人，用作对对方的敬称。

⑥　室如县罄(xuán qìng)：比喻一无所有。县，即“悬”字，悬垂之意。罄，通“磬”，石制的平板形乐器，中间屈曲像人字形。恃：仗恃，凭借。

⑦　恃先王之命：言鲁国所仗恃的是有先王之命，因此不恐。先王之命，指下文所说的成王赐盟。

⑧　周公：即周公旦，鲁侯的祖先。大公：齐侯的祖先。大，通“太”，即太公望。股肱周室：指周公、太公如同股肱那样，在周王左右成为有力的辅佐。股，大腿。肱，胳膊上从肩到肘的部分。夹辅：在左右辅佐。

⑨　载：载书，指盟约。盟府：掌管盟约文书档案的官府。大(tài)师：执掌盟约之官。职：掌，主管。

⑩　桓公：齐桓公。谋其不协：对诸侯中有不和谐者，则会盟以图谋之。弥缝：弥补，弥合。阙：缺失。匡救其灾：对诸侯之灾祸加以救助。匡：救助。昭旧职：昭明太公夹辅周室之旧职。职：职司，职责。

⑪　率：遵循，继承。功：功业。

邑用不敢保聚①。曰：'岂其嗣世九年而弃命废职，其若先君何②？君必不然。'恃此以不恐。"

　　齐侯乃还。

【译文】

　　齐孝公要攻伐鲁国北部边境。鲁僖公派遣展喜前去犒劳齐军，又让展喜行前向展禽请教犒师时的辞令。

　　齐侯统率大军还未进入鲁国国境，展喜就迎上前去，跟随着齐侯。展喜说："我们国君听说您亲自行动，将要屈驾光临敝国，所以就派遣下臣前来犒劳诸位的侍从们。"齐侯说："鲁国人都很害怕吧？"展喜回答说："小人害怕，君子却不然。"齐侯说："你们房舍中像悬挂的石磬一样，空无所有，田野里连青草也没有，凭恃什么而不害怕？"展喜又回答说："我们仗恃的是先王的遗命。从前周公、太公像股肱那样有力地维护周王朝，在左右辅助成王。成王劳赉他们，而赐命订立盟约，说：'大家的世代子孙都应友善，不要互相侵害啊！'这盟约都保存在盟府之中，由太师掌管着它。齐桓公所以纠合诸侯，而谋求解决他们不和谐的问题，弥补他们的缺漏疏失，而救助他们所受的灾祸，就是为了发扬光大齐太公的职责啊。及至您即位为君，诸侯都寄予希望，说：'但愿他能继承齐桓公的功业。'我们鲁国因而不敢缮治甲兵，囤积粮秣，筑城防守。大家都说：'难道他才继位九年，就丢开使命，放弃职责吗？他对先君怎么交代呢？他一定不会这样做的。'我国的君子们就是凭恃这些而不恐惧。"

　　于是齐侯只好撤回军队。

---

　　①　用：因。保：指修筑城池防守。聚：指缮治甲兵、囤积粮草，或指聚众。

　　②　嗣世：嗣继桓公之君位。九年：指即位仅九年。弃命废职：弃王命，废旧职。其若先君何：指孝公何以面对先君太公、桓公呢？

烛之武退秦师 僖公三十年

【解题】

　　秦、晋两国联合围攻郑国，郑文公派遣能言善辩的烛之武前去说服秦穆公。烛之武利用秦、晋之间的矛盾，进行分化，向秦穆公评析舍郑对秦有利、灭郑对秦不利的道理，终于说服了秦穆公，不仅使他放弃了联晋灭郑的图谋，而且又决定派兵戍郑御晋。烛之武在国家危急存亡之秋，能够临危不惧，说服强敌，解除国难，表现了他机智善辩的外交才能。

　　晋侯、秦伯围郑①，以其无礼于晋②，且贰于楚也③。晋军函陵，秦军氾南④。

　　佚之狐言于郑伯曰⑤：“国危矣，若使烛之武见秦君，师必退⑥。”公从之⑦。辞曰⑧：“臣之壮也，犹不如人；今老矣，无能为也已⑨。”公曰：“吾不能早用子，今急而求子，是寡人之过也。然郑亡，子亦有不利焉。”许之⑩。

---

　　① 晋侯：晋文公。秦伯：秦穆公。

　　② 无礼于晋：指晋文公出亡路过郑时，郑文公没有以礼相待。

　　③ 贰于楚：指郑国对晋国怀有二心，而对楚国友好。

　　④ 军：在此作动词，驻扎军队。函陵：郑地名，在今河南省新郑市北。氾（fán）南：郑地名，指东氾水之南，在今河南省中牟县南。按：氾，《左传》原本误作“氾（sì）”，今据阮元《校勘记》改。

　　⑤ 佚之狐：郑大夫。姓佚名狐，“之”是语助词。下文烛之武，“之”字同例。郑伯：郑文公。

　　⑥ 烛之武：郑大夫。

　　⑦ 公：郑文公。

　　⑧ 辞：推辞，辞谢，谢绝。

　　⑨ 也已：犹“矣”，语气助词，多表示“已然”的陈述语气。

　　⑩ 许之：指烛之武答应了郑文公。

　　夜缒而出①。见秦伯，曰："秦、晋围郑，郑既知亡矣！若郑亡而有益于君，敢以烦执事②。越国以鄙远，君知其难也③，焉用亡郑以陪邻④？邻之厚，君之薄也⑤。若舍郑以为东道主⑥，行李之往来，共其乏困，君亦无所害⑦。且君尝为晋君赐矣⑧；许君焦、瑕⑨，朝济而夕设版焉⑩，君之所知也。夫晋何厌之有⑪？既东封郑，又欲肆其西封⑫，若不阙秦，将焉取之⑬？阙秦以利晋，唯君图之⑭。"

---

　　①　缒（zhuì）：此指用绳索缚住身体，将人从城上放下去。

　　②　敢：敬辞。烦：烦劳。执事：本指侍从左右执行事务之臣，此处为了表示尊敬对方，不敢直陈，只委婉地称呼"执事"而向其陈述，实际是指秦穆公。

　　③　越国：越过晋国。秦在西，晋在中，郑在东，秦若袭郑，必须越过晋国。鄙远：指以郑国辽远的地方作为秦国的边邑。鄙：边邑，此处作动词，"作为边邑"。

　　④　焉：安，何。亡郑：消灭郑国。陪：增益。邻：邻国，指晋国。

　　⑤　厚：指国力雄厚。薄：薄弱，削弱。

　　⑥　舍：舍弃。舍郑：指放弃消灭郑国的打算。东道主：东方道路上的居停主人（因郑在秦东）。后世以东道泛称主人。

　　⑦　行李：又作"行理"，使者。共：通"供"。乏困：指资粮方面的匮乏。

　　⑧　君尝为晋君赐：言秦穆公曾以武力支持晋惠公回国做了国君，对晋君施过恩惠。

　　⑨　许君焦、瑕：指晋惠公曾答应割河外五邑（包括焦、瑕）给秦国。焦，故地在今河南省三门峡市陕州区老城东北侧。瑕，故地在今河南省灵宝市西北。

　　⑩　济：渡河。版：筑墙版。设版：指修筑城墙。朝济而夕设版：指早上晋惠公才渡河回国为君，傍晚就筑城拒秦。这是说晋惠公自食其言，不愿割地。"且君"四句，是借以说明晋国反复无常，不可信赖。

　　⑪　厌：通"餍"，满足。

　　⑫　封：疆界，此处用作动词。东封郑：以郑国为它（晋国）东部的边界。肆：放纵，扩张。肆其西封：指晋国扩张西部疆界。

　　⑬　阙秦：使秦国亏损土地，即侵吞秦国土地。阙（jué）：亏损。焉：何，何处。

　　⑭　唯：在句首表示希望语气。图：谋划，考虑。

秦伯说①,与郑人盟。使杞子、逢孙、杨孙戍之②,乃还。

子犯请击之③。公曰④:"不可。微夫人之力不及此⑤。因人之力而敝之,不仁⑥;失其所与,不知⑦;以乱易整,不武⑧。吾其还也。"亦去之⑨。

【译文】

晋文公联合秦穆公围攻郑国,是因为怪罪郑国从前对晋文公不以礼相待,并且对晋怀有二心,而对楚国友好。当时,晋国驻军于函陵,秦国驻军于氾南。

佚之狐对郑文公说:"郑国的处境很危急了!如果能派烛之武去见秦穆公,一定能说服他撤退军队。"郑文公听从了他的话,将烛之武召来。烛之武辞谢说:"臣在壮年时,尚且不如别人;现在老了,更没有什么作为了!"郑文公表示歉意说:"我不能在早先重用您,而现在是国家危急之时,才求您帮助,这是寡人的过错啊。然而郑国灭亡了,对您也不利啊!"烛之武就答应了他的要求。

---

① 说(yuè):通"悦"。

② 杞子、逢孙、杨孙:均为秦之大夫。逢(páng),"逢"之本字。按:杨,一作"扬"。戍:戍守。

③ 子犯:晋大夫狐偃的字。之:代指秦国。

④ 公:晋文公。

⑤ 微夫人之力不及此:若不是(秦穆公)那个人的大力帮助,我就到不了归晋为君的这个地步。微,非,犹言"若不是"。夫,指示代词,"那个"。人,指秦穆公。晋文公重耳是晋献公次子,献公宠爱骊姬,杀死太子申生,重耳逃亡在外十九年,后来由于秦穆公的支持,归晋为君。

⑥ 因:凭借,依靠。敝:败坏,损害。不仁:不仁道。

⑦ 所与:与国、友好国家,盟国,此指秦。知:通"智",明智。

⑧ 以乱易整:以分裂代替联合。乱,指秦晋冲突,造成分裂。整,指秦晋步调一致,联合行动。不武:不威武。

⑨ 去:离开。之:代称郑国。

夜晚,烛之武用绳子从城墙上吊下去出了城。见了秦穆公,烛之武就说:"秦、晋两国军队围攻郑国,郑国已自知必亡了。如果灭掉郑国而对您有好处,那就请将此事烦劳贵国的执事吧。越过晋国而占领远方的郑国作为东部边境,您一定知道它的困难;您怎能消灭郑国而增益邻邦的土地呢?邻邦国力雄厚了,就等于您的国力削弱了。倘若放弃灭郑的打算,而让郑国做东道主人,您的使者往来,我们郑国可以随时供给他们所缺乏的粮秣物资,我看对您也没有什么害处。况且,您曾经对晋惠公施以恩赐,他也曾答应把焦、瑕二邑割让给您。然而,他早上才渡河归晋,傍晚就筑起防御工事了,这是您所知道的啊。那晋国的贪欲怎有满足之时?它已经将郑国当作东部的疆界,又想扩张西部的疆界,如不侵害秦国,又将向谁夺取土地呢?损害了秦国却使晋国受益,还是希望您好好考虑这件事吧!"

秦穆公听了很高兴,就与郑国订立盟约,派遣杞子、逢孙、杨孙在郑国戍守,自己就引军回国。

子犯力谏晋文公下令攻击秦军。晋文公说:"不行。如果不是这位秦君的大力支持,我就不会达到这个地步。依靠人家的力量成就事功,而又去损害他,是不仁的;丧失友好的盟国,是不明智的;以关系破裂代替联合,是不威武的。我们还是回去吧。"于是晋军也撤离了郑国。

蹇叔哭师 僖公三十二年

【解题】

霸主晋文公刚死,秦穆公急于争当霸主,遂轻信杞子从郑国送来的情报,而不听老谋深算的蹇叔的忠谏,一意孤行,劳师袭击远方的郑国。老臣蹇叔为此一哭再哭,力陈"劳师袭远"必遭失败的道理。其后,在"殽之战"中证明了蹇叔预见的正确。

杞子自郑使告于秦曰①:"郑人使我掌其北门之管②,若潜师以来③,国可得也④。"穆公访诸蹇叔⑤。蹇叔曰:"劳师以袭远⑥,非所闻也。师劳力竭,远主备之,无乃不可乎⑦? 师之所为,郑必知之;勤而无所,必有悖心⑧,且行千里,其谁不知!"公辞焉⑨,召孟明、西乞、白乙,使出师于东门之外⑩。蹇叔哭之曰:"孟子! 吾见师

① 杞子:即前篇《烛之武退秦师》中秦穆公派驻郑国的秦大夫之名。使:派人。
② 管:锁钥。
③ 潜师以来:秘密地发兵来袭击郑国。
④ 国:郑国。
⑤ 访:咨询。诸:之于。蹇(jiǎn)叔:秦国大夫,是一个老臣。
⑥ 劳师:使军队劳苦。袭远:偷袭远方的国家。
⑦ 远主:远方的君主。无乃:大概,可能。
⑧ 无所:指无所得。悖心:怨恨叛离之心。
⑨ 辞:拒绝,不接受。
⑩ 孟明:姓百里,名视,是百里奚之子。西乞:名术。白乙:名丙。以上三人都是秦的将领。东门:秦之国都东门,当时秦国定都于雍(今陕西省扶风县)。

之出而不见其入也!"公使谓之曰:"尔何知? 中寿①,尔墓之木拱矣②!"

蹇叔之子与师③。哭而送之④,曰:"晋人御师必于殽⑤。殽有二陵焉⑥:其南陵,夏后皋之墓也⑦;其北陵,文王之所辟风雨也⑧。必死是间⑨,余收尔骨焉!"

秦师遂东⑩。

【译文】

杞子从郑国派人向秦国报告说:"郑国让我掌管北门的锁钥,如果秘密地发兵前来偷袭,就能取得郑国。"秦穆公为此事向蹇叔咨询。蹇叔说:"派军队辛辛苦苦去袭击远方的国家,从来没听说这样的事。军队辛苦劳累而精疲力竭,远方的君主却早有准备,这样做大概不行吧? 我军的行动,郑国一定知道,军队劳苦而一无所得,一定会产生怨恨的情绪。况且军行千里,谁人不知!"秦穆公拒不接受劝谏,立即召来大将百里孟明、西乞术、白乙丙,命令他们统率大军从国都东门外出发。蹇叔哭着说:"孟明啊! 我只能看到军队出发而不能看到它回来了!"秦穆公派人对蹇叔说:"你懂得什么?

---

① 中寿:一般老者的寿命,六七十岁。此处是诅咒蹇叔活到中寿之年就该死去。

② 拱:两手合抱。

③ 与:参与。

④ 哭而送之:主语是蹇叔,宾语"之",指蹇叔之子。

⑤ 御:抵御,伏击。殽(xiáo):通"崤",山名,地势险要,在今河南省洛宁县西北。

⑥ 二陵:指两座山冈。

⑦ 夏后皋:夏天子皋,夏桀的祖父。

⑧ 辟(bì):通"避"。

⑨ 间:指二陵之间。

⑩ 遂:接着就。东:向东(进军),东进。

如果活到中寿就死去的话,你墓旁的树木也该长到两手合围那么粗了!"

当时,蹇叔的儿子也参加了这支军队。蹇叔哭着送他,说:"晋国必定在殽山一带狙击我军。殽山有两座山冈,那南面的山冈,是夏天子皋的坟墓所在啊;那北面的山冈,是周文王巡行时避风雨的地方啊。你们一定会死在那两座山冈之间,我到那里去收你的尸骨吧。"

秦国的军队接着就向东进发了。

卷二

郑子家告赵宣子 文公十七年

【解题】

　　郑穆公时期,郑国经常受到晋国的威逼,晋灵公在外交场合也对郑国施加压力,不肯会见郑穆公。郑子家致函晋卿赵盾,一面陈述郑国君臣先前如何屡次朝见晋君,以礼事晋;一面又严词申明:假如晋国恃强凌弱,肆无忌惮,郑国将忍无可忍,铤而走险,联楚抗晋。郑子家的义愤之气与凌厉的词锋折服了对方,迫使晋国派代表到郑国议和。

　　晋侯合诸侯于扈①,平宋也②。于是晋侯不见郑伯③,以为贰于楚也④。郑子家使执讯而与之书,以告赵宣子曰⑤:“寡君即位三年,召蔡侯而与之事君⑥。九月,蔡侯入于敝邑以行⑦,敝邑以侯宣多之难,寡君是以不得

----

　　① 晋侯:晋灵公。扈(hù):郑邑,故地在今河南省原阳县西北。合诸侯于扈:鲁文公十五年(前612)冬十一月,晋侯会宋公、卫侯、蔡侯、陈侯、郑伯、许男、曹伯于扈。
　　② 平宋:跟宋国和解。宋昭公无道,鲁文公十六年(前611)十一月,被宋襄公夫人派人杀死。为此,晋、卫、陈、郑联军曾于鲁文公十七年(前610)春攻宋,质问宋国何以杀死国君,但是仍立了宋文公而回国。随后,晋国为了修复与宋国的关系,就借黄父阅兵的机会,会合诸侯于扈,以商议与宋国讲和。
　　③ 郑伯:郑穆公。
　　④ 贰于楚:指郑对晋有二心,而对楚友好。
　　⑤ 郑子家:公子归生之字,郑之执政大夫。执讯:掌通讯之官。赵宣子:即晋卿赵盾。
　　⑥ 蔡侯:蔡庄公。君:晋襄公。召蔡侯而与之事君:言当郑穆公三年之时,蔡未服晋,所以郑伯召蔡侯而与之事晋。
　　⑦ 行:前往朝晋。

与蔡侯偕①。十一月,克减侯宣多而随蔡侯以朝于执事②。十二年六月,归生佐寡君之嫡夷③,以请陈侯于楚而朝诸君④。十四年七月,寡君又朝,以蒇陈事⑤。十五年五月,陈侯自敝邑往朝于君⑥。往年正月,烛之武往朝夷也⑦。八月,寡君又往朝。以陈、蔡之密迩于楚而不敢贰焉,则敝邑之故也⑧。虽敝邑之事君,何以不免⑨? 在位之中⑩,一朝于襄,而再见于君⑪,夷与孤之二三臣相及于绛⑫。虽我小国,则蔑以过之矣⑬。今大国曰:'尔未逞吾志。'敝邑有亡,无以加焉⑭。古人有言曰:'畏首

①　侯宣多:郑大夫。因拥立穆公之功,恃宠专权而作乱。偕:同行。

②　克减:剪除,灭绝。执事:此处是对晋侯的敬称。见《烛之武退秦师》注。

③　归生:郑子家自称其名。寡君之嫡夷:指郑穆公之太子,名夷,字子蛮,即郑灵公。

④　以请陈侯于楚:陈侯(共公)打算朝晋,却又畏楚,所以郑子家辅太子夷,先为之请命于楚,而又与陈侯同朝于晋。君:指晋灵公。

⑤　蒇(chǎn):成。以蒇陈事:指帮助陈共公完成朝晋之事。

⑥　陈侯:此指陈灵公。君:指晋灵公。

⑦　往朝夷:是"夷往朝"之倒装语。烛之武往朝夷:言郑大夫烛之武辅佐太子夷前往朝晋。

⑧　"以陈、蔡之密迩于楚"二句:谓陈、蔡二国与楚为近邻,却能朝晋,不敢对晋有二心,这都是由于郑国的力量。

⑨　不免:指不免于罪。

⑩　在位之中:指郑穆公在君位之时。

⑪　一朝于襄:朝见晋襄公一次。再见于君:两次朝见晋灵公。

⑫　二三臣:指烛之武及子家等。相及于绛:言不断地到晋都朝见晋侯。绛,晋都,在今山西省曲沃县西南。

⑬　蔑以过之:指事大国之礼十分周全,无过于此。蔑,无。

⑭　有亡:唯有灭亡。无以加:指事晋之礼不能再加。

畏尾，身其余几①？'又曰：'鹿死不择音②。'小国之事大
国也，德则其人也③；不德则其鹿也④，铤而走险⑤，急何
能择？命之罔极，亦知亡矣⑥。将悉敝赋以待于儵⑦，唯
执事命之⑧！文公二年，朝于齐⑨。四年，为齐侵蔡⑩，
亦获成于楚⑪。居大国之间而从于强令，岂其罪也⑫？
大国若弗图，无所逃命⑬。"

晋巩朔行成于郑⑭，赵穿、公婿池为质焉⑮。

---

① 畏首畏尾，身其余几：原意是说："既畏首又畏尾，一身不畏之处
尚余多少？"此处比喻郑国既畏晋又畏楚，遍处困境，所畏者又有什么？
② 鹿死不择音：鹿在死时顾不得择取庇荫之所。比喻郑国被晋国
威逼濒亡，将不择所从之国。音，借作"荫"。
③ 德则其人也：言大国以德加己，则以人道相事。
④ 不德则其鹿也：言大国不加德而侵凌，则以"鹿死不择音"自比。
⑤ 铤而走险：指郑国在不得已的情势下，将采取应急之策，联楚以
拒晋。铤，疾走貌。
⑥ 命之罔极，亦知亡矣：言晋对郑责命无止境、无准则，郑国也自
知不免灭亡之祸。
⑦ "将悉敝赋"句：言将征集全国的兵力，在晋、郑边境准备迎敌。
儵（chóu，又读 tiáo）：晋、郑边境之地。
⑧ 唯执事命之：请您的左右下命令。
⑨ 文公：郑文公。朝于齐：指郑文公于二年（前671）六月曾朝于
齐桓公。这是追叙往事。下同。
⑩ 四年：郑文公四年（前669）。为齐侵蔡：指郑国曾随齐国侵蔡
（蔡是楚之与国）。
⑪ 亦获成于楚：郑为齐侵蔡，本应获罪于楚，然而又与楚订了
和约。
⑫ 从于强令：屈从于大国强硬的命令，是委曲求全，迫不得已。岂
其罪也：难道是郑国的罪过吗？
⑬ "大国若弗图"二句：言晋国若不考虑体恤郑国，郑国就不能逃
于见讨之罪，只好陈兵待命。这是表明与晋对抗的决心。
⑭ 巩朔：晋大夫。行成于郑：前往郑国议和。
⑮ 赵穿：晋卿。公婿池：晋侯女婿。质：人质。

【译文】

晋灵公在扈邑与诸侯会盟，是为了跟宋国和解。当时，晋灵公不肯会见郑穆公，是由于怪罪他对晋国有二心而对楚国友好。大夫郑子家派通讯之官传达书信给晋卿赵盾，信中说："寡君即位三年，就曾召蔡侯一起服侍晋襄公。九月，蔡侯途经敝国前去朝晋。当时，敝国因有侯宣多之乱，寡君未能与蔡侯同行。十一月，剪除了侯宣多之乱，寡君就继蔡侯之后去朝晋。十二年六月，归生辅佐寡君的太子夷，曾请命于楚而与陈侯俱朝于晋。十四年七月，寡君又亲往朝拜，以助陈侯完成朝晋之事。十五年五月，陈侯刚即位，就从敝国往朝晋君。去年正月，烛之武又辅佐太子夷往朝于晋。八月，寡君又去朝见。陈、蔡两国与楚为近邻，而不敢对晋有二心，就是由于敝国的缘故啊。虽然敝国这样殷勤地服侍晋君，为何仍不免于罪咎呢？自寡君居君位，一次朝见贵国襄公，两次朝见今晋侯。太子夷与我君的几位臣下，时常到绛城朝见。虽然我们是小国，但是侍奉大国之礼没有比这更周全的了。现在，大国却说：'郑国还没有使我称心满意。'这样，敝国只有等待灭亡，不可能再增加事晋之礼了。古人说：'前瞻后顾，畏首畏尾，一身还余几何？'又说：'野鹿濒死时无暇选择庇荫之所。'小国侍奉大国，如果大国以德相加，小国就可以用人的身份对待大国；如果不以德相加，小国就只好像'不择荫'的鹿那样了，只能急闯险关，怎顾得选择手段？晋国责令苛刻，没有止境，我们也自知面临亡国，就干脆把我国的军队全部派出，在晋、郑边境的儵地等着你们，就请您的左右下命令吧。郑文公二年，我国朝见齐桓公。四年，助齐国侵伐蔡国，同时又与楚国订立和约。居于大国晋、楚之间，屈从大国用强力压迫的命令，难道是小国的罪过吗？大国如不体恤郑国，我们就毫不回避被讨伐之罪，坚决陈兵待命！"

于是，晋国就派大夫巩朔前往郑国议和，并且将晋卿赵穿、公婿池作为人质留在郑国。

王孙满对楚子 宣公三年

【解题】

鼎，在当时是王权的象征。楚庄王陈兵周朝边境，并询问鼎之大小轻重，大有取代周王的意图。王孙满站在维护周王室的立场，讲述了九鼎的来源和作用，阐明了王者得天下"在德不在鼎"的道理，回击了楚庄王，终于使他无辞而退。王孙满的话含蓄而有分量，条理周密，滴水不漏，表现出他的才华。

楚子伐陆浑之戎①，遂至于雒②，观兵于周疆③。定王使王孙满劳楚子④。楚子问鼎之大小轻重焉⑤。对曰："在德，不在鼎⑥。昔夏之方有德也⑦，远方图物⑧，

---

① 楚子：楚庄王。陆浑之戎：周代族名，允姓。原居瓜州（今陕西秦岭西端及陇山一带）的陆浑，后被秦、晋二国诱迁于伊川（今河南伊河流域），仍称为陆浑戎。故邑在今河南省嵩县东北。

② 雒（luò）：通"洛"，水名，即今河南洛河。

③ 观兵：陈兵炫耀武力。周疆：周之疆界。

④ 定王：周定王，名瑜，襄王之孙，是周朝第二十一代王。王孙满：周大夫。劳：慰劳。

⑤ 问鼎之大小轻重：古人以九鼎为传国重器，是王权的象征，楚王问周鼎之大小轻重，有代周取天下之意图。鼎，指传说中夏禹所铸九鼎。

⑥ 在德，不在鼎：指享有天下，在于有德，不在于有鼎。

⑦ 昔夏之方有德：指往昔夏禹之世，正有盛德之时。

⑧ 远方图物：远方之国绘画山川奇异之物而献于夏后。

贡金九牧①,铸鼎象物②,百物而为之备,使民知神奸③,故民入川泽山林,不逢不若④。螭魅罔两⑤,莫能逢之⑥。用能协于上下,以承天休⑦。桀有昏德,鼎迁于商,载祀六百⑧。商纣暴虐⑨,鼎迁于周。德之休明,虽小,重也;其奸回昏乱,虽大,轻也⑩。天祚明德,有所厎止⑪。成王定鼎于郏鄏⑫,卜世三十,卜年七百,天所命也⑬。周德虽衰,天命未改,鼎之轻重,未可问也。"

---

① 贡金九牧:"九牧贡金"之倒文,言九州之牧守皆贡铜。九牧,九州诸侯之长称九牧。金,古代称铜为金。

② 铸鼎象物:以九州所贡之铜铸九鼎,将各方所绘的奇物图像铸于鼎上。象,用作动词。

③ 百物:指铸鼎所象之物极多。神奸:神物和邪恶之物。

④ 不逢不若:指不遇妖怪不祥之物。若,顺。

⑤ 螭(chī)魅:传说中的山川之怪。罔两:传说中的木石之怪。

⑥ 莫能逢之:谓人们都知道神怪之情状,尽量躲避它们,所以能不遇怪异。

⑦ 休:福佑。

⑧ 桀:夏代最末代的君主。昏德:指昏乱无道。鼎迁于商:言夏桀无道被放,成汤代夏兴商,迁夏鼎于商都(亳)。迁鼎象征政权的转移。载祀:二字皆指年。

⑨ 纣:商代最末代的君主。

⑩ 德之休明……轻也:言三代之君德行美善光明之时,九鼎虽小,以有德而重,不可迁移,政权巩固;至于末世昏乱奸邪之时,九鼎虽大,以无德而轻,就可以迁移,政权动摇。

⑪ 天祚:天赐之福佑。明德:明德之君。厎止:此指最终的年限。厎(zhǐ),终。

⑫ 郏鄏(jiá rǔ):即周王城所在。在今河南省洛阳市旧城西至王城公园一带。成王定鼎于郏鄏:言周代殷之后,武王迁鼎于郏鄏,至成王,乃定鼎。因为九鼎是古代传国重器,鼎在王都,所以定鼎即定都。

⑬ 卜世三十,卜年七百:指周成王定鼎时占卜传世之事。占得的卦辞是:传三十代君主,享国七百年。天所命:此言上天所赐定命。按:所言周朝年代数目是当时的预测,与实际不符。

【译文】

　　楚庄王征伐陆浑的戎人,并趁机到达雒水,在周之疆界陈兵炫耀武力。周定王派王孙满前去慰劳楚庄王,楚庄王便向他询问九鼎的大小轻重。王孙满回答:"享有天下,在于有德行,不在于有鼎。从前夏代之君正在有德行之时,远方各国绘画山川奇异之物而献于夏禹,九州的诸侯之长九牧又贡献大量的铜,于是夏禹就用来铸造铜鼎,将各方所绘的图像铸刻在九鼎之上。鼎上所刻各种奇物的图像十分齐全,使人们分清神物和奸物,所以人们进入水泽山林,不会遇上不祥之物。山川、木石之怪,人们都不会碰上,因此能够上下协和一心,承受上天所赐之福。夏桀昏乱无德,成汤就推翻了他的政权,建立商朝,迁夏鼎于商都亳邑,开国后绵延六百年。传到商纣,暴虐无道,其九鼎又被迁于周京雒邑。当三代之君德行美善光明之时,九鼎虽小,因有德而重,不可迁移;至于为政昏乱奸邪之时,九鼎虽大,也因无德而轻。上天降福于明德之君,有其终止的年限。周成王定鼎于郏鄏,曾占得卦辞说,共传三十代君主,享国七百年,这是上天所赐的定命啊。周的德政虽较前衰微,但是天命尚未改变,这九鼎的轻重,别人是不可以过问的啊。"

齐国佐不辱命　成公二年

【解题】

　　晋景公时,晋国与齐国交战,败齐军。齐顷公派国佐致重宝向晋求和,晋人不许,且又要求以齐君之母为人质,改齐国田垄为东西向。齐国佐指出晋人的两点要求是违背先王之命的,是不义的,并且委婉而严正地表示:假若晋国一意孤行,逼人太甚,齐国则背城决战。齐国佐的话挫减了晋人的锐气。

　　晋师从齐师,入自丘舆①,击马陉②。齐侯使宾媚人赂以纪甗、玉磬与地③。"不可,则听客之所为④。"宾媚人致赂,晋人不可,曰:"必以萧同叔子为质,而使齐之封内尽东其亩⑤。"对曰:"萧同叔子非他,寡君之母也。若以匹敌⑥,则亦晋君之母也。吾子布大命于诸侯,而曰必质其母以为信,其若王命何⑦? 且是以不孝令也⑧。《诗》曰:'孝子不匮,永锡尔类⑨。'若以不孝令于诸侯,其无乃非德类也乎⑩? 先王疆理天下,物土之宜而布其

---

　　①　从:追逐。丘舆:齐邑,在今山东省青州市西南境。

　　②　马陉(xíng):齐邑,在今山东省淄博市临淄区西南。

　　③　齐侯:齐顷公,名无野,桓公之孙,为齐第二十代君主。宾媚人:即国佐,官至齐之正卿。纪:古国名,姜姓,侯爵,灭于齐。甗(yǎn):上部呈甑形、下部呈鬲形的古代炊器,青铜或陶制。玉磬:以美玉雕成的古代乐器。纪甗、玉磬,是指齐灭纪所得之宝器。地:指齐国以前从鲁国、卫国获取的土地。

　　④　客:指晋国。

　　⑤　萧同叔子:萧君同叔之女,即齐顷公之母。萧君字同叔,是齐顷公之外祖父。此处晋国要求以顷公之母为人质,是为了报以前晋使聘问齐国时被嘲笑的怨恨。据《公羊传》等记载:晋元帅郤克脚有残疾,出使齐国时受到萧同叔子的嘲笑,郤克发誓必报此仇。封内:疆界之内。东其亩:东西其亩,指将田垄改成东西向,一方面是对齐国的侮辱,一方面也是为了方便处于齐国西部的晋国军队的车马通行。

　　⑥　匹敌:对等,相当。

　　⑦　其若王命何:其于王命,如何? 王命,先王以孝治天下,晋必以齐君之母为质,即违背先王之命。

　　⑧　是以不孝令:如必以齐君之母为质,这就是以不孝令于诸侯。

　　⑨　孝子不匮,永锡尔类:见《诗经·大雅·既醉》,意谓:孝子的美德不竭不已,长以孝道赐予你的同族类者。

　　⑩　无乃:或作"毋乃",只怕、恐怕。

利①，故《诗》曰：'我疆我理，南东其亩②。'今吾子疆理
诸侯，而曰'尽东其亩'而已③。唯吾子戎车是利，无顾
土宜④，其无乃非先王之命也乎⑤？反先王则不义，何以
为盟主？其晋实有阙⑥。四王之王也⑦，树德而济同欲
焉。五伯之霸也，勤而抚之，以役王命⑧。今吾子求合诸
侯，以逞无疆之欲⑨。《诗》曰：'敷政优优，百禄是遒⑩。'
子实不优，而弃百禄，诸侯何害焉⑪？不然，寡君之命使
臣，则有辞矣⑫，曰：'子以君师辱于敝邑，不腆敝赋，以
犒从者⑬。畏君之震，师徒挠败⑭。吾子惠徼齐国之福，
不泯其社稷，使继旧好，唯是先君之敝器土地不敢爱⑮。

---

①　疆理天下，物土之宜：指划分天下土地的大界，定其沟涂，治其
土田，物色其地所宜。布其利：分布其所宜种植之物。
②　我疆我理，南东其亩：见《诗经·小雅·信南山》，意谓：区划土
地疆界，定其沟涂，治其垄亩，有的南北向，有的东西向。（此以南概北，
以东概西。）
③　尽东其亩：完全改为东西向的田垄。
④　无顾土宜：不顾地势土田之所宜。
⑤　非先王之命：不是先王疆理土宜之命。
⑥　阙（quē）：缺失。
⑦　四王：夏禹、商汤、周文王、周武王。一说舜、禹、汤、武。王
（wàng）：以德治天下。
⑧　勤而抚之，以役王命：指勤力以抚绥诸侯，奔走服役于王命，遵
行先王之制度。五伯：指夏伯昆吾、商伯大彭、豕韦、周伯齐桓、晋文。
⑨　逞无疆之欲：希求满足无止境的欲望。
⑩　敷政优优，百禄是遒：见《诗经·商颂·长发》，意谓：商汤施政
宽和，所以百福归聚。敷，一本作"布"。
⑪　诸侯何害焉：这对诸侯有什么害处呢？
⑫　有辞：指有话在先。
⑬　不腆敝赋，以犒从者：言敝国物力虽不雄厚，也要犒劳晋军。
（实则含蓄地表示要与晋军作战。）赋，兵赋。
⑭　震：威。挠败：挫败。
⑮　徼（yāo）：通"邀"，求取。泯：灭。敝器：此指纪甗、玉磬等。
爱：吝惜。

子又不许,请收合余烬,背城借一①。敝邑之幸②,亦云从也;况其不幸,敢不唯命是听③?"

【译文】

　　晋军追逐败北的齐军,自丘舆攻入,进击马陉。齐君派遣宾媚人送上纪甗、玉磬和土地以求和,并指示他:"如果晋国拒绝议和,那就随他们的便好了。"宾媚人献上礼物,晋国人不同意和解,说:"一定要萧同叔子做人质,并且要将齐国境内的田垄都改成东西向。"宾媚人回答:"萧同叔子不是别人,正是寡君的母亲啊。如果从对等的地位来说,她也就如同晋君的母亲啊。您向诸侯发布重大命令,说'必将人家的母亲作为人质以取信',那如何对待周天子以孝治天下的命令呢?况且,这是诏令天下都行不孝啊。《诗经》中说:'孝子的美德无穷无尽,他长以孝道赐及同类。'如对诸侯发出不孝的诏令,恐怕不符合道德准则吧?先王对天下的土地规划疆界,兴修沟渠、道路,考察土地的性质特点,分布其宜于种植的作物,所以《诗经》中说:'规划土地疆界,定其沟渠、道路,治其垄亩,有的南北向,有的东西向。'现在您为诸侯划分疆界,治其垄沟,而说'田垄要完全改为东西向',只是为了使晋军行驶兵车方便,而不顾及土地种植之利,恐怕也不是先王的遗命吧?违反先王之道就不义,怎能做诸侯的盟主?这样的话,晋国也有过失吧。四王统一天下的时候,树立善德,与诸侯实现共同愿望。五伯做诸侯之长的时候,为王事尽力,安抚诸侯,奉行天子的命令。现在您既要求主持会合诸侯,却又只想满足自

---

　　① 烬:余火。此喻残余的军力。背城借一:背靠城池,再借此一战。借,凭借。
　　② 幸:指齐战胜。
　　③ 不幸:指齐战败。敢:岂敢。唯命是听:唯晋国之命是从。

己的无止境的欲望。《诗经》中说:'施行政令宽和,所以百福
归聚。'可是,您在事实上是不宽和的,而使自己抛弃百福,这
对诸侯又有什么害处呢? 如果始终不答应议和,那么,寡君命
令我使臣,已经有言在先了:'晋君发兵屈驾光临敝国,我们虽
然只有不太雄厚的军力,但是还可以犒劳晋军。因为畏惧晋
君之武威,齐军遭到了挫败。承蒙您光临为齐国求福,不灭亡
我们的国家,先君的破旧器物和土地,我们是不敢怜惜的。如
果您又不允许,那就请让我们收合残兵余勇,再借此背城一
战! 即使敝国有幸取得胜利,也还是依从贵国;何况敝国不幸
失败,又岂敢不唯命是听!'"

楚归晋知罃 成公三年

【解题】

　　鲁宣公十二年(前597),在晋楚邲(今河南省荥阳市东
北)之战中,晋军惨败,大夫知罃被俘。楚公子縠臣也被晋生
擒,连尹襄老被射死。本文叙述知罃之父荀首担任中军副统
帅后,要用縠臣和连尹襄老之尸换回知罃一事。通过知罃和
楚王的对话,表现了知罃不卑不亢、忠于祖国的精神。

　　晋人归楚公子縠臣与连尹襄老之尸于楚,以求知
罃①。于是荀首佐中军矣,故楚人许之②。
　　王送知罃曰③:"子其怨我乎?"对曰:"二国治戎,臣

---

　　① 连尹襄老:楚将名,复姓连尹,以官为氏。连尹是春秋时楚国射官
之称。知罃(zhì yīng):晋大夫,又称荀罃,晋、楚战于邲,罃被俘,其父荀首
求于楚,得归。
　　② 荀首:或称知庄子,曾为晋中军之佐。
　　③ 王:楚共王,庄王之子。

不才,不胜其任,以为俘馘①。执事不以衅鼓,使归即戮,君之惠也②。臣实不才,又谁敢怨?"王曰:"然则德我乎③?"对曰:"二国图其社稷,而求纾其民④,各惩其忿以相宥也⑤,两释累囚⑥以成其好。二国有好,臣不与及,其谁敢德⑦?"王曰:"子归,何以报我?"对曰:"臣不任受怨,君亦不任受德⑧,无怨无德,不知所报。"王曰:"虽然,必告不穀⑨。"对曰:"以君之灵,累臣得归骨于晋,寡君之以为戮,死且不朽⑩。若从君惠而免之,以赐君之外臣首,首其请于寡君,而以戮于宗⑪,亦死且不朽。若不获命,而使嗣宗职⑫,次及于事⑬,而帅偏师

① 馘(guó):古代战争,遇有斩获,截取敌人左耳以计功。此处"俘馘"连言,即指俘虏。

② 执事:此处是对楚共王的敬辞,表示不敢直陈,故向执事者致意。衅鼓:指杀俘虏,以其血涂鼓。不以衅鼓,即未被杀。使归即戮:使归晋就刑戮。

③ 德我:感我之德。

④ 图其社稷:图谋安定其国家。纾(shū)其民:使人民生活宽舒。

⑤ 各惩其忿,以相宥(yòu)也:言各自抑制愤怒以相谅解。惩,抑制。宥,赦、谅解。

⑥ 累囚:累系之俘虏。

⑦ 臣不与及,其谁敢德:谓两国议和释俘,各为社稷、人民,本非为臣一己之利害,故不敢归德于谁。

⑧ 臣不任受怨,君亦不任受德:知罃谓自己不应当承担怨楚之名,楚王也不应当承受施德之名。任,当。

⑨ 不穀:先秦王侯自谦之辞。穀,善。

⑩ 归骨于晋:犹言身归于晋。寡君之以为戮:知罃谓晋君依国法将自己杀掉。

⑪ 免之:指免受晋君之刑戮。外臣:对于异国国君自称外臣,是一种谦辞。此处是知罃称其父于楚君。首:知罃称其父名。请于寡君:请命于寡君。以戮于宗:指在知氏宗庙依族规对知罃施以刑戮。

⑫ 不获命:指得不到晋君对知罃施加刑戮的命令。嗣宗职:继任祖宗世袭之职位。

⑬ 次及于事:指以次轮到担任晋国的军职。

以修封疆①，虽遇执事②，其弗敢违③；其竭力致死，无有二心，以尽臣礼，所以报也。"

王曰："晋未可与争。"重为之礼而归之④。

【译文】

晋国将生俘的楚公子穀臣及战死的连尹襄老的尸体送回楚国，要求赎回被俘的晋大夫知䓨。此时，知䓨的父亲荀首已任中军副帅了，所以楚王答应了这一要求。

楚共王为知䓨送行时，对他说："您大概恨我吧？"知䓨回答："两国交战，我无才，不能胜任自己的本职，做了俘虏。您不杀我取血涂鼓，使我回国接受刑戮，这是您的厚爱啊。我实在无才，又敢怨谁呢？"楚王说："那么，您感激我的恩德吗？"知䓨回答："两国都是图谋安定其社稷，而求人民生活安定，各自抑制愤怒而互相谅解，双方都释放俘虏，以结成友好。两国和好，我也不曾参与谋划，岂敢对谁感恩戴德？"楚王说："您回国后，将用什么报答我？"知䓨回答说："我不应承担怨楚之名，您也不应承受施德之名，无怨无德，我不知报答什么。"楚王又说："虽然如此，但您还是一定要告诉我。"知䓨又回答："托您的福，我这俘虏能身归于晋，寡君如依国法对我施加刑戮，我死了也将很光荣。如果由于您的恩惠而免于国法制裁，又把我交给您的外臣荀首，他向寡君请命，而把我在宗庙按家法施加刑戮，死了也将同样很光荣。假如得不到杀我的命令，而使我继任祖宗世袭的官职，以次轮到我担任

---

① 偏师：指全军的一部分，不是主力。这是知䓨的谦称。修封疆：领兵修治晋之疆界，意谓参与边境的军事行动。

② 遇执事：此指与楚之将帅接战；或云与楚王的军队接战。执事，指楚之将帅，或指楚王。

③ 弗敢违：意谓不避一战。违，避。

④ 重：厚。

军职,而率领军队保卫边疆,虽与楚国将帅相遇,我也不敢回避,要竭力为祖国效死,没有二心,尽臣子之责,这就是我要报答您的啊。"

楚王说:"晋国,还是不可与之相争的。"于是,楚王以隆重的礼节送知莹回国。

吕相绝秦　成公十三年

【解题】

秦、晋会盟于令狐,秦桓公反复无常,背弃盟约,晋厉公派遣大夫吕相前去表示绝交。吕相以犀利、严密的词锋历数秦在两国关系上的罪咎,虽然有一些是强词夺理,但能持之有故,使对方难以置辩,表现了吕相的语言才能。这对我们理解当时政客在外交中的作风提供了例证。

晋侯使吕相绝秦①,曰:"昔逮我献公及穆公相好②,勠力同心③,申之以盟誓④,重之以昏姻⑤。天祸晋国,

---

①　晋侯:晋厉公。吕相:晋大夫,厨武子魏锜之子,本名魏相,因其食采于吕,故又称吕相。绝秦:与秦断绝邦交。本文皆吕相代表晋厉公致绝秦之辞。

②　昔逮:犹言往昔,过去。逮,通"隶(sì)",古。昔逮,即古昔。献公:晋献公。穆公:秦穆公。

③　勠力:并力,尽力。

④　申之以盟誓:以盟誓表明友好态度。申,表明。

⑤　重之以昏姻:以结为婚姻加重两国的友好关系。重,加重,增进。昏,同"婚"。

文公如齐，惠公如秦①。无禄②，献公即世③，穆公不忘旧德，俾我惠公用能奉祀于晋④，又不能成大勋⑤，而为韩之师⑥；亦悔于厥心⑦，用集我文公⑧，是穆之成也⑨。

　　"文公躬擐甲胄⑩，跋履山川⑪，逾越险阻⑫，征东之诸侯⑬，虞、夏、商、周之胤，而朝诸秦⑭，则亦既报旧德矣。

　　"郑人怒君之疆埸⑮，我文公帅诸侯及秦围郑⑯。秦

----

　　①　"天祸晋国"三句：言晋献公惑于骊姬之谗佞，将太子申生迫害而死，公子重耳（文公）先奔狄，后如齐；公子夷吾（惠公）先奔梁，后如秦。祸，作动词，加祸、降祸。
　　②　无禄：没有福禄，不幸。
　　③　即世：下世，去世。
　　④　俾我惠公用能奉祀于晋：使我们惠公因此能主持晋国宗庙的祭祀。意谓：公子夷吾在秦穆公支持下，归晋即君位。
　　⑤　不能成大勋：指秦国不能贯彻始终，成就拥立惠公之大功。
　　⑥　韩之师：指鲁僖公十五年（前645），秦、晋在韩地作战，获惠公入秦之事。
　　⑦　悔于厥心：言秦穆公自悔于其心，所以放还惠公。
　　⑧　集我文公：指鲁僖公二十四年（前636），秦穆公纳晋文公之事。集，成，成就、成全。
　　⑨　穆：秦穆公。成：成全，助成。
　　⑩　躬擐（huàn）甲胄：亲身披甲戴胄。躬，亲身。擐，穿戴。
　　⑪　跋履山川：跋山涉水，奔走于道路。草行曰跋。履，行走、足踏。
　　⑫　逾越险阻：越过艰难险阻之地。
　　⑬　征：征伐，征服。东之诸侯：东方之诸侯，即下文所指"虞、夏、商、周之胤"。
　　⑭　虞、夏、商、周之胤：指陈、杞、宋、鲁诸国。胤，后裔。诸，之于的合音。朝诸秦：到秦国朝拜。
　　⑮　郑人怒君之疆埸：谓郑人在秦之边疆挑衅。怒，犯。埸（yì），境界、边界。
　　⑯　我文公帅诸侯及秦围郑：这是诬秦之言。鲁僖公三十年（前630），晋自以郑贰于楚，文公与秦围攻郑国。郑未曾侵秦，文公亦未曾帅诸侯之师。实则晋文公出兵，秦穆公助晋围郑。

大夫不询于我寡君，擅及郑盟①。诸侯疾之，将致命于秦②。文公恐惧，绥靖诸侯③，秦师克还无害④，则是我有大造于西也⑤。

　　"无禄，文公即世，穆为不吊⑥，蔑死我君⑦，寡我襄公⑧，迭我殽地⑨，奸绝我好⑩，伐我保城⑪，殄灭我费滑⑫，散离我兄弟⑬，挠乱我同盟⑭，倾覆我国家。我襄公未忘君之旧勋⑮，而惧社稷之陨，是以有殽之师⑯。犹愿赦罪于穆公⑰，穆公弗听，而即楚谋我⑱。天诱其

---

① 秦大夫不询于我寡君，擅及郑盟：此指秦与郑擅自订立盟约之事。秦大夫，订盟者实为秦穆公，此处托称秦大夫，是因为不便直斥秦君。

② 疾：痛恨。致命于秦：拼死命跟秦决战。

③ 绥靖：平定安抚。此处亦有"劝止"之意。

④ 克还：指秦能全师退去。无害：未受损。

⑤ 我有大造于西：指晋对西方的秦国有大贡献。大造，大的成就、大的贡献。西，西方的秦国。按，一本作"我大有造于西"。

⑥ 吊：即吊唁。

⑦ 蔑死我君：意谓秦国因晋文公已死而轻蔑之。君，指先君文公。

⑧ 寡我襄公：意谓轻视新立之襄公。寡，少。此谓轻视。

⑨ 迭(yì)我殽地：侵犯我晋国的殽地。迭，"轶"之借，侵犯。

⑩ 奸(gān)绝我好：断绝与我晋国的友好关系。奸绝，断绝。

⑪ 伐我保城：此亦为诬秦之辞。保城，指小城。

⑫ 殄灭：灭绝。费滑：滑国都于费，故称费滑。

⑬ 兄弟：晋、滑是同姓国，故称兄弟。

⑭ 同盟：滑、郑皆从晋，故称同盟。

⑮ 旧勋：指秦纳文公之功。

⑯ 殽之师：指鲁僖公三十三年（前627），晋、秦在殽地的战争。晋军于是役大败秦师。

⑰ 犹愿赦罪于穆公：言晋国虽胜，还想请求穆公赦免晋之罪咎。

⑱ 即楚谋我：亲近楚国，谋算我晋国。此指秦在殽地被晋战败后，释放斗克归楚以求议和。

衷①，成王陨命②，穆公是以不克逞志于我③。

　　"穆、襄即世，康、灵即位④。康公，我之自出⑤，又欲阙翦我公室⑥，倾覆我社稷，帅我蟊贼⑦，以来荡摇我边疆，我是以有令狐之役⑧。康犹不悛⑨，入我河曲⑩，伐我涑川⑪，俘我王官⑫，翦我羁马⑬，我是以有河曲之战⑭。东道之不通，则是康公绝我好也⑮。

　　"及君之嗣也⑯，我君景公引领西望曰⑰：'庶抚

———————

　　①　天诱其衷：是当时的习惯用语。犹今言天意在我，上天赐福的意思。诱，开、启。衷，内心。
　　②　成王陨命：指鲁文公元年（前626），楚成王被弑而死。
　　③　逞志：满足意图。
　　④　康：秦康公。灵：晋灵公。
　　⑤　康公，我之自出：康公是晋献公之女穆姬所生，是晋之外甥，故云"我之自出"。
　　⑥　阙（jué）翦：削弱，损害。
　　⑦　蟊贼：本指食禾稼之害虫。帅我蟊贼：指秦康公支持晋公子雍回国与晋灵公争位。以蟊贼喻公子雍。
　　⑧　令狐之役：指鲁文公七年（前620），晋军大败秦师于令狐。令狐，晋地，在今山西省临猗县西。
　　⑨　康犹不悛（quān）：康公犹不悔改。
　　⑩　入我河曲：侵入我河曲。河曲，晋地，指今山西省永济市蒲州镇南至芮城县西南一带。
　　⑪　涑（sù）川：指山西省永济市北涑水城。
　　⑫　俘我王官：掳掠我王官之地。王官，晋地名，在今山西省闻喜县南。
　　⑬　翦我羁马：斩伐我羁马之地。羁马，晋地名，在今山西省永济市西南。
　　⑭　河曲之战：即上文"入我河曲"之役，在鲁文公十二年（前615）。
　　⑮　东道之不通，则是康公绝我好也：意谓东道的晋国与秦国的关系不通，是由于秦康公与我们断绝友好关系，责任不在晋国。东道，晋在秦东，故称东道。不通：指外交关系中断。绝我好，断绝与我的盟好。
　　⑯　君：指秦桓公。嗣：指继嗣君位。
　　⑰　引领西望：伸长颈项向西方的秦国遥望。（言对秦怀有希望。）引，伸。领，颈项。

我乎①！'君亦不惠称盟②，利吾有狄难③，入我河县④，
焚我箕、郜⑤，芟夷我农功⑥，虔刘我边陲⑦。我是以有
辅氏之聚⑧。君亦悔祸之延⑨，而欲徼福于先君献、
穆⑩，使伯车来命我景公曰⑪：'吾与女同好弃恶，复修旧
德，以追念前勋。'言誓未就，景公即世⑫，我寡君是以有
令狐之会⑬。君又不祥⑭，背弃盟誓⑮。白狄及君同州，
君之仇雠，而我之昏姻也⑯。君来赐命曰：'吾与女伐
狄。'寡君不敢顾昏姻，畏君之威而受命于使⑰。君有二

---

① 庶抚我乎：或许能抚恤我们吧？庶，庶几，幸望之词，有"幸
而""或许""大概"诸义。抚，抚恤，此处是吕相对秦国的外交辞令。

② 不惠称盟：不肯惠爱举行盟会。

③ 利吾有狄难：利用我国与狄人交战造成的祸难。指鲁宣公十五
年（前594）晋灭赤狄潞氏。

④ 河县：指靠近黄河的晋地。

⑤ 焚：放火烧。箕：在今山西省蒲县东北。郜：在今山西省浮山县
西南。

⑥ 芟（shān）夷：铲除，损害。农功：指农作物，农事。

⑦ 虔、刘：均指杀害。边陲：边疆。

⑧ 辅氏：晋地名，在今陕西省大荔县东。聚：聚众御敌。

⑨ 悔：后悔。祸之延：战祸延续不止。

⑩ 徼（yāo）：通"邀"，求取。献：晋献公。穆：秦穆公。

⑪ 伯车：秦桓公之子。

⑫ 同好：同结友好关系。弃恶：共弃往日的恶行。景公即世：指晋
景公死于成公十年。

⑬ 令狐之会：鲁成公十一年（前580），秦桓公与晋厉公约定在令
狐会盟，晋侯先到，秦伯不肯涉河，派遣史颗到河东与晋侯会盟，晋派郤
犫（chōu）到河西与秦伯会盟。秦伯回国后便背弃了与晋订的盟约。

⑭ 不祥：不善。

⑮ 背弃盟誓：见前注。

⑯ 白狄及君同州：指白狄与秦同在西方雍州之地。雍州，在今陕
西、甘肃二省及青海的部分地区。白狄，狄族中的一支。我之昏姻：我们
晋国的姻亲。昏，通"婚"。白狄伐赤狄，获赤狄之女季隗，纳之于晋文
公，所以晋称狄为婚姻。

⑰ 使，指秦国的使者。使，一作"吏"。

心于狄曰①：'晋将伐女。'狄应且憎②，是用告我。楚人恶君之二三其德也③，亦来告我曰：'秦背令狐之盟而来求盟于我，昭告昊天上帝、秦三公、楚三王④曰："余虽与晋出入⑤，余唯利是视⑥。"不穀恶其无成德⑦，是用宣之以惩不一⑧。'诸侯备闻此言⑨，斯是用痛心疾首，昵就寡人⑩。寡人帅以听命，唯好是求⑪。君若惠顾诸侯，矜哀寡人而赐之盟，则寡人之愿也；其承宁诸侯以退⑫，岂敢徼乱⑬？君若不施大惠，寡人不佞⑭，其不能以诸侯退矣⑮。敢尽布之执事⑯，俾执事实图利之⑰！"

【译文】

晋厉公派遣吕相到秦国声明断绝邦交，说："过去，我们

---

①　君有二心于狄：指秦伯在晋、狄之间耍两面手法，挑拨离间。

②　狄应且憎：狄人一面答应秦，一面憎恶秦的无信。应，接受。

③　二三其德：三心二意。

④　昭告：明告。昊天：天。秦三公：指秦穆公、秦康公、秦共公。楚三王：指楚成王、楚穆王、楚庄王。

⑤　出入：往来。

⑥　余唯利是视：言秦国唯视其有利而图之。（犹云唯利是图。）

⑦　不穀：楚共王告晋时的自谦之词。穀，善。恶其无成德：憎恶他三心二意，反复无常。

⑧　宣之：揭露他不诚之言辞。惩不一：惩戒其言行不一。

⑨　备闻此言：指诸侯完全听到楚王所告之言。

⑩　昵就寡人：指亲近晋君。

⑪　寡人帅以听命，唯好是求：言晋君帅诸侯以听候秦的吩咐，只希望能求得友好相处。这些话实际有胁迫秦国屈服之意。

⑫　其承宁诸侯以退：承受秦君之命，安抚诸侯而退兵。

⑬　徼乱：求取战乱之祸。徼，通"邀"。

⑭　不佞：不才。自谦之称。

⑮　其不能以诸侯退矣：言不能率诸侯退兵，而以诸侯之兵与秦决战。

⑯　尽布之执事：全部布陈于执事。执事，实则是对秦君的敬称。

⑰　实图利之：切实地图谋度量其利害而决定行动。

献公与秦穆公互相交好,同心协力,以盟誓加以申明,又用姻亲加深这种关系。上天降祸于晋国,文公前往齐国避难,惠公前往秦国避难。不幸,献公去世。穆公不忘旧日的情义,因而使我们的惠公能回国即位。可是他又不能贯彻始终,以成就拥立惠公之大功,而又与晋国在韩地作战。秦穆公后来也觉得愧悔于心了,因此支持我们文公登上君位,这是穆公成全我们的结果。

"文公亲自披甲戴盔,跋山涉水,越过险阻之地,征服东方的诸侯,虞、夏、商、周的后裔都到秦国朝拜,这也算是报答了旧日的恩德了。

"郑人在秦国边境挑衅,我们文公率领诸侯的军队跟秦国一起围攻郑国。秦国大夫不向我们寡君征求意见,而擅自与郑国订立盟约。诸侯痛恨此事,打算拼死与秦作战。文公恐惧,安抚诸侯,使秦军得以平安回国而未受损失,这就是我们对秦国很大的贡献啊。

"不幸,文公去世。秦穆公不怀好意,轻蔑我们已故的国君,藐视我们的襄公,侵犯我国的殽地,断绝与我们的友好关系,攻打我们的城堡,灭绝我们的费滑,离散我们的兄弟国家,扰乱我们的同盟国,颠覆我们的国家。我们的襄公虽然未忘穆公以往的功劳,但忧惧国家的倾覆,所以才有殽地之战。我们还是请穆公宽恕晋国的罪咎,穆公不肯答应,却与楚国亲善而谋害我国。幸而上天有眼,楚成王丧命,因此穆公谋害我国的意图未能得逞。

"穆公、襄公去世,秦康公、灵公即位。秦康公乃我穆姬所生,竟然也想损害我公室,倾覆我国家,带领我国的败类,前来扰乱我们的边疆,因此引起令狐之战。康公犹不悔改,又侵我河曲,攻我涑川,劫掠我王官,夺取我羁马,因此又迫使我们在河曲与秦军决战。秦国往东的道路不通,就是由于康公与我们断绝友好关系啊。

　　"及至您继承了君位,我君景公引颈西望,说:'他或许能抚恤我们吧!'结果,您却不肯惠爱而订立盟约,反而利用我们与狄人交战造成的祸难,入侵我濒河之县,火烧我箕、郜,铲除我们的农作物,杀戮我们边陲之民,我国因此而有辅氏战役。您也后悔战祸蔓延,而想求福于两国的先君献公、穆公,派遣伯车前来吩咐我景公说:'我和你同结友好之谊,共弃前嫌,恢复过去的友好关系,以追念前世之功业。'这誓言还未实现,景公就去世了,因此,我们寡君参加令狐之会盟。您却又生歹心,背弃盟誓。白狄和你们秦国同处雍州,虽是您的仇敌,却是我们的姻亲啊。您来赐命说:'我和你们共同伐狄。'我们寡君不敢顾惜姻亲,畏惧您的威势,就接受了来使之命。不料您又在晋、狄之间玩弄两面手法,挑拨离间,对狄君说:'晋国要攻打你们狄国了。'狄人表面答应,但心里憎恨你们,因此告诉了我国。楚人憎恶您的三心二意,也来告诉我们说:'秦国背弃令狐的盟约而要求与我们订盟,向皇天上帝、秦国的三位先公和楚国的三位先王祝告:"我们虽与晋国有来往,但是,我们只看重自己的利益。"我们国君讨厌秦国的反复无常,因此把这事揭露出来,以便惩戒其言行不一。'诸侯全都听到了这番话,因此深恶痛绝,都来亲近寡君。现在寡君率领诸侯来听从吩咐,完全是为了求得友好相处。您若能顾念诸侯,矜怜寡君而赐给我们盟约,这正是寡君的心愿啊。如果这样,寡君就会承受秦君之命,安抚诸侯而退兵,岂敢用兵以自取祸乱?您若不施大恩,像我这无才无德的人,恐怕就不能率领诸侯退兵了。谨以详情全部报告给执事,请认真地谋划对秦有利的策略。"

驹支不屈于晋　襄公十四年

【解题】

　　晋、吴是同盟,吴为楚所败。晋应吴之请,会盟于吴之向邑。晋的附庸国姜戎之君驹支随同晋国代表范宣子前去。范宣子在会前对驹支加以指责,以为他泄露机密,并威胁要拘执他。面对范宣子的威胁,驹支从容不迫,以委曲而又严正的辞令,申明事实与道理,澄清是非,维护了自己,驳倒了对方。

　　会于向①。将执戎子驹支②,范宣子亲数诸朝③,曰:"来,姜戎氏④!昔秦人迫逐乃祖吾离于瓜州⑤,乃祖吾离被苦盖,蒙荆棘⑥,以来归我先君⑦。我先君惠公有

---

　　①　会于向:指鲁襄公十四年(前559)春,晋应吴国之请,会诸侯于吴之向邑。按:鲁襄公十三年(前560)秋,楚共王卒,吴乘其国丧而伐之。战于庸浦(楚地,在今安徽省无为市南),吴师大败。所以,于襄公十四年(前559)春,吴国请求晋及其他诸侯国到向邑会盟,共谋伐楚。向,吴地,在今安徽省怀远县西四十里。
　　②　将执戎子驹支:言范宣子要在会所拘执姜戎之君驹支。戎,姜戎,古代西北地区的少数民族,因受秦之侵凌,归晋为附庸。戎子,指姜戎之君。驹支是他的名字。
　　③　范宣子:即士匄(gài),官至中军主帅,执国政。当时他代表晋国参加会盟,附庸国姜戎之君随同前往。数:列举罪状而斥责。朝:指各国卿大夫相会时设置的朝堂。
　　④　来,姜戎氏:这是范宣子对驹支以盛气相凌之辞。
　　⑤　乃:犹"尔",你。吾离:姜戎祖先之名。瓜州:古地名,在今秦岭西端及陇山一带。
　　⑥　被(pī),通"披"。苫(shān)盖:指以茅草编织之衣。蒙:冒,戴在头上。被苫盖,蒙荆棘:极言其贫困。
　　⑦　先君:指晋惠公。归:归于晋为附庸。

不腆之田①，与女剖分而食之②。今诸侯之事我寡君不如昔者，盖言语漏泄，则职女之由③。诘朝之事，尔无与焉④。与，将执女⑤。"

对曰⑥："昔秦人负恃其众⑦，贪于土地，逐我诸戎。惠公蠲其大德⑧，谓我诸戎是四岳之裔胄也⑨，毋是翦弃⑩。赐我南鄙之田⑪，狐狸所居，豺狼所嗥⑫。我诸戎除翦其荆棘，驱其狐狸豺狼，以为先君不侵不叛之臣，至于今不贰⑬。昔文公与秦伐郑，秦人窃与郑盟而舍戍焉，于是乎有殽之师⑭。晋御其上，戎亢其下⑮，秦师不复，

------

①　不腆之田：不丰厚的土地。腆，厚，多。

②　与女剖分而食之：将土地授予吾离，晋与你们平分所出产的东西而享用它。

③　职女之由：主要因为你。职，副词，犹言主要。

④　诘朝之事：明日会盟之事。诘朝，明晨。尔无与焉：你不要参加了。与，通"预"，参加。

⑤　执：拘捕。

⑥　对：指驹支的答辩。

⑦　负恃：凭借，依仗。

⑧　蠲(juān)：昭明，显示。大德：此谓存亡继绝、纳为附庸之德。

⑨　四岳：相传尧时诸侯之长，姜姓。裔胄：后代子孙。

⑩　毋是翦弃：即"毋翦弃是"。是，此，指姜戎。翦弃，抛弃。按：日本金泽文库本"毋是翦弃"之上有"曰"字。

⑪　鄙：边远荒凉之地。

⑫　嗥(háo)：野兽的吼叫。

⑬　不侵不叛：不内侵，不外叛。不贰，没有二心。

⑭　"昔文公与秦伐郑"二句：见僖公三十年《烛之武退秦师》，秦与郑盟，留下杞子等率军戍郑事。舍，置。殽之师：指鲁僖公三十三年(前627)，秦穆公举兵伐郑，晋国乘机在殽山地带袭击秦军，取得巨大胜利。

⑮　亢：通"抗"，抵御。

我诸戎实然①。譬如捕鹿，晋人角之，诸戎掎之，与晋踣之②。戎何以不免③？自是以来，晋之百役，与我诸戎相继于时，以从执政④，犹殽志也，岂敢离逷⑤？今官之师旅无乃实有所阙⑥，以携诸侯，而罪我诸戎⑦。我诸戎饮食衣服不与华同，贽币不通，言语不达⑧，何恶之能为⑨？不与于会，亦无瞢焉⑩。"赋《青蝇》而退⑪。

宣子辞焉⑫，使即事于会，成"恺悌"焉⑬。

----

①　秦师不复：指秦师于殽山一战，全军覆没，匹马只轮不返。我诸戎实然：此言我诸戎勠力攻击秦军，所以使它遭此惨败。实然，实使之然。

②　角之：从正面执鹿角。掎(jǐ)之：从后面掣鹿脚。踣(bó)之：将鹿摔倒在地。

③　戎何以不免：言姜戎既已建树大功，为何却不能免于罪咎。

④　相继于时：犹言从未间断。从执政：追随执政者。执政，当政者。

⑤　犹殽志也，岂敢离逷：犹如殽山之役，诚心从晋之命，岂敢有远离之心。逷(tì)，古"逖"字，远。

⑥　官之师旅：指晋国的各部门长官的属吏。此处不直言"晋之执政"，而言"官之师旅"，乃外交辞令。官，指晋国的执政。无乃，推测之词，犹"只怕""或许"。阙，缺失。

⑦　以携诸侯：以使本来亲附的诸侯渐生离贰之心。携，携贰，叛离。罪我诸戎：归罪于我诸戎。

⑧　贽币不通：指不通晓中国执贽献币之礼。贽，古时初次相见所赠之礼物。币，币帛，亦为古时相见献赠之礼物。

⑨　何恶之能为：能干什么危害晋国的坏事呢。之，助词，宾语前置的标志。

⑩　瞢(méng)：烦闷，惭愧。

⑪　《青蝇》：《诗经·小雅·桑扈之什》中的一首诗，其首章云："营营(嗡嗡)青蝇，止于樊(篱笆)。恺悌君子，无信谗言。"此为讽刺谗言离间的意思。

⑫　辞：谢罪。

⑬　使即事于会，成"恺悌"焉：言范宣子让驹支参加会盟之事，以副"恺悌君子，无信谗言"的诗句。恺悌(kǎi tì)，和乐平易的样子。

【译文】

晋国在向邑与诸侯会盟。准备拘囚姜戎之君驹支,范宣子亲自在盟会的朝堂上列举他的罪状加以斥责,说:"来,姜戎氏!从前,秦人把你们的先祖从瓜州赶了出来,你们祖宗吾离披着茅草衣,戴着荆条帽,前来投奔我们先君。我们先君惠公只有很少的土地,却和你们平分了,让你们也吃上饭。现在诸侯侍奉我们寡君,不如从前,也许有些什么话泄露出去了,这主要是由于你。明天会盟之事,你不要参加了。如果参加,就要拘捕你。"

驹支回答道:"以前秦人仗恃他们人多势众,对土地贪得无厌,驱逐我们诸戎。惠公发扬其大德,说我们是四岳的后代子孙,不能这样被舍弃。赐给我们南部边境的土地,那是狐狸居住的地方、豺狼嚎叫的处所。我们诸戎铲除那荆棘榛莽,驱除那狐狸、豺狼,做您先君的不侵犯、不背叛之臣,直到如今忠心不贰。当初,晋文公与秦穆公联合伐郑,秦人却暗中与郑结盟,留下戍守的将士就撤兵回国了,因此发生了秦晋殽之战。当时,晋国从前面抵御秦兵,我们诸戎从后面抗击秦军,打得秦军片甲不回,确实由于我们诸戎配合作战,才使它遭到如此惨败。譬如捕一只鹿,晋人抓住它的角,诸戎掣住它的腿,一起将鹿摔倒在地。诸戎立了大功,为何却不免于罪责?从那以后,吾国多次征战,我们戎人按时与晋军共同作战,从未间断,以追随执政,犹如殽山之役那样忠诚,岂敢有背离晋国之心?现在只怕晋国长官的下属真有什么缺失,使本来交好的诸侯渐生叛贰之心,反倒归罪于我们诸戎。我们的饮食衣服与中原不同,也不懂执贽献币之礼,言语也不通,又能做什么危害晋国之事?我不参加这次会盟,也不会感到惭愧!"

于是驹支诵读《青蝇》诗,然后退下。范宣子听后,表示歉意,而又让驹支参加会盟之事,以显示平易而不信谗言的美德。

祁奚请免叔向　襄公二十一年

【解题】

晋大夫栾盈获罪于范宣子,奔楚。范宣子杀其同党羊舌虎(即叔虎),并囚禁虎的异母兄叔向。此时,谗谄邀宠的小人乐王鲋会见叔向,自言将向晋君请求赦叔向之罪,基于对乐王鲋的人品的深刻认识,叔向对他既不应又不拜谢;而年高德劭的祁奚,主动向范宣子与晋君请免叔向之罪咎,事成之后,他却不居功,并未见叔向。叔向被赦后,也未面谢祁奚,而直接朝君。二人均以君子之谊相待,都不是为了自己,而是以国事为重。

　　栾盈出奔楚①。宣子杀羊舌虎,囚叔向②。人谓叔向曰:"子离于罪,其为不知乎③?"叔向曰:"与其死亡若何④?《诗》曰:'优哉游哉,聊以卒岁⑤。'知也。"

---

　　① 栾盈:晋大夫,栾桓子(栾黡)之子,范宣子之女所生。范氏、栾氏两个家族虽是亲戚,都是晋国的大贵族,但因争权夺利,互相倾轧,成为世仇。范宣子畏忌栾盈在统治集团中之威望,又听信了栾祁(盈之母,宣子之女)、范鞅(宣子之子)的谗言,便利用职权趁机逐去栾盈,栾盈逃亡到楚国。

　　② 宣子:即范宣子,士匄。羊舌虎:晋大夫,又称叔虎,是栾盈同党。叔向:晋大夫,即羊舌肸(xī),是羊舌虎之异母兄。

　　③ 离:通"罹",遭遇。知(zhì):通"智",明智。

　　④ 与其死亡若何:言虽被囚禁,与死亡相较如何?

　　⑤ "《诗》曰……"二句:《诗经》中并无此全句,是《诗经》之外的逸诗。优、游,悠闲的样子。

　　乐王鲋见叔向曰①:"吾为子请②。"叔向弗应。出,不拜③。其人皆咎叔向④。叔向曰:"必祁大夫⑤。"室老闻之⑥,曰:"乐王鲋言于君,无不行⑦,求赦吾子,吾子不许;祁大夫所不能也⑧,而曰必由之,何也?"叔向曰:"乐王鲋从君者也⑨,何能行?祁大夫外举不弃仇,内举不失亲,其独遗我乎⑩?《诗》曰:'有觉德行,四国顺之⑪。'夫子⑫,觉者也。"

　　晋侯问叔向之罪于乐王鲋⑬,对曰:"不弃其亲,其有焉⑭。"于是祁奚老矣,闻之,乘驲而见宣子⑮,曰:

----

　　① 乐王鲋(fù):亦称乐桓子,晋大夫。
　　② 吾为子请:这是乐王鲋向叔向讨好,自言将向晋平公请求赦免叔向之罪。
　　③ 弗应:不答话。出:指乐王鲋退出去。不拜:不拜谢。
　　④ 其人:指叔向左右之人。咎:责怪。
　　⑤ 祁大夫:即祁奚。晋悼公时,为中军尉;晋平公时,为公族大夫。
　　⑥ 室老:卿大夫家群吏之长。
　　⑦ 乐王鲋言于君,无不行:意谓乐王鲋受晋君之宠,他若向晋君说好话,没有办不成的事。
　　⑧ 祁大夫所不能也:意谓祁大夫已退休养老,他的话恐怕不能说动晋平公。
　　⑨ 从君:只以顺从君王而得宠。
　　⑩ 不弃仇:指祁奚曾向晋悼公推举其仇人解狐。不失亲:指祁奚在解狐死后,又推举自己的儿子祁午。遗:遗弃。
　　⑪ "《诗》曰……"二句:见《诗经·大雅·荡之什·抑》,意谓德行正直,则天下顺从。有觉,正直。有,是一个用在单音节形容词前的助词,或称词头。四国,泛指四邻各国。
　　⑫ 夫子:指祁奚。
　　⑬ 晋侯:晋平公。
　　⑭ 不弃其亲:意谓叔向与叔虎是兄弟,理应亲其亲。其有焉:言可能与羊舌虎等人同谋。
　　⑮ 于是:此时。老:告老引退。驲(rì):古时驿站专用之车。

"《诗》曰：'惠我无疆，子孙保之①。'《书》曰：'圣有谟勋，明征定保②。'夫谋而鲜过、惠训不倦者③，叔向有焉，社稷之固也④。犹将十世宥之⑤，以劝能者⑥。今壹不免其身，以弃社稷，不亦惑乎⑦？鲧殛而禹兴⑧；伊尹放大甲而相之，卒无怨色⑨；管、蔡为戮，周公右王⑩。若之何其以虎也弃社稷⑪？子为善，谁敢不勉，多杀何为？"

宣子说，与之乘⑫，以言诸公而免之。不见叔向而归，叔向亦不告免焉而朝。

———————

① "《诗》曰……"二句：见《诗经·周颂·清庙之什·烈文》，言文王惠赐我们无尽之福，子孙永远保有它。

② "《书》曰……"二句：按，当系《尚书》逸文。伪《古文尚书》将此二句收入《胤征》篇，"谟勋"作"谟训"。勋，通"训"。

③ 夫谋而鲜过：善谋略而少过失。惠训不倦：关怀训导别人而毫不倦怠。

④ 叔向有焉：叔向兼有之。社稷之固：国家的屏障。

⑤ 犹将十世宥之：言十世之后，子孙有罪，犹将追念其功业而加以宽赦。十世，言其久远。宥，宽恕、饶赦。

⑥ 以劝能者：用来劝勉有才能的人。

⑦ 壹：乃，竟。不免其身：言其身不免于罪。以弃社稷：言晋君自弃国家之栋梁。惑：迷惑。

⑧ 鲧(gǔn)殛而禹兴：据传说，鲧因未完成舜交给他的治水使命，被舜杀死在羽山之野，而舜又任用鲧的儿子禹治水。此言不以父罪而废其子。兴，起用。

⑨ 伊尹放大甲而相之，卒无怨色：据传说，太甲曾因荒淫失度而被伊尹放于桐宫，三年悔改而复归于亳，伊尹仍辅佐他，太甲始终没有怨恨。此言不以一怨掩大德。伊尹，名挚，商之辅佐大臣。大甲，太甲，商汤之孙。

⑩ 管、蔡为戮，周公右王：据记载，周武王死后，他的弟弟管叔、蔡叔曾散布流言，说："周公将不利于孺子。"（当时成王年幼，周公摄政，孺子指周成王。）周公曾一度避居东都。后来，成王迎周公归。管、蔡挟纣子武庚叛，成王命周公讨之，诛武庚，杀管叔，放蔡叔。不久，蔡叔也死去。周公仍辅佐成王。此言兄弟罪不相及。

⑪ 弃社稷：轻弃社稷之臣。

⑫ 说(yuè)：通"悦"，悦服。与之乘：范宣子与祁奚同乘一车。

【译文】

栾盈逃亡到楚国。范宣子杀害了栾盈的同党羊舌虎,囚禁了叔向。有人对叔向说:"您因为不依附宣子而遭罪罚,恐怕是不明智的吧?"叔向说:"我虽被囚禁,但与死亡相比,又怎么样呢?《诗经》中有这样的话:'优游自得,姑且这样度岁月。'我看这就是明智啊。"

乐王鲋来见叔向,说:"我要为您向晋平公求情。"叔向不答话。乐王鲋退出时,叔向也不拜谢。叔向左右的人都责怪他,叔向说:"一定要祁大夫才能救我。"叔向的家臣头领听了这话,对他说:"乐王鲋若向国君说句好话,就没有办不成的事。他要请求国君赦免您,您却不答应;这是祁大夫办不到的,而您却说必须由他来办,为什么呢?"叔向说:"乐王鲋是个一味顺从国君的人,他怎能办得到? 祁大夫举荐宗族以外的人时,不舍弃他的仇敌;举荐宗族以内的人时,不遗漏他的亲子,难道单单丢开我不管吗?《诗经》中说:'德行正直,四方的国家都归顺他。'祁大夫就是正直的人啊!"

晋平公向乐王鲋询问叔向的罪过,乐王鲋回答:"叔向不抛弃他的亲兄弟,他们有同谋之嫌。"此时,祁奚已告老退休了,一听到这件事,就立即乘驿车赶去见范宣子,他说:"《诗经》中有这样的话:'惠赐我们无尽之福,要永远保有它。'《尚书》中又有话说:'智慧的人有谋略有教诲,应当相信和保护。'善谋略而少过失,关怀训导别人而毫不倦怠,这两方面的优点,叔向兼而有之。他是我们国家的柱石。即使他的十代子孙犯了罪也应该赦免,以此来勉励有才能的人为国效力。现在叔向竟然因羊舌虎一事自身不免于死,而弃绝国家的栋梁,岂不使人迷惑不解? 大舜杀了治水无功的鲧,却又起用鲧的儿子禹;伊尹曾放逐汤王之孙太甲,后来又辅佐他,太甲始终没有怨恨伊尹;武王之弟管叔、蔡叔被周公杀害,后来周公仍辅助成王。为何现在却因羊舌虎的缘故就轻弃社稷之臣？您做了好事，谁敢不自勉自励？为什么要多杀人？"

范宣子听了这一番话，心悦诚服，就和祁奚同乘一车入朝，劝说晋平公赦免了叔向。祁奚并没有会见叔向就直接回去了。叔向也没有因为被赦免而向祁奚告谢，却立即去朝见晋平公。

子产告范宣子轻币　襄公二十四年

【解题】

范宣子在晋国执政，加重诸侯向晋国进贡的币帛。郑子产致书劝告范宣子，指出当政者为了长远利益，要适当减轻剥削，收揽人心，应重美德、美誉，不应重币帛，并且对比说明了这对其国家和个人的利害关系，终于说服了范宣子。

范宣子为政①，诸侯之币重②。郑人病之③。二月，郑伯如晋，子产寓书于子西以告宣子④，曰："子为晋国⑤，四邻诸侯不闻令德，而闻重币，侨也惑之⑥。侨闻

---

①　范宣子：即士匄。为政：执政，当政。当时范宣子将中军，执晋国国政。

②　诸侯之币重：言范宣子加重了诸侯来聘之币帛。晋国为诸侯霸主，各国都向晋国纳币。

③　郑人病之：郑国以纳重币为患。病，患。

④　二月：鲁襄公二十四年（前549）二月。郑伯：郑简公。子产：春秋时郑大夫，郑穆公之孙，亦称公孙侨，字子产。寓书于子西以告宣子：当时郑大夫子西辅佐郑简公前往晋国，子产便寄书于子西以劝告范宣子。寓，寄，托。

⑤　子为晋国：谓范宣子为晋国执政。

⑥　令德：美德。重币：加重进贡之币帛。侨：子产自谓其名。

君子长国家者,非无贿之患,而无令名之难①。夫诸侯之
贿聚于公室,则诸侯贰②;若吾子赖之,则晋国贰③。诸
侯贰,则晋国坏④;晋国贰,则子之家坏。何没没也⑤!
将焉用贿? 夫令名,德之舆也⑥;德,国家之基也⑦。有
基无坏,无亦是务乎⑧? 有德则乐,乐则能久⑨。《诗》云
'乐只君子,邦家之基⑩',有令德也夫⑪! '上帝临女,无
贰尔心⑫',有令名也夫⑬! 恕思以明德,则令名载而行
之,是以远至迩安⑭。毋宁使人谓子,'子实生我'⑮,而谓

———————————————————

① 长国家:犹言治理国和家。长:做……之长。家,卿大夫的封
邑。非无贿之患:不患没有财物。无令名之难:患没有好名声。贿,财
物、币帛。难(nàn),患。

② 夫诸侯之贿聚于公室,则诸侯贰:言诸侯的财物被聚敛于晋之
公室,诸侯就会对晋国产生二心。公室,指朝廷。贰,离异、生二心。

③ 若吾子赖之,则晋国贰:此谓如果范宣子以此为利己之物,晋国
的人们就会对宣子产生二心。赖,以……为利。

④ 坏:衰败。

⑤ 没没(mò mò):犹言昧昧,糊涂。

⑥ 夫令名,德之舆也:此言有美德,还须借美名传扬,美名犹如美
德的车子。

⑦ 德,国家之基也:美德,是国家的基础。(有牢固的基础,国家就
能久立。)

⑧ 无亦是务乎:即"不亦务是"。是,此,指德。无亦……乎:表示
反诘的句式,意为"不应该……吗"。务,勉力为之。

⑨ 乐:乐与人同。久:久居其位。

⑩ "《诗》云……"二句:见《诗经·小雅·南山有薹(tái)》之首章,
言君子和乐有德,是国和家的根基。

⑪ 有令德也夫:这就是有美德啊!

⑫ "上帝临女,无贰尔心":见《诗经·大雅·大明》,言上天鉴临你,
人们不要有二心啊。

⑬ 有令名也夫:这就是有美名啊!

⑭ 恕思以明德:以宽恕之心思考事情来发扬美德。则令名载而行
之:美名就像车子那样载美德而行于世。远至迩安:远的人慕德而至,近的
人怀德而安靖。

⑮ 毋宁使人谓子:宁可使人议论您(指宣子)。毋宁,宁可。子实生
我:指宣子实在生养我们。

'子浚我以生'乎①？象有齿以焚其身,贿也②。"

宣子说,乃轻币③。

【译文】

范宣子在晋国执掌政事,加大了诸侯所献贡品的数额,郑国也为此感到忧虑。二月,郑简公前往晋国聘问,子产托子西带信给范宣子,信中说:"您为晋国执政,四邻诸侯没听说您的美德,只听说您加大了贡品的数额,侨对此感到迷惑不解。我听说君子掌管国和家,不担心没有财物而担心没有好名声。如果将诸侯的财物聚敛于晋国的公室,诸侯就会对晋国怀有二心;如果您把这个看作利己之物,晋国的人们就会对您怀有二心。诸侯对晋国有了二心,晋国就会受损;晋人对您有了二心,您的家族就会受损。您怎么这么糊涂呢!还哪里用得着财货呢?美名,是装载美德的车子。美德,是国和家族的基础。有牢固的基础,就不至于毁坏。您不应该尽力追求这些吗?有美德,就能乐与人同;乐与人同,就能久居其位。《诗经》中说'君子和乐有德,是国和家族的根基',说的就是有美德啊!'上天在上面看着你,你不要有二心',说的就是有美名啊!以宽厚之心去思考事情彰显美德,美名就像车子那样载着美德传扬开来,因此,远方的人慕德而来,近处的人也安心。宁可让人们说您实在是养育了我们,怎能让人说您夺人之财而养活自己呢?大象有巨齿而毁了自己,是因为象牙值钱啊!"

范宣子听了这些话,非常高兴,于是就减轻了诸侯的贡品。

---

① 而谓子浚我以生乎:然而怎可说您(指宣子)夺取了我们的钱财而养活自己呢?浚,索取、榨取。

② 焚(fén):通"偾",倒毙。贿:财物,此谓珍异之物。

③ 说:通"悦"。轻币:减轻了诸侯聘问之币帛。

晏子不死君难 襄公二十五年

【解题】

　　齐国的棠公死后，权臣崔武子娶了棠公之妻棠姜。齐庄公与棠姜私通，崔武子在自己家中杀了齐庄公。晏子向左右的人申明国君不是为国而死，臣子就不应为他殉难的道理；但是也表示决不逃亡，并公然去哭吊齐侯。由于晏子在齐国有威信，崔武子也为了笼络人心而不杀晏子。

　　崔武子见棠姜而美之，遂取之①。庄公通焉②。崔子弑之③。

　　晏子立于崔氏之门外④。其人曰⑤："死乎？"曰："独吾君也乎哉⑥？吾死也⑦？"曰："行乎⑧？"曰："吾罪也乎哉⑨？吾亡也⑩？"曰："归乎？"曰："君死安归⑪？君

---

　　① 崔武子：即崔杼，春秋时齐大夫，弑庄公，立景公，己为相，卒谥武子。棠姜：棠公之妻，姜姓。取：通"娶"。

　　② 庄公：齐庄公。通：通奸。

　　③ 崔子弑(shì)之：言崔武子因恨庄公与棠姜淫乱而杀之。臣杀君曰弑。

　　④ 晏子立于崔氏之门外：言晏子闻难而来，崔氏之门未开，故立于门外。晏子，即晏婴，春秋时夷维(今山东省高密市)人，字平仲，齐大夫，曾辅佐齐灵公、庄公、景公。

　　⑤ 其人：指晏子左右之人。

　　⑥ 独吾君也乎哉：难道是我的国君吗？

　　⑦ 吾死也：我为何独死君难呢？

　　⑧ 行：指弃国而奔亡外邦。

　　⑨ 吾罪也乎哉：言国君之死，我有何罪？

　　⑩ 吾亡也：我为何逃亡呢？

　　⑪ 君死安归：国君死了，我们同到何处呢？（或：怎能回去呢？）

民者①,岂以陵民②,社稷是主③;臣君者④,岂为其口实⑤? 社稷是养⑥。故君为社稷死,则死之⑦;为社稷亡,则亡之。若为己死,而为己亡,非其私昵,谁敢任之⑧? 且人有君而弑之,吾焉得死之,而焉得亡之⑨? 将庸何归⑩?"

门启而入⑪,枕尸股而哭⑫。兴,三踊而出⑬。

人谓崔子,必杀之⑭。崔子曰:"民之望也,舍之得民⑮。"

【译文】

崔武子看到棠姜,认为她很美,就娶了她。齐庄公和棠姜私通。崔武子在自己住宅内杀死了齐庄公。

晏子闻讯赶来,站在崔氏大门以外。他的随从说:"你准

① 君民者:为民之君者,为人君者。
② 岂以陵民:岂能以其地位凌驾于百姓之上? 陵,凌驾。
③ 社稷是主:主宰国家,主持国政。
④ 臣君者:臣于君者,为国君之臣者。
⑤ 岂为其口实:岂止为俸禄? 口实,禄养、俸禄。
⑥ 社稷是养:言皆为奉养社稷。
⑦ 死之:为之死。下文的"亡之"与其结构相同。
⑧ 私昵:私爱亲近之臣。昵,亲近、亲密。任之:言承担其祸难。任,承担、担当。
⑨ 人有君而弑之:况且别人立了国君又把他杀掉。人,指崔杼,庄公为崔杼所迎立。焉得:怎能。焉,安、何。
⑩ 将庸何归:将归于何处?
⑪ 门启而入:崔氏打开了门户,晏子进入。
⑫ 枕尸股而哭:头枕在尸体的大腿上痛哭。
⑬ 兴:起立。踊(yǒng):跺脚,跳跃,这是当时哭君之礼,表示哀痛至极。以上先哭后踊,都是叙写晏子尽其礼仪。
⑭ 必杀之:言必杀晏子。
⑮ 民之望:此谓晏子有贤德,是万民仰望之人。舍之得民:言放开他不杀,能得民心。

备去死吗?"晏子说:"难道他只是我一个人的国君吗? 我为何去死呢?"随从又问:"逃亡吗?"晏子又说:"他死,是我的罪过吗? 我为何要逃亡?"随从又问:"回去吗?"晏子又说:"国君死了,我回到何处呢? 做人君的,岂能高居人民之上,应当主持国政;为人臣的,岂能只图俸禄,应当维护国家利益。所以国君为国家而死,臣子就要为他死;国君为国家而出亡,臣子就要为他而出亡。如果国君为了自己而死,而逃亡,若不是他的宠爱亲昵之臣,谁敢承当这个责任? 况且,别人立了国君,而又将他杀死,我怎能为国君而死,又怎能为国君而出亡呢? 可是,我又能归于何处呢?"

崔氏开门以后,晏子进去了。他头枕着尸体的大腿痛哭。又站了起来,跳跃了三次这才出去。

有人对崔武子说,一定要杀掉他。崔武子说:"晏子是百姓所仰望之人,放开他不杀,就能得民心。"

季札观周乐 襄公二十九年

【解题】

吴公子季札在鲁襄公二十九年(前544)前往鲁国聘问,鲁人为之表演周乐。季札耳闻其歌诗乐曲,目接其乐舞之容,能尽知其详,发表了一套理论,提出了自己的观点,并有一定的预见。但据后世研究,有人对其真实性有怀疑,认为此文所载并非季札当时的言论,而是《左传》的作者将后人的言论附会于季札,以炫人耳目。而不管是否出自季札之口,本文都反映了先秦儒家对于文艺的观点,有参考价值。

　　吴公子札来聘①。请观于周乐②。使工为之歌《周南》《召南》③,曰:"美哉! 始基之矣④,犹未也⑤,然勤而不怨矣⑥。"为之歌《邶》《鄘》《卫》,曰:"美哉,渊乎⑦! 忧而不困者也⑧。吾闻卫康叔、武公之德如是⑨,是其《卫风》乎⑩?"为之歌《王》,曰:"美哉! 思而不惧⑪,其周之东乎⑫?"为之歌《郑》,曰:"美哉! 其细已甚⑬,民弗堪也⑭。是其先亡乎?"为之歌《齐》,曰:"美哉! 泱泱乎,大风也哉⑮! 表东海者,其大公乎⑯? 国未可量

---

　　① 吴公子札:吴王寿梦之幼子,名札,一称季札。聘,聘问,言公子札代表吴国到鲁国访问。

　　② 请观于周乐:公子札请求对鲁国所保存的周乐都欣赏观摩一下。周乐,周代各地的乐歌、舞曲、舞蹈。由于鲁国接受了周成王所赐天子之乐,一直保有它,所以公子札能有机会欣赏周乐。

　　③ 工:乐工,当时的专职音乐人员。《周南》《召南》与下文《邶》《鄘》《卫》等,都是《诗经》中《国风》部分的乐调名称。《雅》(《小雅》《大雅》)、《颂》(《周颂》《鲁颂》《商颂》)是《诗经》中另外两部分的名称。

　　④ 始基之矣:此言《周南》《召南》始为王道教化奠立了基础。

　　⑤ 犹未也:指其尚未尽善。

　　⑥ 勤而不怨:劳而不怨。按,一本作"怒而不怨"。

　　⑦ 渊:深,深远。

　　⑧ 忧而不困:有忧愁而不穷困。

　　⑨ 卫康叔:周公之弟,始封于卫。武公:康叔九世孙。

　　⑩ 是其《卫风》乎:按,邶(bèi)、鄘(yōng)二国后皆并入卫国,《邶风》《鄘风》实际上也是《卫风》,故此句以《卫风》赅之。

　　⑪ 思而不惧:虽有忧思,但犹有先王遗风,因而并无恐惧。

　　⑫ 其周之东乎:此谓《王风》是周王朝东迁以后的乐歌。

　　⑬ 其细已甚:言其繁细太甚。

　　⑭ 弗堪:不胜,受不了。

　　⑮ 泱泱:形容歌声、乐声宏大深广。大风:博大之风。

　　⑯ 表东海者,其大公乎:能做东海诸侯表率的,是那姜太公的国家吧? 表,做表率。大公,即吕尚,俗称姜太公,始封于齐。

也①。"为之歌《豳》,曰:"美哉,荡乎! 乐而不淫②,其周公之东乎③?"为之歌《秦》,曰:"此之谓夏声④。夫能夏则大,大之至也,其周之旧乎⑤?"为之歌《魏》,曰:"美哉,沨沨乎⑥! 大而婉,险而易行⑦,以德辅此⑧,则明主也!"为之歌《唐》,曰:"思深哉⑨! 其有陶唐氏之遗民乎⑩? 不然,何忧之远也⑪? 非令德之后⑫,谁能若是?"为之歌《陈》,曰:"国无主,其能久乎?"自《郐》以下⑬,无讥焉⑭。

为之歌《小雅》,曰:"美哉! 思而不贰⑮,怨而不言,其周德之衰乎? 犹有先王之遗民焉⑯。"为之歌《大雅》,曰:"广哉,熙熙乎⑰! 曲而有直体⑱,其文王之德乎?"

------

① 国未可量:指国将复兴,前途不可限量。
② 乐而不淫:快乐而不放纵。
③ 周公之东:言《豳(bīn)风》为周公东征以后的乐歌。
④ 夏声:西方的音乐。夏,古指西方为夏。
⑤ 周之旧:秦本在西戎汧、陇以西,秦襄公佐周平王东迁,而受其故地,因云《秦风》为周旧地之乐歌。
⑥ 沨沨(fán fán):形容乐歌婉转悠扬。
⑦ 险而易行:指乐曲的变化。险,难,促迫。易,平易。
⑧ 以德辅此:言以德辅佐此国君。(当时晋据魏之故地,"此"字指晋君。)
⑨ 思深:指忧思深沉。
⑩ 陶唐氏:指古代传说中陶唐氏的圣君帝尧。
⑪ 忧之远:忧虑悠远。
⑫ 令德之后:有美德的唐尧之后裔。
⑬ 自《郐(kuài)》以下:自《郐风》以下,包括《曹风》。郐,又作桧。
⑭ 讥:评论。
⑮ 思而不贰:虽有忧思,但无离贰之心。
⑯ 先王:指周代的文、武、成、康诸王。
⑰ 熙熙:形容乐声和美。
⑱ 曲而有直体:音调婉转而又刚健正直。

为之歌《颂》，曰："至矣哉！直而不倨①，曲而不
屈②，迩而不逼③，远而不携④，迁而不淫⑤，复而不厌⑥，
哀而不愁，乐而不荒⑦，用而不匮⑧，广而不宣⑨，施而不
费，取而不贪⑩，处而不底⑪，行而不流⑫。五声和⑬，八
风平⑭，节有度⑮，守有序⑯，盛德之所同也⑰。"

见舞《象箾》《南籥》者⑱，曰："美哉！犹有憾⑲。"见
舞《大武》者⑳，曰："美哉！周之盛也，其若此乎？"见舞
《韶濩》者㉑，曰："圣人之弘也，而犹有惭德㉒，圣人之难

---

① 直而不倨(jù)：正直而不倨傲。
② 曲而不屈：委曲婉转而不屈就。
③ 迩而不逼：靠近而不紧迫。
④ 远而不携：疏远而不离贰。
⑤ 迁而不淫：迁延流动而不放荡过度。
⑥ 复而不厌：反复而不使人厌倦。
⑦ 乐而不荒：快乐而不过度纵情。
⑧ 用而不匮：运用而不匮乏。
⑨ 广而不宣：广大而不张扬过分。
⑩ 施而不费，取而不贪：施济而不浪费，取敛而不贪婪。
⑪ 处而不底：静止而不停滞。底，停滞，凝滞。
⑫ 行而不流：行动而不流荡。
⑬ 五声和：指宫、商、角、徵(zhǐ)、羽五声和谐。
⑭ 八风平：指金、石、丝、竹、匏、土、革、木八类乐器的声音协调。
⑮ 节有度：节奏有一定规律。
⑯ 守有序：各种乐器演奏起来都相守不乱，各有次序。
⑰ 盛德之所同：此言这都是盛德之人所共同具有的。
⑱ 《象箾(shuò)》：武舞名。箾，古代武舞时舞师所执之竹竿。
《南籥(yuè)》，文舞名。籥，古代文舞时舞师吹奏之乐器，也是一种道
具。籥，甲骨文作"龠"，像编管之形。以上为文王之乐。
⑲ 憾：遗憾。
⑳ 《大武》：武王乐舞之名。
㉑ 《韶濩(huò)》：殷汤乐舞之名。
㉒ 惭德：于德有惭愧之处。杜预以为汤放夏桀，以武力取天下，故
有惭德。

也①。"见舞《大夏》者②，曰："美哉！勤而不德③，非禹，其谁能修之④！"见舞《韶箾》者⑤，曰："德至矣哉，大矣！如天之无不帱也⑥，如地之无不载也！虽甚盛德⑦，其蔑以加于此矣⑧。观止矣⑨！若有他乐，吾不敢请已⑩。"

【译文】

吴国公子季札前来鲁国聘问，请求观赏周王室的音乐舞蹈。鲁国就让乐工们为吴公子歌唱《周南》《召南》，他说："真美啊！它开始为王道教化奠立基础了，还没有完善，不过百姓劳苦而没有怨恨了！"又为吴公子歌唱《邶风》《鄘风》《卫风》，他说："美好而又深厚啊！虽有忧愁而不至于穷困啊。我听说卫叔、康叔的德行就是这样的。这大概就是《卫风》吧！"又为吴公子歌唱《王风》，他说："真美啊！有忧思而不恐惧，这是周王朝东迁以后的乐歌吧？"又为吴公子歌唱《郑风》，他说："真美啊！但它的音节过于琐碎，可见百姓已经不能忍受。这个国家恐怕会先灭亡吧！"又为吴公子歌唱《齐风》，他说："真美啊！宏大啊！这是大国的乐歌吧！能做东方诸侯之表率的，那是太公始封之国吧？国运是不可限量的啊。"又为吴公子歌唱《豳风》，他说："真美啊！坦坦荡

---

① 圣人之难：做圣人之不易。

② 《大夏》：夏禹乐舞之名。

③ 勤而不德：为民勤苦而不自矜其德行。

④ 修之：修治其功。

⑤ 《韶箾(xiāo)》：又作《箫韶》，虞舜乐舞之名。箾，此处通"箫"。

⑥ 帱(dào)：覆盖。本句及下句，一本"无"下有"所"字。

⑦ 甚盛德：甚有盛大之德行。一本"甚"作"有"。

⑧ 蔑以加：无以复加。蔑，无。

⑨ 观止矣：欣赏观摩音乐、歌诗、舞蹈，已达止境（达到最高境界）了。

⑩ 不敢请：不敢再请求欣赏观摩。已：通"矣"。

荡啊！欢乐而不过度放纵，这是周公东征以后的乐歌吧？"又为吴公子歌唱《秦风》，他说："这就是西方的音乐。夏就是大，大到顶点了，恐怕是周朝的旧乐吧！"又为吴公子歌唱《魏风》，他说："真美啊！婉转悠扬啊！洪亮而又委婉曲折，节拍局促却易于歌唱，再用德行加以辅助，它的国君就成贤明君主了。"又为吴公子歌唱《唐风》，他说："忧思深沉啊！那是唐尧的遗民吧？不然，为何忧思如此悠远呢？若不是美德昭著的唐尧之后裔，谁能这样呢？"又为吴公子歌唱《陈风》，他说："国家无明主，难道能久长吗？"自《郐风》以下，吴公子未加评论。

又为吴公子歌唱《小雅》，他说："真美啊！虽有忧思，但无二心；虽有怨意，但隐忍不言。这大概是周朝衰微时的乐章吧？还有先王的遗民在啊！"又为吴公子歌唱《大雅》，他说："广大啊！乐声和美！音调婉转而刚健劲直，大概是歌颂文王的德行吧？"

又为吴公子歌唱《颂》，他说："美极了！刚劲而不放肆，委曲婉转而不屈就，密切而不紧迫，疏远而不离贰，迁延流动而不放纵，反复而不使人厌倦，有哀思而不过分愁苦，有快乐而不过度纵情，常用而不匮乏，志向广大而不过于张扬，施予而不浪费，取敛而不贪求，静止而不凝滞，行动而不流荡。它的音乐听起来五声和谐，八风协调，节奏有度，演奏有序，这是颂扬崇高德行的《颂》诗所共有的特色。"

吴公子又观看了《象箾舞》《南籥舞》。他说："真美啊！但又美中不足。"又观看了《大武舞》。他说："真美啊！周朝盛世，是这样的吧？"又观看了《韶濩舞》。他说："圣人商汤那样伟大，但在德行方面还有惭愧之处，可见当圣人不容易啊！"吴公子又观看了《大夏舞》。他说："真美啊！为众民受尽辛苦而不自矜其德，除了大禹，谁能修治其功业？"又观看了《韶箾舞》。他说:"德行达到极点了! 真伟大啊! 像苍天那样无不覆盖啊,像大地那样无不承载啊! 盛德到达了顶点,就不能再有所增加了。我所观赏的歌诗乐舞已达到最高境界了! 如果还有别的歌诗乐舞,我也不敢再求观赏了。"

子产坏晋馆垣　襄公三十一年

【解题】

　　子产辅佐郑简公到晋国朝聘,晋平公托故不见。晋国对诸侯很轻慢,宾馆简陋,使纳贡的车辆不能进入,子产断然使人拆毁宾馆的墙垣,使车辆得以进馆;又对前来诘难的士文伯严正地申明自己的理由与态度,使士文伯及赵文子、晋平公等人都为之折服,不得不改变态度,向子产谢罪,对郑简公优礼有加。子产凭其机敏与词锋,维护了郑国的尊严。

　　子产相郑伯以如晋①。晋侯以我丧故,未之见也②。子产使尽坏其馆之垣而纳车马焉③。

　　士文伯让之曰④:"敝邑以政刑之不修,寇盗充斥⑤,

---

　　① 子产:春秋时郑大夫,郑穆公之孙,亦称公孙侨,字子产。郑伯:郑简公。相:辅佐。

　　② 晋侯:晋平公。我丧:指鲁襄公之丧。未之见:未见郑简公一行。

　　③ 尽坏其馆之垣而纳车马:全部毁坏宾馆的院墙而把赍赠之车马存放进去。

　　④ 士文伯:晋大夫,名匄,字伯瑕,士弱之子,与范宣子士匄同族同名。让:责问。

　　⑤ 敝邑:犹言"敝国"。政刑:政令刑律。修:完善。充斥:充满,众多。

无若诸侯之属辱在寡君者何①，是以令吏人完客所馆②，高其闬闳③，厚其墙垣以无忧客使④。今吾子坏之，虽从者能戒，其若异客何⑤？以敝邑之为盟主，缮完葺墙⑥，以待宾客；若皆毁之，其何以共命⑦？寡君使匄请命⑧。”

对曰："以敝邑褊小，介于大国⑨，诛求无时⑩，是以不敢宁居，悉索敝赋⑪，以来会时事⑫。逢执事之不闲，而未得见⑬；又不获闻命，未知见时⑭。不敢输币，亦不敢暴露⑮。其输之⑯，则君之府实也，非荐陈之，不敢输也⑰；其暴露之，则恐燥湿之不时而朽蠹，以重敝邑之

①　辱在寡君者：言对于屈驾来聘问寡君者无法款待照料。"无若……何"：对……没有办法。在：存问，慰问。
②　完客所馆：修缮国宾所住的馆舍。
③　闬闳(hàn hóng)：都作里巷之门讲，这里连用，指馆舍的大门。高：加高。
④　无忧客使：让客使无忧虑。
⑤　从者：随从的人。戒：戒备，警戒。异客：他国之宾客。
⑥　葺：本指以草覆墙，此指修治。
⑦　共(gōng)命：供命，供给所需。
⑧　匄：士文伯自称其名。请命：请问拆毁馆垣的用意。这是外交辞令。
⑨　褊小：狭小。介于大国：处于大国之间。
⑩　诛求无时：责求郑国向晋国交纳币帛没有定时。极言其贪得无厌。诛，责。
⑪　悉索敝赋：尽力搜罗敝国的财赋。
⑫　来会时事：按时来朝会。
⑬　执事：这是对对方的一种敬称，此谓晋平公。
⑭　不获闻命：得不到晋君的命令。未知见时：不知何时召见。
⑮　输币：献纳币帛。暴露：暴露在室外，日晒雨淋。
⑯　输之：指献纳币帛。
⑰　荐陈：指古时宾主正式按礼仪相见，当庭陈列礼品，由受礼者过目验收。荐，进献。

罪①。侨闻文公之为盟主也②,宫室卑庳③,无观、台、榭④,以崇大诸侯之馆。馆如公寝⑤,库厩缮修⑥,司空以时平易道路⑦,圬人以时塓馆宫室⑧。诸侯宾至⑨,甸设庭燎⑩,仆人巡宫;车马有所,宾从有代⑪,巾车脂辖⑫,隶人、牧、圉各瞻其事⑬;百官之属,各展其物⑭;公不留宾,而亦无废事⑮;忧乐同之,事则巡之⑯;教其不知,而恤其不足。宾至如归,无宁灾患⑰。不畏寇盗,而

----

① 朽蠹:腐烂及虫蛀。重敝邑之罪:加重了敝国(郑)的罪过。

② 侨:子产自称其名。文公:晋文公。

③ 庳(bì):低下,矮小。

④ 观(guàn)、台、榭:指高大华美的游赏建筑物。观,楼阁等高大建筑物。台,高而上平的建筑物。榭,建在高台上的敞屋,一般为木质结构。

⑤ 馆如公寝:宾馆如同晋君的宫室。

⑥ 厩:马房。

⑦ 司空:古代掌管土木工程的官吏,又称"司工"。平易:平整。易,治,修整。

⑧ 圬人:建筑工人。塓(mì):粉刷。

⑨ 宾至:宾客到来。

⑩ 甸:即"甸人",宫中掌管薪火之官。庭燎:庭中照明之大烛。

⑪ 巡宫:在宾馆四周巡夜。宾从有代:国宾及其从者都有专人为之服务。

⑫ 巾车:掌管车辆的官吏。脂:本指油脂,此处是指以油脂涂抹。辖:插入轴端孔穴,固定车轮和车轴的销钉,此指车轴。

⑬ 隶人:奴仆。牧:看管牛羊的人。圉(yǔ):牧马的人。各瞻其事:各视其事,各执其事。

⑭ 各展其物:各自陈列其主管之物以供宾客。

⑮ "公不留宾"二句:言晋君及时会见宾客,使宾客礼毕即去,不至稽留,不荒废其职事。

⑯ 忧乐同之:指晋人与宾客同忧同乐。事则巡之:有何事故就加以巡察、解决。

⑰ 无宁灾患:无灾害。宁,语中助词,无义。

亦不患燥湿。今铜鞮之宫数里①，而诸侯舍于隶人②；门不容车，而不可逾越③；盗贼公行，而天厉不戒④。宾见无时，命不可知。若又勿坏，是无所藏币，以重罪也。敢请执事，将何所命之⑤？虽君之有鲁丧，亦敝邑之忧也⑥。若获荐币，修垣而行⑦，君之惠也，敢惮勤劳⑧？"

文伯复命。赵文子曰⑨："信！我实不德，而以隶人之垣以赢诸侯⑩，是吾罪也。"使士文伯谢不敏焉。

晋侯见郑伯⑪，有加礼，厚其宴好而归之。乃筑诸侯之馆。

叔向曰⑫："辞之不可以已也如是夫⑬！子产有辞，诸侯赖之⑭，若之何其释辞也？《诗》曰：'辞之辑矣，民

---

① 铜鞮(dī)之宫：晋君之离宫，建于铜鞮，故名。铜鞮，晋邑，在今山西省沁县南十里。

② 舍于隶人：居住在像隶人住的房舍里。

③ 门不容车：言门狭小不能使车子通过。不可逾越：言宾馆有围墙不能越过。

④ 天厉：天灾。戒：防范。按：天，一本作"夭"。

⑤ 何所命之：有何吩咐。

⑥ "虽君之有鲁丧"二句：此谓晋君因有同姓的鲁国之丧事，而不会见郑简公。可是，郑国与鲁国也是同姓，也感到哀痛忧伤。鲁、晋、郑的国君都姓姬。

⑦ 若获荐币，修垣而行：如果获准我们进献币帛，完成朝聘之礼，我们就修好垣墙而回国。

⑧ 敢惮勤劳：岂敢怕辛劳？

⑨ 赵文子：晋大夫，名武。

⑩ 不德：无德。赢：接受，接待。

⑪ 晋侯见郑伯：晋平公会见了郑简公。

⑫ 叔向：晋大夫，即羊舌肸(xī)。

⑬ 辞之不可以已：外交辞令不能止而不用。

⑭ "子产有辞"二句：言由于子产有以上严正之辞，折服了晋人，另建完美的宾馆，诸侯也都得到好处。

之协矣；辞之怿矣，民之莫矣①。'其知之矣。"

【译文】

子产辅佐郑简公前往晋国。晋平公因为鲁国有丧事，没有接见。子产使人把宾馆的围墙全部拆毁，而将车马赶了进去。

晋国大夫士文伯责问他，说："敝国由于政令刑律不完善，盗贼很多，我们对于屈尊到晋国来朝聘的诸侯的臣属无法款待照料，因此派官吏修缮馆舍，加高了大门，加厚它的围墙，为的是让宾客高枕无忧。现在您却将围墙拆毁，虽然您的随从人员能够警戒自己，可是别国的宾客又怎么办呢？因为敝国是盟主，所以修缮围墙，以接待宾客；如果都把墙拆掉，那将如何供给来宾的需求呢？寡君派我来请问拆毁围墙的用意。"

子产回答说："敝国狭小，处于大国之间，大国责求我们进贡财物是没有定时的，因此我们不敢安居，全力搜罗敝国财物，以准备按时前来朝会献礼。如今适逢君王的左右无暇，不能会见我们；又听不到吩咐，不知什么时候才能接见。我们不敢擅自献纳财物，也不敢将它暴露在外面。如果献上，那它就成了晋君府库中的财物啊，可是不经过庭中陈列的仪式，我们就不敢进献。要是将它暴露在外，就又害怕被损坏，从而又加重了敝国的罪过。我听说晋文公做盟主时，宫室矮小，并无豪华的观、台、榭，却将诸侯下榻的宾馆修建得十分高大宏伟，宾馆如同现在晋君的宫室一样。库房马厩都修得很好，司空按时平整道路，泥水工匠按时粉刷墙壁。

---

① "《诗》曰"以下四句：意谓言辞辑睦和平，则民自融洽一致；言辞悦怿，则民自安定。辑，和睦。协，融洽一致。怿，悦。莫，安定。

各国的宾客到此，甸人设置好庭中大烛，仆人在宾馆外巡夜，车马各有地方安置，宾客的随从有代劳的人员，掌管车子的人给车轴上油。隶人、牧人、围人各自照看好自己分内的事情；各部门的官吏各自将其掌管的招待外宾的物品陈列出来；文公不让宾客滞留，办事快捷，宾主都不会耽搁公事。主人与宾客同忧同乐，有了意外之事，就格外注意警戒巡视；对宾客不知道的事加以教导，而又对困乏者加以体恤、周济。宾客到来，如同返里归家，也无灾无害。不怕盗贼，也不愁受燥受湿。现在，贵君的铜鞮宫绵延数里，来访问的诸侯却住在奴仆住的房舍里，车子进不了大门，又不能翻墙而过。盗贼公然作恶，天灾也不防范。国君会见来宾也无明确时间，何时吩咐也不知道。假如不拆毁围墙，没有地方安置车马和存放礼品，就会加重我们的罪过啊。我敢于冒昧地请问执事，您对我们有何指教？虽然正逢鲁国之丧事，可这也是我们所伤心的事。如能得到晋君许可，马上让我们进献币帛，完成聘问之礼，我们就修好宾馆的院墙后再回国，这是您贵国的恩惠啊，我们岂敢惧怕劳苦？”

文伯回去报告执行使命的经过。赵文子说：“的确如此！我们实在无德，用奴仆住的房子来接待诸侯，这是我们的罪过啊。”于是派士文伯前去为自己的办事不力表示歉意。

晋平公会见了郑简公，礼节特别隆重，宴会和礼品都格外丰厚，然后让郑简公回国，接着又修建接待诸侯的宾馆。

晋大夫叔向说：“辞令不可废弃就像这样啊！子产善于辞令，诸侯也因他而得到好处，为何要废弃辞令呢？《诗经》中这样说：‘言辞和谐，众民融洽；言辞动听，众民安定。’可见诗人是知晓言辞的重要意义的。”

子产论尹何为邑 襄公三十一年

【解题】

　　子皮以为尹何谨敬笃厚，准备派他去担任一邑之长，想让他从中学到为政之道；子产却认为不应将一邑之权交给一个不熟悉政事的人，而是应该先让他学好本领，始能授之以政权。子皮为子产的诚心与明智所感动，从善如流，接受了他的劝谏，并决定将国政委托给他。

　　子皮欲使尹何为邑①。子产曰②："少③，未知可否？"子皮曰："愿④，吾爱之，不吾叛也。使夫往而学焉⑤，夫亦愈知治矣。"子产曰："不可。人之爱人，求利之也⑥。今吾子爱人则以政⑦，犹未能操刀而使割也，其伤实多⑧。子之爱人，伤之而已，其谁敢求爱于子？子于郑国，栋也。栋折榱崩⑨，侨将厌焉⑩，敢不尽言？子有美锦，不使人学制焉⑪。大官、大邑，身之所庇也⑫，而使

---

　　① 子皮：郑上卿，名罕虎。为邑：担任封邑的长官。邑，此指国君子弟或卿大夫的封地。
　　② 子产：郑大夫，名侨。
　　③ 少：年少。
　　④ 愿：忠厚老实。
　　⑤ 夫：人称代词，他，指尹何，下句"夫"字同此。
　　⑥ 利之：于之有利。
　　⑦ 以政：授予政事。
　　⑧ 伤：自伤，受伤害。
　　⑨ 榱（cuī）：屋椽。
　　⑩ 厌（yā）：通"压"。
　　⑪ 不使人学制焉：不会让人用锦缎练习裁剪。制，裁剪。
　　⑫ 大官、大邑，身之所庇：言大官与大邑，是庇护自身的。庇，庇护。

学者制焉。其为美锦，不亦多乎①？侨闻学而后入政，未闻以政学者也。若果行此，必有所害。譬如田猎，射御贯②，则能获禽③。若未尝登车射御，则败绩厥覆是惧④，何暇思获⑤？"

子皮曰："善哉！虎不敏。吾闻君子务知大者、远者，小人务知小者、近者。我，小人也。衣服附在吾身，我知而慎之；大官、大邑，所以庇身也，我远而慢之⑥。微子之言⑦，吾不知也。他日我曰⑧：'子为郑国⑨，我为吾家，以庇焉，其可也。'今而后知不足。自今请，虽吾家，听子而行⑩！"子产曰："人心之不同，如其面焉；吾岂敢谓子面如吾面乎⑪？抑心所谓危⑫，亦以告也。"

子皮以为忠，故委政焉⑬。子产是以能为郑国⑭。

----

①　其为美锦，不亦多乎：意谓大官、大邑跟锦缎相比，其价值岂不大得多吗？

②　射御贯：指射箭驾车的技术娴熟。贯，通"惯"，熟习。

③　禽：古代对鸟兽之通称。

④　败绩：此指翻车。

⑤　何暇思获：哪里顾得上再想猎获禽兽？

⑥　远而慢：疏远而轻视。

⑦　微子之言：如果没有您这番话。微，如果没有。

⑧　他日：往日。

⑨　子为郑国：您执掌郑国的政事。

⑩　"自今请，虽吾家"三句：言自今日始，我请求，虽是我家族之事，也听从您的意见去办理。

⑪　吾岂敢谓子面如吾面乎：此句所喻之意是，我岂敢说您的主张一定要和我的相同呢。

⑫　抑心所谓危：只是心中以为危险的事。抑，可是，不过。

⑬　委政：将国政委托给（子产）。

⑭　为郑国：治理郑国，执掌郑国国政。

【译文】

子皮想派尹何担任自己封邑的长官。子产说:"他还年轻,不知道行不行?"子皮说:"他很忠厚老实,我很喜欢他,他不会背叛我的。让他到任上学一学,他就更懂得为政施治之道了。"子产说:"这不行。一个人喜欢别人,总希望对他有利啊。现在您喜欢别人却是将政权授予他,这就像让一个不知怎样拿刀的人去割东西,受到的伤害一定很多。您喜欢别人,不过是伤害他而已。这样,谁还敢在您那里求得喜欢呢?您对于郑国来说,是栋梁啊。栋梁折断了,椽子就会榻架,我也会被压在里边,岂敢不把自己的想法都说出来呢?您有美丽的锦缎,不会叫人拿它来学习裁制衣服的手艺;那大官和大的封邑是庇护自身的,您却让一个还在学习的人去管理它。让毫无经验的人去学做大官,比让不会裁缝的人去剪裁美锦还要糟糕。我听说应当先学好本领,然后才能从政,而不是借做官的机会来学习为政。假如真要这样做,一定有危害。譬如打猎,有熟练的射箭与驾车的技艺,就能猎获禽兽。如果未曾登车射箭驾车,那就时刻担心翻车被压,怎顾得上去考虑猎获禽兽的事呢?"

子皮说:"您说得真好啊!我实在不聪明。我听说君子注重了解大的、远的,小人注重小的、近的。我是小人啊。衣服穿在我的身上,我知道细心对待它;大官、大邑,本是庇护自身的,我却疏忽和轻视它。如果没有您的善言,我是不知道自己的过失啊。往日我曾说:'由您执掌郑国的政事,我掌管自己的家族事,用来庇护我自己,那就可以了。'从今以后,才知道这是不够的。从今天起我向您请求,即使是我家族的事,也遵从您的意见去办。"子产说:"每个人的想法不一样,就像每个人的面孔不一样,我怎么敢说您的面孔像我的面孔一样呢?不过心里觉得不安,也就把意见告诉您了。"

　　子皮认为子产忠诚,所以把政务全交付给他。子产因此能执掌郑国大权。

子产却楚逆女以兵 昭公元年

【解题】

　　楚国公子围到郑国聘问,却包藏祸心,以迎娶郑国许嫁之女为借口,预谋率士众袭郑。郑子产审时度势,洞烛其权诈,派子羽代表郑国当面揭穿了楚国的用心,使强敌的阴谋不能得逞,维护了郑国的安全。

　　楚公子围,聘于郑,且娶于公孙段氏①。伍举为介②。将入馆③,郑人恶之④,使行人子羽与之言⑤,乃馆于外⑥。既聘,将以众逆⑦。子产患之⑧,使子羽辞曰:"以敝邑褊小,不足以容从者⑨,请坛听命⑩。"令尹使太

---

　　① 楚公子围:楚之令尹。聘于郑:言奉命将会诸侯之大夫于郑之虢地,并向郑国行聘问之礼。娶于公孙段氏:指公子围娶郑国大夫公孙段之女。公孙段,郑大夫伯石。

　　② 伍举为介:伍举做副使。伍举,又称椒举,伍参之子,伍子胥之祖父。

　　③ 将入馆:将入住城内的宾馆。

　　④ 郑人恶之:言郑人看到楚使率领的士众甚多,估计楚人怀诈,所以憎恶他们。

　　⑤ 行人:春秋时官名,掌朝觐聘问之事。子羽,其名。

　　⑥ 乃馆于外:就将楚使安置于城外居住。

　　⑦ 以众逆:率领兵士入城迎亲。逆,迎。

　　⑧ 患之:以之为患。因楚国将以士众迎女的打算,已证实其狡诈,所以郑人感到忧虑。

　　⑨ 褊小:狭小。从者:随从者,主要指公子围所率之军众。

　　⑩ 坛(shàn):此指在城外清理出整洁的地面以供行婚礼时祭神之用。

宰伯州犁对曰①：“君辱贶寡大夫围②，谓围将使丰氏抚有而室③。围布几筵④，告于庄、共之庙而来⑤。若野赐之⑥，是委君贶于草莽也⑦，是寡大夫不得列于诸卿也⑧。不宁唯是，又使围蒙其先君⑨，将不得为寡君老⑩，其蔑以复矣⑪。唯大夫图之。”

子羽曰：“小国无罪，恃实其罪⑫，将恃大国之安靖己，而无乃包藏祸心以图之⑬。小国失恃，而惩诸侯，使

---

① 令尹：指公子围。太宰：官名。伯州犁：人名，当时他也是公子围的随行者。按："使"字，一本作"命"。

② 贶(kuàng)：赐。

③ "谓"字以下一句：是转述郑君对楚公子围说的话。丰氏，指公孙段之女。因公孙段食邑于丰，故称为丰氏。而：尔，汝。室：室家，即妻室。

④ 几(jī)筵：筵席。

⑤ 庄：指楚庄王（围之祖）。共：指楚共王（围之父）。按：楚公子围言其设祭祀的席位、祝告宗庙而来，是强调对待此行之隆重严肃。

⑥ 野赐之：谓于野外除地为埠以成婚。按：古代婚礼，主人应设几筵于庙，婿执雁以入。今于城外除地为埠，是不合礼仪的，所以说"野赐之"。

⑦ 委君贶于草莽：将郑君之惠赐轻弃于荒野。这是责备郑国轻慢楚国，并自轻。委，弃。草莽，本指丛生的杂草，此指荒野。

⑧ 不得列于诸卿：不能与诸卿同列。这是责难郑国让他在郊野成婚礼，不能以卿礼相待，无异于降低了他的身份。

⑨ 蒙其先君：此谓来时曾告请于先君庄、共，但又不能成婚礼于女氏之庙，这就是欺蒙先君。

⑩ 将不得为寡君老：将不能继续做寡君的大臣，谓辱命而遭黜退。

⑪ 蔑以复矣：无法返回复命。

⑫ 小国无罪，恃实其罪：言小国本没有什么罪过，可是想依恃大国（指楚）之庇护而不设防，实在是一种罪过。

⑬ 将恃大国之安靖己，而无乃包藏祸心以图之：言郑国本想借通婚的关系，依靠楚国之力以使自己国家安靖，可是只怕楚国包藏祸心而算计郑国。祸心，为害之心。图，此处指算计、暗算。

莫不憾者,距违君命,而有壅塞不行是惧①。不然,敝邑,馆人之属也②,其敢爱丰氏之祧③?"

伍举知其有备也,请垂櫜而入④。许之。

【译文】

楚国公子围,前往郑国行聘问之礼,同时迎娶公孙氏之女。伍举做副使。他们正准备住进郑国都城的宾馆,郑国君臣怀疑他们有诈而厌恶他们,派行人子羽婉辞拒绝,于是他们就只好住在城外的宾馆里。行完聘问之礼之后,楚公子围打算率领很多兵去迎娶郑女。郑子产担心这件事,派子羽前去辞谢,说:"由于敝邑狭小,不足以容纳您的众多的随从,请让我们在城外清除地面作墠,再听从您的吩咐。"

公子围派太宰伯州犁答对说:"蒙贵君厚赐寡大夫围,郑君说过让围娶丰氏之女为妻室。围陈设几筵,上供行礼,告请于我们庄王、共王之庙,这才前来郑国迎娶。如果在野外除地为墠,举行婚礼,这是将郑君之厚赐委弃于荒野,这就使寡大夫不能与诸卿同列啊。不仅如此,又使围欺骗自己的先君,将不能再做寡君的大臣,恐怕也无法回国复命了。希望大夫认真考虑一下吧。"

子羽说:"我们小国无罪,但依靠大国而不能有所防备就

① 小国失恃……是惧:这一长句意谓,郑国害怕失去楚国这个依靠,将使诸侯也都对楚怀恨而违抗楚君之命,而使它壅塞不行。本句中"惧"是谓语动词,"小国"至"不行"是其宾语。是,助词,宾语前置的标志。

② 敝邑,馆人之属也:这是谦辞,言郑国是楚国的守舍之人。馆人,看守馆舍之人。

③ 丰氏之祧(tiāo):丰氏之祖庙。

④ 垂櫜(gāo)而入:倒挂弓箭囊,表示无弓箭(即解除武装)而进城去。櫜,此指弓箭囊。

是它的罪过。小国本想依恃大国而使自己得到安定，又恐怕大国包藏祸心来打小国的主意！敝国害怕失去依靠，致使诸侯心怀戒惧而怨恨大国，违抗贵君的命令，使贵君的命令无法贯彻执行。不然的话，敝邑就像贵国的宾馆，又怎敢爱惜丰氏的祖庙而不让入内呢？"

伍举知道郑国已有戒备了，就请求允许迎亲队伍都倒挂着弓箭囊袋进城。郑国也就应允了他。

子革对灵王 昭公十二年

【解题】

楚灵王野心勃勃，企图称霸天下，且又刚愎自用，纵欲无度。当他借会猎之名，率大军围徐以威胁吴之时，楚之右尹子革以委婉而严正的忠言极力讽喻，希望他能彻悟。灵王虽一时颇受感动，但并未真正悔改，仍一意孤行，结果身陷绝境，自缢而死。

楚子狩于州来①，次于颍尾②。使荡侯、潘子、司马督、嚣尹午、陵尹喜帅师围徐以惧吴③。楚子次于乾

---

① 楚子:楚灵王。狩(shòu):打猎。(古代打猎，有时与军事演习、战争密不可分。)州来:楚邑，在今安徽省寿县。

② 次:驻扎。颍尾，颍水入淮的地方，即今安徽省寿县之正阳关。

③ 荡侯、潘子、司马督、嚣尹午、陵尹喜:都是楚国的大夫。帅:率。徐:吴之与国，故地在今安徽省泗县一带。惧:威胁，恐吓。

谿①,以为之援②。雨雪③,王皮冠④,秦复陶⑤,翠被⑥,豹舄⑦,执鞭以出⑧,仆析父从⑨。

右尹子革夕⑩,王见之,去冠、被,舍鞭⑪,与之语曰:"昔我先王熊绎⑫,与吕伋⑬、王孙牟⑭、燮父⑮、禽父并事康王⑯,四国皆有分⑰,我独无有。今吾使人于周,求鼎以为分⑱,王其与我乎?"对曰:"与君王哉!昔我先王熊绎,辟在荆山⑲,筚路蓝缕以处草莽⑳,跋涉山林以事天子。唯是桃弧棘矢以共御王事㉑。齐,王舅也㉒;晋及

---

① 乾(gān)谿:楚国之东北境地,在今安徽省亳州市东南。谿,通"溪"。
② 为之援:做荡侯等五大夫之军援。
③ 雨(yù)雪:下雪。雨,此处作动词用。
④ 皮冠:戴着皮冠。
⑤ 秦复陶:秦国所赠楚王之羽衣。
⑥ 翠被(pèi):以翠羽为饰之帔,犹今之披肩。被,通"帔"。
⑦ 豹舄(xì):以豹皮制作的复底鞋。
⑧ 执鞭以出:手执鞭子出来。
⑨ 仆析父(fǔ):楚大夫。
⑩ 右尹:官名,地位仅次于令尹。子革:即郑丹。夕:晚上进见。
⑪ 去冠、被,舍鞭:这是楚灵王表示对大臣的礼貌。
⑫ 熊绎:楚始封之君。
⑬ 吕伋(jí):齐太公之子丁公。
⑭ 王孙牟:卫康叔之子康伯。
⑮ 燮父(xiè fǔ):晋唐叔之子。
⑯ 禽父(fǔ):周公之子伯禽。并:共同。康王:周成王之子。
⑰ 四国:指齐、晋、鲁、卫。有分:指得到周王颁赐的珍宝之器。分,颁赐。
⑱ 求鼎以为分:求得周王朝的九鼎作为颁赐给的宝器。按:史传大禹铸九鼎,三代传之,是有国之象征。楚灵王要得到九鼎,即有夺天下之意。
⑲ 辟:僻处。荆山:楚国西境之山,在今湖北省南漳县西北。
⑳ 筚路蓝缕:言乘柴车,穿敝衣。筚路,柴车。蓝缕,破旧衣服。
㉑ 桃弧棘矢:以桃木为弓,以荆棘为矢。共御:供给,贡献。共,一本作"供"。
㉒ 齐,王舅也:周成王之母是齐太公之女,所以称齐为王舅。

鲁、卫，王母弟也①。楚是以无分，而彼皆有。今周与四国服事君王②，将唯命是从，岂其爱鼎？"王曰："昔我皇祖伯父昆吾③，旧许是宅④，今郑人贪赖其田，而不我与。我若求之，其与我乎？"对曰："与君王哉！周不爱鼎，郑敢爱田？"王曰："昔诸侯远我而畏晋，今我大城陈、蔡、不羹，赋皆千乘，子与有劳焉，诸侯其畏我乎？"对曰："畏君王哉。是四国者，专足畏也⑤，又加之以楚，敢不畏君王哉？"

工尹路请曰⑥："君王命剥圭以为鏚柲⑦，敢请命⑧。"王入视之。

析父谓子革："吾子，楚国之望也，今与王言如响⑨，国其若之何？"子革曰："摩厉以须⑩，王出，吾刃将斩矣⑪。"

---

① 晋及鲁、卫，王母弟也：鲁、卫之祖皆武王之同母弟，晋则成王之同母弟，故谓"王母弟"。

② 四国：指齐、晋、鲁、卫。君王：指楚王。

③ 昆吾：夏代陆终氏的长子。楚之祖先季连是陆终氏的少子，所以灵王称昆吾为"皇祖伯父"。

④ 旧许是宅：即"宅旧许"。是，助词，宾语提前的标志。旧许，许国旧地，在今河南省许昌市东。鲁成公十五年（前576），许灵公为郑所逼，迁于叶（今河南省叶县南），此地遂为郑所占，故称旧许。在夏代，昆吾为侯伯，曾据有此地。宅，居住。因为当时其地属郑，所以下文说"今郑人贪赖其田"。

⑤ 是四国者，专足畏也：仅这陈、蔡、东不羹（láng）、西不羹四座城邑，已足以使他们惧怕了。专：仅，只。

⑥ 工尹路：是楚国工官之长。工尹，官名。

⑦ 剥圭：破开玉圭。圭，古代玉器名。鏚（qī）：斧。柲（bì）：柄。

⑧ 请命：请示制作之法式。

⑨ 如响：如响之应声。

⑩ 摩厉：磨砺。须：等待。

⑪ 斩：此指斩其邪念。

　　王出,复语。左史倚相趋过①,王曰:"是良史也,子善视之。是能读《三坟》《五典》《八索》《九丘》②。"对曰:"臣尝问焉。昔穆王欲肆其心③,周行天下,将皆必有车辙马迹焉④。祭公谋父作《祈招》之诗以止王心⑤,王是以获没于祗宫⑥。臣问其诗而不知也⑦。若问远焉,其焉能知之⑧?"王曰:"子能乎?"对曰:"能。其诗曰:'祈招之愔愔,式昭德音⑨。思我王度,式如玉,式如金⑩。形民之力,而无醉饱之心⑪。'"

　　王揖而入,馈不食,寝不寐,数日⑫。不能自克,以及于难⑬。

------

　　① 左史:官名。趋过:疾行而过。

　　② 《三坟》《五典》《八索》《九丘》:皆古书之名,今已不可考知。

　　③ 穆王:周穆王,名满,昭王之子。

　　④ "周行天下"二句:相传周穆王乘八骏马,使造父驾车,遍行天下,大概想使天下都留下他的车辙马迹。

　　⑤ 祭(zhài)公谋父:周之卿士。《祈招》,相传为祭公谋父所作诗篇名,诗已佚。止王心:劝止周王恣肆之欲念。

　　⑥ 王是以获没(mò)于祗(zhī)宫:言周穆王闻谏而止,是以得善终于祗宫。祗宫,穆王之离宫,故址在今陕西渭南市华州区北。按:祗,一本作"祇"。

　　⑦ "臣问其诗"句:言子革问倚相《祈招》诗是如何说的,倚相不知。

　　⑧ "若问远焉"二句:言若问以《三坟》《五典》《八索》《九丘》之远事,他何能通晓?

　　⑨ 祈招:祈父招。祈父,周代武官名。招,人名。愔愔(yīn yīn):安舒和悦貌。此处似指不黩武。式:语气助词。昭:明。德音:令闻,美誉。此指周王之美誉。

　　⑩ 王度:周王的举止、风度。如玉、如金:形容其坚重。

　　⑪ 形民之力:此谓以法使用人力、财力。形,通"刑",法。此处用作动词,指以法使用。醉饱之心:此处以饮食过度喻纵欲无度。

　　⑫ 揖:拱手为礼。馈:此指进食。"王揖而入"四句:言灵王闻子革之言颇受感动。

　　⑬ 不能自克:不能克制自己的欲念,不改过。及于难:陷于祸难,指翌年在乾谿自杀。

仲尼曰①:"古也有志②:'克己复礼,仁也③。'信善哉! 楚灵王若能如是,岂其辱于乾豀?"

【译文】

楚灵王在州来狩猎,驻扎在颍尾。他派遣荡侯、潘子、司马督、嚣尹午、陵尹喜率军包围徐国以威胁吴国。楚灵王又驻扎在乾豀,而作为他们的后援。当时,适逢落雪,灵王头戴皮帽,身穿秦国的羽衣,披着翠羽披肩,足穿豹皮鞋,手执鞭子走了出来。仆析父随侍左右。

右尹子革晚上去进见,灵王接见了他。灵王脱去了皮冠和翠羽披肩,放下鞭子,跟他交谈,说:"从前我们先王熊绎,与吕伋、王孙牟、燮父、禽父等共同侍奉周康王,他们四国都得到了周王赐给的宝器,唯独我们没有。现在我派人到周王那里,要求把九鼎赐给我们,周王能给我吗?"子革回答说:"能给君王啊! 从前我们先王熊绎,僻处于荆山,乘柴车、穿破衣以开发野草丛生的荒野;跋涉山林以侍奉周天子。只有这些桃木弓、枣木箭贡献给周王。齐,是周王的舅氏之国;晋及鲁、卫,都是周王同母弟之国。因此,楚国没有分得宝器,而他们都有。现在是周与四国都服侍君王,将会唯命是从,周王岂敢吝惜其九鼎?"灵王说:"从前我们皇祖伯父昆吾,居于许之旧地,现在郑人贪图那些土地而不肯给我。我若索取它,郑国能给我吗?"子革回答说:"能给君王啊! 周王连九鼎都不敢吝惜,郑国怎敢吝惜那些土地?"灵王说:"从前诸侯以为我国处僻远之地而畏惧晋国,如今我大规模修筑陈、蔡、不羹的城墙,现在每地都能出一千辆兵车,您在这方面也是有

---

① 仲尼:孔子之字。
② 古也有志:古书有记载。志,记。
③ 克己复礼,仁也:言自身能克制嗜欲,复归于礼,即仁。

功劳的,您以为诸侯会惧怕我吗?"子革回答说:"都惧怕君王啊。光这四座城邑就足以使诸侯惧怕了,再加上楚国全国的力量,他们怎敢不怕您呢?"

这时工尹路向灵王请示说:"君王命令我破开玉圭,用它装饰斧柄,敢请君王指示,按什么款式制作呢?"灵王便进去察看。

析父对子革说:"您是楚国上下所敬仰的人啊。现在您同君王讲话,好像回声一样应和,我们国家将会怎么办呢?"子革说:"磨快了言语的刀锋以待时机,君王出来,我的刀就要砍下去了。"

灵王从里面出来,又继续跟子革谈话。此时,左史倚相疾步走过。灵王说:"这是一位优良的史官啊,您要好好地对待他。他能读《三坟》《五典》《八索》《九丘》。"子革回答说:"我曾问过他。从前周穆王想放纵他的欲念之心,周游天下,大概想使他的车辙马迹遍留各地。祭公谋父作了《祈招》之诗来劝阻周穆王,打消了他的纵欲之心,穆王因此得以善终于祇宫。我问及那首诗中说了些什么,倚相并不知道。倘若再问他更远一些的,他怎能知晓呢?"灵王说:"您能知晓吗?"子革回答:"能。那诗中这样说:'《祈招》的音乐安舒和顺,表现有德者的声音。时时想着周王的气度,如同美玉一样纯洁,如同金子一样坚实。以法使用人力、财力,而自己没有醉饱之心。'"

灵王向子革拱手作揖,走进室内。一连几天吃不下饭,睡不着觉,但最终还是不能克制自己,因此招来祸难而身亡。

仲尼说:"古书曾记下这样的话:'克制自己的嗜欲,复归于礼,就是仁德啊。'确实说得好啊。楚灵王如果能这样,哪能在乾谿受辱呢?"

子产论政宽猛　昭公二十年

【解题】

　　郑子产在重病时,向子大叔托付国政,并跟子大叔论及为政要根据情况来确定政策的宽猛。子产死后,子大叔执政,始而宽,继而猛,造成被动局面,他后悔没有完全依照子产的主张行事。本文也记述了孔子的宽猛相济的论点,总结了古代统治者掌握国家政策的经验。

　　郑子产有疾,谓子大叔曰①:"我死,子必为政②。唯有德者能以宽服民,其次莫如猛。夫火烈,民望而畏之,故鲜死焉;水懦弱,民狎而玩之③,则多死焉,故宽难④。"疾数月而卒。大叔为政,不忍猛而宽。郑国多盗,取人于萑苻之泽⑤。大叔悔之,曰:"吾早从夫子,不及此。"兴徒兵以攻萑苻之盗,尽杀之,盗少止。

　　仲尼曰⑥:"善哉⑦! 政宽则民慢,慢则纠之以猛。猛则民残,残则施之以宽。宽以济猛,猛以济宽,政是以

----

　　①　子产:郑国执政大夫侨。子大叔:公子偃之孙游吉。先为郑之令正(主做辞令之官),子产死后,在郑国继子产掌国政。大,通"太"。

　　②　为政:执掌国政。

　　③　狎(xiá):轻忽。玩:戏弄。

　　④　宽难:以上数句,以水火喻为政宽猛,基本主张是以宽为上,不得已而用猛,用猛正是为了保爱其民。用宽,必须有德者才能做到;又因"政宽则民慢",故用宽难。

　　⑤　取(jù):通"聚"。人,指盗。萑苻(huán fú)之泽:古大泽名,又叫圃田泽,在今河南省中牟县西北。

　　⑥　仲尼:孔子之字。

　　⑦　善哉:真好啊! (这是仲尼对子产的赞语。)

和。《诗》曰:'民亦劳止,汔可小康。惠此中国,以绥四方①。'施之以宽也。'毋从诡随,以谨无良。式遏寇虐,惨不畏明②。'纠之以猛也。'柔远能迩,以定我王③。'平之以和也。又曰:'不竞不绿,不刚不柔。布政优优,百禄是遒④。'和之至也。"

及子产卒,仲尼闻之,出涕,曰:"古之遗爱也⑤。"

【译文】

郑国的子产在病重时,对子大叔说:"我死后,您肯定执政。唯有德行完美的人才能以宽和之道使众民宾服,其次没有比刚猛更重要的治国之道了。火势猛烈,人们望而生畏,因此很少有被它烧死的;水性柔弱,人们轻视并玩弄它,因此就有很多人死在水里。所以执掌政事,实行宽和之道很难。"子产病了几个月,就死了。子大叔执政了,不忍实行刚猛之道,而实行宽和之道。郑国的盗贼多起来,聚集在名叫萑苻的大泽里。子大叔后悔了,说:"我若早听从子产夫子的话,

① "《诗》曰……"以下至"以定我王",皆引自《诗经·大雅·民劳》。民亦劳止,汔(qì)可小康。惠此中国,以绥四方:意谓众民在厉王的苛政下也劳苦到极点了,庶几能使之少安。施加惠爱于周之本土,而能进一步安绥四方的诸侯。汔,庶几。中国,此指周本土,王畿。绥,安抚,安靖。

② 毋从诡随,以谨无良。式遏寇虐,惨不畏明:此谓不要放纵诡诈欺妄之人,以防止和制约不良的人。应该遏止从事掠夺的残暴之人,他们竟然无法无天。谨,约束。惨,又作憯,曾,乃,竟。明,明命,明法。

③ 柔远能迩,以定我王:意谓安抚远方,亲善近邻,以安定我王室。

④ 不竞不绿(qiú),不刚不柔。布政优优,百禄是遒:此四句引自《诗经·商颂·长发》。意谓商汤为政,不太强,不太急,不太刚,不太柔。布施政教,优优然宽和温厚,百种福禄集聚。竞,强。绿,急。优优,宽和温厚。遒,聚。

⑤ 古之遗爱也:言子产为政宽猛相济,以宽为上,以猛济宽,皆出于爱民之心。而这种宽猛之道,正是古人的遗风。

就不至于到这一步。"子大叔就调动大批步兵,围剿萑苻泽的盗贼,将他们全部杀了,一时盗贼稍稍敛迹。

仲尼说:"真好啊! 施政宽和,众民就容易轻慢国法;轻慢,就得用刚猛之道来纠正。施政刚猛,众民就易受伤害;受了伤害,就得再用宽和之道。以宽和调剂刚猛,以刚猛调剂宽和,这样,政事就能和谐了。《诗经》中有这样的话:'天下众民已经很劳苦了! 但愿能使他们稍得安康。将惠爱加于王畿内的百姓,而又要安绥四方。'这就是实行宽和之道啊。'不纵容诡诈之人,以管束不良之人。应打击暴虐之徒,他们竟然不畏法纪。'这就是用刚猛之道来纠正啊。'安抚远方的,亲善邻近的,以使我王朝安定。'这就是以宽和之道来调剂使政事平稳啊。《诗经》中又说:'不太强,不太急,不太刚,不太柔。施政宽和,百福聚凑。'这就是和谐的最高境界了。"

及至子产死了,仲尼听到这消息,流着泪说:"子产执政之道,正是古人遗留的仁爱之风啊。"

吴许越成 哀公元年

【解题】

吴王夫差为报国仇,发兵大败越王勾践。勾践派使者向夫差求和,夫差想答应他的要求。吴国大臣伍子胥反对姑息议和,主张彻底报仇雪耻,力谏夫差,不听。伍子胥便预言:二十年后,越必灭吴。

　　吴王夫差败越于夫椒,报㰖李也①。遂入越。越子以甲楯五千保于会稽②,使大夫种因吴太宰嚭以行成③。吴子将许之④。伍员曰:"不可。臣闻之:树德莫如滋,去疾莫如尽⑤。昔有过浇杀斟灌以伐斟鄩⑥,灭夏后相⑦。后缗方娠⑧,逃出自窦⑨,归于有仍⑩,生少康焉。

---

　　①　夫差:春秋时吴王,阖闾之子。夫椒:越国地名,在今浙江省绍兴市北。㰖(zuì)李:越国地名,在今浙江省嘉兴市西南。鲁定公十四年(前496),越曾大败吴军于此地。吴王阖闾伤足而死。鲁哀公元年(前494),夫差率师报此仇,大破越军。

　　②　越子:春秋时越王勾践。楯(dùn):本指古代一种遮蔽兵刃石矢的防护性武器,即藤牌。此处"甲楯"连言,是指披甲执楯全副武装的兵士。保于会稽:在会稽山据守。保,守卫。会(kuài)稽,山名,又称防山,在今浙江省绍兴市东南。

　　③　种:春秋时越大夫,姓文名种,字禽。因:借着;通过……关系。太宰嚭(pǐ):伯氏,字子余,楚太宰伯州犁之孙,奔吴为太宰,是吴王夫差之宠臣,所以文种利用他的关系请求议和。行成:请求议和。

　　④　吴子:即吴王夫差。

　　⑤　伍员(yún):即伍子胥,春秋时楚人。其父名奢,其兄名尚,为楚平王所杀。子胥奔吴,以行人的官职辅佐吴王阖闾。阖闾死,夫差立,子胥继续辅佐夫差。越人贿赂了太宰嚭,在吴王那里以谗言陷害子胥,夫差信谗,赐子胥剑曰:"子以此死。"子胥自刎。树德莫如滋,去疾莫如尽:言树德务必不断增长,除害定要清除干净。

　　⑥　有过(guō):即过,古国名,在今山东省莱州市西北近海处。有,助词。常用在朝代部族等专有名词前头。浇(ào),寒浞之子,封于过。斟灌、斟鄩(xún):二国名,夏同姓诸侯。斟灌故地在今山东省寿光市东北。斟鄩故地在今河南省巩义市西南,一说在今山东省潍坊市西南。

　　⑦　灭夏后相:夏后相,夏启之孙,仲康之子,失国后依存于二斟,寒浞使其子浇灭二斟,杀夏后相。

　　⑧　后缗(mín):后相之妻。方娠:正在孕期。

　　⑨　逃出自窦:言不敢从正门出去,挖墙洞而逃。

　　⑩　有仍:后缗之母家,太昊之后,即任国。故地在今山东省济宁市。归:此指女归母家。

为仍牧正①,惎浇②,能戒之。浇使椒求之,逃奔有虞③,为之庖正,以除其害④。虞思于是妻之以二姚⑤,而邑诸纶⑥,有田一成,有众一旅⑦。能布其德而兆其谋⑧,以收夏众,抚其官职⑨。使女艾谍浇⑩,使季杼诱豷⑪,遂灭过、戈⑫,复禹之绩,祀夏配天,不失旧物⑬。今吴不如过,而越大于少康,或将丰之,不亦难乎⑭? 勾践能亲而

────────────────

①　少康:夏后相之遗腹子。牧正:主管畜牧的官长。

②　惎(jì):痛恨,怨毒。

③　浇使椒求之:浇派椒前去访求少康的踪迹,准备杀害他。椒,浇之臣。有虞,国名,故地在今河南省虞城县。

④　庖正:主管膳食的官长。

⑤　虞思:虞国之君。妻之以二姚:把两个女儿嫁给少康。姚,虞姓。

⑥　邑诸纶:以纶邑封少康。纶,虞国之邑名,故地在今河南省虞城县东南。

⑦　一成:十里见方。一旅:五百人。

⑧　布其德:布施其恩德。兆其谋:言少康复国之谋略得以托基于此。兆:始。

⑨　收夏众,抚其官职:此指收容与夏同姓的斟灌、斟郭二国的遗民,招抚夏氏之国的遗民中有官职的人。

⑩　使女艾谍浇:言少康派遣女艾刺探浇的动静。女艾,少康之臣。谍,刺探情报。

⑪　使季杼(zhù)诱豷(yì):言少康派季杼以计引诱豷。季杼,少康之子。豷,浇之弟。

⑫　灭过、戈:消灭了过国(浇的封国)和戈国(豷的封国)。戈,古国名,即有戈氏,在今河南省太康县、杞县间。浞封豷于戈。

⑬　复禹之绩:恢复了夏禹的功业。祀夏配天:这是天子之礼。不失旧物:保持了旧日的典章文物。不失:不失掉,即保留。

⑭　或将丰之:君王要与越讲和,又会使越国丰大。

务施,施不失人①,亲不弃劳②。与我同壤而世为仇雠③。于是乎克而弗取,将又存之,违天而长寇雠④。后虽悔之,不可食已⑤。姬之衰也⑥,日可俟也。介在蛮夷而长寇雠,以是求伯,必不行矣⑦。"弗听。

退而告人曰:"越十年生聚,而十年教训⑧,二十年之外,吴其为沼乎⑨!"

【译文】

吴王夫差在夫椒打败了越军,报了槜李一战之仇。接着,吴兵乘胜攻入越国。越王勾践率领五千名全副武装的士兵据守会稽山,又派遣大夫文种利用吴太宰嚭的关系,前去向吴请求议和。吴王想答应他。伍子胥极力谏诤说:"这可不行。我听说过:'树立德行以不断增长为上,除去恶疾以彻底干净为好。'从前,过国的国君浇,灭掉了斟灌又去改打斟鄩,灭了夏后相。那时,夏后相的妻子后缗正怀孕,从墙洞中逃了出来,回到她的母家有仍国,生下了少康。少康后来做了有仍国的牧正。他痛恨浇而又能时刻提防。浇派椒前去

---

① 亲而务施:亲近爱护众民,尽力对人惠赐济。施不失人:指惠赐施济皆得其人。

② 亲不弃劳:言勾践推广其亲爱之诚及于众人,不遗漏一个有小功劳的人。

③ 同壤:此指吴、越接壤。世为仇雠:言吴、越两国自阖闾、允常相攻,至夫差、勾践互伐,累世为仇敌。

④ 违天:违反天道(或天意),犹云"天与不取"。长寇雠:此指使越坐大。

⑤ 食:言消除其悔恨。已,语辞。

⑥ 姬之衰:犹言吴之衰亡。吴国姓姬。

⑦ 伯(bà):同"霸"。求伯:指求得称霸于中原。不行:做不成。

⑧ 生聚:蕃息人口,积蓄财富物资。教训:教民明国耻,并训练作战之术。

⑨ 外:后。吴其为沼:言吴被越所灭,宫室将被废坏而变为池沼。

寻找少康,少康就逃到了虞国,担任那里的庖正,得以避开了浇的追杀。国君虞思将自己的两个女儿嫁给了少康,又将纶邑封给他,有了十里见方的土地,有五百名士兵。少康开始广施恩德,实施复国计划。他收容夏朝的遗民,并安抚他的属下。他派女艾刺探浇的虚实动静,还派季杼定计引诱豷,于是灭了过、戈二国,复兴了夏禹的功业,奉祀夏朝的祖先,同时祭祀天帝,各方面不失夏朝原有的典章制度。现在吴国比不上过国,而越国比少康强大,君王与越讲和,又要使它更加壮大,越国岂不是更难制服吗?勾践能够亲民而尽力施惠,施惠而不漏掉该得到的人,亲民而不忘记有功的人。越国与我国接壤,同处一片土地,而结有世仇。在这种情况下,如果我们战胜了越国而不让它灭亡,又打算让它保存下去,这是违反天意而助长仇敌。日后即使后悔,也消除不了祸患了。我们这姬姓国的衰亡,可计日而待了。何况我们处于越、楚之间,而又助长仇敌,以这种做法而求称霸,一定不行。"吴王夫差不听劝阻。

　　伍子胥退了出来,对别人说:"越国用十年繁育人口,积聚资财;再用十年教育人民,训练军队。二十年以后,吴国的宫室恐怕要变为池沼了。"

卷三

国 语

　　《国语》是先秦时期的一部国别史,相传为春秋时左丘明所作,后人多持有异议。一般认为它并非出自一人之手,而是先秦各国史料的汇集,在战国初年或稍后编辑成书。《国语》共二十一卷,分国记载了周、鲁、齐、晋、郑、楚、吴、越的史事。它上起周穆王下迄鲁悼公,包括的时代大体为西周中期至春秋时期(约前1000—前453)。它重在记言,也有生动精彩的人物描写。它是一部内容丰富的史书,也是优秀的历史散文著作。

　　旧注本以三国时吴国韦昭的《国语解》流行最广。

祭公谏征犬戎　周语上

【解题】

　　周穆王炫耀武力,西征犬戎,祭公谋父谏诤他应效法先王"耀德不观兵"的精神,不要穷兵黩武。但他作为例证所举的史实,则是经过改造以牵就其论点的,不足为据。

穆王将征犬戎①，祭公谋父谏曰②："不可。先王耀德不观兵。夫兵戢而时动，动则威，观则玩，玩则无震。是故周文公之《颂》曰③：'载戢干戈，载櫜弓矢④。我求懿德，肆于时夏⑤，允王保之。'先王之于民也，茂正其德而厚其性，阜其财求而利其器用，明利害之乡⑥，以文修之，使务利而避害，怀德而畏威，故能保世以滋大。

"昔我先世后稷⑦，以服事虞、夏⑧。及夏之衰也，弃稷弗务，我先王不窋⑨，用失其官，而自窜于戎、翟之间。不敢怠业，时序其德，纂修其绪，修其训典，朝夕恪勤，守以惇笃，奉以忠信，奕世载德，不忝前人。至于武王⑩，昭前之光明而加之以慈和，事神保民，莫不欣喜。商王帝辛⑪，大恶于民。庶民弗忍，欣戴武王，以致戎于商牧⑫。是先王非务武也，勤恤民隐而除其害也。

---

① 穆王：名满，昭王之子，是西周第五代最高统治者。犬戎：即西戎。

② 祭（zhài）公：周公后裔，封于祭（今河南省郑州市东北），故称祭公，名谋父，周穆王之大臣。

③ 周文公：周公旦的谥号。周文公之《颂》：指周公所作的一首颂歌，即《周颂·时迈》。

④ 戢（jí）：收藏。櫜（gāo），盛甲衣弓箭的袋子。此指将弓箭装入袋里。

⑤ 肆：陈，施，广布。时（shì）：是。夏：华夏，中国。

⑥ 乡（xiàng）：通"向"。

⑦ 后稷：此指农官。（又，周之始祖弃，因为做过舜的农官，所以也称后稷）世：父子相继曰世，这是指弃与不窋相继为农官。

⑧ 服事虞、夏：指弃事虞舜、不窋事夏启。

⑨ 不窋（zhú）：弃之子。本为夏启之农官，至太康（启之子）废后稷之官。翟，狄。

⑩ 武王：名发，文王之子，是西周王朝第一代最高统治者。

⑪ 帝辛：商纣王之名。

⑫ 商牧：商郊牧野（在今河南省淇县西南）。

　　"夫先王之制:邦内甸服①,邦外侯服②,侯卫宾服③,蛮夷要服④,戎翟荒服⑤。甸服者祭⑥,侯服者祀⑦,宾服者享⑧,要服者贡⑨,荒服者王⑩。日祭,月祀,时享,岁贡,终王⑪,先王之训也。有不祭,则修意;有不祀,则修言;有不享,则修文;有不贡,则修名;有不王,则修德;序成而有不至,则修刑。于是乎有刑不祭,伐不祀,征不享,让不贡,告不王。于是乎有刑罚之辟,有攻伐之兵,有征讨之备,有威让之令,有文告之辞。布令陈辞而又不至,则又增修于德无勤民于远。是以近无不听,远无不服。

　　"今自大毕、伯仕之终也⑫,犬戎氏以其职来王。天子曰:'予必以不享征之,且观之兵。'其无乃废先王之训而

---

　　① 邦内:指天子畿内千里见方之地。甸服:本指耕种王田服侍天子之意,此指王田所在的地区。甸,王田。服,服侍天子。

　　② 邦外:据《周礼·夏官·职方氏》,王畿外以五百里为单位,由近及远,依次划分为侯服、甸服、男服、采服、卫服、蛮服、夷服、镇服、蕃服九服,为各级诸侯领地或外族所居之地。侯服:本指警卫王畿而服侍天子。侯,通"候",斥候,指担任天子警卫。

　　③ 侯卫:指甸服至卫服。宾服,本指以宾客身份服侍天子。

　　④ 蛮:蛮服。夷:夷服。要(yāo)服,本指按约进见服侍天子。要,通"约",按约遵王,对天子尽义务。

　　⑤ 戎翟:戎,指镇服。翟,指蕃服。荒服,指居政教荒忽之地而服侍天子。

　　⑥ 祭:指日祭。天子日祭父、祖,四次上食。

　　⑦ 祀:指月祀,天子每月朔、望两次祭祀曾、高祖父。

　　⑧ 享:时享,每季首月天子祭祀二祧(两位功德特出而保留不迁的远祖的庙)。

　　⑨ 贡:指岁贡,贡献天子年终大祭的祭品。

　　⑩ 王:指下文"终王"。新王登基即位,荒服地区的首领要入朝尊王。一说:我狄旧君死后,新君要入朝尊王。

　　⑪ 终:寿终。

　　⑫ 大毕、伯仕:犬戎二君之名。

王几顿乎？吾闻夫犬戎树惇①，能帅旧德，而守终纯固，其有以御我矣。"

王不听，遂征之，得四白狼、四白鹿以归。自是荒服者不至。

【译文】

周穆王将要西征犬戎，祭公谋父进谏说："这不行。先王主张发扬仁德而不炫耀武力。兵器平时都收藏起来，在适当时机才能动用，一旦动用就要显示出威力；轻易显示威力，人们就会对你轻慢，轻慢就没有震慑的威力了。因此周文公所作的《颂》歌这样说：'收藏好干和戈，把弓和矢装进弓袋箭囊。我王追求美德，将它推行于华夏大地，我王定能永保这种美德啊。'先王对于人民，勉励他们端正德行，使他们性情淳厚，尽力满足他们的物质需求，改进兵器和农具，使之便利好用；让他们了解利害之所在，用礼法来教育人民，使他们都求利而避害，感恩戴德而畏惧严威，因此，先王能保住世代相传的王业而发扬光大。

"从前我们周人的先君世代为后稷之官，弃与不窋先后服侍于虞舜与夏启。到夏代衰微之际，太康撤销了后稷之官，而不再致力于务农，我们先王不窋因而失去他的官职，自己逃奔到戎、狄之地。他对农业不敢懈怠，经常叙说先王的德行，继续从事先人的事业，整理先人教导和典制，朝夕恭谨勤勉，以敦厚之心遵守它，以忠诚之心奉行它。累世积德，不辱没祖先。传到周武王，发扬前人的美德，又加上仁慈和平，敬奉神明，爱护人民，神、人没有不欣喜的。而商王帝辛却不然，人民对他非常憎恶。民众忍无可忍，就欣然拥戴周武王，

---

① 树惇（dūn）：犬戎首领名，一说树为名。惇，勉也，属下句读。

而兴兵于商郊之牧野讨伐帝辛。这说明先王并不崇尚武力，是真心爱恤同情人民的隐痛而解除他们的祸患啊。

"先王的制度是如此规定的：天子邦畿之内的地方是甸服；邦畿之外的地方是侯服；侯服至卫服之间的地方是宾服；蛮夷之地是要服；戎狄之地是荒服。属于甸服的向天子提供日祭所需，侯服的向天子提供月祀所需，宾服的向天子提供时享所需，要服向天子提供岁贡所需，荒服的则只需在新天子即位时进见纳贡一次，日祭、月祀、时享、岁贡、终王，这是先王的遗训。如果有不来提供日祭的，天子就检查自己的思想；有不来提供月祀的，就检查自己的言论；有不来提供时享的，就检查国家不当的法令；有不来纳贡的，就检查不当的尊卑名号；有不在新天子即位时前来朝见的，天子就加强德行的修养。依次检查完了，仍有不来履行义务的，就使用刑罚。于是就产生了处罚不祭者、攻伐不祀者、征讨不享者、谴责不贡者、晓谕不朝者的种种措施。因此，就有了处罚用的刑罚、攻伐用的军队、征讨用的武备、谴责的训令、告谕的文辞等准备。发布训令，颁布告谕，而仍然有不来履行义务的话，那么，天子就进一步加强自己的道德修养，也不轻易劳民远征。因此，近的无不听从，远的无不心悦诚服。

"现在，从大毕、伯仕寿终之后，犬戎之国仍尽其职而来朝见天子。天子却说：'我定要以不享之罪去征讨它，且向它显示我的武力。'这样做大概会废弃先王的遗训，而将荒服终世一朝的规矩破坏了吧？我听说犬戎这一代君长树惇，能遵循先人之德，信守荒服之礼真诚不变。这样犬戎就有抵御王师的理由了。"

周穆王不听劝谏，就发兵征讨犬戎，获得四只白狼和四只白鹿而归。从此以后，那荒服就不来朝王了。

召公谏厉王止谤　周语上

【解题】

　　周厉王用残酷的统治手段制止人民对他的指责,召公劝谏他应当像治水那样疏导宣泄,让人民畅所欲言,讽议朝政,不能压制人民的言论。本文语言生动,用譬设喻,很有说服力。

　　厉王虐①,国人谤王②,召公告曰③:"民不堪命矣!"王怒,得卫巫,使监谤者,以告,则杀之。国人莫敢言,道路以目。王喜,告召公曰:"吾能弭谤矣,乃不敢言。"召公曰:"是障之也。防民之口,甚于防川。川壅而溃,伤人必多。民亦如之。是故为川者,决之使导;为民者,宣之使言。故天子听政,使公卿至于列士献诗④,瞽献曲⑤,史献书,师箴⑥,瞍赋⑦,矇诵⑧,百工谏,庶人传语,近臣尽规,亲戚补察⑨,瞽、史教诲⑩,耆、艾修之⑪,而后

---

①　厉王:名胡,夷王之子。
②　谤:指责。
③　召(shào)公:召穆公虎,周之卿士。一本"告"下有"王"字。
④　列士:上士、中士、下士的总称,指一般官员。
⑤　瞽(gǔ):古代盲乐师,后来成为乐师之代称。曲:乐曲,或指民间乐曲歌谣。曲,一本作"典"。
⑥　师:乐师。箴:箴言,是一种有劝诫含义的文辞,近似后世的格言。此处用作动词,指献上箴言。
⑦　瞍(sǒu):盲人无眸子者。
⑧　矇(méng):有眸子而无所见者。
⑨　亲戚:此指与周王同宗的大臣。
⑩　教诲:指以歌曲和史书之言对周王进行教诲。
⑪　耆、艾:人六十曰耆,五十曰艾。此指元老。

王斟酌焉。是以事行而不悖。民之有口也,犹土之有山川也,财用于是乎出;犹其有原隰衍沃也①,衣食于是乎生。口之宣言也,善败于是乎兴;行善而备败,所以阜财用衣食者也。夫民虑之于心,而宣之于口,成而行之,胡可壅也? 若壅其口,其与能几何?"

王弗听。于是国人莫敢出言。三年,乃流王于彘②。

【译文】

周厉王暴虐无道,百姓都指责他的暴政。召穆公告诉厉王说:"人民受不了这暴虐的政令了!"厉王听了非常气愤,找来卫国的巫师,派他们去监视那指责朝政的人。只要卫国巫师报告,厉王就把被告的人杀掉。从此百姓就没有敢说话的了,在道路上遇见,只能互相以眼神示意。周厉王却十分得意,告诉召穆公说:"我能制止百姓的指责议论了,人们不敢说什么了。"召穆公说:"这是堵塞了人们的嘴巴。堵塞人们的嘴巴,其后果比堵塞河道还严重。河流堵塞而溃决泛滥,伤害的人一定很多,堵塞人们的嘴巴也是这样。因此治水的人要开通水道,使它通畅流泄;治民的人也应开导他们,使其畅所欲言。所以天子处理政事,让公卿以至列士进献讽喻之诗,让盲乐师进献民间乐曲,让史官进献史籍,让乐师进献劝诫的箴言,让无眸子的盲人吟咏公卿、列士所献的诗歌,让有眸子的盲人诵读讽谏的诗文,让百工以其执掌的工艺之事进行劝谏,让平民百姓托人把意见传给天子。让近臣进规劝之辞,让王室同宗大臣来弥补天子的过失,监察朝政,乐师和史官以乐歌、史籍之言教诲天子,让国内元老将那些规劝、教诲

---

① 原:高平之原野。隰(xí):低湿之地。衍:低而平坦之地。沃:有水源可以灌溉的土地。

② 彘(zhì):古地名,在今山西省霍州市东北之彘城。

的文字加以整理,然后,由天子斟酌处理。因此做事就不违背情理。

　　人民有口,就如同大地上有山河一样,财物是从这里产生出来的;又如土地上有高原、洼地、低平之地、水浇之田,衣服、食物也是从这里产生出来的。大家用口发表言论,政事的好坏才能体现出来。推行好的而防范坏的,这大概才是用来使财用、衣食丰富起来的办法啊。人民内心考虑的事都能从口头上表达出来,君王认为可行就推行它,怎能加以堵塞呢?如果堵塞其口,你还能维持多久呢?"

　　周厉王不听召穆公的意见,于是百姓再也没有敢讲话的了。过了三年,国人就把厉王流放到彘地去了。

襄王不许请隧　周语中

【解题】

　　晋文公出兵平定了王子带之乱,送襄王回王城复位,在襄王给他赐封土地时,他提出享受天子葬礼的要求,襄王以委曲婉转的言辞阐明事理,拒绝了他。古代是以礼制来规定等级身份的,以此维持其国家秩序。因此,当时的政治家特别重视礼制。

　　晋文公既定襄王于郏①,王劳之以地。辞,请隧焉②。王弗许,曰:"昔我先王之有天下也,规方千里以

----

　　① 晋文公:即公子重耳,春秋五霸之一。襄王:周襄王,名郑,惠王之子。曾以狄女为后,其弟王子带私通狄后,襄王废之。王子带遂引狄师伐周,襄王被迫逃至氾(今河南省襄城县南)。晋文公出兵杀王子带,送襄王返王城复位。郏(jiá):即周王城,在今河南省洛阳市西。
　　② 隧:在地下凿成的通道,上不露天,供天子安葬时运进棺材之用。诸侯葬礼皆悬棺而下,通道露天,与天子之隧有别。按周礼,诸侯之墓不得用隧。

为甸服①,以供上帝山川百神之祀,以备百姓兆民之用,以待不庭不虞之患②。其余以均分公侯伯子男,使各有宁宇,以顺及天地,无逢其灾害,先王岂有赖焉?内官不过九御,外官不过九品③,足以供给神祇而已,岂敢厌纵其耳目心腹以乱百度?亦唯是死生之服物采章,以临长百姓而轻重布之,王何异之有?

"今天降祸灾于周室④,余一人仅亦守府,又不佞以勤叔父⑤,而班先王之大物以赏私德⑥,其叔父实应且憎,以非余一人,余一人岂敢有爱也?先民有言曰:'改玉改行⑦。'叔父若能光裕大德,更姓改物,以创制天下,自显庸也⑧,而缩取备物⑨,以镇抚百姓,余一人其流辟于裔土,何辞之有与⑩?若犹是姬姓也,尚将列为公侯,以复先王之职,大物其未可改也。叔父其茂昭明德,物将自至,余敢以私劳变前之大章⑪,以忝天下,其若先王

———————————

① 甸服:千里王畿之内叫甸服。其本意为耕种王田而服侍天子。

② 不庭:背叛不朝。庭,通"廷",朝廷,朝觐。不虞:出乎意外的事变。

③ 九御:即九嫔。嫔,宫中女官,也是王的妃子。九品:即九卿,周以少师、少傅、少保、冢宰、司徒、宗伯、司马、司寇、司空为九卿。

④ 天降祸灾于周室:此指子带之乱。

⑤ 不佞:不才。叔父:天子称同姓的诸侯为叔父。

⑥ 大物:大的礼仪,指隧礼。私德:指晋文公纳王之德。

⑦ 改玉改行:古人腰悬佩玉,以节制步伐。身份不同的人,其佩玉不同,行走的节奏有别。佩玉变了,行走的节奏也要随之改变。此喻指晋文公仍为王室之臣,不得用隧礼。

⑧ 改物:指改正朔、易服色。改正朔:犹言改历法。正,岁之始。朔,月之始。服色:车马祭牲的颜色。显庸:显著,彰显。庸,通"融",明,亮。

⑨ 备物:指仪卫、祭礼所用器用。

⑩ 流辟:流放。裔土:边远之地。辞:言辞。

⑪ 大章:大法,指隧礼。

与百姓何！何政令之为也？若不然，叔父有地而隧焉，余安能知之？"

文公遂不敢请，受地而还。

【译文】

晋文公送襄王重返王城复位，安定了政局后，襄王便赏赐他土地。晋文公推辞不受，却请求允许在他死后采用天子的隧葬之礼。襄王不应许，便说："从前我们先王享有天下的时候，划出国都内外千里见方的土地作为甸服，用来供奉对天帝及山川诸神的祭祀，用来供给百官庶民的衣食用度，用来防备背叛王室、不来朝觐的人和意想不到的祸患。其余的土地拿来均分给公、侯、伯、子、男，使他们各有安居之处，以顺从天地尊卑之义，而不会遭逢灾害。先王难道还会从中取利吗？宫内女官不过九嫔，宫外官员不过九卿，足以供奉天神地祇之用而已，岂敢放纵耳目心腹之欲，而打乱各种制度法规？只有这些生前死后所用服饰、器物之类，为治理百姓而依照尊卑等级定有不同标准，此外，天子与诸侯还有什么不同呢？

"现在，上天对周王朝降下灾祸，我仅仅是一个守先王之成业的君主，又因我无才，以致烦劳叔父，我若颁赐先王隧葬之大礼而赏赐对我有恩德的叔父，大概您心中也会憎恶我，责怪我不知礼呢！其实，我怎敢吝惜这葬礼而不应许您呢？先人曾有这样的话：'改了佩玉，也就改了和地位相符的步伐。'叔父如能发扬您的大德，更改立国的姓氏，改变历法和服色等典章，在天下创立新的制度，这样就可以自我显扬了，到那时叔父随意取用隧礼来威震安抚百姓，我即使是流放于边远之地，还有什么话讲？假如还是姬姓为天子，叔父还是要列为公侯之位，尽力维护先王确定的职分，隧礼大概是不可轻易更改的。叔父如能勉力发扬明德，那享有天子葬礼的地位自然会到来。我怎么敢以私人恩德而改变前人的重大制度，从而有愧于天下呢？那对先王与百姓又如何交代呢？那又怎样施行政令呢？如不然，叔父您本有土地，若自行决定用隧礼，我又怎么能知道呢？"

于是晋文公不敢再请求，就接受封地回去了。

单子知陈必亡　周语中

【解题】

单襄公对周定王报告假道陈国的观感。他认为：陈灵公君臣废弃了先王的教导和法制，不关心生产，政令废弛，百官玩忽职守，陈国君臣荒淫无道，必然招致覆亡。史官记录下来，作为亡国的经验教训，以为鉴戒。

定王使单襄公聘于宋①。遂假道于陈，以聘于楚②。火朝觌矣，道茀不可行也③，候不在疆④，司空不视涂⑤，泽不陂，川不梁，野有庾积，场功未毕，道无列树，垦田若

---

① 定王：周定王。单（shàn）襄公：即单朝，是周王的卿士。宋：古国名，故城在今河南省商丘市。
② 陈：古国名，故城在今河南省淮阳县。由宋国前往楚国，必经陈国。聘，聘问之礼。
③ 火：星座名，即心宿。朝觌：指夏正十月，心宿早晨出现于南天之东。觌（dí）：出现。茀（fú），丛生之草阻塞道路。
④ 候：候人，官名，掌迎送宾客。
⑤ 司空：古代管理工程及道路的官吏。涂：通"途"。

蓻①,膳宰不致饩②,司里不授馆,国无寄寓,县无施舍③,民将筑台于夏氏④。及陈,陈灵公与孔宁、仪行父,南冠以如夏氏⑤,留宾弗见。

单子归,告王曰:"陈侯不有大咎,国必亡。"王曰:"何故?"对曰:"夫辰,角见而雨毕⑥,天根见而水涸⑦,本见而草木节解⑧,驷见而陨霜⑨,火见而清风戒寒⑩。故先王之教曰:'雨毕而除道,水涸而成梁,草木节解而备藏,陨霜而冬裘具,清风至而修城郭宫室。'故《夏令》曰:'九月除道,十月成梁。'其时儆曰:'收而场功,偫而畚挶⑪,营室之中,土功其始⑫,火之初见,期于司里⑬。'

---

① 陂(bēi):堤岸,堤坝。蓻:当作"蓻(zí)",杂草丛生貌。

② 膳宰:古代掌管膳食之官。饩(xì):指赠送人的粮食、饲料、牛羊豕。

③ 司里:里宰,掌授客馆。国:国都。县:指王畿内的一级政区名称。寄寓、施舍,均指旅舍。

④ 夏氏:指陈国大夫夏征舒之家。陈灵公与夏征舒之母私通,故令陈人筑台于夏氏。

⑤ 孔宁、仪行父:陈国的两个大夫,都与夏姬私通。南冠:楚国之冠。夏氏:指夏征舒之母夏姬。

⑥ 角:角宿,苍龙七宿之一。见(xiàn):现。雨毕:雨季结束,指已到寒露节令。

⑦ 天根:即氐宿。水涸:水潦尽竭,指已到仲秋之令。

⑧ 本:韦昭认为即氐宿。王引之疑指亢宿。草木节解:草木枝叶脱落,指寒露后十日之节令。

⑨ 驷(sì):天驷,即房宿。陨霜:霜降。

⑩ 清风:凉风。戒寒:备寒。

⑪ 偫(zhì):具,准备好。畚(běn):即畚箕,一种盛土器具。挶(jū),一种抬土器具。挶,一作梮。

⑫ 营室:即室宿,二十八宿之一。当它黄昏时出现于南天之中时,是在夏历十月,古时于此时建造房屋,看其星定方向,故又名为"定"。土功:指土木建筑。

⑬ 期:会,集合。期于司里:是指人们携带建筑工具到司里(官职名)那里集合。

此先王之所以不用财贿,而广施德于天下者也。今陈国火朝觌矣,而道路若塞,野场若弃,泽不陂障,川无舟梁:是废先王之教也。周制有之曰:'列树以表道,立鄙食以守路①;国有郊牧,疆有寓望②,薮有圃草,囿有林池,所以御灾也。其余无非谷土,民无县耜,野无奥草;不夺农时,不蔑民功;有优无匮,有逸无罢③;国有班事,县有序民。'今陈国道路不可知,田在草间;功成而不收,民罢于逸乐:是弃先王之法制也。周之《秩官》有之曰④:'敌国宾至,关尹以告,行理以节逆之⑤,候人为导,卿出郊劳⑥,门尹除门,宗祝执祀⑦,司里授馆⑧,司徒具徒⑨,司空视涂,司寇诘奸⑩,虞人入材⑪,甸人积薪⑫,火师监

---

① 鄙:郊野。鄙食:古制,在王城郊外四鄙之地,十里设一庐,庐有饮食以饷路人。守:守候。

② 国:此指都城。郊:都城之外的郊野。牧:放牧之地。疆:边境。寓望:边境上所设置的以备瞭望和迎送的候馆,亦指其主管官员。

③ 罢(pí):疲劳。

④ 《秩官》:周代官方文献,今佚。

⑤ 敌:相等。关尹:司关,把守关口的官员。行理:小行人,管理聘问朝觐事务的官。节:瑞节,古代的一种玉器,等级有别,诸侯、大贵族相见时执瑞玉(瑞节)以取信。

⑥ 郊劳:古聘礼,宾至近郊,让卿穿朝服,用束帛相赠,以劳赉之。

⑦ 门尹:司门者。宗:掌管邦国祭祀之礼。执祀,俞樾说,当为"执礼"。祝,掌管祭祀时礼仪的人。

⑧ 授馆:授宾客以馆舍。

⑨ 司徒:掌管差役。

⑩ 司寇:掌管刑狱。

⑪ 虞人:掌山泽苑囿之官。

⑫ 甸人:掌管供给薪柴等事。

燎①，水师监濯②，膳宰致饔③，廪人献饩④，司马陈刍⑤，工人展车⑥，百官各以物至，宾入如归。是故小大莫不怀爱⑦。其贵国之宾至，则以班加一等⑧，益虔。至于王使，则皆官正莅事⑨，上卿监之⑩。若王巡守，则君亲监之。'今虽朝也不才，有分族于周⑪，承王命以为过宾于陈，而司事莫至，是蔑先王之官也。先王之令有之曰：'天道赏善而罚淫。故凡我造国，无从匪彝，无即慆淫，各守尔典，以承天休⑫。'今陈侯不念胤续之常，弃其伉俪妃嫔，而帅其卿佐以淫于夏氏，不亦渎姓矣乎⑬？陈，我大姬之后也，弃衮冕而南冠以出，不亦简彝乎⑭？是又犯先王之令也。昔先王之教，茂帅其德也，犹恐陨越；若废其教而弃其制，蔑其官而犯其令，将何以守国？居大国之间，而无此四者，其能久乎？"

---

① 火师：司灯火之官。燎：庭燎，大烛。

② 水师：掌水之官。濯：洗涤。

③ 饔（yōng）：熟食。一本作"餐"。

④ 廪人：司仓廪之官。

⑤ 司马：掌管养马之事。刍（chú）：喂牲畜的草料。

⑥ 工人：工匠。展车：检查修理客车。

⑦ 小大：指宾客及随行人员。

⑧ 贵国：大国。班：次第，位次。班加一等：指司事之官皆用高一级者，以示尊敬国宾。

⑨ 官正：官长。莅事：司事。莅，临。

⑩ 上卿：最高的官员。监：监督。

⑪ 朝：单襄公自称其名。分族：王之族亲。

⑫ 典：常规，常法。天休：天赐之福。休：庆，福。

⑬ 卿佐：此指孔宁、仪行父。渎姓：亵渎同姓。夏征舒之父御叔，是陈灵公的堂祖父，与陈灵公同是妫姓，而灵公淫乱夏姬，所以说亵渎同姓。

⑭ 大（tài）姬：周武王之女，虞胡公之妃，陈之祖妣。衮：绣绘卷龙之礼服。冕：古代的一种礼帽。衮、冕，是先秦华夏地区公侯之服装。简彝：简夷，随便。

六年,单子如楚。八年,陈侯杀于夏氏①。九年,楚子入陈②。

【译文】

周定王派遣单襄公到宋国聘问。顺便向陈国借道访问楚国。途经陈国时,心宿在早晨已经出现在东方了,而道路上杂草丛生,不能通行。负责迎送宾客的候人不在边境上,司空不巡视道路,湖泽不设堤坝,河上不架桥梁,田野有露天粮堆,场院的农活还没干完,路边没有成行的树木,农田里杂草丛生,膳宰不供应食物,司里不提供客馆,国都中没有宾馆,县里没有馆舍,民众正准备在夏征舒家建筑楼台。来到陈国都城,陈灵公与孔宁、仪行父一起,戴着楚人的帽子,前往夏姬那里玩乐,丢下使者,不予会见。

单襄公回来之后,告诉周定王说:"陈侯本人如果不遭大祸,陈国必定灭亡。"周定王问:"是什么原因呢?"回答说:"当角宿在早上出现于东方时,雨季就要结束;氐宿出现,水泽就要干枯了;亢宿出现,草木就要零落;房宿出现,就要降霜了;心宿出现,就会有凉风吹来,提醒人们防寒。因此先王的教导说:'雨季结束就应整修道路,水泽干涸就应架设桥梁,草木零落就要准备收藏,霜降时节就要准备寒衣皮袍,寒风一到就要修筑城郭宫室。'因此《夏令》说:'九月整修道路,十月架设桥梁。'此时要告诫百姓:'收拾完你们场院的农活,准备好你们盛土、抬土的器具,定宿出现在天空正中的时候,土建工程就要开始。心宿出现时,要携带工具到司里那里聚齐。'这是先王不用花费钱财,却能广施恩德于天下的办

---

① 陈侯杀于夏氏:指陈灵公被夏征舒所射杀。
② 楚子入陈:指楚庄王灭陈。

法啊。现在的陈国,早上已经见到心宿了,而道路还是阻塞不通,田野、场院上的庄稼谷物像是被抛弃一样,水泽不加陂障堤防,江河没有舟船和桥梁:这就是废弃先王的教训啊。周朝的制度有这样的规定:'道路两旁栽树用以标识路途,在郊野建立庐舍用来供给行人饮食,都城郊外要有放牧之地,边疆上有客栈和迎送宾客的人,沼泽地要有丰茂的草,苑囿里有森林、池塘,这些是用来防御自然灾害的。其余的地方都是种植五谷的土地,农夫家中没有闲置不用的农具,田野没有很深的草。官府不贻误农时,也不弃置民功。这样就富裕而不匮乏,安乐而不疲惫。都城里有办事有条不紊的官吏,县里有劳作有序的百姓。'现在陈国的道路没有识别的标志,农田埋没在丛草之中,庄稼成熟了却不收获,百姓为了君主的逸乐而疲于奔命:这就是废弃先王的法制啊。周代的《秩官》有这样的话:'地位对等国家的宾客到来,关尹就上报朝廷,行理持符节迎接宾客,候人为宾客作向导,公卿到郊外慰劳,门尹扫除门庭,宗伯、太祝执掌各种礼仪,司里安排馆舍,司徒指挥调度服务人员,司空巡视道路,司寇查究奸盗,虞人运进所需木材,甸人堆放薪柴,火师监管庭燎,水师监管洗濯,膳宰送上熟食,廪人献上粮食,司马置备草料,工匠检修车辆,百官各负其责,宾至如归。因此,来访的大小官员莫不感激。大国宾客到来,接待官员的规格就要提高一个档次,表现更加恭敬。至于王室使者到来,各部门长官就要亲自接待,由上卿督察。如果是天子巡守至此,那就由国君亲自监督百官来奉行礼仪。'现在,我单朝虽然无才,但毕竟是周室的族亲,承受天子之命作为借道陈国的宾客,但是陈国的主管官员竟然没有来接待的:这是蔑视先王的《秩官》制度啊。先王的训令有这样的话:'天道赏赐美善的而惩罚邪恶的,凡属我周朝的封国,不得施行非法,不准追求享乐,要各自恪守常法以接受上天的福禄。'现在,陈侯不念血亲伦理纲常,抛弃配偶妃嫔,率领他的卿佐之臣到夏姬那里淫乱私通,岂不是亵渎同姓吗? 陈国,是我们太姬之后啊。陈侯弃置龙袍冠冕而戴着楚人的帽子外出冶游,岂不是太随便了吗? 这又违犯了先王的命令啊。往昔先王的教诲,要求勉力遵循其美德懿行,仍然害怕衰败灭亡。如果废弃其教训,废弃其制度,蔑视其官制,违犯其训令,又将怎样保住国家政权? 处在各大国之间,而丢弃了这四项原则,他的国运能长久吗?"

周定王六年,单襄公前往楚国。八年,陈灵公被夏征舒所杀。九年,楚庄王攻入陈国。

展禽论祀爰居　鲁语上

【解题】

鲁国执政臧文仲让国人祭祀飞来的海鸟,展禽根据祭祀的礼法,批评了臧文仲视海鸟为神物妄行祭祀的错误。臧文仲虚心接受批评,闻过必改,并把展禽的话载入简册,以诫后人。

海鸟曰爰居,止于鲁东门之外二日,臧文仲使国人祭之①。展禽曰②:"越哉,臧孙之为政也! 夫祀,国之大节也;而节,政之所成也。故慎制祀以为国典。今无故而加典,非政之宜也。夫圣王之制祀也,法施于民则祀之,以死勤事则祀之,以劳定国则祀之,能御大灾则祀

① 臧文仲:鲁国的卿士,姓臧孙,名辰。
② 展禽:即柳下惠,名获,字禽。食邑柳下,私谥为惠。本文末段之柳下季,也是称其字。

之,能捍大患则祀之。非是族也,不在祀典。昔烈山氏之有天下也,其子曰柱①,能植百谷百蔬。夏之兴也,周弃继之②,故祀以为稷。共工氏之伯九有也,其子曰后土,能平九土,故祀以为社③。黄帝能成命百物,以明民共财④,颛顼能修之⑤。帝喾能序三辰以固民⑥,尧能单均刑法以仪民⑦,舜勤民事而野死⑧,鲧障洪水而殛死⑨,禹能以德修鲧之功⑩,契为司徒而民辑⑪,冥勤其官而水死⑫,汤以宽治民而除其邪,稷勤百谷而山死⑬,文王以文昭,武王去民之秽⑭。故有虞氏禘黄帝而祖颛

①　烈山氏:炎帝之号。柱:曾为后稷(农官)。
②　周弃继之:指弃继柱之功,又作农官。
③　共(gōng)工氏之伯九有:共工氏,传说中的上古帝王。伯(bà),霸。九有,九州,全国。有,域。九土:九州之土。社:土神。
④　黄帝:即轩辕氏,因居于轩辕之丘,故称轩辕氏,传说中的上古帝王。命:名。
⑤　颛顼(zhuān xū):黄帝之孙,昌意之子,即帝高阳。
⑥　帝喾(kù):即帝高辛,为黄帝之曾孙,玄嚣之孙,蟜极之子。序:安排次序。三辰:日、月、星。
⑦　尧:即陶唐氏,帝喾之庶子。单:通“殚”,尽。
⑧　舜:有虞氏,即重华,颛顼之后。野死:指远征有苗时,死于苍梧之野。
⑨　鲧:禹之父。殛(jí)死:指鲧奉尧命治水,九年而无成,被尧诛于羽山。
⑩　修鲧之功:指继续完成鲧治水的事业。
⑪　契(xiè):殷之祖先。为司徒:指做尧的司徒。
⑫　冥:契之后裔。官:冥曾做夏的水官。水死:死于水。
⑬　稷:后稷,此指弃。山死:死于黑水之山。
⑭　去民之秽:指伐纣之事。

项,郊尧而宗舜①;夏后氏禘黄帝而祖颛顼②,郊鲧而宗禹;商人禘舜而祖契③,郊冥而宗汤;周人禘喾而郊稷,祖文王而宗武王。幕能帅颛顼者也④,有虞氏报焉;杼能帅禹者也⑤,夏后氏报焉;上甲微能帅契者也⑥,商人报焉;高圉、太王能帅稷者也⑦,周人报焉。凡禘、郊、祖、宗、报,此五者,国之祀典也。加之以社稷山川之神,皆有功烈于民者也。及前哲令德之人,所以为民质也。及天之三辰,民所以瞻仰也。及地之五行,所以生殖也。及九州名山川泽,所以出财用也。非是不在祀典。今海鸟至,己不知而祀之,以为国典,难以为仁且智矣。夫仁者讲功,而智者处物⑧。无功而祀之,非仁也;不知而不问,非智也。今兹海其有灾乎?夫广川之鸟兽,恒知而避其灾也。”

是岁也,海多大风,冬暖。文仲闻柳下季之言,曰:“信吾过也。季子之言,不可不法也!”使书以为三策。

---

① 有虞氏:此指舜的后裔。禘(dì):天子祭祀诞育其祖的天神。祖、宗:天子在明堂(天子宣明政教的场所)祭祀五帝而以祖或宗配享(祭祀时附带被祭)的祭典,称“祖”或称“宗”。郊:天子在郊外祭天或祭地。禘、祖、宗、郊均为祭典名,名词,在本文中均用作动词,指祭祀以配享。如“禘黄帝”,意思是祭天神以黄帝配享。“祖颛顼”,意思是祭五帝以颛顼配享。

② 夏后氏:指以禹为首的夏氏族,此指夏代的后裔。黄帝、颛顼之后。

③ 舜:此为喾字之讹。

④ 报:报德之祭。幕:舜的先祖。一说舜之后人虞思。误。

⑤ 杼:禹之七世孙,少康之子季杼。

⑥ 上甲微:契之八世孙。

⑦ 高圉(yǔ):后稷之十世孙,公非之子。太王:高圉之曾孙古公亶父,文王的祖父。

⑧ 讲:论。处物:明辨事物之理,而能对各种事物善加区处。

【译文】

有一只海鸟名叫"爰居",停落在鲁国都城的东门外已经三天了。臧文仲就吩咐国人祭祀它。展禽说:"真是迂阔啊,臧孙辰竟然这样处理政事!祭祀,是国家的重大制度;而制度,是政事取得成功的重要条件。所以要慎重地制定祀礼,作为国家的大典。现在无缘无故地增加祭典,这不是处理政务的适宜办法。圣王制定祀典,所持的原则是:制定大法而施善政于人民的,就祭祀他;鞠躬尽瘁,拼死勤于王事的,就祭祀他;以殊勋首功立国安邦的,就祭祀他;能抵御特大灾难的,就祭祀他。如果不是这几类的,就不在祭祀的范围之内。从前烈山氏享有天下时,他的儿子叫柱,善于种植各种谷物和蔬菜;到夏代兴起之际,周人的始祖弃继承柱的功业,所以人们就奉祀他为农神。共工氏霸有九州之时,他的儿子叫后土,能够平治九州的土地,所以人们奉祀他为土神。黄帝能为百物命名,使民众明理,与民众共享山川之利,颛顼能继承他的功业。帝喾能依日、月、星的运行规律来制定历法,以使人民按时劳作、休息;尧能尽力使刑法公平,使人民有从善去恶的准则;舜能辛勤地为人民做事,而死在苍梧之野;鲧筑堤障堵截洪水未成功,被尧诛杀在羽山;禹能以善德改进并继续完成鲧的功业;契做尧的司徒之官,能教育人民和睦安定;冥尽其职守而死于水官任上;汤以宽厚治理人民,而废除夏桀的暴政;后稷勤于种植百谷,而死于黑水之山;周文王以文德昭著天下;周武王能为民除害,兴师伐纣。所以有虞氏禘黄帝而祖颛顼,郊尧而宗舜;夏后氏禘黄帝而祖颛顼,郊鲧而宗禹;商人禘喾而祖契,郊冥而宗汤;周人禘喾而郊稷,祖文王而宗武王。幕是能遵循颛顼的事业的人,有虞氏对他举行报祭;杼是能遵循禹之功业的人,夏后氏就对他举行报祭;上甲微是能遵循契的功业的人,商人对他举行报祭;高围、太王是能遵循后稷的功业的人,周人对他举行报祭。凡是禘祭、郊祭、祖祭、宗祭、报祭,这五种祭祀,是国家的法定的祭祀。在祭祀中,再加上土神、谷神、山川之神,这些都是有功于民的神灵。还有,有美德的先哲们,祭祀他们是用来取信于民、使民众向善的。此外,天上的日、月、星,是人们仰望、观测并借以制定历法的天体。而地上的金、水、木、火、土这五行,是人们赖以繁衍生息的东西。九州的名山、江河、湖泽,是人们获取财用之地。如果不是这些,就不在祀典之列。现在,海鸟飞到这里,臧文仲不知缘何就去祭祀它,以此作为国家祀典,这很难说是有仁德、有智慧的。仁者善于评价功绩,智者明察事理。海鸟没有功绩而祭祀它,这不是仁;不知海鸟为何飞来而不问明白,这不是智。今年海上大概有什么灾异吧? 大河大海的鸟兽,总是知道躲避灾难的。"

果然,在这一年,海上发生多次大风暴,冬季又温暖异常。臧文仲听了柳下季的话,深自愧疚地说:"这确实是我的过错啊。季子的良言,不能不作为准则啊!"于是臧文仲就让官员把这事记在简策上,并且认真地重写了三份。

里革断罟匡君　鲁语上

【解题】

鲁宣公在夏季张网捕鱼,鲁大夫里革就割断他的渔网,并向他阐明古训:渔猎活动应注意保护自然资源,以保持生态平衡,不可贪得无厌地滥施网罟,以破坏其正常增殖。这反映了我国古代对自然生态的关注。

　　宣公夏滥于泗渊①。里革断其罟而弃之②,曰:"古者,大寒降,土蛰发③,水虞于是乎讲罛罶④,取名鱼⑤,登川禽⑥,而尝之寝庙,行诸国人,助宣气也⑦。鸟兽孕,水虫成,兽虞于是乎禁罝罗⑧,獭鱼鳖以为夏槁⑨,助生阜也⑩。鸟兽成,水虫孕,水虞于是乎禁罝罜麗⑪,设阱鄂⑫,以实庙庖,畜功用也⑬。且夫山不槎蘖⑭,泽不伐夭⑮,鱼禁鲲鲕⑯,兽长麑麌⑰,鸟翼鷇卵⑱,虫舍蚳蝝⑲,蕃庶物也,古之训也。今鱼方别孕,不教鱼长,又行网罟,贪无艺也⑳。"

　　公闻之曰:"吾过而里革匡我,不亦善乎! 是良罟

---

①　宣公:鲁宣公。滥:渍,此指撒网捕鱼。泗:泗水。
②　里革:鲁国太史,名克,又称史克。罟(gǔ):网。
③　土蛰发:指蛰虫始振,孟春之时。
④　水虞:渔师,掌川泽之禁令。罛(gū):大鱼网。罶(liǔ):捕鱼具,一种鱼笼。
⑤　名鱼:大鱼。
⑥　登:捕取。川禽:鳖蚌之类。
⑦　宣气:发散阳气,以生万物。
⑧　兽虞:掌捕猎鸟兽之禁令的官员。罝(jū):兔网。罗:鸟网。
⑨　獭(zé):刺取。槁(kào):风干储存的食物。槁,一本作"犒"。
⑩　阜:生长。
⑪　罜麗(dú lù):小鱼网。按:《国语》作"罝罜麗",《古文观止》作"罝麗",今从《国语》本文。罝,或当作"罛"。
⑫　阱:陷阱。鄂:即柞鄂,又名柞格,设于陷穽中的柞木格。
⑬　畜功用:积储食材。
⑭　槎(zhà):砍伐。蘖(niè):树木斩而复生的嫩芽。
⑮　夭:初生的草木。
⑯　鲲:鱼卵。鲕(ér):未成鱼。
⑰　麑(ní):小鹿。麌(yǎo):小麋。
⑱　鷇(kòu):待母鸟哺食的幼雏。
⑲　蚳(chí):蚁子。蝝(yuán):未生翅的幼蝗。
⑳　无艺:无极。艺,极、限度。

也,为我得法。使有司藏之,使吾无忘谂①。"师存侍曰②:"藏罟,不如置里革于侧之不忘也。"

【译文】

夏日,鲁宣公将渔网沉在泗水的深处捕鱼。鲁太史夫里革把他的渔网割断,扔在一边,说:"在古代,严寒减退正当孟春之时,土中蛰虫初动,水虞在这时就谋划使用渔网和鱼笼,捕大鱼、捉鳖蚌等,送到寝庙里作祭品,然后允许国人捕鱼,这是为了帮助发散水土中的阳气。当鸟产卵、兽怀胎、鱼鳖等长大的时候,兽虞就禁止网罗鸟兽,只允许用渔叉刺取鱼鳖,把它制成夏天食用的肉干,这是为了促使鸟兽正常生长繁衍。当鸟兽长大,鱼鳖等开始育卵的孟夏,水虞就禁止使用各种渔网捕鱼,只准设陷阱、布机关捕获鸟兽,用来充实宗庙祭品和庖厨食物,这是为了积储食材。而且在山上不能砍伐再生的嫩树条,在水洼地不能割取初生的草木,捕鱼时禁止捕捞小鱼,捕兽时应当留着小鹿、小麋,捕鸟时应当保护幼鸟与鸟卵,捉虫时应当舍弃那蚁子和幼蝗,这都是为了使万物繁衍生长。这些都是古人的遗训啊。现在正当鱼类孕育的时候,却不让它生长,还撒网捕鱼,真是贪得无厌啊。"

鲁宣公听了这番话,就说:"我有过错里革帮助我纠正,这不是很好的吗!这是一张很有价值的网啊,它使我知道了渔猎的法则。让主管的官员把它收藏好,使我见了断网而不忘忠谏。"乐师存正在旁边伺候,于是进言说:"收起渔网,倒不如将里革安置到君王的左右,这样就不会忘记他的规谏了。"

---

① 谂(shěn):劝谏。
② 师:乐师。存:人名。侍:侍候。

敬姜论劳逸 鲁语下

【解题】

　　本文记叙了贵族孀妇敬姜夫人教子的言论。她讲述了劳则善心生、逸则恶心生的道理,防止其子居官骄纵。这些道理,对今人仍有教益。

　　公父文伯退朝①,朝其母,其母方绩。文伯曰:"以歜之家而主犹绩,惧忓季孙之怒也②,其以歜为不能事主乎?"

　　其母叹曰:"鲁其亡乎! 使僮子备官而未之闻耶③?居④,吾语女。昔圣王之处民也,择瘠土而处之,劳其民而用之,故长王天下。夫民劳则思,思则善心生;逸则淫,淫则忘善,忘善则恶心生。沃土之民不材⑤,逸也;瘠土之民莫不向义⑥,劳也。是故天子大采朝日,与三公、九卿祖识地德⑦;日中考政,与百官之政事,师尹维旅、

---

　　① 公父文伯:鲁大夫,名歜(chù)。
　　② 忓(gān):触犯,触怒。一本作"干"。季孙:季康子,鲁之正卿。
　　③ 僮子:童子,指未成年的人。备官:居官。未之闻:指未闻大道理。
　　④ 居:坐。
　　⑤ 不材:不成材。
　　⑥ 向义:向往道义,归向正道。
　　⑦ 大采:指天子于春分朝日时所穿的五彩礼服。朝日:祭祀名。帝王在春分时祭祀日神。祖识:熟习知悉。

牧、相宣序民事①;少采夕月,与大史、司载纠虔天刑②;日入监九御③,使洁奉禘、郊之粢盛④,而后即安⑤。诸侯朝修天子之业命⑥,昼考其国职,夕省其典刑⑦,夜儆百工,使无慆淫⑧,而后即安。卿大夫朝考其职⑨,昼讲其庶政,夕序其业,夜庀其家事⑩,而后即安。士朝受业,昼而讲贯,夕而习复,夜而计过无憾⑪,而后即安。自庶人以下,明而动,晦而休,无日以怠。王后亲织玄纮⑫,公侯之夫人加之以纮綖⑬,卿之内子为大带⑭,命妇成祭服⑮,列士之妻加之以朝服⑯,自庶士以下,皆衣其夫⑰。社而赋事,蒸而献功⑱,男女效绩,愆则有辟⑲,古之制

---

① 师尹:指担担任各主管部门长官的大夫。维:助词,一本作"惟"。旅:众士。牧:州牧。相:辅佐官吏。宣序:全面安排。宣,遍。

② 少采:指天子于秋分祭月时所佩用的三彩服饰。夕月:指天子在秋分夜间祭月的仪式。大史:太史,史官与历官之长,掌管文书、史事、典籍、历法等。司载:司天文之官。

③ 九御:宫中九嫔之官,掌管粢盛、祭服之事。

④ 粢盛(zī chéng):祭祀用的谷物。

⑤ 即安:犹言就枕,就寝。指休息。

⑥ 业命:国事与政令。

⑦ 典刑:常法。

⑧ 慆(tāo)淫:怠慢放纵。

⑨ 职:主管的政事。

⑩ 庀(pǐ):治理。

⑪ 讲贯:研讨学习。贯,习。计过:总结、省察一下有无过失。

⑫ 纮(dǎn):古代冠冕上用来悬挂瑱玉的垂带。

⑬ 纮(hóng):古代冠冕上的纽带,由颔下挽上去,系于笄的两端。綖(yán):覆在冕上用作装饰的一种织品。

⑭ 大带:一种古代贵族礼服用带,加于革带之上,用丝帛制成。其长宽、质料、色彩以及带上的装饰,视身份而异。

⑮ 命妇:大夫之妻。祭服:祭礼所用的衣服。

⑯ 朝服:古代君臣朝会时所穿的衣服。

⑰ 庶士:下士。以下:指下至庶人。衣其夫:为其夫做衣裳。

⑱ 社:春分祭社。蒸:冬祭。献功:指冬祭时献上五谷布帛等。

⑲ 效绩:效劳、立功。辟:罪。

也。君子劳心,小人劳力,先王之训也。自上以下,谁敢淫心舍力? 今我,寡也,尔又在下位①,朝夕处事,犹恐忘先人之业②。况有怠惰,其何以避辟③? 吾冀而朝夕修我曰④:'必无废先人⑤。'尔今曰:'胡不自安?'以是承君之官,余惧穆伯之绝祀也⑥。"

仲尼闻之曰:"弟子志之,季氏之妇不淫矣。"

【译文】

公父文伯退朝回家,拜见母亲敬姜,他的母亲正在纺织麻布,文伯说:"我们这样的人家,家主还要纺麻,恐怕要触怒季孙啊,大概他会认为我不侍奉母亲吧!"他的母亲感叹地说:"鲁国也许要灭亡了吧! 让你这样的小孩当官,怎么没有让你懂得为官的道理呢? 你坐下,我告诉你。从前圣明之王安置百姓,选择贫瘠的地方给他们居住,让他们在这样的土地上辛勤劳动,所以圣王能长久地统治天下。人们劳苦就会想到节俭,知道节俭就会产生善心;安逸就会放荡,放荡就会丧失善心,丧失善心就会滋长恶念。居住在肥沃土地上的人没有能成材的,就是因为贪图安逸的缘故;居住在瘠薄土地上的人没有不走正道的,这是因为劳苦的缘故。因此天子在春分时穿戴五彩礼服朝祭日神,跟三公、九卿一同习知土地育民之德;日中考察朝政,以及百官的政事;师尹、众士、州牧及辅佐官吏,全面地安排民事。在秋分时穿戴三彩礼服朝祭

① 下位:下大夫之位。
② 先人:指公父穆伯以上的祖先。
③ 避辟:避开刑法。
④ 而:尔,汝。修:警诫。
⑤ 无废先人:不要废弃先人的事业。
⑥ 绝祀:指因受诛罚而使穆伯绝祀。

月神,和太史、司载恭敬地观察天象所显示的吉凶征兆;日落之后则督察九御,让她们把禘祭、郊祭的祭品都料理好,然后自己才能休息。诸侯在早晨处理天子交办的事项和命令,白天处理自己邦国的事务,傍晚检查法规、政令的执行情况,夜间又告诫百官,使他们不要怠慢放荡,然后才休息。卿和大夫早晨要处理主管的职事,白天谋划各种例行的政事,傍晚依次检查白天经办的事务,夜间又料理自己封地内的事务,然后才休息。士在早晨接受任务,白天讲习政事,傍晚复习,夜间省察自己一天的所言所行有什么过失,然后才休息。从庶人以下,天亮开始劳作,天黑就要休息,没有一天懈怠。王后要亲自制作玄紞,公侯的夫人还要制作纮、綖,卿的妻子要制作大带,大夫之妻制作祭服,列士之妻既要制作祭服,还要制作朝服,下士以下的妻子,都要给丈夫制作衣服。春分社祭时布置农桑之事;冬祭时进献五谷、布帛,男女都要效劳献功,有了过失就要治罪,这是古代的制度啊。君子劳心,小人劳力,这是先王的遗训啊。自上而下,谁敢放纵其心志,不用其力呢? 现在,我是个寡妇,你又居下大夫之位,朝夕做事,还唯恐忘记先人的功业,何况你已经有了怠惰的表现,又怎么能逃避罪责呢? 我希望你朝夕提醒我说:'一定不要废弃先人的功业。'现在你却说:'为何不自求安逸?'以这样的态度去做国君任命的官,我真担心穆伯要断了香火、绝了后啦。"

孔子听到这件事,就说:"弟子们记住她的话,季氏之妇,称得上不贪图安逸了。"

叔向贺贫　晋语八

【解题】

韩宣子忧贫,叔向反而去祝贺他,并对他讲明应忧德之不立而不应忧贫的道理。

　　叔向见韩宣子①,宣子忧贫,叔向贺之。宣子曰:"吾有卿之名,而无其实,无以从二三子②,吾是以忧,子贺我何故?"对曰:"昔栾武子无一卒之田③,其宫不备其宗器④,宣其德行,顺其宪则,使越于诸侯⑤,诸侯亲之,戎、狄怀之⑥,以正晋国,行刑不疚⑦,以免于难。及桓子骄泰奢侈,贪欲无艺⑧,略则行志⑨,假货居贿⑩,宜及于难,而赖武之德,以没其身。及怀子改桓之行⑪,而修武之德,可以免于难,而离桓之罪,以亡于楚⑫。夫郤昭子⑬,其富半公室⑭,其家半三军,恃其富宠,以泰于国,

----

①　叔向:羊舌肸,晋平公时曾为太傅。韩宣子:韩起,曾为晋卿。
②　二三子:此指诸位卿大夫。
③　栾武子:栾书,曾为晋上卿。一卒之田:一百顷田。卒,一百人为卒。
④　宫:此为房舍的通称。宗器:祭器。
⑤　越:传播,远扬,此指美誉远扬。
⑥　怀:归顺,归向。
⑦　疚:病,忧虑。
⑧　桓子:栾武子之子,名黡。泰:骄纵恣肆。无艺:无极,无厌。
⑨　略则:犯法。行志:恣行其贪欲之心。
⑩　假:借。(货,一本作"贷")居:蓄,囤积,聚敛。贿:财物。
⑪　怀子:栾黡(yǎn)之子,名盈。
⑫　亡:奔亡。
⑬　郤(xì)昭子:即郤至,曾为晋卿。
⑭　公室:此指晋国朝廷、君主。

其身尸于朝,其宗灭于绛①。不然,夫八郤,五大夫三
卿②,其宠大矣,一朝而灭,莫之哀也,唯无德也。今吾子
有栾武子之贫,吾以为能其德矣③,是以贺。若不忧德之
不建,而患货之不足,将吊不暇,何贺之有?"宣子拜稽首
焉,曰:"起也将亡,赖子存之,非起也敢专承之,其自桓
叔以下,嘉吾子之赐④。"

【译文】

　　叔向去见韩宣子,宣子正为自己的贫困发愁,叔向反而
祝贺他。宣子说:"我有卿的名分,却没有卿的财产,无法跟
卿大夫们交往,因此我很苦恼。您祝贺我,是什么缘故呢?"
叔向回答说:"从前栾武子没有百顷的田地,他的家中连祭祀
的礼器都不全,他却能发扬美德,遵守法律,使其美誉传遍诸
侯,诸侯与他亲善,戎、狄也都归顺他,他就凭借这个在晋国
执政。执行法令很公正,没有什么愧疚,因而能免于灾难。
到了桓子,他骄傲恣肆,非常奢侈,贪欲永无止境,违犯法律,
任意妄行,借贷谋利囤积财物,本应遭到祸难,他却靠他父亲
武子的美德令誉,得以善终。又到了怀子,一改桓子的行为,
而修行武子的美德,本来可以免于灾难,但因受到桓子罪恶
的牵连,只好流亡到楚国。至于郤昭子,论他的财富抵得上
晋王室的一半,他的家族的子弟在三军中担任将佐的占了一
半,仗恃其财富与宠荣,在国内过着奢侈生活,结果他陈尸于
朝廷,他的宗族也在绛地被诛灭。不然,那八位姓郤的贵族,

---

　　① 绛:晋旧都。
　　② 五大夫:郤氏家族曾有五位大夫。三卿:郤锜、郤犨(chōu)、
郤至。
　　③ 能其德:能行其德。
　　④ 桓叔:指韩氏之先祖曲沃桓叔。赐:恩惠。

五位是大夫,三位是卿,他们受宠受禄可真大极了。但一朝被诛灭,没有人同情他,只是由于他无德啊。现在,你有栾武子那样的清贫,我以为您也能奉行他的美德,因此,要向您祝贺。如果您不忧虑自己没有建树美德,却只忧虑财物不足,那么,我想哀悼您还唯恐来不及,怎能祝贺您呢?"韩宣子听了这番话,就恭行跪拜叩头之大礼,并说:"我韩起在将要灭亡之际,幸亏靠您保全了我。不仅我韩起自身承受这恩惠,就是从先祖桓叔以下的韩氏家族,都应颂美您的恩惠啊。"

王孙圉论楚宝　楚语下

【解题】

王孙圉代表楚国聘问于晋国,赵简子在筵席间向他炫耀财富,并想借此讥讽楚国,王孙圉针锋相对,论述了楚国以人才为宝,以对国家、人民有用之物为宝的观点,批驳了赵简子以玩物为宝的观点,维护了楚国的尊严。

王孙圉聘于晋①,定公飨之②,赵简子鸣玉以相③,问于王孙圉,曰:"楚之白珩犹在乎④?"对曰:"然。"简子曰:"其为宝也,几何矣?"曰:"未尝为宝。楚之所宝者,曰观射父⑤,能作训辞,以行事于诸侯,使无以寡君为口实。又有左史倚相⑥,能道训典,以叙百物,以朝夕献善

---

① 王孙圉:楚大夫。
② 定公:名午,晋顷公之子。
③ 赵简子:赵鞅,晋国大夫。鸣玉:古代贵族衣服佩玉,行礼时,随揖拜动作的节奏相击而鸣响。相:司仪,这里指赵简子做飨礼的司仪官。
④ 珩(héng):古代佩玉上的串饰之一,即佩玉顶部的横玉。
⑤ 观射父(guàn yì fǔ):楚之贤大夫。
⑥ 左史:古代史官名。倚相:人名。

败于寡君,使寡君无忘先王之业;又能上下说乎鬼神①,顺道其欲恶,使神无有怨痛于楚国。又有薮曰云连徒洲②,金、木、竹、箭之所生也;龟、珠、角、齿、皮、革、羽毛,所以备赋,以戒不虞者也③;所以供币帛,以宾享于诸侯者也④。若诸侯之好币具,而导之以训辞,有不虞之备,而皇神相之⑤,寡君其可以免罪于诸侯,而国民保焉:此楚国之宝也。若夫白珩,先王之玩也,何宝焉⑥?围闻国之宝六而已:圣能制议百物⑦,以辅相国家,则宝之;玉足以庇荫嘉谷⑧,使无水旱之灾,则宝之;龟足以宪臧否⑨,则宝之;珠足以御火灾⑩,则宝之;金足以御兵乱,则宝之;山林薮泽,足以备财用,则宝之。若夫哗嚣之美,楚虽蛮夷,不能宝也⑪。"

【译文】

王孙围代表楚国到晋国行聘问之礼,晋定公设宴招待他,赵简子身佩叮咚作响的鸣玉赞礼,他对王孙围说:"楚国的白珩还有吗?"王孙围回答:"对,还有。"赵简子说:"它作为楚之国宝,有多久了?"王孙围说:"我们从来没有把它当作

---

① 说(yuè):悦。
② 薮(sǒu):湖泽。云连徒洲:即云梦泽,在今湖北省监利市北。一说云即云梦。徒洲:洲名。
③ 赋:兵赋。虞,臆度,预料。
④ 享:献。
⑤ 皇:大。
⑥ 何宝焉:一本作"何宝之焉"。
⑦ 圣能制议百物:一本作"明王圣人能制议百物"。
⑧ 玉:祭祀之玉。
⑨ 宪:揭示,表明。臧否:善恶,吉凶。
⑩ 珠足以御火灾:旧说误认为珠为水精,能御火灾。
⑪ 哗嚣之美:指鸣玉。

国宝。楚国视为国宝的,叫观射父。他擅长辞令,能到诸侯那里办外交,使诸侯没有攻击楚君的话柄。又有位左史倚相,能述说先王、圣哲的训诲,讲论百事有条理,随时进呈历代治乱兴衰的经验教训,使国君不忘先王的功业。他还能博得天地神灵的欢心,顺应他们的好恶之情,使鬼神对楚国没有怨恨。又有大泽叫云梦,接连着徒洲,是金属、木材、竹材、箭竹的产地,这里出产的灵龟、珍珠、犀角、象牙、虎豹皮、犀牛皮、鸟羽和牦牛尾,可以用来提供军用物资以防意外事件,又可以用来提供馈赠礼品,供接待和馈赠诸侯之用。若是诸侯喜爱的礼品已经备齐,并以顺礼义、合情理的辞令疏导关系,又有应付意外事变的准备,天地鬼神佑助我国,我们国君就可以免受诸侯的责罚,国家和人民就得以保全。这才是楚国的珍宝啊。至于白珩,只不过是先王的一件小玩意儿,能算什么珍宝呢? 我听说国家的珍宝,不过六种而已:明智通达的圣者能裁断评议百事,而辅佐君王治理国家,那就珍视他;祭祀之玉足以庇荫嘉美的五谷,使无水旱之灾,那就珍视它;龟甲足以表明吉凶,那就珍视它;珍珠足以抵御火灾,那就珍视它;金属足以抵御兵乱,那就珍视它;山林薮泽,足以提供国家财用,那就珍视它。而那叮咚作响的美玉,我们楚国虽被视为蛮夷之邦,却不能将它看作珍宝啊。”

诸稽郢行成于吴 吴语

【解题】

　　吴王伐越,越王采纳了大夫文种提出的委曲求全的建议,派遣大夫诸稽郢赴吴国求和。诸稽郢投合利用吴王的骄纵之心,以巧妙婉转的辞令说动了吴王,达到了议和息兵而为越国争取休养生息的时间的目的。

吴王夫差起师伐越①。越王勾践起师逆之江②。大夫种乃献谋曰:"夫吴之与越,唯天所授,王其无庸战。夫申胥、华登③,简服吴国之士于甲兵,而未尝有所挫也。夫一人善射,百夫决拾,胜未可成。夫谋,必素见成事焉,而后履之,不可以授命④。王不如设戎,约辞行成,以喜其民,以广侈吴王之心⑤。吾以卜之于天,天若弃吴,必许吾成,而不吾足也⑥,将必宽然有伯诸侯之心焉⑦。既罢弊其民,而天夺之食,安受其烬,乃无有命矣⑧。"

越王许诺,乃命诸稽郢行成于吴曰⑨:"寡君勾践使下臣郢,不敢显然布币行礼,敢私告于下执事曰:'昔者越国见祸,得罪于天王。天王亲趋玉趾,以心孤勾践⑩,而又宥赦之。君王之于越也,繄起死人而肉白骨也⑪。孤不敢忘天灾,其敢忘君王之大赐乎!今勾践申祸无良⑫,草鄙之人,敢忘天王之大德,而思边陲之小怨,以重

---

① 夫差:阖闾之子,继阖闾为吴王,姬姓。

② 勾践:允常之子,允常死,勾践立为越王,姒姓。一本"逆之"下无"江"字。

③ 申胥:即伍员(yún),子胥。华登:华费遂之子。申胥、华登,均为吴大夫。

④ 素:预先。授命:致命。

⑤ 侈:大。广侈:扩张,助长。

⑥ 不吾足:以我方为不足虑。

⑦ 伯(bà):通"霸",称霸。

⑧ 无有命:不再有天命。

⑨ 诸稽郢:越大夫。行成:求和。

⑩ 孤:弃,此指破越之后,弃而不取越地,犹弃置不问勾践。

⑪ 繄:副词,表示对所述事实的强调。起死人:使死者复生。肉白骨:使白骨生肉。

⑫ 申:重。无良:不善。

得罪于下执事①？勾践用帅二三之老，亲委重罪，顿颡于边②。今君王不察，盛怒属兵③，将残伐越国。越国固贡献之邑也，君王不以鞭棰使之，而辱军士使寇令焉④。勾践请盟：一介嫡女，执箕帚以晐姓于王宫⑤；一介嫡男，奉槃匜以随诸御⑥；春秋贡献，不懈于王府。天王岂辱裁之！亦征诸侯之礼也⑦。夫谚曰：狐埋之而狐搰之⑧，是以无成功。今天王既封殖越国，以明闻于天下，而又刈亡之，是天王之无成劳也。虽四方之诸侯，则何实以事吴？'敢使下臣尽辞，唯天王秉利度义焉⑨。"

【译文】

吴王夫差发兵攻打越国。越王勾践出兵迎战。越大夫文种于是向勾践献策说："吴国和越国，谁胜谁负，就看上天授命给谁，君王您不用应战。那伍子胥、华登，训练吴国的军队，各处征战，未曾受过挫败。在吴国一人善于射箭，就会有一百人套上扳指、护袖去仿效他，因此，我们未必能战胜吴国。谋划大计，一定要预见到有成功的把握，而后付诸实施，

① 重得罪于下执事：再得罪于您。此指报侵边之怨。
② 老：此指大夫。委：任，承担。委重罪：承担重大罪责，有认罪、谢罪之意。顿颡（sǎng）：叩头。
③ 属（zhǔ）：会聚。属兵：指调集兵马。
④ 寇令：御寇之令。
⑤ 晐（gāi）姓：使各种姓氏完备。晐，通"该"，完备。姓，庶姓，《礼记·曲礼下》："纳女于天子，曰备百姓。"
⑥ 槃匜（pán yí）：古代盥洗用具。注水用匜，承水用槃。槃，通"盘"。御：近臣宦竖之属。
⑦ 征：征税。
⑧ 搰（hú）：发掘。
⑨ 秉利：指执持越服吴之利。度义：考虑合适的做法。义，宜，指不攻打越。

不能轻易地去送命。君王不如暗中布兵设防，再用谦卑的言辞向吴国求和，让他们百姓高兴，使吴王的野心膨胀。我已经就这事卜问过上天，天若厌弃吴国，必然允许我们与吴求和，而吴王一定会认为我们越国不值得忧虑，一定会滋生称霸中原的野心。等到战争把吴国拖得筋疲力尽，又有天灾夺走了吴国的粮食，我们就可以稳稳当当收拾残局，吴国就不再有天命保佑了。"

越王同意了，就派诸稽郢到吴国求和，说："寡君勾践派我这下臣来此，不敢陈列礼品以行聘问之礼，谨冒昧地禀告你们下级办事人员说：'从前越国遭祸，得罪了天王；天王亲劳大驾征伐，本来想灭掉我勾践，却又宽恕了我。吴王您对越国来说，就是起死回生的恩人。我不敢忘记天罚之灾，又怎敢忘记君王的大恩大德呢？现在我勾践没有善德重遭灾祸，草野鄙陋之人，怎敢忘记天王的厚德，计较边界冲突的小怨，而再次得罪您呢？因此，勾践将率领诸位大夫亲自承担重罪，在边境叩头下拜，请求天王赦免。现今君王不明察此情，大为震怒而调集兵马，想要消灭越国。越国本是向吴国称臣纳贡的一个城邑，君王不动用鞭棰驱使它，却让贵国将士屈尊执行抵御敌军的号令。如今勾践请求订立盟约：愿献一个嫡女，在君王宫内聊备一姓，充当洒扫之职侍奉您；献一个嫡男，让他手捧盥洗用具，在王宫内当差；春季、秋季，按时向吴王府库献上贡品，不敢怠慢。恳请天王屈尊裁夺。况且，我们进献贡品也是遵照天王向诸侯征税的礼制啊。俗话说：狐狸埋藏它，狐狸又掘出它，因此没有成效。现在天王已经扶持了越国，这已为天下诸侯所明知，而您却又要除掉它，便是天王前功尽弃了。果真如此，四方诸侯又怎么实心实意地侍奉吴国呢？'让贱臣我冒昧地把话都讲完，希望天王权衡利弊，考虑适宜的处置方案。"

申胥谏许越成　吴语

【解题】

　　吴王夫差受了越国使者巧言蒙蔽,答应与越国议和订盟。申胥(伍子胥)据理力谏,指出越国求和是别有用心。而吴王骄傲自恃,不纳忠谏,执意与越国订立盟约。这是导致吴国败亡的原因之一。

　　吴王夫差乃告诸大夫曰:"孤将有大志于齐①,吾将许越成,而无拂吾虑②。若越既改,吾又何求?若其不改,反行,吾振旅焉③。"申胥谏曰:"不可许也。夫越非实忠心好吴也,又非慑畏吾甲兵之强也。大夫种勇而善谋,将还玩吴国于股掌之上,以得其志④。夫固知君王之盖威以好胜也⑤,故婉约其辞,以从逸王志⑥,使淫乐于诸夏之国⑦,以自伤也。使吾甲兵钝弊,民人离落,而日以憔悴⑧,然后安受吾烬⑨。夫越王好信以爱民,四方归之,年谷时熟,日长炎炎⑩。及吾犹可以战也,为虺弗

---

①　将有大志于齐:言欲征伐齐国。
②　拂:违背。虑:谋。
③　反行:指伐齐返行。振旅:整顿军队,此指用兵讨伐。
④　还(xuán):旋转。玩:玩弄。得其志:逞其志。
⑤　盖威:尚武。
⑥　从:通"纵"。纵逸:犹"广侈"之意。
⑦　诸夏之国:北方中原地区的国家,此指吴王所要攻打的齐国等国家。
⑧　憔悴:此言困苦不堪。
⑨　烬:余。
⑩　炎炎:气势兴盛貌。

摧①，为蛇将若何？"吴王曰："大夫奚隆于越②？越曾足以为大虞乎③？若无越，则吾何以春秋曜吾军士④？"乃许之成。将盟，越王又使诸稽郢辞曰："以盟为有益，前盟口血未干，足以结信矣⑤；以盟为无益乎，君王舍甲兵之威以临使之，而胡重于鬼神而自轻也？"吴王乃许之，荒成不盟⑥。

【译文】

吴王夫差告诉诸位大夫说："我有讨伐齐国的大志，准备答应越国跟我们议和的请求，你们不要违背我的意图。如果越国已经改变敌对态度，我们还有什么要求呢？假如他们不改，等到伐齐回来时，我们再发兵攻打它。"伍子胥进谏说："我们不能同意越国议和的请求。越国并非真心实意地与吴国交好，也不是畏惧我们武力强大。越国大夫文种勇武超人而又足智多谋，他将会把我们吴国放在股掌之上旋转玩弄，以便得行其志。他们本来就知道君王尚武而好胜啊，因此把话说得委婉卑顺，使王的心意恣纵放荡，到中原国家去逞威，而戕害自己啊。又使我们军队疲弱劳损，人民流离失所，而日益困苦，然后他们稳稳当当地收拾我们的残局。至于越王，他却好守信义、爱护百姓，四方都归顺他，粮食年年丰收，他们国运兴隆，犹如朝阳炎炎升腾。趁我们还可以战胜它的时候就应下手消灭它。见到一条小蛇不打死它，到它长成大

---

① 虺(huǐ)：这里指小毒蛇。摧：杀灭。
② 隆：尊重。
③ 曾：乃，竟。虞：忧虑，忧患。
④ 曜(yào)：炫耀。
⑤ 结信：结为信约，此言互相取信。
⑥ 荒：空，虚。

蛇又该怎么办呢?"吴王说:"大夫为什么这样抬高越国?越国竟然可以成为大患吗?假若没有越国,那么我们怎能在春季秋季炫耀武力呢?"吴王于是答应和越国议和。

将要订立盟约时,越王又派诸稽郢推辞说:"你们要是认为盟誓有用呢,前次订盟的时间不久,口里的血还没干,足以互相取信了;要是认为盟约无用呢,君王可以放弃甲兵的威慑,亲临越国来役使越国人就行了,为什么要看重鬼神而看轻自己呢?"吴王就应允了他,只是空口讲和而没有订立盟约。

公 羊 传

《公羊传》是《春秋》"三传"(《左氏传》《公羊传》《穀梁传》)之一,它是注释《春秋》的书,所以名为《春秋公羊传》。旧题为战国时代公羊高撰。又据唐代徐彦《公羊传疏》引戴宏序,说它是在汉景帝时,由公羊高之玄孙公羊寿和胡母生(子都)"著于竹帛"的。看来,可能它在最初只是由公羊高口述,代代流传,直至汉初才由后人编著成书的。

皮锡瑞《春秋通论》云:"《春秋》有大义,有微言……惟《公羊》兼传大义微言。"它记述史事比较简略,在阐发"诛乱臣贼子"之"大义"和"为后王立法"之"微言"方面(参用皮氏语)却是具体翔实的。由于它兼传大义微言,《左传》则以记事为主,《穀梁传》但传大义,不传微言,"三传"各有侧重,所以能并行不废。历代今文经学家视《公羊传》为重要经籍,也时常用它作为议论政治的依据。它是研究战国、秦、汉间儒家思想的重要资料。

春王正月　隐公元年

【解题】

本文前段阐明《春秋》的所谓"尊王"的笔法(先言王,后言正月),后段主要说明鲁隐公执政治国,目的是在条件成熟时将君位归于桓公,并指出归位桓公的道理:立子以贵不以长。阐明了古代宗法制的规则。

元年者何?君之始年也。春者何?岁之始也。王者孰谓?谓文王也①。曷为先言王而后言正月?王正月也。何言乎王正月?大一统也②。

公何以不言即位?成公意也③。何成乎公之意?公将平国而反之桓④。何为反之桓?桓幼而贵,隐长而卑。其为尊卑也微,国人莫知。隐长又贤,诸大夫扳隐而立之⑤。隐于是焉而辞立,则未知桓之将必得立也。且如桓立,则恐诸大夫之不能相幼君也。故凡隐之立,为桓立也。隐长又贤,何以不宜立?立適以长不以贤,立子以贵不以长⑥。桓何以贵?母贵也。母贵,则子

---

①　文王:周文王。

②　大一统:大,犹言重视、尊重。一统,指天下皆统系于周天子。

③　公:隐公,名息姑,鲁国第十四代君主。隐公是惠公弗湟之庶长子。

④　平国:使国家安定。反,归还。桓,桓公,是隐公的异母弟,名允,一说名轨,鲁国第十五代君主。

⑤　扳(pān),通"攀",援引、挽引。

⑥　"立適……"二句:此谓立嫡夫人之子以长者为先,立左右妾媵及姪娣之子以贵者为先。適,通"嫡",此指正妻所生的儿子。

何以贵？子以母贵，母以子贵。

【译文】

"元年"是什么意思？就是国君即位的第一年。"春"是什么意思？就是指一年农事之始时啊。"王"是指谁？是指周文王。为何先说"王"而后说"正月"？是指周王改定的周历正月。为何说"王正月"？是为了重视天下一统。

为何不说隐公"即位"？那是为了成全隐公的意愿。怎么叫成全隐公的意愿呢？隐公打算治理好国家以后就将君位归还给桓公。为何要将君位归还桓公？因为桓公虽然年幼而地位尊贵，隐公虽然年长而地位卑下。他们地位的尊卑是不明显的，国人并不甚了解。隐公年长而又贤明，大夫们请出隐公并立他为君。隐公若在这时辞让，就不能确保桓公将来必定立为君。假如立桓公为君，就怕诸位大夫不能忠心辅佐这年幼之君。所以，隐公之立，完全是为了桓公将来能立为君。隐公年长而又贤明，为何不应立为国君？因为礼法规定：立嫡夫人之子，凭年长不凭贤明；立妾媵之子，凭地位尊贵，不凭年长。为何说桓公尊贵？因为他的母亲尊贵。母亲尊贵，儿子为何就尊贵？儿子凭母亲的尊贵而尊贵，母亲凭儿子的尊贵而尊贵。

宋人及楚人平　宣公十五年

【解题】

本文用宋、楚媾和的经过，解释《春秋》原文"宋人及楚人平"的写法。它不仅注意了原文怎样写的，还注意了原文所没有写出的。这种多方钻研《春秋》原文的做法，可以给读者以启发。但是，作者往往过分追求，变成穿凿附会，以致曲解了原文。如末尾分析称"宋人""楚人"不称"宋大夫""楚大夫"就是因刻意求深而流于穿凿的。

　　外平不书①,此何以书? 大其平乎己也②。何大其平乎己? 庄王围宋③,军有七日之粮尔,尽此不胜,将去而归尔。于是使司马子反乘堙而窥宋城,宋华元亦乘堙而出见之④。司马子反曰:"子之国何如?"华元曰:"惫矣⑤!"曰:"何如?"曰:"易子而食之,析骸而炊之⑥。"司马子反曰:"嘻! 甚矣惫! 虽然,吾闻之也,围者柑马而秣之⑦,使肥者应客。是何子之情也⑧?"华元曰:"吾闻之,君子见人之厄则矜之,小人见人之厄则幸之。吾见子之君子也,是以告情于子也。"司马子反曰:"诺! 勉之矣! 吾军亦有七日之粮尔。尽此不胜,将去而归尔。"

　　揖而去之,反于庄王。庄王曰:"何如?"司马子反曰:"惫矣。"曰:"何如?"曰:"易子而食之,析骸而炊

---

　　① 平:媾和。书:记载。
　　② 大:敬重,赞扬。
　　③ 庄王围宋:指楚庄王于鲁宣公十五年(前594)围宋,据《左传》所载:楚师围宋,在宋城周围修建营房,分兵屯田,以示长期围困不去的决心。
　　④ 司马:官名,楚国最高军事长官。子反,一称公子侧,楚穆王之子,任司马。乘:登上。堙(yīn):即"距堙",是环敌城而堆起的土丘。华元:华督之曾孙,为宋国右师,执政,历事宋文公、宋共公、宋平公。
　　⑤ 惫:疲乏已极。
　　⑥ 易子而食,析骸而炊:人们交换子女食其肉,剖分枯骨作燃料而做饭。析,剖分。炊,一本作爨,指生火做饭。
　　⑦ 围者:此指被围者。柑(qián)马而秣之:以木棍衔于马口,使其不能吃草料。这是在粮草奇缺时表示有积蓄。柑,马口衔木。秣,此指喂马。
　　⑧ 是何子之情也:您为何这样以实情相告呢? 情,实情,此指以实情相告。

之。"庄王曰："嘻！甚矣惫！虽然，吾今取此，然后而归尔。"司马子反曰："不可。臣已告之矣，军有七日之粮尔。"庄王怒曰："吾使子往视之，子曷为告之？"司马子反曰："以区区之宋，犹有不欺人之臣，可以楚而无乎？是以告之也。"庄王曰："诺！舍而止！虽然，吾犹取此，然后归尔。"司马子反曰："然则君请处于此，臣请归尔。"庄王曰："子去我而归，吾孰与处于此？吾亦从子而归尔。"引师而去之，故君子大其平乎己也。此皆大夫也，其称人何？贬。曷为贬？平者在下也①。

【译文】

别的国家媾和的事《春秋》是照例不记的，这里为什么记？为了赞扬这次媾和是由两国的将领自己促成的。为什么要赞扬两国的将领自己促和的行为？楚庄王围宋，军中只有七天的粮食，用完这些粮食还不胜利的话，将要回楚国了。于是庄王派司马子反登上所筑土堆窥视宋城。宋国主将华元也登上所筑土堆，出来见子反。司马子反说："您的国都里情形如何？"华元说："困顿极了！"子反又问："究竟怎么样呢？"华元说："交换子女煮着吃，劈开骨骸用来烧饭。"司马子反说："唉！真是困顿到极点了！虽然如此，我听说，被围困的人要给马口衔上木棍再喂它饲料，用肥壮的马应付宾客。可是，您为何这样把实情告诉我呢？"华元说："我听说，君子见到别人遭遇困顿，就对他怜悯同情；小人见到别人遭遇困顿，就幸灾乐祸。我看出您是君子，因此将实情告诉您啊。"司马子反说："好吧，您勉力为之吧！我军也只有七天的粮食了，吃完这点粮食还不胜利的话，我们就要退回楚

---

① 平者在下也：言促成和议的是在下位的人，而不是国君决定的。

国了。"

子反向华元作揖告别，回到庄王那里。庄王说："情况如何？"司马子反说："他们已经很疲弱了。"庄王又说："究竟怎么样？"子反说："宋人交换子女煮着吃，劈开骨骸用来烧饭。"庄王说："唉！真是困顿极了！虽然如此，我还是要攻取了这城以后才回去。"司马子反说："不行。我已告诉他，我军只有七天的粮食了。"庄王听了大怒，说："我派您前去观察虚实，您为何将我军的情形告诉他？"司马子反说："凭这小小的宋国，还有不欺骗人的臣子，难道凭我们楚国这样的大国却可以没有吗？因此我就告诉了他。"庄王说："好吧！那就修筑军营，驻扎在这里。即使如此，我还要攻下这城再回国。"司马子反说："既然如此，您就留在这里吧，我请求回去了。"庄王说："您离开我回去了，谁和我留在这里呢？我也跟您一起回去吧。"于是就领兵退去了。所以，君子赞扬华元、子反促成了这次媾和。这两个都是大夫，为何称作"人"呢？这是贬低他们。为何贬低他们？因为搞这次媾和的是下面的臣子没有归功于国君。

吴子使札来聘 襄公二十九年

【解题】

"吴子使札来聘"是《春秋》原文。公羊氏为了从这句话中发现"微言大义"，找出了《春秋》前面从没有称呼"吴子"，以及为什么称"季札"之名。于是抓住这两点做文章，甚至不惜歪曲史实来迁就自己的观点，例如：嫡长子继承是周族的宗法制的法则，商族或中原以外地区多实行"兄终弟及"的办法。吴虽是姬姓，但习俗不同，也多是"兄终弟及"，而公羊氏则把这一事实歪曲为让贤的特殊措施，这就不对了。尤其是三个哥哥皆求自己快死,使尽快地传位于季札,这更是捏造的不近人情的神话,不足为信。

吴无君、无大夫,此何以有君、有大夫? 贤季子也①。何贤乎季子? 让国也。其让国奈何? 谒也,余祭也,夷昧也,与季子同母者四②。季子弱而才③,兄弟皆爱之,同欲立之以为君④。谒曰:"今若是迮而与季子国⑤,季子犹不受也。请无与子而与弟⑥。弟兄迭为君,而致国乎季子⑦。"皆曰:"诺。"故诸为君者,皆轻死为勇,饮食必祝,曰:"天苟有吴国,尚速有悔于予身⑧!"故谒也死,余祭也立;余祭也死,夷昧也立;夷昧也死,则国宜之季子者也。

季子使而亡焉⑨。僚者,长庶也⑩,即之。季子使而反,至而君之尔⑪。阖闾曰⑫:"先君之所以不与子国,而与弟者,凡为季子故也。将从先君之命与,则国宜之季

---

① 贤季子:赞季子贤。季子,吴王寿梦之少子,名札,又称季札。
② 同母者四:同母兄弟四人。
③ 弱而才:年少而有才能。
④ 同欲立之以为君:都愿立季子为吴王。
⑤ 迮(zé):仓促。与季子国:指将君位让给季子。
⑥ 无与子而与弟:不要传给儿子而要传给弟弟。
⑦ 弟兄迭为君:弟兄们依次接替哥哥做国君。致国:犹"致政",此指将君位交还给季子。
⑧ 悔:灾咎,灾祸。
⑨ 使而亡:出使外国而未归。
⑩ 僚:吴王梦寿的妾所生的儿子。《史记》《吴越春秋》谓夷昧之子,与《公羊传》的说法不同。长庶,在庶子(妾所生之子)中年龄最长。
⑪ 君之:以僚为君,即以国让僚。
⑫ 阖闾:谒之子。

子者也;如不从先君之命与,则我宜立者也①。僚恶得为君乎②?"于是使专诸刺僚,而致国乎季子③。季子不受曰:"尔弑吾君,吾受尔国,是吾与尔为篡也④。尔杀吾兄,吾又杀尔,是父子兄弟相杀,终身无已也。"去之延陵,终身不入吴国⑤。故君子以其不受为义,以其不杀为仁⑥。贤季子,则吴何以有君有大夫? 以季子为臣,则宜有君者也。札者何? 吴季子之名也⑦。《春秋》贤者不名⑧, 此何以名? 许夷狄者,不壹而足也⑨。季子者,所贤也,曷为不足乎季子? 许人臣者必使臣,许人子者必使子也。

【译文】

《春秋》以前称吴,只称"吴国",而不称其君为"子",既不称其君,也不称其大夫。这为何又有了君、有了大夫呢?是因为赞扬季子的贤德啊。赞扬季子什么贤德呢? 是因为他推让国君之位啊。季子推让国君之位,是怎么一回事呢?谒、余祭、夷昧,与季子是同母的四兄弟。季子年少而有才

---

① 我宜立者:阖闾说自己应当立为君。因为他是谒的儿子,谒在季子兄弟中是长兄。

② 恶:何,怎么。

③ 专诸:吴国的刺客,曾任膳宰。阖闾(公子光)欲杀吴王僚自立,命他把短剑藏在鱼腹中,借着宴会上菜肴的机会把吴王僚杀死,专诸也当场被杀。

④ 吾君:季子称僚为君。尔:指阖闾。是吾与尔为篡:这是我与你共谋篡位。

⑤ 延陵:季札之封邑,在今江苏省常州市。不入吴国:指不入吴国都城。说明季子既不肯讨伐阖闾,又不宜事阖闾,故不入吴都。

⑥ 不受:不受君位。不杀:不杀弑君之阖闾。

⑦ 吴季子:公子札又称吴季子或延陵季子。

⑧ 不名:不书其名,或书其字,或书"子"。

⑨ 不壹而足:此指不以一事之美而完全使之满足。

能,兄弟们都爱他,都愿立他为国君。谒说:"现在像这样仓促间将君位让给季子,他还是不会接受啊。我看,请立个规矩:传君位时,不要传给儿子,而传给弟弟,由弟弟依次接替哥哥做国君,最终就能将君位交还季子。"大家都说:"好吧。"因此,各位兄弟做国君时,都勇敢而不怕死,吃饭时必定祷告,说:"上天如保全吴国,那就希望快点把灾祸降临到我们身上吧!"所以,谒死了,余祭做国君;余祭死了,夷昧做国君;夷昧死了,就应当由季子做国君了。

当时,季子出使外国还没有回来。僚是庶子中年龄最大的,便即位了。季子出使回国,一回来就奉僚为君。谒之子阖闾说:"先君所以不将君位传给儿子,而传给弟弟,全是为了季子的缘故啊。如果遵从先君之遗命,那就应当由季子继为国君;如果不遵从先君之遗命,那就应当立我为君。僚怎能做国君呢?"于是,阖闾派专诸刺死了僚,让季子就君位。季子不接受,他说:"你杀我的国君,我接受你让的君位,这等于我与你同谋篡位啊。你杀我的兄长,我再杀你,是父子兄弟相杀,一辈子没有完结之时。"季子就前往延陵,终生不再回吴国京都。所以君子认为他不受君位是大义,认为他不杀阖闾是大仁。赞扬季子的贤德,那为什么就有君、有大夫呢?因为既称季为臣,就应有君。札是谁呢? 是吴季子之名啊。《春秋》对贤者不书其名,这里为何直书其名呢? 赞许夷狄中的人,不能因一事之美而完全使之满足。季子,是所赞扬的贤者啊,为何对季子不使之满足呢? 是因为赞许为人臣的必定使他与其人臣的身份相称,赞许为人子的必定使他与人子的地位相符。

穀 梁 传

　　《穀梁传》也是《春秋》"三传"之一。关于作者,据唐代杨士勋《穀梁传疏》云:"穀梁子名俶,字元始,一名赤,受经于子夏,为经作传。"认为《穀梁传》是穀梁子所自作。又,徐彦《公羊传疏》则云:"《穀梁》著竹帛者题其亲师,故曰《穀梁传》。"即认为传其学者所作。《四库提要》又云:"初献六羽一条,称'穀梁子曰',传既穀梁自作,不应自引己说。且此条又引'尸子曰'。尸佼为商鞅之师,鞅既诛,佼逃于蜀,其人亦在穀梁后,不应预为引据。疑徐彦之言为得其实。但谁著于竹帛,则不可考耳。"

　　《穀梁传》也是解释《春秋》的书,但它"不传微言,但传大义"。《朱子语类》云:"《左传》是史家,《公》《穀》是经学,史学者记事却详,于道理上便差;经学者于义理上有功,然记事多误。"

郑伯克段于鄢　隐公元年

【解题】

　　本文主要是借解释《春秋》的"郑伯克段于鄢"的字句,对郑伯(庄公)处心积虑欲杀共叔段之事进行指责。其事迹可参考本书卷一《郑伯克段于鄢》有关文字。

　　克者何? 能也。何能也? 能杀也。何以不言杀?

见段之有徒众也①。段，郑伯弟也②。何以知其为弟也？杀世子、母弟，目君③。以其目君，知其为弟也。段，弟也，而弗谓弟；公子也，而弗谓公子，贬之也。段失子弟之道矣，贱段而甚郑伯也④。何甚乎郑伯？甚郑伯之处心积虑成于杀也。于鄢，远也⑤。犹曰取之其母之怀中而杀之云尔，甚之也。然则为郑伯者，宜奈何？缓追逸贼，亲亲之道也⑥。

【译文】

"克"这个字是什么意思？就是能啊。能干什么？能杀人啊。为何不说杀呢？表示段有军队啊。段，是郑伯的弟弟。怎么知道是郑伯的弟弟呢？国君杀害世子或同母弟弟的，《春秋》就会直接称国君。因为此处经文直接称"郑伯"，就知道段是弟弟了。段是弟弟，而不称弟弟；是公子，而不称公子，这是鄙视他。为何鄙视他呢？是因为段有失为公子、为弟之道。不仅鄙视共叔段，而且也认为郑伯太过分了。郑伯在哪方面过分了呢？郑伯处心积虑一定要达到杀害共叔段的目的，这就太过分了。"在鄢地"，是说郑伯追到很远的地方。这就如同说从母亲怀里抢过孩子杀害了一样，这是认为郑伯做得太过分。那么作为郑伯，应当如何呢？应当慢慢地追赶逃跑作乱的弟弟，这就符合爱亲人的道理了。

---

① 段：即共叔段，郑武公之子。徒众：军众。
② 郑伯：即郑庄公，共叔段之兄。
③ 世子：古代天子、诸侯的嫡长子。目：称，称呼。
④ 贱：轻视，鄙薄。甚：过分，认为……过分。
⑤ 鄢：古地名，在今河南省鄢陵县西北。
⑥ 逸贼：逃跑的作乱者。亲亲：亲其所亲。

虞师晋师灭夏阳　僖公二年

【解题】

　　本文评述的是：晋国以重币贿赂虞国，借其道路攻伐虢国，并在灭虢之后，接着灭虞的史实。可参看本书卷一《宫之奇谏假道》。本文叙述此事时，对晋国君臣推测虞国情况写得具体生动，特别是以戏语结束，富有幽默感，是《榖梁传》中比较出色的文字。

　　非国而曰灭，重夏阳也①。虞无师，其曰师，何也？以其先晋，不可以不言师也。其先晋何也？为主乎灭夏阳也。夏阳者，虞、虢之塞邑也②。灭夏阳而虞、虢举矣③。

　　虞之为主乎灭夏阳，何也？晋献公欲伐虢，荀息曰④："君何不以屈产之乘，垂棘之璧⑤，而借道乎虞也？"公曰："此晋国之宝也。如受吾币而不借吾道，则如之何？"荀息曰："此小国之所以事大国也。彼不借吾道，必不敢受吾币。如受吾币而借吾道，则是我取之中府，而

①　夏阳：虢国之邑名，在今山西省平陆县东北。一本作"下阳"。
②　虞：国名，姬姓，故地在今山西省平陆县。晋：姬姓国，晋献公时都于绛（今山西省翼城县东南）。虢：国名，都上阳（在今河南省三门峡市东南）。
③　举：拔取，攻克，占领。
④　荀息：晋大夫，亦称荀叔，是此次取道虞国，消灭虢、虞的策划者与主帅（还有晋大夫里克）。
⑤　屈：晋国之邑名，在今山西省吉县东北，盛产良马。一说以"屈产"为地名，因屈产泉得名，在今山西省石楼县东南。乘：此指马。垂棘：晋国邑名，在今山西省潞城市北。璧：美玉磨制之礼器，圆形，正中有孔。

藏之外府①,取之中厩,而藏之外厩也②。"公曰:"宫之奇存焉③,必不使受之也。"荀息曰:"宫之奇之为人也,达心而懦④,又少长于君。达心则其言略,懦则不能强谏,少长于君,则君轻之。且夫玩好在耳目之前,而患在一国之后,此中知以上,乃能虑之。臣料虞君,中知以下也。"

公遂借道而伐虢。宫之奇谏曰:"晋国之使者,其辞卑而币重,必不便于虞。"虞公弗听,遂受其币,而借之道。宫之奇又谏曰:"语曰:'唇亡则齿寒',其斯之谓与?"挈其妻子以奔曹⑤。

献公亡虢,五年而后举虞。荀息牵马操璧而前曰:"璧则犹是也,而马齿加长矣。"

【译文】

夏阳是邑,并非国家而称之"灭",是重视夏阳啊。虞国并没有派军队去,经文写为"虞师",这为什么呢? 因为要把它写在晋国的前头,所以不得不写作"虞师"。它写在晋国之前是为什么呢? 因为在灭夏阳的过程中,虞国起了主要作用。夏阳,是虞、虢交界处虢国的一个要塞。灭了夏阳,虞、虢两国就都可攻占了。

为什么说虞国起了主要作用? 当时,晋献公想攻伐虢国,荀息说:"您为何不把屈地出产的良马、垂棘出产的璧玉

---

① 中府:犹言内府,古代国家收藏财物文书的宫内府库。外府:宫外府库。
② 中厩(jiù):宫中的马房。藏,一本作"置"。外厩:宫外的马房。
③ 宫之奇:虞国之贤大夫。
④ 达心:心里灵通。懦:懦弱。
⑤ 曹:古国名,姬姓,故地在今山东省菏泽市曹县、定陶区一带。

送给虞君,而借道虞国攻伐虢国呢?"晋献公说:"这都是晋国的宝物啊。如果虞国接受了我们的财物,而不借道给我们,那怎么办呢?"荀息说:"这些东西都是小国用来侍奉大国的。如果它不借道给我们,就必定不敢接受我们的礼品。如果接受了礼品而借道给我们,就等于我们把宝物从内库取出来藏到外库,把良马从内厩牵出来放到外厩。"晋献公又说:"宫之奇在虞国啊,他一定不让虞君接受我们的礼品。"荀息说:"宫之奇的为人,内心通达而性情懦弱,只比虞君年长一点。内心通达,说话就简略,性情懦弱就不能力谏;只比国君年长一点,虞君就轻视他。况且,珍玩就在眼前,灾祸却在另一个国家灭亡之后,这是中等智力以上的人才能想到的。我料想虞君的智力是在中等以下啊。"

于是,晋献公就借道虞国而攻伐虢国。宫之奇向虞君进谏道:"晋国的使者,辞令谦卑,礼物很重,看来一定不利于虞国。"虞君不听劝谏,接受了礼物,答应借道给晋国。宫之奇知道后,又进谏说:"常言道:'唇亡齿寒。'大概就是说的这类事情吧!"宫之奇就携带妻子儿女逃到曹国。

晋献公取道虞国,灭了虢国,五年以后,又攻取了虞国。荀息牵着良马,手捧璧玉,走上前来说:"璧玉还是这样,不过马的年齿却增长了。"

礼　记

　　《礼记》，又称《小戴礼记》或《小戴记》，它是儒家《五经》之一，是秦汉以前各种礼仪论著的选集，相传是西汉戴圣编纂。今本为东汉郑玄注本，共四十九篇，其中大部分是孔子的弟子及其再传、三传弟子(所谓"七十子后学")所记。它是研究我国古代社会情况、儒家学说、文物礼仪制度的参考书籍。

　　《檀弓》分为上、下两篇，是《礼记》中独具风格的篇章。所记述的既有作者亲身见闻，又有前代轶事；既是有关"礼"的一种论著，又有一定的文学价值。文字简洁生动，历来为文人所称。

晋献公杀世子申生　檀弓上

【解题】

　　晋献公宠爱骊姬，骊姬以谗言诬陷世子(即太子)申生，说他要谋杀其父献公。献公轻信骊姬，要杀害亲子。申生虽含屈蒙冤，但为了执行"孝道"，既不向献公剖白自己，也不出亡避祸，终于含冤自杀。本文既对申生同情，又含蓄地表示了不赞成他的愚孝行动。

晋献公将杀其世子申生①。公子重耳谓之曰②:"子盖言子之志于公乎③?"世子曰:"不可。君安骊姬,是我伤公之心也④。"曰:"然则盖行乎⑤?"世子曰:"不可。君谓我欲弑君也。天下岂有无父之国哉!吾何行如之⑥?"

使人辞于狐突曰⑦:"申生有罪,不念伯氏之言也,以至于死⑧。申生不敢爱其死。虽然,吾君老矣,子少,国家多难⑨,伯氏不出而图吾君。伯氏苟出而图吾君,申生受赐而死。"再拜稽首,乃卒。是以为"恭世子"也⑩。

【译文】

晋献公轻信骊姬的谗言,将要杀害太子申生。晋公子重耳对申生说:"你为什么不对父亲表白自己的心迹呢?"太子说:"不行。父君因骊姬而得安乐,如果申明实情,除掉骊姬,

①　晋献公:名诡诸,为晋国第十九代君主。世子:古代天子、诸侯的嫡长子。申生:晋献公之子。

②　公子重耳:申生之异母弟,即晋文公。

③　盖(hé):通"盍",何不,下文"盖"字同。言子之志:此指申诉受谗言陷害之情形,并表达自己心意。

④　"君安骊姬"二句:言晋献公得安乐于骊姬,如为我而除掉骊姬,使献公失其所安,这是我伤害了献公之心啊。

⑤　盖行乎:何不奔亡他国呢?

⑥　吾何行如之:我将逃奔到何处? 行,此谓奔亡。如,往。

⑦　狐突:晋国大夫,申生之傅,字伯行,故又称伯氏。

⑧　"申生有罪"三句:言在四年前,申生奉晋献公之命征伐东山(今山西省垣曲县一带)的山戎皋落氏,狐突曾在军中劝申生逃奔他国避骊姬之难,后来又劝申生不要因立功而招祸。申生没有听从狐突之言,终受骊姬之害,以至于死。

⑨　子少:指骊姬所生的二子——奚齐、卓子。

⑩　恭世子:此为申生死后,给予他的谥号。古代谥法,敬顺事上为恭。

这是我伤害他的心啊。"重耳又说:"既然如此,为何不逃亡他国呢?"太子又回答:"不能这样做。父君认为我想要谋害他,天下岂有无父之国? 我还要逃亡到何处呢?"

申生派人向狐突告别,说:"申生我有罪过,由于从前不考虑您伯氏的忠言,以至于今日落到死的地步。申生不敢吝惜一死。虽然如此,国君年纪已老,他的爱子奚齐、卓子又都幼小,国家内忧外患,多灾多难,您又不肯出来为我君谋划国事。如果您伯氏肯出来为我君谋划国事,也就是我受到了您的恩赐,死而无憾了。"申生拜了两拜,叩头行礼,然后自尽身亡。因此,将申生谥为"恭世子"。

曾子易箦　檀弓上

【解题】

曾子临死也要恪遵礼仪制度,不僭用大夫之席,一定要让儿子给他换掉,以求死得合乎礼法。

曾子寝疾,病①。乐正子春坐于床下②。曾元、曾申坐于足③。童子隅坐,而执烛④。童子曰:"华而睆! 大夫之箦与⑤?"子春曰:"止⑥!"曾子闻之,瞿然曰⑦:"呼⑧!"曰:"华而睆,大夫之箦与?"曾子曰:"然! 斯季

---

① 曾子:名参,孔子弟子。寝疾:卧病。病:病重。
② 乐(yuè)正子春:姓乐正,名子春,曾子弟子。
③ 曾元、曾申:都是曾参的儿子。足:此指脚边。
④ 执烛:拿着烛火。烛,火炬。
⑤ 华:指花纹美好。睆(huàn):光洁貌。箦(zé):用竹篾编织的细席。
⑥ 止:犹言"住口"。
⑦ 瞿(jù)然:张目惊视貌。
⑧ 呼(xū):通"吁"。因疲困而发出的嘘气声。

孙之赐也①。我未之能易也②。元！起③，易簧。"曾元曰："夫子之病革矣④。不可以变⑤。幸而至于旦，请敬易之⑥。"曾子曰："尔之爱我也，不如彼⑦。君子之爱人也⑧，以德；细人之爱人也，以姑息⑨。吾何求哉？吾得正而毙焉⑩，斯已矣。"

举扶而易之⑪。反席，未安而没⑫。

【译文】

曾子因病卧床不起，病情严重。他的弟子乐正子春坐在床下。他的儿子曾元、曾申坐在脚边。童子坐在墙角，手执烛火照明。童子说："这席子花纹华美而质地光洁，是大夫用的细竹席吧？"子春阻止他说："住口！"曾子听到了，惊异地睁大眼睛注视着，嘘了一口气："喔！"童子又说："这席子又漂亮又光滑，是大夫用的细竹席吧？"曾子说："对！这是季孙送的，我病了未能将它更换下来。元！扶我起来，换掉这席子。"曾元说："您老人家的病已很严重，不能再挪动，希望等到明晨，再换掉席子。"曾子指着童子对曾元说："你爱我不如

---

① 季孙：即季孙氏，鲁国大夫，世掌国政。
② 我未之能易：言因已病而未能更换席子。
③ 起：此言"将我扶起"。
④ 夫子：尊敬之称。革(jí)：危急。
⑤ 变：更换。
⑥ 旦：此指明晨。
⑦ 尔：此指曾元。彼：此指童子。
⑧ 君子：此指有德有才的人。
⑨ 姑息：犹苟安。
⑩ 得正：能合乎正礼。毙：死。
⑪ 举：抬起。
⑫ 反：通"返"。未安：尚未将身体放稳妥平正。没：通"殁"，死亡。

他。君子爱人是要成全别人的美德，小人爱人是苟且以求安逸。如今我还有什么要求呢？我能得以合于正礼而死，也就完了。"

于是，人们就把曾子抬起来，更换了席子。又将曾子放回床上，还未放妥，他就去世了。

有子之言似夫子　檀弓上

【解题】

孔门弟子有子、曾子、子游讨论孔子关于失去官职与丧葬制度的言论。经过讨论，才知道那是孔子针对具体的人和事而发的，不能代表孔子带有普遍意义的礼学观点。我们今天研讨孔子的思想，也应该采取有子的态度，从实际出发，不迷信，不盲从。

有子问于曾子曰①："问丧于夫子乎②？"曰："闻之矣，丧欲速贫，死欲速朽③。"有子曰："是非君子之言也。"曾子曰："参也，闻诸夫子也④。"有子又曰："是非君子之言也。"曾子曰："参也，与子游闻之⑤。"有子曰："然。然则夫子有为言之也⑥。"

曾子以斯言告于子游。子游曰："甚哉，有子之言似夫子也！昔者，夫子居于宋，见桓司马自为石椁⑦，三年而

---

① 有子：即有若，孔子弟子。曾子：即曾参，孔子弟子。
② 问（wèn）：读作"闻"。丧：指丧失了官位。
③ 丧欲速贫，死欲速朽：谓失位后要尽快贫穷，死后要尽快腐朽。
④ 闻诸夫子也：是从夫子那里听到的。
⑤ 子游：即言偃，字子游，孔子弟子。
⑥ 有为言之：即"有所为"，意为有目的、有所指。
⑦ 桓司马：即桓魋（tuí），宋国司马。椁（guǒ）：棺外之套棺。

不成。夫子曰：'若是其靡也①，死不如速朽之愈也①。'死之欲速朽，为桓司马言之也。南宫敬叔反，必载宝而朝②。夫子曰：'若是其货也③，丧不如速贫之愈也。'丧之欲速贫，为敬叔言之也。"

曾子以子游之言告于有子。有子曰："然！吾固曰非夫子之言也。"曾子曰："子何以知之？"有子曰："夫子制于中都，四寸之棺，五寸之椁④，以斯知不欲速朽也。昔者，夫子失鲁司寇，将之荆，盖先之以子夏，又申之以冉有⑤，以斯知不欲速贫也。"

【译文】

有子问曾子道："您从夫子那里听到过对丧失官位这一问题的看法吗？"曾子说："听说了，失了官位要尽快地过贫穷日子，死了要尽快地腐烂。"有子说："这不是君子该说的话。"曾子说："我是从夫子那里听到的。"有子又说："这不是君子该说的话。"曾子说："是我和子游一同听到的。"有子说："是这样，不过这一定是夫子有所指而说的。"

曾子将这些话告诉子游。子游说："太像了！有子的话太像夫子了！从前，夫子住在宋国，见到桓司马给自己做石

---

①　靡：铺张浪费。愈：较好。

②　南宫敬叔：鲁大夫名，即孟僖子之子仲孙阅。反：指失位离鲁之后又返国。载宝而朝：说明其欲以宝物行贿而求复位。

③　货：贿赂。

④　制于中都：孔子曾为中都宰，曾在中都地方订立制度。中都，鲁邑，在今山东省汶上县西。四寸、五寸：均指棺椁之板的厚度。

⑤　"夫子失鲁司寇"四句：此言孔子失去鲁国司寇之位，打算到楚国去应聘，用子夏先去表明这个意思，又用冉有去重申这个意思。申，重复，再。子夏，即卜商，孔子弟子。据《史记·孔子世家》记载，孔子至楚前，曾派善于辞令的弟子子贡前去联系。子夏当为子贡之误。冉有，即冉求，字子有，孔子弟子。

椁,三年还没做成。夫子说:'他如此浪费,死后不如早些腐烂的好。'这死后要尽快腐烂的话,是针对桓司马说的啊。南宫敬叔失了官位出国又回来时,必定带着许多珍宝到朝中去行贿,以求复位。夫子说:'他这样地行贿,丢了官不如早些贫穷倒好。'这丢官后要尽快贫穷的话,是针对敬叔说的啊。"

　　曾子又将子游的话告诉有子。有子说:"对呀! 我本来就说,这不是夫子的话。"曾子说:"您怎么知道的呢?"有子说:"夫子曾在中都订立制度,棺厚四寸,椁厚五寸,因此知道夫子并不主张人死后要赶快烂掉。从前,夫子失去鲁国司寇的官位,打算到楚国去,就让子夏去表明他的心意,后又让冉有去重申自己的意思。因此知道夫子并不主张失去官位后要尽快地过贫穷日子。"

公子重耳对秦客　檀弓下

【解题】

　　晋献公死后,秦穆公派使者向晋公子重耳吊唁,并以言语试探重耳是否有乘机求位之意。重耳与子犯商定,向秦国婉辞申明自己身居父丧,哀伤欲绝,不敢有他志。秦使具告穆公,深受穆公称赞。

　　晋献公之丧①,秦穆公使人吊公子重耳②,且曰:"寡人闻之:亡国恒于斯,得国恒于斯。虽吾子俨然在忧服

---

　　① 晋献公:名诡诸,晋国君主。丧:亡故。
　　② 秦穆公:名任好。曾助重耳归晋。吊:吊唁。公子重耳:晋献公之子。当时他因避骊姬之难而在狄国。

之中①，丧亦不可久也，时亦不可失也。孺子其图之②。"

以告舅犯③。舅犯曰："孺子其辞焉④。丧人无宝，仁亲以为宝⑤。父死之谓何？又因以为利⑥，而天下其孰能说之⑦？孺子其辞焉。"

公子重耳对客曰⑧："君惠吊亡臣重耳⑨，身丧父死，不得与于哭泣之哀，以为君忧⑩。父死之谓何？或敢有他志以辱君义⑪？"稽颡而不拜⑫。哭而起，起而不私⑬。

子显以致命于穆公⑭。穆公曰："仁夫，公子重耳⑮！夫稽颡而不拜，则未为后也，故不成拜⑯。哭而起，则爱父也⑰；起而不私，则远利也⑱。"

---

① 俨然：此指庄严貌。忧服：谓因父母死而居忧服丧。
② 丧：此指失位逃亡。孺子：此处称重耳。图：谋划。
③ 舅犯：即重耳的舅父狐偃，字子犯。当时他随重耳出亡。
④ 辞：辞谢。
⑤ 丧人：此谓失位流亡之人。仁亲：以仁爱之心对待亲人。
⑥ 因以为利：指趁此国丧之机袭位得国，以之为利。
⑦ 说：辩解。
⑧ 客：指秦国使者。
⑨ 吊：吊唁。亡臣：逃亡在外之臣。这是重耳的外交辞令。
⑩ 身丧父死：言自身逃亡异地，父又死去。与：参与。君：此称秦穆公。
⑪ 他志：暗指返国袭位之图谋。辱君义：谓有辱秦君惠吊之情义。
⑫ 稽颡(qǐ sǎng)：古代的一种跪拜礼，屈膝下跪，以额触地。拜：拜谢。按古丧礼，主人当先稽颡，以示对父母的哀悼，然后拜谢宾客。重耳不以君位继承人（即丧主）自居，所以只行稽颡之礼而不拜谢秦使。下文的"不成拜"也指此。
⑬ 私：此指与使者私下交谈。
⑭ 子显：晋公子絷，字子显，是穆公派来吊唁的使者。致命：覆命。
⑮ 仁夫公子重耳：此为秦穆公心折赞叹之语，意谓：公子重耳真是仁爱啊！
⑯ 未为后也：未能做献公的继承人。
⑰ 爱父：痛惜其父之死。
⑱ 远利：远避求位得国之利。

【译文】

晋献公死后,秦穆公派遣使者向公子重耳吊唁,并传达自己的话说:"寡人听说:失去国家常在这个时候,得到国家也常在这个时候。虽然你肃穆地处在忧戚服丧之时,但是流亡不可长久,谋取君位的时机也不可坐失。年轻人,请考虑一下吧!"

重耳将此事告诉舅氏子犯,子犯说:"年轻人,还是辞谢了吧!失位出亡的人没有什么宝物,只能把以仁爱之心对待亲人当作宝物。父亲去世是何等重大悲痛之事!若再趁此机会谋取私利,天下人谁能为你辩解?年轻人,你还是辞谢了吧!"

公子重耳答复来客说:"承蒙贵国国君慰问我这个流亡之臣。我流亡在外,父亲去世了,也不能临丧致哀,而使贵国国君为我担忧。父亲去世是何等重大的事情!我怎敢再有别的念头,玷辱国君对我的恩义呢?"于是行稽颡之礼而不拜谢宾客,又哭着站了起来,起身后也不再跟秦使私下交谈。

秦国使者向穆公回复使命,穆公说:"公子重耳真是仁爱啊!他跪拜叩头而不拜谢,是不以君位继承人自居!所以他不行拜礼;哭着站立起来,这是他深爱父亲的表现。站立起来之后,不再对宾客说私下交谈,这是他远离私利的表现。"

杜蒉扬觯 檀弓下

【解题】

晋国大夫知盈死后待葬,按礼制,国君在卿、大夫丧葬之时要表示悼念,但晋平公违礼宴饮,宰夫杜蒉进入寝宫,对陪晋平公饮酒的人罚酒,暗示此时宴饮不对,感悟了晋平公。本文利用此事来表彰维护礼制的人。

　　知悼子卒，未葬①。平公饮酒，师旷、李调侍②，鼓钟③。杜蒉自外来④，闻钟声曰："安在？"曰："在寝⑤。"杜蒉入寝，历阶而升⑥，酌，曰："旷，饮斯⑦！"又酌，曰："调，饮斯！"又酌，堂上北面坐饮之⑧。降，趋而出⑨。平公呼而进之曰："蒉！曩者尔心或开予⑩，是以不与尔言。尔饮旷何也？"曰："子卯不乐⑪。知悼子在堂⑫，斯其为子卯也大矣⑬！旷也，太师也，不以诏⑭，是以饮之也。""尔饮调何也？"曰："调也，君之亵臣也⑮。为一饮一食，亡君之疾⑯，是以饮之也。""尔饮，何也？"曰："蒉

① 知(zhì)悼子：即晋大夫知盈，又称荀盈。未葬：此指停灵待殡。
② 平公：晋平公，名彪。师旷：太师名旷，字子野。李调：晋平公之近臣。侍：侍饮，陪饮。
③ 鼓钟：敲钟。鼓，此指敲击。
④ 杜蒉(kuài)：平公之宰夫。
⑤ 寝：内寝，内宫。
⑥ 历阶：周代下见上登阶之礼的一种，是快速登上台阶的方式：左脚踏上一个台阶，右脚随即登上下一个台阶，双脚不在同一台阶上聚拢。
⑦ 酌：斟酒。斯：此，此酒。
⑧ 北面：面朝北。坐：此指跪坐。
⑨ 降：指下台阶。趋：快步走。
⑩ 曩者：先前，此指"刚才"。开：开导。
⑪ 子卯：古代称为"疾日(即忌日)"，因为夏桀死于乙卯日，商纣死于甲子日。不乐：不举乐。
⑫ 知悼子在堂：此谓知悼子死后殓而未葬，仍停枢于堂上。
⑬ 斯其为子卯也大矣：这比子卯日更重大啊。（更不该在此"疾日"举乐宴饮。）
⑭ 太师：古代的乐官之长。诏：告。
⑮ 亵臣：亲近宠爱之内臣。
⑯ 亡：通"忘"。疾：错误，过错。此处指违背礼制。

也,宰夫也①。非刀匕是共②,又敢与知防③,是以饮之
也。"平公曰:"寡人亦有过焉,酌而饮寡人!"杜蒉洗而扬
觯④。公谓侍者曰:"如我死,则必毋废斯爵也⑤。"

至于今,既毕献,斯扬觯,谓之杜举⑥。

【译文】

　　知悼子死了还未下葬,晋平公却喝起酒来,并由师旷、李
调陪侍左右,敲钟奏乐。杜蒉从外面走来,听见钟声,问道:
"国君在哪里?"有人回答:"就在寝宫里。"杜蒉进入寝宫,不
停脚地上台阶登上殿堂。他斟了酒,说:"师旷,喝了这一
杯!"又斟了酒,说:"调,喝了这一杯!"又在堂上斟了酒,自
己面向北跪坐着喝了一杯酒。然后下了台阶,快步走了出
去。平公呼喊他,让他进来,问他:"蒉! 刚才看你的意思或
许要开导我,所以我没跟你讲话。你叫旷喝酒,为的是什
么?"杜蒉说:"子日、卯日不举乐。现在,知悼子还停灵在堂,
尚未下葬。这比遇上子日、卯日更为严重啊! 旷,是太师,却
不将这道理告诉您,因此罚他喝酒。"平公又说:"你又叫调喝
酒,为的什么?"杜蒉回答:"调,是您的近臣,为了喝一点吃一
点就忘了您的过失,因此罚他喝酒。"平公又问:"你自己也喝
了一杯,又是为什么呢?"杜蒉说:"我是宰夫,不专管刀匕庖

---

①　宰夫:掌膳食庖厨之官。
②　共:通"供"。
③　与:参与、干预。知:主管。与知,犹言过问。防,这里指君王应
该防范的事情。按:"蒉也"以下五句,是说明:作为宰夫,不尽供饮食之
职,而过问防闲之事,是越权侵官。
④　洗而扬觯(zhì):将觯洗净,斟酒,又举起觯献给平公。觯,古代
饮酒之器,形似尊而小。
⑤　爵:此代指觯。爵,也是古代饮酒之器。
⑥　毕献:此指行燕礼时,主人向宾客敬酒完毕。斯:此处犹"则"
"乃"。扬:犹"举"。

厨之职,反而越职言事,因此罚自己喝酒。"平公说:"寡人也有过错啊,斟酒罚我喝吧!"杜蒉就洗净酒器,斟了酒,高举着献给平公。晋平公喝了酒,对侍者说:"如果我死了,也不准废弃这只酒爵啊!"

一直到如今,酒宴上最后敬酒时,高举起酒杯,就称为"杜举"。

晋献文子成室 檀弓下

【解题】

晋国大夫们祝贺文子建成富丽堂皇的新居。其中张老的颂词以及文子的答词被人们所称赞,本文记下来,作为颂祝词的范例。

晋献文子成室①,晋大夫发焉②。张老曰③:"美哉轮焉!美哉奂焉④!歌于斯,哭于斯,聚国族于斯⑤!"文子曰:"武也得歌于斯,哭于斯,聚国族于斯,是全要领以

---

① 献:庆贺。文子:即赵武,赵朔子,亦称赵孟,任中军元帅,执政。文子是其谥号。成室:新建成宫室。

② 发:指送礼祝贺。

③ 张老:晋大夫,老是其名,字孟,又称张孟,官至候正(侦察敌情的长官)。

④ 轮:指房屋高大。奂:指房屋众多。

⑤ 歌:指祭祀。古时祭祀要奏乐歌颂。哭:指举行丧礼。聚国族:宴聚国宾、会聚宗族。

从先大夫于九京也①。"北面再拜稽首②。

君子谓之善颂善祷③。

【译文】

晋国庆贺文子的新居落成,晋国的大夫们纷纷送礼祝贺。张老祝颂说:"真美啊! 宫室高大巍峨! 真美啊! 宫室众多而华丽! 在这里奏乐祭祀,在这里哭泣致哀,在这里宴请国宾,聚会宗族!"文子答谢他,并祝祷说:"我能在这里奏乐祭祀,能在这里哭泣致哀,能在这里宴请国宾聚会宗族,这就是保全我的身躯而尽享天年,得以追随先人于九原啊!"文子说完,面向北恭敬地拜了又拜,叩头行礼。

君子们都说他们一个善于称颂,一个善于祝祷。

① 全要领:保全腰、颈,不受腰斩、断颈之刑罚。要(yāo),通"腰"。领,颈项。先大夫:赵武称其父、祖。九京:九原,是晋国卿大夫的墓地。京,乃字之误,当为"原"。

② 北面:面朝北。再拜:一拜再拜。拜,是古代一种跪拜礼,两膝跪下,双手拱合,俯首至手而与心平。稽首:也是古代的一种跪拜礼,两膝跪下,叩头至地,是很恭敬隆重的一种礼节。

③ 颂:此指祝福、赞颂。祷:祝祷。

卷四

战 国 策

　　《战国策》是战国时代的国别史料汇编,同时也是一部古代散文名著。作者不详,原书卷帙混乱,名称繁复多样。西汉末,刘向重加整理,定名为《战国策》。书分东周、西周、秦、齐、楚、赵、魏、韩、燕、宋、卫、中山等策,共三十三篇。全书以策士的阴谋权术为中心,记载了春秋以后到楚汉以前二百四十多年间各国的政治、军事、外交方面的事件,所叙史实往往有夸张之处,但文笔奔放,善用寓言譬喻,语言生动,在描写人物上,比《左传》更为细致生动。

苏秦以连横说秦　秦一

【解题】

　　本文描写苏秦游说各国、谋取功名富贵的经过,深刻地揭示了苏秦的精神面貌,刻画了他投机取巧、热衷名利的心理,也反映了当时庸俗的世态人情。全文以苏秦的"简练以为揣摩"为行文的关键,前后加以对比,生动地塑造了苏秦的形象。语言爽利,善于铺排、夸饰。文中所述苏秦的政治活动,并不与史实完全相符,但当时策士的活动可于此略窥一斑。

苏秦始将连横说秦惠王①,曰:"大王之国,西有巴、蜀、汉中之利②,北有胡貉、代马之用③,南有巫山、黔中之限④,东有崤、函之固⑤。田肥美,民殷富,战车万乘,奋击百万⑥,沃野千里,蓄积饶多,地势形便,此所谓天府、天下之雄国也。以大王之贤,士民之众,车骑之用,兵法之教,可以并诸侯,吞天下,称帝而治。愿大王少留意,臣请奏其效。"

秦王曰:"寡人闻之:毛羽不丰满者不可以高飞,文章不成者不可以诛罚⑦,道德不厚者不可以使民,政教不顺者不可以烦大臣。今先生俨然不远千里而庭教之,愿以异日。"

苏秦曰:"臣固疑大王之不能用也。昔者神农伐补

---

①　苏秦(?—前284):字季子,战国时著名的纵横家。连横,东西为横,秦国居西,六国居东,秦与六国中的个别国家联合以打击别的国家,这种策略谓之连横。秦惠王:姓嬴,名驷,秦孝公子,前337—前311年在位。

②　巴蜀:古国名。巴,在今重庆市一带。蜀,在今四川省成都市一带。汉中,在今陕西省南部和湖北省西北部。时三地尚未属秦。

③　胡貉(hé):胡,此指北方匈奴所居之地。貉,兽名,形似狐,胡地所出,毛皮可为裘。代,在今山西、河北两省东北部,其地产良马。

④　巫山:在今重庆市巫山县东。黔中,在今湖南省西部和贵州省东北部,时两地尚未属秦。

⑤　崤(xiáo):山名,在今河南省洛宁县西北。函,函谷关,在今河南省灵宝市东北。

⑥　奋击:此指奋力作战的武士。

⑦　文章:此指法令。

遂①,黄帝伐涿鹿而禽蚩尤②,尧伐驩兜③,舜伐三苗④,禹伐共工⑤,汤伐有夏⑥,文王伐崇⑦,武王伐纣⑧,齐桓任战而霸天下⑨。由此观之,恶有不战者乎?古者使车毂击驰,言语相结,天下为一;约纵连横,兵革不藏;文士并饬⑩,诸侯乱惑;万端俱起,不可胜理。科条既备,民多伪态;书策稠浊,百姓不足;上下相愁,民无所聊;明言章理⑪,兵甲愈起;辩言伟服,战攻不息;繁称文辞,天下不治;舌敝耳聋,不见成功;行义约信,天下不亲。于是,乃废文任武,厚养死士,缀甲厉兵,效胜于战场。夫徒处而致利,安坐而广地,虽古五帝、三王、五霸⑫,明主贤君,常欲坐而致之,其势不能,故以战续之。宽则两军相攻,迫则杖戟相撞,然后可建大功。是故兵胜于外,义强于内;

----

① 神农:传说中的古帝名。补遂:古国名,一作辅遂。

② 涿鹿:山名,在今河北省涿鹿县东南。蚩尤,相传是黄帝时的诸侯。九黎部落的首领,黄帝与之战于涿鹿之野,擒而杀之。

③ 驩(huān)兜:相传为尧臣,时称为凶人,后被流放于崇山(即嵩山,崇,通"嵩")。

④ 三苗:部族名,或称有苗。

⑤ 共工:部族名,或谓尧时人。

⑥ 汤:名履,商代开国之君,传说夏桀无道,汤举兵灭之,建立商朝。

⑦ 文王:姬姓,名昌,殷末诸侯,称西伯(西方诸侯之长),西伯行德政,崇侯虎向纣告密,纣囚西伯。崇,商代诸侯,在今陕西省西安市鄠邑区东。

⑧ 武王:名发,文王之子。武王率诸侯灭殷,建立周朝。

⑨ 齐桓:齐桓公,名小白,春秋五霸之一,曾多次率师征伐诸侯。

⑩ 饬(shì):通"饰",巧饰。

⑪ 章:通"彰",明显。

⑫ 五帝:指黄帝、颛顼(zhuān xū)、帝喾(kù)、唐尧、虞舜。三王:指夏、商、周三代的开国之君禹、汤、文王和武王。五霸:指齐桓公、晋文公、宋襄公、秦穆公、楚庄王。

威立于上,民服于下。今欲并天下,凌万乘①,诎敌国②,制海内,子元元③,臣诸侯,非兵不可! 今之嗣主忽于至道,皆惛于教,乱于治;迷于言,惑于语;沉于辩,溺于辞。以此论之,王固不能行也。"

说秦王书十上而说不行。黑貂之裘敝,黄金百斤尽,资用乏绝,去秦而归。嬴縢履屩④,负书担囊,形容枯槁,面目黧黑,状有愧色。归至家,妻不下纴,嫂不为炊,父母不与言。苏秦喟然叹曰:"妻不以我为夫,嫂不以我为叔,父母不以我为子,是皆秦之罪也。"乃夜发书,陈箧数十⑤,得太公《阴符》之谋⑥,伏而诵之,简练以为揣摩⑦。读书欲睡,引锥自刺其股,血流至足⑧,曰:"安有说人主不能出其金玉锦绣,取卿相之尊者乎?"期年,揣摩成,曰:"此真可以说当世之君矣!"

于是乃摩燕乌集阙⑨,见说赵王于华屋之下,抵掌而谈⑩。赵王大说,封为武安君⑪。受相印,革车百乘,锦绣千纯⑫,白璧百双,黄金万镒以随其后⑬,约纵散横以抑强秦。故苏秦相于赵而关不通。

---

① 万乘:能出一万辆兵车的大国。
② 诎(qū):通"屈"。
③ 子元元:视百姓如子。元元,百姓。
④ 嬴(léi):缠绕。縢(téng):此指裹腿布。屩(juē):草鞋。
⑤ 箧:此指书箱。
⑥ 太公:姓姜,名尚,字子牙,其先人封在吕地,故又称吕尚。
⑦ 简练:选择。简、练,均同"柬"(拣),义同。揣摩,揣量,研究。
⑧ 足:据王念孙说当作"踵",脚后跟。
⑨ 燕乌集阙:宫阙名。
⑩ 抵(zhǐ)掌:犹击掌,表示兴奋。
⑪ 武安:赵邑名,在今河北省武安市西南。
⑫ 纯(tún):匹。
⑬ 镒:二十四两为一镒。

当此之时,天下之大,万民之众,王侯之威,谋臣之权,皆欲决于苏秦之策。不费斗粮,未烦一兵,未战一士,未绝一弦,未折一矢,诸侯相亲,贤于兄弟。夫贤人任而天下服,一人用而天下从。故曰:式于政①,不式于勇;式于廊庙之内②,不式于四境之外。当秦之隆,黄金万镒为用,转毂连骑,炫煌于道,山东之国③,从风而服,使赵大重。且夫苏秦特穷巷掘门、桑户棬枢之士耳④。伏轼撙衔⑤,横历天下,廷说诸侯之王,杜左右之口,天下莫之能伉。

将说楚王,路过洛阳。父母闻之,清宫除道,张乐设饮,郊迎三十里。妻侧目而视,侧耳而听;嫂蛇行匍伏,四拜自跪而谢,苏秦曰:"嫂!何前倨而后卑也?"嫂曰:"以季子位尊而多金。"苏秦曰:"嗟乎!贫穷则父母不子,富贵则亲戚畏惧。人生世上,势位富厚,盖可忽乎哉⑥!"

【译文】

　　起初,苏秦用连横的策略游说秦惠王,他说:"大王的国家,西面有巴、蜀、汉中的丰饶物产,北边有胡、代,出产貉裘、骏马,南面有巫山、黔中的险隘,东边有崤山、函谷关的险要地势。土地肥美,人民殷富,兵车万辆,勇士百万,沃野千里,

① 式:通"试",用。
② 庙堂:国君祭祀、议事的地方。
③ 山东:指华山以东的地区。
④ 掘(kū)门:在墙上凿洞为门。掘:通"窟",洞穴。桑户:以桑木为门扇。棬(quān)枢:以屈木为枢。
⑤ 轼:车厢前用作扶手的横木。撙(zǔn):勒住。
⑥ 盖(hé):通"盍",何。

财货充裕,地势优越,能攻宜守,这真是所谓天然的府库、天下的强国呀!凭着大王的贤能,习武的人众多,车马的熟练驾驭,兵法的教习,完全可以兼并天下,吞并诸侯,称帝而治。希望大王稍予留意,我愿陈说一下统一天下的成效。"

秦惠王说道:"我听说:羽毛不丰满的,不可以高飞;法令不完备的,不可以用刑罚;道德不高尚的,不可以役使百姓;政教不和顺的,不能烦劳大臣出征。今天,先生不远千里,郑重地登廷赐教,请让我改日再讨教吧。"

苏秦说:"我本来就料到大王不会采纳我的主张。从前,神农氏讨伐补遂,黄帝在涿鹿一战而擒杀蚩尤,唐尧讨伐骥兜,虞舜去伐三苗,夏禹攻打共工,商汤灭夏桀,周文王灭崇侯虎,周武王灭殷纣,齐桓公以武力称霸天下。由此看来,哪有不用武力的呢?从前,各国使者的车辆往来不绝,彼此订约结盟,谋求天下统一;倡连横,讲合纵,刀枪总是不能入库;文士们争相巧饰辞令,游说诸侯,诸侯们茫然不知所从;各种问题层出不穷,理不清、治不完。法令条例愈完备,老百姓诈伪愈多;文书政令愈纷繁,百姓愈穷困;君臣上下互相怨恨,百姓更是没什么依靠;策士们的大道理讲得愈显豁,战争愈不能止息;穿盛装,逞口才的辩士愈多,攻战愈不能停止;文士们言辞愈繁丽,天下愈不太平;言者磨破了舌头,听者震聋了耳朵,却不见成就功业;讲仁义,订盟约,天下愈不能和睦相亲。在这样的形势下,只得废弃文治,采用武力,以优厚的待遇收养敢死之士,缝制战衣,磨快兵器,在战场上取得胜利。照此看来,想无所事事而获利,安坐朝中而拓疆土,即使从前的五帝、三王、五霸以及贤明的君主,想要实现这样的愿望也是不可能的,他们也不得不诉诸武力。在宽阔的战场上两军互相攻打,逼近时就短兵相接,这样才能建树大的功业。所以说,对外要靠战争取胜,对内要靠施行仁义加强统治;国君的威望树立了,下面的百姓自然就会顺从。当今,如果想要吞并天下,压倒大国,战胜敌国,统一海内,安抚百姓,臣服诸侯,非用武力不可!可惜当今的国君忽视了这一重要的道理,他们不明教化,暗于治道,为花言巧语所迷惑,沉溺在巧辩的言辞之中。由此看来,我知道大王是一定不能采纳我的主张的。"

苏秦劝说秦王的书信呈递了多次,秦王始终没有采纳他的主张。苏秦在秦国待了好久,黑貂皮袄穿破了,带的一百斤黄金也用完了。费用花光了,他只好离开秦国回家去。一路上,苏秦打着裹腿,穿着草鞋,背着书籍,挑着行囊,面容憔悴,脸色苍黑,露出一副惭愧的神情。苏秦回到家里,妻子不下织机,嫂子也不给他做饭吃,父母也不理睬他。苏秦长叹一声说:"妻子不把我看作丈夫,嫂子不把我看作小叔子,父母不把我看作儿子,这全是我苏秦的过错呀!"于是苏秦连夜拿出所有的藏书,打开了几十只书箱,找出姜太公著的兵书《阴符》。他每天伏案诵读,并选取书中精要处反复钻研,揣摩天下形势。读累了,要打瞌睡时,就赶紧拿过锥子刺自己的大腿,鲜血一直流到脚后跟上,并且激励自己说:"哪有游说列国的国君而不能让他们拿出金玉锦绣、取得卿相高位的呢?"过了一年,苏秦研摩成功了,他说:"这次我定能说服当代国君了!"

于是,苏秦就途经燕乌集阙来到赵国,他在华丽的宫殿里游说赵王。苏秦滔滔不绝,抵掌而谈。赵王听得很高兴,就封他为武安君,并授以相印。苏秦带着兵车百辆、锦绣千匹、白璧百对、黄金万镒到各国去游说,订约合纵,拆散了横约,以便共同对付强大的秦国。因此,苏秦在赵国做宰相时,六国同秦国断绝了往来。

当时,尽管天下这样广大,百姓这样众多,王侯的权势这样大,谋臣的权术这样高明,可是什么事都得由苏秦做主。没有耗费一斗粮食,没有劳烦一个兵士,没有拉断一根弓弦,没有折过一支箭,就使六国的国君互相亲爱,胜过亲兄弟。这真是贤人在位,天下的人自然会归顺;一人被任用,天下的人都能服从。所以说:能用政治解决的问题,就不必使用武力;能在朝廷解决的问题,就不用到国外去解决。当苏秦尊显得志的时候,万镒黄金随他用,随从的车马络绎于途,威风凛凛。华山以东的国家闻风而服,使赵国的地位大为提高。其实,苏秦原来不过是个住在偏僻小巷的贫寒的士人,他家穷得在墙上挖个洞当门,用桑木做门扇,用弯曲的木棍做门轴。可是如今他却能扬鞭跃马,走遍天下,游说各国君主,竟然能封住了国君左右的人的嘴巴,天下简直没有人能同他抗衡。

有一次苏秦要去游说楚王,路过家乡洛阳。他的父母听到了这个消息,就赶忙收拾房屋,清扫道路,奏起音乐,备办酒席,全家到郊外三十里的地方恭候。妻子见了不敢抬头看他,只是侧目而视,倾耳而听;嫂子匍匐于地,像一条蛇似的爬到苏秦跟前,拜了四拜,跪在地上表示认错。苏秦问她道:"嫂子,你为什么先前那样倨傲而今天又这样低声下气呢?"他嫂子回答说:"因为您现在地位高了,金钱多了哇!"苏秦感慨地说:"唉!当一个人贫穷不得志的时候,连父母也不认自己的儿子;一旦富贵了,连亲人都怕他。人生在世,对于权位和富贵,怎么能忽视呢!"

司马错论伐蜀 秦一

【解题】

秦惠王即位后,图谋对外扩张,建立"王业"。本文记载了司马错同张仪在如何建成"王业"这一战略问题上的一场争论。当时巴、蜀相攻,俱求救于秦,而韩国又从东面向秦进攻。张仪主张"攻韩劫天子""争天下之市朝";司马错则认为这样做徒得"恶名"而得不到实利,主张伐蜀,以便"广国""富民"。从当时的形势来分析,六国的力量还相当强大,秦如进攻中原,势必促成六国合力反秦,其后果是严重的,这是一种冒险的战略;而司马错的主张则是从充实国力的角度出发的,这是一种积极稳妥的战略。双方的论辩针锋相对,语言遒劲、爽利。

　　司马错与张仪争论于秦惠王前①。司马错欲伐蜀②,张仪曰:"不如伐韩③。"王曰:"请闻其说。"对曰:"亲魏善楚,下兵三川④,塞镮辕⑤、缑氏之口⑥,当屯留之道⑦,

---

　　① 司马错:秦将,劝秦惠王伐蜀,灭蜀后任蜀郡守。张仪(？—前309):魏国人,战国时著名的纵横家,曾任惠王相,以连横之策说六国,使背纵约而事秦,号曰武信君,后卒于魏。秦惠王:即秦惠文王,孝公之子,名驷,初号惠文君,后改称王(秦君称王自此始),前337—前311年在位。
　　② 蜀:古国名,在今四川省成都市一带。
　　③ 韩:战国"七雄"之一,在今河南省中部和山西省东南部,介于魏、秦、楚三国间,是军事上的必争之地。
　　④ "亲魏善楚"以下九句:这几句中上言"亲魏善楚",下言"侵楚、魏之地",文意相反,定有讹误。疑"侵楚、魏之地"一句是在流传过程中误抄入的。三川:指伊水、洛水、黄河交汇地带。
　　⑤ 镮(huán)辕:山名,在河南省洛阳市偃师区东南,形势险要,为控守要地。
　　⑥ 缑(gōu)氏:韩地,在今河南省洛阳市偃师区东南,地当伊洛平原东部嵩山山口,为军事要地。
　　⑦ 当屯留之道:指切断通往屯留的道路。当,把守,此指切断。屯留,在今山西省长治市屯留区南古城村附近。

魏绝南阳①,楚临南郑②,秦攻新城、宜阳③,以临二周之郊④,诛周主之罪,侵楚、魏之地。周自知不救,九鼎宝器必出⑤。据九鼎,案图籍,挟天子以令天下,天下莫敢不听,此王业也。今夫蜀,西僻之国而戎狄之长也⑥,敝兵劳众不足以成名⑦,得其地不足以为利。臣闻:'争名者于朝,争利者于市。'今三川、周室⑧,天下之市朝也,而王不争焉,顾争于戎狄,去王业远矣。"

　　司马错曰:"不然。臣闻之,欲富国者务广其地,欲强兵者务富其民,欲王者务博其德。三资者备,而王随之矣。今王之地小民贫,故臣愿从事于易。夫蜀,西僻之国也,而戎狄之长也,而有桀、纣之乱⑨。以秦攻之,譬如使豺狼逐群羊也。取其地足以广国也,得其财足以富民缮兵⑩,不伤众而彼已服矣。故拔一国,而天下不以为

---

　　①　南阳:相当于今河南省济源市至获嘉县一带。

　　②　南郑:韩之都城,在今河南省新郑市。

　　③　新城、宜阳:韩之大邑。新城,在今河南省伊川县西南。宜阳,在今河南省宜阳县古城镇。

　　④　二周:东周王朝在战国时代因韩、赵干涉分为东、西周两个小国。西周建都河南(即王城,在今河南省洛阳市西),东周建都于巩(今河南省巩义市)。当时的周天子(慎靓王)只是徒具虚名。

　　⑤　九鼎:九座大鼎,古代的传国之宝,相传为夏禹所铸,成汤迁九鼎于商邑,周武王迁之于洛邑。"九鼎"是王权的象征。

　　⑥　戎狄:泛指巴、蜀一带的少数民族。

　　⑦　兵:《观止》从鲍本作"名"。《战国策札记》黄丕烈案:《史记》《新序》皆作"兵"。今据此校改。

　　⑧　周室:周王朝。

　　⑨　桀纣之乱:以此比喻蜀国同苴(jū)国、巴国间的战争。据《华阳国志·蜀志》载,蜀王封其弟于苴(在今四川省广元市一带),号葭侯,与巴王友好,而巴与蜀长期有仇,于是蜀王伐苴,苴侯出奔巴国。巴蜀相攻,俱求救于秦。

　　⑩　缮兵:使军队强大。缮,通"劲",强而有力。此处"缮兵"与上文"弊兵"相对。

暴;利尽西海①,诸侯不以为贪。是我一举而名实两附,而又有禁暴止乱之名。今攻韩劫天子,劫天子,恶名也,而未必利也,又有不义之名,而攻天下之所不欲,危!臣请谒其故:周,天下之宗室也;齐,韩之与国也②。周自知失九鼎,韩自知亡三川,则必将二国并力合谋,以因乎齐、赵,而求解乎楚、魏。以鼎与楚,以地与魏,王不能禁。此臣所谓'危',不如伐蜀之完也。"惠王曰:"善!寡人听子。"

卒起兵伐蜀,十月取之③,遂定蜀。蜀主更号为侯④,而使陈庄相蜀。蜀既属,秦益强富厚,轻诸侯。

【译文】

司马错同张仪在秦惠王面前争论。司马错主张攻打蜀国,张仪说:"不如去攻打韩国。"秦惠王说:"请让我听听你们各自的主张。"张仪回答说:"我们先亲近魏国和楚国,再出兵韩国的三川地区,堵住辕辕和缑氏的险隘关口,截断通往陈留的道路,让魏国封锁南阳,让楚军逼近韩都南郑,而秦军则进攻新城、宜阳,兵临二周的郊外,去声讨二周君主的罪恶,然后再逐步侵占楚国、魏国的土地。周天子自知危急不

---

① 西海:此指蜀川。《观止》从《战国策》鲍本作"四海"。《史记》作"西海","四"字误。

② 齐,韩之与国也:《观止》从吴师道说作"韩,周之与国也"。《战国策札记》黄丕烈案:吴说非也。《史记》作"齐,韩之与国也"。《新序》同。据文意,或以"齐、韩,周之与国也"为是。

③ 十月:秦惠文王二十二年(前316)十月,张仪、司马错、都尉墨等人率兵从金牛道伐蜀,蜀王为秦军所杀,蜀亡。秦军随即东进,占领巴国,巴王被俘。

④ 蜀主更号为侯:《秦本纪》《六国年表》《华阳国志》均言秦惠文王封蜀王之子公子通(一作"繇通",或作"通国")为蜀侯,未言更号之事,当是因封公子通之事致误。

可挽救,一定会献出九鼎宝器。我们据有了九鼎,再掌握那里的地图和户籍,就可以挟制周天子,以他的名义号令天下,各诸侯国自然没有一个敢不服从的,这可是统一天下的事业啊。而那蜀国,是西部的僻远之地的小国,又是戎人、狄人的首领。出兵攻蜀,白白地劳累士兵,劳苦民众,不足以成就什么功名,得了蜀国的地盘也不会有多大好处。我听说:'要争名的须在朝中,要争利的当在市上。'当今三川、周王室才是天下的集市和朝廷呢,大王您却不去争夺,反而要同那戎狄争夺,这就和建立王业相去太远了。"

司马错说:"不对。我听说过这样的话:要想国家富强,定要开拓疆土;要想兵力强盛,定要使百姓富足;要想建立王业,定要使恩德深厚。这三项条件齐备了,王业自然就随之而成了。现在,大王的国土既狭小,百姓又贫穷,所以我希望先做简单易行的事。那蜀国,是西部的偏僻小国,又是戎狄的首领,并且还有像夏桀王、殷纣王统治时发生的那样的祸乱,凭着我们秦国去攻打它,那真像驱使豺狼追逐羊群一样啊!占领了蜀国的土地,就能以扩展我国的疆土;得到蜀国的财富,就能富民强兵;不用伤害百姓,那蜀国却已顺服了。这样,我们攻下一个国家,天下的人也并不认为我残暴;取尽蜀国的财富,各国诸侯也并不认为我贪婪。这就是说,我们用兵一次,却能名利双收,还博得了止暴、平乱的好名声。现在如果去攻打韩国,胁迫天子,胁迫天子是个很坏的名声啊,而且未必得到什么好处,倒落了个不义的名声。要知道,去攻打天下的人所不愿攻打的国家,是很危险的!请允许我陈明那危险的理由:周天子现在还是天下的宗室,而齐国又是韩国的友邦。周王室自知要失去九鼎宝器,韩国自知要失掉三川,那么,二国一定会同心协力,通过齐国、赵国谋求与楚、魏和解,把九鼎送给楚国,把三川送给魏国,大王您是无法阻止的。这就是我所说的'危险',不如伐蜀稳妥。"秦惠王说:"讲得好!我听您的。"

秦国终于出兵攻打蜀国,在当年十月攻取了蜀国,于是平定了蜀地。蜀王改名号为侯,秦国又派陈庄去做蜀相。蜀国归属秦国后,秦国就更加强盛起来,简直不把各国诸侯放在眼里。

范雎说秦王　秦三

【解题】

本文写范雎初见秦王时的说辞。当时,秦昭王在位已有三十六年,秦国的国力十分强盛,但是大权一直操纵在宣太后和穰侯手里。范雎以一个客卿的身份,想要说服秦昭王,废太后,逐穰侯,把权夺到自己的手里,一言不当,即遭杀身之祸。因此,范雎想进言而又故作难色,他一则言交疏言深,再则言尽忠于秦,不避死亡,以取得昭王的信任,然后才点出太后、奸臣把持朝政的问题,并指出其危险性,迫使秦王明确表态,为以后进一步献策创造了条件。语意委婉、生动而精辟。

范雎至秦①,王庭迎范雎②,敬执宾主之礼,范雎辞

① 范雎(jū):魏国人,因事为人所诬,遭毒打,遂逃至秦,游说秦昭王,建议罢免外戚,用远交近攻的策略蚕食六国。后任秦相,封于应(今河南省宝丰县西南),号应侯。

② 王:秦昭王,武王之异母弟,名稷,前306—前251年在位。秦武王死后无嗣,诸弟争立,时昭王年幼,在燕做人质,赖其母芈(mǐ)八子和她的异父弟魏冉之力取得王位。昭王继位后,宣太后(芈八子)听政,封其同父弟芈戎为华阳君,用魏冉为相,封穰侯。从此宣太后、穰侯、华阳君揽权干政。

让。是日见范雎，见者无不变色易容者。秦王屏左右，宫中虚无人。秦王跪而进曰："先生何以幸教寡人？"范雎曰："唯唯。"有间，秦王复请，范雎曰："唯唯。"若是者三。

秦王跽曰①："先生不幸教寡人乎？"

范雎谢曰："非敢然也。臣闻昔者吕尚之遇文王也②，身为渔父而钓于渭阳之滨耳③。若是者，交疏也。已一说而立为太师，载与俱归者，其言深也。故文王果收功于吕尚，卒擅天下而身立为帝王。即使文王疏吕望而弗与深言，是周无天子之德，而文、武无与成其王也。今臣羁旅之臣也，交疏于王，而所愿陈者，皆匡君臣之事，处人骨肉之间，愿以陈臣之陋忠，而未知王心也。所以王三问而不对者是也。臣非有所畏而不敢言也，知今日言之于前，而明日伏诛于后，然臣弗敢畏也。大王信行臣之言，死不足以为臣患，亡不足以为臣忧，漆身而为厉④，被发而为狂，不足以为臣耻。五帝之圣而死⑤，三王之仁而死⑥，五霸之贤而死⑦，乌获之力而死⑧，奔、育

---

① 跽(jì)：双膝着地，上身挺直。

② 吕尚：相传他姓姜，名尚，字子牙，其先人封在吕地，故称吕尚。文王遇之，立其为太师(军队统帅)，武王尊他为尚父。后佐武王灭纣。文王，姬姓，名昌，商末周初周族领袖，西周王朝的奠基者。其子武王姬发，灭商建周王朝，追谥姬昌为文王。

③ 渭阳：渭水之北，相传今陕西省宝鸡市东南磻(pán)溪为吕尚垂钓处。

④ 厉(lài)：生癞疮，癞疮。

⑤ 五帝：一般指黄帝、颛顼、帝喾、唐尧、虞舜。

⑥ 三王：指夏、商、周三代之君。

⑦ 五霸：指齐桓公、晋文公、宋襄公、秦穆公、楚庄王。

⑧ 乌获：秦武王时勇士，能扛鼎。

之勇而死①。死者，人之所必不免也。处必然之势，可以少有补于秦，此臣之所大愿也，臣何患乎？伍子胥橐载而出昭关②，夜行而昼伏，至于菱夫③，无以糊其口，膝行蒲伏，乞食于吴市④，卒兴吴国，阖闾为霸⑤。使臣得进谋如伍子胥，加之以幽囚，终身不复见，是臣说之行也，臣何忧乎？箕子、接舆⑥，漆身而为厉，被发而为狂，无益于殷、楚。使臣得同行于箕子、接舆，可以补所贤之主，是臣之大荣也，臣又何耻乎？臣之所恐者，独恐臣死之后，天下见臣尽忠而身蹶也，因以杜口裹足，莫肯即秦耳。足下上畏太后之严，下惑奸臣之态；居深宫之中，不离保傅之手；终身暗惑，无与照奸。大者宗庙灭覆，小者身以孤危。此臣之所恐耳！若夫穷辱之事，死亡之患，臣弗敢畏也。臣死而秦治，贤于生也。"

秦王跪曰："先生是何言也！夫秦国僻远，寡人愚不肖，先生乃幸至此，此天以寡人恩先生⑦，而存先王之庙也。寡人得受命于先生，此天所以幸先王而不弃其孤

① 奔、育：孟奔、夏育。孟奔，秦武王时力士，相传他水行不避蛟龙，陆行不避虎兕。奔，亦作贲。夏育，亦古之力士。

② 伍子胥：楚人，名员，其父伍奢、兄伍尚为楚平王所杀，子胥出奔吴，为吴王谋主，依靠他的谋划，吴国打败楚国，征服越国，威胁齐、晋，成为霸主。昭关：关名，在今安徽省含山县西北小岘山，是楚国在东部边境设的关塞。

③ 菱夫：《史记》作"陵水"，即今江苏省溧阳市西北之溧水。菱，通"陵"，"夫"为"水"字之误。

④ 吴市：地名，在今溧阳市。

⑤ 阖闾：即公子光，吴王僚之堂兄弟，弑吴王僚自立，前514—前496年在位。

⑥ 箕子：商纣王的诸父，名胥余，封于箕（今山西省晋中市太谷区东北）。纣王无道，谏不听，箕子佯狂为奴。接舆：楚人，姓陆，名通，字接舆，佯狂避世，史称楚狂。

⑦ 恩(hùn)：打扰。

也。先生奈何而言若此！事无大小，上及太后，下至大臣，愿先生悉以教寡人，无疑寡人也。"范雎再拜，秦王亦再拜。

【译文】

范雎到了秦国，秦昭王在宫廷迎接他，并恭敬地行了宾主相见之礼，范雎也就辞让了一番。这一天，秦王接见范雎，看到当时那场面的人都很惊异，连脸色也变了。秦王屏退左右的人，宫中没有外人了，秦昭王跪着凑近范雎说："先生有什么见教？"范雎只说："嗯嗯。"停了一会儿，秦昭王又问，范雎仍然只说："嗯嗯。"如此反复再三。

于是秦王又挺直上身跪着说道："先生终究不肯赐教吗？"

范雎向秦王道歉说："我是不敢这样做的。我听说当初吕尚遇到周文王时，他不过是个垂钓于渭水之滨的渔翁。像这种情况，他同周文王的关系是生疏的。随后，一经交谈，文王就任命他为太师，与他一同乘车回去，这是因为他们谈得很深入呀。因此，周文王果然凭借吕尚而收到成效，终于据有天下，做了帝王。当初，如果文王疏远吕尚，而不同他深谈，那就是周家没有做天子的德量，也就不会有人帮助文王、武王成就帝业。现在，我是个旅居他乡的人，同大王的关系疏远，而我要面陈的是有关匡正君臣关系的大事，处在人家的骨肉之间，虽然我愿借此机会陈述愚见，可又不了解大王的心思。正因为如此，大王再三发问，我都没回答。其实，我这样做也并不是有所畏惧而不敢说。我明知今天讲了，明天就有杀身之祸，可是我也没什么可怕的。大王果真能按照我的主张办，我范雎死了也算不得什么祸患，流亡也算不得什么忧愁，全身涂漆变成个癞子，披头散发变成疯子，也算不得什么耻辱。五帝那样的圣人也得死,三王那样的仁人也得死,五霸那样的贤人也得死,乌获那样的力士也得死,孟奔、夏育那样的勇士也得死。不论是谁,死是必不可免的。如在必有一死的情势下,能够对秦稍有补益,这就是我的最大心愿,哪还有什么顾虑可言呢?伍子胥藏在袋子里混出了昭关,白天躲起来,夜里赶路,一直逃到陵水,连糊口的东西都没有,只得跪着行、爬着走,乞食于吴市,而后来他终于振兴了吴国,使吴王阖闾称霸诸侯。假使我能像伍子胥那样进献计策而取得成效,就算是把我拘禁起来,终身不能再见到您,只要我的主张得以施行,我还有什么值得忧愁的呢?箕子、接舆以漆涂身变成癞子,披头散发变成狂人,可是他们的举动对于殷朝、楚国并没有什么好处。倘若我同箕子、接舆的行为一样,却能对我所信赖的君主的事业有所补益,这就是我最大的光荣,我还有什么耻辱可言呢?目前,我所担心的只是天下之士见我为尽忠而招致杀身之祸,因而闭口不言、停步不前,都不肯到秦国来罢了。君王啊,您对上惧怕太后的威严,对下受奸臣的迷惑;整天住在深宫之中,摆脱不了权臣的约束;终身懵懵懂懂,没有人协助您洞察奸邪之人。照此下去,大则足以亡国,小则使自己陷入孤立危险的境地。这才是我最担心的哩!至于我个人的困窘、屈辱、死亡或出逃,到不敢有所畏惧。我死了而能使秦国大治,那比我活着还要好得多呢。"

秦王挺直上身跪着,说道:"先生这是说的哪儿的话呢!我国居僻远之地,而我又愚笨无能,先生竟光临敝国,我感到十分荣幸。这真是老天爷有意让我打扰先生,好保住祖先的宗庙啊。我能有机会承蒙先生的指教,这正是老天爷同情先王而不愿舍弃我的缘故啊。先生怎么能说这样的话呢!事情不论大小,上到太后,下至大臣,请先生只管毫无保留地指教,可别再怀疑我了!"说到这里,范雎就向秦王行了再拜之礼,秦王也回了再拜之礼。

邹忌讽齐王纳谏　齐一

【解题】

本文记叙了邹忌以自己的切身体验来启发齐王纳谏除弊的事,说明了纳谏可以兴国的道理。这个故事生动易晓,采用的是生活中常见的事例,说服力很强。但这未必是史实,可能是战国时流传的名人逸事之类的佳话。本文文笔流畅而富有变化,很有风趣。

邹忌修八尺有余①,而形貌昳丽②。朝服衣冠,窥镜,谓其妻曰:"我孰与城北徐公美?"其妻曰:"君美甚,徐公何能及君也!"城北徐公,齐国之美丽者也。忌不自信,而复问其妾曰:"吾孰与徐公美?"妾曰:"徐公何能及君也!"旦日,客从外来,与坐谈,问之客曰:"吾与徐公孰美?"客曰:"徐公不若君之美也。"明日③,徐公来,熟视之,自以为不如;窥镜而自视,又弗如远甚。暮寝而思之,曰:"吾妻之美我者,私我也;妾之美我者,畏我也;客之美我者,欲有求于我也。"

---

①　邹忌:齐人,以讽喻善谏见称。齐威王时任相国,后封于下邳(今江苏省睢宁县古邳镇),称成侯。八尺:战国时一尺约合今二十三厘米。

②　昳(yì)丽:光艳漂亮。

③　此处的"明日",按其上下文对时间的称谓,依次是朝(服衣冠)、旦日(客从外来)、明日(徐公来)、暮(寝而思之),可见是一天发生的事情,故此"明日"译为"中午左右"。

　　于是入朝见威王曰①："臣诚知不如徐公美。臣之妻私臣,臣之妾畏臣,臣之客欲有求于臣,皆以美于徐公。今齐地方千里,百二十城。宫妇左右莫不私王,朝廷之臣莫不畏王,四境之内莫不有求于王:由此观之,王之蔽甚矣!"

　　王曰:"善。"乃下令:"群臣吏民,能面刺寡人之过者,受上赏;上书谏寡人者,受中赏;能谤议于市朝②,闻于寡人之耳者,受下赏。"令初下,群臣进谏,门庭若市;数月之后,时时而间进③;期年之后,虽欲言,无可进者。

　　燕、赵、韩、魏闻之,皆朝于齐。此所谓战胜于朝廷。

【译文】

　　邹忌身高八尺多,仪容很漂亮。一天早晨,他穿好衣服戴好帽子,照了照镜子,跟妻子说:"我与城北徐公相比,谁漂亮?"他的妻子说:"你漂亮得很,徐公哪能比得上你呢!"城北徐公,是齐国出名的美男子。邹忌不相信自己比徐公美,又问他的妾:"我与徐公相比,谁漂亮?"妾说:"徐公哪能比得上您呀!"上午,有客人从外边来,邹忌跟他坐着闲聊,问客人道:"我和徐公谁漂亮?"客人说:"徐公不及您漂亮。"中午左右,徐公来了,邹忌仔细端详他,自己觉得不及徐公漂亮;又对着镜子审视了一番,更觉得赶不上,相差太远了。晚上,邹忌躺在床上,就琢磨这件事:"我的妻子说我漂亮,是因为她偏爱我;妾说我漂亮,是因为害怕我;客人说我漂亮,是因为对我有所求啊。"

---

　　①　威王:齐威王,姓田,名婴齐,田桓公之子,前356—前320年在位。

　　②　谤:公开指责别人的过错。市朝:泛指公共场所。

　　③　间(jiàn):间或,偶尔。

于是邹忌上朝晋见齐威王,说:"我明知自己不及徐公漂亮。我的妻子偏爱我,妾害怕我,客人想对我有所求,他们都说我比徐公漂亮。如今齐国有千里见方的疆土,一百多座城。您宫里的嫔妃、近臣,没有不偏爱您的,朝中的大臣没有不害怕您的,全国的人没有不对您有所求的:由此看来,大王受蒙蔽一定很深啦!"

齐威王说:"对。"于是下了一道命令:"官吏与庶民,凡是能够当面指责我的错误的,就可得头等奖赏;上奏章劝谏我的,就可得二等奖赏;能够在公共场所议论我的过错,只要传到我耳朵里的,就可得下等奖赏。"命令刚一下达时,群臣都来进谏,门前、院内像集市一样;几个月以后,还不时地有人来劝谏;一年以后,就是想劝谏,也没有什么可劝谏的了。

燕、赵、韩、魏等国的国君听到威王这样纳谏,就都到齐国来朝见进贡。这就是所谓在朝廷上修明内政而战胜了敌国。

颜斶说齐王 齐四

【解题】

在战国时代,士是最活跃的一个社会阶层。本文写高士颜斶同齐宣王的对话。颜斶说"王前",并公然说"士贵,王者不贵",表现了他蔑视王侯的精神,反映了当时士的地位的提高。文章前半段写颜斶的自尊,后半段写他的淡泊,起笔突兀,收得超脱,中间写颜斶的语言尖锐痛快,表达了"无欲则刚"的主旨。

　　齐宣王见颜斶①,曰:"斶前!"斶亦曰:"王前!"宣王不说。左右曰:"王,人君也;斶,人臣也。王曰'斶前',斶亦曰'王前',可乎?"斶对曰:"夫斶前为慕势,王前为趋士;与使斶为慕势,不如使王为趋士。"王忿然作色曰:"王者贵乎?士贵乎?"对曰:"士贵耳,王者不贵!"王曰:"有说乎?"斶曰:"有。昔者秦攻齐,令曰:'有敢去柳下季垄五十步而樵采者②,死不赦!'令曰:'有能得齐王头者,封万户侯③,赐金千镒④。'由是观之,生王之头,曾不若死士之垄也。"

　　宣王曰:"嗟乎! 君子焉可侮哉! 寡人自取病耳。愿请受为弟子。且颜先生与寡人游,食必太牢⑤,出必乘车,妻子衣服丽都。"颜斶辞去曰:"夫玉生于山,制则破焉,非弗宝贵矣,然太璞不完⑥。士生乎鄙野,推选则禄焉,非不尊遂也,然而形神不全。斶愿得归,晚食以当肉,安步以当车,无罪以当贵,清净贞正以自虞⑦。"则再拜而辞去。

　　君子曰:"斶知足矣,归真反璞⑧,则终身不辱。"

―――――――――――

　　①　齐宣王:姓田,名辟疆,前319—前301年在位。颜斶(chù):齐之隐士。
　　②　柳下季:春秋时鲁国大夫,时称贤人,姓展,名禽,字季,食邑于柳下,谥惠。
　　③　万户侯:食邑万户的侯爵。
　　④　镒:二十四两为一镒,一说二十两为一镒。
　　⑤　太牢:祭品用牛、羊、豕三牲齐备,为太牢。
　　⑥　太璞:蕴藏着玉的石块。
　　⑦　虞:通"娱"。
　　⑧　君子曰:一本无此三字。"君子曰"以下三句为作者对颜斶的评语。反:通"返"。

【译文】

　　齐宣王接见颜斶,就说道:"颜斶,走过来!"颜斶也说道:"大王,走过来!"齐宣王听了很不高兴。齐宣王左右的人说:"大王是做国君的,你是做臣子的。大王说'颜斶走过来',你也说'大王走过来',能这样说吗?"颜斶回答说:"按理说,我主动向前是贪慕权势,王主动向前是礼贤下士。与其让我落个贪慕权势的恶名,倒不如让大王得个礼贤下士的美誉。"齐宣王气得变了脸色,愤愤地说:"王尊贵呢,还是士尊贵呢?"颜斶回答说:"自然是士尊贵,王不尊贵。"齐宣王问道:"有这种道理吗?"颜斶说:"有。从前秦国攻打齐国,下了一道命令说:'如果有人敢在离柳下惠的坟墓五十步以内的地方砍柴,就要处以死刑,不予赦免!'又下了一道令说:'如果有人得着齐王的头颅,就封他万户侯,赏金一千镒。'由此看来,一个活王的头,连一个死士的坟墓都不如呢。"

　　宣王听了这话,叹了一口气说:"对君子怎么可以侮辱呢? 我自讨没趣罢了。我情愿请你收我做弟子。颜先生如果能跟我交往,食必有肉,外出必定乘车,妻子和孩子都能穿上华丽的衣服。"颜斶听了,便告辞说:"美玉生在山上,一经雕琢,这璞玉就损伤了,并不是不宝贵,可是已经失掉了璞玉的本色。士生在穷乡僻壤,一经受到举荐,就能受禄为官,并不是不尊贵显达,可是身心受到伤害了。我情愿回到家乡,晚一点吃饭,权当吃肉;安闲步行,权当乘车;不犯王法,权当富贵;以清静寡欲、节操纯正来娱乐自己。"说完,就行再拜礼辞别而去。

　　君子评论道:颜斶可真是个知足的人,反璞归真,就可以终身不受屈辱了。

冯煖客孟尝君　齐四

【解题】

　　战国时期"七雄"并立,兼并战争非常激烈,各国统治者为了维护自己的统治,迫切需要网罗人才,培植亲信,扩大自己的势力,因此当时"养士"的风气很盛。孟尝君就是以"养士"著名的战国四公子之一。

　　本篇写冯煖在孟尝君门下做食客,出谋划策,帮助孟尝君在齐国权力交替的局势中保住地位的故事。全文以"能"字为线索,写了倚柱弹铗、矫命焚券、谋复相位、请立宗庙几件事,表现了冯谖的远见和才能。人物写得富有形象感,个性较鲜明。

　　齐人有冯煖者①,贫乏不能自存,使人属孟尝君②,愿寄食门下。孟尝君曰:"客何好?"曰:"客无好也。"曰:"客何能?"曰:"客无能也。"孟尝君笑而受之,曰:"诺。"

　　左右以君贱之也,食以草具③。居有顷,倚柱弹其剑,歌曰:"长铗归来乎,食无鱼!"左右以告,孟尝君曰:"食之比门下之客。"居有顷,复弹其铗,歌曰:"长铗归来乎,出无车!"左右皆笑之,以告。孟尝君曰:"为之驾,比门下之车客。"于是乘其车,揭其剑,过其友,曰:"孟尝君客我!"后有顷,复弹其剑铗,歌曰:"长铗归来乎,无以为

---

①　冯煖(xuān):孟尝君的门客。

②　孟尝君:姓田,名文,袭其父田婴的封爵,封于薛(在今山东省滕州市东南),号孟尝君,战国时著名的四公子之一,齐湣王时为相。

③　食(sì):给人吃。

家!"左右皆恶之,以为贪而不知足。孟尝君问:"冯公有亲乎?"对曰:"有老母。"孟尝君使人给其食用,无使乏。于是冯煖不复歌。

后孟尝君出记,问门下诸客:"谁习计会,能为文收责于薛者乎?"冯煖署曰:"能。"孟尝君怪之,曰:"此谁也?"左右曰:"乃歌夫'长铗归来'者也。"孟尝君笑曰:"客果有能也! 吾负之,未尝见也。"请而见之,谢曰:"文倦于是①,愦于忧,而性忄耎愚②,沉于国家之事,开罪于先生。先生不羞,乃有意欲为收责于薛乎?"冯煖曰:"愿之。"于是约车治装,载券契而行③。辞曰:"责毕收,以何市而反?"孟尝君曰:"视吾家所寡有者。"

驱而之薛,使吏召诸民当偿者,悉来合券。券遍合,起,矫命以责赐诸民,因烧其券,民称万岁。

长驱到齐,晨而求见。孟尝君怪其疾也,衣冠而见之,曰:"责毕收乎? 来何疾也?"曰:"收毕矣。""以何市而反?"冯煖曰:"君云'视吾家所寡有者'。臣窃计,君宫中积珍宝、狗马实外厩,美人充下陈④。君家所寡有者以义耳! 窃以为君市义。"孟尝君曰:"市义奈何?"曰:"今君有区区之薛,不拊爱子其民⑤,因而贾利之。臣窃矫君命,以责赐诸民,因烧其券,民称万岁。乃臣所以为君市义也。"孟尝君不说曰:"诺。先生休矣!"

后期年,齐王谓孟尝君曰:"寡人不敢以先王之臣为

---

① 是:一作"事"。

② 忄耎(nuò):通"懦"。

③ 券契:契据,如今之合同,彼此各执其一,以为凭信。

④ 下陈:殿堂下宾主相接、陈列礼品之处,亦侍妾歌舞之所。陈,堂下至庭院大门的通道。

⑤ 拊(fǔ):通"抚"。子:通"字",爱。"拊""爱""子"三字同义。

臣!"孟尝君就国于薛。未至百里,民扶老携幼,迎君道中终日。孟尝君顾谓冯煖:"先生所为文市义者,乃今日见之!"冯煖曰:"狡兔有三窟,仅得免其死耳;今有一窟,未得高枕而卧也。请为君复凿二窟!"孟尝君予车五十乘,金五百斤,西游于梁①,谓梁王曰:"齐放其大臣孟尝君于诸侯,先迎之者,富而兵强。"于是梁王虚上位,以故相为上将军,遣使者、黄金千金、车百乘,往聘孟尝君。冯煖先驱,诫孟尝君曰:"千金,重币也;百乘,显使也。齐其闻之矣。"梁使三反,孟尝君固辞不往也。

齐王闻之,君臣恐惧,遣太傅赍黄金千斤②、文车二驷、服剑一、封书,谢孟尝君曰:"寡人不祥,被于宗庙之祟,沉于谄谀之臣,开罪于君。寡人不足为也,愿君顾先王之宗庙,姑反国统万人乎!"冯煖诫孟尝君曰:"愿请先王之祭器,立宗庙于薛。"庙成,还报孟尝君曰:"三窟已就,君姑高枕为乐矣!"

孟尝君为相数十年,无纤介之祸者,冯煖之计也。

【译文】

齐国有个叫冯煖的,穷得连自身的生活也无法维持。他拜托别人去请求孟尝君,想在孟尝君门下做个食客。孟尝君问:"这位客人爱好什么?"那人回答说:"没有什么爱好。"孟尝君又问:"这位客人有什么本领?"那人回答说:"没有什么本领。"孟尝君就笑着接受了这个请托,说:"好吧。"

孟尝君左右的人以为主人看不起冯煖,就给他粗劣的饭食吃。过了不久,冯煖倚着庭柱弹着他的剑,唱道:"长剑呀,

---

① 梁:魏国后来迁都于大梁(今河南省开封市),故又称梁。

② 太傅:官名,是辅弼君王之官。赍(jī):把东西送给人。

咱们回去吧！吃饭没有鱼啊！"左右的人把这事报告了孟尝君。孟尝君说："给他鱼吃，按照一般门客的伙食标准办理。"又过了不几天，冯煖又弹着他的剑，唱道："长剑呀，咱们回去吧，出门没有车子啊！"左右的人都笑他，又把这事报告了孟尝君。孟尝君说："给他备车，比照门下车客的标准办理。"于是冯煖就乘了他的车，去拜访他的朋友，说："孟尝君以客礼待我！"过后没几天，他又弹着他的剑，唱道："长剑呀，咱们回去吧，无法养家啊！"左右的人都讨厌他了，认为他贪得无厌，不知满足。孟尝君就问他们："冯先生还有双亲吗？"回答说："有个老母亲。"孟尝君就派人供给他母亲的生活费用，不让她缺少什么。从此，冯煖就不再弹剑唱歌了。

后来，孟尝君出了个告示，询问门下的全体门客："哪一位熟悉年终结账的工作，能替我到薛邑去收债？"冯煖就签了名，写了个"能"字。孟尝君感到很奇怪，问道："这是哪一位？"左右的人说："这就是那个唱'长剑呀，回去吧'的人。"孟尝君笑着说："这位门客果真是有本领的！我亏待了他，还不曾接见过他呢。"于是就把冯煖请来相见，对他道歉说："我琐事缠身精疲力竭，又被忧患搅得心烦意乱，而我生性懦弱愚笨，埋头于国家事务中，对先生多有得罪。先生没把这种冷遇看成自己的耻辱，竟然还肯为我到薛邑去收债吗？"冯煖回答说："愿意去。"于是套好了车，收拾了行李，把借契装在车上，准备动身。冯煖向孟尝君辞行道："收完了债，用债款买点什么东西回来呢？"孟尝君说："看看我家缺什么就买什么吧。"

冯煖驱车赶到了薛邑，就叫官吏召集老百姓中该还债的，都来验对借契。借契全验完了，他就站起来，假托孟尝君的命令，宣布把债款全部赏给老百姓，并随即烧掉了借契。老百姓都欢呼万岁。

　　冯煖驱车赶回齐都,早晨就求见孟尝君。孟尝君觉得他回来得这么快,有点出乎意料,就穿戴好衣帽接见他,问道:"债收齐了吗? 回来得怎么这么快啊?"冯煖回答说:"收齐了。""用债款买了什么东西回来?"冯煖说:"您说'看着我家缺什么就买什么'。我心里盘算着:您宫中堆满了珍珠宝贝,猎狗、骏马挤满了厩棚,美人站满了堂下。您府上所缺少的只是'义'罢了。我就擅自做主用债款为您买了'义'。"孟尝君说:"'买义'是怎么回事?"冯煖说:"现今您只有小小的薛邑,可是您并不抚爱那里的老百姓,反倒用商人的手段向他们盘剥取利。我就私自假托您的命令,把债款完全赏赐给老百姓,随即烧掉了借契,老百姓都欢呼万岁。这就是我为您买义的方式啊。"孟尝君听了,很不高兴,说:"唔。先生算了吧!"

　　过了一年,齐湣王对孟尝君说:"我不敢把先王的臣子当作我的臣子使用!"孟尝君只得动身到他的封地薛邑去。当他的车马还差百里未到薛邑时,老百姓扶老携幼,早已在路上恭候了一整天。孟尝君回头对冯煖说:"先生替我买义的道理,我今日方才懂得!"冯煖说:"狡猾的兔子有三个洞穴,仅能免它一死罢了;现在您只有一个洞穴,还不能高枕而卧呢。请让我再给您开凿两个洞穴吧!"孟尝君就给了冯煖五十辆车子、五百斤金子,让冯煖往西到梁国去游说。冯煖对梁惠王说:"齐国把他的大臣孟尝君驱逐到别国去,诸侯之中凡是能抢先迎接他的,一定能够国富兵强。"于是梁王就空出一个最高的官位来,任命原来的宰相做上将军,还派了使者带着一千斤黄金、一百辆车子,专程去聘请孟尝君。冯煖先驱车回国,提醒孟尝君说:"一千斤黄金是很贵重的聘币,拥有百驾车马的使臣是很显赫的使臣。齐国的人想必已经听到这个消息了。"梁国的使者往返三次聘请孟尝君,可是他坚决辞谢,不肯去梁国。

　　齐湣王听到这个消息,君臣都恐慌起来,立即派太傅带了一千斤黄金、两辆彩饰的车子、一把佩剑、一封封好的亲笔信,向孟尝君道歉,信中说:"我没有福气,遭到了祖宗神灵的惩罚,完全听信了拍马讨好的小人的话,以致得罪了您。我这个人是不值得您来辅助的,希望您顾念先王的宗庙,姑且回国都来治理全国的老百姓吧!"这时,冯煖又提醒孟尝君说:"希望您请求分给您一份先王传下来的祭器,在薛邑建一座宗庙。"宗庙落成后,冯煖回来报告孟尝君说:"三个洞穴全已凿好,您可以高枕无忧、过快活日子了!"

　　孟尝君做了几十年的宰相,其所以没遭到丝毫的祸患,就是由于冯煖的计策啊。

赵威后问齐使　齐四

【解题】

　　本文写赵威后"以民为本"的政治见解。她主张"民为本,君为末",应该"养民""息民""振困穷,补不足",斥责那些不肯为国出力的隐士。她的这些主张同孟轲"民为贵,社稷次之,君为轻"的理论是一致的,有其进步意义。全篇纯用提问的方式阐明一个观点,中心突出,行文亦灵活多变。

　　齐王使使者问赵威后①,书未发,威后问使者曰:"岁亦无恙耶? 民亦无恙耶? 王亦无恙耶?"使者不说,曰:"臣奉使使威后,今不问王而先问岁与民,岂先贱而

---

　　① 齐王:名建,齐襄王之子,前264—前221年在位。问:聘问,派使者访问友邦。赵威后:赵惠文王之妻。惠文王卒,太子丹立,号孝成王,孝成王新立,太后执政。

后尊贵者乎?"威后曰:"不然。苟无岁,何以有民?苟无民,何以有君?故有问舍本而问末者耶①?"

乃进而问之曰:"齐有处士曰钟离子②,无恙耶?是其为人也,有粮者亦食,无粮者亦食;有衣者亦衣,无衣者亦衣。是助王养其民者也,何以至今不业也?叶阳子无恙乎③?是其为人,哀鳏寡,恤孤独,振困穷④,补不足,是助王息其民者也,何以至今不业也?北宫之女婴儿子无恙耶⑤?撤其环瑱⑥,至老不嫁,以养父母,是皆率民而出于孝情者也,胡为至今不朝也⑦?此二士弗业,一女不朝,何以王齐国子万民乎⑧?於陵子仲尚存乎⑨?是其为人也,上不臣于王,下不治其家,中不索交诸侯。此率民而出于无用者,何为至今不杀乎?"

【译文】

齐国派了个使者来聘问赵威后,书信还没有开封,威后就问使者说:"你们的年成好吗?老百姓安乐吗?国君也康健吗?"使者听了很不高兴,说:"我奉命来聘问您太后,如今您不问国君却先问年成和老百姓,哪能先问贫贱的而后问尊贵的呢?"威后说:"不能这样讲。倘若没有好年成,百姓靠什

---

① 故有问:故,通"胡"。问,衍文。《战国策》姚本注:一无"问"字。

② 钟离子:人名。钟离,复姓。

③ 叶(shè)阳子:齐国的处士(有道德才能而隐居不仕的人)。

④ 振:救济。

⑤ 北宫:复姓。婴儿子,齐国的孝女。

⑥ 瑱(tiàn):一种玉制的耳部饰物。

⑦ 朝:朝见国君。古时有封号的妇女才能上朝。

⑧ 子万民:视万民如己之子女。

⑨ 於(wū)陵:齐邑名,在今山东省邹平市东南。子仲,人名,齐国的隐士。

么生活？倘若没有老百姓，怎么会有国君？哪有撇开根本而问细枝末节的呢？"

于是她又进一步问道："齐国有个处士叫钟离子的，他好吗？这个人的为人，有粮的也罢，没粮的也罢，他都给他们吃的；有衣服的也罢，没衣服的也罢，他都给他们穿的。这是个帮助国君养活老百姓的人，为什么至今还不让他出仕建功立业呢？叶阳子他好吗？这个人的为人，同情鳏寡孤独，救济缺衣少穿的穷苦人。这是个帮助国君繁衍人口的人，为什么至今不让他出仕建功立业呢？北宫的女儿婴儿子好吗？她摘掉那些环儿、瑱儿，到老不出嫁，赡养父母。这是个引导老百姓行孝的人，为什么至今还不封她为命妇，让她朝见国君呢？这两个处士还没出仕成就功业，一个女子不得荣封，怎么能在齐国做国君抚育老百姓呢？於陵子仲还活着吗？这个人的人品呀，对上不肯做国君的臣子，对下不肯治理家族，对外又不求同诸侯结交。这是个引诱老百姓走上对国家无用的道路的人，为什么至今还不杀掉他呢？"

庄辛论幸臣　楚四

【解题】

自楚怀王始，楚国国力渐衰，楚襄王即位后，"淫逸侈靡，不顾国政"，以至兵挫地削，迁都于陈（今河南省周口市淮阳区）。本文写了这次大败后庄辛（楚庄王的后代，以谥为氏）的一次进谏。全文主要说明了居安忘危必致后患的道理。其论证纯用比喻，自小而大，由物及人，从远至迩，步步紧逼，是一篇感染力、说服力很强的文章。

臣闻鄙语曰："见兔而顾犬，未为晚也；亡羊而补牢，未为迟也。"臣闻昔汤、武以百里昌①，桀、纣以天下亡。今楚国虽小，绝长续短，犹以数千里②，岂特百里哉？

王独不见夫蜻蛉乎？六足四翼，飞翔乎天地之间，俯啄蚊、虻而食之，仰承甘露而饮之，自以为无患，与人无争也。不知夫五尺童子，方将调饴胶丝，加己乎四仞之上，而下为蝼、蚁食也。

夫蜻蛉其小者也，黄雀因是以③。俯噣白粒④，仰栖茂树，鼓翅奋翼，自以为无患，与人无争也。不知夫公子王孙，左挟弹，右摄丸，将加己乎十仞之上，以其类为招⑤。昼游乎茂树，夕调乎酸咸，倏忽之间，坠于公子之手⑥。

夫黄雀其小者也，黄鹄因是以。游乎江海，淹乎大沼，俯噣鳝、鲤，仰啮菱衡，奋其六翮而凌清风，飘摇乎高翔，自以为无患，与人无争也。不知夫射者，方将修其碆卢，治其矰缴，将加己乎百仞之上，被剜磻⑦，引微缴，折清风而抎矣⑧。故昼游乎江湖，夕调乎鼎鼐⑨。

---

　①　汤：名履，商代的开国君主。汤灭夏桀，建立了商王朝。武：周武王，姬姓，名发，文王之子，周王朝的开国君主，武王伐纣，结束了商的统治。
　②　以数千里：《新序·杂事二》作"以千里数"。
　③　因是以：即"犹是也"（用王引之说）。
　④　噣（zhuó）：通"啄"。
　⑤　类：当作"颈"。招：通"的"，射击的目的物（用王念孙说）。
　⑥　"倏忽之间"二句：据金正炜说是错简，应移置于"昼游"句之前。
　⑦　剜（jiān）：锐利。磻（bō）：通"碆"，石制箭头。
　⑧　抎（yǔn）：通"陨"。
　⑨　鼐（nài）：大鼎。

夫黄鹄其小者也,蔡灵侯之事因是以①。南游乎高陂,北陵乎巫山②,饮茹溪流③,食湘波之鱼④,左抱幼妾,右拥嬖女,与之驰骋乎高蔡之中⑤,而不以国家为事。不知夫子发方受命乎灵王⑥,系己以朱丝而见之也。

蔡灵侯之事其小者也,君王之事因是以⑦。左州侯,右夏侯⑧,辇从鄢陵君与寿陵君⑨,饭封禄之粟,而载方府之金⑩,与之驰骋乎云梦之中⑪,而不以天下国家为事。而不知夫穰侯方受命于秦王⑫,填黾塞之内⑬,而投己乎黾塞之外。

【译文】

我听见有句俗话说:"看见兔子才唤狗,不算晚;丢了羊

---

① 蔡灵侯:蔡国国君,蔡景侯之子,弑父自立为君。鲁昭公十一年(前531),楚灵王诱而杀之于申(今河南省南阳市)。蔡,国名,在今河南省上蔡县。

② 巫山:山名,在今重庆市巫山县东。

③ 茹溪:水名,在今湖南省慈利县西南。

④ 湘波:湘水,在今湖南省。

⑤ 高蔡:地名,在今湖南省常德市。

⑥ 子发:楚大夫。《左传·昭公十一年》:"公子弃疾帅师围蔡。"据此可知奉命围蔡的是公子弃疾。灵王:楚灵王,名围,前540—前529年在位。

⑦ 君王:指楚襄王,亦称楚顷襄王,怀王之子,名横,前298年—前263年在位。

⑧ 州侯、夏侯:襄王之近臣。

⑨ 辇从:同车的随从。鄢陵君、寿陵君:襄王之近臣。

⑩ 方府:楚之府库名(用金正炜说)。

⑪ 云梦:楚之云梦泽。先秦古书或称"云",或称"梦",或称"云梦"。后世说法不一:或云云梦为两泽,或云为一泽,等等。据汉、魏人记载,其地当在今湖北省潜江市南。

⑫ 穰(ráng)侯:秦昭王之舅父,姓魏,名冉,封于穰(今河南省邓州市东南)。

⑬ 填:充满。黾(méng)塞:今河南省信阳市西南平靖关。

再去补牢,也不算迟。"我还听说,从前商汤、周武王凭借百里见方的国土而昌盛起来,夏桀王、商纣王虽然占有了天下,结果反而国灭身亡。如今楚国虽然小得多了,截长补短,通通算起来总还有千里见方的国土,岂止是百里见方呢?

大王难道不曾看见过蜻蜓吗?它有六只脚、四片翅膀,在空中飞来飞去,低下头就捕捉蚊虫吃,仰起头就承接甜美的露水喝,它自以为无忧无虑,跟人没有什么争端。哪知那五尺高的童子,正调好糖浆,涂在丝网上,要把自己从两三丈高的空中粘住,用来作蚂蚁、蝼蛄的食物。

那蜻蜓的事还算是其中的小事哩,你看那黄雀也是这样啊。它在地上啄食白米粒,飞往高空在树上栖息,扇动翅膀自由飞翔。自以为无忧无虑,与人无争。没有想到王孙公子正左手拿着弹弓,右手握着弹丸,瞄准了它的脖子,要把它从七八丈高的地方射下来,一眨眼就落到王孙公子的手里了。黄雀白天还在茂密的树枝上玩乐,而到了晚上就被人调上佐料做成佳肴了。

那黄雀的事还是其中的小事呢,你看那天鹅也是这样啊。它在江海中浮游,在池塘边停息,低飞下来捕食鳝鱼、鲤鱼,抬起头来啄取菱叶和荇菜,它奋力扇动翅膀,驾着清风在空中飞翔,自以为无忧无虑,跟谁也没有什么争端。万万没有想到,猎手们正要整治石箭头和黑弓,修好了带丝绳的箭,一箭射向几十丈高的空中。它中了箭,拖着细细的丝绳,划过清风栽下来了。天鹅白天还在江湖上玩乐,到了晚上就被盛在鼎中烹调成美味了!

那天鹅的事还是其中的小事呢,你看那蔡灵侯也是这样啊。蔡灵侯南游高丘,北登巫山,饮马茹溪,食鱼湘江,左边抱着年轻的妃子,右边搂着心爱的美人,同她们一起在高蔡

驱车游乐,不把国家大事放在心上。他哪知楚将子发正奉楚
灵王的命令,要用朱绳把自己捆起来押着去见楚灵王呢。

　　蔡灵侯的事还是其中的小事呢,您自己的情况也是这样
啊。您的左边有州侯,右边有夏侯,同车的随从是鄢陵君和
寿陵君。吃着各封邑进献的粮食,车上载着国库里的货币,
同他们一起在云梦纵马游乐,不把国家大事放在心上。大王
哪里知道穰侯正奉秦王的命令,秦军要越过黾塞,攻入楚国
境内呢。

触龙说赵太后　赵四

【解题】

　　本文写触龙劝谏赵太后派长安君入齐为质的事。说明了
应该为子女作长远打算,不能让他们养尊处优,无功食禄。触
龙在说服赵太后时,能体贴老年妇女爱幼子的特点,并设身处
地替她打算,把利害关系说得具体易懂,从而达到目的。这表
现出作者对生活体验较深,而文意也能婉转自如地表达出来,
写作水平较高。

　　原书题目中"触龙"作"触詟",今改,请参看本篇相关
注释。

　　赵太后新用事①,秦急攻之。赵氏求救于齐。齐曰:
"必以长安君为质②,兵乃出。"太后不肯,大臣强谏。太
后明谓左右:"有复言令长安君为质者,老妇必唾其面。"

---

　　①　赵太后:即赵威后,赵惠文王妻,孝成王之母。惠文王死后,孝
成王年幼,由威后执政。
　　②　长安君:孝成王之弟,惠文王之少子,封号为长安君。

　　左师触龙言愿见①,太后盛气而胥之②。入而徐趋③,至而自谢,曰:"老臣病足,曾不能疾走,不得见久矣。窃自恕,恐太后玉体之有所郄也④,故愿望见。"太后曰:"老妇恃辇而行⑤。"曰:"日食饮得无衰乎?"曰:"恃鬻耳⑥。"曰:"老臣今者殊不欲食,乃自强步,日三四里,少益嗜食,和于身。"曰:"老妇不能。"太后之色稍解。

　　左师公曰:"老臣贱息舒祺,最少,不肖。而臣衰,窃爱怜之。愿令补黑衣之数以卫王宫,没死以闻⑦。"太后曰:"敬诺。年几何矣?"对曰:"十五岁矣。虽少,愿及未填沟壑而托之⑧。"太后曰:"丈夫亦爱怜其少子乎?"对曰:"甚于妇人。"太后曰:"妇人异甚。"对曰:"老臣窃以为媪之爱燕后贤于长安君。"曰:"君过矣,不若长安君之甚。"左师公曰:"父母之爱子,则为之计深远。媪之送燕后也,持其踵为之泣,念悲其远也,亦哀之矣。已行,非弗思也,祭祀必祝之,祝曰:'必勿使反⑨!'岂非计久长,有子孙相继为王也哉?"太后曰:"然。"

---

　　① 触龙:人名,《战国策》的传本作"詟(zhé)",系误合"龙"下之"言"二字为一。《古文观止》亦误。王念孙曾据《史记》订正,今据马王堆汉墓帛书《战国纵横家书》校改。
　　② 胥:《战国策》原作"揖",据《史记》《战国纵横家书》校改。胥:通"须",等待。
　　③ 趋:快步走,是当时的一种表示恭敬的步法。触龙有脚疾,只能做出趋的姿势,故言"徐趋"。
　　④ 郄(jí):亦作"郤",通"飢(jù)",疲倦。
　　⑤ 辇:上古的一种用人力牵挽的车子。
　　⑥ 鬻(zhōu):"粥"之本字。
　　⑦ 没:通"昧"。
　　⑧ 填沟壑:指死而没人掩埋,这是谦言自己的死。
　　⑨ 必勿使反:古代诸侯之女嫁到别国,如不迎而自归,则必重大事故,非被废弃,即国家灭亡,故祝其勿返。反,通"返"。

左师公曰:"今三世以前,至于赵之为赵,赵王之子孙侯者,其继有在者乎?"曰:"无有。"曰:"微独赵,诸侯有在者乎?"曰:"老妇不闻也。""此其近者祸及身,远者及其子孙。岂人主之子孙则必不善哉?位尊而无功,奉厚而无劳①,而挟重器多也。今媪尊长安君之位,而奉之以膏腴之地,多予之重器,而不及今令有功于国。一旦山陵崩②,长安君何以自托于赵?老臣以媪为长安君计短也,故以为其爱不若燕后。"太后曰:"诺。恣君之所使之。"于是为长安君约车百乘,质于齐,齐兵乃出。

子义闻之③,曰:"人主之子也,骨肉之亲也,犹不能恃无功之尊,无劳之奉,以守金玉之重,而况人臣乎?"

【译文】

赵太后刚刚执政,秦国乘机加紧进攻赵国。赵国向齐国求救。齐国说:"一定得用长安君来做人质,才能出兵。"赵太后不肯答应,大臣们极力劝谏。太后公开对大臣们说:"有谁再说要叫长安君去做人质的,我老太婆定要吐他一脸唾沫!"

左师触龙说要进见太后,太后气冲冲地等着他。触龙做着快步走的姿势慢慢地挪动着脚步,到了太后面前就谢罪说:"老臣脚有毛病,不能快跑,很久没来看望您了。我私自原谅自己,可是又总担心太后的贵体有什么不舒适,所以来看望您。"太后说:"我老太婆全靠坐辇行动。"触龙问:"您每天的饭量想必不会减少吧?"太后说:"吃点稀粥罢了。"触龙说:"我近来很不想吃东西,自己却勉强散散步,每天

---

① 奉:通"俸"。
② 山陵崩:婉言威后死亡。
③ 子义:赵国的贤士。

走上三四里,这样,稍微想多吃点了,身体也比较舒适了。"太后说:"我可做不到。"太后的怒色稍微消了一些。

左师接着说:"我的儿子舒祺,年龄最小,不成材。而我又衰老了,很疼爱他,想让他递补上黑衣卫士的空额来保卫王宫,我冒着死罪禀明太后。"太后说:"可以的。年纪多大了?"触龙说:"十五岁了。虽然年纪还小着呐,但总想趁着我还没入土把他托付给您。"太后就说:"男子汉也疼爱自己的小儿子吗?"触龙说:"比妇女还厉害哩。"太后说:"妇女疼爱得更厉害。"触龙回答说:"我觉得您疼爱燕后就超过了疼爱长安君。"太后说:"您搞错啦! 比不上疼爱长安君那样厉害!"左师公说:"父母疼爱子女,就得为他们作长远打算。您送燕后出嫁的时候,握着她的脚后跟为她哭哭啼啼,这是因为惦念并伤心她的远嫁啊,也真够疼爱她的了。她出嫁以后,您也并不是不想她,每逢祭祀的时候,您必定为她祝告说:'可别让她被赶回来啊!'这岂不是为她作长远打算,希望她生育的子孙一代接一代地做国君吗?"太后说:"的确是这样。"

触龙又说:"从现在往上数三代,一直到赵氏建立赵国的时候,当时赵王的子孙封侯的,他们的后代现在还有继续为侯的吗?"赵太后说:"没有。"触龙说:"不仅是赵国,各国国君的子孙当初被封侯的,他们的子孙继续为侯的还有吗?"赵太后说:"我没听说过。"左师公曰:"这样说来,他们当中祸患来得早一些的就临到自己头上,祸患来得晚的就轮到子孙头上。难道国君的子孙就一定不好吗? 这是因为他地位高而没有功勋,俸禄丰厚而没有劳绩,占有的珍宝却太多了啊。现在您把长安君的地位提得很高,又封给他肥沃的土地,大量地给他珍宝,却不让他趁着现在的机会为国立功。一旦您百年之后,长安君凭什么在赵国站住脚呢? 我以为您为长安君打算得太不长远了,所以认为您疼爱他比不上疼爱燕后。"太后说:"好吧,任凭你怎么派遣他都可以。"于是就替长安君准备了一百辆车子,送他到齐国去做人质,齐国这才派出军队救赵。

子义听到了这件事,评论道:"国君的儿子是国君的亲骨肉啊,可是还不能对国家没有功劳而居高位、享厚俸、拥珍宝,更何况是做臣子的呢?"

鲁仲连义不帝秦 赵三

【解题】

赵孝成王六年(前260),秦、赵为争夺韩之上党而激战于长平,赵军大败,四十万降卒皆被坑杀。此后三年中,秦军持续围攻赵都邯郸,形势岌岌可危。赵求救于魏,魏始而不敢出兵,继而屯兵汤阴不敢进兵,并派辛垣衍劝说赵王帝秦。后来由于赵人坚守邯郸,秦军旷日持久,已成强弩之末,赵国又得到魏信陵君、楚春申君的援救,邯郸得以解围。

本文描写了在这一事件中鲁仲连同辛垣衍在是否帝秦的问题上展开的一场论战,栩栩如生地塑造了"为人排患、释难、解纷乱而一无所取"的鲁仲连的形象。

秦围赵之邯郸①。魏安釐王使将军晋鄙救赵②,畏秦,止于荡阴不进③。魏王使客将军辛垣衍间入邯郸④,

---

① 邯郸:赵国都城,在今河北省邯郸市。

② 魏安釐(xī)王:魏国国君,魏昭王之子,名圉(yǔ),前276—前243年在位。釐,通"僖"。

③ 荡阴:地名,魏地,靠近赵国的南部边界,在今河南省汤阴县。

④ 客将军:别国人在魏做将军,故称客将军。辛垣:复姓。

因平原君谓赵王曰①："秦所以急围赵者，前与齐湣王争强为帝②，已而复归帝，以齐故。今齐湣王益弱③，方今唯秦雄天下，此非必贪邯郸，其意欲求为帝。赵诚发使尊秦昭王为帝④，秦必喜，罢兵去。"平原君犹豫未有所决。

此时鲁仲连适游赵⑤，会秦围赵，闻魏将欲令赵尊秦为帝，乃见平原君曰："事将奈何矣？"平原君曰："胜也何敢言事！百万之众折于外⑥，今又内围邯郸而不去。魏王使客将军辛垣衍令赵帝秦，今其人在是。胜也何敢言事？"鲁连曰："始吾以君为天下之贤公子也，吾乃今然后知君非天下之贤公子也！梁客辛垣衍安在⑦？吾请为君责而归之！"平原君曰："胜请为召而见之于先生。"

平原君遂见辛垣衍曰："东国有鲁连先生⑧，其人在此，胜请为绍介而见之于将军。"辛垣衍曰："吾闻鲁连先

---

① 平原君：赵武灵王之子，孝成王之叔父，名胜，封为平原君，战国时有名的四公子之一，时为赵相。赵王：赵孝成王，名丹，前265—前245年在位。

② 为帝：前288年十月，秦昭王自称西帝，尊齐湣王为东帝。同年十二月齐湣王取消帝号，秦昭王也被迫终止称帝。

③ 齐湣王：秦围邯郸时齐湣王已死，"湣王"二字当系衍文，应作"齐已益弱"解。又，一本无"已"字。

④ 秦昭王：即秦昭襄王，名稷，前306—前251年在位，昭襄是其谥号。当时他仍在位，辛垣衍就不可能称"秦昭王"，故"昭"为衍文。

⑤ 鲁仲连：齐国人。按：赵国解围是由于魏公子信陵君的兵援，鲁仲连的作用不大。鲁仲连其人、其事，均系当时的传说逸闻，不足为信史。

⑥ "百万之众"句：赵孝成王六年（前260），秦将白起大破赵兵于长平（今山西省高平市西北），降卒四十余万，皆为秦所杀。百万为夸大的说法。

⑦ 梁：魏迁都于大梁（今河南省开封市），故称魏为梁。

⑧ 东国：齐在赵之东，故称。

生,齐国之高士也。衍,人臣也,使事有职,吾不愿见鲁连先生也。"平原君曰:"胜已泄之矣。"辛垣衍许诺。

鲁连见辛垣衍而无言。辛垣衍曰:"吾视居此围城之中者,皆有求于平原君者也。今吾视先生之玉貌,非有求于平原君者,曷为久居此围城之中而不去也?"鲁连曰:"世以鲍焦无从容而死者①,皆非也。今众人不知,则为一身。彼秦者,弃礼义而上首功之国也②,权使其士,虏使其民;彼则肆然而为帝,过而遂正于天下③,则连有赴东海而死耳,吾不忍为之民也! 所为见将军者,欲以助赵也。"辛垣衍曰:"先生助之奈何?"鲁连曰:"吾将使梁及燕助之,齐、楚固助之矣。"辛垣衍曰:"燕,则吾请以从矣;若乃梁,则吾乃梁人也,先生恶能使梁助之耶?"鲁连曰:"梁未睹秦称帝之害故也。使梁睹秦称帝之害,则必助赵矣。"辛垣衍曰:"秦称帝之害将奈何?"鲁仲连曰:"昔齐威王尝为仁义矣④,率天下诸侯而朝周。周贫且微,诸侯莫朝,而齐独朝之。居岁余,周烈王崩⑤,诸侯皆吊,齐后往。周怒,赴于齐曰⑥:'天崩地坼⑦,天子下

---

① 鲍焦:春秋时的隐士,相传他痛恨时世,不臣天子,不友诸侯,廉洁自守,后抱木饿死。鲁仲连举此例,意在表明他留赵不是为个人,而是为助赵抗秦。

② 首功:秦制爵二十级,按斩首多少论战功授爵。上,通"尚"。

③ 过而遂正于天下:《史记》作"过而为政于天下"。过,甚。遂,竟。正,通"政",为政。

④ 齐威王:田桓公之子,名婴齐,前356—前320年在位。

⑤ 周烈王:周安王之子,名喜,前375—前369年在位。

⑥ 赴:通"讣"。

⑦ 坼(chè):裂开。

席①，东藩之臣田婴齐后至②，则斮之！'威王勃然怒曰：
'叱嗟③！而母婢也！'卒为天下笑。故生则朝周，死则
叱之，诚不忍其求也。彼天子固然，其无足怪！"

辛垣衍曰："先生独未见夫仆乎？十人而从一人者，
宁力不胜、智不若邪？畏之也。"鲁仲连曰："然梁之比于
秦若仆邪？"辛垣衍曰："然。"鲁仲连曰："然则吾将使秦
王烹醢梁王④！"辛垣衍怏然不说，曰："嘻！亦太甚矣，
先生之言也！先生又恶能使秦王烹醢梁王？"鲁仲连曰：
"固也，待吾言之。昔者鬼侯、鄂侯、文王⑤，纣之三公
也。鬼侯有子而好，故入之于纣，纣以为恶，醢鬼侯。鄂
侯争之急，辨之疾，故脯鄂侯。文王闻之，喟然而叹，故
拘之于牖里之库百日⑥，而欲令之死。曷为与人俱称帝
王⑦，卒就脯醢之地也？

"齐湣王将之鲁，夷维子执策而从⑧，谓鲁人曰：'子
将何以待吾君？'鲁人曰：'吾将以十太牢待子之君⑨。'
夷维子曰：'子安取礼而来待吾君？彼吾君者，天子也。
天子巡狩，诸侯避舍，纳筦键，摄衽抱几，视膳于堂下；天
子已食，退而听朝也。'鲁人投其籥⑩，不果纳，不得入于

---

① 下席：指离开宫室居丧守礼，寝于苦席之上。

② 东藩：齐在周之东，故称。

③ 叱嗟(chì jiē)：怒斥的声音。

④ 烹醢(hǎi)：古代的酷刑。烹，下油锅。醢，剁成肉酱。

⑤ 鬼侯：封地在今河北省临漳县境。鄂侯：封地在河南省沁阳市
境。文王：周文王，姬姓，名昌，都邑在丰(今陕西省西安市长安区
沣河西)。

⑥ 牖(yǒu)里：或作羑里，在今河南省汤阴县北。

⑦ 帝王：偏义词，偏指王，或谓衍文。《史记》无"帝"字。

⑧ 夷维子：齐人，以邑为氏；夷维，在今山东省高密市。

⑨ 太牢：牛、羊、猪各一头为一太牢，十太牢为款待诸侯之礼。

⑩ 籥(yuè)：通"钥"。

鲁。将之薛①，假涂于邹②。当是时，邹君死，湣王欲入吊。夷维子谓邹之孤曰③："天子吊，主人必将倍殡柩，设北面于南方，然后天子南面吊也。"邹之群臣曰："必若此，吾将伏剑而死。"故不敢入于邹。邹、鲁之臣，生则不得事养，死则不得饭含④，然且欲行天子之礼于邹鲁之臣，不果纳。今秦万乘之国，梁亦万乘之国，交有称王之名。睹其一战而胜，欲从而帝之，是使三晋之大臣⑤，不如邹、鲁之仆妾也。且秦无已而帝，则且变易诸侯之大臣，彼将夺其所谓不肖，而予其所谓贤，夺其所憎而予其所爱；彼又将使其子女谗妾，为诸侯妃姬，处梁之宫，梁王安得晏然而已乎？而将军又何以得故宠乎？"

于是辛垣衍起，再拜谢曰："始以先生为庸人，吾乃今日而知先生为天下之士也！吾请去，不敢复言帝秦！"

秦将闻之，为却军五十里。适会魏公子无忌夺晋鄙军以救赵击秦⑥，秦军引而去。

于是平原君欲封鲁仲连。鲁仲连辞让者三，终不肯受。平原君乃置酒，酒酣，起，前，以千金为鲁连寿。鲁连笑曰："所贵于天下之士者，为人排患、释难、解纷乱而无所取也。即有所取者，是商贾之人也，仲连不忍为

---

① 薛：小国名，在今山东省滕州市东南，战国初年为齐所灭。

② 邹：小国名，在今山东省邹城市。

③ 孤：指已故邹君之子。

④ 饭含：古代的一种葬仪，以米放入死人口中谓之"饭"，以玉放入死人口中谓之"含"。

⑤ 三晋：春秋后期韩、赵、魏三家瓜分晋国，成为战国时的韩、赵、魏三国。这里主要指赵、魏而言。

⑥ 魏公子无忌：魏昭王的少子，名无忌，封信陵君，战国时著名的四公子之一。其姊是平原君的夫人，赵求救于魏，信陵君用侯生计，窃虎符，用力士朱亥椎杀晋鄙，夺其兵权，破秦军于邯郸城下。

也。"遂辞平原君而去,终身不复见。

【译文】

　　秦军围困了赵国的都城邯郸。魏国的安釐王派遣将军晋鄙领兵去援救赵国。晋鄙害怕秦军,军队开到汤阴便停留下来了,不敢进兵。安釐王又派客将军辛垣衍混进邯郸城,通过平原君的关系去见赵王道:"秦军急于围困邯郸,是有原因的。早先,秦王和齐王争强称帝;不久,由于齐国的关系,秦王又取消了帝号。当今之势,齐国已渐趋衰弱,唯独秦国可以称雄天下。看来,它这次来围城倒未必是贪图邯郸,它的意图是重新称帝。如果赵国肯派专使尊奉秦王为帝,他一定很高兴,会收兵回去的。"平原君听了这话就犹豫起来,拿不定主意。

　　这时候,鲁仲连恰巧来到赵国游历,正好碰上秦军围困邯郸,又听说魏国要叫赵国尊奉秦王为帝,就去会见平原君,问他道:"战事怎么样了?"平原君说:"我哪敢再对战事说什么呢!赵国的百万大军在战场上损失惨重,如今敌军又深入国内包围了国都而无法使之撤离。魏王派辛垣衍来,要我们尊奉秦王为帝,那人还在这里呢,我还能再说什么呢?"鲁仲连说:"原先我以为您是天下的贤公子,今天我才知道你并不是天下的贤公子啊!魏国的客人辛垣衍在哪儿?让我替你去责问他,叫他回去。"平原君说:"待我去请他来,和您相见。"

　　于是平原君就去见辛垣衍,说道:"齐国有位鲁仲连先生,正巧在这儿,请允许我做个中间人,让他与您见面。"辛垣衍说:"我听说鲁仲连先生是齐国的高士,而我是魏王的臣子,奉命出使,有特定的职责,我不想见他。"平原君说:"我已经把消息透露了。"辛垣衍只得应允。

　　鲁仲连见了辛垣衍，先默不作声。辛垣衍就说道："据我观察，留在这座围城之中的人，都是有求于平原君的。而今我看先生的尊容，并不像个有求于平原君的人，那您为什么老待在这里而不离开呢？"鲁仲连说："有些人认为隐士鲍焦是因为气量小而死的，其实这种看法完全是错误的。如今很多人不了解鲍焦的用意，还认为他自杀只是为个人打算，这种看法也是错误的。要知道，秦国是个舍弃仁义礼教、推重斩首之功的国家，用权诈之术对待士人，以对待奴隶的办法役使百姓。如果让秦王放肆地称帝，甚至竟然统治天下，那么，我只好投海去自尽了，决不愿给它当顺民！我现在要跟将军您相见，为的是帮助赵国啊！"辛垣衍说："先生怎样帮助它呢？"鲁仲连说："我打算请魏、燕两国帮助它；齐国和楚国，一向是支持赵国的。"辛垣衍说："燕国嘛，我的确相信会听从你的；至于说到魏国，我辛垣衍就是魏国人，先生有什么办法能让我国帮助它呢？"鲁仲连说："魏国现在不帮助赵国，只是因为它还没有看清秦国称帝的害处。如果它看清了秦国称帝的害处，就一定会帮助赵国了！"辛垣衍曰："秦国称帝将会有什么害处呢？"鲁仲连说："从前，齐威王算是奉行仁义的了，他带领各国诸侯去朝见周天子。那时，周王室已经是既贫困又弱小了，诸侯们都不肯去朝见，只有齐威王依旧去朝见。过了一年多，周天子驾崩，诸侯都去吊丧，齐威王去得迟了一些。新继位的周显王就大发脾气，派人给齐国报丧，说：'天子驾崩，这是如同天崩地裂大事，我天子也得离开宫殿居丧守孝，而东方属国的田婴齐居然敢迟到，理当斩首！'齐威王听了勃然大怒，骂道：'呸！你妈是个奴婢，有什么了不起！'这件事结果成了天下人的笑柄。周天子活着的时候齐威王就去朝见，他死了就破口大骂，这是因为实在受不了天子的苛求啊。那些做天子的本来就是这样作威作福，也没有什么值得奇怪的。"

辛垣衍说:"先生难道没见过仆人吗? 十个仆人反倒侍奉一个主人,这难道是力量抵不过、才智比不上吗? 只是害怕他呀。"鲁仲连说:"魏国对秦国来说就好比仆人吧?"辛垣衍说:"是啊。"鲁仲连说:"既然如此,那么,我要让秦王把魏王剁成肉酱放在锅里煮了!"辛垣衍怏怏不乐,说:"哼,先生说的太过火了! 请问先生怎么能使秦王把魏王剁成肉酱煮了呢?"鲁仲连说:"当然能啊,你听我说说吧。从前,鬼侯、鄂侯、周文王,是殷纣王手下的三个诸侯。鬼侯有个女儿长得挺美,因此把她献给纣王,而纣王却嫌她丑,就把鬼侯剁成了肉酱。鄂侯竭力为之辩白,纣王又把鄂侯杀死做成肉干了。周文王听到这个消息,只是叹了几口气,纣王听说了,就把他抓来,在牖里的监狱里关了一百天,想把他处死。为什么跟别人同样称王,而结果倒落到被宰割的地步呢?

"再看,乐毅破齐后,齐湣王逃亡要去鲁国,夷维子执鞭作随员,对鲁国官员说:'你们准备怎样招待我们的国君?'鲁国官员说:'我们打算用十副三牲供膳。'夷维子说:'你们这是用哪来的礼节招待我们的国君啊? 我们的国君可是天子啊。按照礼仪,天子出去巡视各诸侯国,诸侯就得离开自己居住的宫室,交出锁钥,整饬衣襟,摆设几案,站在厅堂下服侍天子用膳;等天子用膳完毕,自己才能告退料理国务。'鲁国官员听了这话,赶紧闭门上锁,拒绝齐湣王入境。齐湣王去不了鲁国,又打算途经邹国到薛地去。这时邹国国君刚刚病死,齐湣王想进去吊丧,夷维子通知邹国的嗣君说:'天子来吊丧,丧家一定得把灵柩转换方位,在南面安放朝北的灵位,好让天子坐北朝南吊丧。'邹国的臣子们听了,说道:'如果一定要我们这样做,我们宁可用剑自杀,也不愿受辱!'结果齐湣王未敢入境。这邹、鲁两国的臣子,国君生前他们不能好好服侍,死后也不能周备地完成葬仪,可当齐国想对他们摆天子的威风时,他们还拒绝齐湣王入境。当今,秦国是大国,魏国也是大国,彼此都有在天下称王的名望。而魏国看见秦国打了一次胜仗,就想尊秦为帝,这就使得堂堂三晋的大臣反倒不如区区小国的奴仆、婢妾呢。再说,倘若贪得无厌的秦王终于称了帝,他就会撤换一批诸侯的大臣:罢免他认为不称职的人,任用他所谓有才干的人;黜退他讨厌的人,补上他合意的人;他还会把自己的女儿和专门搬弄是非的姬妾,嫁给诸侯作妃姬,住在宫廷里。试问到那时魏王就能安然无事了吗?将军又怎能保持原先的宠位呢?"

辛垣衍听了这一席话,便站起身来,向鲁仲连拜了两拜表示谢罪,说:"早先,我以为先生是个平庸的人,今天我才知道先生真是一个高尚之士!我马上离开这儿,不再谈尊秦王为帝的事了。"

秦军主将听到这个消息,就下令退兵五十里。正巧,魏国公子无忌也在这时夺得了晋鄙的军权,统帅军队来援救赵国,大败秦军。秦军只好撤离邯郸,回国去了。

事后,平原君要封赏鲁仲连。鲁仲连辞让了多次,到底不肯接受。于是平原君又设宴招待他,喝得酒酣耳热的时候,平原君起身离开座席,走到鲁仲连跟前,以千金的厚礼为鲁仲连祝福。鲁仲连笑着说:"对天下之士来说,所看重的,就在于替人排除忧患、解除苦难、消除纷乱而一无所取。如果有所取,那就是商人了,我鲁仲连决不能做那样的人。"鲁仲连就此向平原君告辞走了,终身不再露面。

鲁共公择言 魏二

【解题】

本文写鲁共公列举夏禹、齐桓公、晋文公、楚庄王的切身体验,说明君主贪图享乐必致亡国的道理,告诫梁惠王力戒纵欲。前段以参差错落的句式取胜,后段以整饬见长,全文整练而有扶疏之致,郑重而饶点染之趣。

梁王魏婴觞诸侯于范台①,酒酣,请鲁君举觞②。鲁君兴,避席择言曰:"昔者,帝女令仪狄作酒而美③,进之禹,禹饮而甘之,遂疏仪狄,绝旨酒,曰:'后世必有以酒亡其国者。'齐桓公夜半不嗛④,易牙乃煎熬燔炙⑤,和调五味而进之,桓公食之而饱,至旦不觉,曰:'后世必有以味亡其国者。'晋文公得南之威⑥,三日不听朝,遂推南之威而远之,曰:'后世必有以色亡其国者。'楚王登强台

---

① 梁王:即魏惠王,姓魏,名婴(一作罃),因魏迁都于大梁(今河南省开封市),故又称梁惠王,前369—前319年在位。范台:魏国台名。

② 鲁君:鲁共公,鲁穆公之子,名奋,前377—前353年在位。

③ 帝女:盖谓尧、舜女。仪狄:曾慥《类说》卷二十三引《博物志》:"仪狄造酒,禹时人。"一本无"令"字,王念孙说:仪狄即帝女之名,不当有"令"字。

④ 齐桓公:姓姜,名小白,前685—前643年在位。嗛(qiè):通"慊",快意、满足,此指饱足。

⑤ 易牙:齐桓公的近臣,名巫,长于调味,善逢迎。

⑥ 晋文公:姓姬,名重耳,前636—前628年在位。南之威:美女名,一本无"之"字。

而望崩山①,左江而右湖②,以临彷徨③,其乐忘死,遂盟强台而弗登,曰:'后世必有以高台陂池亡其国者。'今主君之尊④,仪狄之酒也;主君之味,易牙之调也;左白台而右闾须⑤,南威之美也;前夹林而后兰台⑥,强台之乐也。有一于此,足以亡其国。今主君兼此四者,可无戒与!"梁王称善相属。

【译文】

　　有一天,梁王魏婴在范台宴请各国诸侯。酒兴正浓时,梁王请鲁君举杯饮酒,鲁君起身离开座席,恭敬地致祝酒词,说:"从前,帝女仪狄酿酒,味道很美,于是就献给禹王,禹喝了这种酒,觉得很甜美,从此就疏远了仪狄,戒绝了美酒,他说:'后世必定有因贪饮美酒而亡国的。'齐桓公在一天的半夜里肚子饿了,易牙就烹熬烧烤,做出美味献给桓公,桓公吃得很饱,一觉睡到早晨还没醒,他说:'后世必定有因贪吃美味而亡国的。'晋文公得了美女南之威,三天没上朝堂处理国务,于是推开南之威,疏远了她,他说:'后世必定有因贪恋女色而亡国的。'楚王登上强台,远望崩山,左边江水滔滔,右边湖波粼粼,下临彷徨大泽,心里乐滋滋的,以致乐而忘死,于是在强台发誓不再登临,他说:'后世必定有因贪游台池而亡国的。'现在,您杯里盛的就是仪狄造的美酒,吃的是易牙调

---

　　①　楚王:楚庄王,名旅,前613—前591年在位。强台:台名,一作荆台,即章华台,故址在今湖北省潜江市西南。崩山:山名,即巫山,在今重庆市巫山县东。
　　②　江:指洞庭湖。湖:即彭蠡(鄱阳湖)。
　　③　彷徨:又作"方淮""方皇",即云梦。
　　④　尊:通"樽",酒器。
　　⑤　白台、闾须:皆美女名。
　　⑥　夹林、兰台:当为魏王游乐之处、游观之地。

制的美味;左边有美女白台,右边有佳人间须,这就是南之威那样的女色;前边有夹林,后面有兰台,这就是强台那样的游乐之地。其中有一项,就足以亡国。而如今这四项您都喜爱,怎么能不引以为戒呢?"梁王听了,连声说好。

唐雎说信陵君　魏四

【解题】

信陵君窃符救赵,有功于魏,作为一个贵公子,自然会有骄矜之色,故唐雎劝谏他勿居功自满。文意往复回环而无板滞之弊。

信陵君杀晋鄙①,救邯郸,破秦人,存赵国,赵王自郊迎②。唐雎谓信陵君曰③:"臣闻之曰:'事有不可知者,有不可不知者;有不可忘者,有不可不忘者。'"信陵君曰:"何谓也?"对曰:"人之憎我也,不可不知也;吾憎人也,不可得而知也。人之有德于我也,不可忘也;吾有德于人也,不可不忘也。今君杀晋鄙,救邯郸,破秦人,存赵国,此大德也。今赵王自郊迎,卒然见赵王,臣愿君之忘之也。"信陵君曰:"无忌谨受教。"

---

①　信陵君:魏昭王之少子,名无忌,封为信陵君,战国时著名的四公子之一,其姊为赵平原君之夫人。信陵:魏地,今河南省宁陵县西有信陵故城。晋鄙:魏将,秦军围赵都邯郸,赵屡次求救于魏,魏使晋鄙率师救赵,畏秦不敢进,信陵君用侯生计,窃兵符,用力士朱亥椎杀晋鄙,夺其军权,破秦军于邯郸城下。

②　赵王:赵孝成王,名丹,前265—前245年在位。

③　唐雎:亦作唐且,魏国人,著名策士。

【译文】

信陵君击杀晋鄙,援救邯郸,击败了秦军,保住了赵国,赵王亲自到郊外迎接他。唐雎告诉信陵君说:"我听有句俗话说:'事情有不可知道的,有不可不知道的;有不可忘记的,有不可不忘记的。'"信陵君听了,便问道:"这话怎么讲?"唐雎回答说:"别人憎恶我,是不可不知道的;我憎恶别人,是不可让人知道的。别人对我有恩德,是不可忘记的;我对别人有恩德,是不可不忘记的。现在,你派人杀了晋鄙,去援救邯郸,击败了秦军,保住了赵国,这是极大的恩德啊。如今赵王亲自到郊外来迎接,您马上就要见到赵王,我希望你忘掉这一恩德才好。"信陵君说:"我无忌谨遵您的教导。"

唐雎不辱使命 魏四

【解题】

本文写唐雎入秦劫秦王、不辱使命的事,通过对话来表现人物性格,描写颇为生动。从文中"秦灭韩亡魏"一语来看,此事当发生在秦王政二十二年(前225)之后,当时秦统一天下的大势已定,此事之有无殊不可考;且秦法规定,侍者不得操兵器,而此云"挺剑而起",恐是出于辩士虚构。

秦王使人谓安陵君①曰:"寡人欲以五百里之地易安陵,安陵君其许寡人?"安陵君曰:"大王加惠,以大易小,甚善。虽然,受地于先王②,愿终守之,弗敢易。"秦

---

① 秦王:秦始皇嬴政,因当时尚未称帝,故称秦王。安陵君:战国时期魏国的封君。《说苑·奉使》作"鄢陵君"。安陵,在今河南省鄢陵县西北。

② 先王:死去的国王,此为安陵君对其先人的称谓。

王不说。安陵君因使唐雎使于秦。

秦王谓唐雎曰:"寡人以五百里之地易安陵,安陵君不听寡人,何也? 且秦灭韩亡魏①,而君以五十里之地存者,以君为长者,故不错意也②。今吾以十倍之地,请广于君,而君逆寡人者,轻寡人与?"唐雎对曰:"否,非若是也。安陵君受地于先王而守之,虽千里不敢易也,岂直五百里哉?"

秦王怫然怒,谓唐雎曰:"公亦尝闻天子之怒乎?"唐雎对曰:"臣未尝闻也。"秦王曰:"天子之怒,伏尸百万,流血千里。"唐雎曰:"大王尝闻布衣之怒乎③?"秦王曰:"布衣之怒,亦免冠徒跣,以头抢地耳④。"唐雎曰:"此庸夫之怒也,非士之怒也。夫专诸之刺王僚也⑤,彗星袭月⑥;聂政之刺韩傀也⑦,白虹贯日;要离之刺庆忌也⑧,苍鹰击于殿上。此三子,皆布衣之士也。怀怒未发,休祲降于天⑨,与臣而将四矣。若士必怒,伏尸二人,流血

---

① 灭韩亡魏:秦王政十七年(前230)秦灭韩。秦王政二十二年(前225)秦灭魏。

② 错意:留意。错,通"措",置。

③ 布衣:平民。古代平民穿麻布衣服,故称布衣。

④ 抢(qiāng):撞。

⑤ 专诸:春秋时吴国堂邑(今江苏省南京市六合区西北)人,时公子光(即吴王阖闾)欲杀吴王僚以自立,遂使专诸置匕首于鱼腹中,借献鱼为名刺之,僚立死,专诸亦为左右所杀。

⑥ 彗星袭月:彗星,俗称扫帚星。袭,冲向。"彗星袭月"与下文的"白虹贯日""仓鹰击于殿上"都是古人的附会之辞。

⑦ 聂政:战国初韩国轵(今河南省济源市)人,时韩国大夫严仲子与韩相韩傀(一名侠累)有仇,聂政为严仲子刺韩傀,事成后自杀。

⑧ 要离:春秋时吴人,公子光派专诸刺吴王僚后,僚之子庆忌逃往卫国,光又遣要离刺死庆忌,要离亦自刎。

⑨ 休祲(jìn):休,吉兆。祲,不祥的云气。休祲,偏义复词,这里偏指"祲"。

五步,天下缟素。今日是也。"挺剑而起。

秦王色挠,长跪而谢之①,曰:"先生坐!何至于此,寡人谕矣。夫韩魏灭亡,而安陵以五十里之地存者,徒以有先生也。"

【译文】

秦王派人告诉安陵君说:"我想要用五百里见方的土地来换取安陵,安陵君可要答应我的要求!"安陵君说:"承蒙大王施恩,拿大块地来换一小块,真是太好了。尽管如此,可是我从先王那里承受了这块封地,总想始终守住它,不敢拿来调换。"秦王听了这回话很不高兴。安陵君就派唐雎出使秦国。

秦王对唐雎说:"我拿五百里见方的土地去换取安陵这个地方,而安陵君竟不听从,这是为什么呢?再说,秦国灭掉了韩国、魏国,而安陵君仅凭着五十里的地方倒还存留下来,就是因为我把安陵君看作忠厚老实的长者,所以没有打他的主意。现在我以十倍的土地请求扩大安陵君的地盘,而安陵君却拒绝我,这难道不是看不起我吗?"唐雎回答说:"不,不是像您说的这样。安陵君从先王那里承受了这块地盘就该好好地守住它,纵使拿千里见方的土地他也不敢换出去,何况只有五百里呢?"

秦王勃然大怒,对唐雎说:"你可曾听说天子发怒吗?"唐雎回答说:"我未曾听说过。"秦王说:"天子一发怒,横尸百万,流血千里。"唐雎说:"大王可曾听说平民发怒吗?"秦王说:"平民发起怒来,也不过是光着头,赤着脚,拿头往地上撞罢了。"唐雎曰:

---

① 长跪:双膝着地,上身挺直。古人席地而坐,坐时以臀部压着脚踵,挺身而跪表示谢罪或戒备。

"这是平庸无能的人发怒的样子,不是有胆识的士人发怒啊!从前,专诸刺王僚的时候,彗星的尾光扫过月亮;聂政刺韩傀的时候,白色的长虹穿日而过;要离刺庆忌的时候,苍鹰飞扑到殿堂上。这三位都是平民中的侠士,当他们胸中怀着愤怒还未发作的时候,上天就降下了不吉之兆,连我在内,就会有四个这样的侠士了。如果有胆识的人一定要发怒,横在地上的尸体不过两具,流血也不过五步,可是天下的人都要居丧挂孝。今天就是如此!"唐雎说完,就拔出佩剑站了起来。

秦王气焰受挫,神色沮丧,直挺上身跪着向唐雎道歉,说:"先生请坐,何至于这样! 如今我完全明白了:韩、魏两国都灭亡了,而安陵君凭着五十里的地盘却还能存留下来,只是因为有先生的缘故啊!"

乐毅报燕王书　燕二

【解题】

前284年,燕昭王派乐毅攻齐,先后攻占七十余城。惠王即位后,中了齐国的反间计,改用骑劫为将,乐毅被迫出奔赵国。及骑劫大败,惠王恐赵国用乐毅伐燕,派人指责乐毅不该弃燕奔赵,乐毅作此书辩说。答书缅怀昭王对他的知遇之恩,追述了奉命伐齐的功业,剖白了自己尽忠于燕的心迹,婉曲地反驳了惠王对他的指责。书中极力颂扬先王之明与先王之功,以衬托惠王之暗与无能致败,情辞幽愤,委婉动人。

昌国君乐毅为燕昭王合五国之兵而攻齐①，下七十余城，尽郡县之以属燕。三城未下而燕昭王死②。惠王即位③，用齐人反间，疑乐毅，而使骑劫代之将。乐毅奔赵，赵封以为望诸君④。齐田单诈骑劫⑤，卒败燕军，复收七十余城以复齐。燕王悔，惧赵用乐毅乘燕之敝以伐燕。

燕王乃使人让乐毅，且谢之曰："先王举国而委将军，将军为燕破齐，报先王之仇，天下莫不振动。寡人岂敢一日而忘将军之功哉！会先王弃群臣，寡人新即位，左右误寡人。寡人之使骑劫代将军，为将军久暴露于外，故召将军且休计事。将军过听，以与寡人有隙，遂捐燕而归赵。将军自为计则可矣，而亦何以报先王之所以遇将军之意乎？"

望诸君乃使人献书报燕王曰："臣不佞⑥，不能奉承先王之教，以顺左右之心，恐抵斧质之罪⑦，以伤先王之明，而又害于足下之义，故遁逃奔赵。自负以不肖之罪，

---

① 乐(yuè)毅：战国时燕将，中山灵寿(今河北省灵寿县)人，乐羊的后代，因伐齐有功封于昌国(今山东省淄博市南)，号昌国君(昌国本齐地，乐毅伐齐后归燕)。燕昭王：名职，燕王哙的庶子，前311—前279年在位。五国：指楚、韩、赵、魏、燕，一说指秦、韩、赵、魏、燕。

② 三城：指聊城(今山东省聊城市)、莒(今山东省莒县)、即墨(今山东省平度市东南)。"三城"当为"二城"，因田单攻聊城，燕将固守之事致误。

③ 惠王：燕昭王之子，名不详，前279—前272年在位。

④ 望诸君：望诸，泽名，即孟诸泽，在今河南省商丘市东北，战国时属齐。乐毅自燕奔赵，赵乃封乐毅于观津(今河北省武邑县东南)，称望诸君。

⑤ 田单：齐国名将，临淄人，本为市吏，乐毅破齐时曾坚守即墨，前279年用火牛阵大败燕军，杀死骑劫。

⑥ 不佞(nìng)：不才，自谦之词。

⑦ 斧质：古代杀人用的刑具，此指处死。质，通"锧(锧)"，砧垫。

故不敢为辞说。今王使使者数之罪，臣恐侍御者之不察先王之所以畜幸臣之理①，而又不白于臣之所以事先王之心，故敢以书对。

"臣闻贤圣之君，不以禄私其亲，功多者授之；不以官随其爱，能当者处之。故察能而授官者，成功之君也；论行而结交者，立名之士也。臣以所学者观之，先王之举措有高世之心，故假节于魏王②，而以身得察于燕③。先王过举，擢之乎宾客之中，而立之乎群臣之上，不谋于父兄，而使臣为亚卿④。臣自以为奉令承教，可以幸无罪矣，故受命而不辞。

"先王命之曰：'我有积怨深怒于齐，不量轻弱，而欲以齐为事。'臣对曰：'夫齐，霸国之余教，而骤胜之遗事也，闲于兵甲⑤，习于战攻。王若欲伐之，则必举天下而图之；举天下而图之，莫径于结赵矣。且又淮北宋地⑥，楚、魏之所同愿也。赵若许约，楚、赵、宋尽力⑦，四国攻之，齐可大破也。'先王曰：'善。'臣乃口受令，具符节，南使臣于赵。顾反命，起兵随而攻齐。以天之道，先王之灵，河北之地⑧，随先王举而有之于济上⑨。济上之军奉

---

①　侍御者：左右近习侍从，这里是尊称对方的用语。

②　节：符节，古代外交使臣持之以作凭证。乐毅是借使臣的身份由魏入燕为臣的。

③　察：知晓。

④　亚卿：卿分上、中、下三级，次者为中卿，又称亚卿。

⑤　闲：通"娴"。

⑥　淮北：淮河以北，原为楚地，后为宋攻取。宋地：宋国的故地，在今山东、安徽、河南之间。前286年齐灭宋，占有其地。

⑦　赵、宋：赵，一本作"魏"。宋：衍文，《新序·杂事三》载此文无"宋"字。

⑧　河北：指黄河以北接近燕国的地区。

⑨　济上：济水之滨。

令击齐,大胜之。轻卒锐兵,长驱至国。齐王逃遁走莒,仅以身免。珠玉财宝,车甲珍器,尽收入燕。大吕陈于元英①,故鼎反乎历室②,齐器设于宁台③。蓟丘之植④,植于汶篁⑤。自五伯以来,功未有及先王者也。先王以为顺于其志,以臣为不顿命⑥,故裂地而封之,使之得比乎小国诸侯。臣不佞,自以为奉令承教,可以幸无罪矣,故受命而弗辞。

　　"臣闻贤明之君,功立而不废,故著于春秋;蚤知之士⑦,名成而不毁,故称于后世。若先王之报怨雪耻,夷万乘之强国,收八百岁之蓄积⑧,及至弃群臣之日,遗令诏后嗣之余义⑨,执政任事之臣,所以能循法令、顺庶孽者⑩,施及萌隶⑪,皆可以教于后世。

　　"臣闻善作者,不必善成;善始者,不必善终。昔者

----

① 大吕:乐器,钟名。元英:燕宫殿名。

② 故鼎:燕国的旧鼎。前314年,齐国趁燕国内乱,出兵攻燕,杀燕王哙,得燕鼎。历室:燕宫殿名。

③ 宁台:燕台名。

④ "蓟丘"二句:意为燕都蓟丘种植的都是汶水之滨的竹子。蓟丘:燕都城,在今北京市西南。植,旧注为"旗帜",今不从,请参看本篇译文。

⑤ 汶:水名,在今山东境内。

⑥ 顿:坠,失。

⑦ 蚤:通"早"。

⑧ 八百岁:齐国从西周初年受封至乐毅伐齐约有八百年。

⑨ "遗令"句:此句文义不可通。《史记·乐毅列传》此句作"余教未衰"。《新序·杂事三》作"余令诏后嗣之义法"。

⑩ 庶孽:指妾媵所生之子。

⑪ 萌隶:指老百姓。萌,通"氓"。

伍子胥说听乎阖闾①,故吴王远迹至于郢②。夫差弗是也③,赐之鸱夷而浮之江。故吴王夫差不悟先论之可以立功,故沉子胥而弗悔;子胥不蚤见主之不同量,故入江而不改④。夫免身全功,以明先王之迹者,臣之上计也。离毁辱之非⑤,堕先王之名者⑥,臣之所以大恐也。临不测之罪,以幸为利者,义之所不敢出也。

"臣闻古之君子,交绝不出恶声;忠臣之去也,不洁其名。臣虽不佞,数奉教于君子矣。恐侍御者之亲左右之说,而不察疏远之行也。故敢以书报,唯君之留意焉。"

【译文】

昌国君乐毅为燕昭王联合了五国的军队进攻齐国,攻占了七十多座城邑,并把这些城邑全部划成归燕国所辖的郡县。还有两座城没被攻下,而燕昭王去世了。燕惠王即位,他中了齐人的反间计,疑忌乐毅,派骑劫接替他担任将军。乐毅投奔赵国,赵国封他为望诸君。后来,田单以火牛阵欺骗了骑劫,终于打败了燕军,收复了七十多座城池,光复了齐国。这时,燕王又后悔了,害怕赵国起用乐毅,乘燕国疲敝之

---

① 伍子胥:楚人,名员(yún),其父、兄为平王所杀,子胥出奔吴,佐吴王阖闾攻破楚国。夫差即位后,子胥劝他拒绝越国的求和,夫差不听,逼子胥自杀,并把子胥的尸体装进皮囊,沉入江中。阖闾:即公子光,吴王僚之堂兄弟,弑吴王僚自立,前514—前496年在位。

② 郢:楚之国都,在今湖北省江陵县西北之纪南城。

③ 夫差:阖闾之子,前495—前473年在位。

④ 入江而不改:相传子胥的尸体投入江后,因子胥怨恨,成了波涛之神。

⑤ 离:通"罹",遭受。

⑥ 堕(huī):通"隳",毁坏。

机来进攻燕国。

燕王就派人前往赵国责备乐毅,并且对他表示歉意,说:"先王把全国都托付给了将军,您也不负重托,为燕国打败了齐国,报了先王的仇,天下诸侯没有不为之震动的,我岂敢有一天忘记将军的功劳呢! 当时恰逢先王去世,我刚即位,大臣们欺骗了我。我派骑劫接替将军,是因为将军长期在外作战,饱受日晒夜露之苦,特意把将军召回来暂且休息一下,并要同您共商国是。而将军误信了传言,以至于同我有了隔阂,于是就舍弃燕国而到赵国去了。将军如果单纯地为个人打算,这当然是可以的了,可是将军也要想一想拿什么报答先王对待您的厚意呢?"

望诸君乐毅便差人呈送一封信回复燕王说:"我没什么才干,没能很好地遵奉先王的教导,以便遂顺您左右亲信的心愿,我担心犯了杀身之罪,以致损伤了先王的知人之明,又有害于足下处世立身的道义,因此我只好逃亡投奔赵国。我自己担了不贤的罪名,也就不敢写信进行辩白。如今大王派使者来责备我的罪过,我唯恐大王不明察先王栽培、爱护我的理由,又不明白我侍奉先王的诚心,所以我冒昧地以书信奉告。

"我听说贤明的君主,不会把俸禄偏私地赏给亲近的人,而要赏给功劳多的人;不会把官爵随便赏给他所喜爱的人,而要让能称职的人居其位。所以说,量才而授官的,是能建树功勋的君主;论德行而交友的,是能树立名节的士人。我用所学得的知识观察,先王用人的措施,很有超出一般国君的心胸,所以就从魏王那里以使臣的身份出使燕国,使自己得以被燕王知晓。承蒙先王过分地抬举,把我从宾客之中选拔出来,让我位居群臣之上,先王也没有同宗室大臣商议,又任命我为亚卿。我自以为如果我能遵奉命令接受教诲,就可以侥幸免于罪过的,所以就接受了任命而没有推辞。

"先王命令我说:'我跟齐国有深仇大恨,我也不顾及自己力量的弱小,而要以灭齐为己任。'我回答说:'那齐国尚有当年称霸的政治影响,又有屡次战胜敌国的余威,熟悉军事,惯于作战。大王如果要攻打齐国,就必须与各国诸侯一起对付它;而要同各国诸侯一起对付它,没有比联合赵国更便捷的了。再说,淮北、宋地,是楚、魏都想要的地方。赵国若答应和燕国结盟,楚、魏也愿尽力,四国联合攻打齐国,就可以把它打得大败。'先王说:'很好。'于是我就接受了先王亲口下的命令,准备好符节,南行出使赵国。不久,就回国复命,随即发兵攻打齐国。仰仗着上天的保佑、先王的威望,河北的地方全都被先王占领,济上的部队又奉命追击齐军,把它打得大败。燕国的轻装精锐部队长驱直入,一直打到齐国的都城。齐湣王逃到莒邑,仅仅只身免难。于是,齐国的珠玉、财宝、军事物资、珍贵器皿,全部收归燕国所有。大吕陈列在元英殿,燕鼎又回到了历室,齐国的珍器都陈列在宁台,蓟丘种植的,都是汶水之滨的竹子。从春秋五霸以来,没有一个人的功绩可以比得上先王的。先王觉得很满意,认为我没有贻误他的命令,因而分封给我土地,使我的地位相当于小国的诸侯。我虽然没有什么才干,可是我以为遵奉命令,承受教诲,是可以侥幸免罪了的,所以也就接受了分封而没有推辞。

"我听说英明的君主,功勋建树了便不会废弃,所以能载入史册;先知的士人,成就了功名就不会毁坏,所以能见称于后世。先王报仇雪耻,征服强大的敌国,没收齐国八百余年来蓄积的财富,直到去世后,他的影响依然存在,执政大臣们遵循法令,处理好嫡庶关系,而且把他的遗教推行到民众中去。先王的这些功勋都可以教训后世。

　　"我听说善作者未必善成,善始者未必善终。从前,伍子胥游说吴王阖闾,吴王采纳了他的主张,因此吴国能远征到楚国的郢都。吴王夫差不赞成伍子胥的主张,勒令他自杀,并把他的尸体盛进皮囊,抛入江中。夫差不晓得按照伍子胥生前的计划去做就可以建树功勋,所以他把伍子胥的尸体投入江中而毫不悔悟;伍子胥未能及早地察觉两个君主的胆识不同,所以至死而不改变主张。对我来说,能脱身免祸,保全功名,以显扬先王的业绩,这是上策;而遭受侮辱性的诽谤,败坏先王的好名声,这是我最害怕的。面临死罪,还要以侥幸心理去谋私利,从道义上说,这是我绝不敢做的。

　　"我听说古代的君子,即使同朋友绝了交,也不会说出恶言毒语;忠臣不得已而出奔他国,也绝不肯为了洗刷自己而归咎于君。我虽然没什么才干,也曾多次在君子那里受过指教。我恐怕您听信了左右亲信的话,而不明察被疏远之臣的所作所为,所以冒昧地以书信作答,希望您留意披览。"

李　斯

　　李斯(? —前208),楚国上蔡(今河南省上蔡县)人,曾师从荀卿,前247年西入秦,初为吕不韦舍人,后被秦王政任为客卿,又擢升为廷尉。秦统一六国后,任丞相。秦始皇死后,赵高谋立胡亥,李斯被迫胁从,不久,李斯亦为赵高陷害,腰斩于咸阳市。

谏逐客书

【解题】

本文是李斯在秦王政十年（前 237）向秦始皇呈递的一篇奏议。据《李斯列传》载，在秦统一六国前，韩国为了减轻秦国对它的军事压力，派水工郑国入秦，劝秦大兴水利。后来，事被发觉，秦王接受了宗室大臣的建议，下令逐客。李斯亦在被逐之列，于是他就上此书劝谏。上书后，秦王收回成命，恢复了李斯的职务。

这篇文章列举了商鞅等客卿对秦国的统一事业做出的贡献，提出有利于统一的用人路线，指出"非秦者去"的做法必然导致政权的倾危。本文善用比喻和排比，增强了文章的气势和形象性，风格与汉初文章颇为接近。

秦宗室大臣皆言秦王曰："诸侯人来事秦者，大抵为其主游间于秦耳，请一切逐客。"李斯议亦在逐中。斯乃上书曰："臣闻吏议逐客，窃以为过矣。

"昔穆公求士①，西取由余于戎②，东得百里奚于宛③，

---

① 穆公：即秦穆公，姓嬴，名任好，春秋五霸之一，前 659—前 621 年在位。

② 由余：其祖先本为晋人，后徙居戎地，由余奉戎王之命使秦，穆公以为贤，以计离间由余和戎王，由余遂入秦。穆公用由余之谋，得以征服西戎。

③ 百里奚：楚国宛（yuān）（今河南省南阳市）人，初事虞公，晋灭虞后，晋献公把他作为陪嫁的奴隶送给秦国。百里奚自秦逃至宛地，为楚人所执。穆公闻其贤，欲以重金赎之，又恐引起楚人的重视而不肯放还，乃以五羖（gǔ，黑羊）羊皮赎回，授以国政，相秦七年，号曰"五羖大夫"。

迎蹇叔于宋①,来邳豹②、公孙支于晋③。此五子者,不产于秦,而穆公用之,并国二十④,遂霸西戎。孝公用商鞅之法⑤,移风易俗,民以殷盛,国以富强,百姓乐用,诸侯亲服,获楚、魏之师⑥,举地千里,至今治强。惠王用张仪之计⑦,拔三川之地⑧,西并巴、蜀⑨,北收上郡⑩,南取

---

① 蹇叔:百里奚之友,时居宋,以百里奚推荐,穆公使人厚币迎之,以为上大夫。

② 来:通"徕"。邳豹:晋大夫邳郑之子。邳郑被杀,豹奔秦,为秦将。

③ 公孙支:又名子桑,曾游晋,后归秦,任大夫,为穆公谋臣。

④ 二十:《史记·秦本纪》作"十二",《匈奴传》作"八国"。均言其吞并戎人部落之多,并非实指。

⑤ 孝公:即秦孝公,秦穆公之十四代孙,名渠梁,前361—前338年在位。商鞅:卫人,姓公孙,名鞅,亦称卫鞅。少好刑名之学,后入秦,劝孝公变法,有战功,封于商(今陕西省商洛市商州区),故又称商鞅。今传有《商君书》。

⑥ 获楚、魏之师:秦孝公二十二年(前340),卫鞅率师伐魏,俘魏公子卬(áng),同年又伐魏。

⑦ 惠王:即秦惠文王,孝公之子,名驷,初号惠文君,后改称王(秦君称王自此始),前337—前311年在位。张仪:魏国人,战国时著名的纵横家,曾相秦惠王,以连横之策说六国,使背纵约而事秦,号曰武信君,他对秦的日趋富强做出了贡献。

⑧ 三川之地:指今河南省洛阳市一带,是黄河、洛河、伊水交汇的地区,原属东周、西周和韩国。据《史记·秦本纪》载,"拔三川之地"为惠文王之子武王时事,时张仪已死。因张仪曾请求下兵三川,故言"用张仪之计"。

⑨ 巴、蜀:古国名。巴,在今重庆市一带。蜀,在今四川省成都市一带。据《战国策·秦策》载,"西并巴、蜀"并非张仪之计,而是司马错的主张(见本卷《司马错论伐蜀》)。又据《华阳国志·蜀志》载,张仪、司马错、都尉墨等率师从金牛道伐蜀,蜀王为秦军所杀,蜀亡。秦军随即挥戈东指,占领巴国,俘虏巴王。

⑩ 上郡:魏地,在今陕西省沮水以北及内蒙古河套东南部。秦惠文君十年(前328),魏纳上郡十五县于秦。

汉中①,包九夷②,制鄢、郢③,东据成皋之险④,割膏腴之壤,遂散六国之从⑤,使之西面事秦,功施到今。昭王得范雎⑥,废穰侯,逐华阳,强公室,杜私门,蚕食诸侯,使秦成帝业。此四君者,皆以客之功。由此观之,客何负于秦哉!向使四君却客而不内⑦,疏士而不用,是使国无富利之实,而秦无强大之名也。

"今陛下致昆山之玉⑧,有随和之宝⑨,垂明月之珠,服太阿之剑⑩,乘纤离之马⑪,建翠凤之旗⑫,树灵鼍之鼓⑬。此数宝者,秦不生一焉,而陛下说之,何也?必秦国之所生然后可,则是夜光之璧不饰朝廷;犀象之器不

---

① 汉中:楚郡名,在今陕西省南部及湖北省西北部。惠文王改元后十三年(前312),秦攻楚,取汉中地六百里,置汉中郡。

② 九夷:指楚国境内的少数民族地区,在今湖北省东北部。

③ 鄢、郢:战国时楚国都的通名,包括当时都城郢(今湖北省江陵县之纪南城)及别都鄢(今湖北省宜城市东南楚王城)。

④ 成皋:周之东部要塞,即今河南省荥阳市虎牢关。

⑤ 从:通"纵",合纵,六国联合抗秦。

⑥ 昭王:即秦昭襄王,秦惠王之子,武王之异母弟,名稷,前306年—前251年在位。秦武王死后无嗣,诸弟争位,稷年幼,赖其母芈八子和她的异父弟魏冉之力取得王位。稷继位后,宣太后(芈八子)听政,封其弟芈戎为华阳君,用魏冉为相,封穰侯。从此以后,宣太后、穰侯、华阳君揽权干政。范雎:魏国人,因事获罪,入秦说昭王,建议罢免外戚,用远交近攻的策略蚕食六国,昭王采纳了他的建议,废太后,逐穰侯、华阳君等于函谷关外,任范雎为相,封为应侯。

⑦ 内(nà):通"纳",接纳。

⑧ 昆山:即昆仑山,其北麓和阗(今新疆和田)以产美玉著名。

⑨ 随和之宝:指随侯珠、和氏璧。随侯珠,相传随(西周至春秋时的一个小国,在今湖北省随州市)侯见一蛇伤,以药敷之,后蛇衔明珠以报其德,此珠被称作"随侯珠"。和氏璧:春秋时楚人卞和献给楚王的美玉。

⑩ 太阿(ē):相传是春秋末欧冶子、干将为楚王铸的名剑。

⑪ 纤离:骏马名。

⑫ 翠凤:一种珍奇的禽鸟。

⑬ 灵鼍(tuó):鳄鱼类,今称扬子鳄,皮坚厚,可制鼓。

为玩好；郑、卫之女不充后宫，而骏马駃騠不实外厩①；江南金锡不为用，西蜀丹青不为采②。所以饰后宫、充下陈③、娱心意、悦耳目者，必出于秦然后可，则是宛珠之簪④、傅玑之珥⑤、阿缟之衣⑥、锦绣之饰不进于前；而随俗雅化、佳冶窈窕赵女不立于侧也。夫击瓮叩缶弹筝搏髀而歌呼呜呜快耳目者⑦，真秦之声也；郑卫桑间⑧、韶虞武象者⑨，异国之乐也。今弃击瓮而就郑卫，退弹筝而取韶虞，若是者何也？快意当前，适观而已矣。今取人则不然，不问可否，不论曲直，非秦者去，为客者逐。然则是所重者在乎色乐珠玉，而所轻者在乎人民也。此非所以跨海内、制诸侯之术也。

"臣闻地广者粟多，国大者人众，兵强则士勇。是以泰山不让土壤，故能成其大；河海不择细流，故能就其深；王者不却众庶，故能明其德。是以地无四方，民无异国，四时充美，鬼神降福，此五帝三王之所以无敌也。今

① 駃騠(jué tí)：产于北方的一种名马，公马和母驴所生。
② 丹青：即丹砂、青䨼(huò)，两种贵重的矿物质颜料。
③ 下陈：堂下。古代殿堂下陈列礼品之处，亦侍妾歌舞之所。"充下陈"指站满堂下的姬妾。宫殿阶下之地为歌舞的场所。一说下陈，犹后列，指侍妾。
④ 宛(yuān)珠：宛(今河南省南阳市)地所产的珠子。
⑤ 傅：通"附"。玑，不圆的珠子。
⑥ 阿缟：细绢。阿，通"绠"(用王念孙说)。一说：阿，齐国东阿(今山东省阳谷县东)。
⑦ 缶：瓦器，秦人用作打击乐器。
⑧ 郑卫：指郑国、卫国地区活泼悦耳的新兴的民间音乐。桑间：卫国地名，在濮水之滨，相传殷纣王的乐师延在此投水而死，因此在那里常常可以听到乐师延给纣所作的乐曲，据说这种乐曲是十分动听的。
⑨ 韶虞：即"韶乐"，相传是虞舜时的舞曲。武象：周武王时的乐舞。一说《武》乃武王之乐，《象》乃周公之乐。

乃弃黔首以资敌国①,却宾客以业诸侯,使天下之士退而不敢西向,裹足不入秦。此所谓'藉寇兵而赍盗粮'者也②。

"夫物不产于秦,可宝者多;士不产于秦,而愿忠者众。今逐客以资敌国,损民以益仇,内自虚而外树怨于诸侯,求国无危,不可得也。"

秦王乃除逐客之令,复李斯官。

【译文】

秦国的宗室大臣都对秦王说:"各国来侍奉秦王的人,大都是替他的国君到秦国来游说当间谍的,请把客卿们一律驱逐出境。"李斯也在被逐之列。他就给秦王上书说:"听说官吏们建议驱逐客卿,我私下认为这样就做错了。

"当初,穆公访求贤士,西边从戎族地区请来了由余,东边从宛地聘到百里奚,从宋国迎来了蹇叔,从晋国招来了邳豹和公孙支。这五位贤士,并不是在秦国出生的,而穆公重用他们,就吞并了二十个小国,称霸于西戎。孝公采用了商鞅变法的主张,移风易俗,人民因此富足兴旺,国家从此富裕昌盛,老百姓乐于为国家效力,列国诸侯亲近宾服,战胜了楚、魏的军队,攻取了上千里的土地,国家至今太平强盛。惠王采用了张仪的计策,攻占了三川,西边兼并巴蜀,北边收得上郡,南边攻取汉中、吞并九夷,控制了楚国的都城,东边占领了要塞成皋,割取了大片肥沃的土地,于是瓦解了六国的联盟,迫使他们面向西方侍奉秦国,这些功绩所带来的好处,一直延续到今天。昭王任用范雎,罢免穰侯,放逐华阳君,加

---

① 黔首:秦称百姓为黔首。黔,黑色。
② 藉:通"借"。赍(jī):馈赠。

强了王室的权威,杜绝了权臣专权的局面,吞食列国的领土,使秦国奠定了统一全国的基础。这四位君王所以有所成就,都是由于客卿的功劳。由此看来,客卿有什么对不起秦国的地方呢?假使当初四位国君拒绝客卿而不予接纳,疏远贤臣而不予任用,这就使国家得不到富裕强盛所带来的实惠,秦国也不会博得强国的名声了。

"现在,陛下得到了昆山的美玉,拥有随侯珠、和氏璧这样的珍宝,衣冠上坠着明月珠,身上佩着太阿剑,驾着纤离马,竖起饰有翠凤羽毛的旗,设置了灵鼍皮蒙的鼓。这几件宝物,秦国一件也不出产,而陛下却非常喜欢,这是为什么呢?如果一定得是秦国出产的才能用,那么夜光璧就不能装饰在朝廷里,犀角、象牙的器皿也不能成为玩赏之物;后宫里就不能有郑国、卫国的美女,外边的马厩里也不能有駃騠骏马,甚至也不能用江南产的金锡来制作器物,也不能用西蜀的颜料来进行彩绘。如果凡是用来装饰后宫、站满堂下的,赏心快意、悦耳娱目的,一定得是秦国出产的才行,那么镶着宛珠的发簪,嵌着珠子的耳环,阿缟的衣服以及其他华美的衣饰都不能进献到面前;而那些随着流行的式样打扮自己、艳丽窈窕的赵国美女也不能在身边侍立了。敲敲瓦罐,打打陶缶,弹弹竹筝,拍拍大腿,直着嗓子呜呜呀呀地歌唱着来娱人耳目,那才是地道的秦国音乐呢;而郑卫之音、桑间濮上之音、虞的韶乐、周的武象之类,倒统统是外来的音乐呀。如今抛弃敲瓦罐打陶缶的那一套,而去听郑卫之音,不去弹筝而听《韶虞》之类的乐曲,这是为什么呢?无非是为了取乐于当前,满足观赏的需要罢了。当今选取人才却不肯这样做,不问可用与否,不论是非曲直,只要不是秦国人就赶走,凡是外籍人就驱逐。既然如此,就表明看重的是美色、音乐、珠宝、玉石,而看轻的是人。这绝不是用来占据海内、制服诸侯的办法呀。

　　"我听说,土地广阔的,粮食就充裕;国家强大的,人口就众多;武器精良的,兵士就勇敢。因此,泰山不嫌弃微小的土块,就造成了它的高大;河海不舍弃细小的水流,就汇成了它的渊深;帝王不排斥众人,就能显扬他的美德。因此,地不分东西南北,人不限本土外籍,一年四季生活丰足美满,连鬼神也会来降福,这正是五帝、三王无敌于天下的根本原因。现在却抛弃百姓来资助敌国,排斥外籍人而使诸侯成就功业,使天下贤士都退回本地而不敢向西,裹足停步不敢入秦。这正是所谓'借给敌寇兵器,送给盗贼干粮'啊。

　　"不出产于秦国而可宝贵的东西固然很多,不出生于秦国而愿意效忠的贤士也确实不少。如今驱逐客卿以帮助敌国,减少本国的人口而增加敌国的人口,对内则削弱了自己的力量,对外则树立怨敌于诸侯。这样下去,要想求得国家没有危险,是办不到的。"

　　秦王于是撤销逐客的命令,恢复了李斯的官职。

楚　辞

　　《楚辞》为古代诗歌总集,西汉刘向辑,收录了战国时楚国屈原、宋玉和汉代一些人的辞赋。由于这些作品采用的是楚地的文学样式、方言声韵和风土物产等,故称《楚辞》。较流行的本子有东汉王逸的《楚辞章句》、宋朝朱熹的《楚辞集注》,两者所收的篇目有所不同。

卜 居

【解题】

卜居,即卜问处世之道。本篇设为一段问卜之词,描绘了两种对立矛盾的心理,表现了屈原的顽强斗志和对黑暗现实的愤慨。全篇采用设词问答的形式,句法参差错落,用韵也较自由,对后代辞赋的创作有一定影响。

汉代王逸认为此篇是"屈原之所作",清代学者崔述曾提出过怀疑,近人或谓是屈原同时代的楚人的作品,此说大致可信。

屈原既放,三年不得复见。竭智尽忠,而蔽障于谗。心烦虑乱,不知所从。乃往见太卜郑詹尹曰①:"余有所疑,愿因先生决之。"詹尹乃端策拂龟②,曰:"君将何以教之?"

屈原曰:"吾宁悃悃款款朴以忠乎,将送往劳来斯无穷乎?宁诛锄草茆以力耕乎③,将游大人以成名乎?宁正言不讳以危身乎,将从俗富贵以媮生乎④?宁超然高举以保真乎,将哫訾栗斯、喔咿嚅唲以事妇人乎⑤?宁廉洁正直以自清乎,将突梯滑稽如脂如韦以絜楹乎⑥?宁

---

① 太卜:官名,卜筮官之长。郑詹尹:太卜的姓名。

② 策:蓍(shī)草。《礼记·曲礼上》:"龟为卜,策为筮。"

③ 茆:通"茅"。

④ 媮(tōu):通"偷"。

⑤ 哫訾(zú zǐ)栗斯、喔咿(wō yī)嚅唲(rú ér):哫訾、栗斯、喔咿、嚅唲,均为联绵词,用以模拟谄媚者强颜欢笑以奉权贵的情态。妇人:暗指楚怀王的宠姬。

⑥ "突梯"句:突梯、滑(gǔ)稽,均为联绵字。突梯,滑达貌;滑稽,圆转貌(用朱熹说)。脂,油脂。韦,熟牛皮。絜(xié)楹:如同匠人絜度楹柱以使之刓圆(用王夫之说),比喻圆顺随俗,与世沉浮。

昂昂若千里之驹乎,将氾氾若水中之凫①,与波上下,偷以全吾躯乎?宁与骐骥亢轭乎②,将随驽马之迹乎?宁与黄鹄比翼乎,将与鸡鹜争食乎?此孰吉孰凶?何去何从?世溷浊而不清:蝉翼为重,千钧为轻③;黄钟毁弃④,瓦釜雷鸣⑤;谗人高张,贤士无名。吁嗟默默兮,谁知吾之廉贞!"

詹尹乃释策而谢曰:"夫尺有所短,寸有所长;物有所不足,智有所不明;数有所不逮,神有所不通。用君之心,行君之意。龟策诚不能知此事。"

【译文】

屈原被放逐以后,一连三年没机会再见国君一面。他竭尽忠诚,用尽智慧,一心为国,竟被谗佞小人障蔽阻挠。他心烦意乱,不知如何是好。于是屈原去见太卜郑詹尹,对他说道:"我有些疑难问题实在想不通,希望通过您来判断吉凶。"郑詹尹摆好蓍草、拂拭龟板,问道:"您有何见教?"

屈原说:"我应该勤勤恳恳,忠贞自守,还是去送往迎来,一味敷衍应酬?我应该铲除杂草、努力耕耘,还是去逢迎权贵、博取好名声?我应该直言敢谏毫不隐讳而危及生命,还是为苟且偷生而追随世俗,追求富贵?我应该远离官场,洁身自好以便保持节操,还是为谄侍君王的姬妾而强颜欢笑?我应该清清白白,廉洁正直,还是趋炎附势,随方就圆,如韦

---

① 水中之凫:《古文观止》从《文选》,"凫"下有"乎"字,今据《楚辞》删。

② 亢轭:犹言"并驾前行"。亢,通"伉",并。轭,车辕前套马用的器具。

③ 钧:重量单位,三十斤为一钧。

④ 黄钟:此指乐器,钟名,比喻贤士。

⑤ 瓦釜:陶土制的锅,比喻谗人。

如脂？我应该气昂昂、雄赳赳，像那千里马，还是为保全自己
而随波逐流，像那水中鸭？我应该跟千里马并驾奔腾，还是
步劣马的后尘，安步徐行？我应该跟天鹅比翼飞翔，还是去
同鸡鸭争食糟糠？到底哪一样吉哪一样凶？我该何去何从？
如今的世道混浊不清：以蝉翼为重，视千钧为轻；黄钟被毁
弃，瓦釜反倒如雷鸣；谗佞小人居高位而嚣张跋扈，贤士却隐
姓埋名。哎！沉默啊沉默，谁人知道我的廉洁与坚贞！"

郑詹尹听完，就丢开龟板和蓍草辞谢道："尺有所短，寸
有所长；万物都有欠缺之处，智者也有考虑不周的地方；占卦
有时不济事，神灵也有不知不明之事。遵照您的想法，做自
己想做的事。蓍草、龟板确实无法预测您所问之事。"

宋玉对楚王问

宋玉（前290—约前222），楚国人，是稍晚于屈原的辞赋
家，与唐勒、景差同时。据说曾在楚顷襄王时任文学侍从之类
的官，一生抑郁不得志。他在创作上颇受屈原的影响，后人常
以"屈宋"并称。但他不像屈原那样具有强烈的正义感和爱国
精神。其代表作是《九辩》。

【解题】

本文写宋玉遭受楚王左右的谗毁以及他的自我辩解，表现
了宋玉自视甚高、落落寡合的性格，也间接地反映了当时楚国
的黑暗现实和宋玉的郁愤不平之气。此篇《文选》题为宋玉作，
后人或疑其为假托之词，非宋玉自作。

楚襄王问于宋玉曰①："先生其有遗行与？何士民众庶不誉之甚也？"

宋玉对曰："唯，然，有之。愿大王宽其罪，使得毕其辞。

"客有歌于郢中者②，其始曰《下里》《巴人》③，国中属而和者数千人。其为《阳阿》《薤露》④，国中属而和者数百人。其为《阳春》《白雪》⑤，国中属而和者不过数十人。引商刻羽，杂以流徵⑥，国中属而和者不过数人而已。是其曲弥高，其和弥寡。

"故鸟有凤，而鱼有鲲。凤凰上击九千里，绝云霓、负苍天，足乱浮云，翱翔乎杳冥之上。夫藩篱之鷃，岂能与之料天地之高哉⑦？鲲鱼朝发昆仑之墟，暴鬐于碣石⑧，暮宿于孟诸⑨。夫尺泽之鲵，岂能与之量江海之大哉？

"故非独鸟有凤而鱼有鲲也，士亦有之。夫圣人瑰意琦行，超然独处。夫世俗之民，又安知臣之所为哉？"

---

① 楚襄王：即楚顷襄王，楚怀王之子，名横，前298年—前263年在位。

② 郢：楚都，在今湖北省江陵县之纪南城。

③ 《下里》《巴人》：曲名，格调乃俚俗之曲。

④ 《阳阿(ē)》《薤(xiè)露》：曲名，格调较《下里》《巴人》为高。

⑤ 《阳春》《白雪》：高雅之曲。

⑥ "引商刻羽"二句：意谓协于音律、富有抑扬变幻之美的极高雅的歌曲。古以宫、商、角、徵(zhǐ)、羽为五音(五声音阶的五个级)。"引""刻"的具体含义现在尚难以做出准确的解释。杨荫浏先生认为这二句是指调式的变化，意为"引用第二度音，修饰第六度音，夹杂运用流动的第五度音"，以备参考。流徵(zhǐ)，不稳定的徵音，即变徵音。

⑦ 天地：此处偏指天。

⑧ 碣石：山名，在今河北省昌黎县西北。一说在今河北省秦皇岛市北戴河附近。

⑨ 孟诸：泽名，故址在今河南省商丘市东北。

【译文】

楚襄王对宋玉问道:"先生大概有些不检点吧? 不然,为什么士子和庶民都对你这么不满意呢?"

宋玉回答道:"嗯。是的,有。请大王原谅我的罪过,让我把话说完吧。

"客人中有一位经常在郢都城里演唱的。一开始,他总是唱《下里》《巴人》,城里能跟着唱的倒有几千人。然后他又唱《阳阿》《薤露》,能跟着唱的就只有几百人了。等到他唱《阳春》《白雪》的时候,能跟着唱的不过几十个人。最后他又唱了一种婉转悠扬、音调多变的极高雅的歌曲,能跟着唱的不过几个人而已。这样说来,歌曲愈高雅,跟着唱的就愈少。

"所以说鸟中有凤凰,鱼中有鲲。那凤凰振翼飞上九千里的高空,穿过了云霓,负载着苍天,浮云在足下翻卷,它在高空中翱翔。而那竹篱笆旁的鷃鸟,难道能同它一起计量天的高度吗? 鲲早晨从昆仑山脚下出游,中午在碣石山曝鳍,傍晚投宿于孟诸泽。而那一尺见方的池塘里的小鱼,怎么能同它一样计量江海的广阔呢?

"所以说,不仅仅是鸟中有凤,鱼中有鲲,士人中也有杰出的。圣人有卓异而美好的思想和行为,超然不群。那些世俗之人,又怎么能理解我的所作所为呢?"

卷五

史　记

　　《史记》是我国第一部纪传体的通史,记载黄帝至汉武帝太初年间三千多年的历史。全书由十二本纪、十表、八书、三十世家、七十列传五部分组成,计一百三十篇,五十二万余字。

　　《史记》不仅是伟大的历史著作,也是传记文学名著。它善于描绘巨幅的生活图景,反映不同类型、不同阶层人物的动态,塑造了许多有血有肉的人物形象。文章气势磅礴,又有浓郁的抒情色彩,语言丰富、生动、自然。鲁迅先生曾誉之为"史家之绝唱,无韵之《离骚》",概括了它在史学和文学方面的伟大成就。

　　"史记"本是汉以前的古代史籍的通称。司马迁自称本书为《太史公书》。汉代刘向的《七略》、班固的《汉书·艺文志》均称之为《太史公》,至《后汉书》始提及司马迁著《史记》,《隋书·经籍志》始著录《史记》一百三十卷,司马迁撰。可见《史记》之名及卷数皆后人所加。

　　今本《史记》有少数篇章不是司马迁的手笔。《三王世家》等篇冠有"褚先生曰"四字,可以肯定是汉元帝、成帝时的博士褚少孙补写的,其余殊难确定何篇是后人补写,补写者又是何人。

五帝本纪赞

【解题】

　　本文是《五帝本纪》中的论赞之词，它说明了对黄帝的历史材料的取舍以及取舍运用材料的衡量尺度。行文一波三折，往复回环，充分体现出司马迁严谨的写作态度。

　　太史公曰①：学者多称五帝②，尚矣。然《尚书》独载尧以来，而《百家》言黄帝③，其文不雅驯④，荐绅先生难言之⑤。孔子所传《宰予问五帝德》及《帝系姓》⑥，儒者或不传。余尝西至空峒⑦，北过涿鹿⑧，东渐于海，南浮江淮矣，至长老皆各往往称黄帝、尧、舜之处，风教固殊焉。总之，不离古文者近是⑨。予观《春秋》《国语》，其发明《五帝德》《帝系姓》章矣⑩，顾弟弗深考，其所表见

---

　　①　太史公：即太史令，司马迁自称。

　　②　五帝：传说中的上古帝王，其说不一，《史记》以黄帝、颛顼、帝喾（kù）、唐尧、虞舜为五帝。据近人研究，他们是中国原始社会末期的部落或部落联盟的领袖。

　　③　百家：即诸子百家。

　　④　雅驯：正确可信。驯，通"训"。

　　⑤　荐绅先生：即士大夫。荐绅，即搢绅，又作缙绅。指古代官宦的一种装束，插笏于大带（绅）和革带之间。搢，插。绅，官宦束在腰间的大带。

　　⑥　《宰予问五帝德》《帝系姓》：书名，已佚。司马迁撰《史记》之《五帝本纪》《三代世表》多采用其文字。《大戴礼记》第六十二篇、六十三篇，收有《五帝德》篇、《帝系》篇。

　　⑦　空峒（tóng）：山名，亦作"崆峒"，在今甘肃省平凉市西。

　　⑧　涿（zhuō）鹿：山名，在今河北省涿鹿县东南。

　　⑨　古文：指秦以前的古字本文献典籍，有别于当时已立在学官的博士们所传授的通行本的"今文"。

　　⑩　章：通"彰"。

皆不虚。《书》缺有间矣,其轶乃时时见于他说。非好学
深思,心知其意,固难为浅见寡闻道也。余并论次,择其
尤雅者,故著为本纪书首。

【译文】

　　太史公评论道:学者大都称述五帝,这已经由来已久了。
可是,《尚书》里只记载尧以后的史事,诸子百家也只讲到黄
帝的事,而且这些记载又不规范可信,士大夫们也难以对此
说个明白。孔子所传的《宰予问五帝德》和《帝系姓》,汉儒
中有的认为它不是圣人之言而不相传习。我曾西至崆峒,北
到涿鹿,东临渤海,南游江淮。所到之处,老年人都常常各自
称说某地是黄帝、尧、舜活动的地方,但这些地方的风俗教化
本来并不相同。总之,以不背离"古文"经传的说法比较接近
史实。同时,我读《春秋》《国语》,它们发挥了《五帝德》《帝
系姓》之说,这是很明显的,不过仅仅是因为儒者没有深入地
稽考而已,其实《五帝德》《帝系姓》中的记载都不是虚妄的。
至于《尚书》这部书,早就残缺不全了,因此,它的散佚文字往
往见于他书之中。如果不是好学深思,通晓古书旨意,确实
很难对那些见识肤浅、孤陋寡闻的人讲清楚。因此,我就选
择了古书中的某些可信的记载以及实地采访的传说,确定了
编次,写成《五帝本纪》作为全书的第一篇。

项羽本纪赞

【解题】

　　本文是对项羽一生功过的评价。作者热情地肯定了他
在楚汉之际的历史作用,也严正地批判了他自恃勇武、专欲
以力服人,并且把失败委之于天命的错误,显示了司马迁从

历史实际出发评价人物的客观态度。全文以"暴"字作骨,以"兴亡"二字为线索,逐层递转,褒贬兼具。

　　太史公曰:吾闻之周生曰"舜目盖重瞳子"①,又闻项羽亦重瞳子②。羽岂其苗裔邪③?何兴之暴也!夫秦失其政,陈涉首难④,豪杰蜂起,相与并争,不可胜数。然羽非有尺寸,乘势起陇亩之中,三年遂将五诸侯灭秦⑤,分裂天下,而封王侯,政由羽出,号为霸王。位虽不终,近古以来未尝有也⑥。及羽背关怀楚,放逐义帝而自立⑦,怨王侯叛己,难矣!自矜功伐,奋其私智而不师古,谓霸王之业⑧,欲以力征经营天下,五年卒亡其国⑨,身死东城⑩,尚不觉寤而不自责⑪,过矣⑫!乃引"天亡我,非用兵之罪也",岂不谬哉!

──────────

①　周生:当系汉代儒者,其名不可考。
②　项羽:秦末起义军领袖,下相(今江苏省宿迁市西)人,楚将项燕之子,项梁之侄。秦二世元年(前209),从项梁起兵,曾在巨鹿之战中摧毁秦军主力。秦亡后自立为西楚霸王,并大封诸侯王。后来在楚汉战争中为刘邦击败,自刎于乌江。
③　邪:通"耶"。
④　陈涉:秦末农民起义领袖,名胜,阳城(今河南省登封市)人。秦二世元年(前209)与吴广起兵反秦,称陈王,六月而败。
⑤　五诸侯:指原来的齐、赵、韩、魏、燕五国所在地的起义军。
⑥　近古:指春秋战国以来的时代。
⑦　义帝:楚怀王之孙,名心,项梁立之为君,仍称楚怀王,以便号召。后来项羽自立为西楚霸王,都彭城(今江苏省徐州市),名义上尊怀王为义帝,而又逼怀王迁离彭城,徙之于长沙郴县(今湖南省郴州市),并暗地令人击杀其于江中。
⑧　谓:通"为",以为。
⑨　五年:指自汉高祖元年至五年(前206—前202)。
⑩　东城:在安徽省定远县东南。项羽兵败至此。
⑪　寤:通"悟"。
⑫　矣:《汉书·项籍传》作"失",与上文"不自责"连读,《通鉴》无"过矣"二字。

【译文】

太史公评论道:我听周生说,舜每只眼睛有两个瞳孔,又听说项羽也是这样。项羽莫非是舜的后裔吧?为什么兴起得这么迅猛啊!秦朝政治衰败,陈涉首先发难,一时豪杰蜂起,互相竞争,多得不可胜数。而项羽并没有尺寸的封地可作凭借,只是乘秦末大乱之势,崛起于民间,可是他仅仅用了三个年头,就统帅五国诸侯军把秦朝灭掉了,重新分割天下土地,封王立侯,政令全由他制定,号称"霸王"。他虽然没能始终保持住霸王之位,可是近古以来,还不曾有过这样的人物。至于他放弃关中,怀恋楚地,放逐义帝而自立为君主,再抱怨王侯们叛离自己,那就难办了!项羽以功勋自夸,逞弄个人的才智,而不肯师法古代的成就功业的帝王,自以为干的是霸王之业,打算凭借武力征讨来取得并统治天下,结果过了五年他的王国就覆灭了,本人也身死东城,直到临死尚未醒悟而不去谴责自己的过失,竟然借口什么"天要灭亡我,并不是仗打得不好"为自己辩解,岂不是太荒谬了吗!

秦楚之际月表

【解题】

《秦楚之际月表》用谱牒的形式胪列了秦二世元年(前209)至汉高祖五年(前202)间的错综史事。本文是表前的序文。它肯定了陈涉、项羽的历史功绩,也称赞了刘邦的成功。从表面看来,作者似乎认为刘邦是"受命而帝"的,但细绎文意,作者的意思是说刘邦既没"用力"灭秦,又没"积善累功",只是顺应了历史变革的自然趋势而取得成功。本文措辞委婉,以赞托讽,饱含咏叹之情。

太史公读秦楚之际,曰:初作难,发于陈涉;虐戾灭秦,自项氏;拨乱诛暴,平定海内,卒践帝祚,成于汉家。五年之间,号令三嬗①,自生民以来,未始有受命若斯之亟也。

昔虞、夏之兴②,积善累功数十年,德洽百姓,摄行政事,考之于天,然后在位。汤、武之王③,乃由契、后稷修仁行义十余世④,不期而会孟津八百诸侯⑤,犹以为未可,其后乃放、弑。秦起襄公⑥,章于文⑦、缪⑧,献、孝之后⑨,稍以蚕食六国,百有余载,至始皇乃能并冠带之伦⑩。以德若彼,用力如此,盖一统若斯之难也!

秦既称帝,患兵革不休,以有诸侯也,于是无尺土之封,堕坏名城⑪,销锋镝,锄豪杰,维万世之安。然王迹之

---

①　嬗(shàn):通"禅",更替。

②　虞:传说中的远古部落名,即有虞氏,居于蒲坂(今山西省永济市西蒲州镇),舜乃其领袖。夏:即夏后氏,我国历史上第一个朝代。相传为夏后氏部落领袖禹之子启所建立的国家,建都安邑(今山西省夏县)、阳翟(今河南省禹州市)等地,传至桀,为商汤所灭。

③　汤:名履,商代的开国君主。武:武王,姓姬,名发,周文王之子,周代的开国君主。

④　契(xiè):商之始祖,传十四代至汤,灭夏桀。后稷(jì):周之始祖,传十五代至武王,灭商纣。

⑤　孟津:地名,亦作盟津,在今河南省洛阳市孟津区,相传武王伐纣会诸侯于此。

⑥　襄公:名失传,春秋时秦国的开国之君,因护送周平王东迁有功,被周封为诸侯,前777—前766年在位。

⑦　章:通"彰"。文:秦文公,名失传,襄公之子,文公击退犬戎,占有岐山以西地,前765—前716年在位。

⑧　缪:秦穆公,名任好,春秋五霸之一,前659—前621年在位。缪,通"穆"。

⑨　献:秦献公,名连,一名师隰(xí),前384—前362年在位。孝:秦孝公,名渠梁,前361—前338年在位。

⑩　始皇:即嬴政,秦王朝建立者,前246—前210年在位。

⑪　堕:通"隳"。

兴,起于闾巷,合从讨伐,轶于三代,乡秦之禁①,适足以资贤者为驱除难耳。故愤发其所为天下雄,安在无土不王？此乃传之所谓大圣乎？岂非天哉,岂非天哉！非大圣孰能当此受命而帝者乎？

【译文】

太史公读了秦楚之际的历史材料,评论道:起初发难的是陈涉;用暴虐手段灭掉强秦的是项羽;治平乱世,诛除恶人,平定海内,终于即帝位的是汉高祖。五年之中,发号施令的人依次更换了三个,自从有了人类以来,君主受天命,从来没有这么快的。

从前,虞舜、夏禹兴起的时候,积了几十年的功德,把恩德普遍地施及百姓,代行天子之权,还要受到上天的考验,然后才登帝位。商汤、周武王得天下,由来更加长久,从契和后稷开始,十几代奉行仁义,方才成功。武王时想要伐纣,不期而会于孟津的诸侯有八百人之多,武王还认为时机未到。商汤、武王做了长期的准备,直到后来条件成熟了,他们才分别放逐夏桀,杀了纣王。秦朝的基业是从襄公肇始的,到了文公、穆公时代才名声大震,献公、孝公以后,方才渐渐蚕食六国,又隔了百余年,到了秦始皇时,才兼并了六国诸侯。凭恩德使天下归附,就要像虞、夏、商、周那样;用武力征服天下,就要像秦之诸公这样。原来统一天下这样艰难呵！

秦始皇称帝以后,担心战乱不止,是因为有诸侯存在的缘故,因此对功臣、亲族没有尺寸土地的封赏,拆毁名城,销毁兵器,铲除各地的豪强势力,想以此求得长治久安。可是王业又偏偏兴起于民间,各路义军联合起来,讨伐暴虐的秦

---

①　乡(xiàng):通“向”,从前。

朝,其声势之大超过了夏、商、周三代,而从前秦朝的种种禁令,倒正好足以帮助贤人排除创业的困难而已。因此,汉高祖发奋有为而成就了天下雄强的大业,怎么能说没有封地就不能做皇帝呢?这就是书传上所说的大圣人吧?这不是天意吗!这不是天意吗!如果不是圣人,怎么能处在这样的乱世而受天命做皇帝呢?

高祖功臣侯年表

【解题】

　　《高祖功臣侯年表》以国为经、以年为纬胪列了汉高祖统一全国后功臣的封废情况。本文是表前的序文。它指出受封的功臣的子孙忘其先祖之艰难,多"坐法陨命亡国",也委婉地讽刺了汉武帝时期专制主义统治的残酷。作者一方面为最高统治者回护,一方面又流露出自己的不平之气、讽刺之意,往复顿挫,极抑扬之致。

　　太史公曰:古者人臣功有五品,以德立宗庙、定社稷曰勋,以言曰劳,用力曰功,明其等曰伐,积日曰阅。封爵之誓曰:"使河如带,泰山若厉,国以永宁,爰及苗裔①。"始未尝不欲固其根本,而枝叶稍陵夷衰微也。

　　余读高祖侯功臣,察其首封,所以失之者,曰:异哉,所闻!《书》曰"协和万国",迁于夏、商,或数千岁。盖周封八百,幽、厉之后②,见于《春秋》。《尚书》有唐、虞之侯伯,历三代千有余载,自全以蕃卫天子,岂非笃于仁

---

　　① 爰:乃,于是。
　　② 幽、厉:周幽王、周厉王。幽王,名宫涅,前781—前771年在位。厉王,名胡,前877—前841年在位。

义、奉上法哉？汉兴，功臣受封者百有余人。天下初定，故大城名都散亡，户口可得而数者十二三，是以大侯不过万家，小者五六百户。后数世，民咸归乡里，户益息，萧、曹、绛、灌之属或至四万，小侯自倍，富厚如之。子孙骄溢，忘其先，淫嬖。至太初百年之间①，见侯五，余皆坐法陨命亡国，耗矣②。罔亦少密焉③，然皆身无兢兢于当世之禁云。

　　居今之世，志古之道，所以自镜也，未必尽同。帝王者各殊礼而异务，要以成功为统纪，岂可绲乎④？观所以得尊宠及所以废辱，亦当世得失之林也，何必旧闻？于是谨其终始，表见其文，颇有所不尽本末，著其明，疑者阙之。后有君子，欲推而列之，得以览焉。

【译文】

　　太史公评论道：古时候，臣子们的功劳分为五等：凭借仁德安邦定国的，称为勋；凭借出谋划策立功的，称为劳；凭借武力在征战中立功的，称为功；明定等级和制度的称为伐；资历长、阅历丰富的称为阅。封列侯时的誓词是："即使黄河变成一条小带子似的水流，泰山变成小磨刀石，封国也要永远安宁，并一直传给子孙后代。"大概当初封侯立国的目的，未始不是为了巩固他们的根本，但到后来，他们的子孙却逐渐衰颓了。

　　我研读了高祖封功臣的历史资料，又审察了他们封废的原因，说道：这跟我所听到的誓词大不相同啊！《尚书·尧

① 太初：汉武帝时年号，前104—前101年。
② 耗(máo)：尽，完，没有。
③ 罔：通"网"。
④ 绲(hùn)：通"混"，混淆，混同。

典》说"使万国的诸侯亲睦协调",从尧到夏、商时代,有的传了几千年,而没有什么变动。周朝所封的共有八百诸侯,幽王、厉王之后八百诸侯的后代还见于《春秋》的记载。《尚书》上记载着唐尧、虞舜时所封的侯、伯,经历了夏、商、周三代,差不多过了一千多年,还能保住自己的封爵,护卫着天子,这难道不是因为他们笃行仁义、奉行天子的法令吗?汉朝建立以后,受封的功臣有一百多人。当时,天下刚刚安定下来,大城名都里的百姓大都逃亡在外,能统计起来的户口只占十分之二三,因此大侯也不超过一万封户,小侯就只有五六百户。几代以后,百姓都陆续返回本土,户口日益增多,萧何、曹参、周勃、灌婴这班人的后嗣,有的达到四万户,小的封侯也比初封时的户数增加了一倍,他们的财富增长情况也是如此。他们的子孙便因此骄奢起来,忘掉了祖先的艰难,专做淫邪之事。至太初年间,过了还不到一百年,保持侯爵的却只有五个了,其余的都因犯法而丧命亡国,全都完了。诚然,当今的法网也略比从前严了一些,可是他们自己对当今的禁令也太不小心了吧。

处在当今的社会,要记住古时候的道理,用来作为借鉴;当然,古今未必完全相同。帝王各有各的礼法、政略,但总归是以建功立业作为纲领,怎么能要求他们完全一样呢?观察受封者得到尊宠和遭受废辱的原因,这也是当代政治得失经验的渊薮了,岂不比古代的经验更为重要?于是我就谨慎地记载他们废立的始末,以表格的形式勾勒出高祖的功臣受封和被废的史实,但仍有一些事情的原委无法说得详尽,只记述了那些清楚明显的材料,有疑问的就空着。后代倘有君子要进一步推究并胪列他们的事迹,也可以参阅此表。

孔子世家赞

【解题】

　　本文是《孔子世家》中的论赞之词。孔子是当时的圣人，对其做出全面的人人满意的评价，在那时是不容易的。司马迁在赞词中有意避开了正面评价孔子这一难题，而用侧面烘托的方式来表达自己的景仰之情。他先引《诗》笼括全篇，进而写自己观遗书、观遗教以申明向往之意，然后再以君王、贤人来衬托孔子，突出了孔子思想对后世的影响，表达了对孔子的尊崇。

　　太史公曰：《诗》有之："高山仰止，景行行止①。"虽不能至，然心乡往之②。余读孔氏书，想见其为人。适鲁，观仲尼庙堂、车服、礼器，诸生以时习礼其家，余低回留之③，不能去云。天下君王至于贤人，众矣，当时则荣，没则已焉④。孔子布衣，传十余世，学者宗之。自天子王侯，中国言六艺者⑤，折中于夫子，可谓至圣矣！

【译文】

　　太史公评论道：《诗经》上有过这样一句话："仰望高山，行走大路。"品德像山一样高的人，令人敬仰；行为光明正大

---

　　①　高山仰止，景行（háng）行止：见《诗经·小雅·车辖》。止，语气词。
　　②　乡：通"向"。
　　③　低回：徘徊、流连。一作"祇回"。
　　④　没：通"殁"。
　　⑤　六艺：此指《诗》《书》《易》《礼》《乐》《春秋》。

的人,值得仿效。我虽然达不到这种境界,但内心里是向往的。我读了孔子的遗著,也就可以想见他的为人。后来,我到了鲁国,进谒仲尼的庙堂,瞻仰了车子、衣服和礼器等遗物,又看到许多学官子弟按时到这里来学习礼仪,我盘桓留恋,不愿离开。天下的人,君王乃至历代贤人,也够多的了,他们在世时很荣耀,死了以后就默默无闻了。而孔子只是一个平民,他的学说竟然传布了十几代,学者们都宗仰他。自天子王侯起,凡是研究六经的人,都以孔子的思想学说为准则,真可以说是至高无上的圣人了。

外戚世家序

【解题】

　　本文是《外戚世家》的序论。外戚,指皇帝的姻亲。作者历数三代的得失,并证之以儒家经典,说明外戚对国家兴亡所起的重要作用,强调了慎重择婚对帝王有着特殊的意义,表明劝诫之意,但作者过分地夸大了这种作用。

　　自古受命帝王及继体守文之君①,非独内德茂也,盖亦有外戚之助焉。夏之兴也以涂山②,而桀之放也以妹喜③。殷之兴也以有娀④,纣之杀也嬖妲己⑤。周之兴

----

　　① 守文:遵守成法。
　　② 涂山:涂山氏,相传禹娶涂山氏之女而生启。禹死,启立,而定君位世袭之制。
　　③ 妹(mò)喜:相传夏桀伐有施氏,得女妹喜,宠爱之,言听计从,昏乱失德,汤因伐夏而灭之。
　　④ 有娀(sōng):有娀氏,相传有娀氏女简狄,生殷始祖契。
　　⑤ 妲(dá)己:商之纣王得有苏氏美女妲己,宠信其言,务为暴虐之事,周武王伐而灭之。

也以姜原及大任①，而幽王之禽也淫于褒姒②。故《易》基《乾》《坤》，《诗》始《关雎》，《书》美"厘降"③，《春秋》讥不亲迎④。夫妇之际，人道之大伦也。礼之用，唯婚姻为兢兢。夫乐调而四时和，阴阳之变，万物之统也，可不慎与？人能弘道，无如命何。甚哉！妃匹之爱⑤，君不能得之于臣，父不能得之于子，况卑下乎！既欢合矣，或不能成子姓；能成子姓矣，或不能要其终：岂非命也哉？孔子罕称命⑥，盖难言之也。非通幽明之变，恶能识乎性命哉？

【译文】

　　自古以来受天命而称帝的帝王和那继承帝位、遵守先帝成法的君主，不仅是因为他德行好，恐怕也是有外戚对他的帮助。夏朝的兴起是因为大禹娶了涂山氏之女，而夏桀被流放，是因为有妹喜。殷朝的兴起，是因为娶了有娀氏之女，而纣招致杀身之祸是因为他宠幸妲己。周朝的兴起是因为有姜原和太任，而幽王被杀是因为嬖爱褒姒。所以《易经》这部书，以《乾》《坤》两卦开头，《诗》三百篇，以《关雎》为首篇，

---

　　①　姜原：相传为帝喾妃，系有邰氏女，生周始祖后稷。大任：文王之父王季的妃子，相传她有娠后，严持胎教，生下文王。
　　②　"幽王"句：幽王，名宫涅，西周之末代王。褒国献美女褒姒（sì），幽王爱之，废申后和太子宜臼，立褒姒为后，褒姒子伯服为太子，申后之父申侯串通犬戎等攻幽王，杀之，立宜臼为王，是为平王，东迁于洛而周衰。
　　③　《书》美"厘降"：指《尚书·尧典》中赞美帝尧将己之二女下嫁给舜。厘，整治。降，下嫁。
　　④　《春秋》讥不亲迎（yìng）：事见《公羊传·隐公二年》。亲迎，指新郎亲迎新妇，是古代娶妻的一种仪节。
　　⑤　妃（pèi）：婚配，匹配。
　　⑥　孔子罕称命：《论语·子罕》："子罕言利与命与仁。"

《尚书》赞美尧亲自操办女儿的婚事,《春秋》讥讽不亲自迎娶新妇的人。照此看来,夫妇关系是为人之道中最紧要的伦理关系。礼的应用,唯独对婚姻特别慎重。音乐和谐能使四时和顺,阴阳的变化,则能化育万物,能不慎重吗?人固然能发扬道义,但对命运是无可奈何的。配偶之间的爱是超越一切的,国君不能从臣子那里得到这种感情,做父亲的不能从儿子那里得到这种感情,何况那些地位和辈分更低下的人呢?结婚以后,有的不能生育子女;能生育子女的,也有不能善始善终的:这难道不是命中注定的吗?孔子很少谈天命,大概因为天命的道理是很难讲明白的。如果不精通阴阳的变化,怎么能懂得天性和命运的复杂道理呢?

伯夷列传

【解题】

这篇传记写法颇为特殊,议论感慨占了大部分篇幅,而传记部分篇幅极少,而且在结构上只是作为伯夷、叔齐能无怨的论据引述的。对此,钱锺书先生在《管锥编》中曾评论道:"司马迁牢愁孤愤,如喉鲠快于一吐,有欲罢而不能者……陶潜《隐酒》诗之二:'积善云有报,夷齐在西山。善恶苟不应,何事立空言!'正此传命意。"司马迁如此安排文章结构,正是为了尽情倾吐心中的不平。

夫学者载籍极博,犹考信于六艺①。《诗》《书》虽

---

①　六艺:此指《诗》《书》《易》《礼》《乐》《春秋》。

缺①,然虞、夏之文可知也②。尧将逊位,让于虞舜,舜、禹之间,岳牧咸荐③,乃试之于位,典职数十年,功用既兴,然后授政。示天下重器,王者大统,传天下若斯之难也。而说者曰尧让天下于许由④,许由不受,耻之逃隐。及夏之时,有卞随、务光者⑤。此何以称焉⑥? 太史公曰⑦:余登箕山,其上盖有许由冢云⑧。孔子序列古之仁圣贤人,如吴太伯⑨、伯夷之伦详矣。余以所闻由、光义至高,其文辞不少概见,何哉?

孔子曰:"伯夷、叔齐,不念旧恶,怨是用希⑩。""求仁得仁,又何怨乎⑪?"余悲伯夷之意,睹轶诗可异焉⑫。其传曰:伯夷、叔齐,孤竹君之二子也⑬。父欲立叔齐,及

---

① 《诗》《书》虽缺:相传《诗经》《尚书》均经孔子删定,经秦始皇焚书后,多有缺亡。

② 虞、夏之文:指《尚书》中的《尧典》《舜典》,言禅让之事,故云虞、夏之文可知。

③ 岳:指四岳,旧籍以为分掌四方诸侯之事的大臣。牧:指九牧,九州之长。

④ 许由:相传为尧时隐士,尧欲让天下于许由,他不受而逃,隐于箕山(在今河南省登封市南)。事见《庄子·让王》。

⑤ 卞随、务光:相传二人皆夏时隐士,汤放逐夏桀后,以天下让于卞随,他不受而逃,自投于椆水(一说颍水)。又让务光,他负石自沉于庐水。事见《庄子·让王》。

⑥ 何以称焉:言许由、卞随、务光虽见于诸子杂说,而六经中未曾言及,何从称说而征信之。

⑦ 太史公:此指司马迁之父。

⑧ 冢:坟墓。

⑨ 吴太伯:周太王(古公亶父)之长子,让位于其弟季历,而逃至勾吴(为吴国始祖),孔子称其至德。见《论语·泰伯》。

⑩ "伯夷、叔齐"句:见《论语·公冶长》。

⑪ "求仁"二句:见《论语·述而》。

⑫ 轶(yì):通"佚"。轶诗,指下文《采薇》诗,因没有收入《诗经》,故称为轶诗。

⑬ 孤竹:国名,商汤所封,在今河北省卢龙县南。

父卒,叔齐让伯夷。伯夷曰:"父命也。"遂逃去。叔齐亦不肯立而逃之。国人立其中子①。于是伯夷、叔齐闻西伯昌善养老②,"盍往归焉?"及至,西伯卒,武王载木主③,号为文王,东伐纣④。伯夷、叔齐叩马而谏曰⑤:"父死不葬,爰及干戈,可谓孝乎? 以臣弑君,可谓仁乎?"左右欲兵之。太公曰⑥:"此义人也。"扶而去之。武王已平殷乱⑦,天下宗周,而伯夷、叔齐耻之,义不食周粟,隐于首阳山⑧,采薇而食之⑨。及饿且死,作歌。其辞曰:"登彼西山兮⑩,采其薇矣。以暴易暴兮,不知其非矣。神农⑪、虞、夏忽焉没兮,我安适归矣? 于嗟徂兮⑫,命之衰矣!"遂饿死于首阳山。由此观之,怨邪⑬? 非邪?

或曰:"天道无亲,常与善人。"若伯夷、叔齐,可谓善

① 国人:指居住于国都的人,享有一定的参与议论国事的权利。
② 西伯:周文王,姓姬,名昌,时为西伯(西方诸侯之长)。
③ 武王:文王之子,名发,率诸侯灭殷,建立周朝。木主:象征死者的木头牌位。
④ 纣:商之末代君主,周武王灭商时被杀。
⑤ 叩:通"扣"。
⑥ 太公:姜太公,相传他姓姜,名尚,字子牙,因其先人封在吕,亦称吕尚,佐武王伐纣。
⑦ 殷:商王盘庚迁都于殷(今河南省安阳市),后因称商为殷。
⑧ 首阳山:在河东蒲坂华山之北(据《集解》),即今山西省永济市南。
⑨ 薇:野豌豆,豆科,草本,其叶与果实皆可食。
⑩ 西山:即首阳山。
⑪ 神农:传说中的古帝名。
⑫ 于:通"吁"。徂(cú):通"殂"。
⑬ 邪:通"耶"。

人者非邪？积仁絜行如此而饿死①！且七十子之徒②，仲尼独荐颜渊为好学③。然回也屡空，糟糠不厌④，而卒蚤夭⑤。天之报施善人，其何如哉？盗跖日杀不辜⑥，肝人之肉，暴戾恣睢，聚党数千人横行天下，竟以寿终，是遵何德哉？此其尤大彰明较著者也。若至近世，操行不轨，专犯忌讳，而终身逸乐，富厚累世不绝。或择地而蹈之，时然后出言，行不由径，非公正不发愤，而遇祸灾者，不可胜数也。余甚惑焉，傥所谓天道，是邪非邪？

子曰："道不同，不相为谋⑦。"亦各从其志也。故曰："富贵如可求，虽执鞭之士，吾亦为之；如不可求，从吾所好⑧。""岁寒，然后知松柏之后凋⑨。"举世混浊，清士乃见。岂以其重若彼，其轻若此哉？

"君子疾没世而名不称焉⑩。"贾子曰："贪夫徇财，烈士徇名，夸者死权，众庶冯生⑪。""同明相照，同类相

---

① 絜(jié)：通"洁"。

② 七十子：孔子弟子三千人，通六艺者七十二人。七十，乃举成数而言之。

③ 颜渊：名回，孔子弟子。鲁哀公问弟子孰为好学，孔子以颜渊对。见《论语·先进》。

④ 不厌：无法满足。

⑤ 蚤：通"早"。

⑥ 盗跖(zhí)：先秦传说的所谓"大盗"，但可能是古代的起义领袖。

⑦ 道不同，不相为谋：见《论语·子罕》。

⑧ "富贵"五句：见《论语·述而》，第一句作"富而可求也"。

⑨ "岁寒"句：见《论语·子罕》，"凋"作"彫"，句末有"也"字。

⑩ "君子"句：见《论语·卫灵公》。

⑪ "贪夫徇财"四句：见《史记·屈原贾生列传》。徇，通"殉"。冯(píng)，贪得、贪求。

求。""云从龙,风从虎,圣人作而万物睹①。"伯夷、叔齐虽贤,得夫子而名益彰。颜渊虽笃学,附骥尾而行益显②。岩穴之士,趣舍有时③,若此类,名堙灭而不称,悲夫!闾巷之人,欲砥行立名者,非附青云之士,恶能施于后世哉④?

【译文】

　　学者拥有的图书资料虽然很多,但还要从六经的记载里去核实材料的真实性。《诗经》和《书经》虽说是残缺不全,但虞、夏史事的记录还是能看到的。唐尧将要退位时,要把帝位让给虞舜;虞舜将要退位时,要把帝位让给大禹。当时,四岳和十二牧都一致推荐,这才决定在职位上试用,等到舜和大禹处理了几十年的政务,取得了成绩,然后才把政权交给他们。这就表明政权是最贵重的宝器,帝王是最尊崇之位,把天下传给别人必须慎之又慎。可是一些诸子杂记中却说,尧把天下让给许由,许由不肯接受,并且认为这是一种耻辱而躲避了。到了夏代末年的时候,又有不接受商汤让位的卞随、务光。这些逃隐之事,是根据什么称说的呢?太史公说:我曾经登上箕山,据说那山上有许由的坟墓呢。孔子评述古代仁人、圣人、贤人,如太伯、伯夷之类,是很详细的。然而我所听说的有如此高尚行为的许由、务光等人,孔子却未有提及,这又是为什么呢?

　　孔子说:"伯夷、叔齐这两兄弟不记旧仇,因此少有怨

---

　　①　"同明相照"五句:语出《易经·乾·文言》:"同声相应,同气相求,水流湿,火就燥,云从龙,风从虎,圣人作而万物睹。"
　　②　附骥尾:比喻依附名人而成名。
　　③　趣:通"趋"。
　　④　恶(wū):何。施(yì):延续。

恨。""他们追求仁德,便得到了仁德,又怨恨什么呢?"我悲叹伯夷、叔齐不食周粟的用心,可是看了未被《诗经》所著录的他们的歌辞以后,似乎觉得他们还有怨恨之意,令人着实感到诧异。有关他们的记述说:伯夷和叔齐是孤竹君的两个儿子。他们的父亲打算立小儿叔齐为君,到父亲死后,叔齐要把君位让给长兄伯夷。伯夷说:"让你继承君位,这是父亲的命令。"随后,伯夷就逃走了。叔齐不肯继承君位,也逃了出去。国人只好拥立孤竹君的二儿子为君。这时,伯夷、叔齐听说西伯昌能够很好地赡养老人,就商量着说:"我们何不去投奔他呢?"可是到了那里,西伯已经死了,他的儿子武王尊奉西伯为文王,并且将文王的灵牌载在兵车上,宣称奉文王之遗命,向东方出兵去讨伐殷纣。伯夷、叔齐牵住武王的马劝谏说:"父亲死了还没有安葬,就要动干戈攻伐他国,这能说是孝吗?做臣子的去杀君上,这能说是仁吗?"武王左右的人要用兵器刺他们。太公说:"这是义士啊。"于是就派人扶着他们走开。等到武王平定了殷纣之乱后,天下人都归顺周朝,而伯夷、叔齐却以此为耻辱,他们坚持正义,不吃周朝的粮食,隐居于首阳山,靠采摘薇菜充饥。到了快饿死的时候,作了一支歌,歌辞说:"登上西山呀,去采山上的薇草,以暴力替换了暴行呀,这样的错误竟然不知道。神农、虞、夏的太平盛世早就飞快地过去了,我们逢此乱世还能往哪儿跑?哎呀,时运不济呀,只有死路一条!"于是就饿死在首阳山上。从这诗来看,他们是怨恨呢,还是不怨恨呢?

有人说:"天道对人没有什么偏私,它总是经常帮助善人。"像伯夷、叔齐,可以说是善人呢,还是不该说是善人呢?他们的仁德这样深厚,品行这样高洁,却终于饿死了!再说,七十大贤这一班人,孔子唯独荐举颜回是个好学的人。但颜回常常穷得一无所有,连糟糠也吃不饱,终于过早地死去了。上天对善人的报施,又是怎样的呢?盗跖成天杀害无辜的人,炙人的心肝吃,凶恶残暴,无恶不作,聚集了几千党徒,横行天下,居然得以寿终。这人遵行了什么道德而能得此好报?这些都是贤人遭难而恶人得志的明证。至于说到近代,那些行为不端、专门违法乱纪的人,却一生安乐,子子孙孙享有富厚的家业。而另外有些人,要选好了地方才迈步,到适宜的时候才说话,从来不走邪路,不是公正的事决不奋力以求,而他们却遭到横祸,这样的例子简直不可胜数。我对此深感困惑不解。倘若有所谓天道,那么这是对的呢,还是不对的呢?

孔子说:"见解主张不同,就无法一起谋划事情。"这意思是说各自依照自己的意愿行事罢了。所以他又说:"如果富贵是可以求得的,即使给别人做执鞭的车夫我也愿意去做;如果是不可求得的,还是照我爱好的去做。""天冷了,方才晓得松柏是最后凋谢的。"整个世界混浊的时候,品行高洁的人就会显现出来。这大概是因为他们把道义看得如此重,就不免把富贵看得如此轻吧?

孔子说:"君子担心的是一直到死而名声不被人家称述。"贾谊说:"贪财的人为财而死,重义轻生之士为名而献身,贪求虚荣的人为权势丧身,一般的人则贪生而恶死。"《易经》上说:"同样明亮的,自然互相辉映。""同是一类的,自然互相应求。""云随龙吟而生,风随虎啸而起,圣人一出世,世间万物的本来面目也就显露出来了。"伯夷、叔齐虽然是贤士,可是因为他们得到了孔子的称赞,才更加赫赫有名;颜渊虽然好学,可是因为他追随于孔子之后,就更显出他的德行的高尚。那些隐居山野的高士,或出仕或退隐皆合乎时宜,这样埋没而不见称于世,多么可惜啊!而住在穷乡僻壤的士人,要修养品德,树立声名,若不依附享有盛名的人,怎么能传名后世呢?

管晏列传

【解题】

　　本文是管仲、晏婴两位政治家的合传。在传记中,作者对他们的生平事业只是略点几笔,而着重抓住几个典型事例以表现这两位政治家的特征。写管仲,则突出管鲍之交,强调管仲对鲍叔的知己之感;写晏子,则特意描写晏婴同越石父及御者的轶事,并在赞词中抒发了"假令晏子而在,余虽为之执鞭,所忻慕焉"的感慨。言近旨远,冲淡隽永。

　　管仲夷吾者①,颍上人也②。少时常与鲍叔牙游③,鲍叔知其贤。管仲贫困,常欺鲍叔,鲍叔终善遇之,不以为言。已而鲍叔事齐公子小白④,管仲事公子纠。及小白立为桓公,公子纠死,管仲囚焉。鲍叔遂进管仲。管仲既用,任政于齐,齐桓公以霸,九合诸侯,一匡天下,管仲之谋也。

　　管仲曰:"吾始困时,尝与鲍叔贾,分财利多自与,鲍叔不以我为贪,知我贫也;吾尝为鲍叔谋事而更穷困,鲍叔不以我为愚,知时有利不利也;吾尝三仕三见逐于君,鲍叔不以我为不肖,知我不遭时也;吾尝三战三走,鲍叔

---

　　①　管仲(?—前645):名夷吾,又称管敬仲,是春秋初期的著名政治家。

　　②　颍上:今安徽省颍上县南。

　　③　鲍叔:字叔牙,齐国大夫。

　　④　小白:姓姜,名小白,齐襄公之弟。襄公无道,鲍叔牙奉小白出奔莒国。管仲、召忽奉公子纠出奔鲁国。襄公被杀后,小白自莒先回国,取得政权,称齐桓公。桓公使鲁国杀公子纠,把管、召二人送回齐国。召忽自杀,管仲请坐囚车至齐,鲍叔保荐于桓公而用之。

不以我为怯,知我有老母也;公子纠败,召忽死之,吾幽囚受辱,鲍叔不以我为无耻,知我不羞小节而耻功名不显于天下也。生我者父母,知我者鲍子也。"

鲍叔既进管仲,以身下之。子孙世禄于齐,有封邑者十余世,常为名大夫。天下不多管仲之贤而多鲍叔能知人也。

管仲既任政相齐,以区区之齐在海滨,通货积财,富国强兵,与俗同好恶。故其称曰:"仓廪实而知礼节,衣食足而知荣辱,上服度则六亲固。""四维不张,国乃灭亡。""下令如流水之源,令顺民心①。"故论卑而易行。俗之所欲,因而予之;俗之所否,因而去之。

其为政也,善因祸而为福,转败而为功。贵轻重,慎权衡。桓公实怒少姬②,南袭蔡③,管仲因而伐楚,责包茅不入贡于周室④。桓公实北伐山戎⑤,而管仲因而令

①　"仓廪实"七句:见《管子·牧民》。引文与今本《管子》略有不同。
②　少姬:齐桓公之夫人,蔡国人。桓公与少姬戏于舟中,少姬荡舟不止,桓公受惊,怒而将少姬送回蔡国,而蔡国将她另嫁他人,于是桓公发兵伐蔡。事见《左传·僖公三年》。
③　蔡:国名,在今河南省汝南县、上蔡县等地,为楚之与国,是楚争霸中原的前哨。
④　茅:即菁茅,一种香草,楚地之特产。包茅:成束的菁茅,为祭祀所用,一向为楚国所贡。管仲以包茅不入贡于周而责备楚国,示其用兵不为少姬之事而为正义。
⑤　山戎:亦称北戎,在今河北省东北部至辽宁省一带。当时常为燕、齐诸国之患。

燕修召公之政①。于柯之会②,桓公欲背曹沫之约,管仲因而信之,诸侯由是归齐。故曰:"知与之为取,政之宝也③。"

管仲富拟于公室,有三归④、反坫⑤,齐人不以为侈。管仲卒,齐国遵其政,常强于诸侯。后百余年而有晏子焉。

晏平仲婴者⑥,莱之夷维人也⑦。事齐灵公、庄公、景公,以节俭力行重于齐。既相齐,食不重肉,妾不衣帛。其在朝,君语及之,即危言;语不及之,即危行。国有道,即顺命;无道,即衡命。以此三世显名于诸侯。

越石父贤,在缧绁中。晏子出,遭之途,解左骖赎之,载归。弗谢,入闺久之。越石父请绝。晏子惧然,摄衣冠谢曰:"婴虽不仁,免子于厄,何子求绝之速也?"石父曰:"不然。吾闻君子诎于不知己而信于知己者⑧。方吾在缧绁中,彼不知我也。夫子既已感寤而赎我⑨,是

---

① 召公:又称召康公,姓姬,名奭,周武王封于蓟(今北京市),国号燕。

② 柯之会:鲁庄公十二年(前682),齐鲁之君盟于柯(今山东省阳谷县阿城镇),曹沫(亦作曹刿)以匕首劫桓公,求退还侵占去的鲁国土地,桓公许之,后欲背约,从管仲之言,终与之以示信。

③ "知与之为取"二句:见《管子·牧民》。

④ 三归:说法不一。一说指按常例应归公室所有的市租(货物的税款)。

⑤ 反坫(diàn):宫廷中用以放置器物的设备,用土筑成,形似土堆。

⑥ 晏平仲(?—前500):名婴,继承父(晏桓子)职,为齐国相,是春秋时期的著名政治家。

⑦ 莱:古国名,后为齐所灭,在今山东省龙口市东南。夷维:在今山东省高密市。

⑧ 诎:通"屈"。信:通"伸"。

⑨ 寤:通"悟"。

知己；知己而无礼，固不如在缧绁之中。"晏子于是延入为上客。

晏子为齐相，出，其御之妻从门间而窥其夫。其夫为相御，拥大盖，策驷马，意气扬扬，甚自得也。既而归，其妻请去。夫问其故。妻曰："晏子长不满六尺，身相齐国，名显诸侯。今者妾观其出，志念深矣，常有以自下者。今子长八尺，乃为人仆御，然子之意自以为足，妾是以求去也。"其后夫自抑损。晏子怪而问之，御以实对。晏子荐以为大夫。

太史公曰：吾读管氏《牧民》《山高》《乘马》《轻重》《九府》①，及《晏子春秋》②，详哉，其言之也！既见其著书，欲观其行事，故次其传。至其书，世多有之，是以不论，论其轶事。

管仲世所谓贤臣，然孔子小之③。岂以为周道衰微，桓公既贤，而不勉之至王，乃称霸哉？语曰："将顺其美，匡救其恶，故上下能相亲也④。"岂管仲之谓乎？

方晏子伏庄公尸哭之，成礼然后去⑤，岂所谓"见义不为，无勇者邪⑥"？至其谏说，犯君之颜，此所谓"进思

---

①　《牧民》《山高》《乘马》《轻重》《九府》：皆《管子》篇名。《管子》后人托名管仲作，大概是战国及以后的人杂采齐国官书，汇合道、法以至兵、农诸家学说而编成的一部总集。《汉书·艺文志》将其列入道家，《唐书·艺文志》将其列入法家。

②　《晏子春秋》：后人托名晏子作，实为战国时人根据晏子的事迹和传说而写成。《汉书·艺文志》列入儒家。

③　孔子小之：见《论语·八佾》。

④　"将顺其美"三句：见《孝经·事君》。

⑤　"方晏子"二句：事见《左传·襄公二十五年》。

⑥　见义不为，无勇：见《论语·为政》。

尽忠,退思补过"者哉①! 假令晏子而在,余虽为之执鞭,所忻慕焉。

【译文】

　　管仲,名叫夷吾,是颍上人。他年轻时常常和鲍叔牙交往,鲍叔知道他是个有才干的人。那时管仲家境贫寒,分财利时,他时常欺负鲍叔牙,鲍叔却始终好好地对待他,并不因此而说他的坏话。后来,鲍叔侍奉齐国的公子小白,管仲侍奉公子纠。到了小白立为桓公之后,桓公让鲁国杀了公子纠,管仲坐囚车来到齐国。鲍叔牙就向桓公举荐管仲。管仲得到了重用,在齐国执政,桓公成了霸主,多次会合诸侯,使天下的一切都得到匡正,这都是由于管仲的谋划。

　　管仲说:"当初我家里穷困,曾经同鲍叔一起做生意,分钱财时,往往自己多分一些,而鲍叔并不认为我贪财,因为他知道我家里穷;我曾经为鲍叔谋划事情,结果却使他更加困窘,而鲍叔并不认为我愚笨,因为他知道时运有顺利和不顺利的时候;我曾经三次做官又三次被国君驱逐,而鲍叔并不认为我没出息,因为他知道我没遇到好时机;我曾经三次参加战斗三次逃跑,而鲍叔并不认为我怯懦,因为他知道我家里有老母;公子纠失败,召忽为之殉难,我却坐了囚车甘受屈辱,而鲍叔并不认为我没有羞耻之心,因为他知道我不以小节为可羞,而以不能扬名天下为可耻。生养我的是父母,真正了解我的心事的是鲍叔啊。"

　　鲍叔推荐管仲担任宰相以后,自己情愿位居管仲之下。他的子孙代代享受齐国的俸禄,得到封地的有十几代,常常是有名的大夫。因此,天下的人并不称赞管仲有才干,反倒

---

　　①　"进思尽忠"二句:见《孝经·事君》。

称赞鲍叔能够识别人才。

管仲担任齐国的宰相以后,他凭借着地处海滨的小小齐国,却能使货物行销四方,积贮财富,富国强兵,处理事情能同老百姓的想法一致。因此,他在著作中说:"仓库储备充实了,老百姓就能懂得礼节;衣食丰足了,老百姓就能分辨荣辱;国君如果能遵行法度,亲族就会相互团结。""礼、义、廉、耻这四项原则得不到张扬,国家就要灭亡。""国家颁布的政令要像流水的源头一样,畅流无阻,应使它顺乎民心。"所以说他的言论通俗而易于推行。老百姓所需要的,就要给予他们;老百姓认为不好的,就要去掉它。

管仲执政的时候,善于将祸害转化为福运,使失败转化为成功。他注重供求规律,重视平衡物价。齐桓公的确是因怨恨少姬而南下袭击蔡国,而管仲却趁机去攻打楚国,责备楚国不向周王室进贡菁茅。桓公向北出兵攻打山戎,而管仲趁机责令燕国实行召公时的政令。齐桓公在柯地与鲁国会盟,后来又想背弃盟约,而管仲却趁机劝桓公履行条款以示信于天下,因此诸侯都归附齐国。所以说:"要懂得给予就是为了更好地索取的道理,这是治理国家的法宝。"

管仲的富有可以同国君相比,他大量收取市租,堂上有放置酒杯的反坫,可是齐国人并不认为他奢侈。管仲死后,齐国继续推行他的政令,一直比别的诸侯都强大。此后又过了百余年,齐国又出了个晏子。

晏平仲,名婴,是齐国莱地夷维人。他历仕齐灵公、庄公、景公三代,凭着他的节省俭朴,努力做事,为齐人所敬重。他做了齐国宰相以后,食不兼味,妾不穿绸缎衣服。在上朝时,国君有话问及他,就慎重地对答;无话问及他,就郑重地做事。国家的政令合于大道,他就遵从政令;国家的政令不合于大道,他就权衡利弊斟酌办理。因此,他能历仕灵公、庄公、景公三代,名扬诸侯。

　　齐国有个越石父,是个贤能的人,他因犯罪而被囚禁。晏子外出,在路上遇到了他,晏子就解下车子左边的马为他赎罪,并同他一起坐车回家。晏子没有向越石父告辞,就走进内室去了,过了好久还没出来。越石父要求同他绝交。晏子大吃一惊,急忙整好衣冠出来道歉,说:"我虽然不见得仁厚,可是我总算是把您从困厄中解脱出来了,您为什么急急忙忙地要求同我绝交呢?"越石父说:"不对。我听说君子在不了解自己的人那里受屈,但在知己面前扬眉吐气。当我处在被囚禁的困境中时,那些人是不了解我的。你既然了解我,并肯赎我出来,这就是我的知己了;知己而待我无礼,那我还不如被囚禁好呢。"于是晏子就请他进来待为上客。

　　晏子做齐国宰相时,有一天坐车外出,他的驾车手的妻子从门缝里偷看。只见她的丈夫给宰相驾车,坐在车上的大伞盖下,挥鞭赶着驾车的四匹马,神气十足,得意扬扬。车夫回家以后,妻子就要求离婚。驾车手问她离婚的原因。妻子说:"晏子身高不满六尺,却做了齐国的宰相,名扬诸侯。今天我看他外出,心思深远,总是保持着处于别人之下的姿态。而你呢,身高八尺,竟给人家做车夫,可是你反倒很得意,自以为满足了,因此我要求同你离婚。"从此以后,驾车手便格外检点自己的言行。晏子发觉了他的变化,觉得很奇怪,便问他,驾车手如实相告。晏子称赞他能接受意见,便推荐他做大夫。

　　太史公评论道:我读了管子的《牧民》《山高》《乘马》《轻重》《九府》,又读了《晏子春秋》,他们的言论记载得很详尽啊!读了他们的著作后,又想观察他们的行事,于是就编写了他们的传记。至于他们的著作,社会上已有很多,所以不再论及,只记载他们的轶事。

　　管仲是世人所说的有才干的大臣,可是孔子却小看他。道理何在呢? 当时,周朝的王道衰微,桓公既然是一个贤君,而管仲并没有勉励他行王道,竟然使他成了霸主,大概是因为这个吧? 常言说:"顺从君主的美德,匡正君主的过失,就能使君臣上下和睦相处。"这大概就是说的管仲吧?

　　当初,齐庄公被崔杼杀害,晏子伏在庄公的尸体上大哭,行完了哭君之礼就离开了。"见义不为就是不勇敢",晏子难道是这样的人吗? 至于他的进谏,敢于冒犯君上的威严,这就是人们所说的"上了朝廷就想尽忠心,退了朝就想弥补君王的过失"的人啊! 假使晏子还活着,我就算是给他做执鞭的车夫,也是心甘情愿的。

屈原列传

【解题】

　　《屈原贾生列传》是屈原和贾谊两人的合传,本书节选了屈原的传文部分,并删去了其中《怀沙》一文。先秦古书皆不载屈原的生平事迹,至司马迁始为屈原立传,所以本篇是研究屈原生平、思想及创作的最早的重要文献。

　　本文从战国末年秦、楚的尖锐矛盾以及楚统治集团内部斗争中,刻画了屈原的高洁品格和强烈的爱国主义精神,也寄寓了作者的郁愤之情。全篇以"悲其意"为行文的主线,洋溢着强烈的抒情气氛。

屈原者,名平,楚之同姓也①,为楚怀王左徒②。博闻强志③,明于治乱,娴于辞令。入则与王图议国事,以出号令;出则接遇宾客,应对诸侯。王甚任之。

上官大夫与之同列④,争宠而心害其能。怀王使屈原造为宪令,屈平属草稿未定。上官大夫见而欲夺之,屈平不与,因谗之曰:"王使屈平为令,众莫不知。每一令出,平伐其功,曰以为'非我莫能为'也⑤。"王怒而疏屈平。

屈平疾王听之不聪也,谗谄之蔽明也,邪曲之害公也,方正之不容也,故忧愁幽思而作《离骚》。离骚者,犹离忧也⑥。夫天者,人之始也;父母者,人之本也。人穷则反本⑦,故劳苦倦极⑧,未尝不呼天也;疾痛惨怛,未尝不呼父母也。屈平正道直行,竭忠尽智以事其君,谗人间之,可谓穷矣。信而见疑,忠而被谤,能无怨乎?屈平之作《离骚》,盖自怨生也。《国风》好色而不淫,《小雅》怨诽而不乱。若《离骚》者,可谓兼之矣。上称帝喾⑨,

---

① 楚之同姓:楚之王族本姓芈,后乃有屈、景、昭等氏,都是楚之同姓。上古姓氏有别,姓用来别婚姻,氏用来别贵贱,氏是从同姓贵族中派生出来的。

② 楚怀王:楚威王之子,名熊槐,前328—前299年在位。左徒:楚官名。

③ 志:记忆。

④ 上官大夫:楚人,上官是姓。

⑤ 曰:《群书治要》引此文,无这一"曰"字。

⑥ 离:通"罹",遭受。

⑦ 反:通"返"。

⑧ 倦极:困惫。极:与"倦"同义,疲惫。

⑨ 帝喾:传说中的古帝名,号高辛氏。

下道齐桓①,中述汤、武②,以刺世事。明道德之广崇,治乱之条贯,靡不毕见③。其文约,其辞微,其志洁,其行廉,其称文小,而其指极大④,举类迩而见义远。其志洁,故其称物芳;其行廉,故死而不容。自疏濯淖污泥之中,蝉蜕于浊秽,以浮游尘埃之外,不获世之滋垢⑤。皭然泥而不滓者也。推此志也,虽与日月争光可也。

屈平既绌⑥,其后秦欲伐齐,齐与楚从亲⑦,惠王患之⑧,乃令张仪详去秦⑨,厚币委质事楚⑩,曰:"秦甚憎齐,齐与楚从亲;楚诚能绝齐,秦愿献商、於之地六百里⑪。"楚怀王贪而信张仪,遂绝齐,使使如秦受地。张仪诈之曰:"仪与王约六里,不闻六百里。"楚使怒去,归告怀王。怀王怒,大兴师伐秦。秦发兵击之,大破楚师于丹、淅⑫,斩首八万,虏楚将屈匄,遂取楚之汉中地⑬。怀王乃悉发国中兵以深入击秦,战于蓝田⑭。魏闻之,袭

① 齐桓:齐桓公,春秋五霸之一。
② 汤、武:商汤、周武王。
③ 见:通"现"。
④ 指:通"旨"。
⑤ 获:玷辱。滋垢:污浊,比喻浊世。滋,通"兹"(xuán,又读zī),黑。
⑥ 绌(chù):通"黜"。
⑦ 从亲:合纵结亲。从(zòng),通"纵",指联合就秦。亲,指两国结为婚姻。
⑧ 惠王:秦惠王,名驷,前337—前311年在位。
⑨ 详(yáng):通"佯"。
⑩ 质:通"贽",礼物。
⑪ 商、於(wū):指秦之商(在今陕西省商洛市商州区东南)、於(今河南省西峡县)二邑及两邑间的地区。
⑫ 丹、淅:二水名,此指河南省西峡县西丹水以北地区。
⑬ 汉中:郡名,在今陕西省南部及湖北省西北部。楚怀王十七年(前312)秦取汉中地六百里,置汉中郡。
⑭ 蓝田:秦县名,在今陕西省蓝田县西。

楚至邓①。楚兵惧,自秦归。而齐竟怒不救楚,楚大困。

明年,秦割汉中地与楚以和。楚王曰:"不愿得地,愿得张仪而甘心焉。"张仪闻,乃曰:"以一仪而当汉中地,臣请往如楚。"如楚,又因厚币用事者臣靳尚,而设诡辩于怀王之宠姬郑袖。怀王竟听郑袖,复释去张仪。是时屈平既疏,不复在位,使于齐。顾反②,谏怀王曰:"何不杀张仪?"怀王悔,追张仪不及。

其后诸侯共击楚③,大破之,杀其将唐眜。

时秦昭王与楚婚④,欲与怀王会。怀王欲行,屈平曰:"秦虎狼之国,不可信,不如无行。"怀王稚子子兰劝王行,"奈何绝秦欢!"怀王卒行。入武关⑤,秦伏兵绝后,因留怀王,以求割地。怀王怒,不听。亡走赵,赵不内⑥。复之秦,竟死于秦而归葬。

长子顷襄王立⑦,以其弟子兰为令尹。楚人既咎子兰以劝怀王入秦而不反也。屈平既嫉之,虽放流⑧,睠顾楚国⑨,系心怀王,不忘欲反,冀幸君之一悟、俗之一改也。其存君兴国,而欲反覆之,一篇之中三致意焉。然终无可奈何,故不可以反,卒以此见怀王之终不悟也。

---

① "魏闻之"二句:《史记·楚世家》作"韩、魏闻楚之困,乃南袭楚,至于邓"。据此可知,魏当作"韩、魏"。邓,地名,在今湖北省襄阳市西北。

② 顾反:犹言还返,回来。

③ 诸侯共击楚:前301年,秦、韩、齐、魏攻楚。

④ 秦昭王:即秦昭襄王,名稷,前306—前251年在位。

⑤ 武关:地名,在今陕西省丹凤县东南,为秦之南塞。

⑥ 内(nà):通"纳"。

⑦ 顷襄王:名熊横,前298—前263年在位。

⑧ "虽放流"至"岂足福哉":据顾炎武说,此段应移置于"顷襄王怒而迁之"以下。

⑨ 睠(juàn):通"眷"。

　　人君无愚智贤不肖,莫不欲求忠以自为,举贤以自佐;然亡国破家相随属,而圣君治国,累世而不见者,其所谓忠者不忠,而所谓贤者不贤也。怀王以不知忠臣之分,故内惑于郑袖,外欺于张仪,疏屈平而信上官大夫、令尹子兰。兵挫地削,亡其六郡,身客死于秦,为天下笑。此不知人之祸也。《易》曰:"井渫不食,为我心恻,可以汲。王明,并受其福①。"王之不明,岂足福哉!

　　令尹子兰闻之大怒,卒使上官大夫短屈原于顷襄王,顷襄王怒而迁之。

　　屈原至于江滨,被发行吟泽畔②。颜色憔悴,形容枯槁。渔父见而问之曰:"子非三闾大夫欤③? 何故而至此?"屈原曰:"举世混浊而我独清,众人皆醉而我独醒,是以见放。"渔父曰:"夫圣人者,不凝滞于物而能与世推移。举世混浊,何不随其流而扬其波? 众人皆醉,何不铺其糟而啜其醨? 何故怀瑾握瑜而自令见放为?"屈原曰:"吾闻之,新沐者必弹冠,新浴者必振衣,人又谁能以身之察察,受物之汶汶者乎④! 宁赴常流而葬乎江鱼腹中耳⑤,又安能以皓皓之白而蒙世之温蠖乎!"乃作《怀沙》之赋⑥。

　　于是怀石遂自投汨罗以死⑦。

① "井渫(xiè)"五句:见《易经·井卦》之爻辞。渫,淘去污泥。
② 被:通"披"。
③ 三闾(lǘ)大夫:掌管王族昭、屈、景三氏事务的官。
④ 汶汶(mén mén):玷污的样子。
⑤ 常:通"长"。
⑥ 《怀沙》:《楚辞·九章》中的一篇,是屈原抱沙石自沉的绝命词(用朱熹说)。
⑦ 汨(mì)罗:水名,在今湖南省东北部,流经汨罗市入洞庭湖。

屈原既死之后，楚有宋玉、唐勒、景差之徒者，皆好辞而以赋见称；然皆祖屈原之从容辞令，终莫敢直谏。其后楚日以削，数十年竟为秦所灭①。

自屈原沉汨罗后百有余年，汉有贾生，为长沙王太傅②，过湘水，投书以吊屈原。

太史公曰：余读《离骚》《天问》《招魂》《哀郢》，悲其志。适长沙，过屈原所自沉渊，未尝不垂涕，想见其为人。及见贾生吊之，又怪屈原以彼其材游诸侯，何国不容，而自令若是！读《鵩鸟赋》③，同死生，轻去就④，又爽然自失矣。

【译文】

屈原，名叫平，是楚国国君的同姓，做过楚怀王的左徒。他学识渊博，记忆力强，通晓国家治乱的道理，擅长外交辞令。在朝内，同楚王商量国事，发号施令；对外接待宾客，应酬诸侯使者。怀王很信任他。

上官大夫与屈原的官阶相同，想争得怀王的宠爱，因而心里嫉妒屈原的才能。有一次，怀王让屈原草拟法令，稿子还未定好，上官大夫见了就想夺走，屈原不肯给他，因此就在怀王面前谗害他说："大王派屈原制订法令，大家没有不知道的。每次公布法令，他总是夸耀自己的功劳，说：'除了我，没有人能办得了。'"怀王听了很生气，就疏远了屈原。

屈原痛心怀王听而不能明辨是非，被谗佞之人蒙住了眼睛，邪恶的人陷害公正无私的人，端方正直的人不能容身于

---

① 为秦所灭：前223年秦灭楚。
② 长沙王：吴差，汉朝开国功臣吴芮的后代。
③ 《鵩鸟赋》：为贾谊所作。
④ 同生死，轻去就：贾谊《鵩鸟赋》的主旨。

朝。所以他忧愁苦闷,沉郁深思,作了《离骚》。离骚,就是遭到忧患的意思。那上天,是人类的本源;父母,是人的根本。人到走投无路的时候总要追念上天和父母。所以说人在劳苦困惫的时候没有不呼天的,有了病痛或忧伤的时候没有不喊父母的。屈原秉持公心,行为正直,尽心竭力地侍奉国君,可是进谗言的小人挑拨离间,这真可以说是走投无路了。诚信而被怀疑,忠心耿耿而遭诽谤,怎能没有怨恨呢? 屈原作《离骚》,原来是由怨愤而引起的。《国风》多写爱情,但并不过分;《小雅》多写怨诽之情,但并不越轨。至于《离骚》这部书,可以说是兼具《国风》和《小雅》的特点。在《离骚》里,对远古称述帝喾,近世称述齐桓,中古称述汤、武,以此来讥刺当时的政事。它阐明了广大崇高的道德准则,以及国家治乱兴衰的来龙去脉,这些道理全都充分地表现出来。《离骚》的文字精练,措辞深微,表现出他的志趣的高洁、行为的方正。他描写的事物虽然细小,但含意极深远,所举的虽多是眼前习见的事例,但体现的意义极远大。他的志向高洁,所以文中多用芳草、美人为喻;他的行为正直,所以宁死也不苟且取容。他自己远离污浊昏暗的环境,如同蝉蜕去了皮壳似的摆脱污垢,尽情地漫游在尘世之外,不受浊世的玷辱。他这人真是高洁清白,出淤泥而不染。推想他的高洁志趣,即使与日月比光辉也是可以的啊!

屈原被免了官职,后来秦国打算攻打齐国,但这时楚国同齐国结盟亲善,秦惠王害怕齐、楚合纵亲善,于是就派张仪假装离开秦国,带着厚礼献给楚王作为信物,以此来表示愿意侍奉楚王。他说:"秦国非常憎恨齐国,而齐国又与楚国结盟亲善;要是楚国真能同齐国断绝关系,秦愿把商、於之间的六百里的土地送给楚国。"楚怀王贪图秦国的土地,就相信了张仪的话,同齐国断绝了关系,并派使者到秦国接收土地。

这时张仪却欺骗使者说:"我和楚王约定的是六里,没听说有六百里。"楚国使者气冲冲地离开了秦国,回国后把这事报告了怀王。怀王非常生气,就大规模地发兵攻秦。秦出兵迎击,在丹水、淅水一带大败楚军,杀了八万人,俘虏了楚将屈匄,于是夺取了楚国汉中地区。楚怀王又发动了国内所有的兵力深入秦地,攻打秦国,在蓝田与秦军大战一场。魏国听到这个消息,就出兵偷袭楚国,一直打到邓地。楚军害怕了,只得从秦国退兵。而齐国终于因楚国背约而生气不肯相救,于是楚国处境很困难。

第二年,秦国又表示愿意割出汉中一带地方同楚国讲和。楚王说:"我不愿得到土地,得到张仪心里才痛快。"张仪听到这话之后,就对秦惠王说:"凭我一个张仪就能抵得汉中的土地,请让我到楚国去。"他到了楚国,又用厚礼去贿赂楚国当权的臣子靳尚,而让靳尚在怀王宠爱的美女郑袖那里说了一套骗人的话。怀王居然听信了郑袖的话又把张仪放走了。这时,屈原已经被疏远了,没有在朝内担任要职,正在齐国出使。他一回国就劝谏怀王说:"为什么不杀了张仪呢?"怀王后悔了,就派兵去追张仪,但没有追上。

过了一些时候,各诸侯国联合攻打楚国,大败楚军,并杀死了楚国大将唐眜。

这时,秦昭王与楚国通婚,要同怀王会面。怀王打算去,屈原说:"秦国简直是虎狼一样的国家,不能相信它,不如不去的好。"怀王的小儿子子兰怂恿怀王去,他说:"为什么要拒绝秦国的好意呢?"怀王终究还是去了。他一进武关,秦国的伏兵就断绝了他的后路,并且拘留了他,以此迫使怀王割让土地。怀王生了气,不答应秦的要求。他逃到赵国,赵国不肯收留。只好又回到秦国,最终死在秦国,尸体被运回国安葬。

怀王的长子顷襄王即位后，任命其弟子兰做令尹。因为子兰怂恿怀王入秦而未能回来，楚国人都抱怨他，屈原也对子兰很痛恨。他虽被放流，但仍然恳切顾念楚国，惦记楚怀王，念念不忘能有一天回到朝中去，并且希望君王能完全醒悟过来，坏习俗确实能得到改变。屈原思念君主，想振兴国家，恢复楚国兴盛局面，在每篇作品中，都再三表达了这种意愿。然而终究无法实现，仍旧不能回到朝中，从这件事上可以看出，怀王是始终没有醒悟。

一个做君主的，不论他是愚的、智的、好的、坏的，没有谁不想得到忠臣的帮助来治理国家，提拔贤人辅佐自己；然而亡国破家的事接连发生，而且贤明的君主、安定的国家多少代也没有出现，这就是因为他所说的忠臣并不忠，他所说的贤臣并不贤啊。因为怀王不理解忠臣的职分，所以在宫内被郑袖迷惑，在国外被张仪欺骗，疏远了屈原而信任上官大夫和令尹子兰。结果军队吃败仗，领土被侵占，丧失了六郡的土地，自己死在异国，被天下人讥笑。这就是他没有知人之明而招致的祸害呀。《易经》上说："井淘干净了而没有人来饮用，让我心里很难过。井水清洁了就可以汲饮。国君如果圣明的话，全国人都受其福。"国君不圣明，怎么能得到他的福佑呢？

令尹子兰听说屈原怨恨自己，大发脾气，终于指使上官大夫在顷襄王面前说屈原的坏话，顷襄王大怒，便把屈原放逐出去了。

屈原来到江边，披散着头发，一边走，一边吟叹，脸色憔悴，身体干瘦。渔父见了问他道："您不是三闾大夫吗？为什么到这里来了？"屈原说："整个社会都是混浊的，而只有我是清白的；众人都醉生梦死，而只有我是清醒的。因此，我被放逐了。"渔父说："那些聪明贤哲的人，不能固执地受外物束缚,而能随世俗变化。世上都是混浊的,您为什么不随波逐流推波助澜呢? 众人都醉生梦死,您为什么不连那酒糟都吃了,把那薄酒也喝了呢? 为什么具有美玉一样的品德和才能,而使自己遭放逐呢?"屈原说:"我听说过这样的话:刚洗过头的人,一定要弹去帽上的灰尘;刚洗过澡的人,一定会抖抖衣服上的尘土。有谁愿意让自己洁净的身体去蒙受尘世的污染呢! 我宁愿投身长流的江水,葬身鱼腹之中,又怎能让高贵纯洁的人品受到世间的污秽玷辱呢!"于是他写了一篇《怀沙赋》,后来他就怀抱石头投汨罗江自杀了。

屈原死后,楚国有宋玉、唐勒、景差这一班人,都喜欢文学创作而以赋见称于世;但是他们都只效法屈原作品委婉含蓄的一面,终究不能像屈原那样直言劝谏。此后,楚国的领土一天一天地缩小,几十年以后,终于被秦吞灭。

屈原投汨罗江后一百多年,汉朝出了个贾谊,给长沙王做太傅。他过湘江时,写了《吊屈原赋》投入江中来凭吊屈原。

太史公评论道:我读了《离骚》《天问》《招魂》《哀郢》,深为屈原的志气所感动;到了长沙,经过屈原自沉的地方,想到他的为人,总是哀痛流泪。后来,读了贾谊的《吊屈原赋》,又责怪屈原,凭他那样的才能去游说诸侯,哪一个国家不能容身呢? 他却让自己走上了这样的道路。可是,读了贾谊的《鹏鸟赋》,他主张把死和生等同看待,把去和留都看得很淡漠,我又茫然自失了。

酷吏列传序

【解题】

《酷吏列传》是汉朝残酷官吏的传记,司马迁所叙共有十人,其中有九人是汉武帝时的官僚。汉武帝为了强化封建皇权,大批任用酷吏,受害的主要对象当然是百姓。司马迁在传记中真实地记录了酷吏的残忍枉法,也就间接地暴露和控诉了汉武帝时期专制主义统治的残酷和黑暗。在这篇序文里,司马迁着重阐明了为政不在于严酷的观点,并指出严刑峻法必然导致矛盾的激化,表现出作者的进步思想。本序文中两引孔子、老子之言以证实自己的观点,并以汉初网疏而"吏治烝烝",反衬汉武帝时的黑暗政治,增强了说服力。

　　孔子曰:"道之以政,齐之以刑,民免而无耻。道之以德,齐之以礼,有耻且格①。"老氏称:"上德不德,是以有德;下德不失德,是以无德。法令滋章,盗贼多有②。"太史公曰:信哉,是言也! 法令者,治之具,而非制治清浊之源也。昔天下之网尝密矣,然奸伪萌起,其极也,上下相遁,至于不振。当是之时,吏治若救火扬沸,非武健严酷,恶能胜其任而愉快乎! 言道德者,溺其职矣。故曰:"听讼,吾犹人也,必也使无讼乎③!""下士闻道大笑之④",非虚言也。

　　汉兴,破觚而为圜⑤,斫雕而为朴,网漏于吞舟之鱼⑥,而吏治烝烝,不至于奸,黎民艾安⑦。由是观之,在

---

　　①　"道之以政"六句:见《论语·为政》。道,通"导"。格:来,至,即归服。

　　②　"上德"六句:见《老子》。章:通"彰",严明,严酷。

　　③　"听讼"二句:见《论语·颜渊》。

　　④　"下士"句:见《老子》。据王念孙说,"大笑之"本作"大而笑之",犹言"迂而笑之也"。

　　⑤　觚(gū):指棱角。圜(yuán):通"圆"。

　　⑥　网漏于吞舟之鱼:比喻法网宽疏。

　　⑦　艾(yì)安:民生安定。艾,通"乂",安定。

彼不在此。

【译文】

　　孔子说:"凭借政令来诱导他们,凭借刑罚使他们规规矩矩,这仅能使百姓想侥幸免于罪过,并不觉得做坏事可耻。如果用仁德来教导他们,用礼仪来统一他们的行动,就能使百姓不但耻于作恶,而且人心归服。"老子说:"德行最高的人不自以为有德,因此他便有德了;德行低下的人自以为有德,因此他就没有德了。法令越严酷,盗贼反而越多。"孔子、老子的这些话真正确啊!法令是治理国家的工具,但并不是治理社会肃清污浊的根本办法。强秦时代,法网曾经很严密啊,可是犯法作乱的事照样发生,最严重的时候,上下互相欺骗,致使国家无法振作。那时候,官吏治理百姓只能治末,不能治本,真像是负薪救火、扬汤止沸,无补于事,若不是勇猛刚强严酷的人,怎能胜任其职而又心情愉快呢!这样,讲究道德的人当然就无法尽职了。所以说:"倘若让我审理讼案,我同一般人也差不多,然而我一定要尽力使讼案不要发生。""愚蠢的士人,听了高深的大道,便认为它迂阔可笑。"这些都不是假话。

　　汉朝初年,磨平棱角使之成为圆的,除去雕饰使之显露出本色,废严刑而从简约,抑巧诈而尚纯厚。法网宽大,甚至可以漏掉吞舟之鱼,而当时官吏的政绩反倒蒸蒸日上,没有发生奸邪的事情,老百姓也太平无事。由此看来,治理国家的关键在于道德,而不在于严酷。

游侠列传序

【解题】

　　游侠是战国以来地方上出现的自发势力的代表人物,他们良莠不齐,能为人出力而敢作敢为的则称为"侠"。在战国时代,各国统治阶级有时利用他们,但到了政权统一的时代,他们往往被统治阶级看作"不轨于正义"的暴徒。司马迁一反世俗的看法,为游侠立传,并给他们一定的地位和评价。在这篇序文中,他称颂了反抗强暴、扶危救困的布衣之侠,并把他们同"豪暴"之徒严格区别开来,表现了对豪强的憎恶,对孤弱的同情,对封建律令的蔑视和抗议,反映了人民群众反抗强暴的愿望。文中倾入了作者强烈的爱憎感情,富于一唱三叹的情味,具有强烈的感人力量。

　　韩子曰①:"儒以文乱法,侠以武犯禁②。"二者皆讥,而学士多称于世云。至如以术取宰相、卿、大夫,辅翼其世主,功名俱著于春秋,固无可言者。及若季次、原宪③,闾巷人也,读书怀独行君子之德,义不苟合当世,当世亦笑之。故季次、原宪终身空室蓬户,褐衣疏食不厌④。死而已四百余年,而弟子志之不倦。今游侠,其行虽不轨于正义,然其言必信,其行必果,已诺必诚,不爱其躯,赴

----

　　① 韩子:名非,战国时韩国的公子,喜刑名法术之学,与李斯同为荀子的弟子,著书名《韩非子》。

　　② "儒以文"二句:见《韩非子·五蠹》。

　　③ 季次、原宪:孔子弟子。季次,齐人,名公皙哀;原宪,鲁人,字子思。二人皆安贫乐道,终身不仕。二人事迹见《史记·仲尼弟子列传》。

　　④ 厌:满足。

士之厄困；既已存亡死生矣，而不矜其能，羞伐其德：盖亦有足多者焉。

且缓急，人之所时有也。太史公曰：昔者虞舜窘于井廪①，伊尹负于鼎俎②，傅说匿于傅险③，吕尚困于棘津④，夷吾桎梏⑤，百里饭牛⑥，仲尼畏匡⑦，菜色陈、蔡⑧。此皆学士所谓有道仁人也，犹然遭此灾，况以中材而涉乱世之末流乎？其遇害何可胜道哉！

鄙人有言曰："何知仁义，已飨其利者为有德⑨。"故伯夷丑周⑩，饿死首阳山，而文、武不以其故贬王；跖、跻

---

① 虞舜窘于井廪：相传舜之父瞽叟喜爱后妻所生之子象，一再迫害舜，曾叫他涂廪（修补仓廪）、穿井，趁机放火烧廪，推土填井。舜幸而得脱，没有被害。

② 伊尹：商汤的贤相，佐商汤灭夏，辅政历经三王。相传他曾耕于有莘（今山东省曹县西北），蒙耻辱，负鼎俎，和五味以求知于商汤王。鼎俎，煮肉用的锅和砧板。

③ 傅说（yuè）：殷王武丁的贤相。相传他未遇武丁时，隐居于傅险（今山西省平陆县东），为人筑墙。险，通"岩"。

④ 吕尚：即佐周开国的太公望，相传他姓姜，名尚，字子牙，因其先人封在吕地，故又称吕尚。他未遇文王时，年七十，屠牛于朝歌（今河南省淇县），卖食于棘津（黄河重要渡口，在今河南省延津县东北。后黄河改道，遂湮）。

⑤ 夷吾：即齐桓公之相管仲。他初事公子纠，公子纠死，管仲曾为齐桓公所囚。桎梏：刑具，足镣手铐。

⑥ 百里：即百里奚，百里奚未曾得志时曾游周，周王子颓好牛，百里奚为之养牛以求重用。

⑦ 仲尼畏匡：孔子貌似阳虎（鲁之权臣季孙氏的家臣），阳虎曾侵犯匡（今河南省长垣市西南）人，孔子过匡，匡人误以为阳虎，遂围困孔子。畏，通"围"，围困。《淮南子·主术训》作"围于匡"。

⑧ 菜色陈、蔡：孔子周游列国时，曾在陈、蔡绝粮，面有饥色。陈：国名，都宛丘（今河南省周口市淮阳区）。蔡，国名，原都上蔡（今河南省上蔡县），后多次迁都。

⑨ 飨：通"享"，受到，获得。

⑩ 伯夷：殷时孤竹君之长子，反对武王伐纣，饿死于首阳山（说法不一，见《史记·伯夷列传》）。

暴戾①，其徒诵义无穷。由此观之，"窃钩者诛，窃国者
侯，侯之门，仁义存②"，非虚言也。

今拘学或抱咫尺之义，久孤于世，岂若卑论侪俗，与
世浮沉而取荣名哉！而布衣之徒，设取予然诺，千里诵
义，为死不顾世，此亦有所长，非苟而已也。故士穷窘而
得委命，此岂非人之所谓贤豪间者邪③？诚使乡曲之侠，
予季次④、原宪比权量力，效功于当世，不同日而论矣。
要以功见言信，侠客之义又曷可少哉！

古布衣之侠，靡得而闻已。近世延陵、孟尝、春申、
平原、信陵之徒⑤，皆因王者亲属，藉于有土、卿相之富
厚，招天下贤者，显名诸侯，不可谓不贤者矣。比如顺风
而呼，声非加疾，其势激也。至如间巷之侠，修行砥名，
声施于天下，莫不称贤，是为难耳。然儒、墨皆排摈不
载。自秦以前，匹夫之侠，湮灭不见，余甚恨之。以余所
闻，汉兴有朱家、田仲、王公、剧孟、郭解之徒⑥，虽时扞当
世之文网⑦，然其私义廉洁退让，有足称者。名不虚立，
士不虚附。至如朋党宗强比周，设财役贫，豪暴侵凌孤

---

① 跖(zhí)：盗跖，春秋末鲁国人。蹻(jué)：庄蹻，战国时楚国人。

② "窃钩"四句：见《庄子·胠箧(qū qiè)》。

③ 间(jiàn)者：间气所钟者，古人认为英雄豪杰上应星象，禀天地
特殊之气，间世而出，故称"间者"。

④ 予：通"与"。

⑤ 延陵：春秋时吴国贵族季札封于延陵（今江苏省常州市），号延
陵季子。据梁玉绳、张文虎说，"延陵"二字是衍文。孟尝：孟尝君，齐国
贵族田文。春申：春申君，楚考烈王之相黄歇。平原：平原君，赵惠文王
弟赵胜。信陵：信陵君，魏安釐王异母弟公子无忌。此四人时称战国四
公子，以养士闻名。

⑥ 朱家、田仲、王公、剧孟、郭解：此五人皆为汉初著名的游侠，其
事迹见传文。

⑦ 扞(hàn)：触犯。

弱,恣欲自快,游侠亦丑之。余悲世俗不察其意,而猥以
朱家①、郭解等令与豪暴之徒同类而共笑之也。

【译文】

　　韩非子说:"儒生引用古代的文献典章来扰乱法制,侠客
凭借勇力来触犯禁令。"这两种人虽然都受到韩非的责难,但
儒生大多数还是受世人称道的。至于有些儒生凭借儒术取
得了高官厚禄,辅佐当世的君王,功名都已载入史册,那自然
是不必说的了。至于季次、原宪,都是居于民间未曾出仕的
人,他们读书好学,谨守着操守高洁的君子所具有的美德,坚
持正义,不肯随随便便地与世俗苟合,当时的人总是讥笑他
们迂拙。因此,季次、原宪终身困穷,住破屋,穿布衣,连粗食
也吃不饱。可是,到现在他们已经死去四百多年了,儒者还
是依旧纪念他们。现在的游侠,行为虽然不符合当今国法的
要求,但是他们言必信,行必果,诺言一定兑现,为解救别人
的急难而奔走,不惜牺牲自己的生命;他们做了使危难者得
以生存的事,但又不因此而声扬自己的能力,羞于夸耀自己
的恩德,这种人恐怕也有值得赞扬的地方吧。

　　急难之事是人们时常会遇到的。太史公说:从前虞舜在
修仓、掘井时险些被害,伊尹执贱役做厨子,傅说隐身于傅
岩,吕尚困居于棘津,管夷吾曾被囚禁,百里奚给人喂过牛,
孔子在匡地被围困,在陈、蔡饿得脸色黄瘦。他们都是儒者
所说的有道德的仁人,还要遭受这样的苦难,何况是只有中
等才智而又生逢乱世最黑暗的时期的人呢? 他们所遭受的
祸患,又怎么能说得完呢!

　　鄙俗的人有句口头禅:"管什么仁义不仁义,让我得利的

------

① 猥:苟且。

人就是有道德的人。"所以，伯夷以侍奉周朝为耻，饿死在首阳山，而文王、武王的声誉并不因为伯夷不满而受到贬损；盗跖、庄跻横行无忌，但他们的徒党却认为他们讲义气，并且称颂不已。由此可见，"偷衣带钩的遭杀戮，窃国大盗反而封了侯；只要成了诸侯，仁义就在他的门下了"，这并不是假话啊。

如今迂执拘谨的儒生，抱守着区区一点道义，长久地脱离现实，他们还不如降低自己的论调，与世俗为伍，随波逐流，去猎取功名呢！而平民中的游侠，慎重对待收受和给予并且言而有信，他们的义气传扬千里，急人所难而不怕牺牲自己，全然不顾世俗的责难，这也是他们的长处，不是随便能做到的。所以，人们遇到急难的时候，肯把身家性命交托给他们，像这样扶危济困的游侠，岂不就是人们所说的世间少有的豪杰之士吗？假如真的拿他们同季次、原宪相比，游侠在社会上的地位、左右社会的能力以及对当今社会的实际贡献，也不是季次、原宪所能比拟的。总之，要是以做事有成效、说话守信用作为标准来衡量游侠的话，他们的侠义行为又怎能轻视呢！

古代平民中的游侠，他们的事迹已无从考知了。至于近代的孟尝君、春申君、平原君、信陵君等人，都是国君的亲属，他们有封地、有卿相高位这些优越条件，借此接纳天下的贤士，而扬名于诸侯，不能说他们不是贤者，但他们取得声名并不是十分困难的。这正像顺风呼喊，声音能传到远方，但这并不是因为声音特别大，而是因为那声音随着风势的激荡自然就能传向远方。而民间的侠客全靠自己砥砺品行，培养声名，使名声得以传布天下，天下的人都称他们是贤人，这才是不容易的啊。可是儒、墨两家都摒弃游侠，不肯记载。因此，秦以前的游侠都湮没不闻了，对此我深感遗憾。据我所知，汉朝兴起之后，有朱家、田仲、王公、剧孟、郭解这一班人，他们虽然经常触犯当世的法令,可是他们个人的道德作风是那么廉洁退让,很值得称道。他们的名声并不是凭空取得的,一般人也不是无缘无故地依附他们。至于那结党营私的强宗豪族,他们互相勾结,搜刮财富,奴役贫民,欺侮孤弱,放纵私欲,只顾自身的快乐,是不能称为游侠的,真正的游侠也认为他们的行为是丑恶的。我深感痛心的是一般人不考察侠客的心志,随便地把朱家、郭解与那些恶霸当作同类人物看待而加以讥笑啊。

滑稽列传

【解题】

　　《滑稽列传》是滑稽人物的类传,司马迁所叙有淳于髡、优孟、优旃三人。本书节选了列传的序论和淳于髡讽谏齐王的三个故事。它肯定了滑稽人物有益于社会,说明了为他们立传的理由,描写了淳于髡关心国事和他的幽默、机智。行文生动活泼,异趣横生,有些地方还用了韵语,使形式与内容达到和谐一致。

　　孔子曰:"六艺于治一也:《礼》以节人,《乐》以发和,《书》以道事,《诗》以达意,《易》以神化,《春秋》以道义①。"太史公曰:天道恢恢,岂不大哉!谈言微中,亦可以解纷。

---

　　①　淳于髡(kūn):人名,姓淳于,名髡,齐国人。

淳于髡者,齐之赘婿也①。长不满七尺②,滑稽多辩③,数使诸侯,未尝屈辱。

齐威王之时④,喜隐,好为淫乐长夜之饮,沉湎不治,委政卿大夫。百官荒乱,诸侯并侵,国且危亡,在于旦暮,左右莫敢谏。淳于髡说之以隐曰:"国中有大鸟,止王之庭,三年不蜚又不鸣⑤,王知此鸟何也?"王曰:"此鸟不蜚则已,一蜚冲天;不鸣则已,一鸣惊人。"于是乃朝诸县令长七十二人,赏一人,诛一人⑥,奋兵而出。诸侯振惊⑦,皆还齐侵地。威行三十六年⑧。语在《田完世家》中。

威王八年,楚大发兵加齐。齐王使淳于髡之赵请救兵,赍金百斤,车马十驷。淳于髡仰天大笑,冠缨索绝。王曰:"先生少之乎?"髡曰:"何敢!"王曰:"笑岂有说乎?"髡曰:"今者臣从东方来,见道旁有穰田者⑨,操一豚蹄,酒一盂,而祝曰:'瓯窭满篝,污邪满车⑩,五谷蕃熟,穰穰满家。'臣见其所持者狭而所欲者奢,故笑之。"

① 赘婿:一种身份低贱的人。贫苦人家的壮年男子,出卖或典质给富户,如过期不赎,主人配给女子,这种男子称为赘婿。

② 七尺:当时一般男子的身高,一尺约合今二十三厘米。

③ 滑(gǔ)稽:形容言语、动作引人发笑。

④ 齐威王:姓田,名婴齐,田桓公之子,前356—前320年在位。

⑤ 蜚:通"飞"。

⑥ 赏一人,诛一人:据记载,赏即墨(今山东省平度市东南)大夫,以其有政绩;诛阿(今山东省阳谷县阿城镇)大夫,以其废职。

⑦ 振:通"震"。

⑧ "威行"句:或谓齐威王八年(前349)无此事,乃系误记。

⑨ 穰(ráng)田:向田神求丰穰。

⑩ 瓯窭(lóu)、污邪:大概是齐之方言。瓯窭,狭小的高地。污邪,地势低下的土地。

于是齐威王乃益赍黄金千镒①，白壁十双，车马百驷。髡辞而行，至赵。赵王与之精兵十万，革车千乘。楚闻之，夜引兵而去。

　　威王大说，置酒后宫，召髡，赐之酒。问曰："先生能饮几何而醉?"对曰："臣饮一斗亦醉，一石亦醉。"威王曰："先生饮一斗而醉，恶能饮一石哉！其说可得闻乎?"髡曰："赐酒大王之前，执法在傍，御史在后，髡恐惧俯伏而饮，不过一斗径醉矣。若亲有严客，髡裧韝鞠䠱②，侍酒于前，时赐余沥，奉觞上寿，数起，饮不过二斗径醉矣。若朋友交游，久不相见，卒然相睹，欢然道故，私情相语，饮可五六斗径醉矣。若乃州闾之会，男女杂坐，行酒稽留，六博投壶③，相引为曹，握手无罚，目眙不禁④，前有堕珥，后有遗簪，髡窃乐此，饮可八斗而醉二参⑤。日暮酒阑，合尊促坐⑥，男女同席，履舄交错，杯盘狼藉，堂上烛灭，主人留髡而送客，罗襦襟解，微闻芗泽⑦，当此之时，髡心最欢，能饮一石。"故曰：酒极则乱，乐极则悲。万事尽然。言不可极，极之而衰。以讽谏焉。齐王曰："善。"乃罢长夜之饮，以髡为诸侯主客。宗室置酒，髡尝在侧⑧。

----

　　① 镒：通"镒"，二十四两为一镒。
　　② 裧(juǎn)韝(gōu)鞠䠱(jì)：言拘谨之状。裧韝：卷束袖口并戴上臂套。裧，卷袖口。韝，臂套。䠱，通"跽"，小跪，双膝着地，上身挺直。
　　③ 六博：古代的一种掷采下棋游戏。投壶：古时的一种游戏，以矢投入特制的壶中，以投中多少决胜负，负者饮酒。
　　④ 眙(chì)：直视。
　　⑤ 参：通"三"。
　　⑥ 尊：通"樽"。
　　⑦ 芗：通"香"。
　　⑧ 尝：通"常"。

【译文】

孔子说："六经对于治理国家所起的作用,是一致的:《礼》是用来节制人的行为的,《乐》是用来抒发和谐而优美的感情的,《书》是用来记载前人的行事的,《诗》是用来表达思想感情的,《易》是说明事物的神妙变化的,《春秋》是用来阐明天下的义理的。"太史公说:天道疏略广阔,难道不是很博大的吗! 言谈精妙而中肯,也一样能排解纠纷。

淳于髡是齐国的一个赘婿,身高不满七尺,可是他能说会道,辩才无碍,多次奉命出使各诸侯国,从来不曾受过屈辱。

齐威王在位的时候,喜欢猜谜语,又喜好毫无节制地玩乐、通宵达旦地饮酒,沉溺于酒色之中而不理朝政,将政事都交给卿大夫们去处理。于是百官政事荒疏混乱,诸侯都来侵犯,国家的危亡就在旦暮之间,但左右大臣都不敢进谏。淳于髡用说谜语的方式劝谏他说:"都城里有只大鸟,栖居在王宫中,这鸟三年不飞又不鸣,大王知道这鸟为什么这样吗?"齐王说:"这鸟呀,不飞就罢了,一飞就要冲向高空;不叫就罢了,一叫就使人震惊。"说罢,就上朝理政,命令七十二县的县令、县长都来朝见,赏了一名好的,杀了一名坏的,振奋军心,发兵出战。各国诸侯都很害怕,赶紧退还了原先侵占的齐国土地。齐国的强大威势,一直维持了三十六年。这件事记载在《田敬仲完世家》那一篇里。

齐威王在位的第八年,楚国大规模地出兵进攻齐国。齐王派淳于髡到赵国去请求援兵,让他带着黄金一百斤、驷马车十辆作为礼物。淳于髡仰天大笑,连帽带子都一齐迸断了。齐威王说:"你嫌带的东西少吗?"淳于髡说:"岂敢!"齐威王说:"你这样笑有理由吗?"淳于髡说:"我刚从东方来,看见路旁有个向田神祈祷的人,拿着一只猪蹄、一杯酒,祝告说：'高地上，收的庄稼满笼又满筐；洼地里，收的庄稼装满车辆；五谷丰登，满屋满仓。'我见他拿的东西不多，要求的倒很高，所以现在想起来，还觉得这人好笑。"齐威王听他这么一说，就把礼物增加到黄金一千镒、白璧十对、驷马车一百辆。淳于髡就辞行出发，到了赵国。赵王许他出动十万精兵、一千辆战车。楚国听到这个消息，连夜撤兵回国。

齐威王十分高兴，在后宫设酒宴，召见淳于髡并赐给他酒喝。齐威王问他："您能饮多少酒才醉呢？"他回答说："臣饮一斗也能醉，一石也能醉。"齐威王说："您饮一斗就醉了，怎能饮一石呢？这个道理能说出来让我听听吗？"淳于髡说："在大王面前承蒙赏酒，执行酒令的官员在旁边，监察的官员在后边，我胆战心惊，伏在地上喝，不超过一斗就醉了。倘若双亲有尊贵的客人，我挽起袖口，戴上套袖，弓着身子，跪坐在席间，奉酒侍客，有时他们赏些剩酒给我，我还得捧杯祝福，不停地起身应酬，喝不了二斗就醉了。倘若知心朋友好久没有见面，突然相见，兴致勃勃地叙旧，彼此倾谈知心话，饮五六斗就醉了。至于乡亲们聚会，男女杂坐，不限时间地慢慢依次斟酒，赛六博，赌投壶，彼此邀请同道，分组打赌，无拘无束地握手也不受处罚，瞪着眼瞅也没有禁忌，前面有掉下的耳瑱，后面有掉的簪子，我暗自喜欢这种场面，喝上八斗，只有两三分醉意。天黑了，酒也快尽了，人也快走光了，把剩下的酒菜拼在一起，大家挤在一块坐，男女同席，脚乱伸乱放，杯盘弄得乱七八糟，堂上的烛火已经熄灭，主人留下我而去送客，这时，那穿绫罗短衣的解开了大襟，令人略微嗅到一股香味，在这时候，我最高兴，能喝一石。"这就是说：酒喝得过量就会乱性，快乐到了极点就会引起悲伤。什么事都是如此。这话的意思是，做事不要走极端，达到极端就必然衰亡。他用这样的话，婉转劝告齐威王。齐威王说："好。"从此就停止了通宵饮酒,任命淳于髡为接待诸侯宾客的主管官员。王室贵族举行宴会,淳于髡也常常在近旁参与其事。

货殖列传序

【解题】

《货殖列传》是论述春秋末年到汉武帝年间的社会经济史的专章。在序文中,作者驳斥了老子的"小国寡民"的历史倒退论,肯定了人们追求物质财富的合理欲望,并试图以此来说明社会问题和社会意识问题。他认为人们的物质生活的需求必然推动社会生产的分工和社会各经济部门的发展,而人的道德行为又是受他占有财富的多少制约的,从而谴责了汉武帝时期的经济垄断政策,抨击了当时以神意解释社会问题的唯心主义观点。但作者也只看到个人追求财富的欲望在经济发展中的作用,没有注意生产力和生产关系的相互作用等重大问题。

老子曰:"至治之极,邻国相望,鸡狗之声相闻,民各甘其食,美其服,安其俗,乐其业,至老死不相往来①。"必用此为务,挽近世涂民耳目②,则几无行矣。

太史公曰:夫神农以前,吾不知已③。至若《诗》《书》所述虞、夏以来,耳目欲极声色之好,口欲穷刍豢之味④,身安逸乐,而心夸矜势能之荣,使俗之渐民久矣,虽

---

① "至治之极"八句:引自《老子》,但文字略有不同。
② 挽近世:近世,近代,此指当代。挽,通"晚"。涂:涂塞。
③ 已:通"矣"。
④ 刍豢(huàn):指牲畜的肉。用草饲养的叫"刍",如牛、羊;用粮食饲养的叫"豢",如猪、狗。

户说以眇论①，终不能化。故善者因之，其次利道之②，其次教诲之，其次整齐之，最下者与之争。

夫山西饶材、竹、榖、纑、旄③、玉石，山东多鱼、盐、漆、丝、声色，江南出楠、梓、姜、桂、金、锡、连④、丹沙⑤、犀、玳瑁⑥、珠玑⑦、齿、革，龙门⑧、碣石北多马⑨、牛、羊、旃裘⑩、筋、角⑪；铜、铁则千里往往山出棋置。此其大较也。皆中国人民所喜好，谣俗被服饮食奉生送死之具也。故待农而食之，虞而出之⑫，工而成之，商而通之。此宁有政教发征期会哉？人各任其能，竭其力，以得所欲。故物贱之征贵，贵之征贱，各劝其业，乐其事，若水之趋下，日夜无休时，不召而自来，不求而民出之。岂非道之所符，而自然之验邪⑬？

《周书》曰⑭："农不出则乏其食，工不出则乏其事，商不出则三宝绝，虞不出则财匮少。"财匮少而山泽不辟

---

① 眇(miào)：通"妙"。

② 道：通"导"。

③ 榖(gǔ)、纑、旄：榖，即楮(chǔ)树，树皮可以造纸。纑，苎麻类，可以织布。旄，旄牛，其尾有长毛，可供旗帜装饰之用。

④ 连：通"链"，铅矿石。

⑤ 丹沙：通"丹砂"，矿物名，俗称朱砂。

⑥ 玳瑁(dài mào)：龟类，其甲为名贵的装饰品。

⑦ 玑：不圆的珠子。

⑧ 龙门：山名，在今山西省河津市与陕西省韩城市间。

⑨ 碣石：山名，在今河北省昌黎县西北，一说在今河北省北戴河附近。

⑩ 旃：通"毡"。

⑪ 筋、角：兽筋、兽角，可用以制造弓弩。

⑫ 虞：掌管山林川泽出产的官。

⑬ 邪：通"耶"。

⑭ 周书：指《逸周书》。今本《逸周书》无这段话，盖是古本《逸周书》的佚文。

矣①。此四者，民所衣食之原也②。原大则饶，原小则鲜。上则富国，下则富家。贫富之道，莫之夺予，而巧者有余，拙者不足。故太公望封于营丘③，地潟卤，人民寡，于是太公劝其女功，极技巧，通鱼盐，则人物归之，繦至而辐凑④。故齐冠带衣履天下，海岱之间敛袂而往朝焉。其后齐中衰，管子修之，设轻重九府，则桓公以霸，九合诸侯，一匡天下；而管氏亦有三归⑤，位在陪臣⑥，富于列国之君。是以齐富强至于威、宣也⑦。

　　故曰："仓廪实而知礼节，衣食足而知荣辱⑧。"礼生于有而废于无。故君子富，好行其德；小人富，以适其力。渊深而鱼生之，山深而兽往之，人富而仁义附焉。富者得势益彰，失势则客无所之，以而不乐。夷狄益甚。谚曰："千金之子，不死于市。"此非空言也。故曰："天下熙熙，皆为利来；天下壤壤⑨，皆为利往。"夫千乘之王、万家之侯、百室之君尚犹患贫，而况匹夫编户之民乎⑩！

---

①　辟：通"僻"。
②　原：通"源"。
③　太公望：即姜尚，相传他姓姜，名尚，字子牙，其先人封在吕地，故又称吕尚。他佐武王伐纣，封于营丘（在今山东省淄博市临淄区北），国号齐。
④　繦（qiǎng）至：犹言络绎而至。繦，穿钱的绳子。
⑤　三归：按常例应归公室所有的市租。
⑥　陪臣：诸侯之大夫对天子自称陪臣。
⑦　威、宣：威即齐威王，名婴齐，田桓公之子，前356—前320年在位。宣即齐宣王，名辟疆，威王之子，前319—前301年在位。
⑧　"仓廪实"二句：见《管子·牧民》。
⑨　壤壤：通"穰穰"。
⑩　编户：编入户口册。

【译文】

老子说:"古代太平之世达到极盛时期的时候,虽然邻国的百姓彼此望得见,鸡犬之声彼此听得见,但人们各自以为自家的食物最香甜、服装最漂亮,习惯于本地的习俗,喜欢自己的职业,以至于老死也不相往来。"要是谁以此为目标,而在当代去堵塞老百姓的耳目,使他们再回复到往古的时代,那就几乎是行不通的。

太史公说:神农以前的事,我已无从考知了。至于《诗经》《尚书》所记载的虞、夏以来,人们的耳朵、眼睛要竭力享受声、色之乐,嘴里要吃尽各种美味,身体贪图舒适快乐,而心里又羡慕夸耀有权势、有才干的荣耀,遂使这种不良风气长久地浸染民心,即使用高妙的言论挨家挨户去劝导,到底也不能使他们改变。所以,对于老百姓最好的做法是顺其自然,其次是因势利导,再其次是进行教育,再其次是用法令约束、限制他们,而最差的做法是与民争利。

华山以西出产大量的木材、竹子、楮树、野麻、旄牛尾、玉石;华山以东盛产鱼、盐、漆、丝,又有美女;江南出产楠树、梓树、生姜、桂皮、金锡、铅、朱砂、犀角、玳瑁、珠玑、象牙、皮革;龙门、碣石以北盛产马、牛、羊、毡裘、筋、角;至于铜、铁则分布在千里的疆土上,各处的山都出产,真是星罗棋布:这是大概的情形。所有这些都是中原地区人民喜爱的必需品,是人们习惯用来做穿衣、吃饭、养生送死所需的东西。本来是靠农民种植、饲养,靠虞人开发山林水泽,靠工匠做成各种器具,靠商人流通货物。这难道是靠发布政令征调、百姓定期会集做到的吗?人们各自承担所能做的工作,尽自己的力量来满足自己的欲望。因此,这里的货物价格低,他们运到别处以求高价;这里物价高,他们就从别处低价购进。人们各自勉力从事自己的工作,以自己的工作为乐趣,就如同水往低处流一样,昼夜不停。用不着召唤,他们自己会送来;东西用不着寻求,人们自己会生产。这难道不是符合经济法则而又被事实本身证明的吗?

《周书》上说:"农民不生产,粮食就缺乏;工人不生产,器物就缺乏;商人不做生意,粮食、器物、财货就断绝;虞人不开发山泽,财货就缺乏。"财货缺乏,山泽中的资源就得不到开发。这四个方面,是人民衣食的来源。来源广就富足,来源小就贫困。来源广了,对上可以使国家富强,对下可以使家庭富裕。贫富的法则,没有人能够改变它,而聪明的人总是有生财之道,愚笨的人总是生活拮据。姜太公封在营丘,那里的土地都是盐碱地,劳力很少,于是姜太公就鼓励妇女纺织刺绣,尽力施展她们的技巧,并且使本地的鱼盐流通外地,老百姓络绎不绝地归聚到那里,真如同车辐凑集于车毂似的。因而齐国产的冠带衣履行销天下,东海和泰山之间的各小国的国君,都拱手敛袖恭恭敬敬地来齐国朝见。后来,齐国中途衰弱,管仲又修订了太公的政策,设立了调节物价出纳货币的九府,齐桓公就借此称霸,多次会合诸侯,使天下的一切都得到匡正;因而管仲也奢侈地取收市租,他虽处陪臣之位,却比列国的君主还要富。因此,齐国的富强一直延续到齐威王、齐宣王时代。

所以,管仲说:"仓库储备充实,老百姓才能懂得礼节;衣食丰足,老百姓才能分辨荣辱。"礼仪是在富有的时候产生的,贫困的时候就废弃了。因此,君子富了,才肯施恩德;平民富了,就会尽力施展自己的力量。水深则鱼自然会聚集,山深则兽自然会奔去,人富了仁义自然归他所有。富人得了势,声名就更显赫;一旦失势,就会如同客居的人一样没有归宿,因而不快活。在夷狄之国,这种情况则更严重。俗话说:"家有千金的人,不会因犯法而被处死在市上。"这不是空话啊。所以说："天下的人熙熙攘攘,都是为财利而来;天下的人纷至沓来,都是为财利而往。"兵车千辆的国君、食邑万户的诸侯、食禄百户的大夫还都怕穷,何况普通的平民百姓呢!

太史公自序

【解题】

《太史公自序》是《史记》的最后一篇。本书节录了其中的一部分,它主要是通过和壶遂的问答委婉地说明《史记》的写作主旨:继承《春秋》的褒贬现实的精神,总结经验教训,使后世之人都有所借鉴。但这个问题是个很敏感的课题,它涉及作者对当代朝廷的政治态度。司马迁处在专制政权的高压下,要对这个问题作出回答是受到限制的。因此,作者巧妙地采用了问答的形式,反复强调《春秋》批判现实的意义,借以暗示自己的写作意图,流露出他不满于现实的深意。他时而闪烁其词,时而借他人之口点明旨意,有时也为最高统治者回护、涂饰一番,以掩饰自己的真意,全文采用的这种隐微曲折的笔法,读者应予以注意。

太史公曰:"先人有言:'自周公卒五百岁而有孔子。孔子卒后至于今五百岁,有能绍明世,正《易传》,继《春秋》,本《诗》《书》《礼》《乐》之际。'意在斯乎! 意在斯乎! 小子何敢让焉!"

上大夫壶遂曰①:"昔孔子何为而作《春秋》哉?"太

① 壶遂:西汉名士,梁(今河南省商丘市南)人,武帝时任詹事(掌皇后、太子家事),秩二千石。上大夫,泛指官位秩禄较高者。

史公曰："余闻董生曰：'周道衰废，孔子为鲁司寇，诸侯害之，大夫壅之。孔子知言之不用，道之不行也，是非二百四十年之中①，以为天下仪表，贬天子，退诸侯，讨大夫，以达王事而已矣。'子曰：'我欲载之空言，不如见之于行事之深切著明也。'夫《春秋》，上明三王之道，下辨人事之纪，别嫌疑，明是非，定犹豫，善善恶恶，贤贤贱不肖，存亡国，继绝世，补敝起废，王道之大者也。《易》著天地、阴阳、四时、五行，故长于变；《礼》经纪人伦，故长于行；《书》记先王之事，故长于政；《诗》记山川、溪谷、禽兽、草木、牝牡、雌雄，故长于风；《乐》乐所以立，故长于和；《春秋》辨是非，故长于治人。是故《礼》以节人，《乐》以发和，《书》以道事，《诗》以达意，《易》以道化，《春秋》以道义。拨乱世反之正，莫近于《春秋》。《春秋》文成数万②，其指数千。万物之散聚皆在《春秋》。《春秋》之中，弑君三十六，亡国五十二，诸侯奔走不得保其社稷者不可胜数。察其所以，皆失其本已。故《易》曰：'失之毫厘，差以千里。'故曰：'臣弑君，子弑父，非一旦一夕之故也，其渐久矣。'故有国者不可以不知《春秋》，前有谗而弗见，后有贼而不知；为人臣者不可以不知《春秋》，守经事而不知其宜，遭变事而不知其权。为人君父而不通于《春秋》之义者，必蒙首恶之名。为人臣子而不通于《春秋》之义者，必陷篡弑之诛，死罪之名。其实皆以为善，为之不知其义，被之空言而不敢辞。夫

---

① 二百四十年：《春秋》记事起于鲁隐公元年（前722），至鲁哀公十四年（前481）"西狩获麟"止，共二百四十二年。

② 《春秋》文成数万：《春秋》经文有一万八千字。西汉初，公羊学盛行，如连同公羊经传，则有四万四千余字。

不通礼义之旨,至于君不君,臣不臣,父不父,子不子。君不君则犯,臣不臣则诛,父不父则无道,子不子则不孝。此四行者,天下之大过也。以天下之大过予之,则受而弗敢辞。故《春秋》者,礼义之大宗也。夫礼禁未然之前,法施已然之后;法之所为用者易见,而《礼》之所为禁者难知①。"

壶遂曰:"孔子之时,上无明君,下不得任用,故作《春秋》,垂空文以断礼义,当一王之法。今夫子上遇明天子,下得守职,万事既具,咸各序其宜,夫子所论,欲以何明?"

太史公曰:"唯唯,否否,不然。余闻之先人曰:'伏羲至纯厚,作《易》八卦。尧、舜之盛,《尚书》载之,礼、乐作焉。汤、武之隆,诗人歌之。《春秋》采善贬恶,推三代之德,褒周室,非独刺讥而已也。'汉兴以来,至明天子,获符瑞②,建封禅,改正朔③,易服色④,受命于穆清,泽流罔极,海外殊俗,重译款塞,请来献见者,不可胜道。臣下百官力诵圣德,犹不能宣尽其意。且士贤能而不用,有国者之耻;主上明圣而德不布闻,有司之过也。且余尝掌其官,废明圣盛德不载,灭功臣世家贤士大夫之业不述,

① "礼禁未然"四句:见贾谊《新书·陈政事疏》。
② 符瑞:古人认为上天降示"祥瑞"的征兆,与人间事物相应。
③ 正(zhēng)朔:正,指每年的正月;朔,指每月的初一。古时改朝换代时,新登基的帝王有改正朔、易服色的措施,以表示区别于前朝的新气象。
④ 服色:指服用器物的制度和颜色。古代以为每一王朝的更换,是"五行"递代的反映,"五行"各有其代表颜色。如该王朝认为是"火德",其色就是赤。各朝代都以本朝所崇尚的颜色为旗帜、宫廷装饰的主色。

堕先人所言①,罪莫大焉。余所谓述故事,整齐其世传,非
所谓作也,而君比之于《春秋》,谬矣。"

于是论次其文。七年而太史公遭李陵之祸,幽于缧
绁。乃喟然而叹曰:"是余之罪也夫! 是余之罪也夫!
身毁不用矣。"退而深惟曰:"夫《诗》《书》隐约者②,欲
以遂其志之思也。昔西伯拘羑里,演《周易》③;孔子厄
陈、蔡,作《春秋》④;屈原放逐,著《离骚》;左丘失明,厥
有《国语》⑤;孙子膑脚,而论兵法⑥;不韦迁蜀,世传《吕
览》⑦;韩非囚秦,《说难》《孤愤》⑧;《诗》三百篇,大抵圣
贤发愤之所为作也。此人皆意有所郁结,不得通其道

①　堕:通"隳"。
②　隐约:义深而言简。
③　"西伯"二句:相传西伯(周文王)被拘于羑里(今河南省汤阴县
境内)时,推演八卦为六十四卦。
④　"仲尼厄"句:据《史记·孔子世家》载,孔子在陈、蔡时,陈、蔡
之大夫"发徒役(兵丁),围孔子于野。不得行,绝粮。从者病,莫能兴"。
又云:孔子"因鲁史记(指鲁国史书)而作《春秋》"。
⑤　左丘:即左丘明,据说《国语》为左丘明所作。
⑥　孙子:指孙膑,孙武的后代,战国时军事家。他曾与庞涓一起学
兵法,后来庞涓为魏惠王将军,自以为才能不及孙膑,就将他骗至魏国,
处以膑刑(剔去膝盖骨),并加以软禁。孙膑后来逃至齐,为军师,大败魏
军,庞涓自杀。孙膑著有兵法八十九篇,久失传,1972年在山东临沂银雀
山汉墓发现了《孙膑兵法》竹简,有残缺。
⑦　不韦:吕不韦,秦王政初年为相国,使其门客著《吕氏春秋》,其篇目
分为览、纪、论三部分,故又名《吕览》。秦王政十年(前237)被免职,后又奉
命迁蜀,自杀。
⑧　韩非:韩国人,他屡次上书谏韩王,韩王不用,于是著《说难》
《孤愤》等篇十余万言。书传至秦国,秦始皇大悦,因发兵攻韩,得韩非。
韩非至秦,为李斯所谗,下狱死。

也,故述往事,思来者。"于是卒述陶唐以来,至于麟止①,自黄帝始。

【译文】

太史公说:"先父曾说过:'周公死后五百年而有孔子,孔子死后到现在又有五百年,如今应该到了有人远继太平盛世,整理《易传》,续写《春秋》,探求《诗》《书》《礼》《乐》的精义的时候了。'他的意思是当在此时完成这一事业吧!当在此时吧!我怎么敢推让呢?"

上大夫壶遂说:"当时孔子为什么作《春秋》呢?"太史公说:"我听董仲舒说:'当时周道衰微,孔子做鲁国的司寇,诸侯嫉害他,大夫阻挠他,孔子知道自己的言论不被采纳,学说行不通,就褒贬二百四十年中的史事的得失,以此作为天下的标准,批判天子,责难诸侯,声讨大夫,以阐明王道罢了。'孔子说:'我要用空洞的言论来记载这些事,那就不如因事见义来得既深刻又鲜明啊。'那《春秋》,对上阐明三王之道,对下分辨社会上处理事情的准则,辨析疑惑难明的事理,分清是非曲直,判定犹豫不决的疑难问题,称赞善者,批评恶者,表彰贤者,贬斥不肖者,使灭亡了的国家能存于史册,接续断绝了的世系,补救衰敝的事,振兴废弛之业,这都是王道中的大事啊。《周易》是谈天地、阴阳、四时、五行的,所以擅长于讲变革;《礼》是用来整治人伦的,所以擅长讲处世的原则;《尚书》记载了先王的事迹,所以擅长讲政令;《诗经》记载了

---

① 麟止:据《左传》载,鲁哀公十四年(前481),鲁君臣狩猎,获得一麟。古代认为麟是仁兽,象征圣王的嘉瑞,而这时没有圣王,嘉瑞无应。孔子伤叹周道不兴,因作《春秋》以明王法,而绝笔于此年。司马迁作《史记》以继承孔子的《春秋》自任。正巧前122年,汉武帝亦获一所谓白麟,并改年号为"元狩",司马迁为模仿《春秋》,他写《史记》,记事也到元狩年间为止。

山川、溪谷、禽兽、草木、牝牡、雌雄，所以擅长表现风俗教化；
《乐》是用来表现人的欢乐情感的，所以擅长陶冶人们的性
情；《春秋》是辨别是非的，所以擅长治理人事。因此，用
《礼》来节制人的行为，用《乐》来抒发和谐优美的感情，用
《尚书》来记载先王的行事和典章制度，用《诗经》来传达情
意，用《周易》来推演事物的发展变化，用《春秋》辨别道德义
理。把乱世治理好，使之回复正道，没有比《春秋》更直接的
了。《春秋》字数有几万，它的义例有数千。万事万物的离合
聚散，都汇集在《春秋》这部书里。《春秋》中，记载弑君事件
有三十六起，灭亡的国家有五十二个，诸侯四处奔走而不能
保住他的国家的，不可胜数。察其所以如此之故，都是因为
丧失了礼义这个根本。因此《周易》说：'失之毫厘，差以千
里。'所以又说："臣杀国君、儿子杀父亲，这不是一朝一夕所
造成的啊，它逐渐发展的过程是很长久的。'所以说做国君
的，不能不通晓《春秋》，否则前面有说坏话的而看不见，后面
有作乱的而不知道；做人臣的不能不通晓《春秋》，否则就会
墨守成规而不知道合乎时宜，遇到变故而不知灵活地处理。
做人的君父而不通晓《春秋》的义理，必定蒙受罪魁祸首的恶
名。做臣子的而不通晓《春秋》的义理，必定犯篡权弑君的大
罪而受到诛讨，落个该当死罪的名分。其实，他们的本心都
以为是件好事才去做，可是由于不懂义理，以致犯了错误，受
到了言论的批判而不敢推辞。由于不通晓礼义的宗旨，以致
弄得君不像君，臣不像臣，父不像父，子不像子。君不像君，
就容易使臣子犯法；臣不像臣，就要被杀；父不像父，就是不
讲伦理道德；子不像子，就是不孝。这四种行为是天下的大
罪过。把天下的大罪过加给他，他就只得接受而不敢拒绝。
所以说，《春秋》是礼义的根本所在。因为礼义是防闲于坏事
发生之前，法律是施行于坏事发生以后，因而法律发挥的作

用容易看得见，而礼义所起的一些防闲的作用很难为一般人所知。"

壶遂说："孔子所处的时代，上无贤明的君主，下不得任用，因此作了《春秋》，留下这些不能用于当世的文章，作为一代王朝的制度。如今您在上已遇到了圣明的天子，并得以在下当官任职，王朝的各种制度都已具备，并且安排得很恰当了，而您却要效法《春秋》来论列时事，想要阐明什么问题呢？"

太史公说："噢，噢！不对，不对！不是这样！你还没完全理解我的意思。我在先父那里听说过这样的话：'伏羲时代道德最纯厚，可是他也作了《易》八卦。尧舜的盛德，《尚书》记载了它，礼乐也是在这时制作的。汤、武的隆盛时代，诗人歌颂它。《春秋》褒善贬恶，推许三代之德以褒扬周室，并非仅仅是用于讥刺啊。'自汉朝兴起以来，直至当今的圣明天子，捕获了麒麟，出现了符瑞，举行了封禅大典，改换了历法，变易了服色，这全是受命于上天，恩泽流布，无穷无尽，海外的那些不同风俗、不同语言的人，都辗转通过几种语言的翻译，叩塞门而来请求献礼朝见，来的人不知有多少。朝廷里的臣子百官，即使竭力颂扬圣德，还怕不能道尽他对圣德的颂扬之意。再说，士人贤能而不能被录用，这是当权者的耻辱；主上圣明而他的圣德不能传布于天下，那就是官吏的过失了。而且我是现任史官，废弃明君的圣德而不记载，使功臣、世家、贤士大夫的业绩湮没而不记述，忘记了先父的遗言，这是莫大的罪过。而我所说的记述旧事、整理杂乱的异文传说，并不是人们所说的创作，您却把此事同作《春秋》相比，那就错了！"

于是我开始整理编次文稿，可是七年以后我就遭了李陵之祸，被囚禁在监狱里。我喟然长叹说："这是我的罪孽啊！

这是我的罪孽啊！身体受到摧残，不中用了。"可是我又退一步深思："《诗经》《尚书》之所以旨意隐晦，文字简短，是由于作者想要表述内心的思考。当初周文王被囚禁在羑里，而他推演八卦为六十四卦；孔子一生困顿不得志，而他作了《春秋》；屈原被放逐，创作了《离骚》；左丘眼睛失明，就有《国语》传世；孙子受了膑刑，就编著了兵法；吕不韦被流放到蜀地，《吕览》才传布于世；韩非在秦国被囚禁，有《说难》《孤愤》传世；《诗》三百篇，大都是圣人贤者抒发悲愤之情的作品。这些人都是思想上有解不开的苦闷，不能实现自己的理想，所以追述往事，希望将来的人了解他们的抱负。"于是我就叙述自陶唐以来的史事，到元狩获白麟的那一年为止，我是自黄帝开始写起的。

司马迁

　　司马迁(约前 145 或前 135—?)，字子长，夏阳(今陕西省韩城市南)人。幼而好学，二十岁开始漫游，足迹遍及南北。初任郎中，随汉武帝巡行各地。元封三年(前 108)继父职，任太史令，得以博览皇家藏书，并于汉武帝太初元年(前 104)开始写作《史记》。后因李陵事件，得罪下狱，受腐刑。出狱后发愤著书，以毕生精力完成《史记》。

报任安书

【解题】

汉武帝征和二年（前91），监察官员江充借故陷害卫太子，卫太子发兵杀江充，并与丞相战于长安城中。时任安（字少卿，荥阳人）为京城禁卫军的军官，他曾接受太子发兵的命令，却闭门不出。后太子败，自杀。任安以"坐观成败"被武帝下狱，当斩。任安获罪前曾写信给司马迁，责以"推贤进士"之义，司马迁写此信答复他。

在这封信中，司马迁诉说了自己不能进贤的苦衷，沉痛地追述了因李陵事件而得祸的始末，表明自己隐忍苟活、发愤著书的决心。全文饱含抑郁愤懑之情，文笔跌宕起伏，是一篇情文并茂的"无韵之《离骚》"。

太史公牛马走司马迁再拜言①。少卿足下：曩者辱赐书，教以慎于接物，推贤进士为务，意气勤勤恳恳，若望仆不相师，而用流俗人之言。仆非敢如此也。仆虽罢驽②，亦尝侧闻长者之遗风矣。顾自以为自残处秽，动而见尤，欲益反损，是以独抑郁而谁与语。谚曰："谁为为之？孰令听之？"盖钟子期死，伯牙终身不复鼓琴③。何则？士为知己者用，女为说己者容。若仆大质已亏缺

---

① 牛马走：像牛马般被驱使的仆人，谦辞。走，犹言仆人。
② 罢（pí）：衰弱，无能。
③ 钟子期：相传是春秋时楚人，伯牙善鼓琴，钟子期最能欣赏，伯牙视其为知音。钟子期死后，伯牙终身不弹琴。

矣,虽才怀随和①,行若由夷,终不可以为荣,适足以见笑
而自点耳。书辞宜答,会东从上来,又迫贱事,相见日
浅,卒卒无须臾之闲,得竭指意。今少卿抱不测之罪,涉
旬月,迫季冬②,仆又薄从上雍③,恐卒然不可为讳④,是
仆终已不得舒愤懑以晓左右⑤,则长逝者魂魄私恨无穷。
请略陈固陋。阙然久不报,幸勿为过。

仆闻之:修身者,智之符也;爱施者,仁之端也;取予
者,义之表也;耻辱者,勇之决也;立名者,行之极也。士
有此五者,然后可以托于世而列于君子之林矣。故祸莫
憯于欲利⑥,悲莫痛于伤心,行莫丑于辱先,诟莫大于宫
刑。刑余之人,无所比数,非一世也,所从来远矣。昔卫
灵公与雍渠同载,孔子适陈⑦;商鞅因景监见,赵良寒
心⑧;同子参乘,袁丝变色⑨:自古而耻之。夫中材之人,
事有关于宦竖,莫不伤气,而况于慷慨之士乎? 如今朝

---

① 随、和:指随侯珠、和氏璧。相传随侯曾救过一条大蛇,后来蛇
衔明珠报答他,此珠便被称为"随侯珠"(事见《淮南子·览冥训》高诱
注)。和氏璧,春秋时楚人卞和献给楚王的美玉(事见《韩非子·和
氏》)。

② 季冬:农历十二月。汉律,十二月处决犯人。

③ 雍:地名,在今陕西省宝鸡市凤翔区南。雍有祭五帝的坛,汉武
帝常到这里祭祀。

④ 不可为讳:婉言任安将被处死。

⑤ 左右:尊称对方的用语。

⑥ 憯(cǎn):通"惨"。

⑦ "昔卫灵公"二句:卫灵公出游时,与宦者雍渠同车,让孔子坐在
后面的车上,孔子以为耻辱,就离卫而去。

⑧ "商鞅"二句:商鞅是通过秦孝公宠信的宦官景监的引见而得官
的,秦国的贤士赵良认为这是个污点,前途可虑,曾劝商鞅引退,商鞅
不听。

⑨ "同子"二句:袁丝(即袁盎,丝是他的字)见宦官赵谈做汉文帝
的参乘,就伏在车前谏阻。同子,即赵谈,司马迁避父讳改谈为同。

廷虽乏人，奈何令刀锯之余荐天下之豪俊哉！仆赖先人绪业，得待罪辇毂下①，二十余年矣。所以自惟：上之不能纳忠效信，有奇策材力之誉，自结明主；次之又不能拾遗补阙，招贤进能，显岩穴之士；外之又不能备行伍，攻城野战，有斩将搴旗之功；下之又不能积日累劳，取尊官厚禄，以为宗族交游光宠。四者无一遂，苟合取容，无所短长之效，可见于此矣。向者仆亦尝厕下大夫之列②，陪奉外廷末议③，不以此时引纲维，尽思虑，今已亏形为扫除之隶，在阘茸之中④，乃欲仰首伸眉，论列是非，不亦轻朝廷、羞当世之士邪？嗟乎！嗟乎！如仆尚何言哉！尚何言哉！

且事本末未易明也。仆少负不羁之才，长无乡曲之誉。主上幸以先人之故，使得奏薄伎⑤，出入周卫之中⑥。仆以为戴盆何以望天，故绝宾客之知，亡室家之业，日夜思竭其不肖之才力，务一心营职，以求亲媚于主上。而事乃有大谬不然者！夫仆与李陵俱居门下⑦，素非能相善也，趋舍异路，未尝衔杯酒、接殷勤之余欢。然仆观其为人，自守奇士：事亲孝，与士信，临财廉，取与义，分别有让，恭俭下人，常思奋不顾身以殉国家之急。

---

① 待罪：谦言居官任职。辇毂：皇帝的车驾，借指皇帝所在之地。

② 下大夫：指太史令职。周代太史属下大夫。汉官秩，太史令六百石，属下大夫之列。

③ 外廷：即外朝。汉武帝时官分外朝和中朝（内朝），太史令属外朝官。

④ 阘（tà）茸：卑贱。

⑤ 伎：通"技"。

⑥ 周卫：侍卫周密之地，指宫廷禁苑。

⑦ 门下：李陵曾任侍中，司马迁为太史令，都是侍中曹的官，故言"俱居门下"。

其素所蓄积也,仆以为有国士之风。夫人臣出万死不顾一生之计,赴公家之难,斯已奇矣。今举事一不当,而全躯保妻子之臣,随而媒蘖其短①,仆诚私心痛之!且李陵提步卒不满五千,深践戎马之地,足历王庭,垂饵虎口,横挑强胡,仰亿万之师②,与单于连战十有余日,所杀过当。虏救死扶伤不给,旃裘之君长咸震怖③,乃悉征其左右贤王,举引弓之人,一国共攻而围之。转斗千里,矢尽道穷,救兵不至,士卒死伤如积。然陵一呼劳军,士无不起,躬自流涕,沫血饮泣④,更张空弮⑤,冒白刃,北向争死敌者。陵未没时,使有来报,汉公卿王侯皆奉觞上寿。后数日,陵败书闻,主上为之食不甘味,听朝不怡。大臣忧惧,不知所出。仆窃不自料其卑贱,见主上惨怆怛悼,诚欲效其款款之愚。以为李陵素与士大夫绝甘分少,能得人死力,虽古之名将,不能过也。身虽陷败,彼观其意,且欲得其当而报于汉。事已无可奈何,其所摧败,功亦足以暴于天下矣。仆怀欲陈之,而未有路。适会召问,即以此指推言陵之功。欲以广主上之意,塞睚眦之辞⑥。未能尽明,明主不深晓,以为仆沮贰师⑦,而为李

---

① 媒蘖(niè):此指酿成其罪。媒、蘖,均为酒曲,比喻借端诬枉构陷,酿成共罪。

② 仰:仰攻。当时李陵被围于谷地。

③ 旃:通"毡"。旃裘,这里指代匈奴。

④ 沫血:指血流满面。沫(huì):以手掬水洗脸。

⑤ 空弮:矢尽之弓。弮(quān):弩弓。

⑥ 睚眦:怒目相视。睚眦之辞,指出于私仇的言论。

⑦ 贰师:指贰师将军李广利,其妹为武帝宠妃。天汉二年(前99),武帝派李广利征匈奴,令李陵配合作战。李陵被围时,李广利按兵不动。司马迁为李陵说话,武帝就认为他存心诋毁李广利。

陵游说,遂下于理①。拳拳之忠②,终不能自列,因为诬上,卒从吏议。家贫,货赂不足以自赎,交游莫救,左右亲近不为一言。身非木石,独与法吏为伍,深幽囹圄之中,谁可告诉者!此正少卿所亲见,仆行事岂不然邪?李陵既生降,隤其家声,而仆又佴之蚕室③,重为天下观笑。悲夫!悲夫!事未易一二为俗人言也。

仆之先非有剖符丹书之功④,文史星历,近乎卜祝之间,固主上所戏弄,倡优畜之,流俗之所轻也。假令仆伏法受诛,若九牛亡一毛,与蝼蚁何以异?而世俗又不能与死节者次比,特以为智穷罪极,不能自免,卒就死耳。何也?素所自树立使然也。人固有一死,死或重于泰山,或轻于鸿毛,用之所趣异也。太上不辱先,其次不辱身,其次不辱理色,其次不辱辞令,其次诎体受辱⑤,其次易服受辱,其次关木索、被棰楚受辱,其次剔毛发⑥、婴金铁受辱,其次毁肌肤、断肢体受辱⑦,最下腐刑极矣!传曰:"刑不上大夫⑧。"此言士节不可不勉励也。猛虎在深山,百兽震恐,及在槛阱之中,摇尾而求食,积威约之渐也。故士有画地为牢,势不可入;削木为吏,议不可

① 理:大理,即廷尉,掌诉讼刑狱。
② 拳拳:忠谨的样子。
③ 蚕室:初受宫刑的人所居温密之室。
④ 剖符丹书:帝王授予功臣的凭证。剖符,剖分之符。符分为两块,君臣各执其一以示信守。丹书,即丹书铁券,以铁铸成,形似瓦,在上面用朱砂写上誓词,券分左右,左颁功臣,右藏内府,作为后世子孙的凭信。
⑤ 诎(qū):通"屈"。
⑥ 剔(tì):通"剃"。
⑦ 毁肌肤、断肢体:指劓(yì)、刵(èr)、膑、黥等肉刑。
⑧ 刑不上大夫:见《礼记·曲礼上》。

对:定计于鲜也。今交手足,受木索,暴肌肤,受榜棰,幽于圜墙之中。当此之时,见狱吏则头抢地,视徒隶则心惕息。何者? 积威约之势也。及以至是,言不辱者,所谓强颜耳,曷足贵乎? 且西伯,伯也,拘于羑里①;李斯,相也,具于五刑②;淮阴,王也,受械于陈③;彭越④、张敖⑤,南面称孤,系狱抵罪;绛侯诛诸吕⑥,权倾五伯,因于请室⑦;魏其⑧,大将也,衣赭衣,关三木⑨;季布为朱家钳奴⑩;灌夫受辱于居室⑪。此人皆身至王侯将相,声闻邻国,及罪至罔加⑫,不能引决自裁。在尘埃之中,古今一体,安在其不辱也? 由此言之,勇怯,势也;强弱,形也。审矣,何足怪乎? 夫人不能早自裁绳墨之外,以稍陵迟,至于鞭棰之间,乃欲引节,斯不亦远乎! 古人所以

①　羑里:在今河南省汤阴县境内。
②　具于五刑:指黥、劓、斩左右趾、笞杀、枭首。临刑詈骂者又先断其舌。
③　"淮阴"三句:韩信初封为楚王,有人告信欲谋反,刘邦用陈平之计,佯游云梦,至陈(楚之西界),韩信来见,因令武士缚之,遂械信至洛阳,赦为淮阴侯。
④　彭越:汉高祖时立为梁王,后被人诬告谋反,夷三族。
⑤　张敖:张耳之子,袭父爵为赵王。他曾因人诬告谋反而被囚。
⑥　绛侯:周勃,刘邦的功臣。惠帝、吕后死后,诸吕(刘邦之妻吕后的亲族吕产、吕禄等)作乱,将要颠覆刘氏天下,周勃与陈平共诛诸吕,拥立文帝。后周勃被人诬告,曾一度下狱。
⑦　请室:官署名,请室设有特别监狱。
⑧　魏其(jī):魏其侯窦婴,他在平定七国之乱中有大功,后与丞相田蚡不和,下狱,被杀。
⑨　三木:颈、手、足上的刑具。
⑩　季布:项羽的将领。项羽败后,季布藏于濮阳周氏,周氏与季布定计,使布髡钳为奴,卖身于大侠朱家。后来朱家劝夏侯婴去劝谏刘邦赦免季布。季布遇赦,后官至河东太守。
⑪　灌夫:武帝时的将军,因得罪丞相田蚡,囚在居室。居室:官署名,后改称保宫,是贵族犯罪后拘留传讯的地方。
⑫　罔:通"网"。

重施刑于大夫者,殆为此也。夫人情莫不贪生恶死,念父母,顾妻子,至激于义理者不然,乃有所不得已也。今仆不幸,早失父母,无兄弟之亲,独身孤立,少卿视仆于妻子何如哉?且勇者不必死节,怯夫慕义,何处不勉焉!仆虽怯懦,欲苟活,亦颇识去就之分矣,何至自沉溺缧绁之辱哉!且夫臧获婢妾①,犹能引决,况仆之不得已乎?所以隐忍苟活,幽于粪土之中而不辞者,恨私心有所不尽,鄙陋没世,而文采不表于后世也。

古者富贵而名摩灭②,不可胜记,唯倜傥非常之人称焉。盖文王拘而演《周易》③;仲尼厄而作《春秋》;屈原放逐,乃赋《离骚》;左丘失明,厥有《国语》;孙子膑脚④,兵法修列;不韦迁蜀,世传《吕览》;韩非囚秦,《说难》《孤愤》;《诗》三百篇,大底圣贤发愤之所为作也⑤。此人皆意有所郁结,不得通其道,故述往事,思来者。乃如左丘无目,孙子断足,终不可用,退而论书策,以舒其愤,思垂空文以自见。

仆窃不逊,近自托于无能之辞,网罗天下放失旧闻⑥,略考其事,综其终始,稽其成败兴坏之纪,上计轩辕,下至于兹,为十表、本纪十二、书八章、世家三十、列传七十,凡百三十篇。亦欲以究天人之际,通古今之变,成一家之言。草创未就,会遭此祸。惜其不成,是以就极刑而无愠色。仆诚已著此书,藏之名山,传之其人,通

---

① 臧获:泛指奴隶。
② 摩:通"磨"。
③ "文王拘"句:相传文王被拘于羑里时,推演八卦为六十四卦。
④ 孙子:指孙膑,孙武的后裔,战国时军事家。
⑤ 底:通"抵"。
⑥ 失:通"佚",散佚。

邑大都,则仆偿前辱之责①,虽万被戮,岂有悔哉!然此可为智者道,难以俗人言也。

且负下未易居,下流多谤议。仆以口语遇遭此祸,重为乡党所戮笑,以污辱先人,亦何面目复上父母之丘墓乎?虽累百世,垢弥甚耳!是以肠一日而九回,居则忽忽若有所亡,出则不知其所往。每念斯耻,汗未尝不发背沾衣也!身直为闺阁之臣②,宁得自引深藏于岩穴邪?故且从俗浮沉,与时俯仰,以通其狂惑③。今少卿乃教以推贤进士,无乃与仆私心刺谬乎?今虽欲自雕琢,曼辞以自饰,无益,于俗不信,适足取辱耳。要之,死日然后是非乃定。书不能悉意,略陈固陋。谨再拜。

【译文】

太史公仆司马迁再拜奉告。少卿足下:前者蒙您屈尊写信给我,教导我谨慎地待人接物,并要着力于推荐贤者引进良士,这情意是十分诚恳的。您好像是在责备我没有听信采纳您的意见,而听从了世俗庸人之言,其实我是不敢这样做的。我虽然拙笨,但也曾在旁听到年高有德的人留传下来的风范。我只是觉得自己身体残废,处在低贱的地位,动不动就要受人指责,本想做点有益于朝廷的事,结果反倒被人看作有损于朝廷,因此我只能独自愁闷而又无人可讲。俗话说:"为谁做好事?让谁听他的?"所以钟子期死后,伯牙破琴绝弦终身不再弹琴。为什么呢?士为知己者出力,女为爱己者打扮。而我身体已受伤害了,即使怀着稀世之才,品行如

---

① 责:通"债"。

② 闺阁(gé):宫禁。

③ 狂惑:狂乱昏惑。此指自己悲愤而又矛盾的心情。

同许由、伯夷一样高洁,终究也不能引以为荣,反倒适足以被人耻笑而自招污辱。来函本应及早答复,可是正赶上我跟随皇帝东行回长安,又为琐事所迫,与您很少见面,整天忙忙碌碌没有空闲了结回信的心愿。如今您又遭了意料之外的大罪,再过半月二十天,就要临近十二月了,到那时我又不得不随从皇帝巡幸雍地,恐怕仓促之间就要发生不能为您避讳的事。这样的话,我就始终没有机会抒发我的愤懑之情来告诉您了,而您也将因为得不到我的复信而遗恨无穷。请允许我大略地陈述一下我的鄙陋之见。久未复信,希望您不要责怪。

我听说过这样的话:修养自身是有智慧的标志,好施德于人是仁义的起点,慎重对待取予之事是守道义的表现,如何对待耻辱是断定一个人是否勇敢的标准,树立名节是修养品德的终极目的。士人具备了这五种德行,然后才能立足于世,列入君子的行列。所以说,灾祸没有比贪图私利更惨痛的了,悲伤没有比心灵上受到创伤更痛苦的了,行为没有比使祖先受辱更丑恶的了,耻辱没有比宫刑更大的了。受过宫刑的人,为人所不齿,这不只是一个朝代如此,由来已久了。从前,卫灵公与宦官雍渠同车,孔子对此感到耻辱而离开了卫国;商鞅通过景监的引荐而得官,赵良为此痛心失望;赵谈陪文帝乘车,袁盎为此而发怒:自古以来,人们就以做宦官为耻。即使中等才能的人,只要有了同宦官相牵连的事,没有不感到耻辱的,何况是抱负远大的士人呢?当今朝廷即使缺乏人才,可是怎么能让我这个受过宫刑的人来推荐天下的豪杰之士呢!我仰仗着先人遗留下来的事业,得以在京城任职,至今已有二十多年了。因此我自己常想:按最高的标准来衡量,我不能进献忠信,博得有奇才大德的声誉,以此来取得皇帝的信任;从次一点的标准来衡量,又不能给皇帝拾缀遗漏,弥补过失,招纳推荐贤能之士,使山林隐士得以显名;对外又不能在军队任职,攻城野战,立下斩将拔旗之功;按最低的标准来衡量,又不能通过长期累积的功劳,取得高官厚禄,以便为宗族、朋友增光。这四项中没有一项能实现,只好勉强迎合皇上的心意,保住自己的职位。无所建树的表现,在这里可以看得出来了。当初我曾列位于下大夫的行列里,陪奉外朝官员发表点无关宏旨的议论。那时我都未能伸张国家法度、为国竭忠尽智,而如今身体已残废,做个洒扫殿阶的仆人,处在猥贱之人中间,竟然想昂首扬眉,议论朝廷的是非,这岂不是太小看了朝廷,羞辱了当代的士人吗?哎呀!哎呀!像我这样的人还说什么呢!还说什么呢!

　　再说,事情的原委真不易对人说明白啊。我少年时就怀有高远不可限量之才,而长大后在家乡也得不到乡里的称誉。幸而皇上因为先人的缘故,让我有机会贡献微不足道的技艺,出入于宫禁之中。我认为头上顶着盆子怎么能望天呢,所以断绝了宾客的交往,忘掉了家庭私事,日夜想着竭尽自己的微薄力量,专心致志地在朝廷供职,以求博得主上的欢心。而事情竟不像我原先所想的那样!我同李陵都在宫中任职,平素并未交好。彼此的志趣抱负均不相同,从来未曾在一起喝过一杯酒,没有什么私人情谊。可是我观察他的为人,确是一个与众不同的人物:他侍奉双亲很孝敬,与人交往讲信用,对财物很廉洁,待人接物合乎礼义,分别长幼尊卑谦让有礼,恭敬谦卑,甘居人下,时刻想着奋勇当先,为国家的急难而献身。他平素所修养的品德,我以为具有闻名全国的贤豪之士的风度。作为一个臣子,能出生入死,不顾个人安危,奔赴国家的急难,这已够不凡的了。如今行事一有不当之处,那些只知保全自己和老婆孩子的大臣,随即夸大他的缺点以便酿成大罪名,我的确为此而感到痛心!再说,李陵率领的步卒不够五千,远赴战场,到达匈奴王廷之地,这无异于垂饵于虎口,可是他纵横挑战,仰攻众多的敌人,同单于连续作战十几天,杀死的敌人超过了我军的数目。匈奴连救死扶伤也顾不得了,匈奴的首领都十分震惊害怕。于是悉数征发左右贤王的军队,并且发动所有的能拉弓射箭的人参战,全国动员围攻李陵的军队。李陵孤军转战千里,箭尽路绝,而援兵没有到达,死伤的士卒成堆。可是李陵一声呼唤鼓动,兵士们无不立即奋起,热泪横流,淌入口中,满脸是血,暗自抽泣,强忍着悲痛,又拉开空弓拒敌,冒着敌军的刀刃,向北出击争着与敌人拼命。李陵未投降时,有使者来朝廷报告,朝廷的公卿王侯都捧觞祝捷。又过了几天,边塞把李陵战败的消息禀报给皇帝,皇帝为此而食不甘味,上朝听政时很不高兴。大臣们很忧愁担心,想不出什么办法来。我没估量自己的地位低下,看见皇上很是悲伤,的确想着献出自己的愚诚。我认为李陵素来不图享受、宽厚待人,从不独享好吃的东西,少量的物品也要分给将士,因而士卒都愿为他出死力,即使是古代的名将,也不能超过他啊。他虽然失败,但我观察他的意思,是想等待时机立下足以抵罪之功报答汉朝。他这样做,实在是出于无奈,但他摧败敌人的功劳,也满可以宣示于天下了。我心里想陈述自己的看法,而未有适当的机会。正赶上皇帝召问此事,我就按这个意思来陈说李陵的功劳,想着以此来宽慰主上的心,堵住怨家之口。可是还未等我把话说清楚,英明的皇帝不省察我说这番话的用意,就认为我是诋毁贰师将军李广利,而为李陵游说,于是就交给法庭审判。我的一片忠心,终究没机会向皇帝表白,于是就定了个"欺骗皇上"的罪名,皇上最后依从了法官的判决。我家里很穷,财产不够赎罪的,朋友没有一个出面搭救,皇上的近臣也不肯为我说句好话。人非木石,而我独与执法之吏为伍,囚禁在监狱之中,我的苦衷又能向谁诉说呢! 这些情况,是您所目睹的,我的行事难道不是这样的吗? 李陵既已活着投降匈奴,败坏了世代名将的家庭声誉,而我随后又被推置蚕室之中,更被天下人当笑话来看待。悲伤啊! 悲伤啊! 事情的经过是很难对一般人一一说清楚的。

我的先人没有为皇上立过什么接受剖符丹书那样的特殊功勋,只是个掌管文书、记事、天文、律历的太史令,其地位同卜祝之官近似,本来就是皇上的玩物,像对待乐师、优伶一样养活着,在社会上没人看得起。如果我犯了法被杀戮,真如同九牛一毛,与小小的蝼蚁死去有什么区别呢? 社会上的人也不会把我同为名节而死的人一样看待,只是认为我智虑穷尽而罪大恶极,无法逃避而被处死罢了。为什么这样说呢? 是因为我平素所处的地位使我落到这个地步啊。人总是要死的,有的人死得比泰山还重,有的人比鸿毛还轻,这是因为人死的价值取向不同啊。作为一个人,首要的是不使先人受辱,其次是不使自身受辱,其次是不为别人的脸色所辱,其次是不受别人的言语侮辱,其次是被捆绑受辱,其次是穿上罪犯的衣服受辱,其次是戴上刑具、遭鞭打受辱,其次是剔去头发、用铁圈束颈而受辱,其次是毁坏肌肤、砍断肌体受辱,最下作的是受腐刑,这算达到顶点了!《礼记》上说:“刑罚不加于大夫之身。”这是说对士人的尊严节操不可不加以勉励啊。猛虎在深山时,百兽都震惊害怕,及至关进笼子、掉进陷阱之后,就摇着尾巴要食吃,这是长期威慑它、约束它产生的结果啊。所以说,即使在地上画个圈当作牢狱,按情势说士人也不愿进去;即使削个木头人当狱吏审案子,士人也不肯受讯,这是因为士人早就打定了自杀的主意,不愿受这个侮辱。如今犯人手足都戴上刑具,颈项戴上木枷铁索,裸露着皮肤,遭受鞭打,囚禁在牢狱里。在这时候,看见狱吏就叩头,看见狱卒就胆战心惊喘粗气。为什么呢?也是长期管制、施刑而造成的。及至到了这步田地,要说没受侮辱,这真是厚脸皮罢了,这种人怎么值得尊重呢?再说,周文王是西方诸侯之长,而被拘囚在羑里;李斯是宰相,受五刑而死;淮阴侯被封为楚王,在陈地被捕;彭越、张敖南面称王,却被囚禁在监狱问罪法办;绛侯周勃平定了吕后亲族的叛乱,权势超过了五霸,却被囚禁在请室之中;魏其是大将,却穿上了罪人的衣服,戴上了颈枷、手铐和脚镣;季布剃去头发以铁刑具束颈卖于朱家为奴;灌夫在居室受侮辱。这些人都身至王侯将相,名声传扬到邻国,等到法网加身,而不能下决心自杀。被囚禁在监狱里,从古到今都是一样的,怎么能不受侮辱呢?由此说来,一个人的勇怯、强弱是由客观形势决定的,这是十分明白的道理,有什么值得奇怪的呢?人不能及早地自杀于法网加身之前,因此志气渐渐消磨尽了,等到受鞭打的时候,才打算下决心自杀,保全名节,这不是太晚了吗!古人之所以对于大夫在施刑上很慎重,大概就是为了这个吧。

按人之常情来说,没有不贪生恶死的,他们要思念父母,顾念老婆孩子。至于为义理所激发而死的人就不是这样了,他们是有不得已之处。如今我很不幸,父母早已去世,又无兄弟,我孑然一身独自生活,少卿您看我对老婆、孩子的态度又是怎样的呢?再说,真正勇敢的人不一定为名节而死,怯懦的人如果仰慕节义,在什么情况下不能勉励自己为名节牺牲呢!我虽然承认自己是个怯懦的人,想着苟且偷生,但我也很懂得舍生就义的道理,怎么会甘心陷入在监狱受辱的地步呢!再说,奴婢侍妾尚且能够自杀,何况处于不得已境地的我呢?我之所以勉力克制自己的感情苟活于世,囚禁于监狱而不拒绝,是因为我为心里想做的事没有做完而感到遗憾,如果在耻辱中离开人世,我的著作就不能流传后世了。

古时候,富贵而湮没不闻的人不可胜记。只有不为世俗所拘的卓异之士才能见称于后世。周文王被拘禁而推演八卦为六十四卦,写成了《周易》;仲尼一生困顿不得志而作《春秋》;屈原被放逐,就写成了《离骚》;左丘眼睛失明,就有《国语》传世;孙子受了膑刑,就编著了兵法书;吕不韦被流放到蜀地,《吕览》才流传于世;韩非被囚禁于秦,有《说难》《孤愤》传世。《诗》三百篇,大都是圣人贤者抒发悲愤之情的作品。这些人都是思想上有解不开的苦闷,不能实现其理想,所以追述往事,希望将来的人了解他们的抱负。至于左丘眼睛失明,孙子受膑刑,终归不为当权者重用,他就退而著书立说,以抒发他的愤懑之情,想着让自己的著作传留后世以表白自己心愿。

我不自谦逊,最近借助于自己的粗劣的文笔,搜罗天下散佚的文献,并对前人行事略加考证,综核事情的始末,考察历史上成败兴衰的规律。上起轩辕氏,下至于今,写成十表、十二本纪、八书、三十世家、七十列传,总共一百三十篇。想着借此来探究天象和人事的关系,通晓古今历史的变革,成为一家之言。草草创作尚未定稿,就正好遭到此祸。书还没有写成,我十分惋惜,因此受了宫刑而没有愠怒之色。我如果真的著成了此书,能藏之于名山,传给志同道合的人,以至广泛流布到社会上,就可以补偿以前受侮辱而不死所应受的惩罚,即使死上一万次,难道还会后悔吗?可是这事只能跟聪明人说,难以跟一般人言啊。

再说,背负污秽之名的人不容易处世,地位卑下的人多遭讥刺议论。我因替李陵辩护遭到这样的祸患,更为乡里之人所笑,以至于使先人受辱,我还有什么脸面再上父母的坟墓去呢?即使百代以后,耻辱只会更加厉害罢了!因此我忧思难当,肠一日而九回转,在家时就精神恍惚,出门也不知要到什么地方去。每当我想起遭受的这种耻辱,总是背上出汗沾湿了衣裳! 我竟然成了一个宫闱之臣,难道还能再退居山林过隐居生活吗? 所以我暂且随俗沉浮,与时俗周旋敷衍,以此宣泄自己内心的悲愤和矛盾心情。如今您竟然教导我推举贤士,这未免同我内心的想法有矛盾吧! 现在即使我想刻意修饰一番,以美丽的辞藻来为自己开脱,也不会有什么益处,世俗之人是不会相信的,反倒正好招致屈辱罢了。总之,盖棺才能论定是非。这封信也不能充分表达出我的意思,只是大略地陈述一下我短浅的看法。谨再拜。

卷六

汉　书

　　《汉书》，又称《前汉书》，东汉历史学家班固(32—92)编撰，是我国第一部纪传体断代史，与《史记》《后汉书》《三国志》并称"前四史"。《汉书》记述了上起西汉高祖元年(前206)，下至新朝王莽地皇四年(23)，共230年的史事。《汉书》包括纪十二篇、表八篇、志十篇(其中表、志未成稿，后分别由班昭、马续撰成)、传七十篇，共一百篇。后人划分为一百二十卷。

高帝求贤诏

【解题】

　　汉朝建立后，汉高祖实行了各种稳定社会秩序的措施，而征召"贤士大夫"以充实官僚机构，即其中的一项。本文选自《汉书·高帝纪》，是高祖十一年(前196)颁布的选拔人才的诏令，它说明了征召的目的、标准和办法。

　　盖闻王者莫高于周文，伯者莫高于齐桓①，皆待贤人

————————
　　①　伯：通"霸"。

而成名。今天下贤者智能岂特古之人乎？患在人主不交故也，士奚由进①！今吾以天之灵、贤士大夫定有天下，以为一家，欲其长久，世世奉宗庙亡绝也②。贤人已与我共平之矣，而不与吾共安利之，可乎？贤士大夫有肯从我游者③，吾能尊显之。布告天下，使明知朕意。

御史大夫昌下相国④，相国酂侯下诸侯王⑤，御史中执法下郡守⑥，其有意称明德者⑦，必身劝，为之驾，遣诣相国府，署行、义⑧、年。有而弗言，觉，免。年老癃病⑨，勿遣。

【译文】

据我所知做王的没有超过周文王的，称霸的没有超过齐桓公的，而他们都是依靠贤人的帮助而成就了功名。现在，天下的贤人也一定会有智慧才能，难道仅仅是古代的贤人有智慧才能吗？问题就在于人主不同他们交接，他们哪能有机会入仕呢？我靠上天的福佑、贤士大夫的才智平定了天下，已成为一家的天下，并想要天下长治久安，世世代代奉祀宗庙，永不断绝。贤士大夫既然已经跟我一道平定了天下，而

① 奚：何。
② 亡（wú）：通"无"。
③ 游：交游。
④ 御史大夫：官名，时为仅次于丞相的中央最高长官，负责监察、执法，兼掌重要文书图籍。其时未有尚书，诏令皆由御史起草，付外施行。昌，指周昌。据前人考证，时周昌已任赵相，赵尧任御史大夫。
⑤ 相国酂（zàn）侯：指萧何，封酂侯，时任相国。酂，萧何所封侯国名，在汉代的南阳，治所在今湖北省老河口市。
⑥ 御史中执法：即御史中丞的初名，位次于御史大夫。
⑦ 意：通"懿"，美。
⑧ 义（yí）：通"仪"，相貌。
⑨ 癃（lóng）：衰弱多病。

不跟我一道治理天下,享受国泰民安的利益,这怎么能行呢?贤士大夫中有肯跟我一起做事的,我一定要重用他,使他官高位显。兹布告天下,让大家清楚地了解我的意图。

此诏由御史大夫周昌下达给相国,相国鄷侯下达给诸侯王,御史中丞下达给郡守。对那些名声好而又确有好德行的人,郡守要亲自劝勉,为他们准备好车马,送到相国府,并写明他的履历、相貌特征、年龄。如果有贤士而官吏不举荐,一旦发觉,立即免职。年老多病者,不要荐送。

文帝议佐百姓诏

【解题】

汉文帝在位期间,继续推行稳定社会秩序的政策,他屡诫百官劝课农桑,使社会经济得以逐渐发展。历史上把汉文帝、汉景帝统治时期称为"文景之治",是汉代最好的时期。本文选自《汉书·文帝纪》,是文帝十六年(前164)颁布的诏令,反映出他对农业的重视和急于提高社会生产力的迫切愿望。

间者数年比不登①,又有水旱疾疫之灾,朕甚忧之。愚而不明,未达其咎。意者朕之政有所失而行有过与?乃天道有不顺,地利或不得,人事多失和,鬼神废不享与? 何以致此? 将百官之奉养或费,无用之事或多与?何其民食之寡乏也! 夫度田非益寡②,而计民未加益;以口量地,其于古犹有余,而食之甚不足者,其咎安在? 无

---

① 比:频。
② 度(duó):计量。

乃百姓之从事于末以害农者蕃①，为酒醪以靡谷者多②，六畜之食焉者众与？细大之义，吾未能得其中。其与丞相列侯吏二千石博士议之③，有可以佐百姓者，率意远思，无有所隐。

【译文】

近几年，粮食连续歉收，又有水旱灾害和传染病，为此我甚感忧虑。我愚钝不明，不知道问题出在什么地方。是政策有失误，做事有过错呢？还是气候条件不好，土地的潜力利用得不充分，人为之事多不和顺，鬼神废弃祭品而不享用呢？为什么竟弄到这个地步呢？或许是百官的生活待遇太高，耗费太多，无效用的事兴办得太多吧？为什么老百姓的口粮这样缺乏呢！再说，计算一下田亩，并不是太少；计算一下人口，也并没有增加。按人口来计算，每个人占有土地的数量比古代还要多，而粮食十分缺乏，这问题究竟在哪里呢？莫非是百姓中因从事商业活动而妨害农业生产的人太多，还是酿酒耗费的谷物太多，牲畜吃掉的谷物也太多呢？这些大大小小的问题，我尚未找出它的症结之所在。应该和丞相、列侯、郡守、博士一同商议这个问题，如有可以帮助百姓的办法，你们要深入思考，畅所欲言，不要有所隐瞒。

---

①　末：古代以农为本业，工商为末业。蕃：多。

②　酒醪(láo)：此处泛指酒。醪，酒之有滓者。靡：费。

③　二千石(shí)：汉代对郡守的统称。汉制，郡守俸禄为二千石（即月俸百二十斛），习惯上有此称。

景帝令二千石修职诏

【解题】

　　汉景帝统治时期,社会经济有了较大的发展,但提高生产力仍然是当务之急。本文选自《汉书·景帝纪》,是景帝在后元二年(前142)粮食歉收时颁布的诏令。他表白自己亲事农桑,提倡节俭;劝民务农桑,以绝饥寒之源;要求太守监督下属官吏,整顿吏治。他对郡守特别重视,严格督促,以利于政治的推行,被认为在当时是抓住了要害的。

　　雕文刻镂,伤农事者也;锦绣纂组①,害女红者也②。农事伤,则饥之本也;女红害,则寒之原也。夫饥寒并至,而能无为非者寡矣。朕亲耕,后亲桑,以奉宗庙粢盛祭服③,为天下先;不受献,减太官④,省繇赋⑤,欲天下务农蚕,素有畜积,以备灾害。强毋攘弱,众毋暴寡,老者以寿终,幼孤得遂长。今岁或不登,民食颇寡,其咎安在? 或诈伪为吏,吏以货赂为市,渔夺百姓,侵牟万民。县丞⑥,长吏也,奸法与盗盗,甚无谓也。其令二千石,各修其职;不事官职耗乱者⑦,丞相以闻,请其罪。布告天下,使明知朕意。

---

①　纂(zuǎn)组:编织丝带。
②　女红(gōng):即女功,指妇女的纺织刺绣。
③　粢盛(zī chéng):祭器中所盛的谷物。
④　太官:掌管宫廷膳食的官员。
⑤　繇:通"徭"。
⑥　县丞:县令的佐史,掌文书仓狱。
⑦　耗(mào):通"眊",昏乱。

【译文】

雕文刻镂,是有害于农业生产的事情;锦绣纂组,是有碍妇女正常劳作的事情。农事荒废,是挨饿的根本原因;纺线织布受妨害,是受冻的根本原因。饥寒交迫却不为非作歹的人是很少的。现在,我亲自耕田种地,皇后亲自养蚕种桑,用来供给祭祀所用的谷物和祭服,给天下人做个表率。不接受各地的贡品,削减皇宫的膳食费用,减轻徭役,减少赋税,要求天下的百姓致力于农桑,平时能有粮食储备,以便备荒。强的不要侵夺弱的,人多势众的不要欺侮势单力薄的,老年人终其天年,年幼的得以茁壮成长。今年收成又不好,老百姓粮食缺乏,问题到底出在哪里? 或许是因为奸诈虚伪之人做了官吏,这些官吏用钱财做交易,渔夺百姓,侵掠万民。县丞是一县吏员之长,却有假借法律违法犯纪、助盗为盗的,那就失去了设置官吏的意义。令郡守各自恪尽职守;对于玩忽职守、昏乱不明的郡守,丞相要据实上奏,追究他的罪责。兹布告天下,使大家明白我的意思。

武帝求茂材异等诏

【解题】

由于中央集权制的建立,汉政府需要在较大的范围内选拔一批有能力的官吏,以推行其政令,所以汉武帝采纳了董仲舒的建议,确立了察举制度,并多次颁诏督促实行。本文选自《汉书·武帝纪》,是元封五年(前106)颁布的征召人才的命令,它说明了破格取用人才之意,也表现出了汉武帝的雄才大略。诏文气势遒劲,可以同高祖的《大风歌》相比。

　　盖有非常之功,必待非常之人。故马或奔踶而致千里①,士或有负俗之累而立功名。夫泛驾之马②,跅弛之士③,亦在御之而已。其令州郡察吏民有茂材异等④,可为将相及使绝国者。

【译文】

　　要建树非凡的功业,必定要有非凡的人才。马之中有的狂奔乱踢,可是能行千里;士人中有的受到世俗的责难,可是能立功成名。照此看来,不驯服的马,狂放不羁之士,也全决定于驾驭是否得法罢了。兹命令各州郡的长官务必要注意考察举荐吏民中出类拔萃的人才,可以担任将相,以及可以出使远方国家的。

贾　谊

　　贾谊(前200—前168),西汉政论家、文学家,洛阳(今河南省洛阳市)人。十八岁即以博学能文闻于郡中,文帝时召为博士,迁太中大夫。因见忌于执政大臣,出任长沙王太傅。

---

　　①　踶(dì):踢。
　　②　泛驾:犹言覆驾,指不受驾驭。泛,通“覂”(fěng),翻覆。
　　③　跅(tuò)弛:放纵不羁。
　　④　茂才:即秀才。《汉书》的作者班固是东汉人,因避讳东汉光武帝刘秀的名字改称茂才。

后一度曾被召回,改任梁怀王太傅。居数年,梁怀王坠马而死,贾谊自伤未尽到保傅之责,忧郁而死。著有《新书》十卷,后人辑有《贾长沙集》。他的政论文雄辩有力,对后世很有影响。

过秦论上

【解题】

　　过秦,即指责秦之过失。《过秦论》全文相承,分为上中下三篇,《史记·始皇本纪赞》引为一篇,篇中次第全异。《史记·陈涉世家》又引了上篇,《汉书》《新书》亦收有此文,文字略有不同。本书只选录上篇。这篇史论针对汉初的社会状况,剖析了秦的兴起、强大、统一、灭亡的史实,揭示了秦朝灭亡的原因:"仁义不施,而攻守之势异也。"告诫汉统治者以秦为鉴,免蹈秦之覆辙。文章根据史实作出结论,并采用了铺陈排比的笔法;气势磅礴,辞意鲜明,颇有战国说辞之遗风。

　　秦孝公据崤函之固①,拥雍州之地,君臣固守,以窥周室。有席卷天下、包举宇内、囊括四海之意,并吞八荒之心。当是时也,商君佐之②,内立法度,务耕织,修守战之具;外连衡而斗诸侯③。于是秦人拱手而取西河

---

　　① 秦孝公:名渠梁,前361—前338年在位。崤函:崤山、函谷关。崤山在今河南省三门峡市南,函谷关在今河南省灵宝市南。
　　② 商君:即商鞅,姓公孙,名鞅,亦称卫鞅,入秦说孝公变法,后以战功封于商(今陕西省丹凤县商镇),故又称商鞅。
　　③ 衡:通"横"。

之外①。

　　孝公既没,惠文②、武③、昭蒙故业④,因遗策,南取汉中⑤,西举巴蜀⑥,东割膏腴之地⑦,收要害之郡。诸侯恐惧,会盟而谋弱秦,不爱珍器重宝、肥饶之地,以致天下之士,合从缔交,相与为一。当此之时,齐有孟尝,赵有平原,楚有春申,魏有信陵⑧。此四君者,皆明智而忠信,宽厚而爱人,尊贤而重士,约从离横,兼韩、魏、燕、赵、宋、卫、中山之众。于是六国之士,有宁越、徐尚、苏秦、杜赫之属为之谋⑨;齐明、周最、陈轸、召滑、楼缓、翟景、苏厉、乐毅之徒通其意⑩;吴起、孙膑、带佗、儿良、王廖、田忌、廉颇、赵奢之伦制其兵⑪。尝以什倍之地,百万

---

①　西河:指当时秦、魏接壤的黄河西岸地区。前 340 年,商鞅攻魏,取得河西地区,随后又向东扩展。

②　惠文:秦惠文王,名驷,孝公之子,前 337—前 311 年在位。

③　武:秦武王,惠王之子,名荡,前 310—前 307 年在位。

④　昭:昭襄王,又称昭王,武王之弟,名稷,前 306—前 251 年在位。

⑤　汉中:楚地,在今陕西省南部及湖北省西北部。惠文王改元后十三年(前 312),秦攻楚,取汉中地六百里,置汉中郡,治今陕西省汉中市。

⑥　巴蜀:古国名。巴,在今重庆市一带。蜀,在今四川省成都市一带。前 316 年,秦派张仪、司马错等伐蜀,蜀亡,随即又占领巴,俘虏巴王。

⑦　膏腴之地:与下句"要害之郡"分指秦武王时攻取的韩之宜阳,秦襄王时魏献其河东故都安邑。

⑧　"齐有"四句:孟尝,即孟尝君田文。平原,平原君赵胜。春申,春申君黄歇。信陵,信陵君魏无忌。以上四人是战国后期著名的"四公子"。

⑨　"有宁越"句:宁越,赵人。徐尚,宋人。苏秦,周人。杜赫,周人。

⑩　"齐明"句:齐明,东周之臣。周最,东周君之子。陈轸,楚人。召滑,楚臣。楼缓,赵人,曾任魏相。翟景,魏人。苏厉,周人。乐(yuè)毅:即为燕攻破齐国者。

⑪　"吴起"句:吴起,魏将。孙膑,齐将。带佗,楚将。儿良,越将。王廖、田忌,齐将。廉颇、赵奢,赵将。

之众，叩关而攻秦。秦人开关延敌，九国之师遁逃而不敢进①。秦无亡矢遗镞之费，而天下诸侯已困矣。于是从散约解，争割地而赂秦。秦有余力而制其弊，追亡逐北，伏尸百万，流血漂橹。因利乘便，宰割天下，分裂河山。强国请服，弱国入朝。

施及孝文王②、庄襄王③，享国之日浅，国家无事。

及至始皇，奋六世之余烈，振长策而御宇内，吞二周而亡诸侯④，履至尊而制六合，执敲朴以鞭笞天下，威振四海。南取百越之地⑤，以为桂林⑥、象郡⑦。百越之君俛首系颈⑧，委命下吏。乃使蒙恬北筑长城而守藩篱⑨，却匈奴七百余里，胡人不敢南下而牧马，士不敢弯弓而报怨。于是废先王之道，燔百家之言，以愚黔首⑩。隳名城，杀豪俊，收天下之兵，聚之咸阳，销锋镝⑪，铸以为金

---

①　九国之师：指上述韩、魏、燕、赵、楚、宋、卫、中山等国，时宋、卫、中山已分别沦为齐、魏、赵之附庸。前318年，魏、赵、韩、楚、燕五国合纵攻秦，不胜而归。

②　孝文王：秦昭王之子，名柱，前250年即位三日而死。

③　庄襄王：孝文王之子，名楚，前250—前247年在位。

④　二周：指西周和东周。周王朝在周赧王时分为两个小国，国君称东周君、西周君。前256年（秦昭王五十一年）灭西周，前249年（秦庄襄王元年）灭东周。

⑤　百越：亦称"百粤"，指散居在今浙江、福建及江西、湖南南部等地的少数民族，他们各自独立，互不相属。

⑥　桂林：郡名。治今广西壮族自治区桂平市西南古城。

⑦　象郡：郡治在今广西壮族自治区崇左市。

⑧　俛（fǔ）：通"俯"。

⑨　蒙恬：秦始皇的主要将领。秦始皇三十三年（前214），秦始皇派蒙恬统率三十万军队，渡黄河北逐匈奴，修筑长城。

⑩　黔首：指百姓。

⑪　镝（dí）：通"镝"。

人十二①，以弱天下之民。然后践华为城，因河为池，据亿丈之城，临不测之溪以为固。良将劲弩，守要害之处；信臣精卒，陈利兵而谁何！天下已定，始皇之心，自以为关中之固，金城千里，子孙帝王万世之业也。

始皇既没，余威震于殊俗。然而陈涉瓮牖绳枢之子，氓隶之人，而迁徙之徒也；材能不及中庸，非有仲尼、墨翟之贤②，陶朱③、猗顿之富④；蹑足行伍之间，俛起阡陌之中⑤，率罢弊之卒⑥，将数百之众，转而攻秦；斩木为兵，揭竿为旗，天下云集而响应，赢粮而景从，山东豪俊，遂并起而亡秦族矣。

且夫天下非小弱也，雍州之地，殽函之固，自若也。陈涉之位，非尊于齐、楚、燕、赵、韩、魏、宋、卫、中山之君也；锄耰棘矜不铦于钩戟长铩也⑦；谪戍之众，非抗于九国之师也⑧；深谋远虑，行军用兵之道，非及曩时之士也。然而成败异变，功业相反。试使山东之国，与陈涉度长絜大，比权量力，则不可同年而语矣。然秦以区区之地，

---

①　金人：《史记·秦始皇本纪》引《三辅旧事》作"铜人"，并言各重二十四万斤，汉世在长乐宫门。

②　墨翟(dí)：春秋后期思想家，墨家的创始人。

③　陶朱：陶朱公，即春秋时辅助越王勾践打败吴王夫差的范蠡(lí)，后来弃官到陶（今山东省菏泽市定陶区西北），自称陶朱公，以经商成为巨富。

④　猗(yī)顿：春秋时鲁国人，以经营盐业（一说经营畜牧业）致富。

⑤　俛(miǎn)起：当作"倔起"。《史记·秦始皇本纪》："倔起什伯之中。"倔，通"崛"，突出。阡陌：此处指代农村。

⑥　罢(pí)：通"疲"。

⑦　锄耰(yōu)棘矜(qín)：耰，平整田地的农具。棘矜，枣木棍。《淮南子·兵略训》："伐枣棘而为矜。"钩戟：带钩的戟。长铩：有长刃的矛。

⑧　抗：通"亢"，高、强大。

致万乘之权,招八州而朝同列①,百有余年矣。然后以六合为家,殽函为宫。一夫作难而七庙隳②,身死人手,为天下笑者,何也? 仁义不施,而攻守之势异也。

【译文】

　　秦孝公凭借殽山、函谷关的险要地势,占据着雍州的土地,君臣固守疆土,以窥伺周王朝的政权,大有席卷天下、包举宇内、囊括四海的雄心和并吞八荒的壮志。在这时候,商鞅辅佐秦孝公,对内建立法律制度,致力于发展农业,修造攻守的器械,对外联络六国的诸侯,使他们互相争斗。于是秦国人就轻而易举地取得了魏国在黄河以西的地盘。

　　秦孝公死后,惠文王、武王、昭襄王继承了前王的业绩,沿袭先人留下的政策,向南攻取了汉中,向西夺取了巴蜀,向东割取了肥沃的土地,攻占了冲要的州郡。各国诸侯因此而惊惶恐惧,他们集会结盟,想法削弱秦国,不惜用珍宝和富饶的土地,来招纳天下的人才,采用合纵的策略缔结盟约,互相配合行动,结成一个整体。在这时候,齐国有孟尝君,赵国有平原君,楚国有春申君,魏国有信陵君。这四位公子都明智而忠诚,宽厚而爱护百姓,尊敬贤者而重用士人。他们相约联合抗秦,瓦解秦的连横策略,会集了韩、魏、燕、楚、齐、赵、宋、卫、中山九国的军队。当时六国的才智之士,有宁越、徐尚、苏秦、杜赫这一班人替他们出谋划策,有齐明、周最、陈轸、召滑、楼缓、翟景、苏厉、乐毅这一帮人为他们宣传合纵抗秦,有吴起、孙膑、带佗、倪良、王廖、田忌、廉颇、赵奢这一批人统率他们的军队。诸侯们曾以十倍于秦国的土地、上百万

---

① 招(qiáo):举,攻取。
② 七庙:天子的宗庙。古宗法制度,天子祀七庙。

的军队,攻打函谷关而进击秦国。秦国人开关迎击敌人,九国的军队四处逃跑,不敢进攻。秦国没有耗费一支箭杆、一个箭头,而天下的诸侯已经陷入困境。于是合纵拆散了,盟约瓦解了,诸侯争着割让土地贿赂秦国。而秦国有充裕的力量利用诸侯的弱点,追逐败逃的敌人,战场上横尸百万,流的血能漂起盾牌来。秦国趁着有利的形势,分割诸侯的国土,瓜分诸侯的山河,因而强国请求臣服,弱国入秦朝拜。

延续到孝文王、庄襄王时,他们在位时间短,国家没有发生什么大事。

到了秦始皇,他发扬六世传下来的功业,统治天下,真像挥舞长长的鞭子赶马匹似的。他并吞了东周西周,消灭了各个诸侯国,登上皇帝的尊位,统治全国,以严刑峻法来奴役人民,威震四海。向南夺取了百越的土地,设立了桂林、象郡。百越的国君都低着头并把绳索套在脖子上表示归附,把自己的性命交给秦朝下级官吏支配。秦始皇派遣蒙恬到北方修筑长城,以保卫边疆,使匈奴退却了七百余里,胡人不敢南下放牧马群,六国的遗民也不敢弯弓来复仇。于是秦始皇废除了先王的治国之道,烧毁了诸子百家的书籍,以便使老百姓愚昧无知。他毁坏名城,杀戮六国的杰出人物,收集天下的兵器,聚集在咸阳,熔化了兵器,铸成十二个金属人像,以削弱天下人民的反抗力量。然后,凭借华山为城垣,靠着黄河作为护城河,据守万丈高的华山,下临深不可测的河谷,以此作为防守的工事。派优秀的将领,用强劲的弓弩,守卫着冲要之地;忠实的臣子率领精锐的兵卒,手持锋利的兵器,盘查喝问来往行人。当时,天下已经安定,照秦始皇的想法,自以为关中的险要地势如同千里的铜墙铁壁,是子子孙孙代代称帝的万世基业啊。

秦始皇死后,他的余威在风俗不同的边远地区仍有威慑力量。可是,陈涉只是个贫苦人家的子弟,他家里穷得用破瓮当窗户,用绳子拴门轴,给人家当雇工,而且是个被征去戍边的人。他的才能赶不上一般人,并非具有孔子、墨翟那样的贤才,陶朱公、猗顿那样的富有。他出身于行伍之中,崛起于草野农村之中,带领着疲困的士卒,统率着几百个人,却掉转矛头向秦王朝进攻,砍伐树木作武器,举起竹竿作旗帜,天下的人就像浓云似的聚拢在一起,如同回声一样地应和着,自带着口粮如影随形地跟着他。于是函谷关以东的英雄豪杰一起行动起来把秦朝推翻了。

可是当时秦朝的天下既没有缩小也没有减弱,雍州的地势,殽山、函谷关的险固,还是那个样子。而且陈涉的地位,并不比齐、楚、燕、赵、韩、魏、宋、卫、中山的国君高贵;锄耙枣木棍并不比钩戟长矛锋利;被征发戍边的人们,并不比九国的军队强大;深谋远虑和指挥军队的本领,也不及先前诸侯国的那些能人。虽然如此,可是成败却大不相同,功业也完全相反。如果以六国的力量与陈涉比长量大、比权量力,那就不可同日而语了。然而秦国凭借它原来的区区之地,竟能得到皇帝的权柄,夺取了八州,使本来跟他地位相同的诸侯都来朝拜,已经一百多年了。然后统一四海成一家的天下,以殽山、函谷关为宫。可是一个人发难,秦王朝的宗庙被毁掉,皇帝自己也死在别人手里,受到天下人的讥笑,这是什么原因呢?就是因为不施行仁义,而攻守的形势不同了啊。

治安策一

【解题】

《治安策》(亦称《陈政事疏》)约写于汉文帝四年(前176),本书节录了其中的一部分。

　　汉文帝时期,同姓诸侯王的势力急剧膨胀,成为对中央政权的潜在威胁。贾谊敏锐地觉察到这一问题的严重性,毅然上书文帝,写了这篇奏疏。作者在文中透辟地分析了当时存在的尖锐矛盾,提出了"众建诸侯而少共力"的著名策略。这一策略对巩固中央集权、推动国家统一起了一定作用。文章写得主次分明,笔锋犀利,感情充沛。

　　夫树国固必相疑之势①,下数被其殃,上数爽其忧,甚非所以安上而全下也。今或亲弟谋为东帝②,亲兄之子西乡而击③,今吴又见告矣④。天子春秋鼎盛,行义未过,德泽有加焉,犹尚如是,况莫大诸侯权力且十此者乎!

　　然而天下少安,何也? 大国之王幼弱未壮,汉之所置傅、相方握其事⑤。数年之后,诸侯之王大抵皆冠⑥,血气方刚,汉之傅、相称病而赐罢,彼自丞尉以上遍置私人,如此,有异淮南、济北之为邪! 此时而欲为治安,虽尧、舜不治。

　　黄帝曰:"日中必 熭,操刀必割⑦。"今令此道顺而全

――――――――――

　　①　"夫树国"句:《新书·藩伤》,"夫树国必审相疑之势"与此句意同。固、必同义连用。疑,通"拟",比拟、并立,此处犹言"对立"。
　　②　亲弟:指淮南厉王刘长,因勾结匈奴谋反被废黜,后徙蜀道而自杀。淮南王都于寿春(今安徽省寿县),位于长安以东,故云"谋为东帝"。
　　③　亲兄之子:指齐悼惠王刘肥之子刘兴居,为济北王,文帝时谋反,欲袭取荥阳。
　　④　吴:指吴王刘濞,当时有不循汉法的行为,有告之者。
　　⑤　傅:辅弼诸侯王之官。相:诸侯王国的最高行政长官。
　　⑥　冠:古时男子二十而加冠,谓之成人。
　　⑦　"日中"二句:引文见《六韬·守士》(《六韬》是汉人采掇旧说,假托吕尚编写的兵书)。熭(wèi):曝晒。

安甚易,不肯早为,已乃堕骨肉之属而抗刭之①,岂有异秦之季世乎!夫以天子之位,乘今之时,因天之助,尚惮以危为安,以乱为治;假设陛下居齐桓之处,将不合诸侯而匡天下乎?臣又以知陛下有所必不能矣。假令天下如曩时,淮阴侯尚王楚②,黥布王淮南③,彭越王梁④,韩信王韩⑤,张敖王赵⑥,贯高为相⑦,卢绾王燕⑧,陈豨在代⑨,令此六七公者皆亡恙⑩,当是时而陛下即天子位,能自安乎?臣有以知陛下之不能也。天下淆乱,高皇帝与诸公并起,非有仄室之势以豫席之也⑪。诸公幸者乃为中涓⑫,其次厪得舍人⑬,材之不逮至远也。高皇帝以明圣威武即天子位,割膏腴之地以王诸公,多者百余城,少者乃三四十县,德至渥也。然其后七年之间,反者九起。陛下之与诸公,非亲角材而臣之也,又非身封王之也,自高皇帝不能以是一岁为安,故臣知陛下之不能也。

———————

① 堕(huī):通"隳"。
② 淮阴侯:即韩信,汉高祖时因功封为楚王,后被告谋反,贬为淮阴侯,又因谋反被诛。
③ 黥(qíng)布:姓英,名布,因曾受黥刑,故称黥布,高祖时因功封为淮南王,后因谋反被诛。
④ 彭越:高祖时因功封梁王,后因谋反被诛。
⑤ 韩信:韩王信,战国时韩襄王庶出子孙,高祖时封为韩王,后因勾结匈奴叛汉被诛。与淮阴侯韩信是二人。
⑥ 张敖:赵王张耳之子,继承父位为赵王。
⑦ 贯高:赵王张敖的丞相,曾两次企图谋杀刘邦,后被人告发,自杀。
⑧ 卢绾(wǎn):汉高祖时封为燕王,高祖死后叛汉,投降匈奴。
⑨ 陈豨(xī):汉高祖时封为阳夏侯,统帅燕、赵两地的军队,后自立为代王,被诛。
⑩ 亡:通"无"。
⑪ 仄室:卿大夫的庶子,此指六国贵族。仄,通"侧"。
⑫ 中涓:侍从之官。
⑬ 厪:通"仅"。舍人,亲近左右,泛指属官。

然尚有可诿者,曰:疏。臣请试言其亲者。假令悼惠王
王齐①,元王王楚②,中子王赵③,幽王王淮阳④,共王王
梁⑤,灵王王燕⑥,厉王王淮南⑦,六七贵人皆亡恙,当是
时陛下即位,能为治乎?臣又知陛下之不能也。若此诸
王,虽名为臣,实皆有布衣昆弟之心,虑亡不帝制而天子
自为者。擅爵人,赦死罪,甚者或戴黄屋⑧,汉法令非行
也。虽行不轨如厉王者,令之不肯听,召之安可致乎!
幸而来至,法安可得加!动一亲戚,天下圜视而起⑨。陛
下之臣虽有悍如冯敬者⑩,适启其口,匕首已陷其胸矣。
陛下虽贤,谁与领此?故疏者必危,亲者必乱,已然之效
也。其异姓负强而动者,汉已幸胜之矣,又不易其所以
然。同姓袭是迹而动,既有征矣,其势尽又复然。殃祸
之变,未知所移,明帝处之尚不能以安,后世将如之何!

屠牛坦一朝解十二牛⑪,而芒刃不顿者⑫,所排击剥
割皆众理解也。至于髋髀之所,非斤则斧。夫仁义恩
厚,人主之芒刃也;权势法制,人主之斤斧也。今诸侯王
皆众髋髀也,释斤斧之用,而欲婴以芒刃,臣以为不缺则

---

① 悼惠王:汉高祖之长子刘肥,封为齐王。
② 元王:汉高祖之弟刘交,封为楚元王。
③ 中子:汉高祖之子刘如意,封为赵王。
④ 幽王:汉高祖之子刘友,初封为淮阳王,后改封为赵王。
⑤ 共王:汉高祖之子刘恢,封为梁王,后改封为赵王。
⑥ 灵王:汉高祖之子刘建,封为燕王。
⑦ 厉王:汉高祖之子刘长,封为淮南王。
⑧ 黄屋:天子乘坐的车,因以黄缯为里,故称。
⑨ 圜:通"圆"。
⑩ 冯敬:名忠直,时为御史大夫,曾上奏淮南厉王的谋反行为,后
被刺客杀死。
⑪ 屠牛坦:相传为春秋时代一位有名的宰牛人。
⑫ 顿:通"钝"。

折。胡不用之淮南、济北？势不可也。

臣窃迹前事，大抵强者先反。淮阴王楚最强①，则最
先反；韩信依胡②，则又反；贯高因赵资，则又反；陈豨兵
精，则又反；彭越用梁，则又反；黥布用淮南，则又反；卢
绾最弱，最后反。长沙乃在二万五千户耳③，功少而最
完，势疏而最忠。非独性移人也，亦形势然也。曩令樊、
郦、绛、灌据数十城而王④，今虽已残亡，可也；令信、越之
伦列为彻侯而居，虽至今存，可也。然则天下之大计可
知已。欲诸王之皆忠附，则莫若令如长沙王；欲臣子之
勿菹醢，则莫若令如樊、郦等；欲天下之治安，莫若众建
诸侯而少其力。力少则易使以义，国小则亡邪心。令海
内之势，如身之使臂，臂之使指，莫不制从；诸侯之君不
敢有异心，辐凑并进而归命天子。虽在细民，且知其安，
故天下咸知陛下之明。割地定制，令齐、赵、楚各为若干
国，使悼惠王、幽王、元王之子孙，毕以次各受祖之分地，
地尽而止，及燕、梁他国皆然。其分地众而子孙少者，建
以为国，空而置之，须其子孙生者，举使君之。诸侯之地
其削颇入汉者，为徙其侯国。及封其子孙也，所以数偿
之⑤；一寸之地，一人之众，天子亡所利焉，诚以定治而
已，故天下咸知陛下之廉。地制一定，宗室子孙莫虑不

---

①　淮阴：指淮阴侯韩信。

②　韩信：指韩王信。

③　长沙：指吴芮，秦王朝时为鄱阳令，后归属刘邦，封为长沙王。
在：通“才”，仅。

④　樊、郦、绛、灌：指樊哙、郦商、周勃、灌婴，他们都是汉高祖部下
武将，后被封为列侯（爵位名，只有食禄，不封国）。

⑤　“及封其子孙”二句：据王先谦《汉书补注》引沈彤说，“也”当作
“他”，“所”字应属上读。

王;下无倍畔之心①,上无诛伐之志,故天下咸知陛下之
仁。法立而不犯,令行而不逆,贯高、利几之谋不生②,柴
奇、开章之计不萌③,细民乡善,大臣致顺,故天下咸知陛
下之义。卧赤子天下之上而安;植遗腹,朝委裘,而天下
不乱。当时大治,后世诵圣。一动而五业附,陛下谁惮
而久不为此?

　　天下之势方病大瘇。一胫之大几如要④,一指之大
几如股;平居不可屈信⑤,一二指搐,身虑亡聊。失今不
治,必为锢疾。后虽有扁鹊⑥,不能为已。病非徒瘇也,
又苦跖盭⑦。元王之子,帝之从弟也,今之王者,从弟之子
也;惠王之子,亲兄子也,今之王者,兄子之子也。亲者或
亡分地,以安天下;疏者或制大权,以逼天子。臣故曰:非
徒病瘇也,又苦跖盭。可痛哭者,此病是也!

【译文】

　　建立诸侯王国,一定会产生朝廷与诸侯国互相对立的局
面,臣民经常为此而遭祸,朝廷也经常因诸侯王之祸而受到伤
害,这实在不是安定朝廷、保全臣民的办法。如今有皇上的亲
兄弟图谋在东方称帝,亲侄子也西进袭击朝廷,近来吴王的谋
反活动又被告发。现在天子年富力强,政事处理得当,给予他
们很多恩惠,而他们尚且如此,何况是那些最大的诸侯,权力

---

① 倍畔:通"背叛"。
② 利几:原为楚将,归汉后又谋反,为汉高祖所杀。
③ 柴奇、开章:均为参与淮南王刘长谋反的人。
④ 要(yāo):通"腰"。
⑤ 信:同"伸"。
⑥ 扁鹊:战国时名医。
⑦ 跖盭(zhí lì):脚掌扭折变形。跖(zhí),脚掌。盭(lì),通"戾",曲。

比他们还要大十倍的呢！

虽然如此，但是天下还比较安定，这是什么原因呢？因为大诸侯国的王年纪小，还未长大成人，汉朝安置在那里的太傅、丞相正掌握着王国的政事。几年以后，诸侯王大都加冠成人，正是血气方刚的年纪，而汉朝委派的太傅、丞相则上了年纪，不得不称病请求免职，于是诸侯国中丞尉以上的职位都安排上诸侯王的亲信，这样的话，他们的行为同淮南王、济北王有什么区别呢！到了那时而想求得天下太平无事，即使是唐尧、虞舜在世也是办不到的。

黄帝说："到了中午一定要抓紧曝晒，拿着刀子一定要赶紧宰割。"当今要使治安之道推行得顺利而又稳妥，是十分容易的。假使不肯及早行动，日后弄到毁掉骨肉之亲，甚至还要拿刀割他们的脖子，这难道同秦朝末年的局势还有什么区别吗！再说，处在天子的地位，趁着当今的有利时机，靠着上天的帮助，尚且对转危为安、改乱为治的措施有所忌惮；假设陛下处在齐桓公的那样境地，难道能联合诸侯匡正天下的混乱局面吗？我知道陛下一定不能做的。假如国家的局势还像从前一样，淮阴侯韩信还做楚王，黥布做淮南王，彭越做梁王，韩王信做韩王，张敖做赵王，贯高做赵国的相，卢绾做燕王，陈豨还在代国，假令这六七个王公都还健在，陛下在这时继位做天子，自己能觉得安全吗？我敢断言陛下是不会觉得安全的。在天下混乱的年代，高祖和诸位豪杰共同起事，并没有受封的支庶势力支持他。和他一同起义的诸位，幸运的仅能成为中涓，差一点的仅当个舍人，他们的才能不及高祖，相差很远。高祖凭着他的明智威武，即位做了天子，割出肥沃的土地，封一同起义的诸位为诸侯王，多的有一百多个城，少的也有三四十个县，恩德是极厚的了。然而在此以后的十年当中，反叛汉朝的事还发生了九次。陛下跟这些王公的关系，并非亲自跟他们较量过才能而使他们甘心为臣的,也不是亲自封他们当诸侯王的。即使是高祖也不能因此而得到一年的安宁,所以我知道陛下也是不能得到安宁的。不过,上面这些情况,还有可以推托的理由,说是"关系疏远"。那就请允许我试着谈谈那些同姓诸侯王吧。假如让齐悼惠王还统治着齐,楚元王还统治着楚,赵王还统治着赵,幽王还统治着淮阳,恭王还统治着梁,灵王还统治着燕,厉王统治着淮南,假如这六七位贵人都还健在,在这时陛下即位做皇帝,能使天下太平吗?我又知陛下是不能的。像这些诸侯王,虽然名义上是臣子,实际上他们都有些平民的想法,认为和天子是兄弟关系,大概没有一个不想采用天子的礼仪,自己做天子的。他们擅自把爵位赏给别人,赦免死罪,甚至有人干脆乘坐天子专用的黄屋车。汉朝的法令,他们是不执行的。像厉王那样的不守法的人,命令他都不肯听从,又怎么能招他来呢!幸而召来了,法律怎么能施加到他身上呢!动了一个近亲,天下诸王都圆瞪着眼,惊动起来了。陛下的臣子当中虽然有冯敬那样勇敢的人,但是他刚开口揭发诸侯王的不法行为,刺客的匕首已经刺进他的胸膛了。陛下虽然贤明,谁能和您一起来治理这些人呢?所以说,异姓诸侯王一定危险,同姓诸侯王也一定会作乱,这是事实所证明了的。那些自负强大而发动叛乱的异姓诸侯王,汉朝已经幸运地战胜他们了,可是又不改变那种酿成叛乱的分封制度。同姓诸侯王沿袭了他们的做法,起来发动叛乱,如今已有征兆了,形势又完全恢复到以前那种状态。灾祸的变化,还不知道要发展到什么地步。英明的皇帝处在这种情况下,尚且不能使国家安宁,后代又将怎么办呢!

屠牛坦一早晨宰割了十二头牛,而屠刀的锋刃并不变钝,这是因为他所刮剔割剥的,都是顺着关节的缝隙下刀。若碰到胯骨、大腿骨那就不是用砍刀就是用斧头去砍了。同理,仁义恩厚好比是君王的刀刃,权势、法制好比是君王的砍刀、斧头。如今的诸侯王好比是胯骨、大腿骨,如果放下砍刀、斧头不用,而要用刀刃去碰,我认为刀子不是出现缺口就是被折断。为什么仁义恩厚不能用在淮南王、济北王的身上呢?因为形势不容许啊。

我私下里考察以前发生的事件,基本上是势力强大的先反。淮阴侯韩信统治着楚,势力最强,就最先反叛;韩王信依靠了匈奴的力量,就又反叛了;贯高借助了赵国的条件,就又反叛了;陈豨部队精锐,也反叛了;彭越凭借梁国,也反叛了;黥布凭借淮南,也反叛了;卢绾势力最弱,最后反叛。长沙王吴芮才有二万五千封户,功劳很少,却保全了下来,与皇室关系疏远而对汉朝最忠顺。这不只是由于禀性和别人不同,也是形势造成的。倘若从前让樊哙、郦商、周勃、灌婴占据几十个城为王,现在即使说他们的家族因此而衰败,也是可能的;假使让韩信、彭越之流只居于彻侯的地位,即使至今还能保全下来,也是可能的。既然如此,那么天下大计就可以知道了。要想使天下诸侯王都忠心归附汉朝,那最好让他们都像长沙王一样;要想让臣下不至于像韩信那样被杀掉,那最好让他们像樊哙、郦商那样;要想使天下太平无事,最好多多建立诸侯国而又削弱他们的势力。力量弱就易于用道义来控驭他们,国土小就不会有反叛的邪念。这样就使全国的形势,如同身体使唤手臂、手臂使唤手指似的,没有不听从指挥和节制的。诸侯王不敢有反叛的想法,如同辐条聚向车轴一样,都归顺天子。这样,即使是一般老百姓,也会知道国家很安定,所以,天下就都知道陛下的英明。分割土地,定出制度:把齐、赵、楚三个王国的土地分成若干侯国,让齐王、赵王、楚王的子孙,全都依次受封先人的那份封地,一直到分尽为止。至于燕、梁等其他王国也都照此办理。有些封地大而子孙少的,也都把它分成若干小国,暂时空置起来,等着他们的子孙出生以后,全都让他们做空置的诸侯国的国君。诸侯王的封地,因犯罪已被削除,大量土地收归汉朝所有的,那就替他们调整侯国所在的地区,等到要封他的子孙到别的地方去的时候,按被削土地的数额给以补偿。一寸土、一口人,皇帝也不沾他们的,确实只是为了安定太平罢了。这样,天下就都知道陛下的廉洁。这种分封土地的制度一旦确定下来,皇室子孙没有人担心做不了诸侯王,下面没有背叛的念头,皇帝没有讨伐的想法。这样,天下就都知道陛下的仁德。法令制定了,没有人触犯;政令推行了,没有人抵触。贯高、利几一类的阴谋不会出现,柴奇、开章那样的诡计不敢冒头。老百姓都向往良善,大臣都对皇上更加恭顺。这样,天下都知道陛下的恩义。即使让幼小的太子当皇帝,天下也很安定;即使立一个遗腹子作天子,让臣子朝拜老皇帝遗留下来的皇袍,天下也不至于混乱。这样,就可以使当今的天下太平无事,后代也称颂陛下的圣明。只要一采取这样的措施,上述五个方面的业绩也就随之而来了,而陛下又怕什么而久久不这样办呢?

当今,天下的形势,正像得了严重的浮肿病。小腿粗得差不多等于腰围,脚趾粗得差不多等于大腿。平时既不能弯又不能伸,一两个指头抽搐,就要担心浑身无所依靠。丧失了今天的机会而不医治,一定会成为难治的顽症。以后即使有扁鹊那样高明的医生,也无能为力了。再说,这个病还不仅仅是浮肿呢,又苦于脚掌扭折不能走动。楚国的元王的儿子,是陛下的叔伯兄弟;当今的楚王,是叔伯兄弟的儿子。齐悼惠王的儿子,是陛下亲哥哥的儿子;当今的齐王是陛下哥哥的孙子。陛下自己的子孙,有的还没有分封土地,以便安定天下;旁支的子孙,倒有人掌握大权来威胁皇帝。所以我说:不仅是害了浮肿病,还苦于脚掌扭折了不能走动。值得令人痛哭的就是这种病啊！

晁 错

晁错(前200—前154)，颍川(治所在今河南省禹州市)人，西汉著名的政论家。少习申、商之学，文帝时为太子家令，以有辩才，号称"智囊"，后迁中大夫。景帝即位后，深得信任，历任内史、御史大夫等职。他曾先后上书主张重农贵粟，削诸侯封地以加强中央集权。前154年，吴、楚等七国以"请诛晁错，以清君侧"为借口，发动叛乱，景帝畏于七国联兵，遂将晁错处死。晁错的著作，现存比较完整的有八篇，散见于《汉书》的《爰盎晁错传》《食货志》《荆燕吴传》。他的文章"疏直激切，尽所欲言"(鲁迅语)。

论贵粟疏

【解题】

汉朝建立后,实行了一系列恢复社会生产力的措施。到文帝统治时期,农业逐渐发展,粮价大大降低,商业也活跃起来,但随之产生了新的社会问题,即谷贱伤农,大地主、大商人兼并土地,农民被迫流亡,危及封建秩序。针对这一问题,晁错上了这篇奏疏,阐明了要使农民附着于土地的观点,提出了重农抑商的主张和入粟拜爵的办法。实行这样的主张和办法对于暂时改善农民的处境有一定作用。文章条理明晰,说理透辟。

圣王在上而民不冻饥者,非能耕而食之,织而衣之也,为开其资财之道也。故尧、禹有九年之水,汤有七年之旱,而国无捐瘠者①,以畜积多而备先具也。

今海内为一,土地人民之众不避禹、汤,加以亡天灾数年之水旱,而畜积未及者,何也? 地有遗利,民有余力,生谷之土未尽垦,山泽之利未尽出也,游食之民未尽归农也。民贫,则奸邪生。贫生于不足,不足生于不农,不农则不地着②,不地着则离乡轻家,民如鸟兽。虽有高城深池,严法重刑,犹不能禁也。夫寒之于衣,不待轻暖;饥之于食,不待甘旨;饥寒至身,不顾廉耻。人情,一日不再食则饥;终岁不制衣则寒。夫腹饥不得食,肤寒不得衣,虽慈母不能保其子,君安能以有其民哉! 明主知其然也,故务民于农

---

① 捐瘠(zì):抛弃的尸体。瘠,通"胔",腐烂的尸体。
② 地着:在某地定居,此指编入户籍定居于某地。着,附着。

桑,薄赋敛,广畜积,以实仓廪,备水旱,故民可得而有也。

民者,在上所以牧之,趋利如水走下,四方无择也。夫珠玉金银,饥不可食,寒不可衣,然而众贵之者,以上用之故也。其为物轻微易藏,在于把握,可以周海内而无饥寒之患。此令臣轻背其主,而民易去其乡,盗贼有所劝,亡逃者得轻资也。粟米布帛生于地,长于时,聚于力,非可一日成也;数石之重,中人弗胜,不为奸邪所利,一日弗得而饥寒至。是故明君贵五谷而贱金玉。

今农夫五口之家,其服役者不下二人,其能耕者不过百亩,百亩之收不过百石。春耕夏耘,秋获冬藏,伐薪樵,治官府,给徭役;春不得避风尘,夏不得避暑热,秋不得避阴雨,冬不得避寒冻,四时之间无日休息;又私自送往迎来,吊死问疾,养孤长幼在其中。勤苦如此,尚复被水旱之灾,急政暴虐①,赋敛不时,朝令而暮改②。当具有者半贾而卖③,无者取倍称之息④,于是有卖田宅、鬻子孙以偿债者矣。而商贾大者积贮倍息,小者坐列贩卖,操其奇赢⑤,日游都市,乘上之急,所卖必倍。故其男不耕耘,女不蚕织,衣必文采,食必粱肉;无农夫之苦,有阡陌之得。因其富厚,交通王侯,力过吏势,以利相倾;千里游遨,冠盖相望,乘坚策肥,履丝曳缟。此商人所以兼并农人,农人所以

---

① 急政(zhēng)暴虐:政,通“征”。虐,据王念孙说当作“赋”。

② 朝令而暮改:据王念孙说,当从《汉书·食货志》作“朝令而暮当具”,衍“改”字。

③ 贾(jià):通“价”。

④ 倍称之息:指倍于其本的高利贷。称,所贷之款。息,有息贷款。

⑤ 奇(jī)赢:犹言利润。

流亡者也。今法律贱商人①,商人已富贵矣;尊农夫,农夫已贫贱矣。故俗之所贵,主之所贱也;吏之所卑,法之所尊也。上下相反,好恶乖迕,而欲国富法立,不可得也。

　　方今之务,莫若使民务农而已矣。欲民务农,在于贵粟;贵粟之道,在于使民以粟为赏罚。今募天下入粟县官②,得以拜爵,得以除罪,如此,富人有爵,农民有钱,粟有所渫。夫能入粟以受爵,皆有余者也;取于有余,以供上用,则贫民之赋可损,所谓"损有余补不足③",令出而民利者也。顺于民心,所补者三:一曰主用足,二曰民赋少,三曰劝农功。今令:"民有车骑马一匹者④,复卒三人。"车骑者,天下武备也,故为复卒。神农之教曰:"有石城十仞⑤,汤池百步,带甲百万,而无粟,弗能守也。"以是观之,粟者,王者大用,政之本务。令民入粟受爵至五大夫以上⑥,乃复一人耳,此其与骑马之功相去远矣。爵者,上之所擅,出于口而亡穷;粟者,民之所种,生于地而不乏。夫得高爵与免罪,人之所甚欲也。使天下人入粟于边,以受爵免罪,不过三岁,塞下之粟必多矣。

---

　　①　法律贱商人:据《汉书·食货志》载,汉初法律规定商人"不得衣丝乘车,重税租以困辱之"。惠帝、吕后时,对商人的限制曾有所放松,但仍限制商人的子弟做官。后来对商人的禁令名存实亡。
　　②　县官:指官府。
　　③　损有余补不足:见《老子》:"天之道,损有余而补不足。"
　　④　车骑马:指装备齐全的战马。
　　⑤　仞:长度单位名,八尺为一仞。
　　⑥　五大夫:爵位名。汉承秦制,设爵位二十级,五大夫为第九级爵名。

【译文】

圣明的君王在位时,百姓不至于挨饿受冻,这并不是因为君王能亲自种出粮食给他们吃、织出布给他们穿,而是因为他给人民开辟了获取财富的途径。所以,尽管唐尧、夏禹的时候有过九年的水灾,商汤时也有过七年的旱灾,但那时没有抛弃的尸骨,这就是因为粮食储备多,早做好了准备。

现在全国统一,土地之大,人口之多,不比汤、禹的时候差,又没有连年的水旱灾害,然而粮食储备却赶不上汤禹之时,这是什么原因呢? 就是因为土地还有潜力,老百姓还有余力,能生长谷物的土地还未完全开垦,山林湖沼的资源还未完全开发,游手好闲的人还未全部回去务农。人们贫困了,就会去做邪恶的事。贫困产生于不富足,不富足产生于不从事农业生产,不从事农业生产就不能在一地定居,不能定居就会离开乡土,轻视家园,像鸟兽一样随处求食。这样的话,国家即使有高高的城墙、深深的护城河、严厉的法令、残酷的刑罚,仍然不能禁止他们去做奸邪的事。要知道,冷的时候,人们不会等到有了轻暖的皮衣才穿;饥饿时,也不会等着有了美味才吃;人在饥寒交迫时,也就顾不得什么廉耻了。按人的实际情况说,一天不吃两顿饭就要挨饿,整年不做衣服穿就会受冻。那么,肚子饿了没有饭吃,身上冷了不得衣穿,即使是慈母也不能留住她的儿子,国君又怎能保有他的百姓呢! 贤明的君王懂得这个道理,所以让老百姓从事农业生产,减轻他们的赋税,大量地贮备粮食,以便充实仓库,防备水旱灾害,因此也就能够得到民心而拥有人民。

老百姓呢,要看用什么方法管理他们,他们追逐利益就像水往低处流一样,对东西南北是没什么选择的啊。珠玉金银这些东西,饿了不能当饭吃,冷了不能当衣穿,可是人们还是看重它,这是因为皇上需要它的缘故啊。珠玉金银这些物品,分量轻又容易收藏,拿在手里,可以周游全国,而没有饥饿的威胁。这就会使臣子轻易地背叛他的君主,人民随便离开他的家乡,盗贼受到了鼓励,逃亡的人有了便于携带的财物。农产品生在地里,在一定的季节里长成,收获也需要一定的人力,不是短时间里可以长成的。几石重的粮食,一般人扛不动它,这不是奸诈邪恶的人所贪图的。可是这些东西一天得不着就要挨饿受冻。因此,贤明的君主重视五谷而轻视金玉。

现在农夫中的五口之家,家里为公家服役的不少于二人,能够耕种的土地不超过百亩,百亩的收成不会超过百石。他们春天耕地,夏天耘田,秋天收获,冬天收藏;还要砍木柴,修缮官府,支应官差。春天不得避风尘,夏天不得避暑热,秋天不得避阴雨,冬天不得避寒冻,一年四季没有一天休息。还要应付交际往来,吊唁死者,探望病人,扶养孤老,养育幼童,一切费用都要从这里面开支。农民们这样辛苦,还要遭受水旱灾害,官府又急征暴敛,随时摊派,早晨发命令,晚上就得交齐。有粮食的农民按半价卖掉来完税;没有粮食的农民,就得借取一倍利息的高利贷交纳。于是就出现了卖土地房屋、卖子孙来还债的事情了。而那些商人们,大的囤积货物大量放贷;小的开店设铺,经营买卖,赚取暴利,每天都在都城的集市上活动,趁朝廷急需物资的机会,所卖的货物便成倍地抬高价格。所以商人家里男的不必耕地耘田,女的不必养蚕织布,穿的必定是华美的衣服,吃的是上等的黄米和鱼肉。他们没有农夫的劳苦,却占有农田桑蚕的收获。凭借自己的财富,与王侯结交,势力超过官吏,利用钱财互相倾轧;他们遨游各地,车乘络绎不绝,他们乘着坚固的车子,骑着肥壮的马,穿着丝鞋,披着绢制的长衣。这就是商人兼并农民的土地、农民流亡在外的原因。当今法律规定虽然贬低商人,但商人实际上已经富贵了;抬高农民,农民实际上已经贫贱了。所以社会上抬举的,正是国君所轻贱的;官吏所鄙视的,正是法律所尊重的。上下相反,好恶颠倒,在这种情况下,却想要国家富裕、法制生效,那是办不到的。

　　当前的迫切任务,再没有比使人民务农更重要的了。而要想使老百姓致力于农业,关键在于重视粮食;重视粮食,在于让老百姓用粮食得赏或免罚。现在应号召全国的老百姓交粮给政府,交粮就可以得到封爵,就得以赎罪。这样,富人可以得到爵位,农民可以得到钱财,而粮食可以有流通的地方。能交纳粮食得到爵位的,都是些富有的人。从富有的人那里取得粮食来供给政府使用,那么贫民所担负的赋税就可以减轻,这就是所谓“损有余补不足”,法令一颁布老百姓就能得到好处。这样既符合了人民的心愿,又有三种好处:第一,国君的用度充足了;第二,百姓的赋税减少了;第三,鼓励人民从事农业生产。现行法令规定:“老百姓中有一匹战马的农户,就可以免除他家三个人的兵役。”战马是国家的军事装备,所以可以免除兵役。相传神农氏的教导说:“有七八丈高的石砌城墙,流着热水的百步宽的护城河,一百万全副武装的兵士,可是没有粮食,那是守不住的。”这样看来,粮食是国家的重要物资,是治理国家的根本条件。现在让老百姓纳粮买爵,封到五大夫以上,才免除一人的兵役,这同献给国家战马相比所得的益处,差得太远了。因此,国家这样做是很合算的。封爵,是皇上专有的权力,只要皇帝一开口,就可以封给无穷无尽的爵位;粮食,是老百姓种出来的,生长在土地上也不会缺乏。得高爵与赎罪,是人们十分向往的事情。假如让全国的人献粮给边境,以此来换取爵位、赎罪,过不了三年,边塞地区的粮食必定很充裕了。

邹　阳

邹阳(约前206—前129),西汉齐(今山东省东部)人,初事吴王刘濞,以文辩知名。曾上书谏阻吴王谋反,不纳,遂投奔梁孝王为门客。时梁孝王与羊胜、公孙诡合谋,欲立为太子,邹阳以为不可,遂为羊胜等所谮,下狱。邹阳于狱中上书梁孝王,乃得赦,且为梁孝王上客。今存《狱中上梁王书》《上书吴王》,均载于《汉书·邹阳传》中。

狱中上梁王书

【解题】

本文是作者在狱中的自我表白。邹阳因被人谮害而下狱,所以在这篇文章中用大量的篇幅说明知人与不知人之别,指出知人必须不"惑于众口"、不"移于浮辞",以此来动摇梁王对谗言的信赖。文章博引史实,铺张排比,比喻巧妙,理由充足,颇有战国辩士之风。

邹阳从梁孝王游①。阳为人有智略,慷慨不苟合,介

① 梁孝王:汉文帝之次子,景帝之同母弟,名刘武。汉文帝二年(前178)封为代王,十二年徙封梁王。

于羊胜、公孙诡之间①。胜等疾阳,恶之孝王。孝王怒,下阳吏,将杀之。阳乃从狱中上书曰:

"臣闻'忠无不报,信不见疑'。臣常以为然,徒虚语耳。昔荆轲慕燕丹之义②,白虹贯日③,太子畏之;卫先生为秦画长平之事④,太白食昴⑤,昭王疑之。夫精变天地而信不谕两主,岂不哀哉!今臣尽忠竭诚,毕议愿知,左右不明,卒从吏讯,为世所疑。是使荆轲、卫先生复起,而燕、秦不寤也,愿大王熟察之。

"昔玉人献宝,楚王诛之⑥;李斯竭忠,胡亥极刑⑦。是以箕子阳狂⑧,接舆避世⑨,恐遭此患也。愿大王察玉人、李斯之意,而后楚王、胡亥之听,毋使臣为箕子、接舆所

---

① 羊胜、公孙诡:皆梁孝王之门客。

② 荆轲:战国末卫国人。燕丹:燕太子丹,曾质于秦,秦王遇之无礼,遂逃归。时秦蚕食诸侯,太子丹厚养荆轲,使之西刺秦王。行刺未遂,荆轲被杀。

③ 白虹贯日:古代迷信说法认为,白虹象征兵器,日象征君主,白虹贯日象征君主要遭凶杀。

④ 卫先生:秦国人。长平之事:指前260年秦、赵长平之战,秦将白起消灭赵军四十余万,欲乘胜灭赵,遣卫先生回国说秦昭王增拨兵粮,为秦相范雎从中破坏,事未成。传说这时因卫先生的精诚感天,出现了太白食昴的天象。

⑤ 太白食昴(mǎo):古代迷信说法以为,太白星是天的将军,因在西方,象征秦。昴宿是赵的分野。太白食昴象征秦灭赵。太白,太白星,即金星。昴,二十八宿之一,即金牛座中之昴星团。

⑥ "昔玉人"二句:相传卞和得到一块璞,两次献给楚王,楚王误以为石,遂刖其足。

⑦ 胡亥:秦二世皇帝的名字。二世即位后,李斯被捕下狱,备受五种酷刑而死。

⑧ 箕子:纣王之叔父,名胥余,封于箕。纣王无道,谏不听,箕子佯狂为奴。阳:通"佯"。

⑨ 接舆:楚人,佯狂避世,时称楚狂。

笑。臣闻比干剖心①，子胥鸱夷②，臣始不信，乃今知之，愿大王熟察，少加怜焉。

"语曰：'有白头如新，倾盖如故③。'何则？知与不知也。故樊於期逃秦之燕④，藉荆轲首以奉丹事；王奢去齐之魏⑤，临城自刭，以却齐而存魏。夫王奢、樊於期非新于齐、秦而故于燕、魏也，所以去二国、死两君者，行合于志，而慕义无穷也。是以苏秦不信于天下，为燕尾生⑥；白圭战亡六城⑦，为魏取中山。何则？诚有以相知也。苏秦相燕，人恶之于燕王，燕王按剑而怒，食以駃騠⑧；白圭显于中山，人恶之于魏文侯，文侯赐以夜光之璧。何则？两主二臣剖心析肝相信，岂移于浮辞哉！

"故女无美恶，入宫见妒；士无贤不肖，入朝见嫉。昔司马喜膑脚于宋⑨，卒相中山；范雎拉胁折齿于魏⑩，卒为应侯。此二人者，皆信必然之画，捐朋党之私，挟孤独之

---

① 比干：纣王时贤臣，比干强谏，纣王怒，杀比干，剖视其心。

② 子胥：即伍子胥，名员，春秋时吴国大臣。吴王夫差欲与越议和并伐齐，子胥谏阻，夫差不听，勒令子胥自杀。鸱（chī）夷：皮袋子。

③ 倾盖：指道途相遇，停车对语，两盖相切。此指偶然结交的新朋友。

④ 樊於（wū）期：秦将，因受谗言而逃至燕，秦始皇灭其家，又以重金购其头。燕遣荆轲刺秦王，於期自刎，令荆轲持其头入秦，以取信于始皇。

⑤ 王奢：齐臣，以得罪齐王逃至魏，齐因伐魏，王奢登城对齐将说："今君之来，以奢故，义不为魏累。"遂自刎。

⑥ 尾生：古代传说中的信士，与一女子约定在桥下相见，女尚未至而大水来，抱桥柱而死。

⑦ 白圭：中山将，因失掉六城，中山王欲诛之，遂逃至魏，魏文侯厚遇之，后白圭助魏灭中山。

⑧ 駃騠（jué tí）：骏马名。

⑨ 司马喜：宋人，在宋受膑刑（剔去膝盖骨），逃至中山，三为中山相。

⑩ 范雎：魏人，曾随大夫须贾使齐，回国后遭须贾谗害，魏相魏齐使舍人毒打范雎。后逃至秦，为秦相，封为应侯。

交,故不能自免于嫉妒之人也。是以申徒狄蹈雍之河①,徐衍负石入海②,不容于世,义不苟取比周于朝③,以移主上之心。故百里奚乞食于道路④,缪公委之以政;宁戚饭牛车下⑤,桓公任之以国。此二人者,岂素宦于朝,借誉于左右,然后二主用之哉!感于心,合于行,坚如胶漆,昆弟不能离,岂惑于众口哉?故偏听生奸,独任成乱。昔鲁听季孙之说逐孔子⑥,宋任子冉之计囚墨翟⑦。夫以孔墨之辩,不能自免于谗谀,而二国以危。何则?众口铄金,积毁销骨也。秦用戎人由余而伯中国⑧,齐用越人子臧而强威宣⑨。此二国岂系于俗,牵于世,系奇偏之浮辞哉?公听并观,垂明当世。故意合则胡越为兄弟,由余、子臧是矣;不合则骨肉为仇敌,朱、象、管、蔡是矣⑩。今人主诚能用齐、秦之明,后宋、鲁之听,则五伯不足侔,而三王易为也。

---

① 申徒狄:相传为殷末人。

② 徐衍:周末人。

③ 比(bì)周:结党。

④ 百里奚:初事虞公,晋灭虞后,晋献公把他作为陪嫁奴隶送给秦国。他自秦逃至宛(今河南省南阳市),为楚人所执。秦穆公闻其贤,以五张羊皮赎之,授以国政,相秦七年。

⑤ 宁戚:春秋时卫人,有才德而不为世用,住在齐郭门之外。齐桓公夜出,见宁戚唱着歌喂牛,桓公知其贤,以为大夫。

⑥ 季孙:鲁大夫季桓子,名斯。齐人送给他女子歌舞队,季桓子受之,三日不朝,孔子即离开了鲁国。

⑦ 子冉:史书无传。囚墨翟,出处未详。

⑧ 由余:春秋时人,其祖先本为晋人,后徙居戎地。由余奉戎王之命使秦,穆公以为贤,以计离间由余和戎王,由余遂入秦。穆公用由余之谋,得以霸西戎。

⑨ 齐用越人子臧:出处未详。

⑩ 朱、象、管、蔡:朱,指丹朱,尧之子,相传丹朱凶顽不肖,尧不传位给他。象,舜之弟,他曾与父母共谋,欲害舜。管、蔡,管叔、蔡叔,皆周文王之子,曾谋叛,周公杀死管叔,流放蔡叔。

　　"是以圣王觉寤，捐子之之心①，而不说田常之贤②，封比干之后，修孕妇之墓③，故功业覆于天下。何则？欲善无厌也。夫晋文亲其仇④，强伯诸侯；齐桓用其仇⑤，而一匡天下。何则？慈仁殷勤，诚加于心，不可以虚辞借也。至夫秦用商鞅之法，东弱韩魏，立强天下，卒车裂之⑥；越用大夫种之谋⑦，禽劲吴而霸中国，遂诛其身。是以孙叔敖三去相而不悔⑧；於陵子仲辞三公为人灌园⑨。今人主诚能去骄傲之心，怀可报之意，披心腹，见情素，堕肝胆，施德厚，终与之穷达，无爱于士，则桀之犬可使吠尧，而跖之客可使刺由⑩；何况因万乘之权，假圣王之资乎？然则荆

---

　　①　子之：战国时燕王哙的宰相，哙让位于子之，齐乘机攻燕，燕王哙被杀。
　　②　田常：春秋时齐简公之臣，杀简公而立平公，平公即位，田常为相，五年后篡齐。
　　③　修孕妇之墓：相传纣王曾剖孕妇之腹观其胎儿，武王灭商后给被纣杀害的孕妇修墓。
　　④　晋文亲其仇：晋文公重耳为公子时，曾遭骊姬之谗害，寺人披奉献公之命去杀重耳，重耳仓皇出逃，被寺人披斩掉一只袖子。及文公即位，晋臣吕甥、郤芮欲谋害文公，寺人披谒见文公告密，使文公得免于难。
　　⑤　齐桓公用其仇：齐桓公与公子纠争位时，曾被管仲用箭射中身上的带钩，桓公即位后不念旧恶，任管仲为相，终成霸业。
　　⑥　车裂：一种酷刑，用牛或马驾车分裂人的身体。秦孝公死后，商鞅为秦贵族所嫉，受车裂之刑。
　　⑦　大夫种：指文种，春秋时越大夫，曾辅佐越王勾践灭吴，成就霸业，后被勾践杀害。
　　⑧　孙叔敖：楚令尹，据说他三得相而不喜，三去相而不悔。
　　⑨　於陵子仲：即陈仲子，其兄为齐相，子仲以为不义，乃居於陵（山东省邹平市东南）。相传楚王闻子仲贤，欲以为相，遣使者往聘之，子仲偕妻逃，乃为人灌园。
　　⑩　"桀之犬"二句：喻人臣或奴才各为其主子效力而不问善恶。

轲湛七族①,要离燔妻子②,岂足为大王道哉!

"臣闻明月之珠,夜光之璧,以暗投人于道,众莫不按剑相眄者。何则?无因而至前也。蟠木根柢,轮囷离奇③,而为万乘器者,何则?以左右先为之容也。故无因而至前,虽出隋珠④、和璧,只怨结而不见德。有人先游,则枯木朽株,树功而不忘。今夫天下布衣穷居之士,身在贫羸,虽蒙尧舜之术,挟伊管之辩⑤,怀龙逢比干之意⑥,而素无根柢之容,虽极精神,欲开忠于当世之君,则人主必袭按剑相眄之迹矣。是使布衣之士,不得为枯木朽株之资也。

"是以圣王制世御俗,独化于陶钧之上⑦,而不牵乎卑乱之语,不夺乎众多之口。故秦皇帝任中庶子蒙嘉之言⑧,以信荆轲,而匕首窃发;周文王猎泾渭⑨,载吕尚归,以王天下。秦信左右而亡,周用乌集而王⑩。何则?以其能越拘挛之语⑪,驰域外之议,独观乎昭旷之道也。今人

---

① 湛:通"沉",灭。

② 要(yāo)离:春秋时吴人。公子光(吴王阖闾)杀吴王僚而自立时,僚之子庆忌逃往卫国,公子光又遣要离去刺庆忌,要离为了取信于庆忌,让公子光断其右手,燔其妻子,伪装获罪出逃。后刺死庆忌,要离亦自刎。

③ 轮囷(qūn)离奇:屈曲貌。

④ 隋珠:相传隋侯见蛇伤,以药敷之,后蛇衔明珠以报其德。

⑤ 伊管:伊尹、管仲。

⑥ 龙逢(páng):关龙逢,夏代贤臣,因谏夏桀而被杀。

⑦ 陶钧:制陶器所用的转轮。

⑧ "故秦皇帝"句:荆轲至秦,赠秦宠臣蒙嘉以重礼,蒙嘉在秦王面前说了好话,使荆轲得以见秦王行刺。中庶子,太子属官。

⑨ 泾渭:二水名,在陕西省。相传吕尚钓于渭水,文王行猎,遇吕尚,载与俱归。后吕尚佐武王,得成王业。

⑩ 乌集:喻偶然的遇合,此指素不相识的人。

⑪ 拘挛:喻滞泥,不知变通。

主沉谄谀之辞,牵帷墙之制①,使不羁之士与牛骥同皂②,此鲍焦所以愤于世也③。

"臣闻盛饰入朝者,不以私污义;底砺名号者,不以利伤行。故里名胜母,曾子不入④;邑号朝歌⑤,墨子回车。今欲使天下寥廓之士,笼于威重之权,胁于位势之贵,回面污行以事谄谀之人,而求亲近于左右,则士有伏死堀穴岩薮之中耳⑥,安有尽忠信而趋阙下者哉!"

【译文】

邹阳跟从梁孝王做门客,他为人有智谋才略,胸怀大志,不随声附和。邹阳厕身于羊胜、公孙诡之间,羊胜等人嫉妒他,就在梁孝王面前说他的坏话。梁孝王生了气,把邹阳交给狱吏审讯,并要杀死他。他就在狱中给梁孝王写信说道:

"臣听说:'忠心的人没有不得好报的,诚实的人不会被怀疑。'我曾经认为这话是对的,谁知只是一句空话而已。从前荆轲仰慕燕太子丹的义气,要为他报仇,那时出现了白虹穿日而过的天象,而太子丹还怕他不去。卫先生为秦国筹划长平的战事,那时出现了太白星侵蚀昴宿的天象,而秦昭王还怀疑他。他俩的精神感天动地,还是不能使太子丹、秦昭王明白他们的诚心,难道不值得伤心吗? 如今我尽忠心竭诚意,把自己

---

① 帷墙:借指近臣妻妾。

② 皂:槽。

③ 鲍焦:春秋时的隐士,相传他痛恨时世,不臣天子,不友诸侯,廉洁自守,后抱木饿死。

④ "故里名胜母"二句:相传古代有个里巷,名"胜母",以孝闻名的孔子弟子曾子以其名违反孝道,故不入。

⑤ 朝(zhāo)歌:殷之都邑,在今河南省淇县。相传墨子认为朝歌即早晨唱歌,这与他的"非乐"主张相悖,故回车而去。

⑥ 堀(kū):通"窟"。

的主张全都讲出来希望大王能了解,而您不明察真相,终于依从了狱吏对我的审讯,让我受到了世人的怀疑,这就使得荆轲、卫先生的事再度发生,而燕太子丹、秦昭王仍不觉悟呀。希望大王仔细审察。

"从前玉工献宝,楚王惩办他;李斯尽忠心,胡亥对他用尽了残酷的刑罚。由此看来箕子假装疯狂,接舆避世隐居,是怕遭到这样的祸患啊。希望大王明察玉工、李斯的心意,不要像楚王、胡亥那样听信谗言,不要让我被箕子、接舆所耻笑。我听说比干被剖心,子胥的尸体被装进皮囊扔入江中,起初我不相信,今天才明白这事是真的。望大王仔细审察,对我稍加怜惜吧。

"俗语说:'结识了一辈子的朋友,还和新相识的一样;新结交的朋友倒能和老朋友一样。'为什么呢?这是由于彼此知心与不知心的缘故呀。因此,樊於期逃离秦国来到燕国,把自己的头交给荆轲,以成全太子丹要刺杀秦王的大事;王奢离开齐国逃到魏国,登城自刎,以便使齐军撤离,使魏国得以保全。那王奢、樊於期并非同齐、秦是新交而同燕、魏是老交情,他们之所以离开齐、秦,为燕、魏两国之君而死,是因为燕、魏二君的行事符合他们的心愿,而对这两个君王无限仰慕啊。因此,苏秦对天下人不讲信义,而他对燕国却像尾生那样守信;白圭在中山因战败失掉了六座城邑,到了魏国却为魏攻占了中山。为什么呢?确实是因为彼此相知的缘故啊。苏秦在燕国担任宰相时,别人在燕王面前谗毁他,燕王握起剑柄对进谗的人发脾气,并把骏马駃騠的肉赐给苏秦吃。白圭因攻占中山而显贵,别人在魏文侯面前谗毁他,文侯反倒赐给他夜光璧。为什么呢?是因为两位君主、两位大臣都能推心置腹,彼此信任,难道能因谣言而变心吗?

"所以说,女子不论是美还是丑,一入宫就被嫉妒;士人不论是贤的还是不贤的,一入朝就遭嫉妒。从前,司马喜在宋国受了膑刑,结果做了中山国的相;范雎在魏国被打断了肋骨、打掉了牙齿,结果在秦国被封为应侯。这两个人都深信自己定能实现的计谋,抛弃朋党的私情,孤立无助,就难免被人嫉妒。正因为如此,申徒狄投雍水而漂入黄河,徐衍抱石投入大海,这都是因为不见容于当世的缘故。他们遵行道义,不肯在朝廷里苟合取容、结党营私,以改变君王的心意。因此,百里奚乞食于道路,而秦穆公把政事托付给他;宁戚在车下喂牛,而齐桓公把治国的重任交给他。这两个人难道是一向在朝廷做官,借助左右的吹捧而取得声誉,然后才被君王任用的吗!只是因他们心投意合,行事一致,所以才如胶似漆牢不可破,即使是亲兄弟也无法离间,哪会被众人的口舌所迷惑呢?因此,偏听偏信则生奸邪,只信任极个别的人则酿成祸乱。从前鲁国国君听了季孙的话,孔子被迫出走;宋国听信子冉的计策,拘禁了墨翟。凭着孔子、墨翟的辩才,而不能免遭谗毁,致使二国因此而陷入危境。为什么呢?众口一词,足能使金属熔化,一次又一次的毁谤,久而久之足能置人于死地。因此,秦国任用戎人由余而霸西戎;齐国任用越人子臧,而使威王、宣王两代强盛起来。这两个国家的君主难道会为世俗之言所牵制,为一面之词所左右吗?公正地听取意见,多方面地观察事物,就能在当世留下明察的名声。如果意见相投,即使关系极疏远的人也能亲如兄弟,由余、子臧就是这种情况;如果意见不投合,即使是亲骨肉也会像仇敌一样,丹朱、象、管叔、蔡叔就是这种情况。当今的人主如果真能采用齐、秦两国君主的明智做法,不像宋、鲁那样听一面之词,那么五霸的事业不足以相比,而同夏、商、周三王的事业相提并论是很容易做到的。

"因此,圣明的君王能醒悟,抛弃子之的'忠心',不欣赏田常的'贤能',不受他们的欺骗;而册封比干的后代,修建被纣王杀害的孕妇的坟墓,所以圣王的功业盖过天下。为什么呢?因为他们存心行善永不满足。那晋文公亲近他的仇人,因而能在诸侯中称霸;齐桓公任用他的仇人,因而能匡正天下。为什么呢?是因为他们慈善仁爱、情意恳切、心地真诚,这是不能用空话来替代的。至于秦国采用了商鞅的新法,东面挫败了韩、魏,以强劲之势挺立于天下,而商鞅后来终于遭受了车裂之刑;越国采纳了文种的计谋,灭了强吴,称霸中原,而文种终究被杀。因此孙叔敖三次辞去令尹而不懊悔,於陵子仲辞相位不就而去为人灌园。当今的人主如果真能去掉傲慢的心理,让人怀着愿意报答他的心意,坦露真心,表现真情,剖肝沥胆,厚施恩德,始终与士人同甘苦、共命运,对士人毫不吝惜,那么夏桀的狗也可以叫它冲着尧狂吠,盗跖的门客也可以叫它去行刺许由;更何况是凭借天子的权力、圣王的地位呢?这样说来,那荆轲的七族被杀,要离的老婆孩子被烧死的事,难道还有必要再向大王提及吗?

　　"我听说明月珠、夜光璧固然是宝物,可是如果在暗处把它投掷给路上的行人,人们没有不按剑怒目相对的。为什么呢?因为无缘无故忽然来到眼前啊。弯树枝、老树根,盘绕屈曲,却能够成为天子的玩赏之物,为什么呢?因为左右的人先为它雕饰了一番。所以说,无缘无故来到眼前,即使拿出隋侯珠、和氏璧,也只能结怨仇而不会使人感激。若有人先为之说好话,枯木朽株也能建树功绩而使人不忘。如今天下的布衣之士,处在贫苦羸病的境地,虽有尧、舜的谋略,持伊尹、管仲的辩才,怀着关龙逢、比干的忠心,而如果没有人为之游扬,即使费尽心机,想着效忠君王,人主必定仍旧走'按剑怒目相对'的老路。这就使得布衣之士要起到枯木朽株的作用也不行啊。

　　"因此,圣明的君主治理国家,应该如同陶工转动轮子一样,要独自掌握它,而不为浅陋的言辞所左右,也不因众口纷纭而改变主意。所以秦始皇听信中庶子蒙嘉之言,结果相信了荆轲,以致图穷匕首现。周文王在泾渭打猎,遇到了吕尚,让吕尚坐车同他一起回去,文王因此而得天下。秦始皇因信任左右亲信而亡国,周文王任用了偶尔遇到的人而统一了天下,这是为什么呢? 就是因为文王能摆脱固执不通的偏见,吸纳各方面的意见。能独立审察光明宏大之道。如今人主沉溺于阿谀奉承之中,受近臣妻妾的牵制,致使才行高远的人与牛马同槽,这就是鲍焦愤世嫉俗的原因啊。

　　"我听说,有德行入朝做官的人,不以私情而玷污仁义;磨砺德行、讲求名声的人,不因私利而损害德行。所以,有个里巷名叫'胜母',曾子不肯走进;有座城邑名叫'朝歌',墨子掉转车子不肯进城。如今要使天下的抱负远大的士人受强大的权势的笼络,为显赫尊贵的地位权势所挟制,而改变态度玷辱品行,去侍奉那些会巴结的人,以求亲近君王,那么,士人只有默默无闻地死在山洞丛林之中而已,哪里还有竭尽忠心投奔朝廷的人呢!"

司马相如

　　司马相如(约前179—前118)，西汉著名辞赋家，字长卿，蜀郡成都(今四川省成都市)人。初事汉景帝，任武骑常侍，后称病免官，客游于梁，为梁孝王门客。武帝时，以献赋为郎，曾奉命出使西南，又任孝文园令，后因病免官闲居。其赋作以《子虚》《上林》为代表，描写帝王苑囿之盛、田猎之乐，极尽铺张之能事，于篇末微致讽谏之意，文辞宏丽，但有堆砌之弊。他的散文亦带有辞赋特点，但较为质朴。后人辑有《司马文园集》。

上书谏猎

【解题】

　　本文是司马相如向武帝上的一道奏疏。汉初统治者好射猎之戏，作为一种习武的活动来说固然是无可非议的，但如好之过甚，也会造成不良的后果。相如以一个郎官的身份得以随从武帝射猎，所以他就其所见向武帝进言。文章完全从关心武帝的安全的角度来写，以委婉之笔，达警诫之意。本文选自《汉书·司马相如传》。

相如从上至长杨猎①,是时天子方好自击熊豕,驰逐野兽,相如因上疏谏曰:

"臣闻物有同类而殊能者,故力称乌获②,捷言庆忌③,勇期贲育④。臣之愚,窃以为人诚有之,兽亦宜然。今陛下好陵阻险,射猛兽,卒然遇逸材之兽,骇不存之地⑤,犯属车之清尘⑥,舆不及还辕,人不暇施巧。虽有乌获、逢蒙之技不得用⑦,枯木朽株尽为难矣。是胡越起于毂下,而羌夷接轸也⑧,岂不殆哉! 虽万全无患,然本非天子所宜近也。

"且夫清道而后行,中路而驰⑨,犹时有衔橛之变,况乎涉丰草,骋丘墟,前有利兽之乐,而内无存变之意,其为害也不难矣。夫轻万乘之重不以为安,乐出万有一危之涂以为娱,臣窃为陛下不取!

"盖闻明者远见于未萌,而知者避危于无形。祸固多藏于隐微,而发于人之所忽者也。故鄙谚曰:'家累千金,坐不垂堂⑩。'此言虽小,可以喻大。臣愿陛下留意幸察。"

---

① 长杨:秦旧宫,故址在今陕西省周至县东南,当时为狩猎之地。

② 乌获:秦武王时力士,能扛(gāng)鼎。

③ 庆忌:吴王僚之子,善长跑,骑马追之不及。

④ 贲(bēn)育:孟贲、夏育。孟贲,秦武王时力士,相传他水行不避蛟龙,陆行不避兕虎。夏育,亦古之力士。

⑤ 不存:不能得安存。

⑥ 属车之清尘:借指皇帝的车驾。属车,古代帝王出行时的随从车辆。清尘:谓车行而起尘,言"清"以示尊贵之意。

⑦ 逢(páng)蒙:古之善射者。

⑧ 胡越、羌夷:胡、越、羌、夷,本文中用以借指敌人。轸(zhěn):车后横木,此借指车。

⑨ 中路而驰:《史记》作"中路而后驰"。

⑩ 坐不垂堂:谓不靠近屋檐而坐,恐瓦堕伤身。垂堂,近屋檐处。

【译文】

　　相如随从皇上到长杨宫去打猎,当时武帝喜欢亲自去射击大熊、野猪,驱车追逐野兽。相如就上了一道奏疏劝谏他,奏疏说:"臣听说世间万物中都有类别相同而能力特殊的。所以有力气的,要推乌获;跑得快的,要数庆忌;勇敢的,要数孟贲、夏育。我这人很愚,私下里认为人确实有这种情况,兽类亦应如此。现在,陛下喜欢登上险要的地方,射击猛兽,倘若忽然遇到异常凶猛的野兽,因无活命之地而受到惊吓,冲向车驾,而车驾又来不及掉转,人也来不及应变,即使有乌获、逢蒙的本领也无法施展出来,到那时连路上的枯木朽株也要成为障碍物了。这就好比是胡人、越人从车旁窜出来,而羌人、夷人又向车子逼近,岂不是很危险吗!即使是万无一失,可这本来就不是天子应该接近的。

　　"再说,天子出行,要先清道然后才上路,走上一程才驱马疾驰,即使如此,也时常会出现马嚼子折断或车钩心脱落之类的意外情况,何况打猎时马要穿越草丛,奔驰于荒丘,眼前有贪图猎取野兽的乐趣,而思想上没有防范意识,在这种情况下出事故是很容易的。现在陛下轻视自己身处帝位的重要性,不考虑自身的安全,却喜欢到万一会发生危险的地方寻欢作乐,我私下认为陛下是不应该这样做的。

　　"据说聪慧的人能洞察灾祸于未发生之际,明智的人能免除祸患于未露端倪之时。祸患本来多潜藏在隐微之处,而发生于人们未觉察之时。因此,谚语说:'家有千斤金,不敢檐下坐。'这句话说的虽是小事,但可以用来说明大道理。我希望陛下留心明察这一点。"

李　陵

李陵(？—前74),字少卿,陇西成纪(今甘肃省静宁县西南)人。西汉名将,飞将军李广之孙。擅长骑射,爱护士卒,颇得美名。初以祖勋,授予侍中、建章宫监,迁骑都尉。天汉二年(前99),跟随贰师将军李广利出征匈奴,率五千步兵与八万匈奴兵战于浚稽山,终因寡不敌众兵败投降。居匈奴二十余年,元平元年(前74),李陵病死于匈奴。

答苏武书

【解题】

李陵是汉代名将李广的孙子。天汉二年(前99),李陵率步卒五千与匈奴主力作战,矢尽道穷,兵败投降。这篇答书追述了他转战千里、败降匈奴的经过,表达了远居异国的悲伤和眷恋故国的心情,抒发了负屈含冤的感慨。措辞激昂慷慨,有感染力,对后世有一定影响。李陵兵败投降本是不值得称赞的,但汉武帝对此也负有责任,是他偏听偏信、任人唯亲造成的结果。因此,自司马迁以后有关李陵的故事就广泛流传,李陵成为被同情的人物,其事甚至被编为小说戏剧。从梁代刘勰到近代的梁启超对本文的真伪都提出过怀疑,从书信格式来看,大概是六朝人的伪作。古代文献保存下来的所谓李陵和苏武的赠诗,也是人们的拟作。

　　子卿足下①:勤宣令德,策名清时②,荣问休畅③,幸甚,幸甚! 远托异国,昔人所悲;望风怀想,能不依依! 昔者不遗,远辱还答,慰诲勤勤,有逾骨肉。陵虽不敏,能不慨然!

　　自从初降以至今日,身之穷困,独坐愁苦。终日无睹,但见异类。韦韝④、毳幕以御风雨⑤,膻肉酪浆以充饥渴。举目言笑,谁与为欢! 胡地玄冰,边土惨裂,但闻悲风萧条之声。凉秋九月,塞外草衰,夜不能寐,侧耳远听,胡笳互动,牧马悲鸣,吟啸成群,边声四起。晨坐听之,不觉泪下。嗟乎! 子卿,陵独何心,能不悲哉!

　　与子别后,益复无聊。上念老母临年被戮;妻子无辜,并为鲸鲵⑥;身负国恩,为世所悲。子归受荣,我留受辱,命也何如! 身出礼义之乡,而入无知之俗;违弃君亲之恩,长为蛮夷之域,伤已! 令先君之嗣,更成戎狄之族,又自悲矣! 功大罪小,不蒙明察,孤负陵心区区之意⑦。每一念至,忽然忘生。陵不难刺心以自明,刎颈以见志,顾国家于我已矣,杀身无益,适足增羞,故每攘臂忍辱,辄复苟活。左右之人见陵如此,以为不入耳之欢,来相劝勉。异方之

---

　　①　子卿:苏武字。武帝天汉元年(前100),苏武出使匈奴被扣留,历尽艰辛,坚贞不屈。昭帝时,匈奴与汉和亲,苏武获释回朝。

　　②　策名:书其名于简册。

　　③　问(wén):通“闻”。

　　④　韝(gōu):套袖。

　　⑤　毳(cuì)幕:毡帐。

　　⑥　鲸鲵:喻被杀戮。

　　⑦　孤负:即“辜负”。

乐,只令人悲,增忉怛耳①。

　　嗟乎!子卿,人之相知,贵相知心。前书仓卒②,未尽所怀,故复略而言之。昔先帝授陵步卒五千,出征绝域。五将失道③,陵独遇战,而裹万里之粮,帅徒步之师,出天汉之外,入强胡之域。以五千之众,对十万之军;策疲乏之兵,当新羁之马。然犹斩将搴旗,追奔逐北,灭迹扫尘,斩其枭帅,使三军之士视死如归。陵也不才,希当大任,意谓此时功难堪矣。匈奴既败,举国兴师,更练精兵④,强逾十万,单于临阵,亲自合围。客主之形既不相如,步马之势又甚悬绝。疲兵再战,一以当千,然犹扶乘创痛⑤,决命争首。死伤积野,余不满百,而皆扶病,不任干戈。然陵振臂一呼,创病皆起,举刃指虏,胡马奔走。兵尽矢穷,人无尺铁,犹复徒首奋呼⑥,争为先登。当此时也,天地为陵震怒,战士为陵饮血⑦。单于谓陵不可复得,便欲引退。而贼臣教之⑧,遂使复战,故陵不免耳。

　　昔高皇帝以三十万众困于平城⑨,当此之时,猛将如

---

　　① 忉怛(dāo dá):忧伤。

　　② 卒:通"猝"。

　　③ 五将失道:据《汉书·武帝纪》载,天汉二年,将军李广利出酒泉,公孙敖出西河,骑都尉李陵将步兵五千人出居延北。未言五将。

　　④ 练:通"拣",选择。

　　⑤ "扶乘"一句:据《汉书·李广传》载:陵与匈奴速战,"士卒中矢伤,三创者载辇,两创者将车,一创者持兵战"。

　　⑥ 徒首:指不着甲胄。

　　⑦ 饮血:血泪满面流入口中,形容极度悲愤。

　　⑧ 贼臣:指管敢。据《汉书·李陵传》载:"军候管敢为校尉所辱,亡降匈奴,具言'陵军无后救,射矢且尽……'"匈奴进击,汉军败,陵遂降。

　　⑨ 困平城:汉高祖七年(前200),韩王信叛汉,刘邦亲往征讨,追信至平城(今山西省大同市东),韩王信勾结匈奴,围困刘邦七日。后刘邦用陈平计,始得免。

云,谋臣如雨,然犹七日不食,仅乃得免,况当陵者,岂易为力哉!而执事者云云,苟怨陵以不死。然陵不死,罪也。子卿视陵岂偷生之士而惜死之人哉? 宁有背君亲、捐妻子而反为利者乎? 然陵不死,有所为也。故欲如前书之言,报恩于国主耳。诚以虚死不如立节,灭名不如报德也。昔范蠡不殉会稽之耻①,曹沫不死三败之辱②,卒复勾践之仇,报鲁国之羞。区区之心,窃慕此耳。何图志未立而怨已成,计未从而骨肉受刑,此陵所以仰天椎心而泣血也③。

足下又云:“汉与功臣不薄。”子为汉臣,安得不云尔乎! 昔萧、樊囚絷④,韩、彭菹醢⑤,晁错受戮,周、魏见辜⑥;其余佐命立功之士,贾谊、亚夫之徒⑦,皆信命世之才,抱将相之具,而受小人之谗,并受祸败之辱,卒使怀才受谤,能不得展。彼二子之遐举,谁不为之痛心哉! 陵先将军功略盖天地,义勇冠三军,徒失贵臣之意⑧,到身绝域

---

　　①　范蠡(lǐ):春秋时,吴与越战,越王勾践败,退守会稽,后用范蠡计破吴。

　　②　曹沫:曹沫与齐战,三战三北,鲁庄公惧,乃献地以和。后鲁与齐盟,曹沫持匕首劫桓公,迫使桓公退还鲁地。曹沫,鲁人,又名曹刿,以勇力事庄公。

　　③　椎(chuí)心:犹言捶胸。

　　④　萧、樊囚絷:相国萧何曾建议开放上林苑,让百姓入苑耕种。高祖大怒,遂拘禁萧何。高祖病重时,有人谗毁樊哙,高祖命陈平解除樊哙兵权,即军中斩哙。陈平畏吕后,押解樊哙到长安。至则高祖已死,得免。

　　⑤　韩、彭菹醢(zū hǎi):韩信是高祖之功臣,后被人诬告谋反,被杀。彭越亦高祖之功臣,被人诬告谋反,夷三族。

　　⑥　周、魏见辜:周勃是高祖之功臣,曾为人诬告,下狱。魏其(jī)侯窦婴,在平定七国之乱中有大功,后与丞相田蚡不和,被杀。

　　⑦　亚夫:周勃之子,曾任丞相,后被人诬告谋反,囚而饿死。

　　⑧　贵臣:指大将军卫青(卫皇后之同母弟)。武帝时,卫青率军击匈奴,李广为前将军。卫青自带精兵追逐单于,命李广从东路出兵。东路迂远,又无向导,李广迷失道路,误了会师日期。卫青追查原因,欲上报武帝,李广不忍受辱,遂自杀。

之表,此功臣义士所以负戟而长叹者也。何谓不薄哉!

且足下昔以单车之使,适万乘之虏,遭时不遇,至于伏剑不顾,流离辛苦,几死朔北之野;丁年奉使,皓首而归,老母终堂,生妻去帷。此天下所希闻、古今所未有也。蛮貊之人,尚犹嘉子之节,况为天下之主乎?陵谓足下当享茅土之荐①,受千乘之赏。闻子之归,赐不过二百万,位不过典属国②,无尺土之封加子之勤。而妨功害能之臣尽为万户侯,亲戚贪佞之类悉为廊庙宰。子尚如此,陵复何望哉!

且汉厚诛陵以不死,薄赏子以守节,欲使远听之臣望风驰命,此实难矣。所以每顾而不悔者也。陵虽孤恩③,汉亦负德。昔人有言:"虽忠不烈,视死如归。"陵诚能安,而主岂复能眷眷乎?男儿生以不成名,死则葬蛮夷中,谁复能屈身稽颡,还向北阙④,使刀笔之吏弄其文墨耶?愿足下勿复望陵。

嗟乎!子卿,夫复何言!相去万里,人绝路殊,生为别世之人,死为异域之鬼,长与足下生死辞矣。幸谢故人,勉事圣君。足下胤子无恙⑤,勿以为念,努力自爱。时因北风,复惠德音。李陵顿首。

【译文】

子卿足下:您回国后努力发扬美德,在太平之世做官,美誉远扬,很值得庆幸,很值得庆幸!远离故土,寄身外国,这是

① 茅土:指授茅土。古代帝王的大社用五色土筑坛,一色代表一方的土地。分封某方的诸侯时,即以白茅包取某方之土授予。

② 典属国:官名,掌管臣属于汉朝的外国的事务。

③ 孤:通"辜"。

④ 北阙:宫殿北面的观阙。汉制:臣子上书、奏事、朝见皆在北阙。

⑤ 胤子:后嗣。苏武在匈奴时曾娶妇,生子名通国。

前人引以为悲的事;远望故土,遥想亲朋,怎能不令人依恋呢!从前蒙您不弃,从远方给我复信,劝慰、教诲之情十分诚恳,真胜过亲骨肉。我虽驽笨,怎能不感慨万端!

自从初降直至今日,我处境困窘,总是独坐发愁。终日无所见,只能看到少数民族之人。戴着皮套袖,住在毡帐里,来抵御风雨;吃膻腥的肉,喝牛羊的奶,来充饥解渴。举目四望,又同谁欢乐呢!塞外的冬天,冰雪覆盖,土地冻裂,只能听到凄厉的萧萧风声。凉秋九月,塞草枯萎。我夜不能寐,侧耳远听,胡笳声声轮番吹奏,牧马悲鸣,吟啸成群,边声从四面响声。清晨坐起,听到的仍是这种声音,我禁不住掉下了眼泪。唉!子卿,难道我独有另一副心肠,能不悲伤吗!

同你分别后,我更感到无聊。想到我的老母临老迈之年而遭杀戮;老婆孩子无罪,全被杀死。我辜负了汉朝的恩德,成为世人觉得可悲的人物。你回到汉朝博得美誉,我留在匈奴蒙受耻辱,命该如此呀,有什么办法呢!我出生在礼义之乡,而来到无知无识的匈奴之地,背弃了国君、亲人的恩德,终老于蛮夷之域,这已够伤心的了!而让先父的子嗣变成匈奴的族人,自己就更悲伤了!我功大罪小,不为皇上所谅解,辜负了我的诚挚的心意。每想到这里,顿时萌生轻生之念。剖开心表白自己的心迹,刎颈自杀表明自己的志向,我李陵并不觉得是难事,可是国家对我已经恩断义绝,我自杀也无补于事,反倒正足以增加羞辱。因此我常常捋袖伸臂,而又总是忍辱苟活。左右的人看见我这样,就拿不中听的富贵之乐勉励我。而那异国的富贵之乐,只能令人悲伤,增添我的痛苦而已。

唉!子卿,人互相了解,以彼此知心为贵。前一封信写得仓促,未能说尽心里话,所以再简略地说说。当初,先帝交给我五千步兵,前去征伐处在绝远之地的匈奴。有五位将领误期未到,我独自率军作战,带着远征万里的粮饷,率领着步兵,远离国境,进入强大的匈奴境内。以五千名步兵,对付匈奴的十万大军;率领着疲惫困乏的兵士,抵挡新装备的骑兵。在这样困难的条件下,仍能斩将拔旗,追击败逃之敌,如同清除脚印、掸去灰尘似的,并且杀死了敌军的勇将,全军的战士都能视死如归。我没什么才干,很少担当重任,我认为此时的战功是其他情况下难以相比的。匈奴失败后,征发了全国的军队,重新选拔精兵,强敌超过了十万,单于坐镇指挥,亲自组织合围。出国作战的部队同在本土作战的部队,形势既不能相比,步兵与骑兵的力量又非常悬殊。我方疲惫的兵士再次投入战斗,一人要抵挡千人,可是他们还是强忍着创伤之痛,拼命争先。死伤的士兵堆满了战场,剩下的不满一百,并且都是带伤作战,甚至拿不动武器。可是我振臂一呼,伤号病号都站了起来,挥刀直指敌人,匈奴的骑兵赶快奔逃。后来,兵器没有了,箭也用光了,兵士手无寸铁,可是他们还是不披战甲,不戴头盔,奋力呼喊,争先向前。这时,天地为我震怒,战士为我痛哭。单于以为李陵不可能被捉住,便要带兵撤退。可是贼臣却唆使他继续进攻,单于就命令士兵继续作战,因此我就不能免于被俘了。

过去高祖皇帝率领着三十万大军被围困在平城,当时猛将如云,谋臣如雨,可是还是被围七天断绝粮食,只不过勉强脱身而已,何况像我这样的人,怎能轻易有所作为呢?可是那些执政大臣说我如此如此,随随便便地责怪我不以身殉国。我不以身殉国,固然是有罪的,可是子卿你看我李陵是贪生怕死的人吗?难道有背弃国君、父母,抛掉老婆孩子反倒为自己求利的人吗?我之所以不死,是要有所作为呀。我当初的打算正像前一封信中所说的那样,是为了向国君报恩而已。我的确认为白白地死去倒不如立节,身死名灭不如报答国君的恩德啊。从前范蠡不为会稽之耻而死,终于为越王勾践报了仇;曹沫不为三次失败之耻而死,终于为鲁国雪了耻。我的方寸之心,私下里羡慕他们而已。哪料到壮志未酬而怨恨已成,大事未成而骨肉已遭杀戮,这就是我仰天捶胸极度悲伤的原因。

足下又说:"汉朝对待功臣不薄。"您是汉朝的臣子,怎么能不这样说呢!过去,萧何、樊哙被囚禁,韩信、彭越被剁成肉酱,晁错遭杀戮,周勃、窦婴受惩处。其余辅佐国君创业立下功勋的人,贾谊、周亚夫这一班人,的确都是举世闻名的人才,有担任将相的才干,可是他们却受到小人的谗害,都遭祸受辱,结果使他们怀才受诽谤,才能不得施展。他们二位的去世,谁不为之痛心呢!我的先祖父功劳才略盖天地,他的忠义勇敢在全军数第一,只是因为有失权贵的欢心,而自杀于绝域之外,这就是功臣义士之所以负戟长叹的原因。怎么能说"不薄"呢!

再说,您从前以单车使臣的身份出使,到了有万乘兵车的匈奴,由于时运不济,以致伏剑自杀而不顾惜性命;后来又颠沛流离,历尽艰辛,几乎死在朔北的荒野。您壮年时出使,直到白头才回国,老母死去,妻子改嫁,这可以说是天下所少闻,从古到今不曾有过的事。连匈奴人也嘉许您的节义,何况是作为天下之主的皇帝呢?我认为您应该享受封侯之赏,受千乘之赐。可是我听说,您回国后,受到的赏赐不过二百万钱,官位仅仅是个典属国,没有拿出尺寸的封地,加赏您的辛苦;而那些嫉功臣害贤良的臣子却成了万户侯,皇上的亲戚和那些贪婪奸诈之徒,都成了朝廷重臣。您尚且如此,我李陵还抱什么希望呢!

再说,汉朝因为我未以身殉国就严厉惩罚,因您坚守节操而稍加赏赐,并想以此来使在外的臣子听到这个消息后就赶快投奔效劳,这实在是太难了。这正是我时常念及汉朝而又对投敌不懊悔的原因。我虽然辜负了汉朝,而汉朝也背恩忘德。前人说过这样的话:"虽忠不烈,视死如归。"我如果真的能甘心为汉朝献身,汉朝皇帝难道就能眷顾我吗?大丈夫既然活着不能成就功名,死后也就葬身于蛮夷之地算了,谁还能再屈身叩头,回到朝廷,让那些执法官吏舞文弄墨罗织罪名呢?愿足下别再对我抱什么希望了。

　　唉!子卿,我还有什么好说的呢!相隔万里,往来断绝,所走的道路也不一样,我活着是另一世界的人,死了是异国的鬼,不管是活着还是死了,我都永远不能同您见面了。希望您代我向老朋友们致意,努力侍奉圣明的君主。您的嗣子无恙,勿以为念。愿您多多保重身体!敬祈时常借北来之风,不断赐教。李陵顿首。

路 温 舒

路温舒,字长君,生卒年不详,巨鹿(今河北省平乡县西南)人。少时家贫好学,在牧羊时取蒲草为牒,用以抄书。曾任县狱史,举孝廉,历任廷尉奏曹掾、临淮太守等职。

尚德缓刑书

【解题】

为了强化专制主义的中央集权制度,西汉王朝的刑法越来越繁苛,汉初萧何定律九章,到汉武帝时已增至律令三百五十九章,大辟四百零九条,一千八百八十二事,死罪决事比(死罪判例)一万三千四百七十二事。其后,昭帝因循未改,宣帝初即位,路温舒呈上这篇奏章,反映了这一问题。他指出刑狱苛刻、刑罚严酷是最大的失政,揭露了官吏上下其手、舞文弄法的伎俩,提出了治理国家要"尚德缓刑"的主张。文章"理既切至,辞亦通畅"(刘勰语)。本文选自《汉书·路温舒传》。

　　昭帝崩①,昌邑王贺废②,宣帝初即位③,路温舒上书,言宜尚德缓刑。其辞曰:

　　"臣闻齐有无知之祸④,而桓公以兴;晋有骊姬之难⑤,而文公用伯。近世赵王不终⑥,诸吕作乱⑦,而孝文为太宗⑧。由是观之,祸乱之作,将以开圣人也。故桓、文扶微兴坏,尊文、武之业,泽加百姓,功润诸侯,虽不及三王,天下归仁焉。文帝永思至德,以承天心,崇仁义,省刑罚⑨,通关梁⑩,一远近,敬贤如大宾,爱民如赤子,内恕情之所安,而施之于海内,是以囹圄空虚⑪,天下太平。夫继变化之后,必有异旧之恩,此贤圣所以昭天命也。往者,昭帝即世而无嗣,大臣忧戚,焦心合谋,皆以昌邑尊亲,援而立之。然天不授命,淫乱其心,遂以自亡。深察祸变之故,

---

　　①　昭帝:名弗陵,武帝之子,前86—前74年在位。
　　②　昌邑王:名贺,武帝之孙,昌邑哀王刘髆(bó)之子。昭帝死后无嗣,大将军霍光迎昌邑王即位,在位27天,行为淫乱,霍光率群臣奏请孝昭皇后废之。
　　③　宣帝:名询,前74—前49年在位。
　　④　无知之祸:无知,即公孙无知,弑齐襄公自立,随即为齐人所杀。鲁送公子纠回国继承君位,而公子小白先入,立为君,是为齐桓公。
　　⑤　骊姬之乱:骊姬,晋献公之宠妃,欲立其子奚齐为太子,太子申生被迫自杀,重耳、夷吾出奔,后重耳回国自立,是为晋文公。
　　⑥　赵王:名如意,高祖之子,戚夫人所生,立为赵王;高祖死后,吕后以鸩酒杀之。
　　⑦　诸吕作乱:汉惠帝(高祖之长子)死后,吕后临朝称制,封其家族中的吕产、吕禄等为王侯,遂酿成后来的诸吕作乱,周勃等人平诸吕之乱,迎立代王,是为汉文帝。
　　⑧　孝文:即汉文帝,名恒,高祖之第四子,前179—前157年在位,是西汉前期有作为的君主。太宗,刘恒的庙号。
　　⑨　省刑罚:指文帝曾废除肉刑、诽谤妖言之罪及连坐法等。
　　⑩　通关梁:指取消过关卡用传(通行证)的制度,以利商旅的往来。关梁,指设在水陆交通要道上的关卡。
　　⑪　囹圄(líng yǔ)空虚:据《汉书·刑法志》载,文帝时"刑罚大省,至于断狱四百,有刑错(措)之风"。囹圄,监狱。

乃皇天之所以开至圣也。故大将军受命武帝①,股肱汉国,披肝胆,决大计,黜亡义,立有德,辅天而行,然后宗庙以安,天下咸宁。

"臣闻《春秋》正即位,大一统而慎始也。陛下初登至尊,与天合符,宜改前世之失,正始受命之统,涤烦文,除民疾,存亡继绝,以应天意。

"臣闻秦有十失,其一尚存,治狱之吏是也。秦之时,羞文学,好武勇,贱仁义之士,贵治狱之吏;正言者谓之诽谤,遏过者谓之妖言。故盛服先生不用于世,忠良切言皆郁于胸,誉谀之声日满于耳;虚美熏心,实祸蔽塞。此乃秦之所以亡天下也!方今天下赖陛下恩厚,亡金革之危、饥寒之患,父子夫妻戮力安家,然太平未洽者,狱乱之也。夫狱者,天下之大命也,死者不可复生,绝者不可复属。《书》曰:'与其杀不辜,宁失不经②。'今治狱吏则不然,上下相驱,以刻为明;深者获公名,平者多后患。故治狱之吏皆欲人死,非憎人也,自安之道在人之死。是以死人之血流离于市③,被刑之徒比肩而立,大辟之计岁以万数④,此仁圣之所以伤也。太平之未洽,凡以此也。夫人情安则乐生,痛则思死。箠楚之下,何求而不得?故囚人不胜痛,则饰辞以视之⑤;吏治者利其然,则指道以明之;上奏畏却,

---

①　大将军:指霍光,武帝病危时,命霍光辅立其少子弗陵(汉昭帝),由霍光管理朝政。

②　"与其"二句:《左传·襄公二十六年》载:"《夏书》曰:'与其杀不辜,宁失不经。'惧失善也。"《夏书》,已佚。经,常规,犹言成文法。这两句话亦见于伪《古文尚书·大禹谟》。

③　流离:犹淋漓。

④　大辟:死刑。

⑤　视:通"示",告。

则锻练而周内之①。盖奏当之成②,虽咎繇听之③,犹以为死有余辜。何则? 成练者众,文致之罪明也④。是以狱吏专为深刻,残贼而亡极,媮为一切⑤,不顾国患,此世之大贼也。故俗语曰:'画地为狱,议不入;刻木为吏,期不对。'此皆疾吏之风,悲痛之辞也。故天下之患莫深于狱;败法乱正,离亲塞道,莫甚乎治狱之吏。此所谓一尚存者也。

"臣闻乌鸢之卵不毁,而后凤凰集;诽谤之罪不诛,而后良言进。故古人有言:山薮藏疾,川泽纳污,瑾瑜匿恶、国君含垢⑥。唯陛下除诽谤以招切言,开天下之口,广箴谏之路,扫亡秦之失,尊文武之德,省法制,宽刑罚,以废治狱,则太平之风可兴于世,永履和乐,与天亡极,天下幸甚。"

上善其言。

【译文】

昭帝去世,昌邑王被废黜,宣帝刚即位,路温舒上了一道奏章,指出应当提倡德治,放宽刑罚。他的奏章说:

"我听说齐国有公孙无知的祸乱,而桓公因此兴起;晋国有骊姬的祸殃,而文公就此称霸。近世由于赵王不能善终,诸吕作乱,而使孝文皇帝得以称为太宗。由此看来,祸乱的发

---

①　锻练:冶炼锻造,喻枉法陷人于罪。练,通"炼"。周内(nà):喻罗织罪名,故意陷人于罪。周,周密。内,通"纳",使陷入。
②　奏当:审案完毕向皇帝奏闻处罪意见。当,判罪。
③　咎繇,人名,亦作皋陶(yáo),相传为虞舜时的法官,以公正贤明著称。
④　文致:枉法陷人于罪。
⑤　媮:通"偷",苟且。
⑥　"山薮"四句:见《左传·宣公十五年》。

生,是预先为圣明的君王开辟道路的。所以,齐桓公、晋文公扶持衰微的,使衰败者得以复兴,尊崇文王、武王的功业,恩德施及百姓,功勋沾溉诸侯,虽然还比不上三王,但天下的人都称赞他们是仁人。文帝一直不忘用最高的道德规范治理国家,以顺应天意,他提倡仁义,减轻刑罚,取消出入关卡的限制,对远近的百姓一视同仁,尊敬贤者如贵宾,爱护百姓如爱护赤子,自己觉得心安的事情,才推行于海内,因此监狱里没有在押犯,天下太平无事。在政局变动之后继位的国君,一定要有不同于往日的恩德,这是圣明的君王用来昭示自己受天命而帝的措施。从前,昭帝去世而没有儿子,大臣们为此而忧虑,费尽心思地共同商讨,都认为昌邑王是昭帝的至亲中适合做皇帝的人,就援例立他为皇帝。可是上天不授命,使他思想淫乱,于是自取灭亡。我深入地考察了祸乱产生的原因,就知道这是上天要用这种方式为最圣明君主的出现开辟道路的。所以大将军受命于武帝,辅佐汉室,他竭尽忠心,做出了重要决策,废黜品行不端的昌邑王,拥立有德的陛下,遵照上天的意志行事,王室这才安定下来,国家也安宁了。

　　"我听说《春秋》端正国君继位的名分,这是因为重视统一的事业,慎重对待新的开端啊。现在,陛下刚登上至尊之位,与上天的意志相符,应该纠正前代的过失,端正开始受命为帝的统绪,清除烦苛的律令,解除老百姓的疾苦,存亡继绝,以便顺应天意。

　　"我听说秦有十大弊端,其中的一项至今仍未清除,那就是掌管刑狱的官吏执法严苛的问题。秦朝的时候,轻视礼乐教化,爱好勇武,贱视仁义之士,看重治狱的官吏;讲真话的人说他是诽谤,劝谏过失的人说他是妖言惑众。所以儒生不为当世所用,忠良恳切之言都闷在心里,吹捧颂扬的声音每天都灌满耳朵,被虚荣迷住了心窍,而实际存在的祸患被掩盖了。

这就是秦之所以亡国的原因啊！如今天下赖陛下的恩德深厚，无战争的危险、饥寒的威胁，父子、夫妻同心协力治理家园，可是太平世道还没有遍及天下，这就是因为刑狱之事扰乱人们的生活。审理讼案是关系到天下人命运的大事，死了的不能再活，断了的肢体不能再接起来。《尚书》说：'与其错杀无罪之人，宁肯承担因不拘泥于成法而有错放的失误。'如今治狱之吏却不是这样，他们上下互相驱策，以苛刻为严明；刻毒的人取得了公平之名，不太刻毒的人反倒多有后患。因此，治狱的官吏都喜欢置人于死地。这并不是因为他们憎恶别人，而是因为自我保全的方法在于定别人的死罪。所以死人的鲜血淋漓于市，受过酷刑的人到处都是，每年处死的人数以万计，这就是仁人圣君所以伤心的原因。太平的世道不能遍及天下，原因就在于此啊。按人的实情而论，安乐则愿意活着，痛苦就想着死去。在严刑拷打之下，要什么样的口供不能得到呢？所以在押的人受不了那痛苦，就编造口供让刑讯人过目；掌管刑狱的官吏觉得这样对自己有利，于是就引导囚犯明确自己的罪行，以便符合作案的实际情况；狱吏又担心上报时驳回，就对供词进行加工，使之不露破绽，足以陷人于罪。上报的定罪书文辞很周密，即使断狱专家皋陶听了，也会认为罪犯死有余辜。为什么呢？因为参与罗织罪状的狱吏很多，经过他们的修饰而定下的罪名没什么疑点。因此，狱吏专门做刻毒的事，残害良民无所不用其极，只知苟且地追求眼前利益，不顾国家的患难，这些人是社会上的最大祸害。俗话说：'在地上画个圈当作牢狱，人们也不愿进去；刻个木头人当作狱吏，人们决不愿和他对案。'这都是憎恶狱吏的民谚，是表达人们的悲痛感情的言论。所以说天下的祸害没有比刑狱更厉害的了；败坏法律，扰乱正道，离间亲人之间的关系，雍蔽公理，没有比狱吏更厉害的了。这就是我所说的那个至今还未清除的秦朝遗留下来的弊端。

　　"我听说乌鸦、老鹰的卵如果不被打破,那凤凰便肯飞来了;犯有诽谤之罪的人不被杀掉,就会有人向国君进献良言了。所以古代有句俗话:'深山密林会藏着毒物、害虫,大河大泽会容受污秽,美玉也会有瑕点,国君自然要容忍耻辱。'希望陛下废除诽谤之罪,以便接纳恳切之言,广开劝谏之路,清除灭亡了的秦朝所犯过的错误,尊崇周文王、武王的德行,削减法律条文,放宽刑罚,废除刑讯。那么太平之风就可以在社会上盛行起来,国泰民安,与上天同存,永无止境,天下的人将无比庆幸。"

　　皇上嘉许路温舒的奏章。

杨　恽

　　杨恽(? —前54),字子幼,西汉华阴(今陕西省华阴市)人,司马迁之外孙。宣帝时为郎,擢升左曹,因告发霍氏谋反,任中郎将,封平通侯,官至光禄勋。他自负,好揭人阴私,人多怨恨之。因宣帝的近臣戴长乐告他言语不敬,被免为庶人。其后又因发生日食,有人告他"骄奢不悔过,日食之咎,此人所致"。宣帝下令将他逮捕入狱,并搜出了他写给孙会宗的信,遂以大逆不道的罪名将其腰斩处死。

报孙会宗书

【解题】

　　杨恽被革职后,置办家产,修建宅第,并要以地主的身份兼营商贾,而这正触犯了当时的抑制豪族地主的法令,因此友人孙会宗写信劝诫他,杨恽就写此书信答之。这封信尽情地发泄了自己的满腹牢骚,表现出他傲慢不羁的性格,言论激切,辞气畅达,绘声绘色,布局缜密,宛似其外祖《报任安书》的风致。本文选自《汉书·杨敞传》。

　　恽既失爵家居,治产业,起室宅,以财自娱。岁余,其友人安定太守西河孙会宗①,知略士也,与恽书谏戒之。为言大臣废退,当阖门惶惧,为可怜之意;不当治产业,通宾客,有称誉。恽宰相子,少显朝廷,一朝暗昧语言见废,内怀不服。报会宗书曰:

　　"恽材朽行秽,文质无所底②,幸赖先人余业③,得备宿卫④。遭遇时变⑤,以获爵位。终非其任,卒与祸会。足下哀其愚蒙,赐书教督以所不及,殷勤甚厚。然窃恨足下不深推其终始,而猥随俗之毁誉也。言鄙陋之愚心,若

---

　　①　安定:汉郡名,治所在今宁夏回族自治区固原市。西河:汉郡名,今属内蒙古自治区。
　　②　底:至,造诣。
　　③　先人:指其父杨敞,昭帝时任丞相,封安平侯。
　　④　宿卫:在宫禁中值宿警卫。汉制,官至二千石以上的人,其子弟可任为郎(皇帝近侍)。
　　⑤　"遭遇时变"二句:指霍氏谋反,恽以告发之功封平通侯。

逆指而文过①；默而息乎,恐违孔氏'各言尔志'之义②。故敢略陈其愚,惟君子察焉。

"恽家方隆盛时,乘朱轮者十人③,位在列卿,爵为通侯④,总领从官,与闻政事。曾不能以此时有所建明,以宣德化,又不能与群僚同心并力,陪辅朝廷之遗忘,已负窃位素餐之责久矣⑤。怀禄贪势,不能自退,遂遭变故,横被口语⑥,身幽北阙⑦,妻子满狱。当此之时,自以夷灭不足以塞责,岂意得全其首领,复奉先人之丘墓乎?伏惟圣主之恩不可胜量⑧。君子游道,乐以忘忧;小人全躯,说以忘罪。窃自私念,过已大矣,行已亏矣,长为农夫以没世矣。是故亲率妻子,勠力耕桑,灌园治产,以给公上,不意当复用此为讥议也。

"夫人情所不能止者,圣人弗禁。故君父至尊亲,送其终也,有时而既⑨。臣之得罪已三年矣。田家作苦,岁时伏腊⑩,烹羊炰羔⑪,斗酒自劳。家本秦也,能为秦声;妇赵女也,雅善鼓瑟。奴婢歌者数人,酒后耳热,仰天拊

---

① 指:通"旨"。
② 各言尔志:见《论语·先进》。
③ 朱轮:朱轮车。汉制,二千石以上得乘朱轮。
④ 通侯:爵位名,即彻侯,秦制二十等爵之最高一级。汉沿置,后因避武帝讳,改称通侯。
⑤ 素餐:语出《诗经·魏风·伐檀》:"彼君子兮,不素餐兮。"
⑥ 横被口语:指戴长乐上告。
⑦ 北阙:宫殿北面的观阙。汉制,臣子上书、奏事、朝见皆到北阙,犯罪者也拘禁于此听候发落。
⑧ 伏惟:下对上陈述己见时的敬辞。意为念及、想到。
⑨ 有时而既:指丧期不过三年。既,尽。
⑩ 伏腊:伏祭和腊祭之日,此处泛指节日。
⑪ 炰(páo):烹煮。

缶①，而呼乌乌②。其诗曰：'田彼南山，芜秽不治。种一顷豆，落而为萁。人生行乐耳，须富贵何时？'是日也，拂衣而喜，奋袖低昂，顿足起舞，诚淫荒无度，不知其不可也。恽幸有余禄，方籴贱贩贵，逐什一之利。此贾竖之事，污辱之处，恽亲行之。下流之人，众毁所归，不寒而栗。虽雅知恽者，犹随风而靡，尚何称誉之有？董生不云乎：'明明求仁义，常恐不能化民者，卿大夫意也；明明求财利，常恐困乏者，庶人之事也③。'故'道不同，不相为谋④'，今子尚安得以卿大夫之制而责仆哉！

"夫西河魏土⑤，文侯所兴⑥，有段干木⑦、田子方之遗风，漂然皆有节概，知去就之分。顷者足下离旧土，临安定，安定山谷之间，昆戎旧壤⑧，子弟贪鄙，岂习俗之移人哉？于今乃睹子之志矣！方当盛汉之隆，愿勉旃⑨，毋多谈。"

【译文】

　　杨恽失掉官爵以后，就在家闲居，置办家产，修建宅第，

① 缶（fǒu）：陶器，秦人将其作为打击乐器。
② 乌乌：象声词。李斯《谏逐客疏》："夫击瓮叩缶、弹筝搏髀，而歌呼呜呜快耳者，真秦声也。"
③ "明明"六句：引自董仲舒《对贤良策》三，文字略有不同。《汉书·董仲舒传》"明明"作"皇皇"。明明，意同"皇皇"，匆忙的样子。
④ "道不同"句：见《论语·卫灵公》。
⑤ 西河：此指战国时魏国的西河郡（在今陕西省合阳县一带），与汉代之西河郡同名而异地。杨恽借此以讥讽孙会宗。
⑥ 文侯：魏文侯，名斯，魏国著名的贤君，前445—前396年在位。
⑦ 段干木：战国时魏人，文侯请以为相，不受，文侯乃以客礼待之，尊之为师。田子方，亦魏文侯之师，文侯视为国宝。
⑧ 昆戎：古族名，即犬戎，殷、周时游牧于西北地区。
⑨ 旃（zhān）："之焉"的合音。

以钱财来自娱。他的朋友安定太守西河人孙会宗,是个有智
谋才略的人,曾写信告诫杨恽说,大臣革了职,应该闭门思
过,表现出既害怕又可怜的意思;不应该治家业,结交宾客,
求得好名声。杨恽是宰相杨敞的儿子,年轻时就扬名于朝
廷,因为一时说了几句不明智的话,就被革了职,心里不服
气。他就写信给孙会宗说:

"我杨恽不堪造就,文采和人品都没有什么修养,幸而仰
仗先人遗留下来的功业,得以充数做个近卫的郎官。恰巧碰
上当时的事变,我得了爵位。但我终因无才难荷大任,结果
又遭了祸。足下哀怜我的愚昧无知,给我写信,教诲指正我
认识不到的问题,情意十分诚恳。但你没有深入地推究事情
的原委,就轻率地附和世人的毁谤,我感到很遗憾。我如果
陈说自己的愚见,就像是违背你的旨意而文过饰非;若默不
作声,又怕有悖于孔夫子的'各言尔志'之意。因此,我就冒
昧地大略陈述我的愚见,请您明察。

"当我家正兴旺的时候,乘坐大红漆轮车子的有十位之
多,我的官位在列卿,爵位是列侯,统领侍从官,参与政事。
在那时,我竟不能有所建议倡导,以便宣扬皇上的仁德教化,
又不能与同僚齐心协力,弥补朝廷的缺漏,因此,我受'窃居
高位,无功受禄'的指责已经很久了。只是因为贪恋利禄权
势,不肯自行引退,于是遭遇了变故,出乎意料地受到毁谤,
被拘禁在北阙,老婆孩子都关押在监狱里。当时,我以为即
使被杀戮也抵偿不了罪责,哪想到还能保住脑袋,再去祭祀
先人的坟墓呢?我想圣主真是恩德无量。君子践行自己的
政治主张,乐以忘忧;小人只求保全性命,乐以忘罪。我暗自
思量,我的错误够严重的了,行为够坏的了,只好做一辈子农
夫算了。因此,我亲自带领老婆孩子,努力种地养蚕,浇灌园
圃,经营产业,以支应公家的赋税,想不到又因为这个受到了

讥议。

"人的感情所不能限制的事情,圣人也允许其存在。所以,国君是至尊,父亲是至亲,可是给他送终时,挂孝也有满期的日子。我因犯罪削职为民已经三年了啊,不该再受什么限制了吧!庄稼人干活很辛苦,也该有个快活的日子,每逢年节时,我就烹个羊烤个羔,喝杯酒犒劳犒劳自己。我本是秦地人,擅长演奏秦地的音乐;妻子是赵地的女子,很擅长鼓瑟。奴婢中能唱的也有几个,我喝上点酒,面红耳热,仰着脸敲打着陶缶,呜呜呀呀地唱一气。那歌词是:'种地在南山,荒草真难铲。种上一顷豆,荚落只剩杆。人生图个快乐罢了,富贵啊,要等到哪一天?'过节的那天呀,我抖抖衣裳,心里乐滋滋,甩甩袖子,一高一低地摆动着,情不自禁地踏步跳舞,我的确是放纵无度,可是我不知这有什么不可以的。我幸亏还有些余钱,现在正贱买贵卖,抢着赚十分之一的利息呢。这都是商人干的事,是污秽的所在,而我都亲自做了。低贱之人,是众人诽谤的对象,令人不寒而栗。现在,即使是十分了解我的人,还随风而倒,我还有什么好名声呢?董仲舒不是说过吗:'急急忙忙地追求仁义,常常担心不能感化老百姓,这是卿大夫的想法;急急忙忙地追求财利,常常担心生活困难,这是老百姓的想法。'所以,走的路不同,是不能一起商量事情的。如今你怎么还拿卿大夫的标准来责备我呢!

"西河本是魏国的土地,是魏文侯创业的地方,有段干木、田子方传留下来的好风尚,人们志向高远,有节操,懂得去留的道理。不久前,足下离开家乡到安定就职。安定郡地处山谷中,是昆夷的旧地,子弟们贪财鄙吝,难道那里的风俗改变了人的气质吗?如今我才看清你的志向!现在正当汉朝隆盛的时候,希望你努力上进吧!不必多说了。"

后 汉 书

　　《后汉书》是一部由我国南朝刘宋时期的史学家范晔（398—445）编撰的记载东汉历史的纪传体史书，与《史记》《汉书》《三国志》合称"前四史"。全书分十纪、八十列传和八志（未完成，后人以晋司马彪《续汉书》之志三十卷补入），记述了上起东汉光武帝建武元年（25），下至汉献帝建安二十五年（220），共 195 年的史事。

光武帝临淄劳耿弇

【解题】

　　公元 25 年，光武帝刘秀称帝，建立了东汉王朝。当时，全国尚未统一，盘踞在齐地的张步是东方最大的割据势力，对东汉政权的危害很大。建武五年（29），刘秀派建威大将军耿弇领兵讨伐张步，大破张步于祝阿、临淄。本文记述了光武帝刘秀前往临淄劳军时的一段讲话，表彰了耿弇的功勋，也体现了刘秀对割据势力所采取的镇压和安抚相结合的策略。本文采用类比的方法，增强了说服力。本文节录自范晔《后汉书·耿弇列传》。

　　车驾至临淄①,自劳军,群臣大会。帝谓弇曰②:"昔韩信破历下以开基③,今将军攻祝阿以发迹④。此皆齐之西界,功足相方。而韩信袭击已降⑤,将军独拔勍敌,其功乃难于信也。又田横烹郦生⑥,及田横降,高帝诏卫尉不听为仇⑦;张步前亦杀伏隆⑧,若步来归命,吾当诏大司徒释其怨⑨,又事尤相类也。将军前在南阳建此大策⑩,常以为落落寡合,有志者事竟成也。"

【译文】

---

　　①　临淄:地名,在今山东省淄博市临淄区北。
　　②　帝:指光武帝刘秀,字文叔,25—57年在位。弇(yǎn):耿弇,字伯昭,东汉初扶风茂陵(今陕西省兴平市东北)人,其父在王莽时任朔调连率(即上谷太守),更始时,弇率上谷兵投奔刘秀,多次向刘秀献策,甚得宠,官大将军,随刘秀镇压起义军。刘秀称帝后,任建威大将军,封好畤侯。
　　③　历下:在今山东省济南市。
　　④　祝阿:在今山东省济南市长清区东北。当时是张步的前哨阵地。
　　⑤　韩信袭击已降:楚汉战争中,刘邦使郦食其(yì jī)说齐王田广归汉,齐听郦生言,撤除对汉的防御,韩信乘机袭齐历下军,遂至临淄。田广以为郦生出卖自己,乃烹郦生。
　　⑥　田横:田广之弟,韩信破齐王田广后,横自立为齐王。汉朝建立,田横率其徒属五百余人入居海岛,刘邦使人召之,田横被迫前往,因不愿称臣于汉,遂于途中自杀。
　　⑦　卫尉:官名,掌宫门卫屯兵,此指郦食其之弟郦商,高祖恐郦商与田横为仇,诏郦商曰:"横即至,敢动者族之。"
　　⑧　张步:琅琊人,字文公。光武初起时,步拥众割据于剧(县名,治今山东省寿光市南纪台村),占有齐地十二郡。光武遣伏隆持节招张步归降,张步杀了伏隆。伏隆:伏湛之子,字伯文,曾任光禄大夫。
　　⑨　大司徒:官名,地位相当于汉初之丞相,此指伏湛。
　　⑩　南阳:郡名,治宛县,在今河南省南阳市。建此大策:指建武三年(27)耿弇在舂陵(属南阳郡)向刘秀提出的军事计划:北收上谷兵,定彭宠于渔阳,取张丰于涿鹿,还收富平、获索(河北农民起义的两支队伍),东攻张步以平齐地。

　　光武帝乘车到了临淄,亲自慰劳军队,大会群臣。光武帝对耿弇说:"从前韩信在历下击败了田广的军队,他的基业就此奠定;现在将军攻下了祝阿,你的功业也从此隆盛起来。这两处都是齐国的西界,你两人的功劳也不相上下。不过,韩信是袭击已降的田横,将军是独自攻克强劲的敌人,同韩信相比,将军的功勋是更难以建树的。由此我又想到,田横烹了郦生,等到田横归降汉朝时,高祖颁诏诫饬郦商,不许他与田横结仇;张步之前也杀了伏隆,倘若张步投诚,我也该下诏给大司徒伏湛,让他消除仇恨。这两件事也是很相似的。从前将军在南阳提出了这项宏伟的计划,我曾经认为计划欠周密,难以实现,今天才知道有志气的人事业终究会成功的。"

马　援

　　马援(前14—49),东汉名将,字文渊,茂陵(今陕西省兴平市东北)人。汉光武帝时,参加攻灭隗嚣的战争,后任陇西太守,率军击破先零羌。建武十七年(41),任伏波将军,征交趾,以功封新息侯。其为人慷慨有大志,尝言"丈夫为志,穷当益坚,老当益壮"。

诫兄子严敦书

【解题】

　　马援这封信针对侄子的两个缺点,郑重告诫他们要谨慎敦厚,不做轻薄子弟,"议论人长短"。行文自然真率,语气严峻恳切,比喻新颖。不过,信中也不自觉地言龙伯高之长,道杜季良之短,与告诫之言自相矛盾。本文选自《后汉书·马援传》。

　　援兄子严、敦①,并喜讥议,而通轻侠客。援前在交阯②,还书诫之曰:

　　"吾欲汝曹闻人过失,如闻父母之名,耳可得闻,口不可得言也。好议论人长短,妄是非正法,此吾所大恶也。宁死不愿闻子孙有此行也。汝曹知吾恶之甚矣,所以复言者,施衿结缡③,申父母之戒,欲使汝曹不忘之耳。

　　"龙伯高敦厚周慎④,口无择言⑤,谦约节俭,廉公有威。吾爱之重之,愿汝曹效之。杜季良豪侠好义⑥,忧人

---

　　①　兄子严、敦:马援兄马余之子。严,字威卿,官至五官中郎将,太中大夫,将作大匠。敦,字孺卿,官至虎贲中郎将。
　　②　交阯:又名"交趾",郡名,在今越南境内。42年,光武帝任马援为伏波将军,南击交阯。
　　③　施衿(jīn)结缡(lí):指女子出嫁时,母亲将五彩丝带和佩巾结于其身。此用以比喻父母对子女的教训。衿,即缨带,一种五彩丝带。缡,妇女用的佩巾。
　　④　龙伯高:名述,东汉京兆(今陕西省西安市西北)人,官至零陵(今湖南省零陵县一带)太守。
　　⑤　择(dù):通"殬",败、恶。
　　⑥　杜季良:名保,东汉京兆人,光武帝时任越骑司马,为人豪爽好义,其仇人上书讼其行为浮薄,乱惑群众,因而免官。

之忧,乐人之乐,清浊无所失①。父丧致客,数郡毕至。吾爱之重之,不愿汝曹效也。效伯高不得,犹为谨敕之士②,所谓刻鹄不成尚类鹜者也。效季良不得,陷为天下轻薄子,所谓画虎不成反类狗者也。

"迄今季良尚未可知,郡将下车辄切齿③,州郡以为言,吾常为寒心,是以不愿子孙效也。"

【译文】

马援的侄子严、敦,都喜欢讥议别人,并且和一些轻狂任侠的人交往。马援在交趾前线时,寄回这封信告诫他们说:

"我希望你们听到别人的过错,就像听到父母的名字一样,只能耳朵听,口里不能讲。好议论别人的短处,随便褒贬时政,这是我最讨厌的。我宁愿死去也不愿听说子孙有这种品行。你们知道我是最讨厌这种品行的,我之所以再次谈及这个问题,就像是女儿出嫁时,母亲为她系好五彩丝带和佩巾,并把平日告诫女儿的话反复强调一下似的,只是希望你们不要忘记而已。

"龙伯高为人厚道谨慎,口无恶言,谦虚而又谨慎,方正公道而又有威严,我敬爱他、尊重他,希望你们学习他。杜季良为人豪爽,讲义气,忧别人之忧,乐别人之乐,不论贵贱、优劣,他都与之结交。所以他给父亲办丧事时,招致了很多客人,好几个郡的宾客都来吊唁。我敬爱他、尊重他,但不希望你们学习他。学习龙伯高而学得不像,还不失为一个谦虚谨慎的人,这正像人们所说的'画天鹅画不成,至少还像只鸭子'。而如果学习季良学不像,就会堕落成现世的轻薄子弟,

---

① 清浊:清喻贤者,浊喻不肖者。
② 敕:通"饬"。
③ 郡将:即郡守,汉代郡守兼掌军事,故称。下车:谓官吏初到任。

那就像人们所说的'画虎不成反倒像只狗'了。

"至今季良的结局还很难说怎么样,郡守刚一上任,就对他切齿痛恨,州里郡里都拿他当谈话的材料,我常常为他担心,因此不希望子孙向他学习。"

诸 葛 亮

诸葛亮(181—234),三国蜀汉政治家、军事家,字孔明,琅邪阳都(治所在今山东省沂南县南)人。初隐居隆中(在今湖北省襄阳市),后佐刘备建立蜀汉,任丞相。221年刘备病死,诸葛亮受命辅佐后主刘禅,曾多次出兵伐魏,病死于军中。有《诸葛亮集》辑本传世。

前 出 师 表

【解题】

蜀汉建兴五年(227),诸葛亮率师北驻汉中,相机出师。临行前上此表,陈述出师之因,表明统一中原的壮志,劝说后主奋发自勉,用贤纳谏,刑赏无私,以完成先帝未竟之业。本文语言恳切周详,剀切明白。

臣亮言：先帝创业未半而中道崩殂①。今天下三分，益州疲敝②，此诚危急存亡之秋也。然侍卫之臣不懈于内，忠志之士忘身于外者，盖追先帝之殊遇，欲报之于陛下也。诚宜开张圣听，以光先帝遗德，恢宏志士之气；不宜妄自菲薄，引喻失义，以塞忠谏之路也。

宫中、府中俱为一体③，陟罚臧否④，不宜异同。若有作奸犯科及为忠善者，宜付有司论其刑赏，以昭陛下平明之治；不宜偏私，使内外异法也。

侍中、侍郎郭攸之、费祎、董允等⑤，此皆良实，志虑忠纯，是以先帝简拔以遗陛下⑥。愚以为宫中之事，事无大小，悉以咨之，然后施行，必能裨补缺漏，有所广益。将军向宠⑦，性行淑均，晓畅军事，试用于昔日，先帝称之曰能，是以众议举宠以为督。愚以为营中之事，事无大小，悉以咨之，必能使行阵和穆⑧，优劣得所也。亲贤臣，

① 先帝：指蜀汉昭烈帝刘备。崩殂（cú）：指皇帝死。昭烈帝章武三年（223），刘备病死，刘禅继位。
② 益州：在今四川省、贵州省及云南省北部、陕西省南部地区。此指蜀汉。
③ 宫中、府中：宫中，即内廷，此指宫禁内的官员。府中，即外廷、丞相府，此指政府部门的官员。
④ 陟（zhì）：升迁。臧否（zāng pǐ）：善恶。
⑤ 侍中、侍郎：皇帝侍从官。侍中，备应对顾问。侍郎，指黄门侍郎，掌传达诏令。郭攸之、费祎、董允：郭攸之，南阳（今河南省南阳市）人。费祎，字文伟，江夏（今湖北省武汉市新洲区）人。董允，字休昭，南郡（今湖北省荆州市纪南城）人。当时郭攸之、费祎任侍中，董允任黄门侍郎。
⑥ 遗（wèi）：交给。
⑦ 向宠：字巨违，刘备在世时任牙门将。蜀昭烈帝章武元年（221），刘备率军攻吴，次年，被吴将陆逊大败于夷陵（今湖北省宜昌市东南），唯向宠营完好无损。后主时任中部督，统领禁兵。
⑧ 穆：通"睦"。

远小人,此先汉所以兴隆也;亲小人,远贤臣,此后汉所以倾颓也。先帝在时,每与臣论此事,未尝不叹息痛恨于桓、灵也①。侍中、尚书、长史、参军②,此悉贞亮死节之臣③,愿陛下亲之信之,则汉室之隆,可计日而待也。

臣本布衣,躬耕于南阳,苟全性命于乱世,不求闻达于诸侯。先帝不以臣卑鄙,猥自枉屈,三顾臣于草庐之中,谘臣以当世之事。由是感激,遂许先帝以驱驰。后值倾覆④,受任于败军之际,奉命于危难之间,尔来二十有一年矣⑤。先帝知臣谨慎,故临崩寄臣以大事也⑥。受命以来,夙夜忧叹,恐托付不效,以伤先帝之明,故五月渡泸,深入不毛⑦。今南方已定,兵甲已足,当奖帅三军,北定中原,庶竭驽钝,攘除奸凶,兴复汉室,还于旧

---

① 桓、灵:桓,汉桓帝刘志,147—167 年在位。灵,汉灵帝刘宏,168—189 年在位。桓、灵统治时期政治腐败,信任宦官,汉室已接近衰亡。

② 侍中、尚书、长史、参军:侍中,指郭攸之、费祎。尚书(当时是协助皇帝处理政务的官员,而非后来的六部尚书),指陈震。长史(丞相府的僚属,掌文书簿籍),指张裔。参军(丞相府的僚属,参谋军事),指蒋琬。

③ 亮:通“谅”,诚。

④ 倾覆:指献帝建安十三年(208),刘备被曹操击败于当阳之长坂(今湖北省当阳市东北)。

⑤ “尔来”句:指自此次上表时(227)上推至刘备“三顾茅庐”时(207),计二十一年。有,通“又”。

⑥ “故临崩”句:刘备临终时,曾召见诸葛亮,托以大事,说:“君才十倍曹丕,必能安国,终定大事。若嗣子可辅,辅之。如其不才,君可自取。”亮涕泣曰:“臣敢竭股肱之力,效忠贞之节,继之以死。”刘备又对刘禅说:“汝与丞相从事,事之如父。”(见《三国志·蜀书·诸葛亮传》)

⑦ “故五月”二句:建兴三年(225),诸葛亮率军南征平叛,“七擒孟获”,实行“和夷”政策,统一南中山区,使北伐无后顾之忧。泸,即金沙江。

都①。此臣之所以报先帝而忠陛下之职分也。至于斟酌损益，进尽忠言，则攸之、祎、允之任也。

愿陛下托臣以讨贼兴复之效；不效，则治臣之罪，以告先帝之灵。若无兴德之言，则责攸之、祎、允等之咎，以彰其慢。陛下亦宜自谋，以咨诹善道，察纳雅言，深追先帝遗诏。臣不胜受恩感激。今当远离，临表涕零，不知所云。

【译文】

臣亮奏言：先帝创建一统大业尚未完成一半，就中途去世。现在天下形成三国鼎立的局面，而蜀汉国力贫弱，这的确是国家危急存亡的严重关头。尽管如此，可是侍卫大臣仍然在朝内不懈地努力，忠心耿耿的将士还是在外舍生忘死，这就是因为他们追念先帝特殊的恩遇，要在陛下身上报恩啊。陛下的确应该广泛听取群臣的意见，以便发扬光大先帝的美德，激励有志之士的斗志，而不应该妄自菲薄，言谈比喻失当，以致堵塞了群臣忠心进谏之路。

皇宫中的侍臣和政府各部门的官员，都是一样的官员，对他们的赏罚褒贬，不应标准不一。如有违法乱纪的，或是尽忠为善的，都应该交给主管官员确定对他们的奖惩，以此来表明陛下处理问题的公正严明，不应该有所偏袒，使宫内和宫外执法标准不一样。

侍中郭攸之、费祎，侍郎董允等，都是善良诚实的人，思想忠贞纯洁，因此先帝才选拔出来交给陛下。我以为宫里的事，不论大小，都要征求他们的意见，然后再去做，那一定能够弥补过失或疏漏，得到更多的好处。将军向宠，品行端正，

---

① 旧都：指东汉都城洛阳。

处事公平,熟悉军事,从前曾任用过,先帝称赞他能干,因此大家商量推荐他任中部督。我以为军营中的事,不论大小,都要征求他的意见,必定能使军队内部和睦融洽,好的差的各得其所。亲近贤臣,疏远小人,这就是前汉兴旺发达的原因;亲近小人,疏远贤臣,这就是后汉衰败的原因。先帝在世时,每次跟我谈论到这些事,对桓、灵二帝总是感到痛心遗憾。侍中郭攸之、费祎,尚书陈震,长史张裔,参军蒋琬,都是坚贞诚实能够以死报国的忠臣,希望陛下亲近他们,信任他们,这样,蜀汉的兴旺发达就指日可待了。

我本是个平民,在南阳亲自耕田种地,只想在乱世里马马虎虎地保住条命,并不想在诸侯中居高位有名声。先帝不嫌我出身卑微,见识浅陋,亲自枉驾屈临,三次到草庐中来看望我,向我询问对天下大事的意见。因此,我深感激动,于是就答应为先帝奔走效劳。后来遇到军事失利,我在兵败的时候接受了委任,在危难的关头奉命出使东吴,从那时到现在已经二十一年了。先帝知道我做事谨慎,所以在临终时把兴复汉室的大事托付给我。我自从接受命令以来,日夜忧虑叹息,唯恐做不好先帝托付的事情,以致损伤先帝的知人之明,所以在五月里统率大军渡过泸水,深入不毛之地。如今南方已经平定,军事装备已经充足,应该勉励三军,北伐平定中原,但愿把自己的平庸才力完全贡献出来,扫除奸贼,重新振兴汉朝,回到旧都洛阳。这就是我用来报答先帝、尽忠陛下的职责和本分。至于权衡政事的得失利弊,多向陛下进献忠言,那是郭攸之、费祎、董允的职责。

希望陛下把讨伐逆贼、兴复汉室的任务交给我,若无成效,就对我加以处罚,以告先帝在天之灵。若没有帮助陛下发扬美德的忠言,那就应责备郭攸之、费祎、董允等人的失职,以显示他们的过错。陛下也要自己多加考虑,向大臣征询治国的好策略,审察并采纳正确的意见,深切地记取先帝遗诏里的教诲。我受恩不浅,感激不尽。现在就要远离陛下,我面对着奏章流泪,不知说了些什么。

后出师表

【解题】

据《三国志·蜀书·诸葛亮传》裴松之注引《汉晋春秋》,这篇奏表是蜀汉建兴六年(228)十一月上奏后主的。时吴军败魏军于石亭(安徽省潜山市东北),诸葛亮又趁机出师北上,临行前上了此表。本文针对"议者"的非难,提出了六个不可能的问题,具体阐明了北伐或许可以建立王业,而不出师则只有坐而待亡的观点。《汉晋春秋》称:"此表亮集所无,出张俨《默记》。"后人或疑其为伪作。

先帝虑汉、贼不两立①,王业不偏安②,故托臣以讨贼也。以先帝之明,量臣之才,固知臣伐贼,才弱敌强也;然不伐贼,王业亦亡,惟坐而待亡,孰与伐之?是故托臣而弗疑也。臣受命之日,寝不安席,食不甘味,思惟北征,宜先入南,故五月渡泸,深入不毛,并日而食。臣非不自惜也,顾王业不得偏安于蜀都,故冒危难以奉先帝之遗意,而议者谓为非计。今贼适疲于西③,又务于

---

① 贼:指曹魏。
② 偏安:偏居一方以自安。
③ 今贼适疲于西:指蜀汉建兴六年(228),诸葛亮出祁山(在今甘肃省礼县东)伐魏,陇右之天水、南安等郡相继叛魏响应蜀军,魏将姜维投降,关中大震,魏明帝不得不亲自到长安坐镇。

东①,兵法乘劳,此进趋之时也。谨陈其事如左:

高帝明并日月,谋臣渊深,然涉险被创,危然后安。今陛下未及高帝,谋臣不如良、平,而欲以长策取胜,坐定天下,此臣之未解一也。刘繇、王朗各据州郡②,论安言计,动引圣人,群疑满腹,众难塞胸;今岁不战,明年不征,使孙策坐大③,遂并江东,此臣之未解二也④。曹操智计殊绝于人,其用兵也,仿佛孙、吴,然困于南阳⑤,险于乌巢⑥,危于祁连⑦,逼于黎阳⑧,几败北山⑨,殆死潼关⑩,然后伪定一时尔⑪。况臣才弱,而欲

---

①　又务于东:指建兴六年(228),魏曹休攻吴,吴将陆逊大破曹休军于石亭(今安徽省潜山市东北)。

②　刘繇(yóu):东汉末为扬州刺史。王朗,东汉末为会稽太守。

③　孙策:孙坚之子,献帝兴平二年(195)率军渡江,吞并了刘繇、王朗等割据势力,在江东建立孙氏政权。

④　"此臣"句:以上数句借刘繇、王朗事暗喻蜀若坐失良机不出师伐魏必致以国资敌,故言"未解"。

⑤　困于南阳:汉献帝建安二年(197),曹操率军至宛(今河南省南阳市),攻张绣,张绣投降曹操,随即又反悔,袭操,曹军败,操中流矢,其长子曹昂死于是役。

⑥　险于乌巢:建安五年(200),袁绍拒曹操于官渡(今河南省中牟县东北),曹军军粮告急,打算退兵,后用许攸之计偷袭袁军屯粮之地乌巢(今河南省延津县东南),才转危为安。

⑦　危于祁连:祁连当为祁山(在今河北省磁县东南)之误。建安九年(204),曹操围攻袁尚于祁山,几乎被袁尚部将的伏兵射中。

⑧　逼于黎阳:建安七年(202),袁绍病死,其子袁谭、袁尚固守黎阳(今河南省浚县东),曹操进兵讨伐,相持半年未能攻下。

⑨　几败北山:事未详。可能指建安二十四年(219),曹操与刘备争夺汉中郡(属益州),曹军失利,曹操赶赴前线,与刘备相持数月,败回长安。北山当指汉中以北的秦岭诸山。

⑩　殆死潼关:建安十六年(211),曹操开始了向关西的军事行动,关中马超、韩遂等十部联合抗曹,据守潼关。操自潼关北渡,马超半渡而击,矢如雨下。后曹操对诸将说:"今日几为小贼所困。"

⑪　伪:蜀汉自居正统,故称曹操为"伪"。

以不危而定之,此臣之未解三也。曹操五攻昌霸不下①,四越巢湖不成②,任用李服而李服图之③,委任夏侯而夏侯败亡④。先帝每称操为能,犹有此失,况臣驽下,何能必胜?此臣之未解四也。自臣到汉中,中间期年耳,然丧赵云、阳群、马玉、阎芝、丁立、白寿、刘郃、邓铜等及曲长、屯将七十余人,突将、无前、賨叟、青羌散骑⑤、武骑一千余人,此皆数十年之内所纠合四方之精锐,非一州之所有;若复数年,则损三分之二也,当何以图敌?此臣之未解五也。今民穷兵疲,而事不可息;事不可息,则住与行劳费正等。而不及早图之,欲以一州之地与贼持久,此臣之未解六也。

夫难平者,事也。昔先帝败军于楚⑥,当此时,曹操拊手⑦,谓天下已定。然后先帝东连吴越⑧,西取巴蜀⑨,举兵北征,夏侯授首,此操之失计而汉事将成也。

---

① 五攻昌霸不下:建安四年(199),东海昌霸叛曹,归附刘备,曹操数击之不克。

② 四越巢湖不成:曹操与孙权曾多次战于巢湖一带。巢湖,在今安徽省合肥市东南。

③ "任用李服"句:李服,当是王子服,因"王子"连写致误。建安四年(199),王子服曾与董承密谋杀操。

④ 委任夏侯:曹操调大将夏侯渊驻守汉中,夏侯渊恃勇轻敌,为刘备军击败于定军山(今陕西省勉县东南),被杀。

⑤ 賨(cóng)叟、青羌:指蜀军中的两支少数民族骑兵部队。

⑥ "昔先帝"句:建安十三年(208),刘备被曹操击败于当阳长坂(今湖北省当阳市东北)。

⑦ 拊(fǔ):拍。

⑧ 东连吴、越:建安十三年(208),刘备联合孙权大破曹操于赤壁。

⑨ 西取巴、蜀:建安十六年(211),刘备打败刘璋,占据益州。

然后吴更违盟,关羽毁败①,秭归蹉跌②,曹丕称帝③。
凡事如是,难可逆料。臣鞠躬尽力④,死而后已,至于成
败利钝,非臣之明所能逆睹也。

【译文】

先帝考虑到蜀汉和逆贼势不两立,帝王之业不能偏居于
一隅而自安,所以把讨伐逆贼的任务托付给我。凭着先帝的
明智,来估量我的才干,当然会知道敌人力量强大而我是难
以担负讨伐逆贼的重任的。但如果不去讨贼,帝王之业就会
毁灭,与其坐等帝王之业毁灭,哪如去讨伐逆贼呢?因此,就
毫不犹豫地把这一重任交给了我。我在接受这一任务时,寝
不安席,食不甘味,唯恐做不好先帝托付的事情。当时,我考
虑要北征,一定要先南下平叛,以扫除后顾之忧。所以在五
月里率军渡过泸水,深入不毛之地,这次出兵相当艰苦,两天
只能吃上一天的饭。我并不是不知爱惜自己,但是要建帝王
之业就不能偏安于蜀都,所以就不顾危难来遵奉先帝的遗
志,可是某些好空谈的人竟然认为这并不是上策。当前,逆
贼在西线遭重创,又在东线吃败仗,按兵法说,要乘敌疲困之
际进击,而现在正是出兵的有利时机,谨陈此事如下:

汉高祖的英明可以同日月的光辉相比,谋臣的智谋又很
渊深,可是仍难免于历险、受伤,遭遇危难然后才得以安定。
如今陛下之英明不及高祖皇帝,谋臣不如张良、陈平,却想从

---

① 关羽毁败:建安二十四年(219),孙权用吕蒙计谋偷袭荆州,擒
杀关羽父子。
② 秭(zǐ)归蹉跌(cuō diē):蜀昭烈章武元年(221),刘备率军攻
吴,次年,被吴将陆逊大败于夷陵(今湖北省宜昌市东南),刘备率残兵西
逃,经秭归(今湖北省秭归县)至白帝城(今四川省奉节县)。
③ 曹丕称帝:汉献帝延康元年(220),曹丕废汉献帝,自立为帝。
④ 尽力:一作"尽瘁"。

长计议,暂不出师北伐,安坐而平定天下,这是我不能理解的第一件事。刘繇、王朗各自据守州郡,论安危,谈计策,动不动就引用圣人之言,形形色色的疑虑装满肚子,各式各样的困难填塞胸间,什么今岁不能战、明年不能征,结果使孙策的势力安安稳稳地发展壮大,就把江东吞并了,这是我不能理解的第二件事。曹操的智谋的确是超群绝伦,他用兵有如孙膑、吴起,可是他仍然屡遭挫败:在南阳被围,在乌巢历险,在祁连遇难,在黎阳受逼,在北山险些失败,后来伪魏才取得暂时的安定而已。而我是个才力薄弱的人,反倒企图不冒风险而平定天下,能行吗? 这是我不理解的第三件事。曹操五次攻昌霸而不克,四次渡巢湖而不成,任用李服而李服反倒暗算他,委任夏侯而夏侯败亡。先帝常常称曹操是能人,可是他仍有这些失误,何况我是个驽笨的人,哪能必胜呢? 这是我不理解的第四件事。从我到汉中时算起,不过相隔一年而已,可是已损失了赵云、阳群、马玉、阎芝、丁立、白寿、刘郃、邓铜等人,以及曲长、屯将这一级军官七十余人,损失了冲锋陷阵、一往无前的勇士以及賨叟、青羌这两支少数民族骑兵的将士一千余人。这都是在数十年中聚集起来的各地的精锐,不是一州一郡所能拥有的。照此看来,若再过几年,就会折损三分之二的人马,还靠什么对付敌人呢? 这是我不能理解的第五件事。目前,百姓穷困,士卒疲惫,但战争仍不能止息,既然如此,坐等失败与主动出击二者相比,人力物力的损失是一样的。而我们不趁机早日出征,却打算凭借一州的土地长期相持,这是我不能理解的第六件事。

最难判断的是战事。从前,先帝兵败当阳时,曹操拍手大笑,以为天下大势已成定局。可是,先帝随即东联孙吴,西取巴蜀,出师北征,夏侯渊被杀,这时正是曹操失算而汉室复兴之事即将成功的有利时机。而后来孙吴又背弃盟约,关羽被杀,先帝在秭归失利,曹丕自立为皇帝。凡事皆如此,很难预料。我只有鞠躬尽瘁,死而后已。至于复兴大业是成功还是失败,是顺利还是挫折,就不是靠我的才智所能事先料定的了。

〔清〕吴楚材 吴调侯 | 编选

GUWEN
GUANZHI

下

主编

徐北文

译注

李永祥 徐北文 袁梅 刘炎

齐鲁书社
·济南·

背;行年四岁,舅夺母志。祖母刘,愍臣孤弱,躬亲抚养。臣少多疾病,九岁不行;零丁孤苦,至于成立。既无叔伯,终鲜兄弟。门衰祚薄,晚有儿息。外无期功强近之亲①,内无应门五尺之童。茕茕孑立,形影相吊。而刘夙婴疾病,常在床蓐。臣侍汤药,未曾废离。

逮奉圣朝,沐浴清化。前太守臣逵②,察臣孝廉③;后刺史臣荣④,举臣秀才⑤。臣以供养无主,辞不赴命。诏书特下,拜臣郎中⑥;寻蒙国恩,除臣洗马。猥以微贱,当侍东宫⑦,非臣陨首所能上报。臣具以表闻,辞不就职。诏书切峻,责臣逋慢,郡县逼迫,催臣上道;州司临门,急于星火。臣欲奉诏奔驰,则刘病日笃;欲苟顺私情,则告诉不许。臣之进退,实为狼狈。

伏惟圣朝以孝治天下,凡在故老,犹蒙矜育,况臣孤苦,特为尤甚。且臣少事伪朝⑧,历职郎署⑨,本图宦达,不矜名节。今臣亡国贱俘,至微至陋,过蒙拔擢,宠命优渥,岂敢盘桓,有所希冀。但以刘日薄西山,气息奄奄,

---

① 期(jī)功:古代丧服名称。期,服丧一年,丧服用熟麻布制成,缝边整齐,故又称齐衰。功分大功、小功。大功服丧九个月,小功服丧五个月。期功都是死者的近亲服丧所用。

② 太守:管理一郡的地方长官。

③ 孝廉:汉武帝时规定每年各郡国推举善事父母与品行方正者各一人,称为孝廉,此后成为制度,到晋代仍沿行。

④ 刺史:魏晋时掌管一州军政大权的官员,居太守之上。重要的州、郡由都督兼任刺史。

⑤ 秀才:由州推举的有"秀异茂美"之才的人,与明清时秀才的含义不同。

⑥ 郎中:官职名,魏晋时为侍从之官,也可出任县令。

⑦ 东宫:指太子,因太子居东宫。

⑧ 伪朝:此处指蜀汉。

⑨ 郎署:郎官的官署,李密在蜀汉曾任尚书郎之职。

人命危浅,朝不虑夕。臣无祖母,无以至今日;祖母无臣,无以终余年。母孙二人,更相为命,是以区区不能废远。臣密今年四十有四,祖母刘今年九十有六。是臣尽节于陛下之日长,报刘之日短也。乌鸟私情,愿乞终养。臣之辛苦,非独蜀之人士及二州牧伯所见明知①,皇天后土,实所共鉴。愿陛下矜愍愚诚,听臣微志。庶刘侥幸,卒保余年。臣生当陨首,死当结草②。臣不胜犬马怖惧之情,谨拜表以闻。

【译文】

臣李密禀奏:臣因为命运坎坷,多灾多难,早年便连遭不幸。诞生刚六个月,父亲便故去;四岁那年,舅舅逼着母亲放弃了守节的志向,再嫁了。祖母刘氏,怜惜我孤独幼弱,亲自将我抚养。我幼时常常生病,九岁的时候还不大会走路;孤苦伶仃地一直到长大成人。既没有叔父伯父,又没有哥哥弟弟。门户衰落,福祚浅薄,自己也是很晚才有儿子。外面缺少比较密切的亲属,家里连个照应门户的童仆也没有。孤身一人,只有影子陪伴着自身。而祖母刘氏又长年疾病缠身,卧床不起,我侍奉她饮汤服药,从来没有停止、离开过。

直到尊奉圣朝之时,才能沐浴在清明的教化之中。先

---

①　二州牧伯:二州指梁州(汉中一带)、益州。牧,东汉末,一州的军政长官称为牧,也称方伯,故牧伯即指一州的地方长官。

②　结草:事见《左传·宣公十五年》。春秋时晋国上卿魏犨有一宠妾,魏犨年老患病,嘱咐儿子魏颗待他死后将宠妾嫁出,但病危时又改变了主意,要宠妾殉葬。魏犨死后,魏颗仍按父亲原来的吩咐将宠妾嫁出。后来,魏颗与秦人交战,据说看见一位老人把地上的草结扎起来,绊倒了秦国的力士杜回,魏颗将杜回捉住,获得了胜利。这天晚上,他梦见老人自叙是宠妾之父,来报答他不杀女儿的恩情的。后来便用"结草"这个典故,来表示死后也要报恩的意思。

前,犍为郡太守逵,考察推举我做孝廉;后来,益州刺史荣,又选拔我为秀才。我因为祖母无人供养,推辞而没有从命。朝廷特地发布诏书,授我郎中之职;接着又蒙受国家恩遇,任命我为太子洗马。我以微贱之材,去担当东宫太子的侍从职务,这样的恩典,是我杀身也难以报答的。我曾写成表章奏闻,辞谢不去就职。诏书急切严厉,责备我怠慢逃避朝廷的使命;郡县官长又一再逼迫,催促我上路;州官登门敦促,紧急犹如星火。我想接受诏命离家赴任,而祖母刘氏的病情又日益沉重;想要暂且依顺个人的私情,而朝廷官府对我的禀告恳请又不予允诺。我的进退出处,实在是十分狼狈。

我想圣明的晋朝是以孝来治理天下的,凡是年老之人,都受到朝廷的怜恤和照顾,而何况我祖孙孤零困苦的情况,是特别的严重呢。我年轻的时候在伪朝做官,供职于郎中官署,本来就希图仕途显达,并不矜持名声节操。现在我是败亡之国的低贱俘虏,身份卑微鄙陋,而受到朝廷过分的提拔,宠幸的委命非常优厚,哪里还敢迟疑徘徊,有更高的希求呢?只是因为祖母刘氏犹如西山落日,已然是气息短促,生命不长,早晨难保晚上了。我如果没有祖母的抚育,是难以有今日的;祖母如果失去了我的奉养,也就无法度完她的余年。祖孙二人,相依为命,因此我是实在不能抛开祖母离家远行。臣李密今年四十四岁,祖母刘氏今年九十六岁。这样,我为陛下尽节效力的日子长,而报答奉养祖母的日子短呀!故此我以这种乌鸦反哺其母的私衷,来乞求陛下准允我为祖母养老送终。我的辛酸困苦,不仅蜀地人士以及梁、益二州长官亲眼看到,十分了解,而且天地神灵,也都会明察的。恳请陛下怜恤我的一片愚诚,俯允我的微小的志愿,使祖母刘氏可以侥幸保其晚年,我活着将以生命奉献陛下,死后也要结草图报。臣内心怀着难以承受的惶恐怖惧的感情,特地写成表章奉闻圣上。

王羲之

王羲之(303—361,一作 307—365,又作 321—379),字逸少,琅邪临沂(今属山东省)人,我国大书法家。出仕东晋,曾任右军将军、会稽内史之职,故世称王右军。

兰亭集序

【解题】

永和九年(353)三月初三,王羲之与谢安、孙绰等四十一人,在会稽郡山阴县①的兰亭集会,行修禊②事,并临流赋诗,后来将诗汇编成集,题名为《兰亭集》,王羲之为它写了这篇序。文中描绘了兰亭景致和集会的乐趣,并抒发了作者由此而产生的感想。文笔清丽流畅,议论中充满感情。此文有王羲之书写的法帖传世,是他的书法名作。近年有人怀疑此文及法帖是后人伪造的,但没有得到学术界的公认。

---

① 会稽:郡名,管辖区域在今江苏省东部、浙江省西部一带。山阴县:今属浙江省绍兴市。
② 修禊(xì):古代的一种风俗,每年农历三月初三,到水边嬉游,洗濯身体,传说可以祛除不祥。

　　永和九年,岁在癸丑①。暮春之初,会于会稽山阴之兰亭,修禊事也。群贤毕至,少长咸集。此地有崇山峻岭,茂林修竹,又有清流激湍,映带左右,引以为流觞曲水②。列坐其次,虽无丝竹管弦之盛③,一觞一咏,亦足以畅叙幽情。是日也,天朗气清,惠风和畅,仰观宇宙之大,俯察品类之盛,所以游目骋怀,足以极视听之娱,信可乐也。

　　夫人之相与,俯仰一世,或取诸怀抱,晤言一室之内;或因寄所托,放浪形骸之外。虽取舍万殊,静躁不同,当其欣于所遇,暂得于己,快然自足,曾不知老之将至。及其所之既倦,情随事迁,感慨系之矣。向之所欣,俯仰之间,已为陈迹,犹不能不以之兴怀,况修短随化,终期于尽。古人云:"死生亦大矣。"岂不痛哉!

　　每览昔人兴感之由,若合一契④,未尝不临文嗟悼,不能喻之于怀⑤。固知一死生为虚诞⑥,齐彭殇为妄作⑦。后之视今,亦犹今之视昔,悲夫! 故列叙时人,录

――――――――――

　　①　癸丑:晋穆帝永和九年(353)。
　　②　流觞:古人的一种游宴方式,是以酒杯盛酒放在水上漂流而下,聚会的人列坐水滨,酒杯停在谁跟前,谁便取杯饮酒。觞,酒杯。
　　③　丝竹管弦:乐器的总称。丝、弦,指琴瑟之类;竹、管,指箫管之类。
　　④　契:文契,分两半,双方各拿一半为凭证,验收时可合二为一。此处用合契来比喻人们产生兴致、受到感动的原因往往是一致的。
　　⑤　"不能喻之于怀":喻,原注作理解讲,此解与上下文的文意不合。按,喻通"愉",愉快的意思,《庄子·齐物论》中有"自喻适志与",陆德明的释文中引用李颐的解释:"喻,快也。"
　　⑥　一死生:《庄子·齐物论》篇中说"方生方死,方死方生",否认生与死的区别,宣扬死生相等的虚无主义思想。
　　⑦　齐彭殇(shāng):彭,彭祖,相传活了七百岁。殇,殇子,指夭亡的儿童。齐,相等。《庄子·齐物论》:"莫寿乎殇子,而彭祖为夭。""一死生,齐彭殇"的老庄思想在魏晋士大夫中十分盛行。

其所述。虽世殊事异,所以兴怀,其致一也。后之览者,亦将有感于斯文。

【译文】

　　永和九年,正值癸丑之年,暮春三月的上旬,我们聚会在会稽郡山阴县的兰亭,进行修禊之事。许多名流贤者都来到这里,老老少少集聚在一起。这里有巍峨的高山和峻拔的峰岭,茂密的丛林与修长的翠竹,又有那清澈激荡的溪流,萦回如带,映衬着两旁的景物。大家利用这弯曲的溪流做"流觞曲水"的游戏。人们并列地坐在岸边,虽然没有美妙动听的音乐助兴,但饮酒咏诗,也完全可以尽兴地抒发幽雅的情趣。这一天,天晴日朗,空气清爽,和风习习,温煦舒畅。仰面观看那天宇浩渺无际,俯身视察这大地万物繁多,纵目观览,舒展胸怀,足以使耳目享受到最大的欢娱,实在是快乐啊!

　　人们共同生活在这人世之间,有些人喜欢抒发情怀,聚集在一室之内促膝畅谈;有些人则寄情于物,放浪旷达而忘掉了形迹。虽然采取的方式千差万别,性格的恬静或浮躁各有不同。但当他们为自己的境遇而欣然于怀,一时间怡然自得,感到高兴和满足,是不会觉察到时光流逝、老之将至的。等到他们对自己所向往的事物厌倦了,感情随着事物的变化而转移,无限的感慨便会随之而来了。过去自己喜爱的事物,转眼之间,成了往事,尚且不能不因此而感伤,何况人的寿命随着各人的造化有长有短,但最终都归于完结呢。古人说:"死与生,也是大事啊!"这难道不令人哀痛吗!

　　每当我考察古人发生感慨的原因,便发现它是那样的不谋而合。读他们的文章没有不使我戚然感叹,而心中不能释然怡悦的。由此而使我确知那种将死生等同的言辞是荒诞的,将寿夭等同的论调是虚妄的。后代的人看我们的生活,也就像我们看古人的生活一样,多么使人伤悲啊!正因为如此,我才逐一地记载下参加集会的人士的姓名,收录起他们所赋的诗作。虽然时代不同人事各异,使人感慨的原因却往往是一致的。后代读到这本诗集的人,也将会为这些作品而感动吧!

陶 渊 明

陶渊明(365 或 372 或 376—427),字元亮,一名潜,浔阳柴桑(今江西省九江市西南)人。生活于东晋与南朝宋易代换朝之时,早年曾出任江州祭酒、镇军参军、彭泽令等职,后因厌恶官场黑暗,退隐田园,是我国文学史上最著名的田园诗人。世称靖节先生,有《陶渊明集》传世。

归去来辞①

【解题】

本篇是作者辞掉彭泽令之职初归家时所作,前原有序文,说明自己出仕和退隐的原因,序文记载写作日期为"乙巳岁(405)十一月",当时陶渊明四十岁。文中生动地描叙了

———————————

① 辞:也称赋或辞赋,古代文体的一种,由楚辞发展而来,盛行于汉代。属韵文类。

作家辞官归家时的感想和隐居田园的乐趣。

　　归去来兮，田园将芜胡不归！既自以心为形役，奚惆怅而独悲？悟已往之不谏，知来者之可追①。实迷途其未远，觉今是而昨非。舟摇摇以轻扬，风飘飘而吹衣。问征夫以前路，恨晨光之熹微。

　　乃瞻衡宇②，载欣载奔。僮仆欢迎，稚子候门。三径就荒③，松菊犹存。携幼入室，有酒盈樽。引壶觞以自酌，眄庭柯以怡颜。倚南窗以寄傲，审容膝之易安④。园日涉以成趣，门虽设而常关。策扶老以流憩，时矫首而遐观。云无心以出岫，鸟倦飞而知还。景翳翳以将入，抚孤松而盘桓。

　　归去来兮，请息交以绝游。世与我而相违，复驾言兮焉求⑤。悦亲戚之情话，乐琴书以消忧。农人告余以春及，将有事于西畴。或命巾车，或棹孤舟，既窈窕以寻壑，亦崎岖而经丘。木欣欣以向荣，泉涓涓而始流。羡万物之得时，感吾生之行休。

　　已矣乎！寓形宇内复几时，曷不委心任去留，胡为

　　① 谏：改正。追：来得及弥补。这两句的出处见《论语·微子》："往者不可谏，来者犹可追。"

　　② 衡宇：横木为门的简陋居室，指贫贱者的住处。语出《诗经·陈风·衡门》"衡门之下，可以栖迟"一句。

　　③ 三径：汉代蒋诩隐居，在房前竹林中开辟了三条小路，只与求仲、羊仲两位高人往来（见李善《文选注》引《三辅决录》），后代遂以三径代指隐士居处。

　　④ 容膝：房屋狭小，仅可容膝。语见《韩诗外传》："今结驷列骑，所安不过容膝。"

　　⑤ 驾言：指出游，是《诗经》中"驾言出游"一句的简缩。驾，驾车；言，语助词。

遑遑欲何之。富贵非吾愿，帝乡不可期。怀良辰以孤往，或植杖而耘耔①，登东皋以舒啸，临清流而赋诗。聊乘化以归尽，乐夫天命复奚疑！

【译文】

　　回去啊，家中的田园就要荒芜了，为什么还不回归！既然为了衣食让心灵去做躯体的仆役，怎么又郁郁不快，独自伤悲！觉察到过去的错误已不可挽救，而安排未来的生活却可以按照自己的情味。其实我走上迷途并不太远，已经觉悟到如今退隐是正确的，而以前出仕却全然不对。归舟漂荡着轻快地行驶，微风轻飘飘吹拂着衣服。向行人探问前方的道路，恼恨这朦胧的曙色使我望不见故乡的面目。

　　终于看到了故居的茅舍，心中喜悦啊，迈开大步赶奔。仆人们欢迎我，年幼的小儿子也早就迎候在门。院中的小径已长满了荒草，翠松霜菊还依然留存。领着孩子走进屋内，甘醇的美酒早在杯中满斟。拿起酒壶酒杯自斟自饮，看着庭院的花树露出欣慰的笑颜。倚靠着南窗纵目远眺寄托清高的情趣，体会到这狭小居处才易于身憩心安。天天到园中闲步自有乐趣，俗客不来，宅门虽设，却常常掩关。拄着拐杖这儿走走，那儿站站，不时地抬头举目眺望浮云远山。白云自由自在地从山峦间涌现，小鸟疲倦了也知道向山林中飞还。夕阳在茫茫的暮色中将要落山，我依然手抚孤松流连忘返。

　　归去啊，要断绝官场世俗的来往交游，这社会和我的本性不能相容，我离家出游还能有什么追求。亲友倾心而谈使我喜悦，抚琴读书乐而忘忧。农民告诉我春天已到，西边地里的农活要忙个不休。有时候坐着篷车，有时候划着小舟，

---

　　①　耔(zǐ)：壅土培根。

既到那幽深的山涧中探寻淙淙的溪流,也沿着崎岖的山路越过苍翠的山丘。树木欣欣向荣,山泉涓涓而流。羡慕这世间万物遇到大好时节,可叹我的生命啊已快到尽头。

　　唉,算了吧! 活在这天地间能有几时,为什么不任随心意决定去留,为什么匆匆忙忙,想要到何处去找归宿? 富贵啊并不是我的愿望,仙境啊难以寻觅。向往这良辰美景独自前往,或者将拐杖放到田边去培苗锄地。登上那东边泽旁高地我放声长啸,来到这清澈的溪流岸边我即景赋诗。姑且依照自然的变化走完人生的道路,乐天安命啊还有什么疑虑!

桃花源记

【解题】

　　本文是《桃花源诗》的序。作者在文中虚构了一个与世隔绝的世外桃源,表现了对美好生活的向往和对现实社会的否定。语言简洁精练,描摹生动细腻,逼真如画。

　　晋太元中①,武陵人捕鱼为业②。缘溪行,忘路之远近。忽逢桃花林,夹岸数百步,中无杂树,芳草鲜美,落英缤纷③。渔人甚异之。复前行,欲穷其林。林尽水源,便得一山,山有小口,仿佛若有光。便舍船从口入。初极狭,才通人;复行数十步,豁然开朗。土地平旷,屋舍俨然。有良田、美池、桑竹之属。阡陌交通,鸡犬相闻。

---

①　太元:东晋孝武帝司马曜的年号,即376—396 年。
②　武陵:郡名,在今湖南省常德市一带。
③　落英:有两种解释,一是指落花,一是讲作正在开放的花,错落有致。这里采取了后一种解释。

其中往来种作,男女衣着,悉如外人;黄发垂髫①,并怡然自乐。见渔人,乃大惊,问所从来,具答之。便要还家,设酒杀鸡作食。村中闻有此人,咸来问讯。自云先世避秦时乱,率妻子邑人来此绝境,不复出焉,遂与外人间隔。问今是何世,乃不知有汉,无论魏晋。此人一一为具言,所闻皆叹惋。余人各复延至其家,皆出酒食。停数日,辞去。此中人语云:"不足为外人道也。"

既出,得其船,便扶向路,处处志之。及郡下,诣太守说如此。太守即遣人随其往,寻向所志,遂迷不复得路。

南阳刘子骥②,高尚士也。闻之,欣然规往③,未果,寻病终。后遂无问津者④。

【译文】

晋朝太元年间,武陵郡有个人以捕鱼为生。他沿一条溪流驶行,忘记走了多远,忽然遇到一片桃林。那桃林夹岸而生,有数百步之广,中间没有一棵杂树,地上芳草如茵,枝头繁花盛开。渔人十分惊异,又往前行进,想穿过这片桃林。桃林的尽头在溪水发源之处,这里有一座小山。山上有个不大的岩洞,洞中好像有些光亮。渔人便舍船登岸,由洞口钻入。开始洞内十分狭窄,刚能挤过一个人;又走了几十步,突

---

① 黄发垂髫:黄发,指老人,因老人发色转黄;垂髫,指儿童,古时小孩发不上束,披垂于肩。髫,即小儿垂发。

② 南阳:地名,即今河南省南阳市。刘子骥:名骥之,隐士,好游山泽。

③ 规:《观止》写作"亲",误,据《拜经楼丛书》本《陶靖节诗集》改。规,计划、打算。

④ 问津:此处用《论语》"长沮桀溺"典,引申为访求的意思。津,河流渡口。

然明亮开阔了。眼前出现了平旷的土地、整齐的房舍，还有肥沃的良田、美丽的池塘以及桑树竹林之类。田间小路纵横，鸡鸣犬吠彼此相闻。其中在路上来往的行人，在田间耕作的农夫，男男女女的衣服都和外面一样。老人孩子全是那样身闲心安，自得其乐。他们看见渔人，十分惊讶。问渔人从何而来，渔人详细地告诉了他们。于是他们便把渔人邀请到家里，摆酒杀鸡来招待他。村里的人们听说来了这么一个人，都赶来探看打听消息。他们自己说：祖先为了逃避秦朝末年的战乱，带领妻子乡邻，来到这与世隔绝的地方，再没出去，于是便和外面的人隔离了。他们向渔人打听现今外面是秦朝第几代皇帝，这些人根本不知道有个汉朝，更不用提魏朝和晋朝了。渔人一一地向他们做了介绍，他们听了都为之感叹惋惜。其余的人们又各自轮流把渔人请到家里，摆酒做饭招待他。渔人在这里住了几天，告辞要走，这里的人嘱咐他说："里面的情形没有必要对外面的人讲啊！"

渔人从洞中出来，找到了他的船，就沿着原来的道路往回走，处处做了标记。来到武陵城下，他便去拜见太守述说了自己的奇遇。太守马上派人跟他前往，寻找先前做的标记，然而却迷失了方向，再也找不到通路。

南阳刘子骥，是一位品格高雅的名士，听到这件事，十分高兴准备去探寻，计划还没施行，不久便病故了。以后便再没有去访求的人了。

五柳先生传

【解题】

陶渊明辞官之后，隐居田园，自号五柳先生。这是他以史传的笔法为自己写的一篇自传，着重描叙了自己甘守贫贱、不慕荣利、恬淡萧散的品格行为。文章写得简练而生动，富有幽默情趣，寥寥几笔，便使一位淡泊自得的隐士的形象跃然纸上。

　　先生不知何许人也，亦不详其姓字，宅边有五柳树，因以为号焉。闲静少言，不慕荣利。好读书，不求甚解，每有会意，便欣然忘食。性嗜酒，家贫，不能常得。亲旧知其如此，或置酒而招之。造饮辄尽，期在必醉；既醉而退，曾不吝情去留。环堵萧然①，不蔽风日，短褐穿结②，箪瓢屡空③，晏如也。常著文章自娱，颇示己志，忘怀得失，以此自终。
　　赞曰④：黔娄有言⑤，不戚戚于贫贱，不汲汲于富贵。其言兹若人之俦乎！衔觞赋诗，以乐其志，无怀氏之民欤⑥？葛天氏之民欤⑦？

【译文】

　　这位先生不知是什么样的人，也不晓得他的姓名，他的住宅旁边有五棵柳树，因此就以"五柳"为号了。他闲散恬静，少言寡语，不慕求荣誉和利禄。他十分爱好读书，但并不

　　① 环堵：堵，墙。古时堵长一丈，高一丈。环堵，即四面围合的墙，用来形容住室狭窄。
　　② 褐(hè)：粗毛纺织的衣服，古时贫苦的人所穿。
　　③ 箪(dān)：圆形的盛饭的竹器。
　　④ 赞：文体的一种，附于文后，是对全文所作的几句结论性的话语。
　　⑤ 黔娄：春秋时鲁国的隐士，十分贫苦。
　　⑥ 无怀氏：传说中的上古帝王，他治理下的人民生活安乐，恬淡知足。
　　⑦ 葛天氏：传说中的上古帝王，在他的治理下社会风气淳厚朴实，"不言而信，不化而行"。

拘泥穿凿,强自为解,每当读书有了体会,便十分得意,甚至忘了吃饭。他生性嗜好饮酒,家里贫穷,不能经常得到酒喝,亲戚朋友了解他这种情况,有时便准备了酒邀请他。他每次到亲朋那儿喝酒,便要将酒喝光,必定大醉方才尽兴;醉了便告辞,从来也不顾惜亲朋诚挚的挽留。他的住宅狭窄萧条,不能挡风遮日,衣服破旧粗劣,千孔百结,粮米常缺,饮食不周,而他十分安然。他经常撰文赋诗来陶冶性情,表述自己的志向。他忘却了世间的得失宠辱,愿意就这样来度过自己的一生。

　　赞云:黔娄说过这样的话:"不为贫贱而经常忧愁,不为富贵而苦心追求。"他的话便是说的五柳先生这一类的人吧!饮酒赋诗,以此使自己的心志欣悦欢愉,是无怀氏时代的人呢,还是葛天氏时代的人呢?

孔 稚 珪

　　孔稚珪(447—501),字德璋,南齐山阴(今浙江省绍兴市)人,官至太子詹事,加散骑常侍。博学能文,喜爱山水。

北山移文

【解题】

　　北山即钟山,在南朝京都建康(今江苏省南京市)城北;移文是古代公文的一种,用来表述自己的意见,批评晓谕对方。据《文选》五臣注本中吕向解释,当时周颙开始隐居钟山,后应诏出任海盐令,想再经过此山。孔稚珪便写了这篇移文,假借山灵的口气,责备周颙贪慕富贵,隐居有始无终,并声明不许他再践此山。吕向之说常为后人所取。但考《南齐书·周颙传》,周颙一生仕宦不绝,未有先隐居后出仕之事,也没有做过海盐令。他在钟山所建草堂隐舍,不过是供假日休憩的别墅。吕向的说法与史实不符。故而本文应作为一篇文学性作品来读,无须拘泥于实人实事,作者不过借"周子"其人,来揭露和讽刺当时那种表面清高实则利禄熏心的假隐士的虚伪情态。这是一篇骈体文,属对精工,语言华美,并运用拟人笔法,行文生动活泼,讽刺犀利辛辣。

　　钟山之英,草堂之灵①,驰烟驿路,勒移山庭:

　　夫以耿介拔俗之标,潇洒出尘之想,度白雪以方洁,干青云而直上,吾方知之矣。若其亭亭物表,皎皎霞外,芥干金而不盼,屣万乘其如脱②,闻凤吹于洛浦③,值薪歌于延濑④,固亦有焉。岂期终始参差,苍黄反复,泪翟

---

　　① 草堂:周颙(yóng)在钟山所筑隐舍之名。

　　② 万乘:周朝制度规定,天子之国,出兵车万乘。这里指帝王之位。

　　③ 《列仙传》载:周灵王太子晋(即王子乔),好吹笙作凤鸣,常游于伊(伊川,即今河南省嵩县)、洛(雒水)之间,后成仙飞升。

　　④ 根据《文选》五臣注本,苏门先生(魏末孙登之号)游于延濑,见一人采薪,便对他说:"你将这样度过一生吗?"采薪人答道:"我听说圣人没有私欲,以道义作为思想的准则,可您为什么对我的行为感到惊怪而为我哀叹呢!"于是那采薪人为他唱了两首采薪歌表述自己的隐逸之志,随后便走了。延濑(lài),长长的激流。延,长。濑,湍急的溪流。

子之悲①,恸朱公之哭②? 乍回迹以心染,或先贞而后
黩,何其谬哉! 呜乎! 尚生不存③,仲氏既往④,山阿寂
寥,千载谁赏!

　　世有周子,俊俗之士,既文既博,亦玄亦史⑤。然而
学遁东鲁⑥;习隐南郭⑦;偶吹草堂⑧,滥巾北岳;诱我松
桂,欺我云壑。虽假容于江皋,乃缨情于好爵。其始至
也,将欲排巢父,拉许由⑨,傲百氏⑩,蔑王侯。风情张
日,霜气横秋。或叹幽人长往,或怨王孙不游。谈空空

---

　　① 墨翟见了白丝而哭泣,认为它既可染黄,又可染黑,事见《淮南
子·说林训》。
　　② 朱公:即杨朱,他见到歧路而痛哭,因为可以走向南,也可以走
向北,难定方向。
　　③ 尚生:尚长,字子平,东汉末隐士,王莽时,大司空王邑推荐他做
官,他固辞,入山砍柴为生。
　　④ 仲氏:仲长统,字公理,东汉末年人,为人疏狂不羁,每当州郡征
召他为官,他就称病推辞。
　　⑤ 玄:指老庄之道。当时人以《老子》《庄子》《周易》为"三玄"。
　　⑥ 《庄子·让王》篇说,鲁国国君想聘隐士颜阖出仕,颜阖设法逃
脱了。东鲁,即指颜阖。
　　⑦ 南郭:南郭子綦,古隐士,事见《庄子·齐物论》。
　　⑧ 偶吹:与别人一起吹奏乐器,此处暗用"滥竽充数"的典故。
《观止》作"窃吹",据胡刻《文选》本改。
　　⑨ 巢父、许由:都是尧时品格高洁的隐士。传说尧命许由做九州
长,许由以为玷污了自己的耳朵到河边洗耳。巢父饮牛于河,闻此事,怕
洗耳水污牛嘴,便到上游去饮牛。
　　⑩ 百氏:旧注为诸子百家,各本多依此,不妥。按"氏"指贵族,古
时贵族有氏,平民则无,《左传》中有"坠命亡氏",就是指贵族被削夺爵
邑降为平民。

于释部①,核玄玄于道流②。务光何足比③,涓子不能俦④。及其鸣驺入谷⑤,鹤书赴陇⑥,形驰魄散,志变神动。尔乃眉轩席次,袂耸筵上。焚芰制而裂荷衣⑦,抗尘容而走俗状。风云凄其带愤,石泉咽而下怆。望林峦而有失,顾草木而如丧。至其纽金章⑧,绾墨绶⑨,跨属城之雄,冠百里之首⑩。张英风于海甸,驰妙誉于浙右⑪。道帙长摈,法筵久埋。敲扑喧嚣犯其虑,牒诉倥偬装其怀。琴歌既断,酒赋无续。常绸缪于结课,每纷纶于折狱。笼张赵于往图⑫,架卓鲁于前录⑬,希踪三辅豪⑭,驰声九州牧⑮。

使其高霞孤映,明月独举,青松落荫,白云谁侣? 涧户摧绝无与归,石径荒凉徒延伫。至于还飙入幕,写雾出楹,蕙帐空兮夜鹤怨,山人去兮晓猿惊。昔闻投簪逸

---

① 释部:佛教经籍,佛家以空明空,故云空空。

② 道流:道家之流。《老子》云:"玄之又玄,众妙之门。"故曰玄玄。

③ 务光:传说为夏代隐士,商汤灭夏,欲让天下于务光,他负石沉水而逃。事见《列仙传》。

④ 涓子:齐国高士,隐居宕山,事见《列仙传》。

⑤ 鸣驺:鸣,喝道开路。驺(zōu),随从的骑士。

⑥ 鹤书:诏书字体如鹤头,故称鹤书。

⑦ 芰(jì):植物名,即"菱"。此句化用《离骚》:"制芰荷以为衣兮,集芙蓉以为裳。"

⑧ 金章:官员用的铜印。

⑨ 墨绶:黑色的系官印的丝带。

⑩ 属城:即县城,古时县大多方圆百里,故百里代指一县。

⑪ 浙右:浙江之西,指今绍兴市一带。

⑫ 张赵:张敞、赵广汉,西汉人,都曾任京兆尹,以干练出名。

⑬ 卓鲁:卓茂、鲁恭,东汉贤明的官吏。卓茂曾任密云县令,鲁恭任中牟县令。

⑭ 三辅:汉代称京兆、左冯翊及右扶风三地为"三辅"。

⑮ 九州:古时分天下为九州,州长官称牧。

海岸①,今见解兰缚尘缨②。于是南岳献嘲,北陇腾笑,列壑争讥,攒峰竦诮。慨游子之我欺,悲无人以赴吊。故其林惭无尽,涧愧不歇;秋桂遣风,春萝摆月。骋西山之逸议,驰东皋之素谒。

今又促装下邑,浪栧上京,虽情投于魏阙③,或假步于山扃。岂可使芳杜厚颜④,薜荔蒙耻⑤,碧岭再辱,丹崖重滓。尘游躅于蕙路,污渌池以洗耳。宜扃岫幌,掩云关,敛轻雾,藏鸣湍。截来辕于谷口,杜妄辔于郊端。于是丛条瞋胆,叠颖怒魄。或飞柯以折轮,乍低枝而扫迹。请回俗士驾,为君谢逋客。

【译文】

　　钟山的英魂,草堂的神灵,驱云驾雾在驿路上奔驰,铭刻移文于高耸的山庭:

　　以光明磊落、超凡拔俗的品格,潇洒淡逸、不染尘污的志向,与白雪比莹洁,凌青云而直上,这类人我现在才了解了。亭亭耸立于世俗之上,皎皎辉映于云霞之外,视千金富贵如芥草而不屑一顾,看帝王之尊似草鞋而随意脱去;到洛水之滨倾听凤鸣般的仙乐,在延濑之畔欣赏高士采薪之歌,这种隐者是本来就有的。哪里能想到竟然有人前后不一,反复多变,使人们像墨翟见素丝一样为之悲愤,如杨朱临歧路似的失声恸哭!这种人或者暂避山林而心恋利禄,或者开始贞洁而后来污滥,多么荒谬啊!唉!尚子平早已不在,仲长统一

---

① 簪:束冠于发之物,为官员所用,投簪即弃官的意思。
② 兰:指兰佩,隐士的服饰。
③ 魏阙:宫门两侧的楼观,其下为悬示法令之处。这里代指朝廷。
④ 芳杜:即杜若。
⑤ 薜荔:香草名。

去不返,青山啊是这样寂寥,千载啊有谁来赏鉴!

　　现今世上有位姓周的先生,在流俗中间算得上俊杰之士,既有文才又很渊博,精研庄、老,贯通经史。然而他假意去学东鲁颜阖逃遁征召,仿效南郭子綦隐居避世;在草堂中"滥竽充数",混了顶隐士巾在北山厮混;引诱了我的翠松香桂,欺骗了我的白云幽壑。虽然在江边上假充高士姿态,其实本心里却图谋那高官贵爵。刚来的时候,像是要压倒巢父,胜过许由,傲视权贵,轻视王侯。气宇如长风,简直能遮蔽天日;节操似白霜,似乎要弥漫于寒秋。时而叹息幽雅的高士已然离去,时而恼恨隐逸的王孙不来同游;高谈阔论佛教色空的哲理,精推细研道家玄妙的范畴。务光哪里能相比,涓子不配做朋友。等到使者的车马进了山谷,鹤体的诏书传到了峰陇,只见此人手忙脚乱,神志分散,主意突变,心情激动。在筵席之上就扬眉举袖,得意扬扬,撕裂烧毁了隐居的衣裳,显出鄙陋的容颜啊显露了粗俗的情状。风云凄切而带着愤怒,山泉幽咽而涌流着悲怆。眺望那森林峰峦都怅然若失,回顾这花草树木皆嗒(tà)然如丧。等到带上铜印,系上墨黑的绶带,治理一郡中最大的县城,成为全县里最高的官长。在海畔显示了优异的风范,于浙西传播开美妙的声望。那道家的经籍便长期抛舍,讲法的坐席就永久搁置。鞭笞罪犯的喧嚣搅扰着思虑,文书案牍的俗务装满了胸怀。抚琴高歌已经断绝,饮酒赋诗不能继续。经常纠缠于赋税的催纳,时时忙碌着案件的审理。一心想胜过以往书籍中记载的张(敞)、赵(广汉)的政绩,超越那前人著作里描叙的卓(茂)、鲁(恭)的吏治。希求仿效三辅贤能官员的事迹,务使声誉远播让各地的长官赞许。

　　这样一来就使这里的彩霞孤独地映照,明月寂寞地升起,青松徒然投下绿荫,白云悠悠谁为伴侣?涧旁的草庐破蔽无人来住,青石上路径荒凉空待步履。回荡的山风吹入帷幕,喷吐的云雾飘离房楹。蕙草织的帐子空了啊夜里唯有白鹤哀鸣,隐居的山人走了啊清晨只剩山猿惊啼。过去听说贤者投簪弃官隐居海畔,现在见到山人解佩出仕俗务缠身。于是南山给以戏弄,北岭发出冷笑,众壑争相讥刺,群峰连声嘲诮。为游子将我欺骗而愤慨,因无人前来慰问而伤悼。山林含忍着无尽的羞惭,涧水不歇地流动着愧恶。秋桂再也不在风中传香,春兰也无心在月下低徊。西山中高士的清议四方流播,东泽旁隐者朴实的言语相互倾吐。

现今那人又在县城整理好行装,将驾舟赴京去就任高官,虽然一心向往朝廷的恩禄,说不定也顺路到山中盘桓。岂可再让杜若含羞,薛荔蒙耻,使碧绿的峰岭再遭屈辱,赭红的山崖又受污染,游荡的足迹踏脏了芳径,满面的风尘搅浑了高人洗耳的清潭。应当紧锁住青山的窗户,掩闭起云霞的门户,收敛那荡漾的轻雾,隐藏那鸣响的溪泉,将远来的车辆拦在谷口,把乱闯的坐骑堵在山前。于是繁茂的树木义愤填膺,丛生的花草恼怒满胸,有的猛伸出柯条击毁车轮,有的低垂下枝叶扫净足迹。挡回鄙俗的人的车驾,为北山拒绝叛逃之客。

魏 徵

魏徵(580—643),字玄成,祖居巨鹿(今属河北),移居相州内黄(今属河南),隋末曾参加以李密为首的瓦岗寨起义军,后降唐。唐太宗即位后,他历任谏议大夫、秘书监、门下侍中及太子太师等官职,封郑国公。曾主持《周书》《隋书》《陈书》《齐书》等历史著作的编撰。

魏徵是唐开国名臣,以直言谏诤著称,先后向唐太宗陈谏二百余事,有时犯颜直谏,使唐太宗怒不可遏,但魏徵仍从容尽言。死后,唐太宗亲自为他撰书碑文,并对侍臣说:"夫以铜为镜,可以正衣冠;以古为镜,可以知兴替;以人为镜,可以明得失。朕常保此三镜,以防己过。今魏徵殂逝,遂亡一镜矣。"

谏太宗十思疏

【解题】

疏,又称奏疏,是封建时代臣下对国君陈述意见的一种文体。魏徵的这篇疏写于贞观十一年(637)。唐太宗即位之初,奋发有为,生活也较为俭朴,但随着政权的巩固、国势的安定,生活逐渐奢靡起来。魏徵对此很是忧虑,一连几次上疏进谏,这是其中一篇。本篇劝诫唐太宗要"居安思危""戒奢以俭",固本浚源,善始克终,任贤从善,以便实现"垂拱而治",并着重向唐太宗指出"知足""知止""谦冲"等十个方面须深思的问题,这就是所谓的"十思"。文章紧扣中心,从正反对比中,阐明利害;说理透辟,语言简练而生动。

臣闻:求木之长者,必固其根本;欲流之远者,必浚其泉源;思国之安者,必积其德义。源不深而望流之远,根不固而求木之长,德不厚而思国之安,臣虽下愚,知其不可,而况于明哲乎! 人君当神器之重①,居域中之大②,不念居安思危,戒奢以俭,斯亦伐根以求木茂,塞源而欲流长也。

　　凡昔元首③,承天景命④,善始者实繁,克终者盖寡。岂取之易,守之难乎? 盖在殷忧,必竭诚以待下;既得志,则纵情以傲物。竭诚,则吴越为一体⑤;傲物,则骨肉为行路。虽董之以严刑⑥,振之以威怒,终苟免而不怀仁,貌恭而不心服。怨不在大,可畏惟人;载舟覆舟⑦,所宜深慎!

　　诚能见可欲则思知足以自戒,将有作则思知止以安人⑧,念高危则思谦冲而自牧⑨,惧满盈则思江海下百川,乐盘游则思三驱以为度⑩,忧懈怠则思慎始而敬终,虑壅蔽则思虚心以纳下,惧谗邪则思正身以黜恶,恩所加则思无因喜以谬赏,罚所及则思无以怒而滥刑。总此十思,宏兹九德⑪。简能而任之,择善而从之,则智者尽

----

　　① 神器:指帝位。

　　② 域中:指天地之间,此处可解作国家。《老子》:“道大,天大,地大,王亦大。域中有四大,而王居其一焉。”

　　③ 元首:君王。

　　④ 景命:大命。景,大。

　　⑤ 吴国和越国是春秋时位于长江中下游的两个互相敌对的国家。

　　⑥ 董:督责。

　　⑦ 《荀子·王制》:“君者舟也,庶人者水也。水则载舟,水则覆舟。”覆,翻、沉。

　　⑧ 作:指兴建宫室、陵墓等工程。

　　⑨ 冲:虚心,谦和。牧:修养。

　　⑩ 盘游:指打猎等娱乐活动。三驱:《易经·比》:“王用三驱,失前禽。”意思是君王打猎,围合三面,前面留路,使禽兽可逃走一些,以表示好生之德。

　　⑪ 九德:德,《观止》作“得”,据《贞观政要》改。九德见《尚书·皋陶谟》:“宽而栗(庄严),柔而立,愿(善良)而恭,乱(治理)而敬,扰(和顺)而毅,直而温,简而廉,刚而塞(充实),强而义。”

其谋,勇者竭其力,仁者播其惠,信者效其忠;文武并用,垂拱而治①,何必劳神苦思,代百司之职役哉②!

【译文】

　　臣听说:希求树木长得高的,一定要使它的根扎得稳固;欲让河水流得远的,一定要去疏浚它的泉源;想要国家安定的,一定要积累德行道义。泉源不深而想叫河水流得远,根本不牢而希求树木长得高,德行不多而要使国家安定,我虽然十分愚笨,也知道这是办不到的,更何况明智的圣人呢!君王掌握着统治天下的权力,身居国家至高无上的地位,不在安逸的情况下考虑危难的局面,力戒奢侈而提倡节俭,这也就好像砍伐树根而希求枝叶繁茂,堵塞泉源而欲使水流悠长啊。

　　大凡历史上的君主,承受着上天的伟大使命,开始做得好的确实很多,能够坚持到底的却很少了。这难道不是说明夺取天下容易而治理天下困难吗? 一般说来,在忧患重重的情况下,君王会竭尽诚意来对待臣下的;等到情况顺利,志得意满了,就放纵自己的感情而傲视他人了。竭诚待人,即使过去是仇敌也能团结成一体;傲视他人,尽管是骨肉至亲也会成为陌生的路人。虽然用严刑进行督责,用威势加以恫吓,最终也不过使人设法敷衍以免受刑罚而不会感念君王的仁德,外表恭顺而心中不敬服。怨恨不在大小,可怕的是怨恨在人民中积聚起来,水能载舟也能覆舟,这是应当十分慎重对待的!

　　要是能见到喜爱之物就考虑知足的道理而约束自己,将

---

① 垂拱:喻"无为而治"。垂,垂衣。拱,敛手。
② 百司:百官。

要兴建宫室陵墓就考虑适可而止来使人民安定，想到自己高高在上就考虑应该谦虚而加强自身的修养，担心骄傲自满就考虑那大海是低于天下河川的，爱好打猎就考虑以三面围驱为限度，害怕思想懈怠就考虑自始至终都要谨慎从事，忧虑耳目堵塞就考虑虚怀若谷接受臣下的意见，害怕谗佞奸邪就考虑使自身端正而斥退恶人，赐恩于人就考虑不要因为私心的喜爱而奖赏不当，予以惩处就考虑不要因为个人的怨怒而滥加刑罚。全面地考虑这十个方面，发扬那九种圣明的品德。选拔有才能的人加以任用，择取好的意见而予以听从，那么，聪明的人就会提供全部的谋略，勇敢的人就会拿出所有的力量，仁德的人就能广施恩惠，信义的人就会奉献忠诚。文臣武将都得到任用，就可以垂衣敛手而使天下得到治理，又何必要君王劳神费心地去代行百官的职务呢！

骆 宾 王

　　骆宾王(约638—?)，婺州义乌(今浙江省义乌市)人，少负才名，落魄贫困，曾在道王李元庆府中供职，后从军西域。从塞外归来后，任武功、长安两县主簿，入朝为侍御史。因事下狱，贬临海(今浙江省天台县)丞。郁郁不得志，弃官。随徐敬业起兵讨伐武则天，兵败亡命，下落不明。他是"初唐四杰"之一，著作有《骆临海集》。

为徐敬业讨武曌①檄

【解题】

唐睿宗光宅元年(684),英国公李勣(本姓徐,赐姓李)之孙徐敬业以扬州为根据地,起兵讨伐武则天,自称匡复府上将、扬州大都督,任命骆宾王为艺文令。起兵之时,骆宾王代徐敬业起草了这篇檄文。檄文是古代的一种军事文书,以公布于世的方式来晓喻对方或声讨对方。本文声讨了武则天的罪恶,阐明了起兵的动机,宣扬了军威的强大,并号召各方面起来响应。文章写得锋芒犀利,气势磅礴,很有鼓动性。据《新唐书·骆宾王传》说,武则天开始读此文,只是嘻嘻而笑,等读到"一抔之土未干,六尺之孤何托"一句,惊惧地说:"这是谁写的?"有人回禀是骆宾王,武则天埋怨说:"抛舍了这样的人才,是宰相的过失啊!"

伪临朝武氏者,性非和顺,地实寒微。昔充太宗下陈②,曾以更衣入侍③。洎乎晚节,秽乱春宫④。潜隐先帝之私,阴图后房之嬖。入门见嫉,蛾眉不肯让人;掩袖

---

① 武则天(624—705),自名为曌(zhào),山西省文水县人。其父武士彟(huò)原为木材商人,随李渊起兵灭隋,唐太宗时官至工部尚书、荆州都督。则天十四岁入宫为"才人",唐太宗死后,入长安感业寺削发为尼。高宗李治即位,复召入宫,立为"昭仪",进号宸妃,655年册立为皇后,开始干预朝政。李治病死后,她以皇太后身份临朝称制。690年正式称帝,改国号为周。705年患重病,为张柬之等逼迫退位,唐中宗李显复位,她于这年病卒。

② 下陈:此处指地位较低的宫妃。

③ 汉武帝皇后卫子夫,原为平阳侯家的歌伎。武帝到平阳侯家宴饮,休息时更衣,卫子夫在侧侍奉,遂得幸受宠。此处用来抨击武则天来路不正。

④ 春宫:指东宫,即太子所居之宫。

工谗①,狐媚偏能惑主。践元后于翚翟②,陷吾君于聚
麀③。加以虺蜴为心④,豺狼成性,近狎邪僻,残害忠良,
杀姊屠兄⑤,弑君鸩母⑥,人神之所同嫉,天地之所不容!
犹复包藏祸心,窥窃神器⑦。君之爱子,幽之于别宫;贼
之宗盟,委之以重任。呜乎! 霍子孟之不作⑧,朱虚侯之

---

　　① 掩袖:即掩鼻,事见《战国策·楚四》:魏王送给楚怀王美人,怀
王十分宠爱。王后郑袖假意和美人要好,告诉她说:“楚王喜爱你的容
貌,但不喜欢你的鼻子,以后,再见楚王,最好把鼻子掩起来。”美人照她
的话去做,楚王感到奇怪,便问郑袖是怎么回事,郑袖进谗言说:“她讨厌
您身上的臭味。”楚王大怒,下令将美人鼻子割了去。此处用这一典故,指
武则天陷害王皇后事。据《新唐书·后妃传》记载,武则天进宫为昭仪,生
女,王皇后来抱耍,走后,武则天将女孩弄死,盖在被子下面。高宗来,掀
被见女孩死,惊问左右,左右回答王皇后刚才来过。武则天假作悲号,高
宗十分生气。于是武则天便利用高宗对王皇后的不满,屡进谗言,终于
使高宗将王皇后废掉,立她为皇后。
　　② 翚翟(huī dí):雉鸟,即山鸡。皇后的礼服上的图案画作翚翟
之形。
　　③ 聚麀(yōu):多只公鹿共占一头母鹿。麀,母鹿。《礼记·曲礼
上》:“夫唯禽兽无礼,故父子聚麀。”此处指则天曾侍唐太宗又为唐高宗
的皇后。
　　④ 虺(huǐ):一种毒蛇。蜴:蜥蜴。
　　⑤ 武则天为皇后之后,兄武元庆、武元爽被流配而死,内侄惟良、
惟运及甥女贺兰氏都被她杀害。
　　⑥ 鸩(zhèn):鸟名,羽毛有毒,浸酒,饮之即死。按,武则天并无弑
君害母事,此乃强加罪名。
　　⑦ 神器:帝位。
　　⑧ 霍子孟:霍光字子孟,西汉昭帝时任大将军辅政,昭帝死后,辅
佐宣帝,安定了汉朝基业。

已亡①。燕啄皇孙②，知汉祚之将尽；龙漦帝后③，识夏庭之遽衰。

敬业皇唐旧臣，公侯冢子；奉先君之成业，荷本朝之厚恩。宋微子之兴悲④，良有以也；桓君山之流涕⑤，岂徒然哉！是用气愤风云，志安社稷。因天下之失望，顺宇内之推心，爰举义旗，誓清妖孽。南连百越，北尽山河⑥；铁骑成群，玉轴相接。海陵红粟⑦，仓储之积靡穷；江浦黄旗⑧，匡复之功何远！班声动而北风起⑨，剑气冲

---

① 朱虚侯：汉高祖之孙刘章封为朱虚侯。高祖死后，吕雉掌权。吕雉死，外戚吕氏想趁机叛乱，刘章与丞相陈平、太尉周勃一起尽诛吕氏，迎立汉文帝。

② 汉成帝时，民谣曰："燕飞来，啄皇孙。"影射成帝之后赵飞燕暗害皇子。此处借指武则天杀太子李弘及废太子李贤为庶人，贬死巴州事。

③ 据传说，夏末有二龙降于宫廷，夏帝用木盒将龙漦（lí，唾液）收藏。至周厉王时，开启木盒，龙漦流出，化为一头大黑鼋，爬入后宫，一年幼宫女感而怀孕，生褒姒。后来，褒姒成为周幽王的皇后。幽王宠褒姒，废太子，导致犬戎（周时西方少数民族）入侵，犬戎杀幽王于骊山，西周灭亡。

④ 微子名启，为殷纣王庶兄，封于宋。殷亡后，传说他经过殷都废墟，十分伤感，作《麦秀歌》来寄托感情。

⑤ 桓谭：字君山，东汉光武帝时为给事中，上疏反对图谶，被贬为六安郡丞，郁郁而死。《观止》作"袁君山"，指东汉袁安，袁安不满外戚专权，谈及国事，常为之流涕。按袁安字邵公，不能称为袁君山，故改。

⑥ 百越：百越之地，泛指今南方沿海一带。山河：一说应作"三河"，指汉代所设河南、河东、河内三郡。

⑦ 海陵：地名，古属扬州，即今江苏省泰州市海陵区，西汉吴王刘濞在此地囤积军粮。红粟：陈年颜色发红的米。

⑧ 黄旗：《三国志·吴书·吴主传》裴松之注："旧说，紫盖黄旗，运在东南。"紫盖黄旗，为帝王所用，象征着正统。

⑨ 班声：即战马嘶鸣奔驰之声。

而南斗平①。暗鸣则山岳崩颓,叱咤则风云变色。以此制敌,何敌不摧;以此图功,何功不克!

公等或居汉地②,或叶周亲③,或膺重寄于话言,或受顾命于宣室④。言犹在耳,忠岂忘心! 一抔之土未干⑤,六尺之孤何托⑥! 倘能转祸为福,送往事居,共立勤王之勋,无废大君之命,凡诸爵赏,同指山河⑦! 若其眷恋穷城,徘徊歧路,坐昧先几之兆⑧,必贻后至之诛⑨! 请看今日之域中,竟是谁家之天下!

【译文】

擅称伪号临朝听政的武氏,性情本不和顺,出身十分微贱。过去充任太宗的婢妾,曾借皇帝更衣的机会得到恩幸;到了后来,她在东宫淫乱。偷偷地隐瞒了和先帝的私情,暗暗地图谋高宗后宫的宠幸。虽然她的美色刚进宫廷便引起后宫嫔妃的嫉妒,但凭着蛾眉娇态争宠从来不肯让人;惯使诡计又善进谗言,妖冶狐媚偏能迷惑国君。继而爬上皇后宝

---

① 南斗:星名,即斗宿(属人马座),是吴地(今江浙一带)星空的分野。晋初,有紫气冲于牛、斗(星宿名)之间。张华问于雷焕,雷焕回答说:"是宝剑的精气,上达于天。"这里暗用此典。

② 汉地:此处指唐朝属地,按《骆临海集笺注》本,此句为"公等或家传汉爵"。

③ 周亲:至亲。

④ 顾命:指皇帝临死的嘱托遗言,宣室原为汉未央宫正殿名,借指唐代宫室。

⑤ 一抔之土:指唐高宗陵墓,一抔(póu),一掬、一捧的意思。

⑥ 六尺之孤:指继位的新君中宗李显,这时已被武则天废为庐陵王。

⑦ 同指山河:指山河发誓,以山河为证。

⑧ 先几之兆:事前的征兆。坐:因。

⑨ 传说夏禹为北伐共工氏,在会稽山大会诸侯,防风氏因为后至,处以死刑。

座,身穿翚翟礼服,致使我皇万岁陷于乱伦之地。再加上她以毒蛇心肠、豺狼本性,亲近邪恶小人,残害忠臣良将,虐杀兄弟,屠戮姐妹,暗害国君,毒死母亲,真是人神所共恨,天地所不容!更有甚者,她还暗藏着野心,阴谋篡夺皇位,把君王的爱子囚禁在冷宫之中,对奸贼的同党则委以高官重任。啊!像霍光那样的忠臣尚未出现,像刘章那样的宗室王侯早已不在。从那"燕飞来,啄皇孙"的民谣中,就知道汉朝的福祚将要完结;根据神龙在帝后面前吐出涎沫的传说,能预卜夏朝的国运很快便会衰落。

　　敬业是大唐的旧臣,英国公的长子。继承着先辈的功业,蒙受着本朝的深恩。那宋微子对国家灭亡发出悲叹,确实是有因由的;桓君山因遭受贬谪而忧愤流涕,又哪里是平白无故呢!正因为如此,我出于义愤愿做随从龙虎的风云,我的志向就是要安定社稷。利用天下对武氏的失望,顺应国内对大唐的诚心,于是便高举义旗,发誓要扫除妖祸。南面连接百越之地,北面据有了高山大河;铁骑成群,战车相接。海陵的陈粮如山,仓库积储供应不绝;江边的黄旗似林,恢复正统的功业指日可待!战马嘶鸣犹如北风呼啸,剑气冲天而使南斗平定;怒喝能叫山岭崩塌,呐喊则使风云变色。用这样强大的军威来对付敌人,什么样的敌人不被击败;用如此无敌的力量来建功立业,什么样的事业不能成功!

　　诸位或者在大唐封疆上为官,或者本是皇室的至亲,或者担负着皇帝亲自委托的重任,或者在宫廷中接受过君主临终的遗训。先帝的话语仍在耳中鸣响,岂能忘掉对朝廷的忠心?先帝的陵墓上新土未干,年幼的嗣君又在哪里?倘若能将祸事变为好事,忠于已逝的先帝而效力于当今的君王,共同来建立保卫皇帝的功勋,不废弃先君的遗训,那么将来功成之后,必定会得到爵禄封赏,这一点我们可以对山河发誓!

如果困守孤城,负隅顽抗,徘徊歧路,首鼠两端,那么就会因为看不清形势发展的征兆,而必定要遭到像防风氏迟迟晚到的那种诛罚。请看今日四海之内,究竟是谁家的天下!

王　勃

王勃(650 或 649—676),字子安,绛州龙门(今山西省河津市)人,隋末著名学者文中子王通之孙。幼即聪慧,六岁能撰文,十四岁参加幽素科考试,对策得中,授朝散郎官衔,做了沛王(李贤)府修撰。后因为代沛王戏作《檄英王鸡》,触怒高宗,被逐出府。漫游蜀中,为虢州参军。不久,又因杀官奴得罪,按律应死,遇赦得释。父王福畤原为雍州司功,受王勃连累贬为交趾令。勃去探视,渡海时落水,惊悸而死。著有《王子安集》。他与同时的杨炯、卢照邻、骆宾王并称为"初唐四杰"。

滕王阁序

【解题】

唐太宗贞观十三年(639)前后,滕王李元婴(高祖李渊之子)官洪州都督,修筑滕王阁,故址在今江西省南昌市。唐高宗时,洪州都督阎某重阳节在滕王阁大宴宾客,王勃往交趾探视其父,路过洪州,参加了这次宴会,写了《滕王阁诗》及

"序"（据《新唐书·王勃传》）。序中描写了滕王阁壮美的景色，铺叙了宴会的盛况，抒发了自己的羁旅之情，寄寓了怀才不遇的感慨。这是王勃骈体文的代表作，词采绚丽，对仗工整，音韵铿锵，气势奔放，用典贴切而无晦涩芜杂之嫌，自然流畅而无堆砌矫揉之病。

　　南昌故郡①，洪都新府，星分翼轸②，地接衡庐③，襟三江而带五湖④，控蛮荆而引瓯越⑤。物华天宝，龙光射牛斗之墟⑥；人杰地灵，徐孺下陈蕃之榻⑦。雄州雾列，俊彩星驰，台隍枕夷夏之交⑧，宾主尽东南之美。都督阎公之雅望，棨戟遥临⑨；宇文新州之懿范⑩，襜帷暂驻⑪。

---

　　①　南昌：应作豫章。豫章为汉代郡名，所以称为"故郡"；唐代改为"洪州"，故而称作"新府"。"南昌"之名，五代时始用。
　　②　古代天文学家把星宿的分布与地面的区域对应划分，称为分野。翼、轸都是星宿名，南昌在翼、轸分野之内。
　　③　衡庐：衡山（属衡州）、庐山（属江州）。
　　④　三江：长江过彭蠡湖之后，分三道入海，故称三江。五湖：泛指长江流域的鄱阳湖等大湖泊。
　　⑤　蛮荆：古时称楚国为蛮荆，这里泛指湖北、湖南一带。瓯越：古东越王都东瓯（今浙江省永嘉县），故称瓯越，指今浙江省一带。
　　⑥　《晋书·张华传》载，晋初，牛、斗（星宿名）之间有紫光映照，张华命雷焕寻觅，果然在豫章郡丰城牢狱之下发现宝剑一双，名为"龙泉""太阿"。后宝剑没入水中，化为双龙。据《晋书·天文志》载，豫章属吴地，正值斗宿、牛宿的分野。
　　⑦　徐孺：徐稺，字孺子，东汉末年人，家贫，自耕而食，德行为时人所景仰。陈蕃为豫章郡太守，不接宾客，唯独为徐稺准备一榻留宿，徐稺走后，便挂起来。事见《后汉书·徐稺传》。
　　⑧　台隍：城池。
　　⑨　棨戟：兵器名，这里指官员的仪仗。
　　⑩　新州：地名，唐属岭南道，在今广东省新兴县一带。
　　⑪　襜帷：车上的帷幕，借指车辆。

十旬休暇①,胜友如云;千里逢迎,高朋满座。腾蛟起凤②,孟学士之词宗;紫电清霜③,王将军之武库。家君作宰,路出名区;童子何知,躬逢胜饯。

　　时维九月,序属三秋④。潦水尽而寒潭清,烟光凝而暮山紫。俨骖騑于上路⑤,访风景于崇阿;临帝子之长洲,得仙人之旧馆。层峦耸翠,上出重霄;飞阁流丹,下临无地。鹤汀凫渚,穷岛屿之萦回;桂殿兰宫,列冈峦之体势。披绣闼,俯雕甍⑥,山原旷其盈视,川泽盱其骇瞩。闾阎扑地,钟鸣鼎食之家⑦;舸舰迷津,青雀黄龙之轴⑧。虹销雨霁,彩彻云衢。落霞与孤鹜齐飞⑨,秋水共长天一色。渔舟唱晚,响穷彭蠡之滨⑩;雁阵惊寒,声断衡阳之浦⑪。

　　遥吟俯畅,逸兴遄飞。爽籁发而清风生⑫,纤歌凝而

---

　　① 唐朝规定,每十天为一旬日,官员在这天休假。
　　② 董仲舒著《春秋繁露》,梦蛟龙入怀;扬雄著《太玄》,梦口吐凤凰,飞集书上。事皆见《西京杂记》卷二。
　　③ 紫电清霜:古宝剑名。学士:官名,掌著述。
　　④ 三秋:秋季三月分为孟秋、仲秋、季秋。
　　⑤ 骖騑(cān fēi):驾车的马。
　　⑥ 闼(tà):门。甍(méng):屋脊。
　　⑦ 闾阎:屋舍。钟鸣鼎食:古代贵族鸣钟列鼎而食。
　　⑧ 轴:通"舳",船。
　　⑨ 鹜(wù):野鸭。
　　⑩ 彭蠡:鄱阳湖古名。
　　⑪ 衡阳:地名,今湖南省衡阳市。传说雁飞衡阳即止,待春而回。今衡山有回雁峰。
　　⑫ 爽籁(lài):参差不齐的排箫。爽,参差。籁,排箫。

白云遏。睢园绿竹①,气凌彭泽之樽②;邺水朱华③,光照临川之笔④。四美具⑤,二难并⑥;穷睇眄于中天,极娱游于暇日。天高地迥,觉宇宙之无穷;兴尽悲来,识盈虚之有数。望长安于日下⑦,指吴会于云间⑧。地势极而南溟深⑨,天柱高而北辰远⑩。关山难越,谁悲失路之人?萍水相逢,尽是他乡之客。怀帝阍而不见⑪,奉宣室以何年?呜呼!时运不齐,命途多舛;冯唐易老⑫,李广难封⑬。屈贾谊于长沙⑭,非无圣主;窜梁鸿于海曲⑮,

---

①　睢园:西汉梁孝王在睢旭(在今河南省商丘市南)所建的园林,也称菟园,他常与文人聚会于此。

②　指陶渊明,他曾为彭泽令。

③　邺:今河北省临漳县,曹魏的都城。朱华:红艳的荷花,这里借指文采风流。

④　南朝刘宋时,诗人谢灵运曾任临川内史。

⑤　《文选》刘琨《答卢谌》文李善注:"四美,音、味、文、言也。"

⑥　二难:指学通古今的明哲之士。《世说新语·规箴》篇:"(何)晏曰:'知几其神乎,古人以为难;交疏吐诚,今人以为难。今君一面尽二难之道,可谓明德惟馨。'"

⑦　《世说新语·夙惠》篇记晋明帝数岁时有"举目见日,不见长安"之语,意为日近长安远。

⑧　吴会:吴郡,即今江苏省苏州市。一说"会"读如"快",指吴郡与会稽。

⑨　南溟:南海。语出《庄子·逍遥游》。

⑩　天柱:据《神异经》记述,昆仑山上有铜柱,其高入天,称为天柱。北辰:北极星,借指君主。

⑪　帝阍(hūn):原意为天帝的守门者,这里指皇帝的宫门。

⑫　冯唐:汉文帝时为中郎署长,景帝时出为楚相。武帝求贤良,有人举荐他,而他当时已九十多岁,不能再做官了。

⑬　李广:西汉名将,多次参加抗击匈奴的战争,战功赫赫,但始终没得到封侯。

⑭　贾谊:汉初名臣,受朝中权贵排斥,文帝时为长沙王太傅,郁郁不得志。

⑮　梁鸿:字伯鸾,东汉扶风平陵人,过京师,作《五噫歌》,讽刺朝廷奢侈,不体恤民生艰难。汉章帝读后甚为不满,派人寻找他。他更改姓名,与妻子孟光避居齐鲁,后移居吴地。海曲:即滨海之地。

岂乏明时？所赖君子安贫,达人知命。老当益壮,宁知白首之心？穷且益坚,不坠青云之志。酌贪泉而觉爽①,处涸辙以犹欢②。北海虽赊,扶摇可接;东隅已逝,桑榆非晚③。孟尝高洁④,空怀报国之心;阮籍猖狂⑤,岂效穷途之哭!

勃,三尺微命,一介书生。无路请缨,等终军之弱冠⑥;有怀投笔⑦,慕宗悫之长风⑧。舍簪笏于百龄⑨,奉晨昏于万里;非谢家之宝树⑩,接孟氏之芳邻⑪。他日趋

---

①　贪泉:晋吴隐之到广州任刺史,来到离城二十里之处,有水名"贪泉"。隐之饮泉后,赋诗曰:"古人云此水,一歃(shà,即饮之意)怀千金。试使夷齐饮,终当不易心。"

②　涸辙:《庄子·外物》篇:"(庄)周昨来,有中道而呼者,周顾视车辙中有鲋鱼焉……"后人即由这个寓言演化出"涸辙之鱼"一语,来比喻身处困境。

③　东隅:即日出东隅,指早晨,引申为早年。桑榆:即日落桑榆,指晚上,引申为晚年。《后汉书·冯异传》有"失之东隅,收之桑榆"之语。

④　孟尝:字伯周,东汉人,曾任合浦太守,兴利除弊,受到人民爱戴。后隐居。桓帝时,尚书杨乔多次举荐,称他"清行出俗,能干绝群",但他始终没被起用。

⑤　阮籍:字嗣宗,晋朝诗人,佯狂不羁,有时驾车独游,不走大路,等到路走不通了,便痛哭而返。

⑥　终军:西汉济南人,二十多岁为谏议大夫,武帝派他出使南越,他请求给他长缨(绳),说一定要将南越王缚了来献于朝廷。《礼记·曲礼上》说:"二十曰弱,冠。"故弱冠即指二十岁左右。

⑦　投笔:东汉班超家贫,经常替官府抄写文书为生。后来他慨然将笔抛掉,说:"大丈夫无他志略,当效傅介子、张骞立功异域,以取封侯,安能久事笔砚间乎!"以后他出使西域,立了大功。

⑧　宗悫(què):南朝刘宋时人。幼年,叔父问他的志向,他说:"愿乘长风破万里浪。"

⑨　簪:古人束发戴冠时所用的长针。笏(hù):手板,古代官员上朝时用它记事。

⑩　《世说新语·言语》篇载,谢安问其子侄:为什么人们总是希望孩子们成材呢?他的侄子谢玄答道:"譬如芝兰玉树,欲使其生于庭阶耳!"宝树,即玉树,比喻好子弟。

⑪　芳邻:好邻居。用孟母三迁择邻的典故。

庭,叨陪鲤对①;今晨奉袂,喜托龙门②。杨意不逢③,抚凌云而自惜;钟期既遇④,奏流水以何惭? 呜呼! 胜地不常,盛筵难再;兰亭已矣⑤,梓泽丘墟⑥。临别赠言,幸承恩于伟饯;登高作赋,是所望于群公。敢竭鄙诚,恭疏短引;一言均赋,四韵俱成:

　　　　滕王高阁临江渚,佩玉鸣鸾罢歌舞⑦。

　　　　画栋朝飞南浦云,朱帘暮卷西山雨。

　　　　闲云潭影日悠悠,物换星移几度秋。

　　　　阁中帝子今何在?槛外长江空自流。

【译文】

　　豫章原为旧时的郡治,洪州乃是新设的都府;天空正值翼星、轸星分野,地域紧接衡州、江州两处;三江为衣襟五湖做束带,上控着荆楚下连着东瓯。物产华美,有天生的珍宝,龙泉剑光直射着斗、牛之间的辰位;人物英俊而山川灵秀,高

---

　　① 孔丘之子孔鲤,有一次快步走过庭前,孔子问他:"学《诗》乎?"他答没有。孔子教导他:"不学《诗》,无以言!"于是他便回去认真学《诗》。又有一次过庭,孔子问他:"学《礼》乎?"答曰没有,孔子又告诉他:"不学《礼》,无以立!"于是他便认真学习《礼》。故"趋庭鲤对"二语,后人用为亲聆父训之意。

　　② 喜托龙门:东汉李膺,声望极高,当时的读书人能够得到接近他的机会,便称为登龙门。

　　③ 杨意:即杨得意,蜀人,汉武帝的狗监,有一次武帝读了司马相如的《子虚赋》,甚为赞赏,以为古人所作,他恰好陪侍,便进言说:"我的同乡司马相如说这是他作的。"于是,武帝便召见了司马相如。

　　④ 钟期:即钟子期。俞伯牙善于弹琴,钟子期是他的知音。俞伯牙弹《流水》曲,他马上心领神会地说:"好啊,浩浩荡荡的像江河奔流!"

　　⑤ 兰亭:在会稽山阴县,晋时王羲之等曾在此聚会,行修禊事,并饮酒赋诗。王羲之写了《兰亭集序》一文记叙这次盛会。

　　⑥ 梓泽:即晋朝石崇的别墅金谷园,曾有《金谷序》传世。

　　⑦ 佩玉:古人身带佩玉,行路撞击有声。鸾:车上的鸾铃。

士徐穉留宿在陈蕃特设的客榻。雄伟的州郡像云雾从大地上涌起,杰出的人才如流星在夜空里飞驰。城池雄踞于蛮夷与中原相交之处,宾主囊括了东南地区的俊美之士。洪州都督阎公有着高雅的声望,他的仪仗从远方赶来;新州刺史宇文公具备美好的风范,他的车驾在这里暂驻。十天一旬的休假日,好友聚集如云;千里喜迎宾客,良朋坐满宴席。文采腾蛟起凤,孟学士是辞章的宗师;宝剑紫电清霜,王将军收藏于自己的武库。家父在交趾做县令,我探亲途经这一胜地,年轻人有什么才能知识,却有幸参加这豪华的盛宴。

时间是九月,季节在三秋。地面的积水消尽而寒潭清澈见底,晚霞的余光凝聚而暮山紫得透明。驱马驾车在大路上奔跑,寻访美景去高耸的山岭;亲临皇子水边的长洲,找到仙人旧日的馆阁。层叠的山峦耸立起翠绿的屏障,直入青云;凌空的高阁闪动着艳丽的色彩,俯临深渊。白鹤漫步的沙滩,野鸭栖息的洲渚,岛屿的排列极尽萦绕迂回的情致;桂木建筑的殿堂,香兰装饰的宫室,楼阁的布局依照冈峦起伏的地势。打开那彩绘的阁门,俯视那雕饰的屋脊,山野辽阔眺望无极,川泽浩茫触目惊心。城中房舍遍地,有不少显贵高门;渡口船只泊满,见许多雀舫龙舟。彩虹隐没而雨过天晴,日光普照这万里晴空。晚霞与野鸭一起在天际飞舞,秋水和长天相映澄碧一色。暮色里归舟传来声声渔歌,飘荡到鄱阳湖畔;寒风中大雁发出阵阵惊鸣,消失在衡阳水滨。

漫声长吟俯临山川多么舒畅,满怀的逸兴在云间飞腾。箫管奏鸣引来徐徐清风,歌声缭绕逗得白云欲停。盛宴可比睢园中竹林聚会,豪情超越陶渊明酒兴;雅情恰似邺水畔建安风流,文采超过谢灵运。"音、味、文、言"的四美全都具备,学通古今的贤哲齐集一堂。极目远眺那无际的长空,尽情游乐在短暂的假日。苍天高远,大地辽阔,更觉得宇宙浩渺无垠;兴致消尽,悲哀涌来,认识到盛衰自有定数。西望京都远在夕阳之下,东指吴郡隐现云雾之间。地尽东南啊南方大海幽深,天高西北啊北极星辰高悬。关山万里,难以跋涉,迷路游子谁来同情?流水浮萍,偶然相逢,全是他乡陌生之人。怀念着宫门而不能相见,回朝为官谁知在哪年?啊!时气不好,命运坎坷;冯唐是那么容易衰老,李广是那么难得封侯。贾谊贬于长沙,并非未遇着圣贤的君主;梁鸿避居海角,岂是没逢到清明的时代?好在仁德的君子安于贫贱,通达的贤人了解命运。年纪老迈而情怀更加豪壮,哪里能改变白发之人的心愿?境遇艰难而意志越发坚定,决不会坠掉直凌青云的志向。喝着贪泉的水啊而神志却觉清爽,躺在涸辙之中啊而心情依然乐观。北海虽然遥远,展翅乘风便可以到达;旭日东升般的青春年华已经逝去,夕照桑榆似的老年岁月却并不太晚。汉代孟尝品德高洁,却难以实现报国的雄心;晋朝阮籍放达不羁,岂能学他遇穷途而痛哭!

　　我是一个身份低微的文弱书生。虽然与年轻的终军同龄,却没有机会去请求捆缚南越王的长绳;也怀着壮志要投笔从戎,很羡慕那宗悫乘长风破万里浪的雄心。如今抛舍了人生百年的富贵爵禄,万里迢迢去探望父亲。虽不是玉树般的谢家子弟,却也愿学孟母以贤者为邻。不久便要"趋庭鲤对"承受严父的教导,今天有幸"喜登龙门"拜见高雅的主人。如果碰不到举贤的杨得意,就只能抚摸着凌云之赋为自己惋惜;既然遇见了知己的钟子期,奏起那流水之曲而心有何愧。唉!美好的景致不能常存,盛大的宴会也难再遇,兰亭修禊的雅兴久已消逝,金谷园林的楼阁早成废墟。临别之时谆谆赠言,在这盛大的饯别宴会上侥幸蒙受都督的恩遇。登临滕王高阁要撰写华美的诗赋,期待着诸位先生各显奇才。我竭尽自己卑陋诚意,恭谨地写成这篇短序。一言定

题,齐来赋咏,四韵八句,我挥笔而成:

　　壮美的滕王阁俯临着江边的沙渚,

　　佩玉鸣,鸾铃响,歌舞已经结束。

　　雕花的栋梁晨光中缭绕着南浦的白云,

　　彩绘的朱帘暮霭里卷收起西山的阵雨。

　　闲云投影深潭,每日里悠悠飘游,

　　人物换,时光移,已过了几度春秋。

　　楼阁中游乐的滕王如今又在哪里?

　　门槛外大江水却依然寂寞地奔流!

李 白

　　李白(701—762),字太白,唐代伟大诗人。祖籍陇西成纪(今甘肃省静宁县西南),隋末先人获罪谪于西域碎叶城(据郭沫若说,李白生地在今吉尔吉斯斯坦境内托克马克市附近),五岁随父定居绵州昌隆(今四川省江油市)青莲乡,故号为"青莲居士"。年轻时好剑术,任侠,访道,喜纵横之说,并表现出文学的才能。二十五岁"仗剑去国,辞亲远游",离开四川到长江中下游一带漫游,结识了诗人孟浩然和荆州刺史韩朝宗。唐玄宗天宝元年(741),因道士吴筠推荐,召赴长安,供奉翰林,文章风采,名重一时,太子宾客贺知章称他为"谪仙人"。但因性情高傲,为权贵所不容,不久便被"赐金还山"。他在洛阳结识杜甫,与杜甫、高适同游河南、山东。

分别后,再度南游江淮,隐居庐山屏风叠。天宝十四年(755),安史之乱爆发,次年,他参加永王李璘的幕府,牵连进统治者争夺皇权的斗争中。不久,李璘为其兄唐肃宗所灭,李白也获罪流放夜郎,遇赦放还,投奔族叔当涂(今安徽省当涂县)令李阳冰,卒于当涂。著有《李太白集》。

与韩荆州书

【解题】

唐代风俗,读书士子拜谒地方长官或当朝权贵,争取他们的品评和举荐,便有可能扬名海内,置身仕途。韩朝宗在玄宗开元年间任荆州刺史(一说为荆州长史,刺史的属官),喜奖掖后进,为当时读书人所仰慕。李白离蜀漫游至荆州,结识了他,并上书自荐,写了这篇文章。文章自述抱负才能,行文英爽豪迈,毫无卑辞乞怜之态。但为了取得韩朝宗的赏识和推荐,对韩朝宗过分推崇,有吹捧谀媚之嫌,这一点是不足为训的。

白闻天下谈士相聚而言曰:“生不用封万户侯①,但愿一识韩荆州。”何令人之景慕一至于此! 岂不以周公之风,躬吐握之事②,使海内豪俊,奔走而归之,一登龙门,则声价十倍,所以龙蟠凤逸之士,皆欲收名定价于君侯。君侯不以富贵而骄之,寒贱而忽之,则三千之中有

---

①　万户侯:食邑万户的侯爵。古代受封于某地,有权收取该地区的租税,叫作食邑。

②　周公姬旦(武王之弟)辅佐周成王(武王之子),兢兢业业,为了接待求见之人,他经常“一沐三握发,一饭三吐哺”。吐握,即吐哺(吐出口中食物)、握发(握着洗湿的头发)。

毛遂①,使白得颖脱而出,即其人焉。

白,陇西布衣,流落楚汉。十五好剑术,遍干诸侯;三十成文章,历抵卿相。虽长不满七尺,而心雄万夫。皆王公大人许与气义。此畴曩心迹,安敢不尽于君侯哉!

君侯制作侔神明,德行动天地;笔参造化,学究天人。幸愿开张心颜,不以长揖见拒。必若接之以高宴,纵之以清淡,请日试万言,倚马可待②。今天下以君侯为文章之司命③,人物之权衡,一经品题,便作佳士。而今君侯何惜阶前盈尺之地,不使白扬眉吐气,激昂青云耶?

昔王子师为豫州④,未下车,即辟荀慈明⑤;既下车,又辟孔文举⑥。山涛作冀州⑦,甄拔三十余人,或为侍

———————————————————————

①　毛遂:战国时赵国平原君赵胜的门客。前257年,秦兵围赵都城邯郸,赵王派平原君求救于楚。平原君在三千门客中选二十位贤能之士为随从,仅得十九人。这时不出名的毛遂自我推荐,平原君不以为然,说:"贤士处世,好像利锥装在布囊里,锥尖马上会露出来的。你到这里三年了,我还没听人说过你的才智呢!"毛遂便答道:"我要是早被放在布囊中,也就早颖(锥尖)脱而出了。"于是平原君便带上了他。到楚国之后,全仗毛遂之力,使楚王派出救兵。事见《史记·平原君列传》。

②　东晋大将桓温北征,途中要袁虎写一篇布告,袁虎倚立马前,手不停笔,一会儿便写了七张纸,并且写得很好。于是后人便用"倚马可待"这一成语比喻文思敏捷。事见《世说新语·文学》。

③　司命:星名,即文昌星的第四星,主持人间文运。

④　王子师:王允字子师,东汉太原祁(今山西省祁县)人。汉灵帝中平元年(184)拜豫州刺史,征召荀爽(字慈明)、孔融(字文举)为从事。事见《后汉书·王允传》。

⑤　荀慈明:荀爽,字慈明,东汉颍川人。兄弟八人,并有才名,世称"八龙",时人云:"荀氏八龙,慈明无双。"后与王允共谋诛董卓,未遂被杀。

⑥　孔文举:孔融字文举,东汉末年人,孔子二十代孙,是建安七子之一,曾任北海相、大中大夫之职,后为曹操所杀。

⑦　山涛:字巨源,晋朝河内怀县(今河南省武陟县)人,为"竹林七贤"之一,曾任冀州刺史。事见《晋书·山涛传》。

中、尚书①,先代所美。而君侯亦一荐严协律,入为秘书
郎②;中间崔宗之、房习祖、黎欣、许莹之徒③,或以才名
见知,或以清白见赏。白每观其衔恩抚躬,忠义奋发。
白以此感激,知君侯推赤心于诸贤之腹中,所以不归他
人,而愿委身国士。傥急难有用,敢效微躯!

且人非尧舜,谁能尽善?白谟猷筹画④,安能自矜?
至于制作,积成卷轴⑤,则欲尘秽视听,恐雕虫小技⑥,不
合大人。若赐观刍荛⑦,请给纸笔,兼之书人,然后退扫
闲轩,缮写呈上。庶青萍、结绿⑧,长价于薛、卞之门⑨。
幸推下流,大开奖饰,唯君侯图之。

---

① 侍中:魏晋时皇帝的侍从官员。尚书:魏晋时尚书台的官员,通
称尚书郎,是皇帝的秘书人员。

② 严协律:据说是指严武,字季鹰,但史书未载其任协律郎(掌管
音乐)之职。秘书郎:朝廷掌管图书的官员。

③ 崔宗之:名成辅,袭封齐国公,曾官侍御史。房习祖、黎昕、许莹
生平不详。

④ 谟猷(mó yóu)筹画:指在政治方面谋略计划。

⑤ 卷轴:古代撰著用长条纸,开端加一木轴,写完后即将纸卷到木
轴上,以便收藏,故称为卷轴。

⑥ 雕:努力书写。虫:指一种笔画如虫的字体,是秦代八种字体之
一,童子学习书法时要临摹这种字体。汉扬雄《法言·吾子》篇中有"雕
虫篆刻""壮夫不为"之语。

⑦ 刍(chú):割草。荛(ráo):采薪。刍荛引申为草野之人的
议论。

⑧ 青萍:良剑名。结绿:美玉名。

⑨ 薛:指薛烛,春秋时越国的一位善于鉴别剑的人。卞:指卞和,
春秋时楚国人,曾在荆山得璞玉,献于楚厉王,厉王以为是诈,砍掉了卞
和的左足;厉王死,又献于武王,仍以为是诈,砍了右足。武王死,文王即
位,他抱着璞玉在路上哭。文王听到后,命玉匠琢璞,得到美玉,名为"和
氏璧"。

【译文】

　　我听天下喜谈世事的人聚在一起议论："一生之中并不希求被封为万户侯,只是企望能拜谒结识韩荆州。"为什么您能使人们景仰爱戴到这种程度呢? 难道不正是因为您仿效周公的作风,躬行"握发吐哺"、礼贤下士之事吗? 使天下的英豪俊杰,争先恐后地归附于您;一旦为您赏识,恰如跃登龙门,声誉身价立刻提高了十倍。因此那些德高才大、龙蟠凤舞的人士,都希望从您这里得到称誉和评价。大人如能不以自身的富贵而傲慢待人,不因他人的贫贱而加以轻视,那么众多的门下士中自然就会有毛遂存在,倘使我李白能够有机会显露才华,我便是毛遂这样的人。

　　我本是祖籍陇西的一个士子,流落到这楚汉一带。十五六岁就喜好剑术,四方拜谒封疆大员;三十左右便能撰写文章,到处求教当朝显要。虽然身高不过七尺,但是雄心超越万人。王公大人们十分赞赏我磊落豪放的气魄和情操。这就是我过去的抱负和经历,怎么敢不向您尽情地倾吐呢!

　　大人您的撰著等同神明,您的德行感动天地,文笔能阐述自然运化的奥秘,学问能明察天道人事的精微。希望你能对我诚心相交,和颜相待,不要因为我傲然长揖而拒于门外。如果一定以盛宴招待,容许我尽情畅谈,那么您可以当面考察我的文才,日试万言,我是倚马可待,挥笔而就的! 现在天下文士把您看作是主持文运的宗师、权衡人物的标准。一旦经你品评奖拔,立刻便会成为名扬天下的佳士。而今大人怎么会吝惜用台阶前一点小小的地方来接待我,不让我李白也扬眉吐气、直上青云呢?

　　过去王允做豫州刺史,途中便征召了荀爽为"从事",到任之后,又举荐了孔融。山涛任冀州刺史,选拔了三十多位人才,其中有的后来担任了侍中或尚书等要职,这件事被前代的人传为美谈。而大人您也一开始就举荐了协律郎严武，他入朝担任秘书郎之职；中间又曾征辟过崔宗之、房习祖、黎昕、许莹等人，有的是以才能出众而受到知遇，有的是以德行清白而得到赏识。我常看到他们怀念您的恩情，时时鞭策自己，奋发出忠贞义烈的精神。我也由此而深受感动，认识到您能将自己的一颗诚心全部交付于诸位贤才。故而我也就再不去投奔他人，而打算委身于您这位举国知名的人士了。倘若一旦您遇到危急和忧难有用我之处，我愿意以自己的生命来为您效力！

　　况且人并不都是尧舜，谁能尽善尽美呢？我在政治方面的谋略计划，哪里足以自己夸耀呢？至于说到诗文著作，已然积累了不少卷轴，打算请您过目，又恐怕这种浅薄的雕虫小技，不合乎高人贤哲的口味。如果蒙您的情要看一看我的菲薄粗糙的呈献，请求您赐给纸张笔墨，并派给抄写之人，然后我便回去整理好安静的屋子，将文稿誊写清楚呈献给您，以便它们像宝剑、美玉在薛烛、卞和那儿受到鉴赏一样，增长声价。希望您能恩顾于我，给我以赞扬和鼓励。恳请大人予以考虑。

春夜宴桃李园序

【解题】

　　本文抒写了作者与弟兄春夜宴饮于桃李盛开的园林，赋诗咏怀，畅叙天伦之乐的情趣。文章辞短韵长，行文转折自如，风格清新俊逸，是一篇脍炙人口的抒情小品。

　　夫天地者，万物之逆旅；光阴者，百代之过客。而浮生若梦，为欢几何？古人秉烛夜游，良有以也。况阳春

召我以烟景,大块假我以文章①。会桃李之芳园,序天伦
之乐事。群季俊秀,皆为惠连②;吾人咏歌,独惭康乐③。
幽赏未已,高谈转清。开琼筵以坐花,飞羽觞而醉月④。
不有佳作,何伸雅怀! 如诗不成,罚依金谷酒数⑤。

【译文】

　　天地是万物暂宿的旅舍,光阴是百代不停的过客,而浮
荡不定的人生像一场大梦,能有多少欢乐? 故而古人手持烛
火做长夜之游,确实是有其原因的。况且那温和的春天用淡
烟轻笼的绚丽景色把我召唤,那天地间万物将斑斓缤纷的花
纹图案向我展现。聚会在桃李芬芳的名园,畅叙这兄弟之间
的天伦之乐。诸位贤弟英俊聪敏,都是谢惠连一流的人物;
而我吟诗作赋,却惭愧难与谢灵运的才能相比。幽雅景致观
赏未尽,高谈阔论更转清奇。华贵的筵宴摆好,大家在花丛
里就坐,羽觞飞快传递,沉醉于皎洁的月色之中。没有美妙
的诗章,怎能抒发风雅的情怀! 如果谁吟诗不成,就按照金
谷园宴会的规矩罚酒三杯。

---

　　①　大块:指天地。文章:此指自然界的日月星辰、山峦河川、花草
树木、走兽飞禽等物,各以其形态、色泽,交织辉映,构成绚丽的美景,犹
如锦绣织成的花纹(文)图案(章)。
　　②　谢惠连:南朝著名诗人谢灵运之族弟,工诗文,擅书画,灵运极
爱其才。
　　③　康乐:谢灵运世袭康乐公,世称谢康乐。
　　④　羽觞:椭圆形两边有耳的酒杯。
　　⑤　金谷酒:晋代石崇有别墅金谷园,曾宴客园中,即席赋诗,作不
出来的罚酒三杯。

李 华

李华(约715—774),字遐叔,唐赵郡赞皇(今河北省赞皇县)人。开元、天宝年间历任监察御史、右补阙、吏部员外郎等官职。安史之乱中,在长安被叛军俘虏,接受了凤阁舍人的伪职,乱平后,被贬为杭州司户参军。后去官隐居山阳(今江苏省淮安市),晚年信奉佛法。他反对六朝浮艳文风,主张恢复先秦两汉散文传统,对韩愈提倡的古文运动有一定的影响。

吊古战场文

【解题】

唐玄宗时期,统治者开拓边土、穷兵黩武的政策,给人民带来极大的灾难,李华的这篇散文便是针对这一社会问题而写的。作者描叙了古战场荒凉凄惨的景象,揭示了战争的残酷性以及它给人民造成的巨大痛苦,回顾了历史上对外战争得失成败的经验和教训,提出了行王道以安四夷、择良将而御边塞的主张。这篇文章采用骈体形式,基本上以四言句式构成,描写生动,感情激切,融情入景,情文并茂,再加上音韵和谐,对仗精工,读起来确实有一种回肠荡腑的气势、抑扬顿挫的情致。

浩浩乎平沙无垠,夐不见人①。河水萦带,群山纠纷。黯兮惨悴,风悲日曛。蓬断草枯,凛若霜晨。鸟飞不下,兽铤亡群。亭长告余曰②:"此古战场也,常覆三军,往往鬼哭,天阴则闻。"伤心哉! 秦欤? 汉欤? 将近代欤?

吾闻夫齐魏徭戍,荆韩召募。万里奔走,连年暴露。沙草晨牧,河冰夜渡。地阔天长,不知归路。寄身锋刃,腷臆谁诉③? 秦汉而还,多事四夷④。中州耗斁⑤,无世无之。古称戎夏⑥,不抗王师。文教失宣⑦,武臣用奇。奇兵有异于仁义。王道迂阔而莫为。呜呼! 噫嘻!

吾想夫北风振漠,胡兵伺便。主将骄敌,期门受战⑧。野竖旄旗⑨,川回组练⑩。法重心骇,威尊命贱。利镞穿骨,惊沙入面。主客相搏,山川震眩。声析江河,势崩雷电。至若穷阴凝闭,凛冽海隅;积雪没胫,坚冰在须;鸷鸟休巢,征马踟蹰;缯纩无温⑪,堕指裂肤。当此苦寒,天假强胡,凭陵杀气,以相剪屠;径截辎重⑫,横攻士

---

① 夐(xiòng):辽远。
② 亭长:唐时地方小吏,管治安和传达禁令。
③ 腷(bì)臆:抑郁愁闷的心情。
④ 四夷:古时泛指四境之外的少数民族。
⑤ 中州:古时豫州为中州,这里指中原。斁(dù):败坏。
⑥ 戎:泛指少数民族。夏:指中国。
⑦ 文教:文德教化,指礼、乐等典章制度。
⑧ 期门:此处指大军驻地的营门,与皇帝近卫军的"期门"不同。
⑨ 旄旗:军旗的一种。即用旄牛尾装饰的旗子。
⑩ 组:组甲,即以绦带(组)缀甲,这是战车上的士卒穿的。练:即以帛缀甲,这是步卒穿的。组练,借指军队。
⑪ 缯纩:指御寒的衣服。缯(zēng),帛。纩(kuàng),絮。
⑫ 辎重:军需物资,如武器、军服、粮草等。

卒。都尉新降①,将军覆没。尸填巨港之岸,血满长城之窟;无贵无贱,同为枯骨,可胜言哉?鼓衰兮力尽,矢竭兮弦绝;白刃交兮宝刀折,两军蹙兮生死决。降矣哉?终身夷狄;战矣哉?骨暴沙砾。鸟无声兮山寂寂,夜正长兮风淅淅,魂魄结兮天沉沉,鬼神聚兮云幂幂。日光寒兮草短,月色苦兮霜白。伤心惨目,有如是耶?

吾闻之:牧用赵卒②,大破林胡③,开地千里,遁逃匈奴。汉倾天下,财殚力痛④。任人而已,岂在多乎?周逐猃狁⑤,北至太原⑥,既城朔方⑦,全师而还;饮至策勋⑧,和乐且闲,穆穆棣棣⑨,君臣之间。秦起长城,竟海为关,荼毒生灵,万里朱殷。汉击匈奴,虽得阴山⑩,枕骸遍野,功不补患。

苍苍蒸民⑪,谁无父母?提携捧负⑫,畏其不寿。谁无兄弟,如足如手?谁无夫妇,如宾如友?生也何恩,杀之何咎?其存其没,家莫闻知。人或有言,将信将疑。

---

① 都尉:武官名,汉代郡设都尉。
② 牧:李牧,战国时赵国的良将,抗击匈奴,屡立大功。
③ 林胡:古代北方少数民族匈奴的一支。
④ 痡(fú):病,这里引申为疲敝。
⑤ 猃狁(xiǎn yǔn):古代北方的一个少数民族。
⑥ 太原:古时地名,在今宁夏回族自治区固原市北。
⑦ 朔方:地名,周代接近猃狁活动地区。汉武帝时设的朔方郡,在今内蒙古自治区鄂尔多斯市右翼后旗一带。
⑧ 饮至:班师之后祭告于宗庙,并饮酒庆贺。策勋:把功劳记在简策上。
⑨ 棣棣:雍容娴雅的气氛。
⑩ 阴山:山名,起于河套,绵延内蒙古,与兴安岭相接,汉武帝征讨匈奴夺取此山,匈奴势力从此衰落。
⑪ 苍苍:多的样子。蒸民:众民。
⑫ 提携捧负:领着抱着孩子,爱护备至。这里采用意译。

悁悁心目①,寝寐见之。布奠倾觞②,哭望天涯,天地为愁,草木凄悲。吊祭不至,精魂何依? 必有凶年,人其流离。呜呼! 噫嘻! 时耶? 命耶? 从古如斯。为之奈何? 守在四夷③。

【译文】

浩渺啊那旷野漫无边际,迥远而不见人烟;大河缠绕如带,群山重叠连绵。昏沉沉啊惨淡荒凉,风悲号而日光暗。飞蓬折断野草干枯,凛冽好似霜寒的秋晨。禽鸟惊飞不敢停落,走兽狂奔离群失散。亭长告诉我说:“这就是古代战场,大军经常在这儿溃败被歼,往往传来鬼的哭声,天阴之时就能听见。”真是令人伤心啊! 不知这战场是秦代的呢? 汉代的呢? 还是近代的呢?

我听说那齐魏两国征发百姓戍守边塞,楚韩两国的兵员则是招募而来。兵士们万里奔波,连年间暴露野外。早晨在那沙漠草地上放马,夜渡黄河踏着冻结的冰块。地阔天远野茫茫,不知归路何处在。置身在枪刀的锋刃之中,向谁倾吐自己痛苦的情怀? 秦代汉朝以来,经常征伐四夷,国内的实力消耗毁败,没有一朝没这种事例。古人所说不管是中原或四夷,圣王的大军无人敢抗拒。自从文德教化不再提倡,于是武将便争用奇诡之计。用奇兵来取胜与仁义有别,以王道为迂远不再采取。啊! 可悲呀可惜!

我想那北风席卷荒漠之时,胡兵窥到可乘之机。主将骄

① 悁(juān)悁:忧闷的样子。
② 布奠:摆好祭品。
③ 《左传·昭公二十三年》:“古者天子,守在四夷。”意思是说,古时圣贤的帝王,以德行教化,使外族归服,为天子守卫疆土,这样就不会发生战争了。

惰大意轻敌,兵到营门仓促迎击。旷野上到处竖立牛尾战旗,平川间无数军卒争战奔驰。军法峻急,战士心惊胆战,威权尊严生命一钱不值。锋利的箭头射穿骨头,迅猛的风沙刺裂面皮。守军外敌在搏斗拼杀,高山大河也似乎震得昏迷。擂鼓呐喊之声似江河崩裂,冲锋陷阵之势如雷鸣电掣。等到浓黑的冬云凝聚天空,凛冽的寒风横扫海角;积雪陷到膝盖,冰凌结满胡梢;凶猛的鹰鹘缩卧在巢内,壮健的战马不敢奔跑;丝绵寒衣没有一点暖意,皮肤皲裂手指也会冻掉。正当这严寒季节,胡兵便成了天骄,凭仗着肃杀之气,凶横地屠戮侵扰。拦路抢掠军用物资,横行疆场攻击士卒。都尉战败投降,将军也遭杀戮。死尸填塞了河港石岸,鲜血注满了长城洞窟。不论高贵低贱,全成一堆白骨,这悲惨的情景怎能尽述?鼓声低缓啊战士力尽,箭已射完啊弓弦断绝,白刃相击啊宝刀砍折,两军肉搏啊生死相决!投降吧,便终身成为少数民族的俘虏;奋战啊,只落个荒沙上尸骨暴露。飞鸟不鸣啊山峦无声地耸立,夜色正浓啊寒风浙浙啼哭;冤魂不散啊天色低沉昏暗,鬼神聚集啊愁云四处密布。日光惨淡啊荒草矮,月色凄清啊霜雪白。还有比这更令人伤心落泪的惨象吗?

我听说:李牧仅仅统率赵国士卒,便能纵横无敌大破林胡,开拓了千里疆土,赶跑强横的匈奴。汉朝动用了全国军队,却落得财物耗尽百姓劳苦。成败在于选任良将而已,哪里只是因为有众多兵卒!周朝驱逐猃狁,北征直至太原;在朔方修筑了城池,全军胜利而还。祭告宗庙,宴饮记功,团结欢乐,多么安闲!和穆雍容的气氛,弥漫君臣之间。秦代修建长城,东至大海筑关,残害天下百姓,血染万里江山。汉朝征伐匈奴,虽然夺得阴山,但尸体相枕布满旷野,功绩不能补偿祸患!

天下无数百姓,何人没有爹娘? 从小精心照料,唯恐不能成长。哪个没有弟兄,亲密如同手足? 谁家又无夫妻,相敬相爱情长? 他们活着帝王给过什么恩德? 有什么过错啊帝王要驱赶他们进屠场。战场上或生或死,家里面音信不知;有时传来消息,使人将信将疑。心中担忧眼含愁,相见只有在梦里。摆好供品啊洒酒祭地,放声痛哭啊远望天际。大地苍天为之忧愤,花草树木惨然悲凄,凭吊祭祷路远难至,亲人魂灵何处归依? 大战之后必有灾年,百姓逃荒颠沛流离。啊! 唉! 是时运所致吗? 莫非是命中注定吗? 从古就是如此! 有什么办法能加以改变? 那得靠朝廷文德教化,使少数民族归附,战祸不起!

刘 禹 锡

刘禹锡(772—842),字梦得,唐代洛阳(今属河南省)人。二十一岁中进士,官至监察御史,参加了以王叔文为首的政治集团,进行所谓"永贞(唐顺宗年号)革新"。失败后,贬为朗州司马,后历任连州、夔州、和州等地刺史。晚年入朝为主客郎中,迁为太子宾客,在东都洛阳供职,故世称"刘宾客"。著作有《刘梦得文集》。

刘禹锡是中唐时期的一位进步的思想家、优秀的诗人,秉性耿介傲岸,虽屡遭贬谪而顽强不屈。他的诗对朝政多有讽刺,并注意向民间歌谣学习,其乐府诗中有不少诗采用了民歌形式,如著名的《竹枝词》《杨柳枝词》等。晚年与白居易交往唱和,时称"白刘"。

陋室铭

【解题】

　　铭,是古代文体的一种,属箴铭类,用于规诫,多为诫勉自己而作。本文通过对自己简陋居室的描写,表现了作者洁身自好、孤芳自赏、不与世俗权贵同流合污的思想情趣。

　　山不在高,有仙则名;水不在深,有龙则灵。斯是陋室,唯吾德馨。苔痕上阶绿,草色入帘青;谈笑有鸿儒,往来无白丁①。可以调素琴,阅金经②;无丝竹之乱耳③,无案牍之劳形④。南阳诸葛庐⑤,西蜀子云亭⑥。孔子云:"何陋之有⑦?"

【译文】

　　山并不在于高峻,只要有仙人居留便会出名;水并不在

————————

　　①　白丁:无官职的平民。按,唐代制度:人们按照品级地位穿不同颜色的衣服,柘黄色为帝王及皇室成员的服色,官服则红紫为上,蓝绿次之,黑褐最低。平民则穿白色衣服,故称白丁。这里与"鸿儒"对称,是指无文化教养的俗人。

　　②　金经:用泥金(一种用金屑和胶水制成的颜料)书写的佛经。

　　③　丝竹:泛指乐器。

　　④　案牍:文书、公文之类。

　　⑤　诸葛庐:诸葛亮曾隐居南阳茅庐之中。

　　⑥　子云:扬雄字子云,成都人,是西汉著名的学者、文学家。成都少城西南有扬雄宅,又叫"草玄堂"。《汉书》说他"有田一廛,有宅一区",他的住居也是比较简陋的。

　　⑦　《论语·子罕》:"子曰:'君子居之,何陋之有?'"

于幽深,只要有蛟龙蟠栖就显神灵。这一间简陋狭隘的居室啊,我高洁的德行使它芳香充盈。苔藓爬上石阶染成一片翠绿,草色透入帘栊映得满室碧青。这里常有学识渊博的大儒促膝谈笑,从无不学无术的俗客奔走钻营。室中可以弹奏清雅的琴瑟,可以阅读玄妙的金经;没有丝竹俗曲搅扰听觉,没有文牍公事劳累体形。好似南阳诸葛亮的草庐,恰如西蜀扬子云的茅亭。孔子说:"只要是君子住在里面,哪里会有什么卑陋呢?"

杜　牧

　　杜牧(803—853),字牧之,号樊川居士,唐代京兆万年(今陕西省西安市)人。他以"经邦济世"之才而自负,敢于"论列大事,指陈利病",并特别注重研究兵法,但因为刚直不阿,仕途很不得意。历任黄、睦等州刺史和监察御史、中书舍人等职。他是晚唐杰出的诗人,作诗主张"以意为主,以气为辅,以辞采章句为之兵卫"。他的诗既能深刻地反映现实,又有优美的意境、婉约的情思,清丽潇洒,在当时和后代颇享盛名,人们称杜甫为"老杜",称他为"小杜",他的文章也多是针对现实,有为而发。著作有《樊川文集》。

阿房宫赋

【解题】

　　阿房宫是秦朝的宫名,故址在今陕西省西安市西郊,秦惠文王时开始修筑,秦始皇扩建而成。杜牧写这篇赋,目的是借古讽今,他在《上知己文章启》一文中说:"宝历(唐敬宗李湛的年号)间大起宫室,广声色,故作《阿房宫赋》。"赋的前半部分以丰富的想象、夸张的手法,极力铺陈阿房宫的宏丽豪华,揭露了秦始皇穷奢极欲的生活,用以影射唐敬宗李湛的荒淫奢侈;后半部分则由此而畅论秦始皇暴取民财,挥霍无度,激起人民的反抗,从而自取灭亡的历史教训,借以警告唐代的统治者。文章写得气势磅礴,语言华赡而生动,说理透辟警策,是唐代短赋中的佼佼之作。

　　六王毕①,四海一;蜀山兀,阿房出。覆压三百余里,隔离天日;骊山北构而西折②,直走咸阳③。二川溶溶④,流入宫墙。五步一楼,十步一阁,廊腰缦回,檐牙高啄,各抱地势,钩心斗角。盘盘焉,囷囷焉⑤,蜂房水涡,矗不知其几千万落。长桥卧波,未云何龙?复道行空⑥,不霁何虹?高低冥迷,不知西东。歌台暖响,春光融融;舞殿冷袖,风雨凄凄。一日之内,一宫之间,而气候不齐。

---

①　六王:指战国时齐、楚、燕、赵、韩、魏六国的君王。
②　骊山:山名,在今陕西省西安市临潼区东南。
③　咸阳:秦朝都城,在今陕西省咸阳市东北。
④　二川:指渭水与樊水。
⑤　囷(qūn)囷:旋涡状。
⑥　复道:楼阁之间架木构成的空中通道。

妃嫔媵嫱①,王子皇孙,辞楼下殿,辇来于秦,朝歌夜弦,为秦宫人。明星荧荧,开妆镜也;绿云扰扰,梳晓鬟也;渭流涨腻,弃脂水也;烟斜雾横,焚椒兰也②;雷霆乍惊,宫车过也;辘辘远听,杳不知其所之也。一肌一容,尽态极妍;缦立远视,而望幸焉。有不得见者,三十六年。燕赵之收藏,韩魏之经营,齐楚之精英,几世几年,取掠其人,倚叠如山;一旦不能有,输来其间。鼎铛玉石③,金块珠砾④,弃掷逦迤,秦人视之,亦不甚惜。

嗟乎! 一人之心,千万人之心也。秦爱纷奢,人亦念其家。奈何取之尽锱铢⑤,用之如泥沙! 使负栋之柱,多于南亩之农夫⑥;架梁之椽,多于机上之工女;钉头磷磷,多于在庾之粟粒⑦;瓦缝参差,多于周身之帛缕;直栏横槛,多于九土之城郭⑧;管弦呕哑,多于市人之言语。使天下之人,不敢言而敢怒;独夫之心,日益骄固。戍卒叫⑨,函谷举⑩;楚人一炬⑪,可怜焦土!

呜呼! 灭六国者,六国也,非秦也。族秦也,秦也,

---

① 妃:帝王的妾。嫔:宫廷女官之名。媵(yìng):陪嫁后妃的女子。嫱(qiáng):宫廷女官。

② 椒兰:以椒、兰做成的香料。

③ 铛:锅的一种。

④ 块:土块。砾:沙石。

⑤ 锱铢(zī zhū):古代重量名。一铢约等于一两的二十四分之一,六铢为一锱。这里比喻细微之物。

⑥ 南亩:泛指田亩。

⑦ 庾:露天的谷仓。

⑧ 九土:即九州,指全国。

⑨ 戍卒叫:指陈胜、吴广起义。他们本是被征发去防守渔阳的戍卒。

⑩ 函谷举:前207年刘邦从武关入咸阳,又派兵占领函谷关。

⑪ 楚人一炬:前206年项羽入咸阳,焚烧秦国宫殿,大火三月不灭。项羽是楚将项燕之后,故称为楚人。

非天下也。嗟夫！使六国各爱其人，则足以拒秦，秦复爱六国之人，则递三世可至万世而为君，谁得而族灭也？秦人不暇自哀，而后人哀之，后人哀之而不鉴之，亦使后人而复哀后人也！

【译文】

六国君王覆灭，四海地域统一，蜀山林木伐净，阿房宫殿建成。占地三百余里，楼阁高耸，隔天蔽日。由骊山北坡兴建，折而向西，直达咸阳。渭川、樊川水波荡荡，流入宫墙。五步一座高楼，十步一处殿阁，长廊萦回，似婀娜细腰；房檐密排，如群鸟俯啄；各依地势起伏修建，互相勾连又彼此对峙。是那样的盘结，是如此的回环，像蜂房啊，像漩涡，巍然耸立不知有几千万座。长桥横卧在水面，没有白云涌现怎么出了金龙？复道高架在空中，尚未雨过天晴哪里来的彩虹？高高低低，迷迷蒙蒙，置身其间，方向难以辨清。歌台上乐声柔和，暖洋洋好似春光融融；舞殿里长袖飘动，凉飕飕恰似风雨凄清。一天之内，一宫之中，而气候的冷暖却这样不同。

六国的嫔妃宫娥、公主王女，辞别了各自的宫殿楼阁，用车运到秦国宫中。早晨为秦王高歌，晚上为秦王抚琴，成了秦王的宫人。好像繁星闪耀啊，那是美人打开了梳妆镜匣；好像绿云纷扰啊，那是美人清晨在梳理发鬓；渭河浮满了油脂啊，那是美人倾倒了洗脸的脂水；骊山烟雾缭绕啊，那是宫中点燃了芬芳的椒兰；晴空里响起了雷霆，那是宫车在路上经过；辘辘的车声遥传耳中，车子去远了不知到哪里停留。每一副容貌，每一种体态，全都那样妖艳无比，美丽绝伦。袅袅婷婷地站着向远处眺望，一心期待着君王能驾临恩幸。有的到这儿三十六年，从未见过帝君。燕王、赵王收藏的珠宝，韩王、魏王搜罗的珍奇，齐王、楚王聚敛的精金美玉，多少世代多少年,他们掠抢国中的人民,那无数的珍宝堆积如山。一旦国破家亡无法保存,车载马驮全部运到这阿房宫之中。宝鼎当作破锅,美玉贱如青石;赤金似泥块,珍珠像沙砾,到处抛弃,遍地皆是,秦人对这些珍宝,并不十分爱惜。

啊!一个人的心思,正是千千万万人的心思,秦王喜爱奢侈华丽,人民也顾念自己的家。为什么向人民掠取财物一点也不肯剩留,而使用的时候却挥霍如同泥沙!使顶栋的红柱,多于田野中的农夫;架梁的彩椽,多于织机上的织女;亮闪闪的钉子头,多于仓库中的谷米;错综的瓦缝,多于百姓衣服上的线缕;栏杆和门槛,多于天下的城郭;管弦的奏鸣,多于闹市中人们的话语。致使天下的人民,虽然口中不敢说心中却积郁着愤怒。独裁者的心,一天比一天骄横顽固。于是,戍卒们振臂一呼,函谷关的天险就被攻破,楚人项羽的一把火啊,可怜那阿房宫成了一片焦土。

啊!灭亡六国的,是六国自己,并不是强秦;灭亡秦朝的,是秦朝自己,也并不是天下的人民。唉!假如六国的统治者各自爱护本国的百姓,那么上下一心是完全可以抗拒强秦的。而假如秦在统一之后能再爱护原来六国的百姓,那么就会由三世传到万世而长为天下之君,谁又能够使它灭亡呢?秦朝的统治者没有来得及为自己错误而懊悔伤悲,而后代的人常常替他们痛心。后人虽然痛心却并不认真地汲取这一教训,也就使自己的后代又替他们痛心了!

韩　愈

　　韩愈(768—824),字退之,河南河阳(今河南省孟州市南)人。幼年孤苦,勤奋自学,二十五岁中进士。后任监察御史,因上书揭露朝政的弊端,触怒唐德宗,贬为阳山(今广东省境内)令。唐宪宗即位后,召还京师,任国子博士、中书舍人等官。宪宗元和十二年(817),随宰相裴度平定淮西节度使吴元济的叛乱,有功,升为刑部侍郎。元和十四年(819),又因上表反对宪宗迎佛骨的迷信行为,贬为潮州(今广东省潮州市潮安区)刺史。唐穆宗即位,入朝为国子监祭酒、兵部侍郎、京兆尹,转吏部侍郎,死后谥为“文”,故世称“韩吏部”“韩文公”。宋朝元丰年间,追赠为“昌黎伯”,故又称“韩昌黎”。著作有《昌黎先生集》。

　　韩愈是唐代杰出的散文家、诗人,是中唐时期古文运动的倡导者。他在思想上反对佛教、道教,鼓吹恢复儒家的“道统”;在政治上则主张加强唐王朝的中央集权,维护统一,反对藩镇割据,实行“仁政”,以缓和阶级矛盾。他所倡导的“古文运动”,是在复古的旗号下进行的一场文体和文风的革新运动。他反对当时风行的浮华空洞的骈骊文体,提倡更适合于表情达意散行文体,主张“文贵独创”“辞必己出”“因事陈辞”“辞事相称”,这些文学主张对当时和后代产生过很大的影响。

韩愈的散文保留至今的有三百多篇,内容丰富,体裁多样,风格刚健雄深,富有独创性。其中不少脍炙人口的优秀作品,是我国文学宝库中的珍品。

原 道

【解题】

"原",是本原的意思,这里用作动词。"原道",即探寻儒家之道的本原。唐代统治者自称是老子李耳的后人,奉道教为国教,又极力提倡佛教。到中唐时期,宗教势力更盛,道士、僧侣大量增加。他们不从事生产,又享受免租、免役等特权。寺院道观规模宏大,这就给社会经济和国家财政造成极大的负担。同时佛、道教义的广泛传播又冲击了封建的正统思想和伦理观念,影响了封建秩序的安定。为此,韩愈一生都极力地推崇儒家的道统,反对佛老之学,这在当时的历史条件下,是有一定现实意义的。这篇文章比较系统地阐明了儒家的政治思想和伦理道德,批判了佛老之学,强调了中央集权和君主专制,宣扬了"劳心者治人,劳力者治于人"的封建观念。文章写得大开大合,句型多变,议论风发,气势磅礴,是韩愈议论文体的代表作。

博爱之谓仁,行而宜之之谓义,由是而之焉之谓道,足乎己无待于外之谓德。仁与义,为定名,道与德,为虚位。故道有君子小人,而德有凶有吉。老子之小仁义[1],

---

[1] 老子:即李耳,又称老聃,春秋时期的思想家,著有《老子》一书,为道家的创始人。《老子》书中有"大道废,有仁义"之语,认为儒家所宣扬的仁义之说是大道(最根本的道理和法则)废弃之后才出现的,故韩愈说老子轻视仁义。

非毁之也，其见者小也。坐井而观天，曰天小者，非天小也。彼以煦煦为仁①，孑孑为义②，其小之也则宜。其所谓道，道其所道，非吾所谓道也；其所谓德，德其所德，非吾所谓德也。凡吾所谓道德云者，合仁与义言之也，天下之公言也；老子之所谓道德云者，去仁与义言之也，一人之私言也。

周道衰，孔子没，火于秦③，黄老于汉④，佛于晋魏梁隋之间⑤。其言道德仁义者，不入于杨，则入于墨⑥；不入于老，则入于佛。入于彼，必出于此。入者主之，出者奴之；入者附之，出者污之。噫！后之人其欲闻仁义道德之说，孰从而听之？老者曰："孔子，吾师之弟子也⑦。"佛者曰："孔子，吾师之弟子也⑧。"为孔子者，习闻其说，乐其诞而自小也。亦曰："吾师亦尝师之云尔。"不惟举之于其口，而又笔之于其书。噫！后之人虽欲闻

---

① 煦煦：《观止》原注采用《韩昌黎集五百家注》之说，解为"小惠貌"（小聪明），这里用了高步瀛《唐宋文举要》中的注释之意。

② 孑孑：《观止》原注为"孤立貌"。按，孑孑也可作"琐细微小"讲。《释名·释兵》曰："狭而短者曰孑。"这里取其意，译为小恩小惠。

③ 火于秦：指儒家经籍为秦始皇焚烧。《史记·秦始皇本纪》载李斯奏请："天下敢有藏《诗》、《书》、百家语者，悉诣守尉杂烧之。"秦始皇批准实施了这一建议。

④ 道家奉黄帝与老子为其祖师，故称道家的学说为黄老之学。这里黄老用作动词，意为汉初黄老之学盛行，使儒家之道统受到影响。

⑤ 据记载，佛教是在东汉明帝时（58—76）传入中国，到魏、晋、南北朝及隋代逐渐盛行。句中"佛"亦作动词用。

⑥ 杨：指杨朱，战国时思想家，主张"为我""拔一毛利天下而不为"，与墨翟提倡的"兼爱"说相对立。墨：即墨翟。

⑦ 《庄子·天运》篇："孔子行年五十有一而不闻道，乃南之沛见老聃。"另外，晋朝葛洪《神仙传》中也载孔子以老子为师之事。

⑧ 《广弘明集》卷八有谓：佛派了三个弟子到中国传教，其一名叫儒童菩萨，即为孔子。

仁义道德之说,其孰从而求之? 甚矣,人之好怪也! 不求其端,不讯其末,惟怪之欲闻。

古之为民者四,今之为民者六①;古之教者处其一,今之教者处其三。农之家一,而食粟之家六;工之家一,而用器之家六;贾之家一,而资焉之家六。奈之何民不穷且盗也!

古之时,人之害多矣。有圣人者立,然后教之以相生相养之道,为之君,为之师,驱其虫蛇禽兽而处之中土②。寒然后为之衣,饥然后为之食。木处而颠,土处而病也,然后为之宫室。为之工,以赡其器用;为之贾,以通其有无;为之医药,以济其夭死;为之葬埋祭祀,以长其恩爱;为之礼,以次其先后;为之乐,以宣其湮郁;为之政,以率其倦怠;为之刑,以锄其强梗。相欺也,为之符玺、斗斛、权衡以信之③;相夺也,为之城郭、甲兵以守之。害至而为之备,患生而为之防。今其言曰:"圣人不死,大盗不止;剖斗折衡,而民不争。"④呜呼! 其亦不思而已矣! 如古之无圣人,人之类灭久矣。何也? 无羽毛鳞介以居寒热也,无爪牙以争食也。是故君者,出令者也;臣者,行君之令而致之民者也;民者,出粟米麻丝、作器皿、通货财以事其上者也。君不出令,则失其所以为君;臣不行君之令而致之民,则失其所以为臣;民不出粟米

---

① 士、农、工、商称四民,再加僧、道为六。
② 中土:中国。
③ 符:用竹子制成,写上文字,剖为二,双方各持其一,会合以为凭证。玺:这里指印章。斛(hú):量器名,十斗为一斛。权:砝码,秤砣。衡:指称量物体轻重的器具。
④ 语见《庄子·胠箧》篇。

麻丝、作器皿、通货财以事其上,则诛。今其法曰①:"必弃而君臣,去而父子,禁而相生相养之道。"以求其所谓清净寂灭者。呜呼!其亦幸而出于三代之后②,不见黜于禹、汤、文、武、周公、孔子也;其亦不幸而不出于三代之前,不见正于禹、汤、文、武、周公、孔子也。

帝之与王③,其号虽殊,其所以为圣一也。夏葛而冬裘,渴饮而饥食,其事虽殊,其所以为智一也。今其言曰:"曷不为太古之无事④?"是亦责冬之裘者曰:"曷不为葛之之易也?"责饥之食者曰:"曷不为饮之之易也?"传曰⑤:"古之欲明明德于天下者,先治其国;欲治其国者,先齐其家;欲齐其家者,先修其身;欲修其身者,先正其心;欲正其心者,先诚其意。"然则古之所谓正心而诚意者,将以有为也。今也欲治其心,而外天下国家者,灭其天常,子焉而不父其父,臣焉而不君其君,民焉而不事其事。孔子之作《春秋》也⑥,诸侯用夷礼则夷之,进于中国者则中国之。经曰:"夷狄之有君,不如诸夏之

① 法:此指佛法。

② 三代:指夏、商、周。

③ 尧、舜为帝,禹、汤、文、武称为王。

④ 这里指道家的言论。《老子》一书中,美化所谓上古时期,以为当时"小国寡民……鸡犬之声相闻,民至老死不相往来",淳朴,和平,没有纠纷和战争,是一种"无为而治"的理想社会。

⑤ 传:此处指儒家经籍《礼记》中的《大学》篇。

⑥ 《春秋》:鲁国史书,相传曾经孔子删定,记载了自鲁隐公元年(前722)至鲁哀公十四年(前481)二百四十二年的历史。《春秋》一书在记载史实时,往往寓含褒贬。如其书以华夏(汉族)为本位,对华夏与四夷分得十分清楚,这叫作"严夷夏之大防"。

亡①。"《诗》曰："戎狄是膺,荆舒是惩②。"今也,举夷狄之法,而加之先王之教之上,几何其不胥而为夷也?

　　夫所谓先王之教者,何也? 博爱之谓仁,行而宜之之谓义,由是而之焉之为道,足乎己,无待于外之谓德。其文《诗》《书》《易》《春秋》,其法礼、乐、刑、政,其民士、农、工、贾,其位君臣、父子、师友、宾主、昆弟、夫妇,其服麻丝,其居宫室,其食粟米、果蔬、鱼肉,其为道易明,而其为教易行也。是故以之为己,则顺而祥;以之为人,则爱而公;以之为心,则和而平;以之为天下国家,无所处而不当。是故生则得其情,死则尽其常;郊焉而天神假③,庙焉而人鬼飨④。曰:"斯道也,何道也?"曰:"斯吾所谓道也,非向所谓老与佛之道也。"尧以是传之舜,舜以是传之禹,禹以是传之汤,汤以是传之文武周公,文武周公传之孔子,孔子传之孟轲,轲之死,不得其传焉。荀与扬也⑤,择焉而不精,语焉而不详。由周公而上,上而为君,故其事行;由周公而下,下而为臣,故其说长。

　　然则如之何而可也? 曰:不塞不流,不止不行。人其人,火其书,庐其居,明先王之道以道之。鳏寡孤独废

　　① 经:这里指《论语》。《论语》亦为七经之一,七经是《诗》《书》《易》《礼》《乐》《春秋》《论语》。

　　② 《诗》:指《诗经》。这两句诗出自《诗经·鲁颂·闷宫》。戎狄:泛指北方少数民族。膺(yīng):讨伐,打击。荆舒:泛指南方少数民族。惩:讨伐,惩罚。

　　③ 郊:祭祀天神。假(gé):至、到来、降临。

　　④ 庙:祭告祖庙。飨(xiǎng):享用。

　　⑤ 荀:指荀况,战国末期的思想家。扬:指扬雄,西汉末年思想家、文学家,著有《太玄》《法言》等书。

疾者有养也①,其亦庶乎其可也!

【译文】

博爱叫作"仁",恰当地去实行"仁"就是"义",沿着"仁""义"之途前进便为"道",使自己具备完美的修养,而不去依赖外界的力量就是"德"。"仁"与"义",是有着确切含义的"定名","道"与"德",是可做不同解释的"虚位"。因此,"道"便可分为"君子之道"与"小人之道",而"德"也有所谓"吉德"和"凶德"。老子轻视"仁""义",并非有意诋毁"仁""义",而是他自己见识短浅的缘故。这就好像坐井观天,而说天很小一样,其实并不是天小啊。他认为待人和顺就是"仁",小恩小惠就是"义",基于这种理解,他轻视"仁义"是必然的。他所说的"道",阐明了他自己信奉遵循的原理,并不是我这里所讲的"道"啊;他所说的"德",推崇他自己认为是高尚的德行,也不是我这里所讲的"德"啊。凡是我阐述的"道""德",都是与"仁""义"一致的理论,是为天下所公认的大道理;老子所说的"道""德",是离开了"仁""义"而讲的,是他一个人的偏见。

周朝的礼制衰败,孔子离开人世,儒家的经籍被秦始皇焚毁,道家的学说盛行于汉代,佛教又在晋、北魏、南朝及隋代流传开来。这期间那些讲"道""德""仁""义"的学者,不是流于杨朱的"为我"之说,就是归附墨翟的"兼爱"之论;不是采纳道家的宗旨,就是尊奉佛教的经义。信奉杨、墨、佛、老,必然背离儒家之道。信奉的邪说成了主宰,离弃的正道则变为奴仆;信奉邪说必然要遵循它,而离弃正道则必然对它加以诋毁。唉!后代的学者要想了解"仁义道德"的学说,

---

① 《孟子·梁惠王下》:"老而无妻曰鳏,老而无夫曰寡,老而无子曰独,幼而无父曰孤……"

跟谁去学习呢？道家的信徒们说："孔子,是我们祖师老聃的学生。"佛教的信徒们说："孔子,是我们的祖师释迦牟尼的弟子。"而研究孔子学说的儒生们,听惯了他们的宣传,乐于接受他们的荒诞无据的谣言而自轻自贱,也说什么我们的祖师曾经以老、佛为师之类的话,不仅口中这样说,而且还写在书里。唉！后代的学者要想了解"仁""义""道""德"的原理,能够向谁学习而加以探求呢？人们喜爱奇谈怪论的风气是何等严重啊！既不研究它的本原,也不探讨它的演变,就是愿意听怪诞的言辞。

古时候人民是分为士、农、工、商四类,现在又加上僧、道,成了六类。古时候担负教化任务的"士"只居其一,而现今的"教育者"却占了三类。务农的有一家,而吃粮的就有六家;工匠一家,而使用器皿的就有六家。经商的一家,而花钱的就有六家。人民又怎么能够不贫困破产而沦为盗贼呢？

古时候,人民的祸患是非常多的。圣人出现了,教给他们互相依存、共同生存繁育的本领。做他们的君主,做他们的导师,带领他们驱逐毒虫、长蛇、怪禽、猛兽而使他们定居于中原。冷了教他们做衣服,饿了教他们种庄稼。看到他们住在树上常常跌伤,睡在野地容易生病,便指导他们盖起房屋。教他们做工,以使他们的器皿充足;教他们经商,使他们的财物能互通有无;教他们看病吃药,帮助他们不至于年轻而死亡;教他们葬埋死者、祭祀先人,使他们之间增长恩爱之情;给他们制定礼仪,使他们懂得贵贱老幼的次序;为他们创造音乐,来抒发他们郁积在心中的感情;对他们实行政治教化,加以督促引导,不使他们懒惰松懈;为他们确定刑法,以铲锄他们之中的凶横顽固之徒。发生了欺骗行为,就用符契、印章、斗斛、权衡等物来使他们诚信;出现争夺现象,就设置城郭、军队来保护他们的生命财产;祸害来了使他们早做好准备,灾患发生带领他们进行预防。现今道家却说:"圣人不死,盗贼便不会停止抢掠,劈了斗,折了秤,老百姓就不会互相争夺了。"唉!这不过是不动脑子罢了!假如古代没有圣人,人类早就灭亡已久了。为什么呢?因为人类没有羽毛、鳞片、介壳来抵御寒冷和炎热,没有尖爪利牙来猎取食物啊。故此,所以说君主是发布命令的;臣僚是将君主的命令传达贯彻到人民中去的;而民众,则是生产粮食、麻布、丝绸,制造器皿,流通财物,以此来为自己的君主长官服务的。君主如果不发布命令,就丧失了作为君主的资格;臣僚如果不将君主的命令传达贯彻到人民中,就怠忽了作为臣僚的职责;民众如果不生产粮食、麻布、丝绸,制造器皿,流通财货,来侍奉自己的君主长官,就要予以惩治。而现今佛教的法则说:"必须抛弃你们的君臣之分,除去你们的父子之情,禁绝互相依附、共同生存和发展的规则。"以便追求所谓的清静闲淡、孤寂无欲的境界。唉!这些佛、道的信徒有幸生在夏、商、周三代之后,而不会遭到禹、汤、文王、武王、周公、孔子这些先圣的斥责贬黜;然而,他们没有生在三代之前也正是他们的不幸,使他们不能得到禹、汤、文王、武王、周公、孔子的教导和指正。

尧、舜称帝,三代称王,名称虽然不一样,但是在圣明这一点上是一致的。夏天穿葛布,冬天穿皮裘,渴了要饮水,饿了就吃饭,行为方式虽然有别,但都是人类智慧的表现。现今他们却说:"为什么不效法上古时期的清静无为?"这就像责备冬天穿皮裘的人说:"葛布衣服多么轻便,你为什么不穿呢?"责备饿了吃饭的人说:"饮水多么简易,你为什么不去喝水呢?"《礼记·大学》篇说:"古代想要在天下发扬昌明那贤明的德行教化的人,一定要先治理好自己的封国;要想治理自己的封国,一定要先整顿好自己的家族;想整顿自己的家族,必须加强自身的修养;想加强自身的修养,则需要先端正自己的思想;想端正自己的思想,就必定先确立诚挚而坚定的意念。"这就说明古代所说的端正思想、确定诚意,是要对国家、天下有所作为啊。而现今那些提倡所谓陶冶心灵的人却置天下、国家于不顾,毁弃了伦理纲常,作为儿子而不孝敬父亲,作为臣僚而不忠于君主,作为庶民而不致力于自己的本业。孔子写《春秋》,大凡诸侯采用夷狄的礼仪风俗的就把他们当作夷狄来记载,效法中国的礼仪风俗的就将他们看作中国的王侯。《论语·八佾》篇说:"夷狄虽有君主,也不如中国没有君主。"《诗经·闷宫》中说:"北方的戎狄要抵御,南方的荆舒要打击。"现在却把夷狄之法置于古代圣王的教导之上,这和让大家都做夷狄又有多少差别呢?

　　所谓先王的教导是指什么呢?这就是所说的博爱叫作"仁",恰当地去实行"仁"叫作"义",沿着"仁义"之途前进便是"道",使自己具备完美的修养,而不去依赖外界的条件就是"德"。先王的著作是《诗》《书》《易》《春秋》;他们的方法是制礼、作乐、定刑、施政;他们治理的百姓分士、农、工、商;他们确立的地位次序是君臣、父子、师友、宾主、兄弟和夫妇;他们让人们穿的服装是麻布、丝绸;他们教人们建造的住处是宫室、房舍;他们给人们吃的食物是粮食、果实、菜蔬和鱼肉。他们传布的道理容易明白,他们实施的教化便于通行。因此,自己遵奉先王之教,境遇便会顺利而吉祥;用以对待他人,就会博爱而无私;用以陶冶心灵,思想便会和穆而端正;用以治理天下,便没有一项措置不得当。故而活着心满意足,死时得到善终;祭祀天神而天神降临,祭告祖庙而先人的魂灵也会乐于享用供品。若问:"这种'道',是什么'道'呢?"答曰:"这就是我所说的'道',并非前面说的黄老和佛教所宣扬的'道'啊。"尧将这种"道"传给了舜,舜以此传给禹,禹以此传给汤,汤以此传给文王、武王和周公,文王、武王和周公又传给了孔子,孔子传给孟轲,孟轲死后,就没再得到流传了。荀况和扬雄,有所择取然而并不精当,有所论述然而并不周详。自周公以前,禹、汤、文、武身居上位而为君主,所以道集中体现在他们的政绩之中;自周公以后,孔子、孟轲处于下位而为臣民,所以他们主要以言论来传播先王之道了。

既然如此,怎么去做才合适呢? 答曰:不堵截佛道之说,儒家的主张便不能流布;不制止佛道之说,先王之教便不能施行。让他们的信徒还俗为民,将他们的经籍著述全部焚毁,把他们的庵观寺院改为平民的住宅。昌明发扬先王之道作为治理天下的准则,使鳏寡孤独残废者以及长年患病的人得到照养。这样做大概也就可以了!

原　　毁

【解题】

原毁,就是论毁谤的意思。中唐时期,统治阶级内部的朋党之争日趋激烈,后来演变成为牛(僧孺)李(德裕)党争,两派互相攻讦、排挤,争权夺利,加剧了政治的混乱,使唐王朝的统治危机更为严重。韩愈的这篇文章,正是针对这种现象而写的。它揭露批评了士大夫中互相毁谤、攻击的不良风气,并分析了产生这种风气的原因及其危害。不过,作者并没有真正认清产生这种风气的政治背景和社会根源,而仅仅将原因归结于"怠"(懒惰)与"忌"(嫉妒)两种思想作风上。文章以"古之君子"与"今之君子"作为对比,从"责己"和"待人"两个方面,阐明了自己的见解,抒发了自己的感慨,排比成篇,使观点更为鲜明。行文生动活泼,毫无平板呆滞的毛病。

古之君子①,其责己也重以周,其待人也轻以约。重以周,故不怠;轻以约,故人乐为善。闻古之人有舜者,其为人也,仁义人也;求其所以为舜者,责于己曰:"彼,人也;予,人也。彼能是,而我乃不能是!"早夜以思,去其不如舜者,就其如舜者。闻古之人有周公者,其为人也,多才与艺人也。求其所以为周公者,责于己曰:"彼,人也;予,人也。彼能是,而我乃不能是!"早夜以思,去其不如周公者,就其如周公者。舜,大圣人也,后世无及焉;周公,大圣人也,后世无及焉。是人也,乃曰:"不如舜,不如周公,吾之病也②!"是不亦责于身者重以周乎?其于人也,曰:"彼人也,能有是,是足为良人矣③;能善是,是足为艺人矣④。"取其一,不责其二;即其新,不究其旧;恐恐然惟惧其人之不得为善之利。一善易修也,一艺易能也。其于人也,乃曰:"能有是,是亦足矣。"曰:"能善是,是亦足矣。"不亦待于人者轻以约乎?

今之君子则不然,其责人也详,其待己也廉⑤。详,故人难于为善;廉,故自取也少。己未有善,曰:"我善是,是亦足矣。"己未有能,曰:"我能是,是亦足矣。"外以欺于人,内以欺于心,未少有得而止矣,不亦待其身者已廉乎?其于人也,曰:"彼虽能是,其人不足称也;彼虽善

---

① 君子:指社会上有地位的人。
② 病:缺陷,不足。
③ 良人:贤良的人。
④ 艺人:有才艺、有技能的人。
⑤ 廉:少,低。

是,其用不足称也。"举其一,不计其十;究其旧,不图其新①;恐恐然惟惧其人之有闻也②。是不亦责于人者已详乎？夫是之谓不以众人待其身,而以圣人望于人,吾未见其尊己也！

虽然,为是者有本有原,怠与忌之谓也。怠者不能修,而忌者畏人修。吾尝试之矣。尝试语于众曰:"某良士,某良士。"其应者,必其人之与也③;不然,则其所疏远不与同其利者也;不然,则其畏也。不若是,强者必怒于言,懦者必怒于色矣。又尝语于众曰:"某非良士,某非良士。"其不应者,必其人之与也;不然,则其所疏远不与同其利者也;不然,则其畏也。不若是,强者必说于言④,懦者必说于色矣。是故事修而谤兴,德高而毁来。呜呼！士之处此世,而望名誉之光,道德之行,难已！

将有作于上者⑤,得吾说而存之,其国家可几而理欤！

【译文】

古时候有地位的人,他们要求自己是严格而全面的,他们对别人的要求是宽容而简易的。严格而全面,所以自己就不会懈怠;宽容而简易,因此人们也就乐于做好事,求上进。听到古人中有一位叫舜的,他的为人,是一位仁义的人,便探求舜之所以成为舜的道理,督责自己说:"他,是个人;我,也是个人。他能这样,我就不能这样?"日夜加以考虑,克服自

----

① 图:考虑。
② 有闻:有名,扬名于世。
③ 与:相与,这里指朋友。
④ 说:通"悦"。
⑤ 作:作为。上:上位,高位。

己那些不如舜的缺点,发扬那些与舜相同的长处。听到古人中有一位叫周公的,他的为人,是一位多才多艺的人,便探求周公之所以成为周公的原因,督责自己说:"他,是个人;我,也是个人。他能这样,我就不能这样?"日夜加以考虑,克服自己那些不如周公的缺点,发扬那些和周公相同的长处。舜是一位大圣人,后代没有能赶上他的;周公是一位大圣人,后代没有能赶上他的。而这个人就说:"比不上舜,比不上周公,这正是我的弊病啊!"这不正是要求自己严格而全面吗?他对于别人,却说:"那个人,能有这样的品德,这就足以称得上是贤良的人了;能擅长这样的技艺,这就足以称得上是有才能的人了。"取其一个方面的长处,而不苛求其他方面的短处;赞扬他人现在的优点和成绩,而不去追究他人过去的缺点和失误,诚惶诚恐地担心他人不能得到做好事理应得到的赞扬和利益。一种好品德是容易养成的,一种技艺是容易娴熟的,古之君子对于他人,则说:"能有这样的品德,这也就够了。"说:"能有这样的本领,也就够了。"这不正是对他人的要求宽容而简易吗?

现今的有地位的人却截然不同了,他们对待别人是求全责备的,对自己的要求却很低。求全责备,故而使人们感到做好事、求上进很难;对自己要求很低,故而自己得益就少。自己没有什么长处,却说:"我在这方面很好,也就足够了。"自己没有什么技能,却说:"我有这种本领,也就足够了。"对外以此来欺骗别人,对内以此来蒙蔽自己内心,还没有取得一点收获便止步不前了,这不正是对自己的要求太低吗?对于别人,却说:"他虽然能做到这一点,但其为人是不足挂齿的;他虽然擅长这种技艺,但用处是不值得称道的。"举出人家的一项缺点,而不去考虑人家的十种长处;一味追究人家的过去,而不考虑人家现在的进步。惶惶然唯恐他人获得好

的声望,这不正是对别人苛求得太周全了吗? 这就叫作不以
一般人的标准来要求自己,而以圣人的标准来期待别人,我
看不出他对自己的尊重啊!

　　虽然如此,这样做的人是有其原因的,原因就是懒惰和
嫉妒啊。因为懒惰,自己不能刻苦地进行品德修养,而嫉妒
又使他害怕别人得到很好的修养。我曾经做过试验。曾试
着对人们说:"某人是位贤明之士,某人是位贤明之士。"那些
赞同附和的一定是这个人的好朋友;要不然,就是和他关系
非常疏远没有共同的利害的人;再不然,就是畏惧他的人。
如果不是这样,那么有势力的人就会愤怒地用言辞加以反
驳,软弱的人也会表现出生气的样子。又曾经试着对大家
说:"某人不是位贤明之士,某人不是位贤明之士。"那些不赞
同附和的,一定是这个人的好朋友;要不然,就是和他关系非
常疏远没有共同利害的人;再不然,就是畏惧他的人。如果
不是这样,有势力的人便会用言辞说出自己的喜悦,软弱的
人也会流露出高兴的神情。正是因为这样,事业有了成绩,
诽谤便兴起了,道德高尚了,诋毁也就随之而来了。唉,士人
处在这种环境中,而要期望自己有个好的名誉,自己的道德
能够施行,太难了!

　　身居高位而将要有所作为的人,听到我的议论而能够予
以考虑和采纳,国家大概也就可以得到治理了吧!

获 麟 解

【解题】

　　《春秋·哀公十四年》:"春,西狩获麟。"《春秋》一书便
到此结束。晋朝杜预在注释这一条记载时说:麟是仁兽,是
圣明君王的嘉兆,而当时没有圣明君王出现,麟却被捕捉住

了。孔子便由这件事而痛心周朝的王道不能昌盛,感叹虽有嘉兆而不应验,因此他的《春秋》写到获麟一句便停笔了。韩愈的这篇文章便是据此而加以阐述的。"解"是分析的意思。文章借麟自喻,抒写了自己虽有才能,但生不逢时,不为世人所知的悲愤。全文仅一百八十余字,但抑扬顿挫,灵活自如,正反立论,变化多端,含蓄蕴藉,意味深长。

麟之为灵,昭昭也①,咏于《诗》②,书于《春秋》,杂出于传记百家之书③,虽妇人小子,皆知其为祥也④。然麟之为物,不畜于家,不恒有于天下,其为形也不类,非若马牛犬豕豺狼麋鹿然⑤。然则虽有麟,不可知其为麟。角者吾知其为牛,鬣者吾知其为马⑥,犬豕豺狼麋鹿,吾知其为犬豕豺狼麋鹿,惟麟也不可知。不可知,则其谓之不祥也亦宜。

虽然,麟之出,必有圣人在乎位,麟为圣人出也。圣人者,必知麟,麟之果不为不祥也。又曰:"麟之所以为麟者,以德不以形。"若麟之出,不待圣人,则谓之不祥也亦宜。

【译文】

麒麟的灵验是十分清楚的,《诗经》中曾加以咏唱,《春秋》中也有记载,还杂见于史书及诸子百家的著作之中,即使

① 麟:古代传说中的一种动物,形状像鹿,独角,全身覆盖鳞甲,腹呈五彩,尾似牛,是吉祥的象征。
② 《诗经》中有《麟之趾》篇。
③ 传记:指史书。百家:即诸子百家之书。
④ 祥:吉祥的象征。
⑤ 豕(shǐ):猪。麋(mí):驼鹿,也叫犴(hān),全身赤褐色,角大,尾短,善游泳。
⑥ 鬣(liè):鬃毛。

是妇女儿童,也知道它是吉祥的象征。然而麒麟作为一种动物,不畜养于家中,不常在世界上出现,它的形态也不伦不类,不像马、牛、狗、猪、豺狼、麋鹿那样。既然如此,虽然出了麒麟,人们也不能知道它就是麒麟。长角的我们知道它是牛,有鬃毛的我们知道它是马,狗、猪、豺狼、麋鹿我们知道它们是狗、猪、豺狼、麋鹿,只有麒麟我们却不能辨识。既然不能辨识,那么说它是不祥的征兆也是适当的了。

虽说这样,但麒麟的出现,一定是有圣人在位的,麒麟是为圣人而出现的。圣人是一定能识别、了解麒麟的,麒麟确实不是不祥的征兆。又有这种说法:"麒麟之所以是麒麟,是依靠它的神德而不是依靠它的形态。"假如麒麟的出现,不等待圣人在位,那么说它不吉祥也是适当的啊。

杂 说 一

【解题】

韩愈以《杂说》为题的短文共四篇,都是托物喻志之作,体裁近于现在所说的以议论为主的杂文。本书选了其中两篇。本篇以龙喻圣君,以云喻贤臣,说明圣君必须有贤臣辅佐的道理。通篇只就龙与云的关系着笔,无一句点明本题,却处处紧扣本题,这样的写法既生动形象,又含而不露,耐人寻味。行文委婉曲折,跌宕起伏,寸笺尺幅之中,含有无限风涛。

龙嘘气成云,云固弗灵于龙也。然龙乘是气,茫洋穷乎玄间①,薄日月,伏光景②,感震电,神变化,水下

---

① 玄间:指天空。
② 伏:遮蔽。

土①,汩陵谷②,云亦灵怪矣哉!

　　云,龙之所能使为灵也;若龙之灵,则非云之所能使为灵也。然龙弗得云,无以神其灵矣;失其所凭依,信不可欤!异哉!其所凭依,乃其所自为也。《易》曰:"云从龙③。"既曰龙,云从之矣。

【译文】

　　龙喷吐的气息构成了云,云本来是并不比龙更有神灵的。然而龙却乘驾着这种云气,飞遍浩茫无极的天空,直凌日月,遮蔽光芒,触发雷电,变化神奇,雨降大地,水漫山谷,云也是真有灵通啊!

　　云,是龙的能力使它有灵的;而龙的神灵,就不是云的能力使它有灵的了。然而龙得不到云,便无法发挥它的灵通;失去了它所凭依的物体,显然是不行的!奇怪啊!它所凭依的物体,正是它自己造成的。《易》中说:"云随从龙。"既然是龙,就必然有云来随从啊。

杂　说　四

【解题】

　　本文以千里马不遇伯乐做比喻,批评了统治者不能识别和任用贤才,寄托了自己怀才不遇的悲愤心情。篇幅短小精悍,行文跌宕起伏,笔力矫健,说理透辟,字里行间蕴含着无限的感慨。

---

　　①　水:作动词用,意为下雨。
　　②　汩(gǔ):漫。
　　③　典出《易经·乾卦》:"云从龙,风从虎,圣人作而万物睹。"

世有伯乐①,然后有千里马;千里马常有,而伯乐不常有。故虽有名马,只辱于奴隶人之手②,骈死于槽枥之间③,不以千里称也。

马之千里者,一食或尽粟一石,食马者不知其能千里而食也④。是马也,虽有千里之能,食不饱,力不足,才美不外见,且欲与常马等不可得,安求其能千里也?

策之不以其道⑤,食之不能尽其材⑥,鸣之而不能通其意⑦,执策而临之曰:"天下无马。"呜呼! 其真无马邪? 其真不知马也!

【译文】

世上有了伯乐,然后才能有千里马;千里马是常有的,而善于相马的伯乐并不常有。因此虽然有好马,却只能在马夫的手下受屈辱,和普通的马一块老死在马厩里,而不能以日行千里见称于世。

能够日行千里的马,一顿饭有时要吃一石米,喂马的人不了解它能日行千里的特点而和普通的马一样喂养。这匹

---

① 伯乐:姓孙名阳,秦穆公时人,善相马。《战国策·楚四》中记了这样一个故事:有一匹千里马,主人却用它拉盐车,途中遇到一段斜坡,千里马用尽了力气也拉不动,恰好被伯乐看见了,伯乐便赶紧给它解开绳套,脱了衣服披在它身上,抚摸着它放声大哭。千里马仰天长嘶,感谢伯乐对自己的知遇。由此,后人便常用善相马的伯乐来比喻那些能识拔被压抑的人才的人。

② 只:只是,只能。

③ 骈:二马并驾叫骈,这里引申为一起、一块。骈死,是说千里马和普通的马一块死在马棚里。槽:盛饲料的器具。枥(lì):系马的木桩,一说为马厩。

④ 食(sì):通"饲"。

⑤ 策:马鞭,这里引申为驾驭和使用。

⑥ 材:材具,气质。这里指食量。

⑦ 鸣之:吆喝马。一说为马嘶鸣。

马,虽有日行千里的能力,但饲料吃不饱,力气便不会充足,才能便不能表现出来。想和平常的马一样尚且办不到,怎么可以要求它能够日行千里呢?

　　驾驭它不根据它的特性,喂养它又不能满足它的食量,吆喝驱赶它又不能通识马意,手执马鞭站到它的跟前,叹息道:"天下无好马。"唉!是果真没有好马吗?恐怕是确实不能识别千里马吧!

卷八

师　说

【解题】

　　"说"是古代议论文体的一种。这篇文章阐明了"师"的职责和作用,论述了从师学习的重要性,批评了当时士大夫中耻于从师的不良风气。文章中所提出的"无贵无贱,无长无少,道之所存,师之所存也"以及"弟子不必不如师,师不必贤于弟子""闻道有先后,术业有专攻,如是而已"等观点,在当时是进步的,到现在对我们仍有一定的借鉴意义。当然,韩愈所说的道,不过是指儒家的道统,另外他虽然也肯定了"巫医乐师百工"等下层人民乐于从师的良好风气,但说这些人为"君子不齿",流露了对他们的轻视,这是阶级局限和时代局限的表现,是应该予以批判和扬弃的。文章紧扣中心,层次井然,运用对比的手法,有很强的针对性和说服力。这篇文章在当时的影响很大,柳宗元在《答韦中立论师道》一文中说:"今之世不闻有师,独韩愈不顾流俗,犯笑侮,收召后学,作《师说》因抗颜为师。愈以是得狂名。"韩愈之所以被当时的士大夫讥为"狂妄",是有其政治背景的。当时朝廷朋党之争很厉害,讲究门第的李德裕一派,攻击科举出身的牛僧孺一派"附党背公,自为门生"。因此,士大夫之中,为了避嫌,忌言师生关系。韩愈敢于违抗世俗之风,提倡从师之道,不仅见识高明,而且表现了很大的政治勇气。

　　古之学者必有师。师者,所以传道、受业、解惑也。人非生而知之者,孰能无惑?惑而不从师,其为惑也,终不解矣。生乎吾前，其闻道也，固先乎吾，吾从而师之；生乎吾后，其闻道也，亦先乎吾，吾从而师之。吾师道也，夫庸知其年之先后生于吾乎①？是故无贵无贱，无长无少，道之所存，师之所存也。

嗟乎！师道之不传也久矣，欲人之无惑也难矣。古之圣人，其出人也远矣，犹且从师而问焉；今之众人，其下圣人也亦远矣，而耻学于师。是故圣益圣，愚益愚。圣人之所以为圣，愚人之所以为愚，其皆出于此乎？

爱其子，择师而教之；于其身也，则耻师焉，惑矣！彼童子之师，授之书而习其句读者也②，非吾所谓传其道、解其惑者也。句读之不知，惑之不解，或师焉，或不焉，小学而大遗，吾未见其明也。

巫医、乐师、百工之人③，不耻相师；士大夫之族，曰师曰弟子云者，则群聚而笑之。问之，则曰："彼与彼年相若也，道相似也，位卑则足羞，官盛则近谀。"呜呼！师道之不复可知矣。巫医、乐师、百工之人，君子不齿，今其智乃反不能及，其可怪也欤！

圣人无常师，孔子师郯子④、苌弘⑤、师襄⑥、老聃⑦。

---

① 庸：表疑问的语气助词，哪里、岂的意思。

② 句读(dòu)：句子的停顿叫句，句中的停顿叫读。"读"即逗号。

③ 巫医：以降神招鬼为职业的人叫巫，古代巫医不分。乐师：以演奏或演唱为业的人。百工：各种工匠。

④ 郯(tán)子：春秋时郯国（今山东省郯城县一带）的国君，孔子曾向他请教古代少皞氏时的官名。事见《左传·昭公十七年》。

⑤ 苌(cháng)弘：周敬王的大夫，孔子曾跟他学习过音乐方面的知识。事见《孔子家语·观周》篇。

⑥ 师襄：春秋时鲁国的乐官，孔子曾向他学弹琴。事见《史记·孔子世家》。

⑦ 老聃(dān)：即老子，孔子曾向他问礼。事见《孔子家语·观周》篇。

郯子之徒,其贤不及孔子。孔子曰:"三人行,则必有我师。"是故弟子不必不如师,师不必贤于弟子;闻道有先后,术业有专攻,如是而已。

李氏子蟠,年十七,好古文,六艺经传①,皆通习之;不拘于时,学于余。余嘉其能行古道,作《师说》以贻之②。

【译文】

古时候学者一定要有老师。老师,是靠他来传布圣贤之道、传授知识技艺、解答疑难问题的。人并不是生下来就有知识的,谁能不遇到疑难问题呢? 有了疑难而不去向老师学习、请教,那些疑难的问题,是永远不会解决的。生在我前面的人,他掌握圣贤之道本来比我早,我要跟他学习;生在我之后的人,他掌握圣贤之道如果也比我早,我也应跟他来学习。我学的是圣贤之道,哪里管老师年龄比我大还是比我小呢? 因此,不论尊贵或贫贱,不论年长或年少,圣贤之道为谁所掌握,谁就是老师。

啊! 从师求学的道理不得流传已经很久了,想要叫人们没有困惑可真是太难了。古时候的圣人,他们远远地超出于一般人,尚且拜师求教;而现在的一般人,比圣人差得很远,却以从师学习为耻辱。正是因为如此,圣人就越发地圣明,而愚人就越发地愚蠢了。圣人之所以圣明,愚人之所以愚蠢,难道不都是由于这个原因吗?

喜爱自己的孩子,挑选好的老师来教他们;而对于自己,则以向老师学习为羞耻,实在糊涂啊! 那些孩子的启蒙老

---

① 六艺:即六经,包括《诗》《书》《礼》《乐》《易》《春秋》。"经"指经文。"传"指传文,即解释"经"的著作。

② 贻(yí):赠送。

师,是教给孩子念书,使孩子们能学会断句诵读的,并不是我所说的传授圣贤之道及解答疑难问题的老师啊。断句诵读不会,有疑难不能解决,前者去向老师学习,而后者却不这样做,小知识去学而大学问却丢在一边,我实在看不出他们明白事理啊。

巫医、乐师和工匠们,不以互相学习为耻辱;而士大夫一流的人,有称"老师"、称"弟子"的,人们便聚在一起讥笑他们。问一下原因,人们就说:"某人和某人年龄相仿,学问也差不多,以地位低的人为师实在是一种耻辱,以官职高的人为师则又近似于谄媚。"啊! 从师求学的传统不能恢复发扬是很清楚的了! 巫师、乐师、工匠们,有地位的人是不屑于与他们为伍的,而现今竟然反而不如他们聪明,这岂不是令人奇怪吗!

圣人没有固定的老师,孔子就曾经以郯子、苌弘、师襄、老聃为老师。郯子等人,他们的贤德是不如孔子的。孔子说过:"三人同行,其中必定有可以做我老师的。"因此,弟子不一定在所有方面都不如老师,老师也不一定任何地方都比弟子贤明;了解圣贤之道有早有晚,对某一方面的学问各有专门的研究,不过如此罢了。

李氏有子弟名叫蟠,年龄才十七岁,爱好古文,六经及传注都普遍地加以学习,不受当前的风气所影响,跟着我求学。我赞许他能实行乐于从师的古道,写了这篇《师说》赠给他。

进 学 解

【解题】

"进学"是使学识和德行进步的意思;"解",就是辨析和分析。题目的意思为关于"进学"的分析。

唐宪宗元和七年(812),韩愈又一次被任命为国子监博士,他对自己不被重用感到愤懑和委屈,于是便以假设国子博士与学生对话的方式写了这篇文章,讽刺当权者不识贤愚,大材小用,抒发自己的满腹牢骚。文章采用了"赋"的形式,不少地方用了韵,也多有对偶句,但并不呆板,而是"高下相须,自然成对"。并运用反语,以自夸为自嘲,以赞扬为讽刺。文中关于治学的见解,如"业精于勤,荒于嬉;行成于思,毁于随"是很有启发性的。

    国子先生①,晨入太学②,招诸生立馆下,诲之曰:"业精于勤,荒于嬉;行成于思,毁于随。方今圣贤相逢,治具毕张③,拔去凶邪,登崇俊良。占小善者率以录,名一艺者无不庸。爬罗剔抉,刮垢磨光④。盖有幸而获选,孰云多而不扬?诸生业患不能精,无患有司之不明⑤;行患不能成,无患有司之不公。"

    言未既,有笑于列者曰:"先生欺余哉!弟子事先生,于兹有年矣。先生口不绝吟于六艺之文⑥,手不停披于百家之编⑦;纪事者必提其要,纂言者必钩其玄⑧。贪

————————

    ① 国子先生:即国子学博士。唐代的国子监是设在京城的最高学府,内设国子、太学、广文、四门、律、书、算七学。各学的教官称博士。其中国子学专收三品以上达官贵宦子弟。

    ② 太学:即国子监,唐代的国子监相当于古时的太学。

    ③ 治具:治国之具,即指法律政令。《史记·酷吏列传》:"法令者,治之具。"

    ④ 爬罗:搜罗。剔抉(tī jué):识别选拔。刮垢磨光:刮去尘垢,磨出光亮,指培育人才。

    ⑤ 有司:主管的官府。唐代礼部主管科举选士。

    ⑥ 六艺:即六经,包括《诗》《书》《礼》《乐》《易》《春秋》。

    ⑦ 百家:即诸子百家。

    ⑧ 纂言者:指理论性的著作。

多务得,细大不捐。焚膏油以继晷①,恒兀兀以穷年。先
生之业,可谓勤矣。抵排异端,攘斥佛老②,补苴罅漏③,
张皇幽眇;寻坠绪之茫茫④,独旁搜而远绍⑤;障百川而
东之,回狂澜于既倒;先生之于儒,可谓劳矣。沉浸浓
郁,含英咀华⑥,作为文章,其书满家。上规姚姒⑦,浑浑
无涯,周诰殷盘⑧,佶屈聱牙,《春秋》谨严⑨,左氏浮
夸⑩,《易》奇而法⑪,《诗》正而葩⑫;下逮庄骚⑬,太史所
录⑭,子云相如⑮,同工异曲,先生之于文,可谓闳其中而

---

① 焚膏:点灯。膏,油。晷(guǐ):日影。

② 佛老:佛教、道教。

③ 苴(jǔ):原指鞋中垫的草,这里用作动词,意为填补。罅(xià):
裂缝。

④ 坠绪:指中断了的儒家道统。

⑤ 绍:继承。

⑥ 浓郁:指古代典籍的情味浓醇芳香。含英咀华:即咀嚼体味典
籍的精华。

⑦ 姚姒:虞舜姓姚,夏禹姓姒(sì),《尚书》中有《虞书》《夏书》,这
里指舜和禹时代的作品。

⑧ 周诰(gào):《尚书·周书》有《大诰》《康诰》《酒诰》《召诰》
《洛诰》等篇,这里代指周代的著作。殷盘:《尚书·商书》中有《盘庚》
篇,这里代指商代的著作。

⑨ 春秋:鲁国史书,传为孔子所著,文字精练,寓含褒贬之意。

⑩ 左氏:指《左传》即《春秋左氏传》,是我国最早的一部编年史
书,相传为鲁国史官左丘明所纂,文辞丰赡,叙事长于铺陈渲染,故本文
称之为浮夸。

⑪ 易:指《易经》。奇:即"奇正"之奇,意指富有变化。法:有规
律,有法则。

⑫ 诗:《诗经》。葩(pā):花朵,意指辞藻华美。

⑬ 庄骚:庄指《庄子》,骚指《离骚》。

⑭ 指太史公司马迁的《史记》。

⑮ 扬雄:字子云,西汉思想家、文学家。相如即司马相如,西汉时
期的文学家。他们都擅长写辞赋。

肆其外矣①。少始知学，勇于敢为；长通于方②，左右具宜。先生之于为人，可谓成矣。然而公不见信于人，私不见助于友，跋前疐后③，动辄得咎。暂为御史，遂窜南夷④；三年博士，冗不见治⑤。命与仇谋，取败几时。冬暖而儿号寒，年丰而妻啼饥。头童齿豁⑥，竟死何裨⑦。不知虑此，反教人为?"

先生曰："吁！子来前！夫大木为宋⑧，细木为桷⑨，欂栌侏儒⑩，椳闑扂楔⑪，各得其宜，施以成室者，匠氏之工也。玉札丹砂⑫，赤箭青芝⑬，牛溲马勃⑭，败鼓之皮⑮，俱收并蓄，待用无遗者，医师之良也。登明选公，杂

<hr>

①　闳(hóng)：大，这里指内容博大精深。肆：放纵，这里指文笔奔放自由。
②　方：道，指儒家的正道。
③　跋：践踏。疐(zhì)：绊倒。跋前疐后比喻进退不得。语出《诗经·豳风·狼跋》："狼跋其胡，载疐其尾。"意思说狼向前走便踩了自己的颔下悬肉，往后退便被尾巴绊倒。
④　韩愈于贞元十九年(803)为监察御史，同年冬，因上书指摘朝政，被贬为阳山令。
⑤　唐宪宗元和元年(806)六月至元和四年(809)六月，韩愈任国子博士。冗：闲散。治：治理国家的才能。
⑥　童：秃。豁：缺，牙落而留豁口。
⑦　裨(bì)：补益。
⑧　宋(máng)：梁。
⑨　桷(jué)：方形椽子。
⑩　欂(bó)：壁柱。栌(lú)：斗拱，即柱顶承托栋梁的方木。侏儒：梁上短柱。
⑪　椳(wēi)：门枢。闑(niè)：门中央所竖短木，关两扇门时便止于此。扂(diàn)：门闩。楔：门两旁的长木。
⑫　玉札：即地榆。丹砂：朱砂。
⑬　赤箭：即天麻。青芝：一种草药。这些都是贵重药品。
⑭　牛溲：药名，又叫车前。马勃：药名，又叫马屁菌。这些是粗贱的药材。
⑮　中医以为破鼓皮也可入药。

进巧拙,纡余为妍①,卓荦为杰②,校短量长,惟器是适者,宰相之方也。昔者孟轲好辩,孔道以明,辙环天下,卒老于行③;荀卿守正,大论是弘,逃谗于楚,废死兰陵④。是二儒者,吐辞为经,举足为法,绝类离伦⑤,优入圣域,其遇于世何如也? 今先生学虽勤而不由其统,言虽多而不要其中,文虽奇而不济于用,行虽修而不显于众。犹且月费俸钱,岁靡廪粟⑥,子不知耕,妇不知织,乘马从徒,安坐而食。踵常途之役役⑦,窥陈编以盗窃,然而圣主不加诛⑧,宰臣不见斥,非其幸欤! 动而得谤,名亦随之;投闲置散,乃分之宜。若夫商财贿之有亡,计班资之崇庳⑨,忘己量之所称,指前人之瑕疵,是所谓诘匠氏之不以杙为楹⑩,而訾医师以昌阳引年⑪,欲进其豨苓也⑫。

---

① 纡余:曲折婉转,指沉稳而有涵养的人。妍:美。
② 卓荦(luò):特出。指刚直不阿之人。
③ 孟轲:战国时邹(今山东省邹城市东南)人,儒家的代表人物,曾周游列国,不为诸侯所用,著有《孟子》一书。
④ 荀卿:即荀况,战国末期思想家,赵国人,游学于齐,在稷下学宫为祭酒(学宫主持人),有人散布他的坏话,他便离齐到楚。楚国春申君任命他为兰陵(今山东省兰陵县)令。春申君死后,他被废免,老死于兰陵。
⑤ 伦:类。这里指一般人。
⑥ 靡:也写作“糜”,耗费。廪:仓库。
⑦ 役役:拘谨随俗,没有特别的才能。
⑧ 诛:责罚。
⑨ 班资:位次资格,指官职的品级。庳:通“卑”。
⑩ 杙(yì):小木橛。楹,柱子。
⑪ 訾(zǐ):诋毁,指责。昌阳:菖蒲,中医认为菖蒲是补药,可以延年益寿。
⑫ 豨苓(xī líng):也叫猪苓,利尿之药,作用与滋补之药相反。

【译文】

　　国子先生清晨来到太学里,把学生召集到学舍之前,教导他们说:"学业的精深是靠勤奋,学业的荒废则由于嬉游;德行的养成是靠思考,德行的败坏则由于因循。现今圣君贤臣相会,法律政令健全完备,除掉了凶险邪恶之人,提拔起才智贤良之辈。具有一点好的品行的都被录取,以一种技艺著称者无不任委。搜罗鉴别人才,刮除蒙在他们身上的污垢,使他们的德才发出夺目光辉。大概有无才无德的而侥幸获选,但绝没有博学多能的而不被举用。诸位学子只需担心自己的学业不能精通,无须顾虑主管长官选才不明;只需担心自己的德行不能养成,无须顾虑主管长官居心不公。"

　　话没说完,队列中的一个学生笑着说:"先生骗我们啊!学生我侍奉先生,到如今已经很多年了。先生口中从不停止吟诵'六经'的文章,手头从不停止翻检'百家'的著述。阅读记事的作品必定列出提纲要领,研究立论的撰著必定探索深奥宗旨。贪恋广博的知识,力争更大的收获,大处小处都不放过。点起灯烛而夜以继日,经常劳苦而终年不休;先生治学,可真称得上勤奋啊!抨击异端邪说,驳斥佛老之道;补正儒学的缺漏,阐发精深的奥秘;探寻那漫无头绪的失传的正道,独自去广征博求,远承那先哲的遗教;拦堵众多的河川使它东流大海,挽回那泛滥的狂涛使它复归故道;先生对于发扬儒家的道统,可真算得上辛劳。沉湎陶醉在典籍浓郁的情味之中,咀嚼体会那名著精湛的内容和文采;创作文章,书稿摆满了屋子。上以取法《虞书》《夏书》的深奥无极,《周诰》《盘庚》的简古艰涩,《春秋》的谨严精当,《左传》的夸饰铺排,《易经》的富有变化而具定则,《诗经》的内容端正和辞藻华美;下面直到《庄子》《离骚》,太史公的撰著,还有那异曲同工的司马相如和扬雄的辞赋,先生的文章,可以称得上有深博的内容和奔放雄奇的笔触。年幼刚懂得读书，便勇于大胆实践；成年之后深明大义，一切行动都合情合理；先生的为人，可以说具备了高尚的品质。然而仗义为公不能得到人们的信任，个人的事情也没有朋友相帮；进退两难，一动就惹来祸殃。才当了几天监察御史，便获罪贬谪到荒远的阳山；做了三年的国子博士，闲散的职务难以发挥治国的才干。命运啊似乎和仇敌早已商定，使您不时遭到挫败摧残。冬天虽然温暖，儿女衣单却不住地喊冷，年成尽管丰收，老妻腹饥常常泪眼难干。只落得头秃齿落，就是到死也难有什么补益改善。您不知考虑个人的这种遭际，反而教导别人也这样去干。"

先生说："哦！请你站到前面！粗大的木料用来做梁，细小的木料便做成椽，还有那托梁的斗拱、梁上的短柱、门旁的竖木、门闩门枢，各自得到适当的用处，用以构造整个的房屋，这便是土木工匠的高明的技术。贵重的地榆朱砂、天麻青芝，粗贱的车前草、马屁菌，还有那破败的鼓皮，全都收存，一并蓄积，以备使用无有漏遗，这便是医师的精良的医理。提拔人才能明辨贤愚，选择良士能居心公正，有巧有拙量材使用；沉稳而有涵养的是佳士，刚直而不阿附的是俊材；比较他们的长处和短处，对各种人才都做出合理安排；这就是宰相用人的原则。古时候孟轲能言善辩，孔子的学说由他而得到阐明，车辙遍布天下的道路，周游列国一生消耗在奔波之中；荀况坚守儒学的正道，孔子的博大的思想在他这里得到发扬，逃避谗言跑到楚国，免掉了职务，老死在兰陵。这两位儒者，他们的言论成为经典，他们的行为便是法则，远远超出了一般人士，优异杰出，达到了圣贤的境界，然而他们在世上的遭遇又是怎么样呢？现今先生我学习虽然勤奋，但并不能完全遵循儒学的正统，言论著述虽然很多，却不得要领，文章虽然奇诡绚丽,却不切实用,德行虽然有一定修养,却并未超凡出众。何况还月月领取朝廷的俸钱,年年耗费官仓的粟米,儿子不懂耕种,妻子不知纺织,胯下骑骏马,身后有随从,安坐于家中,不劳而得食。走的是寻常道路因循拘谨,剽窃前人著作毫无创新。然而圣明的君主不加惩罚,贤能的宰相不予斥逐,这难道不很幸运?一有行动便受到诽谤,名声也就要受影响;安置到闲散的职务上,这是情理应当。至于算计利禄财物的有无,较量官阶品秩的高低,忘掉自己的能力可以胜任什么职务,一味去指摘身居上位的显贵的缺点,这就是所谓责备工匠不用短小的木橛去做房柱,指责医师用菖蒲使人延年益寿,却打算推荐给他利尿的豨苓啊!"

圬者王承福传

【解题】

　　圬者,就是泥水匠人。文中所写的这位长安的泥水匠人,是一位自食其力、自得其乐而又安分守己的人,他甘于贫困的生活和低贱的地位,相信"用力者使于人,用心者使人"这一封建的信条,并从亲身经历中认识到富贵难守,从而更加恬淡。正因为如此,他引起了作者的兴趣,作者为他写了这篇传记。但文章的立意并不在于表现这位劳动者的形象,而是借记叙他的言行来阐明作者自己的见解,作者对他不愿奉养妻儿家室给予批评,认为这是只知为我、不知为人的"杨朱之道",但同时也肯定他是一位"独善其身"的贤者,认为他比统治阶级中那些饱食终日、患得患失、见利忘义、贪得无厌之徒要高明得多。文章开头略叙王承福的生平,结尾是几句犀利精辟的论断,而中间则大段记叙人物的言语,从而体现出作者要表达的主题,布局是十分巧妙的。

圬之为技,贱且劳者也。有业之,其色若自得者。听其言,约而尽。问之,王其姓,承福其名,世为京兆长安农夫①。天宝之乱②,发人为兵。持弓矢十三年,有官勋③,弃之来归。丧其土田,手镘衣食④,余三十年,舍于市之主人,而归其屋食之当焉。视时屋食之贵贱,而上下其圬之佣以偿之⑤;有余,则以与道路之废疾饿者焉。

又曰:"粟,稼而生者也;若布与帛,必蚕绩而后成者也;其他所以养生之具,皆待人力而后完也。吾皆赖之。然人不可遍为,宜乎各致其能以相生也。故君者,理我所以生者也;而百官者,承君之化者也。任有大小,惟其所能,若器皿焉。食焉而怠其事,必有天殃,故吾不敢一日舍镘以嬉。夫镘易能,可力焉;又诚有功,取其直,虽劳无愧,吾心安焉。夫力易强而有功也,心难强而有智也;用力者使于人,用心者使人,亦其宜也。吾特择其易为而无愧者取焉。嘻! 吾操镘以入富贵之家有年矣。有一至者焉,又往过之,则为墟矣;有再至三至者焉,而往过之,则为墟矣。问之其邻,或曰:'噫! 刑戮也!'或曰:'身既死而其子孙不能有也。'或曰:'死而归之官也。'吾以是观之,非所谓食焉怠其事而得天殃者邪? 非强心以智

---

① 唐代京城长安属京兆尹管辖,故称京兆长安。

② 唐玄宗天宝十四载(755),安禄山、史思明起兵叛唐,即所谓"安史之乱",叛乱延续九年之久。天宝是唐玄宗李隆基的年号,即742—756年。

③ 勋:勋级,授予有战功的人,分十二等,最高为上柱国,最低为武骑尉。

④ 镘(màn):泥水匠的工具。手:作动词用,操持的意思。

⑤ 佣:佣金,即工钱。

而不足,不择其才之称否而冒之者邪？非多行可愧,知其不可而强为之者邪？将富贵难守,薄功而厚飨之者邪①？抑丰悴有时,一去一来而不可常者邪？吾之心悯焉,是故择其力之可能者行焉。乐富贵而悲贫贱,我岂异于人哉？”

又曰:“功大者,其所以自奉也博。妻与子,皆养于我者也,吾能薄而功小,不有之可也。又吾所谓劳力者,若立吾家而力不足,则心又劳也。一身而二任焉,虽圣者不可为也。”

愈始闻而惑之,又从而思之,盖贤者也！盖所谓独善其身者也！然吾有讥焉,谓其自为也过多,其为人也过少,其学杨朱之道者邪②？杨之道,不肯拔我一毛而利天下;而夫人以有家为劳心,不肯一动其心以畜其妻子,其肯劳其心以为人乎哉？虽然,其贤于世之患不得之而患失之者,以济其生之欲,贪邪而亡道,以丧其身者,其亦远矣！又其言有可以警余者,故余为之传,而自鉴焉。

【译文】

粉刷墙壁作为一种职业,是低贱而劳苦的。有一位干这种职业而神色安然自得的人,听他谈起话来,扼要而透彻。问了一下他的情况,他姓王,名叫承福,家中世世代代是京城长安的农民。天宝年间的那场叛乱爆发,朝廷征调百姓当兵。他手持弓矢十三年,当了官、授了勋,却抛弃官禄回到家乡;家中的土地丢了,便拿起镘子来换取衣食。此后三十多年,他住在市上一家房主那里,如数地交付房钱饭钱。根据当时房价饭价的贵贱,而提高或降低自己粉刷墙壁的工资以

---

① 飨(xiǎng):通“享”,享用。
② 杨朱:战国时思想家,主张贵生重己,宣扬“为我”之说。

便偿付;剩下钱,就送给路上的那些病残饥饿的穷人。

他又说:"谷米,是由于人们耕种才生长收成的;至于麻布和帛絮,一定要经过养蚕、纺织才能制成;其他所有的生活用品,都是要人们付出劳动才做成的。我依赖这一切而生活。然而人不能够什么都自己做,应当各人尽自己的能力以便共同生存。所以君主是治理我们、使我们得以生存的;而各级官员,则是秉承施行君主教化的。担负的职务有大有小,只能是根据各人的能力,就像各种器皿用处不同一样啊。饱食终日而怠忽自己的职事,一定会有天降的灾殃,因此,我一天也不敢丢开镘子去闲逛啊。镘墙是容易掌握的,可以单靠体力,又确实对人们有用处,以此来获得报酬,虽然劳累却无愧于心,我的心是安然的。体力活是比较容易通过努力得到效果的,而心灵却很难勉强使它有才智了。使用体力的受别人支配,使用脑力的支配别人,不也是应该的嘛!我特为挑选那种容易做而又于心无愧的职业以取得报酬。唉!我拿着镘子到富贵人家干活已经多年了。有去过一次的,再经过那里,就变成废墟了;有去过两次三次的,又经过那里,也衰败荒凉了。向他们的邻居打听情况,有的说:'唉,坐牢杀头了!'有的说:'本人已死而子孙们不能保守基业了。'有的说:'死后家产被没收了。'我从这些情况看到,这不就是享受俸禄怠忽职事而遭到天降之灾的事实吗?不就是勉强使用智谋而力不能及,不挑选与自己才智相符的职务而混充贤能的结果吗?不就是老去做些于心有愧的事,明知道行不通而偏要勉强去干的下场吗?或者是由于富贵难以保持,功劳少而享受却太多的缘故吧?也许是因为昌盛和衰败有一定时限,一去一来不能久长的原因吧?我的心中很为他们痛惜,因此自己便挑那种力所能及的事情去做了。爱慕富贵而忧虑贫贱,我哪里又和别人不一样呢?"

又说:"功劳大的人,本身用以享受的也就多。妻室儿女都是要靠我养活的,我能力弱而功劳小,没有妻子儿女也是可以的。再说我是个劳力的人,如果成立自己的家庭而力量不够,那么心就又要操劳了。一身而担负劳力与劳心两种任务,即使是圣人也办不到啊!"

我刚听他这番言论的时候感到很不理解,后来根据他的言行进一步考虑,心想:他大概是个贤者吧!大概是所谓的"独善其身"的人吧!不过我对他是有所非议的。我认为他是为自己考虑太多了,而为别人考虑则过于少了,莫非是位信奉杨朱之道的人吗?杨朱之道,不愿意拔自己一根毫毛以有利于天下,而此人认为有家室是操劳心神,不愿意费一点心思来养活妻儿,这样,他难道还肯操劳他的心智去为别人谋利吗?尽管如此,他比社会上那些患得患失,为了满足个人生活的欲望,贪婪奸邪而不遵循正道,从而导致杀身之祸的人,不是贤明得太多了吗!另外他的话中有不少可以使我警诫的地方,故而我为他写了传,以作为自己的鉴戒。

讳　辩

【解题】

李贺(790—816),字长吉,中唐时期著名诗人。他少年时期便表现出超凡的文学才能,很为当时已享盛名的韩愈、皇甫湜所赏识。韩愈曾劝李贺参加进士考试,但因李贺之父名叫晋肃,当时有一种避"家讳"的恶习,晋肃与进士音近,于是与李贺争名的人便制造舆论,阻挠李贺应试。韩愈写了这篇文章为他辩白,但李贺终因社会压力而未举进士。韩愈在这篇文章中,引经据典,有力地驳斥了所谓李贺应避父讳的无稽之谈,表现了他为保护人才,敢于仗义执言,与社会恶习抗争的精神。文章分别引用律令、经籍、典章为依据,然后逐次设疑反诘,而不正面阐明自己的观点,这种写法使文章更加雄辩犀利。

　　愈与李贺书,劝贺举进士①。贺举进士有名,与贺争名者毁之,曰:"贺父名晋肃,贺不举进士为是,劝之举者为非。"听者不察也,和而倡之,同然一辞。皇甫湜曰②:"若不明白,子与贺且得罪。"愈曰:"然。"

　　律曰:"二名不遍讳。"释之者曰:"谓若言征不称在,言在不称征是也。"律曰:"不讳嫌名。"释之者曰:"谓若禹与雨,邱与芝之类是也③。"今贺父名晋肃,贺举进士,为犯二名律乎?为犯嫌名律乎?父名晋肃,子不得举进士,若父名仁,子不得为人乎?

　　夫讳始于何时?作法制以教天下者,非周公、孔子欤?周公作诗不讳④,孔子不遍讳二名⑤,《春秋》不讥

①　唐代实行科举制度选拔人才,名目繁多,经常开设的有八科,即秀才、进士、明经、明法、明字、明算、道举、童举,其中尤以进士科最为人重视。应试者多为"学馆"生员和地方推荐的"乡贡"士人。举进士,即应进士考试。

②　皇甫湜(shí)(约777—约835):字持正,唐睦州新安(今浙江省淳安县)人,曾官工部郎中,从韩愈学古文,为当时著名散文家,著作有《皇甫持正文集》。

③　律:指唐律,是唐朝的成文法典。"二名律",即指两个字的名字如何避讳的律条,参见注③。"嫌名律"即关于与名字同音的字的避讳问题的律条。芝(qiū),与邱同音。一说律指《礼记》,关于"二名""嫌名",见《礼记·曲礼上》。

④　周文王名昌,周武王名发,周公旦是文王之子、武王之弟。《诗经》中传为周公所作的诗中有"克昌厥后""骏发尔私"等句,所以说周公作诗不避讳父名、兄名。

⑤　孔子母名征在,是两个字的名,他并不都避讳,只是说到征不说在,说到在不说征。如《论语·八佾》中有"宋不足征也",而《论语·卫灵公》中有"某在斯"之类的话。

不讳嫌名①。康王钊之孙,实为昭王②,曾参之父名晳,曾子不讳昔③。周之时有骐期,汉之时有杜度,此其子宜如何讳?将讳其嫌,遂讳其姓乎?将不讳其嫌者乎?汉讳武帝名彻为通,不闻又讳车辙之辙为某字也;讳吕后名雉为野鸡,不闻又讳治天下之治为某字也。今上章及诏,不闻讳浒势秉机也④;惟宦官宫妾,乃不敢言谕及机⑤,以为触犯。士君子立言行事,宜何所法守也?今考之于经,质之于律,稽之以国家之典,贺举进士为可邪?为不可邪?

凡事父母,得如曾参,可以无讥矣;作人得如周公、孔子,亦可以止矣。今世之士,不务行曾参、周公、孔子之行,而讳亲之名则务胜于曾参、周公、孔子,亦见其惑也。夫周公、孔子、曾参,卒不可胜;胜周公、孔子、曾参,乃比于宦官、宫妾;则是宦官宫妾之孝于其亲,贤于周公、孔子、曾参者邪?

【译文】

我给李贺写信,劝他参加进士考试。李贺应乡贡,准备

---

① 《春秋》一书对不合礼法之事,记叙中寓含贬讥,但并不讥刺不避讳同音字的事。

② 周康王姬钊之孙姬瑕继康王位,死后谥为昭王。钊、昭音同,为不避"嫌名"。

③ 曾参:孔子弟子,春秋时武城人,以孝顺著称。他父亲名晳,《论语》中记载他的话有"昔者吾友尝从事于矣"之句,晳、昔音同,不讳。

④ 唐高祖的祖父李虎,为北周"八柱国"之一,封为"唐公",唐朝建国后,追谥庙号为太祖,虎与浒音同。唐太宗名叫李世民,世与势音同。李渊之父李昞为隋朝柱国大将军,追谥庙号为世祖,昞与秉音同。唐玄宗名为李隆基,基与机音同。以上皆为当时不避嫌名(同音字)之例。

⑤ 唐代宗名豫,豫、谕音同。

参加进士考试,很有名气,和他争名的人诋毁他,说:"李贺的
父亲名叫晋肃,他不参加进士考试是对的,劝他参加考试的
人错了。"听到这种说法的人不加分析,附和传播,异口同声。
皇甫湜因此便对我说:"假如不公开辩白,您和李贺都将得到
罪名。"我回答说:"是这样。"

律令规定:"两个字的名字不必都避讳。"解释律令的人
说:"这条的意思是例如说征的时候不说在,说在的时候不说
征。"律令规定:"同音的字不避讳。"注释的人说:"是指例如
禹和雨、邱和蓲这一类。"现今李贺的父亲名叫晋肃,李贺去
参加进士考试,是犯了"二名律"呢? 还是犯了"嫌名律"呢?
父亲名叫晋肃,儿子就不能考进士,如果父亲名字叫仁,儿子
就不做人了吗?

"避讳"是从什么时候开始出现的呢? 创立礼法制度来
教化天下之人的,不是周公、孔子吗? 周公作诗不避讳父名、
兄名;孔子对他母亲的名字"征在"在单个字出现时也不避
讳,《春秋》中不贬讥不避讳同音字的。周康王姬钊的孙子,
又明明是谥为昭王;曾参的父亲名叫晳,曾参也不避讳同音
的"昔"。周朝的时候有个叫骐期的,汉朝的时候有个叫杜度
的,像这种情况他们的儿子应该怎么去避讳? 是避讳同音,
连姓都改了呢? 还是不避讳与它同音的字呢? 汉朝避讳武
帝刘彻的名字彻,将蒯彻改为蒯通,没有听说他们又将车辙
的辙改成某个字;避讳吕后的名字雉,将雉叫作野鸡,没有听
说又将治理天下的治改成哪个字。如今的奏章和诏书,不曾
听说避讳浒、势、秉、机等字的;只有宦官宫女们,才不敢说谕
和机等字,认为这是触犯了代宗和玄宗的名讳。有学识、有
地位的人谈话行事,应该遵循什么法则呢? 现在通过对经籍
的考据,对律令的质证,对国家典章的察稽,那么请问李贺考
进士是可以的呢? 还是不可以的呢?

一般说来侍奉父母，能够做到曾参那样，就无可指摘了。为人行事能够像周公、孔子，也就可以算到了顶点了。现今世上的人，不努力效法曾参、周公、孔子的行为，而在避讳父母的名字这一点上，则极力要胜过曾参、周公、孔子，也就足以表现出他们的糊涂了。那周公、孔子、曾参的德行，是无论如何也不会超过的；要在避讳上超过周公、孔子、曾参，就是和宦官、宫女相比攀了；那么这宦官宫女孝顺父母，莫非比周公、孔子、曾参还要强吗？

争　臣　论

【解题】

争臣，即谏争之臣，也叫谏官，负责对皇帝进行规谏。唐代的谏官有左、右拾遗，左、右补阙，左、右谏议大夫。谏议大夫阳城，是当时一位名气很大的人，学识德行为世人所仰慕，但他任职五年，并没对国事朝政提出过一条有益的意见或建议，社会上却依然赞扬他为贤者。韩愈力排众议，写了这篇文章，尖锐地批评阳城怠忽职守、不负责任的行为。据说，阳城读了这篇文章，当时似乎并不介意，但此后作风有了很大的转变。当权臣裴延龄诬陷陆贽之时，阳城上书极谏，揭露裴延龄的罪行，为陆贽申辩。皇帝想以裴延龄为相，阳城坚决反对，当面对皇帝声言："裴延龄如果做了宰相，我就披麻戴孝到朝廷上痛哭。"皇帝只得放弃了这个打算。

本文采用设问辩答的形式，先把对方的观点归纳成四个问题，然后逐个答辩，予以驳倒，阐明自己的观点；行文层层深入，首尾呼应，议论雄辩而有力。

　　或问谏议大夫阳城于愈①："可以为有道之士乎哉?
学广而闻多,不求闻于人也。行古人之道,居于晋之
鄙②;晋之鄙人,薰其德而善良者几千人。大臣闻而荐
之,天子以为谏议大夫。人皆以为华,阳子不色喜;居于
位五年矣,视其德如在野,彼岂以富贵移易其心哉?"愈
应之曰:是《易》所谓恒其德贞,而夫子凶者也③,恶得为
有道之士乎哉! 在《易》"蛊"之上九云:"不事王侯,高
尚其事④。""蹇"之六二则曰:"王臣蹇蹇,匪躬之故⑤。"
夫亦以所居之时不一,而所蹈之德不同也。若蛊之上
九,居无用之地,而致匪躬之节;以蹇之六二,在王臣之
位,而高不事之心;则冒进之患生,旷官之刺兴,志不可
则,而尤不终无也。今阳子在位,不为不久矣;闻天下之
得失,不为不熟矣;天子待之,不为不加矣;而未尝一言
及于政,视政之得失,若越人视秦人之肥瘠,忽焉不加喜
戚于其心。问其官,则曰谏议也;问其禄,则曰下大夫之

---

　　①　阳城:字亢宗,定州北平(今河北省定州市)人,好学,家贫无书,
为集贤殿书吏,窃藏书读之。中进士后,隐居中条山,学识德行,为时人
所重。唐德宗时,宰相李泌荐为著作郎,转为谏议大夫。
　　②　晋:古国名,所辖包括今山西省大部、河北省西南部、河南省北
部和陕西省一角。阳城隐居的中条山在山西省永济市东南。鄙:乡野。
　　③　《易经·恒卦》:"恒其德贞,妇人吉,夫子凶。"意思是说,长久
保持一定的德行,这在妇人是好的,因为妇人需要顺从忠实于丈夫;对男
子来说却并不好,因为男子要应付外事,须因事制宜。
　　④　《易经·蛊卦》:"不事王侯,高尚其事。""象传"解释此卦说:
"不事王侯,志可则也。"这是赞扬隐居的贤士不为王侯所役使,行为高
尚,志向可以为世人效法。
　　⑤　《易经·蹇卦》:"王臣蹇蹇,匪躬之故。"蹇(jiǎn)蹇,借为謇謇,
指不断地向君王进谏。匪:通"非"。躬:自己,自身。"象传"解释说:
"王臣蹇蹇,终无尤也。"尤,过失。

秩也①；问其政，则曰我不知也。有道之士，固如是乎哉？
且吾闻之：有官守者，不得其职则去；有言责者，不得其
言则去。今阳子以为得其言乎哉？得其言而不言，与不
得其言而不去，无一可者也。阳子将为禄仕乎？古之人
有云：仕不为贫，而有时乎为贫，谓禄仕者也。宜乎辞尊
而居卑，辞富而居贫，若抱关击柝者可也②。盖孔子尝为
委吏矣③，尝为乘田矣④，亦不敢旷其职，必曰会计当而
已矣，必曰牛羊遂而已矣。若阳子之秩禄，不为卑且贫，
章章明矣，而如此其可乎哉？

或曰："否，非若此也。夫阳子恶讪上者，恶为人臣
招其君之过而以为名者，故虽谏且议，使人不得而知焉。
《书》曰：尔有嘉谟嘉猷，则入告尔后于内，尔乃顺之于
外。曰：'斯谟斯猷，惟我后之德⑤。'夫阳子之用心，亦
若此者。"愈应之曰：若阳子之用心如此，滋所谓惑者矣！
入则谏其君，出不使人知者，大臣宰相者之事，非阳子之
所宜行也。夫阳子本以布衣，隐于蓬蒿之下⑥；主上嘉其
行谊，擢在此位。官以谏为名，诚宜有以奉其职，使四方

---

①　下大夫：先秦以卿、大夫、士为官员级别，大夫又分上、中、下三
级。秦汉以后，大夫仅作为某种官职名称，不表示级别了。这里是说阳
城的俸禄相当于古代的下大夫这一级。唐制，谏议大夫秩为正五品，年
俸二百石。

②　抱关：守门的。击柝(tuò)：打更的。语出《孟子》。

③　委吏：管理粮仓的官。《孟子》："孔子尝为委吏矣，曰会计当而
已矣。"

④　乘田：管理放牧牛羊的小官。《孟子》："孔子尝为乘田矣，曰牛
羊遂而已矣。"遂，顺利，引申为长成。

⑤　语出《尚书·周书·君陈》。猷：计谋。后：君主。

⑥　蓬蒿：借指乡野。

后代,知朝廷有直言骨鲠之臣①,天子有不僭赏从谏如流之美②。庶岩穴之士③,闻而慕之,束带结发,愿进于阙下而伸其辞说④,致吾君于尧舜,熙鸿号于无穷也⑤。若《书》所谓则大臣宰相之事,非阳子之所宜行也。且阳子之心,将使君人者,恶闻其过乎?是启之也⑥。

或曰:"阳子之不求闻而人闻之,不求用而君用之,不得已而起,守其道而不变,何子过之深也?"愈曰:自古圣人贤士,皆非有求于闻用也。闵其时之不平,人之不乂⑦,得其道,不敢独善其身,而必以兼济天下也。孜孜矻矻⑧,死而后已。故禹过家门不入,孔席不暇暖,而墨突不得黔⑨。彼二圣一贤者,岂不知自安佚之为乐哉?诚畏天命而悲人穷也!夫天授人以贤圣才能,岂使自有余而已?诚欲以补其不足者也!耳目之于身也,耳司闻而目司见,听其是非,视其险易,然后身得安焉。圣贤者,时人之耳目也;时人者,圣贤之身也。且阳子之不贤,则将役于贤以奉其上矣;若果贤,则固畏天命而闵人穷也。恶得以自暇逸乎哉!

或曰:"吾闻君子不欲加诸人,而恶讦以为直者,若吾子之论,直则直矣,无乃伤于德而费于辞乎?好尽言

---

① 骨鲠:比喻正直的品质。
② 僭:假。僭赏:不应赏而赏。
③ 岩穴之士:指隐居山野的贤士。
④ 阙:宫门。
⑤ 熙:明。鸿号:大名。
⑥ 启:诱导。
⑦ 乂(yì):治。
⑧ 孜孜矻(kū)矻:勤奋劳苦的样子。
⑨ 禹治水,三过家门而不入。孔子周游列国,坐席不暖。墨翟四方奔走,家里的烟囱都烧不黑。

以招人过,国武子之所以见杀于齐也①,吾子其亦闻乎?"愈曰:君子居其位,则思死其官;未得位,则思修其辞以明其道。我将以明道也,非以为直而加人也。且国武子不能得善人,而好尽言于乱国,是以见杀。《传》曰:"惟善人能受尽言。"谓其闻而能改之也。子告我曰:"阳子可以为有道之士也。"今虽不能及已,阳子将不得为善人乎哉?

【译文】

有人问我:"谏议大夫阳城,可以算作有高尚道德的人吗? 他学识广博见闻甚多,而不去追求世上虚名。效法古人的遗风,隐居在晋的边远乡野,晋边远地区的人士,受他的道德的熏陶而品德贤良的有几千人。朝中大臣听到他的名声便推荐了他,天子任命他做了谏议大夫。人们都认为这是荣耀的事情,而阳先生却没有喜形于色。在这个职位上已经五年了,人们看到他的德行仍然和隐居田野时一样,他哪里会因为富贵而改变自己的节操呢?"我回答说:这就是《易经》中所说的:经常保持一种德操,对男子来说反倒是不祥的啊,哪里能算得上贤明高尚的人呢!《易经》中《蛊卦》"上九"说:"不侍奉王侯,使自己的行为高尚。"《蹇卦》"六二"则说:"君王的臣属不断地直言进谏,并不是为了自身利益的缘故。"这也就是因为所处的时势不同,而所遵循的道德准则便不同啊。如果像《蛊卦》"上九"所说,处于无职无权的地位,而偏去实行"匪躬"的节操;照《蹇卦》"六二"的说法,在君王

---

① 招:通"昭",暴露、显扬。国武子:名佐,春秋时齐国国卿。在柯陵会盟时,单襄公会见他,发现他说话十分坦率。单襄公便对人说:国武子处在淫乱的环境中,而好直言不讳,招人不满,这是怨仇的根苗啊。后来国武子果然因直言斥责齐灵公母与庆魁私通事被齐灵公杀死。

臣属的职位上，却以不臣事王侯的志向为高尚，那么，前者就
会带来贸然求仕的灾患，后者就要招致怠忽职守的批评；这
种思想志向不能去效法，而过失也不会长期避免的。现今阳
先生在谏官的职位上，不能算不久了；他对天下的利弊得失
的了解，不能算不熟了；天子对待他，不能算不重视了；但从
没有说过一句涉及朝政的话，看国家政治的得失，就像越国
人对待秦国人的胖瘦，十分淡漠而无动于衷。问他的官职，
便说是谏议大夫；问他的俸禄，便说是下大夫的级别；问他朝
政，则说我不了解。贤明有道的人，能是这个样子吗？而且
我听人说：有官职的人，如果不能称职就要辞官；有进谏责任
的人，如果不能向君王进言就要辞职。现今阳先生认为能够
向君王进言吗？能够进言而不进言，与不能进言而不辞职，
二者都是不对的。阳先生或许是为了俸禄而做官吧？古代
的贤人说：做官不是因为穷，但有时候也有因为家贫的，指的
就是为俸禄而出仕的啊。这样的话，就应当辞掉高位而就任
卑职，辞掉富贵而居于贫贱，担任看守城门的、巡夜打更的差
使就可以了。孔子曾经做过管理仓库的小官，曾经做过管理
放牧的贱吏，却也不敢怠忽自己的职责，一定要说“计算准确
就行了”，一定要说“牛羊肥壮就行了”。像阳先生的官级俸
禄，不算低微和贫贱，是十分明显的，而他的这种做法难道恰
当吗？

　　有人说："不对，不是这样。阳先生讨厌诽谤君上的人，
讨厌那种作为臣属而去公开指摘君主的过失，以博取自己敢
于直谏的名声的人。因此他虽然也规谏评议，却使人不知
道。《周书》说：'你有好主意好计谋，就到宫内告诉你的君
王，你在公开场合却要顺从君王的意旨，说：这好计谋和好主
意，都靠我王的贤德圣明啊。'阳先生的用心，也正是如此
啊！"我回答说：如果阳先生的用心是这样，更是所谓的糊涂

人了。进宫规谏君王,到外面不让人知道,这是大臣宰相的
事情,不是阳先生所应该做的。阳先生本来以平民的身份,
隐居于山野之间,君王赞赏他的德行,提拔到这个职位上。
官是以谏议为名称的,实在应当有所作为来履行自己的职
责,使四方之人和子孙后代,知道朝廷上有敢于直言、耿介正
直的臣子,君主具备不滥加赏赐、能虚心采纳意见的美德。
能让那些隐居的贤士,听到这种情况而心向往之,系好衣带,
盘结头发,愿意到朝廷中来阐述自己的见解和主张,使我们
的君王成为尧舜那样的圣君,让君主贤德的大名光照万代。
像《周书》所说的大臣宰相的事情,不是阳先生所应当做的
啊!况且阳先生这样的想法,是让君临天下的帝王,讨厌听
到自己的过失吗?这是向这方面引导他呢。

有人说:"阳先生不求闻名而人们却听到他的名声,不求
任用而君主却任用了他,是不得已才出山的,他能保持自己
高洁的品德不变,为什么您却这么苛刻地责备他呢?"我答
道:自古至今的圣人贤者,都是不追求闻名和任用的。他们
忧虑时势不安定,人民得不到治理,自己掌握了道义,不敢只
是修养个人的品德,而一定要为天下人民谋利,勤奋劳苦,一
直到死。因此大禹治水三次经过家门而不进去,孔子周游列
国,坐席都来不及坐暖,墨子奔走四方,家中的烟囱都烧不
黑。这两位圣人、一位贤者,难道不知道自己安闲自在是乐
事吗?实在是敬畏天命而哀怜人民困穷啊!天授予人以贤
圣的才智,难道只是为了使他自己去过优裕的生活吗?诚然
是想让他来补救天下的不足啊。耳、目对于身体来说,耳管
听,目管看,听觉辨别是非,视觉观察安危,然后身体才会得
到安康。圣贤,好像当代人的耳目;当时的一般人,恰似圣贤
的身体啊。况且阳先生如果不贤明,就要被贤者役使来侍奉
自己的主人;如果确实贤明,就本应敬畏天命而忧虑人民困

穷。哪里会贪图自己逍遥自在呢?

有人说:"我听说君子是不想强加于人的,讨厌那种好指摘别人以表现自己正直的人。像您这种说法,直率是够直率的了,不是有损于德行而多费唇舌吗? 好直言不讳以显扬人家的过失,这就是国武子在齐国被杀的原因啊,你大概也知道吧?"我说:君子处在一定官职上,就要考虑为自己的职务献出生命;没有得到官职,就考虑使言论善美以阐明自己的主张。我是要以这些话来阐明道义,不是为了表现正直而强加于人的。而且国武子没遇到贤人,却喜好在乱国中直言不讳,因此被杀。经传说:"只有善人能采纳直言。"是说他们听到批评而能改正过失啊。您告诉我:"阳先生可以算是有道之士。"如今看来虽然够不上有道之士的标准,难道阳先生还算不得一位勇于改过的善人吗?

后十九日复上宰相书

【解题】

唐德宗贞元八年(792),韩愈中进士,但因没有朝中权贵的援引推荐,困居长安三年,未得一官。贞元十一年(795),他接连给当时的宰相赵憬、贾耽等写了三封信,恳求他们能予以推举任用,没有得到答复;又屡次登门求见,也被拒之门外。这年五月,他离开长安,悒郁东归。本文是他给宰相写的第二封信,是在写了第一封信之后十九天而没得到答复时写的。信中运用比喻,夸张地描述了自己困危的处境,表现了希求权贵推荐的急切心情。

二月十六日，前乡贡进士韩愈①，谨再拜言相公阁下②：向上书及所著文后，待命凡十有九日，不得命。恐惧不敢逃遁，不知所为。乃复敢自纳于不测之诛③，以求毕其说，而请命于左右。

愈闻之，蹈水火者之求免于人也，不惟其父兄子弟之慈爱，然后呼而望之也。将有介于其侧者，虽有所憎怨，苟不至乎欲其死者，则将大其声，疾呼而望其仁之也。彼介于其侧者，闻其声而见其事，不惟其父兄子弟之慈爱，然后往而全之也。虽有所憎怨，苟不至乎欲其死者，则将狂奔尽气，濡手足，焦毛发，救之而不辞也。若是者何哉？其势诚急而其情诚可悲也。愈之强学力行有年矣④，愚不惟道之险夷⑤，行且不息，以蹈于穷饿之水火，其既危且亟矣⑥，大其声而疾呼矣，阁下其亦闻而见之矣。其将往而全之欤，抑将安而不救欤？有来言于阁下者曰，有观溺于水而爇于火者⑦，有可救之道而终莫之救也，阁下且以为仁人乎哉？不然，若愈者，亦君子之所宜动心者也。

或谓愈："子言则然矣，宰相则知子矣，如时不可

---

①　唐代实行科举制，考生来源多为各地荐举的读书人，称为"乡贡"，韩愈即乡贡而中进士者。

②　相公：即宰相。唐代门下省（主管审核诏令的机构）长官"侍中"与中书省（审议研究要政、起草诏令的机构）长官"中书令"称为"真宰相"，另外凡加"同中书、门下三品""平章政事""知机务"等名衔的朝官，也为"宰相"，有时多至一二十人。

③　诛：惩罚。

④　濡(rú)：湿。强：勤奋、刻苦、勉力的意思。

⑤　惟：想，考虑。

⑥　亟：迫切。

⑦　爇(ruò)：烧，点燃。

何?"愈窃谓之不知言者,诚其材能不足当吾贤相之举耳。若所谓时者,固在上位者之为耳,非天之所为也。前五六年时,宰相荐闻,尚有自布衣蒙抽擢者①,与今岂异时哉?且今节度观察使②,及防御、营田诸小使等③,尚得自举判官④,无间于已仕未仕者;况在宰相,吾君所尊敬者,而曰不可乎? 古之进人者,或取于盗,或举于管库⑤;今布衣虽贱,犹足以方于此。

情隘辞蹙⑥,不知所裁,亦惟少垂怜焉。愈再拜!

【译文】

二月十六日,前科乡贡进士韩愈,恭敬地再次向宰相阁下拜伏进言:前些日子奉上书信及所撰著的文章之后,等待了十九天,没有得到答复。心中惶恐而不敢逃避,不知道怎么办好。便再次甘冒无法预料的惩罚,以便期求能说完自己的话,而恳请阁下指示。

我听说:遭到水火之灾的人向别人呼救,不只是考虑父母、兄弟、子女的慈爱之情,然后才呼唤而盼望他们来拯救。

① 布衣:平民。抽擢(zhuó):提拔,任用。
② 节度使:官名。唐代安史之乱前,在边境地区设节度使,负责辖区之内军、民、财、政大权。安史之乱后,内地亦多设节度使,辖区自二三州至十余州不等。观察使,也称观察处置使,负责考察州县官吏的政绩,后兼理民事。中唐以后,凡不设节度使处,即以观察使为一道的行政长官,设节度使处,由节度使兼任。
③ 防御使:官名,掌一州军事,常由刺史(州行政长官)兼任。营田使:官名,唐各道设营田使,管理屯田。
④ 判官:官名,中唐以后,节度使、观察使等都可以自己征辟挑选判官,作为属员,协助办理政事。
⑤ 《礼记·杂记》记载:齐相管仲曾在强盗中选拔了两个人,齐王委任为公臣。《礼记·檀弓下》记载:赵文子从晋国管理仓库的小吏中选拔了七十多名人才。
⑥ 蹙(cù):紧迫,窘迫。

只要是站在他旁边的，虽然曾经讨厌和怨恨他，但还不至于是盼着他死的人，便要放开喉咙，急切呼唤而期待他们能怜惜救助自己。那些站在旁边的人，听到他的喊叫，看到他危险的处境，不只是因为怀有父母、兄弟、子女的慈爱之情，然后才跑去救他的性命。虽然是对他有所厌恶和怨恨，但还不至于盼他死的人，就要一口气飞奔过去，弄湿了身体，烧焦了头发胡须，也要拯救他而不会辞避。这是为什么呢？正是因为他的处境确实危急而他的情态确实可怜啊！我刻苦治学、勉力实践已经多年了，生性愚鲁不知考虑道路的艰险或平易，不停地往前走，以致坠入穷愁饥饿的水火之中，处境既困危又紧急，放开喉咙而急切呼喊，阁下大概也听到并看到了吧。您是走过来帮助我呢，还是安坐在一旁不予救援呢？有人禀告阁下说：有的人看见别人掉到水里或为火焚烧，有援救的办法而终于没去救。阁下将会认为他是仁德的人吗？如果不这样认为，像我这种情况，有道德、有地位的人也是应该为之动心的啊！

有人告诉我："你的话是对的，宰相也了解你，只是时势不允许，怎么办啊？"我说那些言论不为宰相所了解、重视的人，确实是因为他们的才能不足以得到我们贤明的宰相的荐举啊。如果说到时机，本来就是身居要职的贵人提供的，不是上天造成的。五六年前，宰相向君主荐举，尚且有从平民百姓中得到提拔任用的人，当时和现在难道时势有什么不同吗？况且现在的节度使、观察使，以及防御使、营田使等，尚且可以自己选用判官，对曾做过官和未做过官的同样对待；何况对于宰相，我们的君主所尊敬的人，怎么好说不能做到呢？古时候推举人才，有的从盗贼中选取，有的从管理仓库的人中录用，现今我这个平民虽然身份低贱，还是能和那些人相比的。

我心情郁塞而言辞窘迫，不知道写了些什么，也只是祈求您能够稍微加以怜惜垂顾啊。韩愈再次拜上。

后廿九日复上宰相书

【解题】

韩愈在给宰相写了第二封信之后，又过了二十九天，仍然得不到答复，三次登门求见，又被拒之门外，于是他便写了这第三封信。信中以周公"吐哺握发"急于求贤的掌故与当今权要傲慢待人的行为相对比，抒写了心中的不平和愤慨；以"古之士"可以周游列国，寻求出路，而今之士不能得志于朝廷，就只能隐居山林的处境相对比，说明自己一再上书的原因，并表述了自己心忧天下的政治抱负。文章运用正反映衬的手法，使观点更加鲜明；感情真挚而强烈，言辞直率而恳切。

　　三月十六日，前乡贡进士韩愈，谨再拜言相公阁下：愈闻周公之为辅相①，其急于见贤也，方一食，三吐其哺；方一沐，三握其发。当是时，天下之贤才皆已举用，奸邪谗佞欺负之徒皆已除去，四海皆已无虞；九夷八蛮之在荒服之外者皆已宾贡②，天灾时变、昆虫草木之妖皆已销

---

① 周公：名旦，西周初年政治家。周文王之子，武王之弟。武王死后，成王年幼，由他摄政，辅佐成王。相传他曾制礼作乐，建立典章制度，为后代效法。据《史记·鲁周公世家》记载，周公告诫伯禽说："我在天下的地位也不算低贱了，然而我常常是洗一次头要多次握着头发，吃一顿饭要多次吐出口中的食物，来接待求见的人，尽管如此，还恐怕漏掉了贤德之士。"

② 九夷八蛮：泛指少数民族。荒服：指境外荒远之地，古时将天下按远近分为五服，即甸服、侯服、绥服、要服、荒服。

息,天下之所谓礼乐刑政教化之具皆已修理,风俗皆已敦厚,动植之物、风雨霜露之所霑被者皆已得宜,休征嘉瑞①、麟凤龟龙之属皆已备至。而周公以圣人之才,凭叔父之亲,其所辅理承化之功,又尽章章如是。其所求进见之士,岂复有贤于周公者哉? 不惟不贤于周公而已,岂复有贤于时百执事者哉②? 岂复有所计议,能补于周公之化者哉? 然而周公求之如此其急,惟恐耳目有所不闻见,思虑有所未及,以负成王托周公之意③,不得于天下之心。如周公之心,设使其时辅理承化之功,未尽章章如是,而非圣人之才,而无叔父之亲,则将不暇食与沐矣,岂特吐哺握发为勤而止哉? 维其如是,故于今颂成王之德,而称周公之功不衰。

今阁下为辅相亦近耳。天下之贤才,岂尽举用? 奸邪谗佞欺负之徒,岂尽除去? 四海岂尽无虞? 九夷八蛮之在荒服之外者,岂尽宾贡? 天灾时变、昆虫草木之妖,岂尽销息? 天下之所谓礼乐刑政教化之具,岂尽修理? 风俗岂尽敦厚? 动植之物、风雨霜露之所霑被者,岂尽得宜? 休征嘉瑞、麟凤龟龙之属,岂尽备至? 其所求进见之士,虽不足以希望盛德,至比于百执事,岂尽出其下哉? 其所称说,岂尽无所补哉? 今虽不能如周公吐哺握发,亦宜引而进之,察其所以而去就之,不宜默默而已也。愈之待命,四十余日矣,书再上,而志不得通;足三

① 休、嘉:都是美好、吉祥的意思。征:瑞,指征兆。
② 百执事:即百官。
③ 周成王:名姬诵,武王之子,周公之侄,前1063—前1025年在位。

及门,而阍人辞焉①。惟其昏愚,不知逃遁,故复有周公之说焉,阁下其亦察之。

古之士,三月不仕则相吊,故出疆必载质②。然所以重于自进者,以其于周不可则去之鲁,于鲁不可则去之齐,于齐不可则去之宋,之郑,之秦,之楚也。今天下一君,四海一国,舍乎此则夷狄矣③,去父母之邦矣。故士之行道者,不得于朝,则山林而已矣。山林者,士之所独善自养而不忧天下者之所能安也。如有忧天下之心,则不能矣。故愈每自进而不知愧焉,书亟上④,足数及门,而不知止焉。宁独如此而已,惴惴焉惟不得出大贤之门下是惧,亦惟少垂察焉。渎冒威尊,惶恐无已。愈再拜。

【译文】

三月十六日,前科乡贡进士韩愈,谨此再次向宰相阁下拜伏禀白:我听说周公担任辅佐君王的宰相之时,他是那样急欲会见贤德之士,吃一顿饭,要数次吐出口中的食物;洗一次头,要几回手握沾湿的头发。当这个时候,天下的贤才全都已提拔委用,奸诈邪恶、好进谗言、巧言令色、欺蒙负心的坏人全被除尽,四海之内全都太平无事,少数民族中那些在荒远地区的部落全都归附纳贡,天灾人祸、昆虫草木的妖异全都销声匿迹,天下的所谓礼仪、乐章、刑法、政令等实施教化的措施,已经完善健全,社会风俗也已然诚朴淳厚,动物植物、蒙受风雨霜露的滋润养育的,都已经各自得到适宜的生活环境,吉祥的征兆符瑞,诸如麒麟、凤凰、灵龟、神龙之类,

① 阍(hūn)人:守门的人。
② 质:通"贽",即见面礼。
③ 夷狄:泛指少数民族。
④ 亟(qì):多次。

全都出现。而周公以圣人的才智,凭仗着身为君王叔父的亲密关系,他辅佐治理实施教化的功绩,又都彰明显著,如上所述。那些请求进见的人,难道还有比周公更贤明的吗?不仅不能比周公更贤明,难道还有比当时的各位官员更贤能的吗?难道还有什么好的计谋和建议,能够补益周公教化的吗?但周公求贤是这样急切,唯恐有听不到、见不到的,考虑有不周全的,因而辜负了成王委托他治理国家的心意,不能得到天下人民的爱戴和拥护。像周公这样的心思,假设那时辅佐治理实施教化的功绩,不能如此显著,而且也没有圣人的才智,没有作为天子叔父的这种亲密关系,就会连吃饭、洗浴也顾不上了,哪里还只是以吐出口中食物、握着沾湿的头发算是勤谨而已呢?正因为这样,所以直到现在还不断地颂扬成王的德行,赞美周公的功勋啊。

现在阁下身为宰相时间并不久,天下的贤才,难道已全部推荐委用了吗?奸诈邪恶、好进谗言、巧言令色、欺蒙负心的坏人,难道都已除掉了吗?国内难道到处太平无事了吗?夷蛮中那些远在边境之外的部落,难道都已经归附纳贡了?天灾人祸、昆虫草木的妖异,难道都销声匿迹了?天下的所谓礼仪、乐章、刑法、政令等实施教化的措施,莫非都已完善健全?风俗难道已然诚朴淳厚?动物植物、蒙受风雨霜露滋润养育的,难道都已经各自得到适宜的生活条件了?吉祥的征兆符瑞,诸如麒麟、凤凰、灵龟、神龙之类,莫非都已出现?那些请求进见的人士,虽然不足以和阁下的高尚的道德相攀附,但是和在朝的百官比较,难道全部在他们以下吗?提出的计谋建议,难道都对您没有一点补益吗?如今虽然不能像周公那样"吐哺握发",也应当予以接待并加以荐举,考察他们的实际情况而辞退或任用,不应当不予理睬就算了。我等待您的答复已经四十多天了,信一再奉上,而心愿却不能被了解；多次登门求见，而门人却加以拒绝。只是因为秉性愚鲁，不知道逃避责罚，因此才又讲了关于周公的这些话，阁下大概能够明察吧。

　　古代的读书人，三个月不能出仕为官便要互相慰勉，因此到别的国家去一定要带着进见的礼物。他们之所以对于自荐十分看重，是因为他们在周朝不能得志，则能到鲁国去；在鲁国不能得志，则到齐国去；在齐国不能得志，就到宋国，到郑国，到秦国，到楚国。现今天下只有一个君主，四海之内只有一个国家，除此之外便是少数民族的领地了，便离开父母祖宗的故国了。所以读书人奉行道义的，不能得志于朝廷，就只能隐居山林而已。山林，是读书人中那些独善其身、明哲保身而不为天下忧虑的人们所能安居的。如果有为天下担忧的心思，就不能安居了。因此我才多次自荐而不知惭愧，屡次奉上书信，数次登门求见而不知停止。岂止是这样而已，还惴惴不安地恐怕不能出自大贤的门下，也希望您能稍微地予以理解。

　　亵渎冒犯了阁下尊严，心中惶恐不安。韩愈再拜。

与于襄阳书

【解题】

　　于頔，字允元，唐德宗贞元十四年（798）以工部尚书的官衔出任山南东道节度使，治所在襄阳（今湖北省襄阳市），故尊称为"于襄阳"。贞元十八年（802），韩愈任国子监四门博士，他不甘于这种闲淡的教官职务，便写信给于頔，并献上自己的一些文章，希望能得到于頔的赏识和推荐。信的前半部分泛论"先达之士"与"后进之士"的关系，后半部分表述自己怀才不遇的境况和急切希望受到奖掖的心情，前后呼应，首尾回护,结构严谨而自然。

七月三日,将仕郎守国子四门博士韩愈①,谨奉书尚书阁下②。

士之能享大名、显当世者,莫不有先达之士、负天下之望者,为之前焉。士之能垂休光③、照后世者,亦莫不有后进之士、负天下之望者,为之后焉。莫为之前,虽美而不彰;莫为之后,虽盛而不传。是二人者,未始不相须也,然而千百载乃一相遇焉。岂上之人无可援、下之人无可推欤?何其相须之殷而相遇之疏也?其故在下之人,负其能不肯谄其上;上之人,负其位不肯顾其下。故高材多戚戚之穷,盛位无赫赫之光,是二人者之所为皆过也。未尝干之,不可谓上无其人;未尝求之,不可谓下无其人。

愈之诵此言久矣,未尝敢以闻于人。侧闻阁下抱不世之才,特立而独行,道方而事实④,卷舒不随乎时,文武唯其所用。岂愈所谓其人哉?抑未闻后进之士,有遇知于左右、获礼于门下者,岂求之而未得邪?将志存乎立功,而事专乎报主,虽遇其人,未暇礼邪?何其宜闻而久不闻也?愈虽不材,其自处不敢后于恒人,阁下将求之

① 将仕郎:官名。守:唐时品级较低的人担任较高的官职叫守。四门博士:四门学的教官,唐代四门学隶属国子监,性质与国子学、太学相同,学生出身的品级则较低。

② 尚书:于頔(dí)当时以工部尚书衔出任山南东道节度使。

③ 休:美好。

④ 道:作动词用。方:方正。事:亦用作动词。实:指切实有用的事情。

而未得欤？古人有言："请自隗始①。"愈今者惟朝夕刍米仆赁之资是急②,不过费阁下一朝之享而足也。如曰："吾志存乎立功,而事专乎报主,虽遇其人,未暇礼焉。"则非愚之所敢知也。世之龊龊者③,既不足以语之;磊落奇伟之人,又不能听焉,则信乎命之穷也!

谨献旧所为文一十八首,如赐览观,亦足知其志之所存。愈恐惧再拜。

【译文】

七月三日,将仕郎守国子监四门学博士韩愈,恭敬地向尚书阁下呈上书信。士人能享有盛名、荣耀于当世的,无一不是有先已发达的、在社会上身负众望的人来为他引荐;而士人中能留下美好的功业声名、照耀后世的,也无一不是有后起的、身负众望的士子,来做他的后继之人啊。没有为他做引荐的,虽然有美好的德才而不能彰明;没有为他做后继之人的,虽然功业赫赫而不能传扬。这两类人,未曾有不互相期待的,然而千百年间才偶一相遇。难道是身居上位的人们之中没有可以提拔援助的,而处于下位的人们之中没有可以搜求推举的吗？为什么他们之间互相期待是这样殷切,而互相知遇的机会又是这样稀少呢？其原因就在于身居下位的人,以才能自负而不肯拜托奉迎上面的人;而身居上位的人,以其地位自负不肯体察顾怜他的属下。故而才高之人往往郁郁而不得志,地位尊贵的人也不能留传光耀后世的声

① 郭隗(wēi):战国时人。燕昭王打算招揽天下贤士,向他问计。他说:"王必欲致士,先从隗始,况贤于隗者,岂远千里哉!"昭王便为他修筑宫室并待之以师礼,于是乐毅等贤才相继而到燕国。
② 刍(chú):喂牲口的草。赁:指租赁房舍的钱。
③ 龊(chuò)龊:猥琐小气。

名,这两类人的做法都不恰当啊。既然从来没有去拜求权要,就不能说上面没有乐于奖掖后进的人;既然从来没有去搜罗贤才,也不能说下面没有才高之士。

我琢磨这些话已经很久了,从没有向别人谈论过。从侧面了解阁下具备世间少有的才干,立身超凡而行为出众,遵循方正的儒道而致力于坚实的事业,或进或退不追随时俗的风尚,文武张弛之道唯独您能正确地运用。莫非阁下就是我所说的那种负天下众望的先达之士吗? 可是却没有听说后进之士有为您所赏识,在您的门下受到礼遇的,难道是搜罗贤才而没有获得吗? 还是志向在于建立功勋,专注于报答君主,虽然遇到这样的贤士,而没有时间去以礼相待呢? 为什么本应该听到您的这种奖掖后进的事迹却长期没有听到呢?我虽然不成材,但对自己的要求却不敢低于一般人。阁下或许是寻求贤士而没有得到吧? 古人有这样的说法:"请从郭隗开始吧。"我现在每天早晚只为衣食住行的费用而焦急,这些不过耗费阁下一天的享用便足以为我解决问题了。如果阁下说:"我的志向在于建立功勋,专注于报答主上的恩宠,虽然遇到了这样的人才,没有空暇以礼相待。"这就不是我所敢于理解赞同的了。世间那些猥琐无能的人,不值得向他们倾吐心愿;而豪爽正直、雄奇高尚的人又不能倾听我的心愿,我命运的困穷是确定无疑的了。

谨此献上过去所写的十八篇文章,如果能蒙您翻阅,也就可以了解我的志向所在了。韩愈惶恐地再次拜伏施礼。

与陈给事书

【解题】

陈给事,名京,字庆复,唐德宗贞元十九年(803)任给事中之职。唐代给事中是门下省的要职,地位仅次于门下省长官侍中及副长官侍郎,负责驳议、改正朝廷政令。韩愈在信中首先解释自己长期没有再去拜见陈给事的缘故,接着又说明了这次写信献文的起因。信中描述了弥漫在当朝权要陈给事周围的谄媚与猜忌的庸俗空气,委婉地批评了陈给事作威作福的作风,在一定程度上表现了作者对当时丑恶的社会风尚的不满。文章运用了对比映衬的手法,行文转折跌宕,姿态横生。

愈再拜。愈之获见于阁下有年矣。始者亦尝辱一言之誉。贫贱也,衣食于奔走,不得朝夕继见。其后阁下位益尊,伺候于门墙者日益进。夫位益尊,则贱者日隔;伺候于门墙者日益进,则爱博而情不专。愈也道不加修,而文日益有名。夫道不加修,则贤者不与;文日益有名,则同进者忌。始之以日隔之疏,加之以不专之望;以不与者之心,而听忌者之说:由是阁下之庭,无愈之迹矣。

去年春,亦尝一进谒于左右矣①。温乎其容,若加其新也;属乎其言②,若闵其穷也③。退而喜也,以告于人。

---

① 谒(yè):拜见。唐代风俗,读书人为了谋取功名,常拜见权贵显要,并呈献诗文,以取得权要的赏赐和推荐。

② 属乎其言:即其言相属,就是连续交谈的意思。属(zhǔ),连续。

③ 闵(mǐn):忧。

其后如东京取妻子①,又不得朝夕继见。及其还也,亦尝一进谒于左右矣。邈乎其容②,若不察其愚也;悄乎其言,若不接其情也。退而惧也,不敢复进。

今则释然悟,翻然悔曰:其邈也,乃所以怒其来之不继也;其悄也,乃所以示其意也。不敏之诛③,无所逃避。不敢遂进,辄自疏其所以④,并献近所为《复志赋》以下十首为一卷,卷有标轴⑤;《送孟郊序》一首,生纸写⑥,不加装饰,皆有揩字注字处。急于自解而谢,不能俟更写⑦,阁下取其意而略其礼可也。愈恐惧再拜。

【译文】

韩愈再次敬礼。我得以拜见阁下已有好多年了,开始也曾经蒙得您的赞誉。因为贫贱,为了衣食而奔走四方,不能够经常不断地拜望您。这以后阁下的地位越来越高,依附奉承您的人越来越多。地位日益尊贵,贫贱的人便日益隔膜;依附奉承您的人日益增多,您所爱重的人多了而感情也就不专注了。我呢,在道义的修养上没有什么进步,而文章却越来越有名。道义没有进步,贤德的人不愿与我交往;文章日益有名,同类的人就要嫉妒。于是开始因为日益隔膜疏远,后来又加上您的期望不能专注,以您不屑于与我交往的心

① 东京:指洛阳,唐以洛阳为东都。
② 邈:远,这里是淡漠、冷淡的意思。
③ 敏:聪明。诛:责罚。
④ 疏:陈述,说明。
⑤ 古时著书以长纸书写,写完一张卷起,一端粘以木轴,称为一卷。在轴上题上书名、卷数等,即为标轴。
⑥ 生纸:当时造纸,有生纸、熟纸之分。唐人习惯,生纸一般用来写草稿,丧祭文字也用生纸。
⑦ 俟(sì):等待。更写:另外誊写。

思,而听信那嫉妒人的谗言,由此阁下的门庭之中,就再也不见我的踪迹了。

去年春天我也曾经拜见过阁下一次。您的态度温和,好像很赞许我的进步;您的言谈殷切,好像为我的困穷而忧虑。我回去之后心中十分高兴,便把这种情形告诉了他人。那以后我便到洛阳去接家眷了,又不能天天不断拜访您。等到从洛阳回来,也曾经又去拜见阁下一次。您的态度冷淡,好像不体察我的心思;默默无言,好像不理睬我的衷情。我回去之后心中不安,不敢再去拜望了。

而今我恍然大悟,十分懊悔地对自己说:冷淡啊,正是因为恼恨我不能经常去拜望;沉默啊,正是以此来表示您的心意。我的愚鲁所应受的责罚,是无处逃避的了。不敢贸然再去觐见,便只好写信陈述情由,并呈献近来所写的《复志赋》等十篇诗文为一卷,卷上有题字的卷轴;《送孟郊序》一篇,用生纸书写,没有再加装饰,都有涂字和添加注字之处。因为急于自我解释并致歉意,连重抄一遍的工夫也等不及了,阁下只取其中的意思,而原谅我的礼节不周吧。韩愈惶恐地再次施礼致意。

应科目时与人书

【解题】

贞元九年(793),韩愈参加博学宏词科考试,为了能得到当朝权要的重视和推荐,他写了这封信。信中用了托物喻志的手法,以龙不得水自喻,抒写了自己超凡出众的抱负和怀才不遇的愤慨,说明自己由于不屑于摇尾乞怜,因而不为权要注目的困境。文章写得词卑意亢,恳切而含蓄;取譬设喻,新颖而有气势。

月、日，愈再拜。

天池之滨，大江之濆①，曰有怪物焉②，盖非常鳞凡介之品汇匹俦也③。其得水，变化风雨，上下于天不难也；其不及水，盖寻常尺寸之间耳④。无高山大陵、旷途绝险为之关隔也，然其穷涸，不能自致乎水，为獱獭之笑者⑤，盖十八九矣。如有力者，哀其穷而运转之，盖一举手、一投足之劳也。然是物也，负其异于众也，且曰："烂死于沙泥，吾宁乐之；若俯首帖耳，摇尾而乞怜者，非我之志也。"是以有力者遇之，熟视之若无睹也。其死其生，固不可知也。今又有有力者当其前矣，聊试仰首一鸣号焉，庸讵知有力者不哀其穷而忘一举手⑥、一投足之劳，而转之清波乎？其哀之，命也；其不哀之，命也。知其在命，而且鸣号之者，亦命也！

愈今者，实有类于是。是以忘其疏愚之罪，而有是说焉。阁下其亦怜察之。

【译文】

某月某日，韩愈再次施礼。

南海之畔，长江之边，据说有一种怪物，不是一般的带鳞长甲之类的水族。它得到水，千变万化，兴风作浪，飞腾于天地之间毫无困难；它得不到水，便只能蜷缩蠕动在寻常尺寸

①　天池：南海，语出《庄子·逍遥游》："南溟者，天池也。"濆（fén）：水边之地。
②　怪物：指龙。
③　介：指带有甲壳的水中动物。匹俦（chóu）：相同，相比。
④　寻常：古代长度单位。八尺为寻，倍寻为常。
⑤　獱（bìn）獭：水獭。獱，小獭。
⑥　庸讵（jù）：岂，难道。讵：也作讵、难道讲，或解作曾。

之间罢了。没有高山大陵、远途艰险把它阻隔，然而它困窘
于干涸之处，不能够自己到水中去，因而十之八九要受到水
獭之类的小兽嘲笑啊。假如有力量的人，可怜它的困窘的处
境而搬运转动它，不过是一抬手、一动脚的工夫而已。然而
这种动物，对于它的与众不同很自负，说什么："烂死在沙泥
之中，我甘愿如此。而像那种俯首帖耳、摇尾乞怜的样子，不
是我的夙愿。"故而有力量的人遇到它，虽然熟视却像没看见
啊。它是死是活，根本无法预卜了。现在又有有力量的人出
现在它的面前，它聊且试着抬头长鸣一声，哪里能料定有力
量的人不会哀怜它的困窘而忘记一抬手、一动脚的辛劳，将
它转运到碧清的波涛之中呢？有力量的人哀怜它，是命中注
定。不哀怜它，也是命中注定。知道这一切都在于命运，而
仍将鸣叫号呼，也是命中注定啊！

　　我现在，确实和这种怪物的处境有相同之处，因此便不
顾粗疏和愚鲁的过失，而发表了这种议论。阁下大概也会予
以怜惜和体察吧！

送孟东野序

【解题】

　　序，文体名。古人有所谓"赠言"，到唐初成为一种文
体，叫作"序"。这篇"序"是韩愈赠给朋友孟郊的。孟郊
（751—814），字东野，湖州武康（今浙江省德清县武康镇）
人，中唐时期著名诗人。四十六岁始中进士，仕途很不得
意，终生贫困。他的诗歌多表现自己怀才不遇的悲愤和穷
愁潦倒的幽怨。贞元十九年（803），五十多岁的孟郊被任
命为溧阳（今江苏省溧阳市）尉，抑郁不平。韩愈便写了这
篇"序"，予以宽慰。文章由"物不得其平则鸣"谈起，多方

设喻，反复说明文章诗词不仅是作者思想感情的流露，而且反映了自己的时代；各个时代都有"善鸣"者做自己的喉舌，而孟郊等人正是当代的"善鸣"者。最后，作者表面上将孟郊等人的命运归之于天意，而实际上委婉含蓄地批评了压抑人才的统治者。文章立论精辟，寓意深远，笔力纵横恣肆，句式变化多端。

　　大凡物不得其平则鸣：草木之无声，风挠之鸣；水之无声，风荡之鸣。其跃也或激之，其趋也或梗之，其沸也或炙之。金石之无声，或击之鸣。人之于言也亦然，有不得已者而后言，其歌也有思，其哭也有怀。凡出乎口而为声者，其皆有弗平者乎？

　　乐也者，郁于中而泄于外者也，择其善鸣者而假之鸣。金、石、丝、竹、匏、土、革、木八者①，物之善鸣者也。维天之于时也亦然，择其善鸣者而假之鸣。是故以鸟鸣春，以雷鸣夏，以虫鸣秋，以风鸣冬。四时之相推敚②，其必有不得其平者乎？

　　其于人也亦然。人声之精者为言；文辞之于言，又其精也，尤择其善鸣者而假之鸣。其在唐、虞③、咎陶、禹④，其善鸣者也，而假以鸣。夔弗能以文辞鸣⑤，又自

———————

　　①　金：钟镈(bó)。石：磬。丝：琴瑟。竹：箫管。匏(páo)：笙竽。土：埙。革：鞀(táo)鼓。木：柷敔(zhù yǔ)。都是古代乐器。
　　②　推敚(duó)：推移变化。
　　③　唐、虞：唐尧、虞舜。
　　④　咎陶(gāo yáo)：相传为舜时掌管司法的官。禹：原为夏后氏部落领袖，曾奉舜命治理洪水，后继舜位，铸造九鼎，作为象征权力的传世之宝，其子启，建立夏朝。《今文尚书》中有《皋陶谟》，伪《古文尚书》中有《大禹谟》。
　　⑤　夔(kuí)：相传为舜时的乐官，韶是他创制的乐曲名。

假于韶以鸣。夏之时，五子以其歌鸣①。伊尹鸣殷②，周公鸣周③。凡载于《诗》《书》六艺④，皆鸣之善者也。周之衰，孔子之徒鸣之，其声大而远。传曰："天将以夫子为木铎⑤。"其弗信矣乎？其末也，庄周以其荒唐之辞鸣⑥。楚，大国也，其亡也，以屈原鸣⑦。臧孙辰⑧、孟轲、荀卿，以道鸣者也；杨朱、墨翟、管夷吾、晏婴、老聃、申不

① 夏朝国君太康，嬉游无度，不理政事，为东夷族首领后羿夺去王位。他的五个兄弟对他不满，作歌述说大禹的教导来告诫他，称为"五子之歌"。

② 伊尹：名挚，殷代贤相。伪《古文尚书》中有传为他写的《伊训》《太甲》等文，实为后人伪托。

③ 周公旦，武王之弟。武王死后，辅佐成王，平定叛乱，制礼作乐，巩固了周王朝的统治。周公著有《大诰》《康诰》等文。

④ 诗：《诗经》。书：《尚书》。六艺：指《诗》《书》《礼》《易》《乐》《春秋》六部经籍。

⑤ 语出《论语·八佾》。木铎：木舌的铃，古代施行政教、传布命令时，摇铃召集、晓谕百姓。

⑥ 庄周：战国时哲学家，著作收辑在《庄子》一书中。他的文章汪洋恣肆，谲奇多变，善用大胆的夸张、奇妙的比喻和生动的寓言来说明道理，故而称之为荒唐（广大无边的意思）之言。

⑦ 屈原：战国末期楚国的伟大诗人，他的代表作有《离骚》《九章》等诗篇。

⑧ 臧孙辰：春秋时鲁国大夫，复姓臧孙，名辰。又称臧文仲，曾废除关卡，以利经商。

害、韩非、慎到、田骈、邹衍、尸佼、孙武、张仪、苏秦之属①，皆以其术鸣。秦之兴，李斯鸣之②。汉之时，司马迁、相如、扬雄③，最其善鸣者也。其下魏晋氏，鸣者不及于古，然亦未尝绝也。就其善者，其声清以浮，其节数以急，其辞淫以哀，其志弛以肆，其为言也，乱杂而无章。将天丑其德莫之顾耶？何为乎不鸣其善鸣者也？

　　唐之有天下，陈子昂、苏源明、元结、李白、杜甫、李

　　①　杨朱：战国时卫人，主张"为我"之说。言论散见于《孟子》《列子》等书。管夷吾：名仲，春秋时齐国贤相，相传《管子》一书为其所著。晏婴：春秋时齐国贤相，后人采其行事及言论，集为《晏子春秋》一书。申不害：战国时郑国人，曾担任韩昭侯相十五年，相传著有《申子》一书，主刑名之说，为法家创始人，与韩非并称为申韩。韩非：原为韩国贵族，后入秦，游说秦始皇，很为始皇赏识。李斯等嫉妒他的才能，将他诬陷入狱，病死狱中。他著有《韩非子》一书，是法家的集大成者。慎到：战国时赵国人，学黄老道德之术，而主张以势（权位）治天下，故而也被后世列为法家创始人之一。著有《慎子》四十二篇，已佚。田骈：战国时齐国人。据《庄子·天下》篇所说，他与慎到同为一派。著有《田子》二十五篇，已佚。邹衍：战国时齐国人，为阴阳家的代表人物。著有《邹子》一书，已佚。尸佼：战国时鲁国人，法家，曾入秦参与商鞅变法。商鞅被杀后逃亡入蜀。著有《尸子》一书，已佚。孙武：春秋时齐国人，是我国古代著名的军事学家。著有《孙子》十三篇。张仪：战国时魏国人，后为秦相，为秦游说六国，使六国分别与秦交好，这就是所谓"连横说"。苏秦：字季子，战国时洛阳人，以"合纵说"游说六国，任六国相，失败后客居齐国，为齐大夫所杀。
　　②　李斯：战国时楚国上蔡人，荀子的学生，入秦为客卿，深受秦始皇的器重。始皇即皇帝位后，被任命为丞相，后为赵高所害。
　　③　相如：即司马相如，字长卿，西汉著名辞赋作家。扬雄：字子云，西汉著名文学家，长于辞赋。

观①,皆以其所能鸣。其存而在下者,孟郊东野始以其诗鸣。其高出魏、晋,不懈而及于古,其他浸淫乎汉氏矣。从吾游者,李翱、张籍其尤也②。三子者之鸣信善矣。抑不知天将和其声而使鸣国家之盛耶?抑将穷饿其身,思愁其心肠,而使自鸣其不幸耶?三子者之命,则悬乎天矣。其在上也奚以喜,其在下也奚以悲?

东野之役于江南也,有若不释然者,故吾道其命于天者以解之。

【译文】

一般来说,物体不能得到安定就会发出鸣响:草木没有声音,风吹动它便发出声音;水没有声音,风使它激荡而发出声音。水波跳跃,是因为有东西来阻遏它;水流湍急,是因为有东西来梗塞它;水沸腾,是因为用火来烧煮它。金属、石头没有声音,如果有人击打它便会发出声音。人们发表言论也是这样,心中有感慨而不得释然而后见之于言辞,他的歌唱充满情思,他的哭泣寄托着悲哀情怀。凡是从口中发出而成为声音的,岂不都是有所不平的吗?

音乐,是郁结在心中的思想感情向外倾泄而形成的声

---

① 陈子昂:字伯玉,唐代梓州射洪(今四川省射洪市)人,唐初著名诗人、文学家。他是唐代诗歌革新的倡导者,为唐诗的发展开拓了道路。苏源明:字弱夫,唐代武功(今陕西省武功县)人,官至秘书省少监,与杜甫、元结友善。文集今已佚,著作散见于《全唐文》及《全唐诗》中。元结:字次山,中唐著名诗人,诗作很受杜甫赞扬。有《元次山集》传世。李观:字元宾,唐代赵州(今河北省赵县)人,任太子校书郎等职,有《李元宾文编》三卷传世。

② 李翱:字习之,中唐著名散文作家,陇西成纪(今甘肃省天水市)人,是韩愈的学生,古文运动的拥护者,著作有《李文公集》。张籍:字文昌,苏州人,中唐著名诗人,曾任国子司业等职,著有《张司业集》。

音,它选择那音色优美的物体借以表现。钟、磬、琴瑟、箫管、
笙、埙、鼓、柷敔八种乐器,便是物体中音色优美的啊。那苍
天对于时令的更替也是这样,它选择能表现季节特点的事物
借以发声。因此便借鸟儿啼叫来表现明媚的春日,以雷声来
显示炎炎盛夏,以唧唧秋虫来标志萧索的清秋,以凛冽朔风
来体现严寒的隆冬。四季的互相推移变化,难道不是必定有
得不到安定的事物而发出鸣响吗?

　　这一点对于人类也是同样的。人类声音的精华是言语,
文辞对于言语来说,又是它的精华了,因此更要选择善于文
辞的人来借以表现。在唐尧、虞舜的时代,咎陶、大禹是善于
文辞的人,便以他们来做时代的喉舌。夔不能用文辞来表达
思想,就又自己凭借创制的乐曲"韶"来抒发感情。夏朝的时
候,太康的五个兄弟用他们的歌来表现思想;伊尹的著作表
现了殷商的兴盛,周公的著作表现了西周的昌明;凡是记载
在《诗经》《尚书》等六部经籍中的著述,都是文辞中最好的。
周朝衰败的时候,孔子等人又发出了声音,那声音宏大而悠
长。《论语》中说:"上天要以先生(孔子)为宣谕教化的木
铎。"难道不是确实的吗?周朝末年,庄周用他的夸饰荒诞的
文辞来表现自己的时代;楚,是个大国,它灭亡之时,借屈原
来表现国破家亡的痛苦。臧孙辰、孟轲、荀卿,是遵循道义来
发表见解的;杨朱、墨翟、管夷吾、晏婴、老聃、申不害、韩非、
慎到、田骈、邹衍、尸佼、孙武、张仪、苏秦之辈,都以自己的学
术传播于当世。秦朝兴盛,李斯以文辞来表现它;汉朝的时
候,司马迁、司马相如、扬雄,是最擅长文辞的作家了。秦、汉
之后的魏、晋,文辞虽然达不到古代的水平,然而也并没有断
绝。就其中好的来看,它们的声韵是清淡而轻浮的,它们的
节奏是繁杂而急促的,它们的文辞是华艳而哀切的,它们的
思想感情是懈怠而放纵的。那些文章言论,杂乱而没有章

法。可能是老天憎恶魏、晋的德行而不去管它们吧？为什么不让那些真正擅长文辞的人发出自己的声音呢？

唐朝统治天下之后，陈子昂、苏源明、元结、李白、杜甫、李观，都以自己的才能而咏唱撰述。现在生存于世上而身居下位的人中，孟郊（字东野）开始以他的诗鸣响于世，他的诗超过魏、晋，不松懈地努力探索便可以赶上古人，其他美妙之处则逐渐地接近汉朝人的佳作了。跟我交游的人中，李翱、张籍是其中最突出的。这三位的辞章文采确实善美。不知道天要使他们的声音平和以便让他们来歌颂国家的昌盛呢？还是要使他们的身体遭到困穷饥饿的折磨，使他们的心肠蒙受忧虑愁苦的煎熬，让他们吟咏自己的不幸呢？这三个人的命运，都取决于天意啊。那么，如果他们身居高位，又有什么可以高兴的？如果屈居下层，又有什么可以悲哀的？

东野到江南去任职，好像心中有抑郁难平的悲慨，因此我便说了他的命运取决于天意这番话来宽慰他。

送李愿归盘谷序

【解题】

李愿是作者的友人，生平不详。盘谷，在今河南省济源市北。本文作于贞元十七年（801），当时韩愈家居洛阳，到长安谋求官职，没有达到目的，心情抑郁，牢骚满腹，故而借送李愿归盘谷一事来抒发心中的愤懑。文章引述李愿的话，淋漓尽致地刻画了达官贵人作威作福的神态和热衷于功名之徒趋炎附势的行为，表现了对统治阶层污浊风气的蔑视与憎恶，同时也表现了对退居山林的隐士生活的赞扬和向往。文章运用映衬对照、铺陈渲染的手法，嬉笑怒骂，酣畅淋漓。结尾一段，以韵文作歌，有一唱三叹的情致。

　　太行之阳有盘谷①,盘谷之间,泉甘而土肥,草木丛茂,居民鲜少。或曰:"谓其环两山之间,故曰盘。"或曰:"是谷也,宅幽而势阻②,隐者之所盘旋。"友人李愿居之。

　　愿之言曰:"人之称大丈夫者,我知之矣。利泽施于人,名声昭于时。坐于庙朝③,进退百官而佐天子出令。其在外,则树旗旄④,罗弓矢,武夫前呵,从者塞途,供给之人,各执其物,夹道而急驰。喜有赏,怒有刑。才俊满前,道古今而誉盛德,入耳而不烦。曲眉丰颊,清声而便体,秀外而惠中,飘轻裾,翳长袖,粉白黛绿者⑤,列屋而闲居,妒宠而负恃,争妍而取怜。大丈夫之遇知于天子,用力于当世者之所为也。吾非恶此而逃之,是有命焉,不可幸而致也。

　　"穷居而野处,升高而望远,坐茂树以终日,濯清泉以自洁。采于山,美可茹⑥;钓于水,鲜可食。起居无时,惟适之安。与其有誉于前,孰若无毁于其后;与其有乐于身,孰若无忧于其心。车服不维⑦,刀锯不加⑧,理乱不知,黜陟不闻⑨。大丈夫不遇于时者之所为也,我则行之。

────────

①　太行:山名,在山西高原与华北平原之间。
②　宅:位置。幽:幽深。
③　庙朝:庙指宗庙,朝指朝廷。这里合指朝廷。
④　旄:旗的一种,用牦牛尾系在旗杆上做装饰。
⑤　裾(jū):衣衿。黛:画眉用的青色染料。
⑥　茹(rú):吃。
⑦　车服:车驾服饰。维:系。按,古代官职不同,车驾服饰便不同,故车服代指官职。
⑧　刀锯:刑具,这里指刑罚。
⑨　黜(chù):贬官。陟(zhì):升官。

"伺候于公卿之门,奔走于形势之途①,足将进而趑趄②,口将言而嗫嚅③。处污秽而不羞,触刑辟而诛戮④,侥幸于万一,老死而后止者,其于为人,贤不肖何如也?"

昌黎韩愈,闻其言而壮之,与之酒而为之歌曰:"盘之中,维子之宫⑤;盘之土,可以稼⑥;盘之泉,可濯可沿;盘之阻,谁争子所? 窈而深,廓其有容⑦;缭而曲⑧,如往而复。嗟盘之乐兮,乐且无央⑨! 虎豹远迹兮,蛟龙遁藏;鬼神守护兮,呵禁不祥。饮且食兮寿而康,无不足兮奚所望? 膏吾车兮秣吾马⑩,从子于盘兮,终吾生以徜徉⑪。"

【译文】

太行山的南麓有一个盘谷,盘谷之中,泉水甘甜而土地肥沃,花草树木生长繁茂,居民十分稀少。有人说:"指的是这山谷环绕在两山之间,故而称为盘。"有的则说:"这山谷,位置深幽而地势阻塞,是隐士们居留盘旋的地方。"我的朋友李愿便住在这儿。

---

① 形势:权势。
② 趑趄(zī jū):行而不进的样子。
③ 嗫嚅(niè rú):欲言又止的样子。
④ 辟:法。
⑤ 宫:住室。
⑥ 稼:播种五谷。
⑦ 廓:宽阔。
⑧ 缭:曲折迂回。
⑨ 央:完,尽。
⑩ 膏:油,这里用作动词,意思是涂油、上油。秣:喂牲口的料,这里用作动词,即喂的意思。
⑪ 徜徉(cháng yáng):自由自在地信步游荡。

李愿的话是这样说的:"人们称为大丈夫的人,我了解他们。利益恩泽布施给众人,美好的名声显耀于当代,身居朝廷之上,任免各级官员而辅佐天子发布政令。他们被派到外地,则旌旗高树,弓箭罗列,武士们在前面开路,侍从们填塞了道途,负责供给的人,在大路上来往奔驰。高兴时便可随心赏赐,发怒时便可任情惩罚。才俊之士聚集在他们周围,谈古论今并赞誉他们的美德,听起来一点也不嫌絮烦。美人们蛾眉弯弯,面颊丰腴,声音清脆,体态轻盈,外貌秀美,头脑聪慧,衣襟飘动,长袖掩映,皮肤洁白,双眉黛青,在一排排的后房中悠闲地居住,为了争宠,互相嫉妒,各以色艺而自负,争娇斗艳一心要获取主人的怜爱。这就是为天子所信用、替当世效力的大丈夫的作为啊。我并非厌恶这种处境而逃避它,只是命中注定不能侥幸地得到啊。

"置身于困穷的境地而隐居于山野之间,登上山峦而信目远眺,坐在茂密的林木中悠闲度日,用清澈的泉水洗浴使身体洁净。在山上采摘野果啊,甘美能食;在水中钓来鱼虾啊,鲜嫩可口。行动和休息都没有定时,只求舒适与安逸。与其当面受到赞誉,哪比得上背后不受毁谤;与其身体享受康乐,哪比得上心中无忧无虑。赏赐到不了名下,刑罚也落不到头上,朝政的治乱漠不关心,官员的升降充耳不闻。这是在当世不得志的大丈夫的作为啊,我便是这样做的。

"在公卿的门下伺候,在权势的路上奔走,脚要向前而犹豫,嘴要说话而吞吐。处于污秽之中不觉羞耻,触犯了刑法便遭杀戮,期望侥幸能够万一如愿,直到老死才罢休,这对于做人来说,是贤明呢还是不肖?"

昌黎韩愈听了他的议论以为十分豪壮,向他献酒并为他高歌:"盘谷之中,有您的居室;盘谷的土地,可以播种五谷;盘谷中的泉水,可以沐浴也可以游赏;盘谷地势阻塞,谁来和您争夺住处？环境幽静而深远,宽阔啊它有很大的容量;迂回而曲折,好像走了过去却又回到原来的地方。赞叹盘谷的乐趣啊,乐趣无尽无休! 虎豹跑到远方啊,蛟龙逃遁隐藏;鬼神守卫保护啊,呵斥禁绝不祥。酒足饭饱啊长寿而健康,毫无不足啊还有什么奢望? 给我的车涂好油啊将我的马喂饱,随着您到盘谷啊,悠闲自在地度过我的终生的时光。"

送董邵南序

【解题】

董邵南,寿州安丰(今属安徽省淮南市)人,是韩愈的朋友。贞元年间,他到长安应进士试,未中,将游河北以求出路。当时,河北藩镇割据一方,他们招揽人才以增强实力,对抗朝廷,有许多失意文人前去投靠,托身于幕府之中。韩愈在这篇文章里,对董邵南怀才不遇的遭际表示了深切的同情,同时也以朋友的身份给予诚恳的忠告,希望他不要为藩镇所用,并且希望他能劝说河北豪杰之士效力于朝廷。韩愈这种反对藩镇割据、维护国家统一的政治立场,在当时是进步的。这篇文章仅有百余字,却跌宕起伏,含蓄婉转,发人深省。

　　燕、赵古称多感慨悲歌之士①。董生举进士,连不得

---

　　①　指荆轲、高渐离之类的风尘豪侠。《史记·刺客列传》:"荆轲既至燕,爱燕之狗屠及善击筑者高渐离。荆轲嗜酒,日与狗屠及高渐离饮于燕市,酒酣以往,高渐离击筑,荆轲和而歌于市中,相乐也,已而相泣,旁若无人者。"

志于有司①,怀抱利器②,郁郁适兹土③。吾知其必有合也。董生勉乎哉!

夫以子之不遇时,苟慕义彊仁者皆爱惜焉④。矧燕、赵之士出乎其性者哉⑤! 然吾尝闻风俗与化移易,吾恶知其今不异于古所云邪? 聊以吾子之行卜之也。董生勉乎哉!

吾因之有所感矣。为我吊望诸君之墓⑥,而观于其市,复有昔时屠狗者乎⑦? 为我谢曰:"明天子在上,可以出而仕矣。"

【译文】

自古便说燕、赵一带多有慷慨悲歌的豪侠之士。董生考进士,接连没被主管考试的部门选中,怀着卓越的才能,满腔抑郁地到这个地方去。我预料他一定会有所遇合,董生要努力呀!

就您生不逢时这一点来说,只要是仰慕道义、力行仁德的人都会予以同情怜惜的,何况燕、赵人士本来就具有慷慨豪放的本性呢! 然而我曾听说风俗是随着教化而发展变化的,我又怎么能知道那里现今的风俗与古代所说的情况没有差异呢? 聊且以您这次的行踪遭际来验证了。董生努力啊!

---

① 有司:这里指主管考试的机构。唐代进士科考试归礼部管,得中后再经吏部考试选官。

② 利器:锐利的兵器,此处喻指卓越的才干。

③ 兹:这。兹土,这里指古燕、赵之地。

④ 彊:通"强",这里是勉力的意思。

⑤ 矧(shěn):况且。

⑥ 望诸君:即乐毅,战国时赵国人,曾为燕昭王破强齐,成就霸业。后被诬陷,离燕归赵,赵封之于观津(今河北省武邑县境),号为望诸君。

⑦ 屠狗者:指高渐离一类风尘豪侠,这里喻不得志的豪士。

　　我因此而有所感触。请您为我吊祭望诸君的坟墓,到那儿的市镇上去观察一番,还有过去的屠狗者一类的豪俊之士吗?替我向他们殷勤致意,并说:"圣明的天子在位,可以出来任职了。"

送杨少尹序

【解题】

　　杨巨源,字景山,唐河中府(今山西省永济市)人,能诗,任国子监司业,因年老辞官归乡,朝廷授予河中府少尹之职,故称杨少尹。韩愈在这篇序中,赞扬杨巨源不贪恋富贵、年老致仕、返归故乡的行为。这在当时争名夺利、钩心斗角的官场中算得上是一种贤明的行为。文章写得错综变化,前后呼应,言婉思深。

　　昔疏广、受二子①,以年老,一朝辞位而去。于时公卿设供张②,祖道都门外③,车数百辆。道路观者,多叹息泣下,共言其贤。汉史既传其事,而后世工画者,又图其迹,至今照人耳目,赫赫若前日事。

　　国子司业杨君巨源④,方以能诗训后进,一旦以年满七十,亦白丞相去归其乡。世常说古今人不相及,今杨

---

　　① 疏广:汉代东海兰陵(今山东省兰陵县)人,官至太子太傅;他哥哥的儿子疏受,官至太子少傅。任职五年,疏广对疏受说:"知足不辱,知止不殆,宦成名立,如此不去,惧有后悔。"于是他们就告老还乡了。
　　② 供:供具,饯行的用具。张:陈设,摆列。一说张亦作帐,意为饯行时搭的幕帐。
　　③ 祖道:古时为远行者祭祀路神,并饮宴饯别。祖,祭祀道路之神。
　　④ 国子司业:国子监的副长官。

与二疏,其意岂异也?

予忝在公卿后①,遇病不能出。不知杨侯去时,城门外送者几人?车几辆?马几匹?道边观者,亦有叹息知其为贤与否?而太史氏又能张大其事,为传继二疏踪迹否?不落莫否?见今世无工画者,而画与不画,固不论也。

然吾闻杨侯之去,丞相有爱而惜之者,白以为其都少尹②,不绝其禄。又为歌诗以劝之③,京师之长于诗者,亦属而和之。又不知当时二疏之去,有是事否?古今人同不同未可知也。

中世士大夫,以官为家,罢则无所于归。杨侯始冠④,举于其乡⑤,歌《鹿鸣》而来也⑥。今之归,指其树曰:"某树吾先人之所种也;某水某丘,吾童子时所钓游也。"乡人莫不加敬,诫子孙以杨侯不去其乡为法。古之所谓乡先生,没而可祭于社者⑦,其在斯人欤?其在斯人欤?

【译文】

古时候疏广、疏受叔侄二人,因为年老,同一天辞掉职位

① 当时韩愈任吏部侍郎(吏部副长官),故而说自己忝(附)于公卿后。

② 少尹:都城长官称尹,副职称少尹,河中府唐时称为中都,故长官也称尹。

③ 劝:慰勉。

④ 冠:古时风俗,男二十而冠,表示已成年,这里即是成年之意。

⑤ 举:贡举。唐代科举制度,士子由地方贡举,然后进京应试。

⑥ 鹿鸣:《诗经·小雅》篇名,古代宴会所奏之歌曲,行乡饮礼时即用之。唐代州县宴请士子,奏《鹿鸣》诗,称为"鹿鸣宴"。

⑦ 社:即里社,祭祀土地神的地方。

离去。当时,朝廷中的公卿摆设宴席,在京都门外为他们饯行,车驾有数百辆之多。道路上旁观的,有很多人为之感叹并流下了眼泪,无不称赞他们贤明。汉代的史书既记载了他们的事迹,而后世擅长绘画的人,又画下了他们的形象,到今天依然光彩照人,清楚得仿佛是前不久发生的事情。

国子监司业杨巨源,正以他善于写诗来教育学生,一旦到了七十岁,也禀白丞相离职回归他的故乡。世上常说古时的人和现今的人是不能并论的,而今杨巨源与疏氏二人,他们的思想难道有什么差异吗?

我攀附于公卿之末,恰逢生病不能出去送行。不知道杨少尹走的时候,都城门外送行的有多少人?车有多少辆?马有多少匹?道边的旁观者是不是也有为他的行为感叹,知道他是贤者的呢?而史官能不能铺张渲染他的事迹,写成传记作为疏氏二人的事迹的继续呢?不会冷落寂寞吧?现在世上没有擅长绘画的,而画还是不画,也就不必考虑了。

然而我听说杨侯的辞归,丞相中有敬重而怜惜他的,奏明皇上任命他为其故乡河中府的少尹,以便不断绝他的俸禄。丞相又亲自写诗来慰勉他,京城中擅长写诗的人,也作诗来应和。又不知道古时候疏氏二人的归乡,有这样的事吗?古人与今人相同还是不同,不得而知啊。

中古以后的士大夫,往往以官为家,罢官之后就无归宿之处。杨侯刚成年,便在他的家乡被荐举,参加了"鹿鸣宴"而来到朝廷。现在回到故乡,指着乡间的树说:"那些树是我的先人种的。那条溪流、那座山丘,是我小时候钓鱼、游戏的地方。"故乡的人没有不对他表示敬意的,人们告诫子孙要以杨侯不舍弃故土的美德为榜样。古人所谓"乡先生",逝去之后能够在乡里社庙中享受祭祀的,大概就是这样的人吧!大概就是这样的人吧!

送石处士序

【解题】

　　石处士,名洪,字浚川,河阳(今河南省孟州市)人,曾任黄州录事参军,退隐于河阳,十年不仕。后为河阳军节度使乌重胤征召为参谋,次年为京兆昭应县尉转集贤校理。石洪赴河阳就职时,朋友们在洛阳东门设酒饯行,韩愈在座,并写了这篇序赠给他。序中先写石洪不慕名利、自甘淡泊、卓有识见的品德和才能,又写了他以为国为民之心欣然赴召的积极行动,并表达了朋友们对他出仕后的期望和要求。文章用博喻的手法来形容石洪论事明快、口才辩给,并在叙事中穿插了对话,曲折生动,活泼而自然,但在肯定的词句中,也暗含着对石洪的批评。

　　河阳军节度、御史大夫乌公①,为节度之三月,求士于从事之贤者②。有荐石先生者,公曰:"先生何如?"曰:"先生居嵩、邙、瀍、谷之间③。冬一裘,夏一葛④。食,朝夕饭一盂⑤、蔬一盘。人与之钱,则辞。请与出游,未尝以事免。劝之仕,不应。坐一室,左右图书。与之语道理,辨古今事当否,论人高下,事后当成败,若河决

━━━━━━━━━━

　　① 河阳:即今河南省孟州市。乌公:指乌重胤,唐宪宗元和五年(810)四月任河阳节度使之职。

　　② 从事:指节度使的僚属。

　　③ 嵩(sōng):山名,在今河南省登封市境内。邙(máng):山名,在洛阳附近。瀍(chán)、谷,二水名,源出河南省陕县,在洛阳西南与洛水会合。

　　④ 裘:皮衣。葛:蔓草类植物,纤维可织做夏衣。

　　⑤ 盂(yú):古代盛饮食的器皿。

下流而东注,若驷马驾轻车就熟路,而王良、造父为之先后也①,若烛照、数计而龟卜也②!”大夫曰:“先生有以自老,无求于人,其肯为某来邪?”从事曰:“大夫文武忠孝,求士为国,不私于家。方今寇聚于恒③,师环其疆;农不耕收,财粟殚亡。吾所处地,归输之涂④,治法征谋,宜有所出。先生仁且勇,若以义请而强委重焉,其何说之辞?”

于是撰书词,具马币⑤,卜日以受使者,求先生之庐而请焉。先生不告于妻子,不谋于朋友,冠带出见客⑥,拜受书礼于门内。宵则沐浴,戒行李⑦,载书册,问道所由。告行于常所来往,晨则毕至张上东门外⑧,酒三行⑨,且起,有执爵而言者曰:“大夫真能以义取人,先生真能以道自任,决去就,为先生别!”又酌而祝曰:“凡去就出处何常? 惟义之归,遂以为先生寿⑩!”又酌而祝曰:“使大夫恒无变其初,无务富其家而饥其师,无甘受佞人而外敬正士,无昧于谄言,惟先生是听,以能有成功,保天子之宠命。”又祝曰:“使先生无图利于大夫,而

---

① 王良:春秋时晋国大夫。造父:周穆王时人。二人都是驭马御车的能手。

② 数计:用蓍草计数占卜。龟卜:古人灼烧龟甲,根据断裂纹路以占卜吉凶。

③ 恒:指恒州,在今河北正定,唐时名为成德军。唐宪宗元和四年(809)成德军节度副使王承宗叛唐,朝廷派吐突承璀统兵讨伐。

④ 归(kuì):送。归输即供给运输军需的意思。

⑤ 马:良马。币:财物。这里指礼物。

⑥ 冠带:穿得整整齐齐,以表示恭敬的意思。冠,着冠。带,束带。

⑦ 戒:准备,预备。

⑧ 张:供张,这里指摆好饯别的酒宴。上东门指洛阳的城门名。

⑨ 酒三行:斟酒三次。

⑩ 为寿:以祝寿之名向人进酒。

私便其身图。"先生起拜祝辞曰:"敢不敬蚤夜以求从祝规①!"于是东都之人士,咸知大夫与先生果能相与以有成也。遂各为歌诗六韵,遣愈为之序云。

【译文】

　　河阳军节度使、御使大夫乌公,做节度使的第三个月,向僚属中贤能的人访求才智之士。有推荐石先生的,乌公问道:"石先生怎么样呢?"回答说:"先生隐居在嵩、邙二山和瀍、谷二水之间。冬天一件皮袍,夏天一身葛衣,早晨和晚上的食物,都是一碗饭、一盘青菜。人们送他钱,他推辞不受;请他外出游玩,从来也没有因为别的事情而失约。劝他做官,则不答应。独坐一室,左右图书满架。和他一起谈论道义事理,分析古今大事的得失,评论人物的高低,预卜事情的成败,他的口才好像黄河决流波涛奔腾东入大海,好像四匹骏马拉着轻便的车子在熟悉的道路上奔驶,而由王良、造父这样的高手驾驭,好像用明烛照物、以蓍草计数算卦、灼龟壳占卜那样痛快淋漓、明确无误,富有预见性!"御史大夫问道:"先生有颐养天年的条件,对他人没有什么期求,难道愿意为了我而出山吗?"僚属答道:"大夫您具备文才武略而且忠孝两全,为了国家搜求人才,而不谋私利。现在叛贼结集在恒州,大军包围了恒州的境地,农民不能耕种收获,财物粮食损失已尽。我们所处的地方,是供给转运军需的要地,治理的办法和征讨的谋略,都应该有高人出谋划策。先生仁德而且勇敢,如能以道义去敦请而恳切地委以重任,他有什么理由能够推辞呢?"

　　于是便写好书信,准备好了马匹礼品,挑选吉日交付使

---

　　①　蚤:通"早"。

者,到先生的家中去敦请。先生既不将此事告诉妻子儿女,
也不去和朋友商量,着冠束带出来会见客人,在家中恭敬地
接受了书信礼物。当晚就沐浴身体,备好行李,装起书籍,问
明了路从哪儿走。然后向平常来往的朋友辞行,早晨朋友们
都来到上东门外,摆好饯别的酒宴。酒过三巡,将要起身,有
一位朋友手持酒杯说:"御史大夫真能够以道义选拔人才,先
生真能够以道义作为自己的使命,来决定去留。我为先生送
行!"又斟满了酒祝愿说:"退隐、出仕没有定规,只能以道义
作为标准,因此我为先生祝贺!"又斟满了一杯祝愿说:"希望
御史大夫永远不改变他的初衷,不去做使自己的家庭富有而
让军士挨饿的事情,不要内心喜好巧言花语的人而外表却假
做尊敬正直人士,不被谗言迷惑,能够对先生言听计从,以便
建功立业,保持住天子的宠信的委命。"又祝愿说:"希望先生
不要在御史大夫那儿谋取私利,而使自身得到方便。"先生站
起来施礼答谢祝词说:"怎么敢不时时刻刻地力求按照朋友
祝词中的规诫去做呢!"由此洛阳的人士,都预见到御史大夫
和先生必定能够融洽相处并会做出一番事业。于是在座的
各位都写了一首六韵十二句的诗歌送行,并委派我为之写了
这篇序文。

送温处士赴河阳军序

【解题】

　　温造,字简舆,唐并州祁(今属山西省晋中市)人,隐居王
屋山。曾为徐州节度使张建封节度参谋,宪宗元和五年
(810)又为河阳军节度使乌重胤征召入幕府。处士是当时人
们对隐士的称呼。当时,韩愈居洛阳,与石洪、温造交游,他
爱惜他们的才能,但对他们以隐士之名而趋奉达官贵人、轻

易出山有所不满,故而在《寄卢仝》一诗中说:"水北山人(指石洪)得名声,去年去做幕下士。水南山人(指温造)今又往,鞍马仆从照间里。少室山人索价高,两以谏官征不起。彼皆刺口论时事,有力未免遭驱使。"在这篇赠序中,韩愈也是隐含讽喻的。文章开头运用比喻,突兀而起,出人意料;随后跌宕而下,直入本题。起伏蓄放,变化有致,同时又有诙谐含蓄、耐人寻味的情趣。

　　伯乐一过冀北之野①,而马群遂空。夫冀北马多天下,伯乐虽善知马,安能空其群邪? 解之者曰:"吾所谓空,非无马也,无良马也。伯乐知马,遇其良辄取之,群无留良焉。苟无良,虽谓无马,不为虚语矣。"

　　东都,固士大夫之冀北也。恃才能深藏而不市者,洛之北涯曰石生,其南涯曰温生②。大夫乌公以钺钺镇河阳之三月③,以石生为才,以礼为罗,罗而致之幕下。未数月也,以温生为才,于是以石生为媒,以礼为罗,又罗而致之幕下。东都虽信多才士,朝取一人焉拔其尤,暮取一人焉拔其尤,自居守河南尹以及百司之执事④,与吾辈二县之大夫⑤,政有所不通,事有所可疑,奚所咨而处焉? 士大夫之去位而巷处者,谁与嬉游? 小子后生于

----

　　① 伯乐:姓孙名阳,古代善相马者。《左传·昭公四年》:"司马侯曰:'冀之北土,马之所生。'"
　　② 石生:即石洪。温生:即温造。
　　③ 乌公:即乌重胤。钺钺(fǔ yuè):指节度使的仪仗。
　　④ 居守:指东都(洛阳)留守,时为郑余庆。河南尹:河南道长官。百司之执事:各部门的官员。
　　⑤ 二县:指洛阳县与河南县。当时韩愈为河南县令。

何考德而问业焉？缙绅之东西行过是都者①，无所礼于其庐。若是而称曰："大夫乌公一镇河阳，而东都处士之庐无人焉。"岂不可也？

夫南面而听天下，其所托重而恃力者，惟相与将耳。相为天子得人于朝廷，将为天子得文武士于幕下，求内外无治，不可得也。愈縻于兹②，不能自引去，资二生以待老。今皆为有力者夺之，其何能无介然于怀邪？生既至，拜公于军门，其为吾以前所称为天下贺，以后所称为吾致私怨于尽取也。

留守相公首为四韵诗歌其事③，愈因推其意而序之。

【译文】

伯乐一旦经过冀北的原野，马群便空了。那冀北产的马多于天下各地的马，伯乐虽然擅长辨认良马，哪能使马群空了呢？解释的人说："我所谓的空，并不是没有马了，而是说没有好马了。伯乐擅长识马，遇见其中好的就带走它，马群里没有再留下良马。如果没有好马了，那么说成是没有马了也并不是假话啊！"

东都洛阳，本来就好比是士大夫的"冀北"啊。有才能而隐居不仕的，洛水北岸的那位是石生，南岸的那位是温生。御史大夫乌公以节度使的仪仗镇守河阳的第三个月，认为石生有才能，便以礼聘作为网罗，将石生罗致在幕府中。没过几个月，认为温生有才能，于是就让石生做媒介，以礼聘做网

---

①　缙(jìn)绅：通"搢绅"。"搢笏于绅"。笏，官员上朝时所持之手板。搢，插。绅，长带。这里代指士大夫。

②　縻：系，淹留羁绊的意思。

③　洛阳留守郑余庆曾任尚书左丞同中书门下平章事，地位与丞相相等，故而称之为"相公"。

罗,又将温生罗致在幕府中了。东都洛阳虽然确实有很多才智之士,早晨录用一个而且选拔其中杰出的,晚上录用一个而且选拔其中杰出的,这样下去,从东都留守、河南尹直到各部门的官员,以及像我们这洛阳、河南二县的官员,施政有不能畅通之处,事情有疑难不解之处,向哪里去咨询而加以处置呢?士大夫中辞去官位归居里巷的,谁和他们嬉戏交游呢?年轻的晚辈到哪里去研讨德行、请教学业呢?达官贵人由四方经过这个都城的,也不能到他们的家中施礼致意了。鉴于这种情况而称之为:"乌公一旦镇守河阳,而东都的处士住宅里便没有人了。"难道不是可以的吗?

　　君王朝南坐而治理天下,委以重任并依靠他们才力的,只有丞相和将帅啊。丞相为天子选用人才到朝廷为官,将帅为天子搜罗有文才武略的人到幕府供职,这样就是想使天下得不到治理,也不能办到啊。我韩愈羁留在这里,不能靠自己的力量离去,全仗与石、温二人的交游来度过余年,现在都被有权力的人夺走了,心中哪里能不怅惘遗憾呢?温生到河阳之后,在军门之前拜见了乌公,正像我前面所说的那样,要为天下祝贺;像我后面所说的那样,乌公将人才搜罗净尽而招致了我个人的私怨啊。

　　洛阳留守郑余庆相公首先写了四韵的诗来咏唱这件事,我由他的诗推度他的本意而为之写了序文。

祭十二郎文

【解题】

　　祭文,古代文体的一种,祭奠亡人时所用。汉、魏以来,祭文多仿照《诗经》中雅、颂的韵语,也有用骈文的。本文则不拘常格,以无韵散体来写。韩愈兄弟三人,大哥韩会,二哥韩介。十二郎名叫韩老成,是韩介的次子,过继给韩会为嗣。韩愈幼时丧父,也由韩会夫妇抚养成人。叔侄自幼生活在一起,感情很深。故而韩愈在这篇祭文中,以沉痛的笔触描述了骨肉之间生离死别的悲哀,句句是肺腑之言,缠绵悱恻,至诚感人。

　　年、月、日,季父愈闻汝丧之七日,乃能衔哀致诚,使建中远具时羞之奠①,告汝十二郎之灵。

　　呜呼! 吾少孤②,及长,不省所怙③,惟兄嫂是依。中年兄殁南方④,吾与汝俱幼,从嫂归葬河阳⑤。既又与汝就食江南⑥,零丁孤苦,未尝一日相离也。吾上有三兄⑦,皆不幸早世。承先人后者,在孙惟汝,在子惟吾,两世一身,形单影只。嫂尝抚汝指吾而言曰:"韩氏两世,惟此而已!"汝时尤小,当不复记忆;吾时虽能记忆,亦未知其言之悲也。

　　吾年十九,始来京城⑧。其后四年,而归视汝。又四年,吾往河阳省坟墓,遇汝从嫂丧来葬。又二年,吾佐董

---

　　① 羞:食品。奠:这里指供物。建中:人名,生平不详。
　　② 孤:幼而无父叫孤。韩愈三岁时,父亲韩云卿死去。
　　③ 怙(hù):依靠,这里指父亲。《诗经·小雅·蓼莪》:"无父何怙。"
　　④ 韩愈之兄韩会,于唐代宗大历十二年(777)贬为韶州(今广东省韶关市)刺史,死于任所,时年四十二岁。
　　⑤ 河阳:地名,今河南省孟州市,为韩愈的祖籍。
　　⑥ 韩家有产业在宣州(今安徽省宣城市),因中原兵乱不息,韩愈曾随嫂移家于此。
　　⑦ 韩愈的哥哥除韩会、韩介之外,另有一位,死时尚幼,无名。
　　⑧ 唐德宗贞元二年(786),韩愈由宣州赴长安,应进士试,贞元八年(792)得中。

丞相于汴州①,汝来省吾。止一岁,请归取其孥。明年,丞相薨,吾去汴州,汝不果来。是年,吾佐戎徐州②,使取汝者始行,吾又罢去,汝又不果来。吾念汝从于东,东亦客也,不可以久。图久远者,莫如西归,将成家而致汝。呜呼,孰谓汝遽去吾而殁乎!吾与汝俱少年,以为虽暂相别,终当久相与处,故舍汝而旅食京师,以求斗斛之禄③。诚知其如此,虽万乘之公相④,吾不以一日辍汝而就也!

去年,孟东野往⑤,吾书与汝曰:"吾年未四十,而视茫茫,而发苍苍,而齿牙动摇。念诸父与诸兄,皆康强而早世,如吾之衰者,其能久存乎?吾不可去,汝不肯来,恐旦暮死,而汝抱无涯之戚也。"孰谓少者殁而长者存,强者夭而病者全乎?呜呼!其信然邪?其梦邪?其传之非其真也?信也,吾兄之盛德,而夭其嗣乎?汝之纯明,而不克蒙其泽乎?少者强者而夭殁,长者衰者而存全乎?未可以为信也。梦也?传之非其真也?东野之

①　董丞相:指董晋。贞元十二年(796),董晋以检校尚书左仆射,同中书门下平章事任宣武军节度使,汴、宋、亳、颍等州观察使,征辟韩愈为节度推官。汴州:治所在今河南省开封市。董晋卒于贞元十五年(799)。

②　贞元十五年(799),宁武军节度使张建封辟韩愈为节度推官,节度使府在徐州。

③　贞元十七年(801),韩愈到长安选官,调四门博士。斗斛之禄:形容职位低,俸禄少。斛(hú):量器,原来十斗为一斛,后改为五斗。

④　万乘:战国时,凡地方千里的大国,称为万乘之国,意为能出兵车万辆(古时一车四马为一乘)。汉以后,官员根据其品级和功勋予以封邑,这里万乘指封邑很大。公相:三公和宰相,泛指朝中贵官。

⑤　孟东野:即孟郊,字东野,中唐著名诗人,韩愈的朋友。贞元十八年(802),孟郊任溧阳(今江苏省溧阳市)尉,距宣州不远,韩愈托其带信给韩老成。

书,耿兰之报①,何为而在吾侧也？呜呼！其信然矣！吾兄之盛德而夭其嗣矣！汝之纯明宜业其家者,不克蒙其泽矣！所谓天者诚难测,而神者诚难明矣！所谓理者不可推,而寿者不可知矣！虽然,吾自今年来,苍苍者或化而为白矣,动摇者或脱而落矣。毛血日益衰,志气日益微,几何不从汝而死也！死而有知,其几何离？其无知,悲不几时,而不悲者无穷期矣。汝之子始十岁,吾之子始五岁②,少而强者不可保,如此孩提者又可冀其成立耶？呜呼哀哉！呜呼哀哉！

汝去年书云："比得软脚病,往往而剧。"吾曰："是疾也,江南之人,常常有之。"未始以为忧也。呜呼！其竟以此而殒其生乎？抑别有疾而致斯乎？汝之书,六月十七日也。东野云:汝殁以六月二日,耿兰之报无月日。盖东野之使者不知问家人以月日,如耿兰之报,不知当言月日。东野与吾书,乃问使者,使者妄称以应之耳,其然乎？其不然乎？

今吾使建中祭汝,吊汝之孤与汝之乳母。彼有食可守以待终丧,则待终丧而取以来;如不能守以终丧,则遂取以来。其余奴婢,并令守汝丧。吾力能改葬,终葬汝于先人之兆③,然后惟其所愿。

呜呼！汝病吾不知时,汝殁吾不知日;生不能相养以共居,殁不能抚汝以尽哀,敛不凭其棺,窆不临其穴④。

---

① 耿兰:人名,可能是韩家的仆人。
② 韩老成有子二人,长子韩湘,次子韩滂,这里指韩湘。韩愈有子三人,长子韩昶(chāng),当时五岁。
③ 兆:墓地。
④ 窆(biǎn):下棺入墓穴。

吾行负神明,而使汝夭。不孝不慈,而不得与汝相养以
生,相守以死,一在天之涯,一在地之角,生而影不与吾
形相依,死而魂不与吾梦相接。吾实为之,其又何尤!
彼苍者天,曷其有极!

自今已往,吾其无意于人世矣!当求数顷之田于
伊、颍之上①,以待余年。教吾子与汝子,幸其成;长吾女
与汝女,待其嫁。如此而已!呜呼,言有穷而情不可终,
汝其知也耶?其不知也耶?

呜乎哀哉!尚飨②。

【译文】

某年某月某日,叔父韩愈听到你去世消息的第七天,才
能忍含悲痛向你倾诉衷情,派建中准备好时鲜食物的供品,
远去祭告你十二郎的灵位。

啊!我年幼便成了孤儿,等长大了,不记得自己的父亲,
只有哥哥嫂子是唯一的依靠。哥哥中年死于南方的任所,我
和你都还年幼,跟着我嫂嫂郑氏回到故乡河阳安葬我的哥
哥。此后又和你一起到江南谋食,我们两人,伶仃孤苦,没有
分离过一天。我上面有三位兄长,都不幸早早去世。为祖先
后嗣的,在孙子一辈中只有你一个,在儿子一辈中只有我一
个,两代都是一人,形影是这样孤单。我嫂嫂曾抚摸着你指
着我说:"韩家门中的两代,只有你们两个了!"你当时很小,
可能不会有记忆;我当时虽然能记得,也不理解她这话中的
悲哀啊。

我十九岁那年,方才到长安应试。到京城后的第四年,

---

① 伊、颍:水名,都在今河南省境内。
② 尚飨:祭文的结语,意思是希望死者来享用供品。

回去看望你。又过了四年,我到河阳凭吊祖宗坟墓,恰巧逢到你护送着我嫂子的灵柩来安葬。又过了两年,我辅佐董丞相到了汴州,你来探视我,只住了一年,便要回去接妻小。第二年,丞相去世,我离开汴州,你没来成。这年,我到徐州辅佐军务,派去接你的人才走,我又罢职离去,你又没来成。我考虑你如果跟我到东边,东边也是客居,不能久住。做长远打算,不如回归西边的故土,打算安好家叫你来。唉!谁能想到你这么快地离开我而死去呢!我和你都年岁不大,认为虽然暂时分别,终究会长久住在一起的。因此离开你到京师谋取衣食,以便求得微薄的俸禄。倘若确实知道事情会这样,即使是任命我为享受万乘大国封邑的朝廷三公、丞相职位,我也不会离开你一天而去就任啊!

去年孟东野到江南去,我写了信带给你,信中说:"我年龄不满四十岁,而视力迷蒙,须发斑白,牙齿摇动。想到父辈的人和各位兄长,都健康强壮却早早去世,像我这衰弱的人,难道能活多久吗?我不能到你那里去,你又不肯到我这里来。恐怕我有一天死了,而使你长怀无穷的悲痛啊!"谁能料到年少的死了而年长的活着,强壮的夭亡而衰病的却保全了呢?啊!难道是真的这样吗?莫非是梦吗?或许传的这个信息不可靠吧?如果是真的,我兄长具备高尚德操,而他的子嗣却会夭殇?你纯真聪明,而不能继承、蒙受他的福泽吗?年少者、身强者夭亡,年长的、体弱的存活,确实不能信以为真啊!是梦吗?是传的消息不可靠吗?东野的书信,耿兰的丧报,为什么会在我的身边呢?唉,这大概是真的吧!我兄长有高尚德操,而他的子嗣却夭亡了!你纯真聪明应该继承家业,却不能蒙受他的福泽了!所谓的苍天确实难以估测,而神意确实难以明白啊!所谓的常理无法推断,而寿命也不能知晓啊!虽是这样,我从今年以来,苍白的头发有的变成

全白了,动摇的牙齿有的脱落了。毛发血脉一天天地枯萎,
神志精神一天天地衰颓,要不了多久就要随着你死去了! 死
后如果有知觉,难道还有多少日子的分离吗? 假如没有知
觉,悲痛也不会多久了,而没有悲痛的情况却无穷期了。你
的儿子刚十岁,我的儿子刚五岁。年轻的、强壮的尚且不能
保存,像这样的孩子又怎能期望他们长大成人呢? 唉! 悲哀
呀! 唉! 悲哀呀!

　　你去年写信说:"近来得了软脚病,时常犯得很厉害。"我
说:"这种病,江南的人,是常常有的。"一点没有认为这是值
得忧虑的。唉! 难道竟然是因为这个病而丧了你的命吗?
还是有另外的病使你得到这种遭遇呢? 你的信,是六月十七
日写的。东野说,你是六月二日死的,耿兰的丧报没有日期。
大概是东野派去的使者不知道要向家中的人问明日期;至于
耿兰的丧报,不懂得应当说明死期。东野给我写信的时候,
就问使者,使者就假编了个你死的日期来回答他。是这样
呢? 还是不是这样呢?

　　现在我让建中去祭奠你,吊慰你的遗孤和乳母。他们有
吃的,能够守灵以等待丧期结束,就等服丧期满再将他们接
来;如果不能守灵到丧期结束,就马上接他们来。其余的奴
婢,都叫他们为你守丧。我若有力量能为你迁葬,终究要将
你安葬在先人的坟地中。然后,奴婢或去或留随他们的
愿望。

　　唉,你生病我不知道时间,你去世我不知道日期;你活着
我不能加以照管和你共同居住,你死时我不能抚尸痛哭倾尽
心中悲哀,收敛时不能凭吊你的灵柩,安葬时不能亲临你的
墓穴。我的行为有负于神明,而使你夭亡。我不孝不慈,不
能和你互相将养而生活,互相伴守以待终;一个在天的边涯,
一个在地的尽头,活着的时候你的身影不和我的形体相依

随,死了以后你的魂魄不与我的梦境相接触。这都是我造成的,又有什么可怨恨的呢? 悲痛像那苍茫的青天,哪里有个尽头啊!

从今以后,我对于人世再没有什么意趣了! 应当在伊水、颍水之畔,购置几顷地,度过余年,教育我的孩子和你的孩子,希望他们成人,养育我的女儿和你的女儿,以待她们出嫁,这样也就算了。唉! 话有说完的时候而悲情却不能终结,你能知道吗? 还是不能知道呢?

唉,悲哀呀! 请享用这供品吧!

祭鳄鱼文

【解题】

此文不同于一般祭文。首先,它祝告的对象并不是亡故的亲友,而是鳄鱼。另外,文章的内容和语气也并非赞颂和哀悼,而是晓谕和斥逐。故而《韩昌黎文集》将它列入杂文类,有的版本将题目写作《鳄鱼文》或《告鳄鱼文》。元和十四年(819),韩愈因谏迎佛骨入宫,得罪唐宪宗,被贬为潮州刺史。到任之后,他了解民间疾苦,得知恶溪有鳄鱼为患,便命令属官投羊、猪于水中,并写了这篇文章以祝告。当然,今天看来这种做法十分荒唐,不过,古代人认为动物皆有神知,所以韩愈写这篇文章时是认真的。现在我们不妨将它当作寓言来读,鳄鱼可以看作危害人民的社会恶势力的象征。文章不仅斥责了鳄鱼的罪行,而且晓之以理,动之以情,有刚有柔,有理有节,气势磅礴,笔力遒劲,表现了韩愈为民除害的坚定决心。

维年月日,潮洲刺史韩愈①,使军事衙推秦济②,以羊一、猪一,投恶溪之潭水,以与鳄鱼食,而告之曰:

昔先王既有天下,列山泽,罔绳擉刃③,以除虫蛇恶物为民害者,驱而出之四海之外。及后王德薄,不能远有,则江、汉之间,尚皆弃之,以与蛮夷楚越④,况潮、岭海之间⑤,去京师万里哉! 鳄鱼之涵淹卵育于此,亦固其所。今天于嗣唐位⑥,神圣慈武,四海之外,六合之内⑦,皆抚而有之。况禹迹所揜⑧,扬州之近地⑨,刺史、县令之所治,出贡赋以供天地宗庙百神之祀之壤者哉? 鳄鱼其不可与刺史杂处此土也!

刺史受天子命,守此土,治此民,而鳄鱼睅然不安溪潭⑩,据处食民畜、熊、豕、鹿、獐,以肥其身,以种其子孙。与刺史亢拒,争为长雄。刺史虽驽弱,亦安肯为鳄鱼低首下心,伈伈睍睍⑪,为民吏羞,以偷活于此邪? 且承天子命以来为吏,固其势不得不与鳄鱼辨。鳄鱼有知,其听刺史言!

---

① 潮州:唐代州名,辖境在今广东省境内,治所在今广东省潮州市潮安区。

② 衙推:刺史的属吏,负责狱讼事。

③ 罔:通"网"。擉(chuò):刺。

④ 蛮夷楚越:泛指南方的少数民族。

⑤ 潮:指潮州。岭:指岭南,唐代道名,辖地包括今我国广东、广西大部分及越南北部地区。

⑥ 指唐宪宗李纯。

⑦ 六合:天地四方为六合。这里泛指天下。

⑧ 揜(yǎn):掩盖,此处意为足迹所到。

⑨ 扬州:古九州之一,《尚书·禹贡》:"淮、海惟扬州。"《尔雅·释地》:"江南曰扬州。"潮州在古扬州境内。

⑩ 睅(hàn)然:眼睛突出的样子。这里形容鳄鱼的凶横。

⑪ 伈(xǐn)伈:恐惧的样子。睍(xiàn)睍:害怕,不敢正视的样子。

潮之州,大海在其南。鲸鹏之大,虾蟹之细,无不容归,以生以食,鳄鱼朝发而夕至也。今与鳄鱼约,尽三日,其率丑类南徙于海,以避天子之命吏。三日不能,至五日;五日不能,至七日;七日不能,是终不肯徙也,是不有刺史听从其言也。不然,则是鳄鱼冥顽不灵,刺史虽有言,不闻不知也。夫傲天子之命吏,不听其言,不徙以避之,与冥顽不灵而为民物害者,皆可杀!刺史则选材技吏民,操强弓毒矢,以与鳄鱼从事①,必尽杀乃止,其无悔!

【译文】

某年某月某日,潮州刺史韩愈,派军事衙推秦济,将一只羊、一头猪投到恶溪的潭水中,给鳄鱼吃,并训告它说:

从前先王统治天下,山岭水泽都加以管辖,用绳网来搜捕,用锋刃来刺杀,以铲除毒虫、蟒蛇等凶恶的祸害人民的动物,驱逐它们到四海之外。到了后代君王,德望浅薄,不能统治远方,连长江、汉水一带,尚且都抛弃了,将它给了蛮、夷、楚、越等少数民族,何况潮州、岭南海滨一带,离京都遥遥万里呢!鳄鱼在这儿潜游生育,本来也可以算是它们的自然处所吧。现今的天子承继了唐朝的君位,神明圣贤,仁慈威武,四海之外,普天之下,都加以安抚而据有,何况是大禹的足迹所到,古代所说的扬州这样的近地,刺史、县令所管理,交纳贡品赋税用来供奉天地、宗庙、百神的区域呢?鳄鱼是不应该和刺史混杂地住在这个地方的!

刺史接受天子的委命,守护这块土地,治理这儿的人民,而鳄鱼却怒目突出,十分凶横,不安居于溪潭之中,盘踞在这

---

① 从事:处置。

儿吞食家畜、熊、野猪、鹿和獐子,以便养肥它们的身体,繁殖它们的子孙。和刺史对抗,争做豪雄。刺史虽然愚鲁而软弱,但怎么能够为鳄鱼而低下头颅,降低心志,畏畏缩缩,给百姓的官吏招致耻辱,以便在这个地方苟且偷生呢?况且承受天子诏命而到这儿做官,本来所处的地位就不得不给鳄鱼讲个明白。鳄鱼如有灵智,请听刺史的宣告吧!

潮州这个地方,大海就在它的南边。鲸鱼、鲲鹏这些庞然大物,鱼虾螃蟹一类细小的水族,没有不能容纳的,它们在那里生育寻食,鳄鱼早晨起程晚上就可到达。现在我与鳄鱼约定,三天为期,请率领你的丑类向南远迁于大海,以便回避天子的命官。三天不行,可宽延到五天;五天不够,再宽延到七天。七天不能做到,那就是根本不肯迁徙了,那就是不把刺史放到心上来听从他的忠告了。不然,就是鳄鱼冥顽没有灵性,刺史虽然讲了这些话,它听不见也不懂得啊。傲视天子的命官,不听他的话,不迁徙以便回避,和冥顽没有灵性而成为人和物的祸害的,都应该杀戮!刺史就要选拔有才干武技的官民,拿着强弓毒箭,给鳄鱼以处置,一定要杀光才停止,可不要后悔啊!

柳子厚墓志铭

【解题】

墓志铭,古代文体的一种,通常分为两部分:第一部分是序文,记叙死者世系、名字、爵位及生平事迹等,称为"志";后一部分是"铭",多用韵文,表示对死者的悼念和赞颂。韩愈与柳宗元政治见解不同,但两个人私交很深,在倡导文体和文风革新的古文运动中,两个人又是知己和战友。唐宪宗元和十四年(819),柳宗元卒于柳州,这年韩愈由潮州调袁州

(今江西省宜春市袁州区)任刺史,闻讯后写了一篇《祭柳子厚文》,次年又写了这篇《柳子厚墓志铭》。文章综述柳宗元的生平,赞扬了他的政治才能和任柳州刺史时的政绩,对他长期遭受排斥和打击的境遇寄予了同情,对于柳宗元在文学上的业绩以及他的高尚的品格极力推许。但同时对于柳宗元早年参加王叔文集团进行政治革新一事并不首肯,行文之中,含有委婉的批评。文章采用夹叙夹议的笔法,叙事选用典型事例,生动地表现了柳宗元的才能与品格;议论则由事而发,感情勃郁,见解深切。韩愈写了许多墓志铭,其中不少是应酬之作,内容多为谀美之词,形式多以雕琢奇诡取胜。本文则写得酣畅淋漓,真挚质朴,是一篇充满感情的佳作。

　　子厚,讳宗元①。七世祖庆,为拓跋魏侍中,封济阴公②。曾伯祖奭,为唐宰相③,与褚遂良、韩瑗俱得罪武后④,死高宗朝。皇考讳镇,以事母弃太常博士,求为县令江南。其后以不能媚权贵,失御史。权贵人死,乃复

---

　　① 讳:忌讳,古人以避讳人的名字为尊敬,称死者名时前面加"讳"字,以示此字为其家之讳名。

　　② 拓跋魏:指南北朝时北魏,国君姓拓跋,鲜卑族。柳宗元的七世祖柳庆,在北魏任侍中。他的儿子柳旦任北周的中书侍郎,封为济阴公。此处说柳庆封为济阴公,是误记。

　　③ 柳奭(shì)在唐高宗永徽三年代替褚遂良为中书令,地位相当于宰相。

　　④ 褚遂良:唐初名臣,曾任吏部尚书、同中书门下三品等职,因劝阻高宗废王皇后立武则天为后一事被贬黜。韩瑗:字伯玉,曾任同中书门下三品、门下省侍中等职,因援救褚遂良,也被贬黜。王皇后是柳奭的外甥女,高宗废王氏,柳奭也被贬为爱州刺史,后又被诬以企图谋害皇帝,与褚遂良、韩瑗朋党为奸之罪,被处死。

拜侍御史，号为刚直。所与游皆当世名人①。

子厚少精敏，无不通达。逮其父时，虽少年，已自成人，能取进士第，崭然见头角②，众谓柳氏有子矣。其后以博学宏词③，授集贤殿正字④。俊杰廉悍，议论证据今古，出入经史百子⑤，踔厉风发⑥，率常屈其座人，名声大振，一时皆慕与之交。诸公要人，争欲令出我门下，交口荐誉之。

贞元十九年，由蓝田尉拜监察御史⑦，顺宗即位⑧，拜礼部员外郎⑨。遇用事者得罪，例出为刺史。未至，又例贬永州司马⑩。居闲，益自刻苦，务记览，为词章，泛滥

---

①　皇考：指已故的父亲。宗元之父柳镇，任长安主簿，居母丧，除服后，被任命为太常博士，柳镇因家中有尊老孤弱在吴地，请为宣城（今安徽省宣城市）令，文中说他为了侍奉母亲求为江南县令，误。后升为殿中侍御史，因得罪中书侍郎窦参，被贬为夔州司马。唐德宗贞元九年（793），窦参贬死，他又被任命为殿中侍御史。权贵人：即指窦参。

②　崭然：高峻的样子。见：通"现"，显露。头角：喻指才华。

③　博学宏词：由吏部主持的科试，考选进士及第者，得中后授予官职。

④　集贤殿：是收藏整理图书的机构，设学士、正字等官。集贤殿正字负责校订经籍，刊正文字。

⑤　百子：诸子百家。

⑥　踔踬（chuō lì）：腾跃的样子，这里形容精神奋发。

⑦　蓝田：地名，即今陕西省蓝田县。尉：县尉，官名，职位在县令之下。监察御史：官名，掌管监察百官、巡按郡县、纠视刑狱、整肃朝仪等事。

⑧　唐顺宗李诵，于 805 年即位。

⑨　礼部员外郎：官名。礼部，掌祭祀、科举等事的机构，长官为礼部尚书，员外郎是属官。

⑩　用事者：即当权者，指王叔文。唐顺宗即位后，王叔文任户部侍郎，深得皇帝信任。他与韦执谊、柳宗元、刘禹锡等人进行政治革新，受到宦官和腐败官僚的反对。不久，宪宗即位，革新失败，王叔文被贬，后又被杀。柳宗元、刘禹锡等人也获罪遭贬谪。柳宗元先被贬为邵州（今湖南省邵阳县）刺史，未到任又被贬为永州（今湖南省零陵县）司马。

停蓄①,为深博无涯涘,而自肆于山水间。

元和中,尝例召至京师,又偕出为刺史,而子厚得柳州。既至,叹曰:"是岂不足为政耶?"因其土俗,为设教禁,州人顺赖。其俗以男女质钱,约不时赎,子本相侔②,则没为奴婢。子厚与设方计,悉令赎归。其尤贫力不能者,令书其佣③,足相当,则使归其质。观察使下其法于他州④,比一岁,免而归者且千人。衡湘以南为进士者⑤,皆以子厚为师,其经承子厚口讲指画为文词者,悉有法度可观。

其召至京师而复为刺史也,中山刘梦得禹锡亦在遣中,当诣播州⑥。子厚泣曰:"播州非人所居,而梦得亲在堂,吾不忍梦得之穷,无辞以白其大人,且万无母子俱往理。"请于朝,将拜疏,愿以柳易播,虽重得罪,死不恨。遇有以梦得事白上者,梦得于是改刺连州⑦。呜呼!士穷乃见节义。今夫平居里巷相慕悦,酒食游戏相征逐,诩诩强笑语以相取下⑧,握手出肺肝相示,指天日涕泣,誓生死不相背负,真若可信。一旦临小利害,仅如毛发比,反眼若不相识,落陷阱,不一引手救,反挤之,又下

---

① 泛滥停蓄:形容柳宗元的文章奔放恣肆,如洪水泛滥;深广渊博,如湖海停蓄。

② 子:利息。本:本钱。侔:相等。

③ 佣:佣金,工钱。

④ 观察使:官名。唐代分全国为十五道,每道设一观察使,负责考察州县官的政绩。

⑤ 衡湘:衡山、湘江。

⑥ 刘禹锡,字梦得,中山(今河北省定州市)人,中唐著名诗人,王叔文革新集团重要成员,革新失败后,也遭贬谪。播州:今贵州省遵义市播州区。

⑦ 连州:地名,今广东省连州市。

⑧ 诩(xǔ)诩:谄媚、讨好的样子。

石焉者,皆是也。此宜禽兽夷狄所不忍为,而其人自视以为得计,闻子厚之风,亦可以少愧矣!

子厚前时少年,勇于为人,不自贵重顾籍,谓功业可立就,故坐废退。既退,又无相知有气力得位者推挽,故卒死于穷裔①,材不为世用,道不行于时也。使子厚在台省时②,自持其身,已能如司马刺史时,亦自不斥;斥时,有人力能举之,且必复用不穷。然子厚斥不久,穷不极,虽有出于人,其文学辞章,必不能自力以致必传于后如今,无疑也。虽使子厚得所愿,为将相于一时,以彼易此,孰得孰失,必有能辨之者。

子厚以元和十四年十一月八日卒,年四十七。以十五年七月十日,归葬万年先人墓侧③。子厚有子男二人,长曰周六,始四岁;季曰周七,子厚卒乃生。女子二人,皆幼。其得归葬也,费皆出观察使河东裴君行立④。行立有节概,重然诺,与子厚结交,子厚亦为之尽,竟赖其力。葬子厚于万年之墓者,舅弟卢遵。遵,涿人⑤,性谨慎,学问不厌。自子厚之斥,遵从而家焉,逮其死不去。既往葬子厚,又将经纪其家,庶几有始终者。

铭曰:是惟子厚之室,既固既安,以利其嗣人!

---

① 穷裔:极远的边地。

② 台:御史台,指柳宗元任监察御史里行事。省:尚书省,柳宗元曾任礼部员外郎,属尚书省。

③ 万年:地名,在今陕西省西安市临潼区东北,柳宗元的祖坟在万年县栖凤原。

④ 裴行立:绛州稷山(今山西省稷山县)人,元和十二年(817)任桂管观察使。

⑤ 卢遵:柳宗元的表弟。涿:唐代州名,州治在今河北省涿州市。

【译文】

子厚名宗元。他的七世祖柳庆，担任过北魏的侍中，受封为济阴公。曾伯祖柳奭，做过唐朝的宰相，与褚遂良、韩瑷一起得罪了皇后武则天，死于唐高宗之时。已故的父亲名柳镇，为了奉养母亲放弃了太常博士的职务，请求到江南去做县令。此后又因为不能诏媚权贵，被免去殿中侍御史之职。权贵之人死了，再次被任命为殿中侍御史。人们称赞他刚毅正直，和他交游的朋友都是当时有名的人物。

子厚少年时就十分聪明，学业事理没有不能通达的。当他父亲在世的时候，他虽年纪很轻，却已独立成材，能够考取进士，突出地显露了才华，大家都说柳镇有个好儿子。这以后又通过博学宏词科考试，被任命为集贤殿正字。他才能出众，正直勇敢，发表议论能以古今事理为依据，引证经传史籍、诸子百家的观点，常常使同座的人心服，由此而名声大振，当时的人们都希望和他交游。那些达官权要，争着想使他成为自己的门人，异口同声赞誉推荐他。

贞元十九年，他由蓝田县尉提升为监察御史，顺宗做了皇帝，他又被任命为礼部员外郎。碰上当权的人犯了罪而受到连累，按规定他被贬为刺史；还没有到任，又被贬为永州司马。处于闲散的职位上，他更加刻苦地督责自己，努力读书写作，写的文章犹如波涛泛滥、湖海蓄涵，是那样深广渊博而不受拘束，而自己却纵情于山水之间。

元和年间，他和同时被贬的人曾依例被召到京都，又一起被派到外地做刺史，子厚得到的任所是柳州。到任之后，他叹息说："这里难道不能够很好地治理吗？"于是便依照当地风俗，为它制定了教令和禁令，柳州的人民都信服遵从。当地风俗常以人口作为抵押来借钱，约定期限不能按时赎还，利息和本钱相等了，就没收所抵押的人口充当奴婢。子厚替借债的人想了个办法,让他们都能把人赎回家。那些特别贫苦无力办到的,便命令债权人记下被抵押为奴的人的工钱,等到与借的钱数相等了,就叫债权人归还人质。观察使将他的这个措施推广到其他的州,过了一年,免为奴婢而回到家中的有近千人。衡山、湘水以南应进士考试的人,都把子厚当作老师,那些经过子厚当面指教的士子,文章的章法技巧都有法度可观。

　　他被召到京都又被派为刺史的时候,中山人刘禹锡也在被派遣的人员之中,应当到播州就任。子厚流着泪说:"播州不是人居住的地方,而梦得家中又有老母亲,我不忍心梦得的困窘,以至于使他没有办法去禀告宽慰老人。况且无论怎么说也没有母亲和儿子一块被贬到荒远之地去的道理。"他准备到朝廷上为梦得恳求,并且准备给天子上疏,愿意用柳州刺史之职去换播州刺史之职,即使因此而再次获罪,也死而无怨。恰好遇上有人将梦得的情况禀奏皇帝,梦得便因此而被改任为连州刺史。啊!士人在困境中才会表现出高尚的节操、诚笃的义气。现今那些人平素安居的时候互相爱慕喜悦,宴饮游乐争着相互邀请,讨好谄媚、强颜欢笑装出谦和的样子,手握着手倾吐肺腑之言,指着苍天白日痛哭流涕,发誓无论生死不互相背叛负心,真的好像可以信赖。然而,一旦碰到很小的利害,哪怕仅仅与毛发相似,也立即翻脸,犹如互不相识;朋友掉到陷阱里,不仅不伸手去救援,反而趁势推挤他,甚至往井里扔石头的,这种人到处都有啊!这种行为是禽兽和夷狄之人所不忍心去做的,而他们却自以为得意。他们听到子厚的品德作为,也应该稍微感到羞愧吧!

　　子厚过去年轻,勇于帮助别人,不珍重爱惜自己,认为功业可以马上取得成就,因而遭到废弃斥退。斥退之后,又没有知己并且有力量、有地位的人加以援引提拔,故此终于死在荒远的边地,才能不为当世所用,道义不能在当时施行。假使子厚在御史台、尚书省任职时,严格要求自己,能够像后来做司马、刺史的时候一样,也就自然不会遭到贬斥;遭到贬斥之后,如果能有知己的人,其力量可以提拔他,将必然再被不断地任用。然而子厚被贬斥的时间不长,困穷不到极点,虽然会出人头地,他的文章学识、诗词歌赋,一定不能像现在一样通过自己刻苦努力以达到必定流传于后世的境地,这一点是毫无疑问的。虽然使子厚实现了自己的愿望,在一个时期内担任将相的要职,用文学上的成就来换取功名富贵,什么算得,什么算失,一定有能加以分辨的人吧。

　　子厚在元和十四年十一月八日去世,年仅四十七岁。元和十五年七月十日,回乡安葬在万年县先人的坟墓之旁。子厚有两个儿子,大的叫周六,刚四岁,小的叫周七,子厚死后才诞生;女儿有两个,都还很小。他得以回乡安葬,费用都是由观察使河东裴行立君供给的。裴行立有节操气概,重信义,与子厚结交为友,子厚对他也竭诚相待,终究是仰仗了他的力量。将子厚安葬在万年的祖坟中的人,是其表弟卢遵。卢遵,涿州人,性格谨慎,学习从来不知疲倦和厌烦。从子厚被贬斥之后,卢遵就跟他住在一起,一直到他死后也不离去。既前去安葬了子厚,又准备料理子厚的家务,可算个有始有终的人。

　　铭文是:这就是子厚的幽室,又牢固又安稳,而必将有利于他的后代!

卷九

柳　宗　元

　　柳宗元(773—819)，字子厚，唐代河东解(今山西省运城市)人。贞元九年(793)中进士，任集贤殿正字，调蓝田尉，入朝为监察御史。805 年，唐顺宗继位，王叔文、王伾、韦执谊等执掌朝政，进行政治改革，抑制、打击藩镇、大贵族官僚和大宦官的势力。柳宗元调为礼部员外郎，他与刘禹锡等人成为这一革新集团的骨干。革新运动受到地方割据势力和朝廷权要的强烈反对，仅进行了一百四十六天，便遭失败。王叔文、王伾被杀，柳宗元被贬为永州司马，唐宪宗元和十年(815)才改任柳州刺史。在柳州任上，他为当地人民做了不少好事，受到人们的爱戴。四年后，卒于柳州。

　　柳宗元是唐代著名的文学家和思想家。在散文创作上，他与韩愈齐名，是古文运动的倡导者，韩愈推崇他文章"雄深雅健，似司马子长"。《旧唐书·柳宗元传》则称他文章"精裁密致，璨若珠贝"。他的作品中不仅有许多具有战斗性的哲学论文和政治论文，而且还有大量富有文学性的作品，其中尤以寓言、山水游记等成就最为突出。同时柳宗元又是中唐时期的一位优秀诗人。

　　柳宗元的撰著有《河东先生集》传世。

驳复仇议

【解题】

　　武则天当政时,同州下邽(今陕西省渭南市)人徐元庆之父徐爽,被下邽县尉赵师韫杀害。后赵师韫入朝为御史,徐元庆则更姓易名,在驿站之中充当仆役。过了很久,赵师韫恰好住在这个驿舍中,徐元庆便趁机亲手杀死了他,然后投案自首。对于这个案件,当时朝中有不少人认为徐元庆为父报仇,是孝义刚烈的行为,应赦免他的罪;而陈子昂认为,按照法律,擅自杀人的要处死。因此他建议,应当对徐元庆依法论死,然后再对他替父报仇的行为予以表彰,并将此事编入律令。当时,大家都赞同陈子昂的主张。

　　柳宗元的这篇文章,是驳斥陈子昂的主张的。他引经据典,说明这种主张自相矛盾,背礼违法,造成混乱。文章虽然从维护封建的"礼"与"法"的尊严出发,调和为亲报仇与守法之间的矛盾,然而作者在行文中,却侧重于说明官吏违法杀人应当受到惩处这个观点,对人民群众反抗暴虐官吏的行为客观上予以支持,同时也在一定程度上暴露和批判了吏治黑暗和官官相护的社会现实。

　　文章分析透辟,语言精练而准确,反映了作者散文的"峻洁廉悍"的风格。

　　臣伏见天后时①,有同州下邽人徐元庆者,父爽为县尉赵师韫所杀。卒能手刃父仇,束身归罪。当时谏臣陈

---

　　①　天后:指武则天。唐高宗永徽六年(655)立为皇后,后又号为天后,与高宗并称"二圣"。睿宗载初元年(690),自立为皇帝,改国号为"周"。伏:表示敬畏的词。

子昂建议诛之而旌其闾①,且请编之于令,永为国典②。臣窃独过之。

臣闻礼之大本,以防乱也。若曰无为贼虐,凡为子者杀无赦。刑之大本,亦以防乱也。若曰无为贼虐,凡为治者杀无赦。其本则合,其用则异,旌与诛莫得而并焉。诛其可旌,兹谓滥,黩刑甚矣;旌其可诛,兹谓僭③,坏礼甚矣。果以是示于天下,传于后代,趋义者不知所向,违害者不知所立,以是为典,可乎?

盖圣人之制,穷理以定赏罚,本情以正褒贬,统于一而已矣。向使刺谳其诚伪④,考正其曲直,原始而求其端,则刑礼之用,判然离矣。何者?若元庆之父,不陷于公罪;师韫之诛,独以其私怨。奋其吏气,虐于非辜,州牧不知罪⑤,刑官不知问,上下蒙冒,吁号不闻。而元庆能以戴天为大耻,枕戈为得礼⑥,处心积虑,以冲仇人之胸,介然自克,即死无憾,是守礼而行义也。执事者宜有惭色,将谢之不暇,而又何诛焉?其或元庆之父,不免于罪,师韫之诛,不愆于法。是非死于吏也,是死于法也。法其可仇乎?仇天子之法,而戕奉法之吏,是悖骜而凌

---

① 陈子昂:(659—700),字伯玉,梓州射洪(今四川省射洪市)人,唐初杰出诗人、文学家。二十四岁中进士,曾任右拾遗之职。旌其闾:指在徐元庆的家乡立牌坊或赐匾额予以表彰。

② 令:律令。典:法典。

③ 僭:超越本分。

④ 刺:侦察调查。谳(yàn):审判定案。

⑤ 州牧:一州的长官。

⑥ 戴天:共同生活在苍天之下。语出《礼记·曲礼上》:"父之仇,弗与共戴天。"枕戈:头枕武器。《礼记·檀弓上》中孔子说"居父母之仇""寝苦枕干不仕,弗与共天下"。

上也①。执而诛之,所以正邦典,而又何旌焉?

且其议曰:"人必有子,子必有亲,亲亲相仇,其乱谁救?"是惑于礼也甚矣!礼之所谓仇者,盖以冤抑沉痛,而号无告也;非谓抵罪触法,陷于大戮。而曰"彼杀之,我乃杀之",不议曲直,暴寡胁弱而已。其非经背圣,不亦甚哉!《周礼》:"调人掌司万人之仇。凡杀人而义者,令勿仇,仇之则死。有反杀者,邦国交仇之②。"又安得亲亲相仇也?《春秋公羊传》曰:"父不受诛,子复仇可也;父受诛,子复仇,此推刃之道,复仇不除害③。"今若取此以断两下相杀,则合于礼矣。

且夫不忘仇,孝也;不爱死,义也。元庆能不越于礼,服孝死义,是必达理而闻道者也。夫达理闻道之人,岂其以王法为敌仇者哉? 议者反以为戮,黩刑坏礼,其不可以为典,明矣。

请下臣议,附于令,有断斯狱者,不宜以前议从事。谨议。

【译文】

臣曾经见到天后在位的时候,有个同州下邦人叫徐元庆的,父亲徐爽被县吏赵师韫杀害,终于能够亲手杀死父亲的仇人,然后自缚其身,投案认罪。当时谏臣陈子昂提出建议:主张将他处以死刑,而后在他家乡予以表彰,并且请求将这一案例载入律令,永远列为国家法典。臣个人认为这是不

---

①　愆(qiān):错。戕(qiāng):杀。悖骜(bèi ào):傲慢昏乱。

②　这几句话引自《周礼·地官》"调人"条。调人:官名,负责调解民间纠纷。

③　《春秋公羊传》:相传是孔子再传弟子公羊高著的一部解释《春秋》的书。引文见《公羊传·定公四年》。

对的。

我听说"礼"的根本作用,是用以防止暴乱。按照"礼"来说不许残害虐杀,凡是做儿子的不应复仇而复仇的,要处以死刑而不能赦免。"刑"的根本作用,也是用以防止暴乱的,按照"刑"的规定不许残害虐杀。凡是做官的,杀害无辜之人,要处以死刑而不能赦免。"礼"与"刑"的本质相同,而具体运用的对象和方法却不一样,表彰和惩处是不能同时运用到一件事情上的。惩诛应当表彰的,这就叫滥杀,是严重亵渎刑法的尊严啊;表彰那应该惩诛的,这就叫错赏,是严重破坏礼仪的规范啊。如果以这种做法来宣示天下百姓,传给后代子孙,那么,追求正义的人就弄不清前进方向了,避免祸患的人就不知怎么处世了,用这个建议来作为国家的法典,行吗?

圣人的原则是彻底弄清事理以决定赏罚,根据情由来正确地加以赞扬或贬斥,统一于一个标准而已。假使调查审理了事情的真假,辨明了它的是非,研究了事情的发生而探求它的起因,那么"刑"与"礼"的运用,就能明确地加以区别了。为什么呢?假如元庆的父亲没有犯下违背国法的罪行,师韫对他的诛戮,只是因为个人之间的怨恨,施展他当官的威风,对无辜的人加以迫害。州里的长官不去追究他的罪行,刑部的官员不去加以责问,上下都蒙骗包庇,冤屈的呼叫充耳不闻,而元庆能够认为和杀父的仇人一起活着为耻辱,以为身带武器时刻准备报仇是合乎礼义,想方设法来刺穿仇人的胸膛,正直坚强,严格要求自己,即使丧命也不遗憾,这正是遵守礼而实行义啊。执政的官员应该惭愧,向元庆道歉还来不及,又怎么能去处死他呢?或许元庆的父亲确实有罪,师韫对他的诛戮,不违背国法。这就不是死在官吏的手中,而是死于国法啊。国法难道可以仇视吗?仇视天子的法令,而杀害奉行法令的官吏,是骄顽凶横、犯上作乱啊。逮捕他并处以死刑,正是用以明正国法,又怎么能表彰他呢?

而且陈子昂的议状中说:"人必定会有儿子,儿子也必定有双亲,因为爱自己的双亲而互相仇杀,这种混乱状态谁来解救呢?"这是太不明白"礼"了。"礼"所说的仇,是怀着冤屈悲痛而无处申诉啊,不是指的犯罪违法,陷于死刑之中。若说"他杀了人,我就杀死他",不去评断是非,不过是欺负孤单力弱的人罢了。这违反经典、背离圣人的教诲不是太过分了吗?《周礼》说:"调人的职务就是负责处理人们之间的怨仇的。""凡是杀人而符合义的,便命令死者亲属不许报仇,假如报仇便处死。有为报复而杀人的,全国的人都仇视他。"又怎么会发生因爱自己的父母而互相仇杀的事呢?《春秋公羊传》说:"父亲罪不当诛而被杀,儿子报仇是可以的;父亲罪合该死,儿子报仇,这是会引起不断地互相仇杀的行为,虽然报了仇却消除不了祸害。"现在如果能采取上述原则来审断双方的相杀,就符合礼了。

况且不忘父仇,是孝;不惜一死,是义。元庆能不越出礼的规定,尽了孝道并为义而赴死,这一定是个通达事理而明白道义的人。通达事礼明白道义的人,难道他会把王法看作仇敌吗?陈子昂反而主张把他处死,亵渎了刑法,败坏了礼义,它不能列为国家法典,是十分清楚的。

请求把我的议状颁下,附于律令之后。有审理这类案件的,不应当按照以前陈子昂的意见去做。谨对此提出上述建议。

桐叶封弟辨

【解题】

　　所谓"桐叶封弟"一事，最早见于战国末年的《吕氏春秋》一书的《重言》篇，西汉刘向所著《说苑》中的《君道》篇的记载与《吕氏春秋》相同。《史记·晋世家》中也载此事，不过其中促使成王封弟的不是周公，而是史佚。柳宗元对古代史书上的这个记载加以辨正，目的是借以阐述自己的政治观点。他反对"君无戏言"这种说法，认为君主德行的好坏，应从实际效果加以检验，如果效果不好，君主的指示也是可以改变的。同时他对权臣束缚、胁迫君主的做法也予以批评。这些观点显然是针对当时的朝政弊端而发的，是为他的政治革新的主张提供理论根据的。文章写得言简意赅，反驳能击中要害，立论则明快锐利，行文反复重叠，结构谨严周密，是一篇分析透彻、有说服力的典范的议论文。

　　古之传者有言①，成王以桐叶与小弱弟②，戏曰："以封汝。"周公入贺③，王曰："戏也。"周公曰："天子不可戏！"乃封小弱弟于唐。

　　吾意不然。王之弟当封邪？周公宜以时言于王，不

---

　　① 传：指《吕氏春秋·重言》及刘向《说苑·君道》等著述。

　　② 成王：周武王之子，名诵，继位时仅十三岁，由其叔父周公辅佐。小弱弟，即叔虞，据《吕氏春秋·重言》篇记，成王与叔虞在一块玩耍，成王将一个梧桐叶子剪成圭（古代玉器，常作为封地的符信）的样子，递给叔虞，说："我把这个封赏给你。"桐与唐（地名，在今山西省翼城县附近）音近，故而后来便将叔虞封于唐。

　　③ 周公：姓姬名旦，周武王之弟，周武王死后，他辅佐成王，执掌朝政。

待其戏而贺以成之也。不当封邪？周公乃成其不中之戏，以地以人与小弱弟者为之主，其得为圣乎？且周公以王之言不可苟焉而已，必从而成之邪？设有不幸，王以桐叶戏妇寺①，亦将举而从之乎？

凡王者之德，在行之何若。设未得其当，虽十易之不为病；要于其当，不可使易也，而况以其戏乎？若戏而必行之，是周公教王遂过也②。

吾意周公辅成王，宜以道，从容优乐，要归之大中而已③，必不逢其失而为之辞。又不当束缚之，驰骤之，使若牛马然，急则败矣。且家人父子，尚不能以此自克，况号为君臣者邪？是直小丈夫觖觖者之事④，非周公所宜用，故不可信。

或曰："封唐叔，史佚成之⑤。"

【译文】

古籍上有这样一种说法：周成王拿一片梧桐叶给年幼的弟弟，开玩笑说："将这个封赏你。"周公听说后便入宫祝贺，成王说："这是开玩笑啊！"周公说："天子是不能开玩笑的！"于是就将"唐"这块土地封给了成王年幼的弟弟。

我认为这是不可信的。成王的弟弟本当封赐吗？那样的话周公应当及时禀奏成王，不应趁成王开玩笑之机而去祝贺以促成它啊。不应当封赐吗？那么周公竟使成王的这个

---

① 寺：即宦者。
② 遂：顺，依从。
③ 大中：最恰当的道理。
④ 觖（quē）觖：小聪明，小手段。
⑤ 史佚：人名，周太史，也称尹佚。《史记·晋世家》说"桐叶封弟"一事是他促成的。

不恰当的玩笑成了事实,将土地与百姓交给年幼的弟弟,使他成为封地的国主,周公难道能算个圣人吗?而且周公只是认为君王不能随便乱说罢了,何必一定要依照他的话使之成为事实呢?假如不幸,君王拿着桐叶和妇女、宦官开玩笑,也要全部照他的戏言去做吗?

君王的德操在于其政令实行的效果怎么样,假设实施不得当,虽然改变十次也不算毛病;如果切实得当,就不能使它变更了,而何况是戏言呢?开玩笑的话而一定要照办,这是周公怂恿成王去做错事了。

我认为周公辅佐成王,应当以道义来从容不迫、和颜悦色地加以引导,以便使他归到正确的原则上罢了,一定不会迎合他的过失而为他辩解。也不应当束缚他的手脚,驱使他奔走,使他像牛马一样,催逼太急就要失败啊。况且家庭父子之间尚不能用这种办法来管理,何况号称为君臣的人呢?这是要小聪明的庸人所做的事情,不是周公所应该办的,故而不可相信。

有人说:"封赏唐叔,是史佚促成的。"

箕 子 碑

【解题】

箕子,名胥余,殷纣王的叔父,曾任太师之职,封于箕(今山西省晋中市太谷区东北)。他因劝谏纣王被囚禁。周灭殷之后,武王将他释放。据传,他不愿仕周,逃亡到朝鲜,周武王就将朝鲜封给了他。《尚书·洪范》中记载了他对答周武王的话,实际上是后人伪托的。碑是古代的一种文体,它的应用范围很广,有封禅和纪功的碑文,有寺观、桥梁等建筑物的碑文,还有墓碑。它一般由两部分组成:前一部分多用散

文以记事,称为"碑";后一部分用韵文以赞颂,称为"铭"或
"颂"。《箕子碑》一文的"颂",本书加以删略。柳宗元因参
加王叔文集团实行政治革新而获罪,被贬谪到荒远的边郡为
官,他的遭遇与古代贤者箕子的遭遇是有类似之处的。因
此,这篇碑文是借他人之酒杯浇自己之块垒的,是借赞美箕
子来寄托自己的信念和抱负的。所以文章虽以议论为主,但
行文中蕴含着深厚的感情和无限的感慨。

　　凡大人之道有三:一曰正蒙难①,二曰法授圣,三曰
化及民。殷有仁人曰箕子,实具兹道以立于世,故孔子
述六经之旨②,尤殷勤焉。

　　当纣之时③,大道悖乱,天威之动不能戒,圣人之言
无所用。进死以并命,诚仁矣,无益吾祀,故不为④。委
身以存祀,诚仁矣,与亡吾国,故不忍⑤。具是二道,有行
之者矣。是用保其明哲,与之俯仰;晦是谟范,辱于囚
奴;昏而无邪,隤而不息。故在《易经》曰"箕子之明
夷"⑥,正蒙难也。及天命既改,生人以正,乃出大法,用

①　蒙:犯,遭受。难:危难。
②　六经:指《诗》《书》《礼》《乐》《易》《春秋》六部儒家经籍。
③　纣:商代最后的君主,也称帝辛,旧史称他荒淫无道,残暴专横,
激起人民的怨恨后被周武王所灭。
④　暗指比干。比干是纣王的叔父,官少师,因屡次劝谏纣王,被剖
心而死。
⑤　暗指微子。微子,名启(一作开),纣王的庶兄,封于微(今山东
省梁山县西北)。他也屡谏纣王,纣王不听,他便出走了。后降周,周公
旦灭武庚之后,封他于宋。按,孔子曾称箕子、比干和微子是殷朝的"三
仁"。
⑥　明夷:《易经》卦名。明指太阳。夷,灭,指太阳落山。本篇引文
即出自《易经·明夷》。这里的意思是说箕子能韬晦,在艰难之中保持正
直的品德。隤(tuí):柔弱的状态。

为圣师。周人得以序彝伦而立大典①。故在《书》曰"以箕子归作《洪范》"②，法授圣也。及封朝鲜，推道训俗，惟德无陋，惟人无远，用广殷祀，俾夷为华，化及民也③。率是大道，丛于厥躬④，天地变化，我得其正，其大人欤？

於虖⑤！当其周时未至，殷祀未殄⑥，比干已死，微子已去，向使纣恶未稔而自毙⑦，武庚念乱以图存⑧，国无其人，谁与兴理？是固人事之或然者也。然则先生隐忍而为此，其有志于斯乎？

唐某年，作庙汲郡⑨，岁时致祀。嘉先生独列于易象⑩，作是颂云⑪。

【译文】

一般说来，伟大人物的立身处世的原则有三个方面：一是蒙受危难仍能保持正直的品德；二是将治理天下的法典传授给圣明的君主；三是使人民受到教化。殷朝有位贤人叫箕子，确实具备这三方面的德行而在世上立身行事，因此孔子在概述"六经"的要旨的时候，对他特别重视。

---

①　彝伦：指伦理道德。

②　洪范：《尚书》中的一篇。洪，大。范，法。旧说认为是箕子向周武王陈述的"天地之大法"。近人疑为战国时的作品。

③　据《汉书·地理志》记载，箕子到朝鲜之后，教当地人民种田、养蚕，讲习礼义，并为他们制定了八条禁令。

④　厥：意为他或他的。躬：身体，自身。

⑤　於虖(wū hū)：感叹词。

⑥　殄(tiǎn)：尽，绝。

⑦　稔(rěn)：谷物成熟，这里指罪恶没有发展起来。

⑧　武庚：纣王之子，武王灭商后，仍封他为殷君。周成王时，他发动叛乱，为周公旦所灭。

⑨　汲郡：唐代卫州，在今河南省卫辉市西南。

⑩　易象：指《易经·明夷》的卦象。

⑪　碑的后一部分为韵文之颂赞，本书略去。

在殷纣王那时候,大道背弃,政治混乱,天威显示不能加以制止,圣人的教诲毫不起作用。牺牲生命以便维护天命国运,确实是一种"仁"德,只是不利于家族的延续,因此箕子不去这样做。委身降顺以便保存自己宗庙的奉祀,确实也是一种"仁"德,只是参与灭亡自己的国家,故而他也不忍心去做。上述这两种办法,已经有这样做的人了。因此他便保持自己清醒的头脑,随顺适应这混乱的世道;隐藏自己的见解和主张,在囚犯奴隶中受屈辱;貌似糊涂却不去做邪恶之事,外形柔弱而自强不息。故而《易经》中说:"箕子能做到韬晦。"这就是蒙受危难而能保持正直的品德啊。等到天命更改了,人民得到了公正和安定,于是便献出治国的大法,因此成为圣君的老师,使周朝的人们能根据这些法则来调整伦理道德,创立典章制度。故而《尚书》中说:"因召回了箕子而写成了《洪范》。"这便是将治理天下的法则传授给圣明的君主啊。等到受封在朝鲜,推行道义来驯化民俗,使德行不再鄙陋,人民不再疏远,以便发展推延殷朝宗祀,使外夷变为华夏,这便是使人民受到教化啊!所有这些崇高的品德,都集中在他的身上,天地变化发展,自己能获得其中的正"道",难道不是伟大的人吗?

啊!当那周朝的时运尚未到来,殷朝宗庙的香火还没灭绝,比干已经死掉,微子也已离去,假如纣王作恶还不算多而自己死去,武庚能为暴乱而忧虑并力图保存社稷,国中要是没有箕子这样的人,谁能使国家复兴并加以治理呢?这也是人事发展的一种可能性啊。这样来看箕子能忍辱含屈到这种地步,莫非正是在这方面有所考虑吗?

唐朝的某一年,在汲郡修建了箕子的庙宇,逢年遇节便祭祀他。我敬慕先生被特别地列为《易经》中的卦象,便写了这篇颂。

捕蛇者说

【解题】

　　本文是作者贬居永州时所作,通过捕蛇者蒋氏口述一家三代的遭遇,深刻地揭露了官府横征暴敛给人民造成的惨重灾难,表现了作者对人民的痛苦境遇的同情。说,本是议论文体,本篇却侧重于叙事,在叙事的基础上画龙点睛地阐发作者的感受和见解,行文婉转曲折,笔端饱含感情。

　　永州之野产异蛇①,黑质而白章,触草木尽死,以啮人,无御之者。然得而腊之以为饵②,可以已大风、挛踠、瘘、疠③,去死肌,杀三虫④。其始,太医以王命聚之⑤,岁赋其二。募有能捕之者,当其租入。永之人争奔走焉。

　　有蒋氏者,专其利三世矣。问之,则曰:"吾祖死于是,吾父死于是,今吾嗣为之十二年,几死者数矣。"言之,貌若甚戚者。

　　余悲之,且曰:"若毒之乎? 余将告于莅事者,更若役,复若赋,则何如?"

---

　　①　永州:地名,今湖南省零陵县。柳宗元曾因参加王叔文集团而被贬为永州司马。

　　②　啮(niè):咬。腊(xī):干肉,这里用作动词,晒干的意思。饵:药饵。

　　③　大风:麻风病。挛(luán)踠:手足弯曲不能伸展的一种病。瘘(lòu):脖子肿病。疠(lài):恶疮。

　　④　三虫:三尸之虫。道家之说:脑、胸、腹为三尸,三尸生虫,人则生病。一说三虫指蛔虫、赤虫、蛲虫。

　　⑤　太医:御医,宫廷医生。

　　蒋氏大戚,汪然出涕曰:"君将哀而生之乎? 则吾斯役之不幸,未若复吾赋不幸之甚也。向吾不为斯役①,则久已病矣。自吾氏三世居是乡,积于今六十岁矣,而乡邻之生日蹙,殚其地之出,竭其庐之入,号呼而转徙,饥渴而顿踣②,触风雨,犯寒暑,呼嘘毒疠③,往往而死者,相藉也④。曩与吾祖居者⑤,今其室十无一焉;与吾父居者,今其室十无二三焉;与吾居十二年者,今其室十无四五焉。非死则徙尔,而吾以捕蛇独存。悍吏之来吾乡,叫嚣乎东西,隳突乎南北⑥,哗然而骇者,虽鸡狗不得宁焉。吾恂恂而起⑦,视其缶,而吾蛇尚存,则弛然而卧。谨食之,时而献焉。退而甘食其土之有,以尽吾齿⑧。盖一岁之犯死者二焉,其余,则熙熙而乐⑨。岂若吾乡邻之旦旦有是哉? 今虽死乎此,比吾乡邻之死,则已后矣,又安敢毒耶?"

　　余闻而愈悲。孔子曰:"苛政猛于虎也⑩。"吾尝疑乎是。今以蒋氏观之犹信。呜呼! 孰知赋敛之毒有甚是蛇者乎! 故为之说,以俟夫观人风者得焉⑪。

---

① 向:假如。
② 踣(bó):因困苦劳累而倒毙。
③ 疠(lì):疫气。
④ 藉:枕藉。
⑤ 曩(nǎng):从前。
⑥ 隳(huī)突:破坏骚扰。
⑦ 恂(xún)恂:小心谨慎的样子。
⑧ 齿:年龄。引申为寿命。
⑨ 熙熙:怡然自得的样子。
⑩ 语出《礼记·檀弓下》。
⑪ 观人风者:指观察民间风俗的官员。

【译文】

永州的山野间出产一种奇异的蛇,黑色的身体上生着白色的花纹,碰着草木那草木便都被毒死;咬了人,就没有救治的药物。然而捉住它晒干来做药饵,可以用以治愈麻风、手足弯曲、颈肿和恶疮等病痛,可除去腐败的肌肉,杀死三尸之虫。其初,太医遵照皇帝的诏命来征集它,每年征收两次。招募能捉这种蛇的人,用蛇代替他们应纳的赋税。永州的百姓争着去做这件事。

有个姓蒋的人,他家独自享受这种利益已经三辈子了。问他情况,他说:"我的爷爷死在这上头,我的父亲死在这上头,现在我接替来做这件事十二年了,差一点被咬死的情况已经有好多次了。"言谈之间,表情好像十分悲愁。

我很为他悲痛,并且对他说:"你为这事很苦恼吗?我可以去告诉掌管此事的官员,改换你的这个差使,恢复你的赋税,怎么样呢?"

姓蒋的人更痛苦了,流着眼泪说:"您大概是可怜我而想叫我活下去吧?那么我这种差使带来的不幸,远远不如恢复我的赋税所造成的不幸更厉害啊!假如我不干这种差使,我早就困苦不堪了。自从我们一家三辈子住在这个地方,到现在已经六十年了。而同村邻居的生活一天比一天困窘,他们交纳了地里全部的出产,用尽了家中的收入,啼哭着到处逃亡,饥渴劳累倒地而死。受尽风吹雨打,忍受严寒酷暑,呼吸着有毒的疫气,往往因此而死的人一批接着一批。过去和我的爷爷一块居住的,如今他们的家庭,十户之中剩不下一户了;和我父亲一块居住的,如今他们的家庭,十户之中,余留下不过二三户了;和我同居十二年的,如今他们的家庭,十户之中保存不了四五户了,不是死尽就是逃亡了,而我家却因为担负捕蛇的差役独自保存了下来。凶横的差吏来到我们村中,到处狂喊乱叫,骚扰破坏;惊呼而胆寒的,不仅是人,就连鸡狗也不得安宁。我则小心地站起身来,看看那个瓦罐,发现我捉的蛇还在,便放心地躺下睡觉。细心地喂养它,到了规定的日期便献上去。回到家中美美地享用那田中的产品,来度过我的一生。一年之中冒死亡的危险不过两回,其余的时间,是安闲而快乐的。哪里像我乡间的邻居天天都受着死亡的威胁呢?如今就是死在这上头,比起我的邻居来,死得也算是晚多了,哪里又敢怨恨呢?"

我听了以后更加悲伤。孔子说:"暴政比老虎更凶猛。"我曾经对这种说法表示怀疑。而今从姓蒋的人的遭遇看来,才知道确实如此。啊!谁能料到赋税征敛的毒害,比这种毒蛇还要厉害呢!故而为此事写了这篇文章,以便等待那些考察民情的官员得知。

种树郭橐驼传

【解题】

本文题目虽称为"传",但并非是实录性的纪传体文章,而是一篇寓言。文章借郭橐驼之口,由种树的经验说到为官治民的道理,抨击了那些不从人民的实际需要出发,"好烦其令",名为爱民、实则扰民的官吏。语言精练而生动,开头寥寥几笔,便使郭橐驼的状貌神态跃然纸上。而郭橐驼的答话也富有个性化特点,口吻切合一个园艺工人的身份。他絮絮而谈,朴实亲切,而深刻的道理自然地寄寓其中,发人深省。

郭橐驼①,不知始何名。病偻②,隆然伏行,有类橐

---

① 橐(tuó)驼:骆驼。
② 偻(lóu):脊背弯曲。

驼者,故乡人号之"驼"。驼闻之曰:"甚善,名我固当。"因舍其名,亦自谓"橐驼"云。

其乡曰丰乐乡,在长安西。驼业种树,凡长安豪家富人为观游①,及卖果者,皆争迎取养。视驼所种树,或迁徙,无不活,且硕茂蚤实以蕃②。他植者虽窥伺效慕,莫能如也。

有问之,对曰:"橐驼非能使木寿且孳也③,能顺木之天以致其性焉尔。凡植木之性:其本欲舒,其培欲平,其土欲故,其筑欲密。既然已,勿动勿虑,去不复顾。其莳也若子④,其置也若弃,则其天者全而其性得矣。故吾不害其长而已,非有能硕茂之也;不抑耗其实而已,非有能蚤而蕃之也。他植者则不然,根拳而土易。其培之也,若不过焉则不及。苟有能反是者,则又爱之太殷,忧之太勤,旦视而暮抚,已去而复顾,甚者爪其肤以验其生枯,摇其本以观其疏密,而木之性日以离矣。虽曰爱之,其实害之;虽曰忧之,其实仇之。故不我若也。吾又何能为哉?"

问者曰:"以子之道,移之官理可乎⑤?"

驼曰:"我知种树而已,官理非我业也。然吾居乡,见长人者⑥,好烦其令,若甚怜焉,而卒以祸。旦暮吏来而呼曰:'官命促尔耕,勖尔植⑦,督尔获,缫缫而绪,蚤

---

① 观游:指供观赏游览的花圃园林。
② 蚤:通"早"。
③ 孳(zī):繁殖。
④ 莳(shì):移植花木。
⑤ 官理:当官治民。唐人避高宗名讳,改"治"为"理"。
⑥ 长(zhǎng):长人,即治理人民的官长。
⑦ 勖(xù):勉励。

织而缕①,字而幼孩②,遂而鸡豚③!'鸣鼓而聚之,击木而召之④。吾小人辍飧饔⑤以劳吏者且不得暇,又何以蕃吾生而安吾性耶?故病且怠。若是,则与吾业者其亦有类乎?"

问者嘻曰:"不亦善夫!吾问养树得养人术。"传其事以为官戒也。

【译文】

郭橐驼,不知道本来叫什么名字,患有伛偻病,脊背隆起,弯着腰走路,好像骆驼的样子,因此同乡的人叫他骆驼。郭橐驼听了,说:"好得很,用这个名字叫我十分恰当。"于是就舍弃了他的本名,也自称"橐驼"了。

他的家乡叫丰乐乡,在长安的西郊。郭橐驼以种树为职业,凡是长安的有权势和有财富的人家修建观赏游览的园林,以及那些卖鲜果的商人,都争着迎请供养他。看驼子所种的树木或者移栽的树木,没有不成活的,而且高大茂盛,果实结得又早又多。其他种树的人虽然偷偷地观察仿效,却不能赶上他。

有人问他原因,他答道:"我并不能使树木活得长并且使它们多多繁殖啊,只不过是依照树木生长的自然规律而使它按自己的习性成长罢了。一般说来种植的办法是:根要舒展,培土要平,应保留一些原土,种好后周围的土要砸结实。做到这些,就不要再去动它,不要再为它担心,离开它不必再

---

① 缫(sāo):煮茧抽丝。绪:丝头,这里即指丝。缕:纱。而:通"尔"。
② 字:抚育。
③ 豚(tún):小猪。
④ 木:梆子。
⑤ 辍(chuò):停止,中止。飧(sūn):晚饭。饔(yōng):早饭。

去照管了。移栽的时候像抚育亲生子女,种好以后就像扔掉一样,那么树木的生长规律就能得到保全从而适应了它们的习性了。因此我只是不妨害树木的成长而已,并没有什么能使它们高大繁茂的本领啊;我只是不抑制、损伤它们的果实罢了,并没有让它们早结多结果实的秘诀啊。别的种树的人就不是这样了,树根拳曲着而土都换成新的,培土不是多了就是少了。即使有人能够不这样做,但又过于爱惜,过于担心,早晨看看、傍晚摸摸,刚刚离开又马上回来照管;更严重的是还要用指甲抓破树皮检查它们的死活,摇动根株来观察栽得松动还是结实,这样就日益背离树木的生长习性了。虽然表面上看是爱护它们,实际却是损害它们;表面上说是担心它们,实际上却是仇视它们。因而也就不能和我相比啊。我哪里是又有什么高明的本领呢?”

问他的人说:“把你栽树的经验,移用到做官治民上行吗?”

驼子说:“我只是会种树罢了,当官治民并不是我的事业啊。不过,我住在乡间,看到那些做官长的,喜欢频繁地发布指示,好像很爱惜百姓,结果却给百姓造成祸害。天天都有差吏到村中来喊叫:‘官长命令我来督促你们耕地,勉励你们播种,敦促你们收获;早点煮茧抽丝,快些纺纱织布;好好地抚育你们幼小的子女,把你们的家禽家畜喂得又肥又壮!’一会儿击鼓把大伙集合,一会儿又敲梆子将人们召来,我们小老百姓顾不上吃饭来应酬招待差吏尚且没有空暇,又怎么能使人口兴旺、生活安定呢? 因此常常是疲惫怠惰。像这种情况,则和我的行业大概也有相似之处吧?”

发问的人感叹说:“这不是很好吗! 我问养树的经验却懂得了治民的道理。”于是我便记载下这件事情,用来作为官吏的鉴戒。

梓　人　传

【解题】

　　梓人,据《考工记·总序》说,是古代木工的一种,专管制造饮器、箭靶和钟磬支架,本文所写的梓人却是一位建筑师。文章先从梓人的事迹写起,继而由此生发出关于"为相之道"的议论。作者认为宰相辅佐天子,应当统观全局,总理朝纲,选贤任能,调动百官,以便使国家得到治理,不应当为了博取忠诚勤奋、干练有才的名声,而忙于具体事物,取代百官的职事,务小而失大。同时,作者还提出如果宰相的治国方略不被君主接受,应当辞去相位,而不应贪图利禄,因循苟且,失败之后,又推诿罪责。中唐时期,由于宦官势大,藩镇跋扈,朝中宰相多是庸庸碌碌之辈,不敢就大政方针提出自己的建议和主张,柳宗元的这篇文章是很有针对性的,表现了这位立志革新的青年官员的政治勇气。文章描写生动,议论透辟,前后照应,行文酣畅淋漓。

　　裴封叔之第①,在光德里。有梓人款其门,愿佣隙宇而处焉。所职寻引、规矩、绳墨②,家不居砻斫之器③。问其能,曰:"吾善度材,视栋宇之制,高深圆方短长之宜,吾指使而群工役焉。舍我,众莫能就一宇。故食于官府,吾受禄三倍;作于私家,吾收其直大半焉。"他日,

---

　　① 裴封叔:名堇,柳宗元的姐夫。一说名玮,闻喜人,曾任长安县令。
　　② 寻引:计量长度的器具。寻,八尺;引,一丈。规:圆规。矩:矩尺。绳墨:木匠画直线用的工具。
　　③ 砻(lóng):磨刀石。斫(zhuó):刀、锯、斧之类的工具。

入其室,其床阙足而不能理,曰:"将求他工。"余甚笑之,谓其无能而贪禄嗜货者。

其后京兆尹将饰官署①,余往过焉,委群材②,会众工。或执斧斤,或执刀锯,皆环立向之。梓人左持引,右执杖,而中处焉。量栋宇之任,视木之能举③,挥其杖曰:"斧!"彼执斧者奔而右;顾而指曰:"锯!"彼执锯者趋而左。俄而斤者斫,刀者削,皆视其色,俟其言,莫敢自断者。其不胜任者,怒而退之,亦莫敢愠焉。画宫于堵④,盈尺而曲尽其制,计其毫厘而构大厦,无进退焉。既成,书于上栋曰"某年某月某日某建",则其姓字也。凡执用之工不在列。余圜视大骇,然后知其术之工大矣。

继而叹曰:彼将舍其手艺,专其心智,而能知体要者欤?吾闻劳心者役人,劳力者役于人,彼其劳心者欤?能者用而智者谋,彼其智者欤?是足为佐天子相天下法矣,物莫近乎此也。彼为天下者,本于人。其执役者,为徒隶,为乡师里胥。其上为下士,又其上为中士,为上士。又其上为大夫,为卿,为公⑤。离而为六职,判而为百役⑥。外薄四海,有方伯连率⑦;郡有守,邑有宰,皆有

---

① 京兆尹:官名,管理京都及其附近属县的地方长官。唐改雍州为京兆府,由亲王担任雍州牧,雍州长史称京兆尹,治所在长安。

② 委:集聚,堆积。

③ 举:适用,承当。

④ 宫:这里指宫室图样。

⑤ 徒隶:差役。乡师:一乡之长。里胥:一里之长。士:周时最低一级的贵族。大夫:地位在士之上的官员,再上为卿。公:公侯。

⑥ 六职:指吏、户、礼、兵、刑、工六部。百役:即百官。

⑦ 方伯连率:指地方上的封疆大吏。据《礼记·王制》,十国为连,设连率;二百一十国为州,设方伯。

佐政。其下有胥吏①，又其下皆有啬夫版尹②，以就役焉，犹众工之各有执技以食力也。彼佐天子相天下者，举而加焉，指而使焉，条其纲纪而盈缩焉③，齐其法制而整顿焉，犹梓人之有规矩绳墨以定制也。择天下之士，使称其职；居天下之人，使安其业。视都知野，视野知国，视国知天下，其远迩细大，可手据其图而究焉，犹梓人画宫于堵而绩于成也。能者进而由之，使无所德；不能者退而休之，亦莫敢愠。不炫能，不矜名，不亲小劳，不侵众官，日与天下之英才，讨论其大经④，犹梓人之善运众工而不伐艺也。夫然后相道得而万国理矣。相道既得，万国既理，天下举首而望曰：“吾相之功也。”后之人循迹而慕曰：“彼相之才也。”士或谈殷周之理者，曰伊傅周召⑤，其百执事之勤劳⑥，而不得纪焉，犹梓人自名其功，而执用者不列也。大哉相乎！通是道者，所谓相而已矣。其不知体要者反此，以恪勤为公，以簿书为尊，炫能矜名。亲小劳，侵众官，窃取六职百役之事，听听于府庭⑦，而遗其大者远者焉，所谓不通是道者也。犹梓人而不知绳墨之曲直、规矩之方圆、寻引之短长，姑夺众工

---

① 胥吏：办理公文的小吏。

② 啬夫：秦汉时小乡设啬夫一人，管理诉讼和赋税。版尹：乡中掌管户籍的小吏。

③ 纲纪：法制，典章。

④ 大经：根本的法则、措施。

⑤ 伊：即伊尹，商初大臣，曾辅佐商汤灭夏。傅：傅说，殷王武丁大臣。周：周公，武王之弟，佐助武王灭商，后辅佐成王，治理天下。召：即召公，周武王之弟，名奭，辅佐武王灭殷，周成王时，与周公旦一起辅佐成王，管理国家。

⑥ 百执事：百官。

⑦ 听（yín）听：通“龂龂”，争辩的样子。

之斧斤刀锯,以佐其艺,又不能备其工,以至败绩,用而无所成也,不亦谬欤?

或曰:"彼主为室者,倘或发其私智,牵制梓人之虑,夺其世守而道谋是用①,虽不能成功,岂其罪邪? 亦在任之而已。"余曰不然。夫绳墨诚陈,规矩诚设,高者不可抑而下也,狭者不可张而广也。由我则固,不由我则圮②。彼将乐去固而就圮也,则卷其术,默其智,悠尔而去,不屈吾道,是诚良梓人耳! 其或嗜其货利,忍而不能舍也;丧其制量,屈而不能守也。栋桡屋坏③,则曰:"非我罪也。"可乎哉? 可乎哉?

余谓梓人之道类于相,故书而藏之。梓人盖古之审曲面势者,今谓之都料匠云④。余所遇者,杨氏,潜其名。

【译文】

裴封叔的住宅在光德里,有一个匠人来到他家中,愿意租赁空闲房屋居住。所带的工具有寻、引、圆规、矩尺和绳墨,屋中没有存放磨石和锯、斧之类器具。问他的技能,他说:"我善于计算材料,根据房屋的构造,高、宽、圆、方、短、长的需要,我加以指点分派而由工匠们动手去做。离开了我,大伙连一间屋也盖不起来。因此,为官府干活,我拿的工钱是普通工匠的三倍;替私人盖房,我要拿全部工值的一大半。"有一天,我走进他的屋,看到他的床缺了一条腿而他却不会修理,说是将去请别的工匠替他修修。我觉得很可笑,

---

① 道谋:行路之人的主意,意即不负责任的议论。
② 圮(pǐ):倒塌。
③ 桡(náo):弱。
④ 都料匠:总管材料和施工的匠人。都,总。

认为他是个毫无本领而贪图财货的人。

后来,京兆尹要修缮官衙,我到了那里,只见那儿准备好了各种材料,聚集了许多工匠。工匠们有的拿着斧子,有的拿着锯和砍刀,都站成圆圈围着那位匠人。那位匠人左手拿着"引",右手拿着杖立在中央。计算房屋构造的需要,看好木料能做什么东西,挥挥手中木杖说:"用斧子砍那里!"拿斧子的便赶紧跑到右边去;回头指指说:"锯这儿!"拿锯的便急步赶到左边。一会儿的工夫,拿斧子劈的,用刀削的,都看着他的脸色,等着他的指使,没有敢自做主张的。那些不能胜任的,他朝他们发火,辞退他们,也没有敢表示恼恨的。他把房舍的图样画在墙上,一尺见方的图样却详细地表示出房舍的整个结构,依照图样的精确计算来建造高大房屋,毫无不恰当准确的地方。房屋建成之后,便在大梁上写下"某年某月某日某人建造",这就是他的姓名,那些具体操作的工匠一概不能列名。我看了一遍,大吃一惊,从这件事才了解到他的技艺太高超了。

随后,我又感叹说:他大概是抛开手艺,专门使用自己的智慧,而能够掌握主体和要领的人吧?我听说操劳心智的役使他人,操劳体力的被他人役使,他莫非就属于操劳心智的一类人吗?有手艺的专管干活,而有智慧的出计谋,他可以算作有智慧的人吧?这是完全可以供辅佐天子治理天下的人效法啊,再没有比它更相似的事情了。那治理天下的人,必须依靠众人。为他服务的,是差役,是乡长、里长。他们之上是下士,再往上是中士,是上士。再往上是大夫,是卿,是诸侯。分工之后而成为吏、户、礼、兵、刑、工六部,细分还有朝中各级各类的官员。朝廷之外直达四海,设有封疆大吏;郡有郡守,县有县令,他们又都有辅佐政事的人。他们之下有小吏,小吏之下又有负责诉讼赋税的乡官和掌管户籍的乡官,以担承各种差事,就好像工匠们各自具有技艺靠劳动来换得衣食啊。那辅佐天子治理天下的人,身居于所有这些人之上,指挥、使用他们,调理国家的宪令而加以增减,统一国家的法制而予以整顿,好像那位木匠有圆规、矩尺、绳墨来确定房屋的构造。选拔天下的人才,使他们各称其职;安顿天下的百姓,使他们各守其业;视察了都城的情况就能掌握乡村的情况,视察了乡村的情况就能了解各个封国的情况,视察了封国的情况就能明白天下的情况,无论远近大小,都能手指着地图而加以考察,好像那位木匠在墙上画成房舍图样而施工兴建啊。有才能的人,由于他的推荐受到任用,却使他们不去感念自己的恩德;没有才能的予以贬退罢免,也没有敢于怨怒的。不炫耀个人的才能,不矜夸自己的名声,不亲自去做具体琐细的事务,不侵犯众官的职责,每日里和天下的英俊之才讨论治理国家的根本策略和措施,恰似那位木匠调动众多的工匠而不去卖弄自己的技术一样啊。这样一来才算是掌握了做宰相的法则而使天下得到治理。掌握了做宰相的法则,国家得到治理,天下的人民才会抬头仰望说:"这是我们宰相的功劳啊!"后代的人才会根据他的事迹而景仰地说:"这是那位宰相的才能啊!"人们有时谈到殷、周的政绩,只提伊尹、傅说、周公和召公,当时百官的辛勤劳苦,却得不到记载,这就犹如那位木匠自己记下自己的功绩,而具体操作的人却不能写上名字一样。伟大啊!宰相之道!通晓这个道理的,也只是起到所谓辅助天子的作用而已。那些不能识大体、懂要领的人却与此相反,认为谨慎勤苦便是一心为公,把书牍公文看得十分重要,炫耀才能,矜夸名节。干些琐碎的事务,侵犯众官的权限,窃取了六部和百官的职责,在相府之中辩论争吵,却丢弃了他的重大的、长远的责任,这就是所谓不明白为相之道的人啊。就好像那位木匠不懂得绳墨的曲直,规、矩的方圆,寻、引的长短,姑且夺过工匠们的斧子、砍刀和锯,来帮着他们干活,却又不能掌握他们的手艺,以至于遭到失败。尽了力量而一事无成,这不是很荒唐的吗?

有人说:"那房屋的主人,倘若提出自己的主意,牵制那位匠人的谋虑,剥夺了他世代所遵循的规则,而听信不负责任的议论,虽然不能成功,难道能算他的罪过吗? 因此,成败的关键,在于能不能得到信任而已。"我认为这种说法不对。曲直已定,方圆已成,高的就不能再截短,窄的就不能再加宽。按照自己的设计去做就会牢固,不按自己的设计去做就要倒塌。那主人要是乐于不要房舍牢固而偏爱使房屋倒塌,那么就收起自己的技术,藏起自己的智谋,扬长而去,而不使自己的技艺受屈,这才真是好匠人呢。假如贪图财物,容忍主人的错误而不能抛舍,丢掉自己的设计,屈从主人的意愿而不坚守自己的原则,待到栋梁断裂房屋倒塌之时,却说:"不是我的过失!"能够这样吗? 能够这样吗?

我认为匠人的技艺和宰相治国之道有类似之处,因此写成文章保存起来。"梓人"就是古时候审视度量材料的曲直形状的人,现在叫作都料匠。我遇到的那位木匠姓杨,名叫潜。

愚溪诗序

【解题】

愚溪,原名冉溪,在永州(今湖南省零陵县)西南。柳宗元贬居永州的第六年(即 810)移居于此。他写了《八愚诗》(已失传),歌咏愚溪景致。本文是诗的序言。文章借为溪水改名之事,以"愚"字驱驾全篇,舒徐委婉,含蓄深沉,表现了作者受排斥、遭屈辱、不能施展自己政治抱负的愤懑和牢骚。

灌水之阳①,有溪焉,东流入于潇水②。或曰:冉氏尝居也,故名是溪为冉溪。或曰:可以染也,名之以其能,故谓之染溪。余以愚触罪,谪潇水上。爱是溪,入二三里,得其尤绝者家焉。古有愚公谷③,今余家是溪,而名莫定,土之居者犹龂龂然④,不可以不更也,故更之为愚溪。

愚溪之上,买小丘,为愚丘。自愚丘东北行六十步,得泉焉,又买居之,为愚泉。愚泉凡六穴,皆出山下平地,盖上出也。合流屈曲而南,为愚沟。遂负土累石,塞其隘,为愚池。愚池之东,为愚堂。其南,为愚亭。池之中,为愚岛。嘉木异石错置,皆山水之奇者,以余故,咸以"愚"辱焉。

夫水,智者乐也⑤,今是溪独见辱于愚,何哉?盖其流甚下,不可以灌溉;又峻急多坻石⑥,大舟不可入也;幽邃浅狭,蛟龙不屑,不能兴云雨。无以利世,而适类于余,然则虽辱而愚之⑦,可也。

---

① 灌水:在今广西境内,源出灌阳县西南,流经全州注入湘江。

② 潇水:河名。发源于湖南省道县的潇山,流经零陵县城,注入湘江。

③ 《说苑·政理》篇载,齐桓公打猎,因追一头鹿而走进山谷之中,见到一位老人,便问这是什么谷。老人回答说叫愚公谷。桓公又问:为什么叫愚公谷?老人说:这是用我的名字来称它。按,愚公谷在今山东省淄博市临淄区。

④ 龂龂然:争辩的样子。

⑤ 《论语·雍也》:"智者乐水,仁者乐山。"

⑥ 坻(chí)石:水中小洲。

⑦ 愚:做动词用。

宁武子"邦无道则愚①",智而为愚者也;颜子"终日不违如愚②",睿而为愚者也:皆不得为真愚。今余遭有道,而违于理,悖于事,故凡为愚者莫我若也。夫然,则天下莫能争是溪,余得专而名焉。

溪虽莫利于世,而善鉴万类③,清莹秀澈,锵鸣金石④,能使愚者喜笑眷慕,乐而不能去也。余虽不合于俗,亦颇以文墨自慰,漱涤万物⑤,牢笼百态⑥,而无所避之。以愚辞歌愚溪,则茫然而不违,昏然而同归,超鸿蒙⑦,混希夷⑧,寂寥而莫我知也。于是作《八愚诗》,记于溪石上。

【译文】

灌水的北面有条小溪,向东流入潇水。有人说,姓冉的人曾在溪旁居住,因此给这条小溪起名叫冉溪。有人说溪水能够用来染色,按照它的用处取名,因此叫作染溪。我因为愚鲁而犯罪,贬谪到潇水之畔。我爱上了这条小溪,沿着小溪走了二三里,找到一处特别秀美的地方安了家。古时候有个愚公谷,如今我住在这条小溪上,而溪水的名字没有确定,当地人仍在不断地争论,不能不予以更改一下了,因此给它

---

① 宁武子:名俞,谥号武,春秋时卫国的大夫。《论语·公冶长》:"宁武子邦有道则智,邦无道则愚;其智可及,其愚不可及也。"

② 颜子:颜回,孔子的弟子。《论语·为政》:"吾与回言终日,不违如愚。退而省其私,亦足以发,回也不愚。"

③ 鉴:照。

④ 金石:指钟、磬一类的乐器。

⑤ 漱涤:洗涤,这里是指选择、思考,并进行艺术加工的意思。

⑥ 牢笼:捕捉。这里是指把握并加以表现。

⑦ 鸿蒙:宇宙间的元气,这里指尘世。

⑧ 希夷:语出《老子》,指一种无声无色、空虚寂静的境界,这里指太空。

改名叫愚溪。

我在愚溪的上游买了座小山,称为愚丘。从愚丘往东北方向走六十多步,发现了一处清泉,又买下来居住,称为愚泉。愚泉共六个泉眼,都从山丘下面的平地上涌出来,水是向上喷的。泉水汇合曲折地流向南面,这里叫作愚沟。于是运来泥土垒起石堰,拦堵起狭窄的地方成为池塘,起名叫愚池。愚池东边是愚堂,它的南面是愚亭。愚池之中,堆成了一座小岛叫愚岛。美好的树木、奇异的山石错落有致地分布在这里,全是山水景色中罕见的妙物,因为我的缘故,都受到"愚"这个名字的玷辱啊。

水,是智慧的人所喜爱的,而今这条小溪却唯独被一个"愚"的名字所玷辱,为什么呢?因为它在很低的地方流淌,不能用来灌溉;又加上水势很急,河中有许多礁石,大船不能驶进;处于偏僻的地方,水浅河窄,蛟龙不愿意在其中潜身,不能兴云作雨。它毫无利于社会之处,恰好与我相似。既然这样,虽然受屈辱而被称为"愚",也是可以的啊。

宁武子在国家的政治混乱之时就做出愚鲁无智的样子,这是明智的人而故意装成的愚昧啊;颜回整天不发表与孔子不同的意见,好像很愚鲁,这是聪敏的人貌似迟钝啊:都不能算作真正的愚鲁。现在我处于朝廷有道之时,却违背了常规,错办了事,因此凡是被人看作愚鲁的人都比不上我呀。既然如此,那么天下就无人能与我争抢这条小溪了,我就能独占它并为它起名字了。

小溪虽然对社会毫无用处,然而能映照万物,清亮晶莹,秀丽明彻,水波激荡发出钟磬一般响亮的声音,能让愚鲁的人愉悦眷恋,十分高兴而不愿离开啊。我虽然与世俗不合,也还能够以创作诗文来自我安慰,择选世间万物,把握人世百态,而使万物百态无从藏避。以愚鲁的辞章歌唱愚溪,就会茫茫然毫无差别,昏昏然同归于一,超出于尘世,混同于太空,万籁俱寂,达到忘我的境界。于是便作了《八愚诗》,刻写在溪边的青石之上。

永州韦使君新堂记

【解题】

韦使君,永州刺史,使君是对刺史的雅称。韦某在永州建筑新堂,落成时,设宴招待官绅,并由柳宗元撰文刻石,以资纪念。柳宗元在文章中,描述了新堂的环境和景物,并借以表达了对韦使君在政治上的期望和建议。文章采用夹叙夹议的方法,叙事简洁,描写生动,议论贴切而精辟。

将为穷谷崛岩渊池于郊邑之中①,则必辇山石②,沟涧壑③,陵绝险阻④,疲极人力,乃可以有为也。然而求天作地生之状,咸无得焉。逸其人,因其地,全其天,昔之所难,今于是乎在。

永州实惟九疑之麓⑤。其始度土者⑥,环山为城。有石焉,翳于奥草⑦;有泉焉,伏于土涂⑧。蛇虺之所蟠⑨,狸鼠之所游。茂树恶木,嘉葩毒卉⑩,乱杂而争植,

---

① 穷:深。崛(kān):高。渊:深。
② 辇:车,此处用作动词。
③ 沟:用作动词。
④ 陵:登。绝:越。
⑤ 九疑:即九嶷山,在今湖南省境内。
⑥ 度:度量。这里有勘测规划的意思。
⑦ 奥草:深草,茂草。
⑧ 涂:污泥。
⑨ 虺(huǐ):一种毒蛇。
⑩ 葩:花,引申为观赏植物。

号为秽墟。

韦公之来,既逾月,理甚无事。望其地,且异之。始命芟其芜①,行其涂,积之丘如,蠲之浏如②。既焚既酾③,奇势迭出,清浊辨质,美恶异位。视其植④,则清秀敷舒⑤;视其蓄,则溶漾纡余⑥。怪石森然,周于四隅,或列或跪,或立或仆,窍穴委邃,堆阜突怒。乃作栋宇,以为观游。凡其物类,无不合形辅势,效伎于堂庑之下⑦。外之连山高原,林麓之崖,间厕隐显⑧;迩延野绿⑨,远混天碧,咸会于谯门之内⑩。

已乃延客入观,继以宴娱。或赞且贺曰:"见公之作,知公之志。公之因土而得胜,岂不欲因俗以成化?公之择恶而取美,岂不欲除残而佑仁?公之蠲浊而流清,岂不欲废贪而立廉?公之居高以望远,岂不欲家抚而户晓?夫然,则是堂也,岂独草木土石水泉之适欤?山原林麓之观欤?将使继公之理者,视其细,知其大也。"

宗元请志诸石,措诸壁⑪,编以为二千石楷法⑫。

――――――――――

①　芟(shān):铲除。芜:荒草。
②　蠲(juān):疏浚。浏如:水清澈的样子。
③　酾(shī):疏浚。
④　植:指树木。
⑤　敷:铺陈,铺展。
⑥　溶漾:水动荡的样子。纡余:曲折萦回的样子。
⑦　庑(wǔ):廊屋。
⑧　间厕:交错,交杂。
⑨　迩:近。
⑩　谯(qiáo)门:城门上的望楼。
⑪　志:记。措:放置。
⑫　二千石:这里指刺史。汉代郡守俸禄为二千石,后来对州郡一级的长官(如唐代的刺史)雅称为二千石。

【译文】

要在城市或郊野营造幽谷、高崖、深池的,就必须用车运来山石,挖掘溪涧沟壑,跋山涉水,耗尽人力,才能够有所成就。然而,这样要达到天造地设的自然景致一般,那是谁也办不到的。让人不过于疲劳,迁就这里的地形,保全它的天然风貌,从前很难做到的事情,如今却在这里出现了。

永州处于九嶷山下。那些开始度量土地设立州郡的人,沿着周围的山麓修建了城池。这里有奇石,却被荒草遮蔽;有清泉,却被污泥遮掩。是毒蛇盘踞之处,是狐鼠游荡之地。好树坏树,香花毒草,杂乱丛聚,争生竞长,故而被人们称为荒芜的地方。

韦公来到这儿已有一个多月,州中公务很少。他观察周围环境,感到它很不平凡。便派人铲除荒草杂树,清理秽土污泥,堆积土石像山丘,疏浚泉源使之清澈。烧杂草,通溪流,奇异的景致层出迭现;清泉浊泥被分开,美树恶草不相杂。看看树木,是那样清秀而舒展;看看池潭溪流,是那样碧波荡漾而萦回曲折。怪石林立,布满四周,有的排列成行,有的躬身下跪,有的挺立,有的卧倒。洞穴迂回而幽深,山丘突兀而孤拔。于是便在这儿建造厅堂,以供观赏游览。所有的景物,无不适合天然地形而以地势为依托,在厅堂廊檐前呈现它们的美丽的特色。外面连绵高耸的峰峦,丛林密布的山崖,交互错杂,时隐时现。眼前绿野平展,和远方的碧蓝的天色融为一片,这一切美景都荟萃在这门楼之内。

建成之后请客人进去观览,接着宴饮娱乐。有人赞美并祝愿说:"看到您的盛举,便知道您的心志。您能因应地形而获得美景,难道不愿意顺应民俗来实施教化?您能除掉恶木而选留嘉树,难道不想铲除凶暴而保护善良的人们吗?您能疏浚浊泥而使清泉畅流,哪能不打算惩办贪污而提倡廉洁?

您喜欢站到高处眺望远方景致,何尝不愿意安抚和教导所有的百姓?这样的话,那么修建这所庭堂,难道只是为了草木土石、溪流泉源得到适当的安置吗?只是为了观赏峰峦原野、丛林山麓的美景吗?更主要的是为了能使继您之后治理永州的人,见小而知大啊。"

我请求将这番话记录在碑板上,嵌放在墙壁中,以资编入典册作为州府长官的楷模。

钴鉧潭西小丘记

【解题】

唐顺宗永贞元年(805),柳宗元由礼部员外郎贬为永州(今湖南省零陵县)司马,十年未得迁转。政治上的失意,使他心情忧愤抑郁,他潜心于撰著,寄情于山水,以排遣心中的苦闷。永州城外西山一带风景秀丽,柳宗元常和朋友一道,剪除榛莽,搜佳选胜,并写了一系列山水游记。其中尤为人们传诵的是所谓《永州八记》,即《始得西山宴游记》《钴鉧潭记》《钴鉧潭西小丘记》《小石潭记》《袁家渴记》《石渠记》《石涧记》《小石城山记》。

钴鉧(gǔ mǔ),就是熨斗,因小潭形状像熨斗,故而称作钴鉧潭。文章生动地描述了山石的奇形异状和小丘的美丽景致,并以托物喻志的手法,借小丘的遭遇寄托了自己受到排斥打击、久贬不迁的悲愤,曲折地表现了渴望能被朝廷重新起用,以实现自己政治抱负的心情。作者不仅能以形象的语言、新颖而贴切的比喻,将景物的状貌神态栩栩如生地表现出来,而且融情于景,惟妙惟肖地传达出自己的心情与感受。篇末的议论含蓄隽永,发人深省。

得西山后八日①，寻山口西北道二百步，又得钴鉧潭。西二十五步，当湍而浚者为鱼梁②。梁之上有丘焉，生竹树。其石之突怒偃蹇③，负土而出，争为奇状者，殆不可数。其嵚然相累而下者④，若牛马之饮于溪；其冲然角列而上者⑤，若熊罴之登于山⑥。

丘之小不能一亩，可以笼而有之。问其主，曰："唐氏之弃地，货而不售。"问其价，曰："止四百⑦。"余怜而售之。李深源、元克己时同游⑧，皆大喜，出自意外。即更取器用，铲刈秽草⑨，伐去恶木，烈火而焚之。嘉木立，美竹露，奇石显。由其中以望，则山之高，云之浮，溪之流，鸟兽之遨游，举熙熙然回巧献技⑩，以效兹丘之下。枕席而卧，则清泠之状与目谋⑪，瀯瀯之声与耳谋⑫，悠然而虚者与神谋，渊然而静者与心谋。不匝旬而得异地者二⑬，虽古好事之士，或未能至焉。

---

① 西山：在永州城西五里，据《始得西山宴游记》，作者发现西山景致是在唐宪宗元和四年(809)九月二十八日。

② 鱼梁：阻水的堰，中间留有空洞，鱼可穿游。将笱（gǒu，捕鱼器）放在空洞中，便能捕鱼。

③ 偃蹇（yǎn jiǎn）：高耸的样子。《离骚》："望瑶台之偃蹇兮。"王逸注："偃蹇，高貌。"

④ 嵚（qīn）然：石头耸立的样子。累：迭。

⑤ 冲然：突起前伸的样子。

⑥ 罴（pí）：熊的一种，能爬树，善游泳，毛棕褐色。

⑦ 指四百个铜钱。

⑧ 李深源、元克己二人是柳宗元的友人，生平不详。

⑨ 刈（yì）：割。

⑩ 举：全。熙熙然：安乐悠闲的样子。

⑪ 清泠（líng）：清澈明净。

⑫ 瀯（yíng）瀯：水回旋流转时发出的声音。

⑬ 匝（zā）旬：周旬，即满十天。

噫！以兹丘之胜,致之沣、镐、鄠、杜①,则贵游之士争买者,日增千金而愈不可得。今弃是州也,农夫渔父过而陋之,价四百,连岁不能售。而我与深源、克己独喜得之,是其果有遭乎！书于石,所以贺兹丘之遭也。

【译文】

发现西山美景之后的第八天,沿着山口西北的山路走了二百步,又发现了钻鉧潭。潭西二十五步,在水流急而深的地方,垒着鱼梁。鱼梁旁边的岸上有座小丘,长着翠竹和绿树。小丘上的石头突兀耸立露出地面,呈现出奇特怪异的形状,不可胜数。那些层出迭立由上而下的,好像一群牛马拥挤着到溪中饮水;那些突起前伸而排列的,又仿佛许多熊罴往山上攀登。

丘很小,面积不够一亩,可以全部买下它来。询问它的主人是谁,答道:"是唐家舍弃的一块地方,想卖而卖不出。"问它的价钱,回答说:"只要四百文钱。"我很喜爱它,便将它买了下来。当时李深源、元克己和我同游,都非常高兴,觉得真是出乎意外。于是就又拿起工具,铲除荒草,伐尽杂树,燃起烈火将它们烧掉。于是绿树挺立,翠竹露形,奇石显现。从小丘上眺望,那高耸的山峦,飘浮的白云,涌流的溪水,翱翔游荡的鸟兽,全都自在悠闲地以各自的姿容技巧,呈现在这座小丘之下。铺设枕席躺在这里,那清澈明净的溪水映入我的眼帘,那回旋流荡的水声响在我的耳际,悠远空阔的气氛与我的精神融合,深沉寂静的情景和我的心灵相通。不满一旬而发现了两处奇景,即便是古代好游山水的人,或许也

---

① 沣:在今陕西省西安市。镐(hào):在今陕西省西安市西南。鄠(hù):即今陕西省西安市鄠邑区。杜:在今陕西省西安市东。以上四地,都在唐京城长安附近,为豪门贵家聚居之处。

不能做到吧。

　　啊！凭着这座小丘的美景,如果放到长安近郊的沣、镐、鄠、杜等地,那些爱好游览的贵家子弟,即使每天增价千金也难以买到手。现在被弃置在这荒僻的永州,农人渔民走过这儿都认为它鄙陋无用,卖四百文的价钱,多年都卖不出去。唯独我和深源、克己却喜出望外地得到了它,是它果然有这种遇合的缘分啊！故而我撰文刻石,用来庆贺这座小丘的遭际。

小石城山记

【解题】

　　本文是《永州八记》的最后一篇。小石城山在永州城西北。文章以凝练而生动的语言描述了小石城山的奇特景物,并借以抒发了自己被贬于荒远之地,不能施展才能和抱负的悲愤心情。后半篇的议论抑扬婉转,余味无穷。

　　自西山道口径北,逾黄茅岭而下,有二道:其一西出,寻之无所得;其一少北而东,不过四十丈,土断而川分,有积石横当其垠①。其上,为睥睨梁㰘之形②;其旁,出堡坞③,有若门焉,窥之正黑,投以小石,洞然有水声,其响之激越,良久乃已。环之可上,望甚远。无土壤而生嘉树美箭④,益奇而坚,其疏数偃仰⑤,类智者所施

―――――――――

① 垠(yín):边际。
② 睥睨(pì nì):通“埤堄”,城上的矮墙。梁㰘(lì):栋梁,这里指山石堆积形似城上望楼一类的建筑。
③ 堡坞:小城。
④ 箭:小竹子。
⑤ 数(cù):密。偃:俯。

设也。

嘻！吾疑造物者之有无久矣①，及是愈以为诚有。又怪其不为之中州②，而列是夷狄③，更千百年不得一售其伎，是固劳而无用。神者倘不宜如是，则其果无乎？或曰："以慰夫贤而辱于此者。"或曰："其气之灵，不为伟人而独为是物，故楚之南少人而多石④。"是二者，余未信之。

【译文】

　　从西山道口一直向北，越过黄茅岭往下走，有两条路：其中一条路向西伸延，沿路寻求没有发现胜景；另一条稍稍向北又折向东，在不过四十丈之处，地层断裂，被一条河水分开，有积聚的山石横截在路端。它的上面，构成垛墙望楼的形状；它的旁边，耸出一座天然的城堡，还有像城门似的一个洞穴，往里看去一片浓黑，将小石子投进去，从很深的地方传出咚咚水声，那声音十分响亮，过了很久才消逝。环绕而行可以登上山顶，能眺望很远的地方。山石上没有土壤，却生长着优美的树木和竹子，显得格外奇特而坚实；它们或疏或密，或俯或仰，恰似有才智的人精心布置的。

　　哦！我怀疑造物主的存在已经很久了，到了这里便越发地以为确实是有了。又奇怪造物主不在中原地区创造这样的美景，而将它放在偏僻的荒远之地，经历了千百年而不能向人们展示它的美妙景致，这实在是劳而无功的啊。神灵或

---

①　造物者：古人指创造万物的神灵。
②　中州：中原。
③　夷狄：古时对少数民族的称呼。这里指少数民族聚居的荒远地区。
④　楚：今湖南省、湖北省等地，春秋战国时属楚国。

许不应该这样做吧,那么难道确实没有造物主吗?有人说:"这是造物主用来安慰那些贤德而在这儿受屈辱的人的。"有人说:"这儿山川的灵气不能孕育伟大的人物却唯独造就了这些奇妙景致,因此楚地之南人才少而怪石多。"这两种说法,我是都不相信的。

贺进士王参元失火书

【解题】

　　王参元,濮阳(今河南省濮阳市)人,唐宪宗元和二年(807)中进士,是柳宗元的朋友,家中十分富有。他家中失火,柳宗元写信慰问,信中对朋友遭受灾祸不表示痛心,反而加以祝贺,并说明了"将吊而贺"的原因,借以批评了官场中造谣生事、压抑贤才的恶浊风气。文章从出人意料之处落笔,继之以透辟深刻的分析、痛快淋漓的议论,比起一般的慰问言辞,更充分地表现出对朋友的关心和同情,同时,也表现了作者不向灾难祸患屈服的精神。

　　得杨八书,知足下遇火灾,家无余储。仆始闻而骇,中而疑,终乃大喜,盖将吊而更以贺也。道远言略,犹未能究知其状,若果荡焉泯焉而悉无有,乃吾所以尤贺者也。

　　足下勤奉养,乐朝夕,惟恬安无事是望也。今乃有焚炀赫列之虞①,以震骇左右,而脂膏滫瀡之具②,或以不给。吾是以始而骇也。

① 焚炀赫烈:形容火势旺盛急烈。
② 滫(xiǔ):淘米水。瀡(suǐ):古时齐国人把使菜肴柔滑的作料叫瀡。脂膏:加油脂,这里指烹调饮食。

　　凡人之言皆曰:盈虚倚伏,去来之不可常。或将大有为也,乃始厄困震悸,于是有水火之孽,有群小之愠,劳苦变动,而后能光明,古之人皆然。斯道辽阔诞漫,虽圣人不能以是必信,是故中而疑也。

　　以足下读古人书,为文章,善小学①,其为多能若是,而进不能出群士之上,以取显贵者,盖无他焉。京城人多言足下家有积货,士之好廉名者,皆畏忌不敢道足下之善;独自得之,心蓄之,衔忍而不出诸口。以公道之难明,而世之多嫌也。一出口,则嗤嗤者以为得重赂②。仆自贞元十五年,见足下之文章,蓄之者盖六七年未尝言。是仆私一身而负公道久矣,非特负足下也。及为御史尚书郎③,自以幸为天子近臣,得奋其舌,思以发明足下之郁塞,然时称道于行列,犹有顾视而窃笑者。仆良恨修己之不亮,素誉之不立,而为世嫌之所加,常与孟几道言而痛之④。乃今幸为天火之所涤荡,凡众之疑虑,举为灰埃,黔其庐⑤,赭其垣⑥,以示其无有;而足下之才能,乃可显白而不污。其实出矣,是祝融、回禄之相吾子也⑦。则仆与几道十年之相知,不若兹火一夕之为足下誉也。

----

　　①　小学:古时对文字学、训诂学、音韵学的总称。
　　②　嗤嗤:讥笑的样子。
　　③　柳宗元于唐德宗贞元十年(794)任监察御史里行;唐顺宗永贞元年(805)任礼部员外郎,礼部属尚书省,故称为尚书员外郎。
　　④　孟几道:孟简,字几道,柳宗元的友人。
　　⑤　黔:黑。
　　⑥　赭(zhě):赤红褐色,此处做动词用。
　　⑦　祝融、回禄:都是传说中的火神。

宥而彰之①,使夫蓄于心者,咸得开其喙②;发策决科者③,授子而不栗。虽欲如向之蓄缩受侮,其可得乎?于兹吾有望于子,是以终乃大喜也。

古者列国有灾,同位者皆相吊。许不吊灾,君子恶之④。今吾之所陈若是,有以异乎古,故将吊而更以贺也。颜、曾之养⑤,其为乐也大矣,又何阙焉?

【译文】

得到杨八的书信,知道您遭了火灾,家中没有留下一点东西。我刚听到十分吃惊,接着疑虑起来,最后却非常高兴了,因此本打算向您表示吊慰却换成了祝贺。道路遥远,消息简略,还不能彻底了解您受灾的情况,假如确实家产全部荡然无存,这样我便要为此而特别地向您表示祝贺了。

您尽力奉养父母,朝夕享受天伦之乐,只希望能够平安无事。如今却遭到了烈火焚烧的不幸,使周围的人们为您震惊。而且您日常烹调饮食的物品,可能也没有了。因此我刚听到消息之时是十分吃惊的。

人们都这样说,盈余和亏虚互相依存转化,此去彼来没有定规。有的人可能将要有大的作为,开始时却会遭受危难困窘、颠簸惊恐,于是便会有水火的灾祸,遇到小人的怨恨诽谤,经过劳累辛苦、变迁动荡,此后才会光耀显赫,古时候的贤人全是这样的。这个道理太大太空,虽是圣人也不能断定

---

① 宥(yòu):宽宥,原谅。

② 喙(huì):口。

③ 发策决科者:主持科考的官员。

④ 据《左传·昭公十八年》载,宋、卫、陈、郑等国遭火灾,许国不去吊问灾情,引起人们的不满。当时有见识的人认为许国必将灭亡。

⑤ 颜、曾:颜回、曾参,都是孔子弟子。颜回生活贫苦,居陋巷,箪食瓢饮,却十分乐观。曾参家境也清寒,但非常注重修养德行。

它必定可靠,因此我接着便产生了疑虑。

　　您这样爱好钻研古人的著作,能撰写文章,精通文字、音韵、训诂等学问,有如此多方面的才能,而进取却不能超过一般士子,以获得显荣尊贵的地位;之所以如此,并没有别的原因啊。京城中的人们常说您家中有很多钱财,官员中那些爱好廉洁名声的人,都有所顾忌而不敢宣扬您的长处;只能自己明白,隐忍不言。因为公正之道很难被人明察,而社会上又多有嫌猜啊。谁要一讲出来,轻薄的人就认为谁得到了重重的贿赂。我自从贞元十五年,拜读了您的文章,藏在心里有六七年没有表示意见,这是我为了自己的利益而长期有亏于公正之道,并不仅仅是对不住你啊。等到我做了监察御史和礼部员外郎,自己认为侥幸成了天子的近臣,可以有说话的机会了,便想申明您被压抑阻塞的境况。然而,当我经常在同僚中赞扬您的时候,还有那种互相丢眼色而暗暗耻笑的人呢。我很恼恨自己品德的修养不能显扬,美好的声誉不能树立,而遭到世人的嫌猜。我常和孟几道谈起这件事而为之痛心。而现在您幸运地被天火烧尽家产,人们猜疑和顾虑的一切,都成了烟灰尘埃。房舍烧焦,墙壁烧红,以此来表示您家中财物一无所有了;您的才能,也就可以表现出来而不再被玷污了。火灾的出现,是火神在帮助我的好友啊。我和孟几道与您十年知己相交,倒不如这场大火一晚上为您造成的好名声啊。它解脱您的累赘,显扬了您的德才,使那些心中早就想推荐您的人,都能够开口说话了;主持科考的官员,授予您官职而不必顾忌了。即使想要像过去一样隐忍委屈蒙受羞辱,哪里还能办到呢?在这一点上,我对您怀有殷切的期望,故而最终非常高兴起来。

　　古时候宋、卫、陈、郑等诸侯国有了灾情,同等地位的诸侯都予以吊慰。许国不去吊慰,使贤德的君子十分反感。现今我说了这样一些话,是因为情况与古时候有所不同,故而将要吊慰却换成了祝贺。清贫的颜回、曾参的生活状况,其中含有的乐趣是很大的,您又会缺乏什么呢?

王 禹 偁

　　王禹偁(chēng)(954—1001),字元之,宋代济州巨野(今山东省巨野县)人。宋太宗太平兴国八年(983)中进士,曾任右拾遗,后为翰林学士,知制诰(负责草拟国家诏令)。他正直刚毅,忠直敢言,因此屡遭贬谪。晚年出任黄州知州,迁蕲州知州,病死。宋初,文风浮靡,西昆体盛行一时,他首先起来予以反对,诗推崇杜甫、白居易;文推崇韩愈、柳宗元。他的作品对现实有所揭露,平易朴素,清新流畅。文集有《小畜集》和《小畜外集》。

待漏院记

【解题】

　　待漏院,是宰相早晨上朝时在皇宫中候见的休息室。本文借设立"待漏院"一事,阐明了宰相的职责,并运用对比的手法,描述贤相和奸相不同的心术和作为,以表达自己的政治观点和爱憎之情。文章以"勤"提起,以"慎"做结,"勤""慎"二字是"为相之道"的要领,是贯串全文的主旨。以"慎"结束全文时,又随手拈出贪图禄位、无所作为的"庸相"

加以批评,使立论更加严密,行文摇曳多姿。

　　天道不言,而品物亨,岁功成者①,何谓也?四时之吏,五行之佐②,宣其气矣。圣人不言,而百姓亲,万邦宁者,何谓也?三公论道③,六卿分职④,张其教矣。是知君逸于上,臣劳于下,法乎天也。古之善相天下者,自皋、夔至房、魏⑤,可数也。是不独有其德,亦皆务于勤耳。况夙兴夜寐,以事一人,卿大夫犹然,况宰相乎!朝廷自国初,因旧制,设宰相待漏院于丹凤门之右⑥,示勤政也。

　　乃若北阙向曙⑦,东方未明,相君启行,煌煌火城⑧,相君至止,哕哕鸾声⑨。金门未辟,玉漏犹滴⑩,撤盖下车,于焉以息。

　　待漏之际,相君其有思乎?

----

　　①　品物:万物。亨:指万物顺利成长。岁功:指一年的农业收成。
　　②　四时:春、夏、秋、冬。五行:金、木、水、火、土。吏、佐:这里是指掌管四时、五行的天神。
　　③　三公:泛指朝廷最高官职。周代以司马、司徒、司空为三公(一说以太师、太傅、太保为三公),唐、宋虽仍沿袭这个称号,但已无实际职务。
　　④　六卿:《周礼》指天官冢宰、地官司徒、春官宗伯、夏官司马、秋官司寇、冬官司空。这里指吏、户、礼、兵、刑、工六部长官。
　　⑤　皋、夔:皋陶(yáo)、后夔(kuí),传为舜的贤相。房、魏:房玄龄、魏徵,唐初名臣。
　　⑥　丹凤门:宫廷的正南门。
　　⑦　北阙:指宫阙。阙是宫门上的望楼,皇宫坐北朝南,故称北阙。
　　⑧　火城:古代五更上朝,宫城内点燃蜡烛,多达数百根,称为火城。
　　⑨　哕(huì)哕:鸟鸣声,此指马颈上的鸾铃声。鸾声:指马颈上系的鸾铃的响声。
　　⑩　玉漏:古代计时器,形似壶,下有漏孔,壶中水从孔中滴下,以计时刻。

其或兆民未安①,思所泰之;四夷未附,思所来之;兵革未息,何以弭之②;田畴多芜③,何以辟之;贤人在野,我将进之;佞人立朝,我将斥之;六气不合④,灾眚荐至⑤,愿避位以禳之⑥;五刑未措⑦,欺诈日生,请修德以厘之⑧。忧心忡忡,待旦而入。九门既启,四聪甚迩⑨。相君言焉,时君纳焉。皇风于是乎清夷,苍生以之而富庶。若然,则总百官,食万钱,非幸也,宜也。

其或私仇未复,思所逐之;旧恩未报,思所荣之;子女玉帛,何以致之;车马玩器,何以取之;奸人附势,我将陟之⑩;直士抗言,我将黜之⑪;三时告灾,上有忧色,构巧词以悦之;群吏弄法,君闻怨言,进谄容以媚之。私心慆慆⑫,假寐而坐。九门既开,重瞳屡回⑬,相君言焉,时君惑焉。政柄于是乎隳哉⑭,帝位以之而危矣。若然,则死下狱,投远方,非不幸也,亦宜也。

是知一国之政,万人之命,悬于宰相,可不慎欤?复有无毁无誉,旅进旅退,窃位而苟禄,备员而全身者,亦

① 兆民:指百姓。
② 弭:平息。
③ 田畴(chóu):农田。畴:良田。
④ 六气:指阴、阳、风、雨、晦、明六种自然现象。
⑤ 灾眚(shěng):灾祸。荐:通"洊",连续不断。
⑥ 禳:祈祷消灾。
⑦ 五刑:指笞、杖、徒、流、死五种刑罚。
⑧ 厘:矫正,整顿。
⑨ 四聪:能听到四方反映的人。聪,听。传说舜能做到这一点,故而此处代指君主。
⑩ 陟(zhì):提升。
⑪ 黜(chù):贬降。
⑫ 慆(tāo)慆:形容放纵无度。
⑬ 重瞳:传说舜的眼睛有两个瞳子,这里代指君主。
⑭ 隳(huī):败坏。

无所取焉。

棘寺小吏王禹偁为文①，请志院壁，用规于执政者。

【译文】

苍天从来也不宣示自己的意旨，而万物却能顺利而繁茂地生长，庄稼按时收成，为什么呢？是因为掌管四时、五行的天神，在疏通运行它的元气啊。圣明的君主从不宣扬自己的德政，而百姓亲附，天下能太平，为什么呢？是因为三公在研讨治国之道，而六卿分别履行自己的职责，实施君王的教化啊。从这里便可了解君主在上面安逸无为，而臣子在下面辛勤劳苦，是取法于天的缘故啊。古时候善于做宰相治理天下的人，从皋陶、后夔到房玄龄、魏徵，是屈指可数的。他们不仅有高尚的品德，也都是尽力辛勤奉公的。况且早起晚睡，来侍奉国君，百官还都这样做，何况是宰相呢！朝廷从建国的初期，就在丹凤门的右面设立了宰相的待漏院，就是为了宣示对政事要勤勉啊。

当那宫阙耸立在朦胧的曙色之中，东方还没有放明时，宰相已经起身赴朝，烛火辉煌，照彻了宫城，宰相的车驾来到，鸾铃发出叮咚的响鸣。宫门还没有打开，玉漏的水还在流滴，撤掉帷盖，宰相下了车，便在这待漏院里休息。

在等着上朝的时候，宰相大概是在考虑许多问题吧？

可能是百姓未得安宁，考虑怎样使他们享受太平；境外的少数民族没有归附，考虑怎样招致朝贡；战乱没有停止，用什么方法加以平息；田地有不少荒芜，怎样进行开辟垦殖；贤明的人啊还屈身草野，我将要荐举任用他们；奸佞的人啊正

---

①　棘寺：大理寺（管理刑狱的中央机构）的别称。当时王禹偁任大理寺丞。

立身于朝廷,我将要把他们罢免贬斥;阴晴、风雨、晦明不能调和,灾祸接连不断地发生,甘愿辞去相位来祈求上天赦免;刑罚运用不当,欺诈的行为天天发生,将要修明德化来加以整顿。忧国忧民的心啊是这样不安,期待着天明啊入宫上朝。宫门终于打开,国君近在身边,宰相提出建议,国君加以采纳。政治风气于是清明平静,黎民百姓因此而富裕安乐。假如能够这样,那么统辖百官、日食万钱,不是侥幸,而是理应如此。

也或许私仇还没报复,想着怎样把仇人斥逐;旧日的恩情尚未报答,考虑着怎样使恩人荣耀;奴仆美女金玉丝绸,用什么办法搜求;宝车骏马古玩珍器,怎样才能掠取;奸佞小人趋炎附势,我将要把他们大力提拔;正直的人敢于正言直谏,我将要对他们贬谪罢黜;一日三时报告灾情,皇上面有愁容,要编造花语巧言使他高兴;官吏们不遵国法,君主听到怨言,则用谄媚的姿态来把君王讨好奉迎。为个人打算毫无节制,坐在待漏院中闭目装睡。宫门已经打开,国君时时顾视,宰相进了谗言,国君受了迷惑。政治于是败坏,君位因此而危殆。假如这样,那么下狱论死,流放远地,并非是不幸啊,也是理应如此。

由此便可以看到一国的政治、万民的命运,都取决于宰相,能不慎重吗?还有那种既无人毁谤也无人赞扬,或进或退都尾随众人,窃居相位贪图俸禄,滥竽充数而只知保全身家性命的宰相,也是没有可取之处的。

大理寺的小官吏王禹偁写成此文,请求书写在待漏院的墙上,用来规诫执掌朝政的人。

黄冈竹楼记

【解题】

　　本文是王禹偁在宋真宗咸平二年(999)贬为黄州刺史时所作。文章通过对竹楼及其周围景致的描写,抒发自己遭受贬谪的心情,在恬淡闲适之中,隐含着愤激与不平。文章以竹楼为中心,层层排比,渲染铺陈,以轻灵潇洒的文笔,勾画出一个幽雅清隽的境界。篇末感慨良深,含蓄蕴藉,耐人寻味。

　　黄冈之地多竹①,大者如椽,竹工破之,刳去其节②,用代陶瓦,比屋皆然,以其价廉而工省也。

　　子城西北隅③,雉堞圮毁④,榛莽荒秽⑤。因作小楼二间,与月波楼通⑥。远吞山光,平挹江濑⑦,幽阒辽夐⑧,不可具状。夏宜急雨,有瀑布声;冬宜密雪,有碎玉声。宜鼓琴,琴调和畅;宜咏诗,诗韵清绝;宜围棋,子声丁丁然;宜投壶⑨,矢声铮铮然:皆竹楼之所助也。

―――――――――

　　①　黄冈:今湖北省黄冈市,宋朝时为黄州齐安郡。
　　②　刳(kū):割掉。
　　③　子城:城门之外的套城,也叫瓮城、月城。
　　④　雉堞(dié):城上的小墙。圮(pǐ):毁坏。
　　⑤　榛:丛生的杂树。莽:深密的荒草。
　　⑥　月波楼:在黄冈,王禹偁有《月波楼咏怀》诗,序云:"月波之名,不知得于谁氏,图径故老,皆无闻焉。"
　　⑦　挹(yì):汲取。濑(lài):沙滩上的流水。
　　⑧　阒(qù):静。夐(xiòng):远。
　　⑨　丁(zhēng)丁:形容棋子敲落棋盘声。投壶:古代宴饮时举行的一种娱乐游戏。壶圆腹,高颈,以木或金属制成。用箭往壶里投,以投中次数决定胜负。

公退之暇,被鹤氅衣①,戴华阳巾②,手执《周易》一卷,焚香默坐,消遣世虑。江山之外,第见风帆沙鸟,烟云竹树而已。待其酒力醒,茶烟歇,送夕阳,迎素月,亦谪居之胜概也。

彼齐云、落星③,高则高矣;井幹、丽谯④,华则华矣。止于贮妓女,藏歌舞,非骚人之事⑤,吾所不取。

吾闻竹工云:"竹之为瓦,仅十稔⑥;若重复之,得二十稔。"噫!吾以至道乙未岁,自翰林出滁上⑦,丙申移广陵⑧,丁酉又入西掖⑨,戊戌岁除日,有齐安之命,己亥闰三月到郡⑩。四年之间,奔走不暇,未知明年又在何处,岂惧竹楼之易朽乎?后之人与我同志,嗣而葺之⑪,庶斯楼之不朽也。

---

①　鹤氅:用羽毛织成的披衣,指道士、隐士的服饰。被:通"披"。

②　华阳巾:道士戴的头巾。据《神仙传》记,曹魏时韦节隐居华阳山,号华阳子,时人称他的头巾为华阳巾。

③　齐云:楼名,在吴县(今属江苏省苏州市),唐代曹恭王所建。落星:楼名,在建业(今江苏省南京市),东吴时孙权所建。

④　井幹(hán):汉武帝所建楼阁名,在长安。丽谯(qiáo):魏武帝所建楼名。

⑤　骚人:风雅之士,诗人。

⑥　稔(rěn):年。

⑦　宋太宗至道元年(即乙未年,995 年),王禹偁由翰林学士贬为滁州(今安徽省滁州市)刺史。

⑧　宋太宗至道二年(即丙申年,996 年),王禹偁调广陵(今江苏省扬州市)刺史。

⑨　至道三年(即丁酉年,997 年),宋真宗即位,王禹偁被召赴刑部任职,后又知制诰(起草诏令),属中书省,中书省称为西掖。

⑩　宋真宗咸平元年(即戊戌年,998 年)除夕,王禹偁被贬为黄州刺史。咸平二年(即己亥年,999 年)初到任。

⑪　葺(qì):修缮。

【译文】

黄冈的土地上盛产竹子,其中大的像椽子那么粗,竹工劈开它,削掉竹节,用来代替泥土烧成的瓦。家家的房屋都这样,因为它价钱低廉而且费工少。

瓮城的西北角,城上的女墙倒塌了,杂草乱树,荒芜肮脏。我就借这块地方修了两间小楼,和月波楼连通。远望秀美的山色可以一览无余,平视沙滩清流似乎伸手便可以汲取,幽静辽阔,不能一一描述。夏日最适宜于急骤的暴雨,竹楼上仿佛发出瀑布的轰响;冬季最适宜浓密的大雪,小楼中时时听到碎玉落地的清音;适宜于弹琴,琴声格外幽雅流畅;适宜于咏诗,诗歌的韵味更加清新隽永;适宜于下棋,棋子敲击的丁丁声是那样清脆;适宜于投壶,箭落壶中铮铮嘹亮:这都是竹楼所助成的啊。

办公归来的闲暇,身披鹤氅,头戴华阳巾,手持一卷《周易》,点上香静静地坐在这儿,排遣开尘俗的思虑。江流山峦之外,只看到风中的白帆、沙滩的水鸟、轻烟淡云、翠竹绿树而已。等到酒力消了,煮茶的青烟散了,送走艳红的夕阳,迎来素洁的明月,这也是贬谪外地才能享受的一种佳境啊。

那齐云楼、落星楼,高是够高的;那井幹楼、丽谯楼,华丽是够华丽的:只是用来蓄养艺妓,藏纳歌舞,这不是风雅之士的事情,我是不屑于这样做的。

我听竹工说:"竹子做瓦,只能使用十年;如果铺上两层,能够用二十年。"啊! 我在至道乙未年由翰林学士贬为滁州刺史,丙申年调为广陵刺史,丁酉年又召回中书省任职,咸平戊戌年的除夕,被委任为黄州刺史,己亥年闰三月到达黄州郡城。四年之内,四处奔走而没有空暇,不知道明年又会到什么地方,难道还担心竹楼容易朽败吗? 希望继我之后的人能和我有共同的志趣,不断地加以整修,那么这栋竹楼便不会腐朽倒塌了。

李 格 非

　　李格非,字文叔,济南(今山东省济南市)人,宋代著名学者。熙宁九年(1076)中进士,曾任冀州司户参军、国子监博士、礼部员外郎等职。宋朝杰出的女词人李清照是他的女儿。

书《洛阳名园记》后

【解题】

　　《洛阳名园记》是李格非所著,记载了北宋盛时洛阳的十九处名园。这篇"书后"是文后的跋语。作者从历史上洛阳的盛衰、名园的兴废谈起,说明写《洛阳名园记》的用意,告诫当时的达官贵人不能只顾个人享乐,必须关心天下的治乱兴亡。文章笔力遒劲,层次分明,议论中充满感情,有很强的说服力和感染力。

　　洛阳处天下之中,挟崤、渑之阻①,当秦、陇之襟

---

　　① 崤(xiáo):山名,在今河南省洛宁县北,是函谷关的东端,地势险要。渑(miǎn):也写作"黾",古时的"九塞"之一,在今河南省渑池县。

喉①,而赵、魏之走集②,盖四方必争之地也。天下当无事则已,有事则洛阳必先受兵。予故尝曰:洛阳之盛衰,天下治乱之候也③。

　　唐贞观、开元之间④,公卿贵戚,开馆列第于东都者,号千有余邸⑤。及其乱离,继以五季之酷⑥,其池塘竹树,兵车蹂蹴,废而为丘虚;高亭大榭⑦,烟火焚燎,化而为灰烬,与唐共灭而俱亡,无余处矣。予故尝曰:园囿⑧之兴废,洛阳盛衰之候也。

　　且天下之治乱,候于洛阳之盛衰而知;洛阳之盛衰,候于园囿之兴废而得。则《名园记》之作,予岂徒然哉?

　　呜呼!公卿大夫方进于朝,放乎一己之私,自为之而忘天下之治忽,欲退享此,得乎?唐之末路是已。

【译文】

　　洛阳处于天下的中心,凭仗崤山、渑池的险阻,正当秦地、陇地的要害,而且位于赵地、魏地的必经之路,因此是各方力量一定要争夺的处所。天下太平无事还则罢了,倘若有了战事,洛阳就会首当其冲地遭受兵患。我曾经说过:洛阳的繁盛或衰败,是天下太平或战乱的征兆啊。

---

　　①　秦:指今陕西省一带。陇:指今陕西省西部及甘肃省。襟喉:喻指险要之处。襟,衣襟。喉,咽喉。
　　②　赵:古地名,在今河北省南部、山西省东部及河南省北部一带。魏:在今河南省北部及山西省西南部一带。
　　③　候:征兆,标志。
　　④　贞观:唐太宗李世民的年号。开元:唐玄宗李隆基的年号。
　　⑤　邸(dǐ):府邸,王侯贵宦的住宅。
　　⑥　五季:即五代,唐亡后北方先后建立的后梁、后唐、后晋、后汉、后周五个朝代。
　　⑦　榭(xiè):建在高土台上的敞屋。
　　⑧　囿(yòu):畜养野兽的园林。

唐朝贞观、开元年间,达官贵人、皇亲国戚在东都洛阳修建馆阁宅第的,号称一千多家。等到发生了战乱,接着经过五代时连年不断的严重的兵祸,洛阳的池塘竹树,被兵士车骑蹂躏践踏,遭到破坏而成了废墟;高耸的亭阁、宏丽的台榭,被烟火焚烧,化成了一堆灰烬,与唐朝一起覆灭丧亡,一处也没能留存下来。由此,我曾经说过:园林的兴旺或荒废,是洛阳繁盛或衰败的征兆啊。

而且天下的治理或离乱,根据对洛阳的繁盛或衰败的观察便可以了解;洛阳的繁盛或衰败,根据对园林的兴旺或荒废的观察便可得知。那么我写《洛阳名园记》,难道是毫无意义的吗?

唉!达官显贵在朝廷受到任用,放纵个人的私欲为自己谋利,而忘记了天下是得到治理了还是疏忽成祸了。如果这样,想在引退之时到洛阳名园中享受,可以吗?唐朝灭亡后的情形就是一个明证啊。

范 仲 淹

范仲淹(989—1052),字希文,苏州吴县(今属江苏省苏州市)人,北宋著名政治家、文学家。少时家贫,刻苦力学,宋真宗大中祥符八年(1015)中进士。康定元年(1040)任陕西经略副使,抗击西夏,守边数年,西夏人不敢进犯,说他:"胸中自有数万甲兵。"宋仁宗庆历三年(1043),回朝为枢密副使,升参知政事。推行政治革新,世称"庆历新政"。后遭到保守派的反对,罢去执政之职,出任陕西四路宣抚使,并历任邓州、杭州、青州等地知州。死后谥为"文正"。有《范文正公集》传世。

严先生祠堂记

【解题】

严先生,即严光,字子陵,东汉初会稽余姚(今浙江省余姚市)人,早年与汉光武帝刘秀同学。刘秀夺得政权,建立东汉,他改名隐居。后刘秀将他召到京城,任为谏议大夫,他推辞不受,归隐富春江(钱塘江自桐庐至萧山闻堰一段的别称,在今浙江省中部)。范仲淹任杭州(辖境相当于今桐溪、富春江以北,天目山东南地区及今海宁市)知州时,在严光隐居处修建祠堂纪念他,祠堂落成后写了这篇记,赞美严光不贪官禄的高洁品质和汉光武帝刘秀礼贤下士的阔大胸襟。文章以对偶的形式,将严光与刘秀的事迹并列写出,两相辉映,而篇末又以韵文作结,结构严谨而又灵动,无呆板凝滞之感。

　　先生,光武之故人也,相尚以道。及帝握赤符①,乘六龙,得圣人之时②,臣妾亿兆③,天下孰加焉? 惟先生

①　赤符:即赤伏符,据《后汉书·光武本纪》记载,刘秀的军队占领鄗(hào,在今陕西省西安市长安区附近),书生彊华自关中来见刘秀,献赤伏符,预言刘秀将会做皇帝。

②　六龙:《易经·乾卦》有"时乘六龙以御天"之语,因此以六龙代指天子车驾。时:时宜,时机。《孟子·万章下》:"孔子,圣之时者也。"

③　亿兆:指天下百姓。

以节高之。既而动星象①,归江湖,得圣人之清,泥涂轩冕②,天下孰加焉? 惟光武以礼下之。

在《蛊》之上九,众方有为,而独"不事王侯,高尚其事"③,先生以之。在《屯》之初九,阳德方亨,而能"以贵下贱,大得民也"④,光武以之。

盖先生之心,出乎日月之上;光武之量,包乎天地之外。微先生不能成光武之大⑤,微光武岂能遂先生之高哉? 而使贪夫廉,懦夫立,是大有功于名教也。

仲淹来守是邦⑥,始构堂而奠焉。乃复为其后者四家⑦,以奉祠事,又从而歌曰:"云山苍苍,江水泱泱⑧,先生之风,山高水长。"

【译文】

先生,是光武帝的老朋友,他们彼此以道义相重。等光武帝手握赤伏符,乘坐天子车驾,得到了圣人的时机,统治亿万士民,天下的人谁能超出于他呢? 唯有先生能以气节受到光武帝的尊重。既而感应星象,归隐江湖,达到了圣人的清高境界,把功名富贵看作泥土,天下的人谁能高于先生呢?唯有光武帝能以礼节和他相交。

---

① 据载,光武帝刘秀与严光共卧,严光的脚压在刘秀肚子上。第二天太史禀奏说,他夜里观察星象,发现有一个客星侵扰了象征皇帝的星座——帝座。事见《后汉书·严光传》。
② 泥涂:做意动词用。涂,污泥。轩冕,借指官爵。
③ 见《易经·蛊卦》。
④ 见《易经·屯卦》。阳德:指天子的威德。
⑤ 微:没有。
⑥ 指范仲淹任杭州知州,富春江在杭州治内。
⑦ 复:免除徭役。
⑧ 泱泱:水深广的样子。

这正合乎《易经·蛊卦》的"上九",众人正要有所追求,而唯独他"不去臣事君王公侯,使自己志趣高尚",先生正是照此行事的。这正合乎《易经·屯卦》的"初九",天子的德威正隆盛,而能够"以尊贵的身份去礼贤贫贱的人",很得民心,光武帝正是这样做的。

先生的志趣,超出日月;光武的度量,包容天地。没有先生不能成就光武的伟大;没有光武难道能成全先生的高洁吗?这样而使贪婪的人廉洁、懦怯的人坚强,对于礼教是有很大的功劳啊。

我来管理这个地方,才开始建造祠堂祭奠先生。免除先生后裔中四家的徭役租赋,让他们看守祠堂,洒扫祭典。从而又咏歌道:

白云缭绕的山峦郁郁葱葱,
波涛奔腾的大江浩浩荡荡。
先生的品德啊先生的风范,
像山峦一样高峻,像江水一样悠长。

岳阳楼记

【解题】

岳阳楼,在今湖南省岳阳市,自从唐代以来,便成为登临胜地,文人才士,多有题咏。范仲淹这篇记,写于宋仁宗庆历六年(1046)。当时他贬官为邓州(今河南省邓州市)知州。文章简挹地记叙了滕子京重修岳阳楼的情形,着力描绘了洞庭湖气象万千的胜状,通过对阴晴晦明的景色变化的描写,寄托了自己的感慨。在此基础上,提出"先天下之忧而忧,后天下之乐而乐"的观点,揭示了全文的中心思想,表现了作者高尚的情操和宏阔的胸襟。文章以散体叙事议论,以骈体写景抒情,亦骈亦散,配合得和谐而自然;行文跌宕变化,感情充沛,气势浩瀚。

庆历四年春①,滕子京谪守巴陵郡②。越明年③,政通人和,百废具兴。乃重修岳阳楼,增其旧制,刻唐贤、今人诗赋于其上,属予作文以记之④。

予观夫巴陵胜状,在洞庭一湖。衔远山,吞长江,浩浩汤汤,横无际涯;朝晖夕阴,气象万千。此则岳阳楼之大观也,前人之述备矣。然则北通巫峡⑤,南极潇湘⑥,迁客骚人⑦,多会于此,览物之情,得无异乎?

若夫霪雨霏霏⑧,连月不开;阴风怒号,浊浪排空;日星隐曜,山岳潜形;商旅不行,樯倾楫摧;薄暮冥冥,虎啸猿啼。登斯楼也,则有去国怀乡,忧谗畏讥,满目萧然,感极而悲者矣。

至若春和景明⑨,波澜不惊,上下天光,一碧万顷;沙

---

① 庆历:宋仁宋的年号,即1041—1048年。
② 滕子京:名宗谅,宋代河南府(今河南省洛阳市一带)人,与范仲淹同年举进士。他在做庆州(今甘肃省庆阳市)知州时,被人弹劾"枉费公钱",降官知虢州(今河南省灵宝市一带),又改知岳州(今湖南省岳阳市)。巴陵郡:即指岳州。
③ 越:及,到。
④ 属:通"嘱",托付。
⑤ 巫峡:长江三峡之一,在重庆市巫山县,上通瞿塘峡,下接西陵峡。
⑥ 潇湘:古人称湘江(在今湖南省境内)为潇湘。湘江源出广西壮族自治区灵川县,经湖南中部,北流入洞庭湖。潇水,湘江上游的一条支流。
⑦ 迁客:受到贬谪的人。
⑧ 霪(yín)雨:连绵不断的雨。霏霏:雨飘落的样子。
⑨ 景:太阳。

鸥翔集,锦鳞游泳;岸芷汀兰①,郁郁青青②。而或长烟一空,皓月千里,浮光跃金,静影沉璧;渔歌忽答,此乐何极!登斯楼也,则有心旷神怡,宠辱皆忘,把酒临风,其喜洋洋者矣!

嗟夫!予尝求古仁人之心,或异二者之为,何哉?不以物喜,不以己悲。居庙堂之高③,则忧其民;处江湖之远,则忧其君。是进亦忧,退亦忧,然则何时而乐耶?其必曰"先天下之忧而忧,后天下之乐而乐"欤?噫!微斯人④,吾谁与归?

【译文】

庆历四年的春天,滕子京被降职到岳州任知州。到了第二年,政事顺利,士民安乐,各种废弛的事业都兴办起来。于是就重新修整岳阳楼,扩建了它旧有的规模,把唐代贤人、当今名士的诗赋铭刻在楼上,托付我写篇文章来记叙这件事。

我观察那岳州巴陵郡的美好景致,就集中在洞庭这一片湖上。它衔着远处的山峦,吞下奔腾的长江,浩浩荡荡,湖面辽阔望不到边涯。早晨旭日照耀,傍晚暮霭凝聚,真是气象万千。这就是岳阳楼最壮观的景致啊,前人的描述已经是很具体、很全面的了。然而它北面连通着巫峡,南面延伸到潇湘,贬谪的官员、风雅的文士,常集聚在这儿,观览景物而产生的感情,能够没有差异吗?

且说那阴雨连绵,数月不晴,寒冷的大风呼呼狂啸,混浊

---

① 芷(zhǐ)、兰:香草名。汀:水中小洲。
② 青(jīng)青:花叶茂盛的样子。
③ 庙堂:指朝廷。
④ 微:没有。

的波浪拍击长空,日月星辰隐蔽了光芒,峰峦山陵潜藏起身影;商人旅客不能通行,桅杆倾倒,楫篙折断;傍晚笼罩着一片昏暗,猛虎长啸,哀猿啼鸣。这时登上这座岳阳楼,就会想到自己远离朝廷,怀念家乡,担心谗毁,害怕讥刺,眼里看到的都是冷落萧条的景象,百感交集,而心中的悲哀油然而生啊。

至于那春光融和,艳阳高照,水天相映,碧绿万顷;水鸟飞翔栖落,鱼儿浮沉游泳;岸边和小洲上的芳草,浓绿嫩青十分茂盛。夜里,那长空烟雾消散,千里皓月当空,风起时银光浮动,金波跳跃,水静时明月倒影犹如白璧沉浸在湖中;渔歌啊此唱彼和,这种乐趣真是无穷!这时,登上这座岳阳楼,便会心胸开阔,精神愉快,恩宠和屈辱一并忘怀,手持酒杯临风而立,心中充满无限喜悦啊!

啊!我曾经探求古代品德高尚的人的想法,发现有和上述两种不同的感情,这是为什么呢?他们不为外界境遇的顺利而高兴,不为个人遭际的坎坷而悲伤。在朝廷中身居高位就为人民而忧虑,在山野中隐居为民就为君王而担心。这样进身为官也忧虑,退职田野也忧虑,那么什么时候会快乐呢?他们必定会说"在天下之人忧愁之前而忧虑,在天下之人快乐之后而快乐"吧?啊!没有这样品德高尚的人,我和谁交游呢?

司 马 光

　　司马光(1019—1086),字君实,宋代陕州夏县(今山西省运城市夏县)人,著名史学家。宋仁宗宝元元年(1038)中进士,曾任右谏议大夫、翰林学士等职,因反对王安石推行新法,被贬官在外十五年,专力主编《资治通鉴》。宋哲宗继位,召为门下侍郎、尚书左仆射。他执掌朝政之后,起用旧党,尽废新法。死后追封温国公,谥为"文正"。有《司马文正公集》传世。

谏院题名记

【解题】

　　宋代设谏院,以左、右谏议大夫为长官,担任随时向皇帝进谏规诫之职。宋仁宗庆历年间,谏官开始将自己的名字题写在木版之上,立于谏院中。仁宗嘉祐八年(1063),司马光为右谏议大夫,又改将谏官姓名刻于碑石上。本文就是记叙这件事情。文中首先阐明了谏官责任的重大,继而说明了谏院题名的由来和意义。文章虽然仅有一百余字,然而议论风生,感情充沛,跌宕变化,曲折有致。

　　古者谏无官,自公卿大夫至于工商,无不得谏者。

汉兴以来,始置官①。夫以天下之政,四海之众,得失利病,萃于一官使言之,其为任亦重矣。居是官者,当志其大,舍其细,先其急,后其缓,专利国家而不为身谋。彼汲汲于名者,犹汲汲于利也,其间相去何远哉!

天禧初,真宗诏置谏官六员②,责其职事。庆历中③,钱君始书其名于版。光恐久而漫灭,嘉祐八年④,刻著于石。后之人将历指其名而议之曰:"某也忠,某也诈,某也直,某也曲。"呜呼! 可不惧哉!

【译文】

古时候向君王进谏并无专职官员,从公卿大夫到工匠商贾,没有不能进谏的。汉朝建立以来,才开始设立谏官。以天下政治、四海民众的得失利害,集中到一名官员身上让他向君王进言,他的责任也够重大的了。担任这种官职的人,应当察记大事,舍弃细节,先谈紧急的要务,后言可以缓办的公事,只求有利于国家而不为个人打算。做谏官而贪求声名的人,犹如担任其他官职而图谋利禄的人一样,这种人与对谏官的要求相差是多么远啊!

天禧初年,真宗皇帝下诏设置谏官六名,明确地规定了他们的职责。庆历年间,谏议大夫钱君开始将谏官的名字题写在木版之上。我恐怕年深日久而磨灭消失,因此,在嘉祐八年,又将谏官之名刻记在碑石上。后代的人将会一一指着他们的名字而评议他们说:"某人忠诚,某人奸诈,某人耿直,某人不正直。"啊,能够不使人警惕吗!

---

① 西汉开始设谏官,称为谏大夫。

② 宋初谏官称为左、右司谏,左、右正言。真宗时并入谏院,以左、右谏议大夫为长官,共有六名官员。

③ 庆历:宋仁宗年号,即1041—1048年。

④ 嘉祐:宋仁宗最末一个年号,即1056—1063年。

钱　公　辅

钱公辅,字君倚,北宋常州武进(今江苏省常州市武进区)人,宋仁宗时中进士,曾任集贤殿校理、开封府推官等职,后调同修起居注,进知制诰。神宗时,为天章阁待制,知制诰,转谏议大夫。因与王安石政见不和,贬为江宁府知府,因病辞官。

义　田　记

【解题】

本文赞扬范仲淹身居高位,自奉节俭,以俸禄购置义田养济族人的事迹;批评了当时士大夫只顾自己享受,不管他人死活的恶劣风气。文章采用古今映衬、正反对比的手法,写得严谨简洁而又感情饱满。

范文正公,苏人也①,平生好施与,择其亲而贫、疏而贤者,咸施之。方贵显时,置负郭常稔之田千亩②,号曰义田,以养济群族之人。日有食,岁有衣,嫁娶凶葬皆有赡。择族之长而贤者主其计,而时共出纳焉。日食,人

---

①　范文正公:范仲淹,谥"文正",世称范文正公。
②　负郭:近城之外。稔(rěn):庄稼成熟。

一升;岁衣,人一缣①。嫁女者五十千,再嫁者三十千;娶妇者三十千,再娶者十五千;葬者如再嫁之数,葬幼者十千。族之聚者九十口,岁入给稻八百斛②,以其所入,给其所聚,沛然有余而无穷。屏而家居俟代者与焉,仕而居官者罢莫给。此其大较也。

初,公之未贵显也,尝有志于是矣,而力未逮者二十年。既而为西帅,及参大政③,于是始有禄赐之入,而终其志。公既殁,后世子孙修其业,承其志,如公之存也。公虽位充禄厚④,而贫终其身。殁之日,身无以为敛,子无以为丧。惟以施贫活族之义,遗其子而已。

昔晏平仲敝车羸马⑤。桓子曰:"是隐君之赐也。"晏子曰:"自臣之贵,父之族,无不乘车者;母之族,无不足于衣食者;妻之族,无冻馁者;齐国之士,待臣而举火者三百余人。如此,而为隐君之赐乎?彰君之赐乎?"于是齐侯以晏子之觞,而觞桓子⑥。予尝爱晏子好仁,齐侯知贤,而桓子服义也。又爱晏子之仁有等级,而言有次第也。先父族,次母族,次妻族,而后及其疏远之贤。孟子曰:"亲亲而仁民,仁民而爱物。"晏子为近之。今观文正公之义田,贤于平仲。其规模远举,又疑过之。

---

① 缣(jiān):细绢。
② 斛:古代量器名,容量为十斗,后改为五斗。
③ 宋仁宗庆历二年(1042),范仲淹任陕西路安抚经略招讨副使。次年,入朝为参知政事(副宰相)。
④ 充:高。
⑤ 晏平仲:晏婴,字平仲,春秋时齐国大夫。
⑥ 觞(shāng):酒杯。这里用作动词。

　　呜呼! 世之都三公位①,享万钟禄②,其邸第之雄,车舆之饰,声色之多,妻孥之富,止乎一己而已。而族之人不得其门者,岂少也哉? 况于施贤乎? 其下为卿,为大夫,为士③,廪稍之充④,奉养之厚,止乎一己而已。而族之人,操壶瓢为沟中瘠者,又岂少哉? 况于它人乎! 是皆公之罪人也。

　　公之忠义满朝庭,事业满边隅,功名满天下,后世必有史官书之者,予可无录也。独高其义,因以遗其世云⑤。

【译文】

　　范文正公,苏州人,平生乐于用钱财帮助别人,选择关系亲近而贫穷、关系疏远而贤能的人,都予以帮助。当他贵重显达之时,购置近城保收的良田一千亩,称作“义田”,用来养育、救济本家族的人们,使他们天天有饭吃,年年有衣穿,嫁女、娶妻、生病、丧葬都予以资助。选择族中年长辈高而且贤德的人主管账目,经常总计收入和支出。每天的饭,一人供给一升米;每年的衣服,一人分给一匹细绢。嫁闺女的发给五十千钱,闺女改嫁的发给三十千钱;娶儿媳妇的发给三十千钱,再娶的发给十五千钱。丧葬发给的费用和闺女再嫁的数目相同,孩子的丧事发钱十千。聚居的族人有九十口,义田每年收入供分配用的稻子有八百斛,用它所收入的粮食,

---

　　①　三公:指朝中最高爵位,宋沿承汉唐制度,以太尉、司徒、司空合称三公。

　　②　钟:古代量器,容量为六斛四斗。

　　③　卿、大夫、士:借指当时各级官吏。

　　④　稍:公家发给的粮食,即禄米。廪稍,《仪礼·聘礼》郑玄注:“稍,廪食也。”“廪”作“禀”。

　　⑤　遗(wèi):留赠。

来供应在这里聚居的族人，充裕有余而无枯竭之时。退居在家、等待职务的人予以供给，出仕为官的人则停止供给。这就是它的大概情况。

当初，范公还未贵重显达，曾经有过这种愿望，而无力实现长达二十年之久。后来做了西部边境的统帅，又入朝参与主持朝政，从此才开始有了俸禄赏赐的收入，而终于实现了自己的志愿。他去世以后，后代的子孙修明他的事业，继承他的志向，和他在世的时候一样。他虽地位高、俸禄多，却终生过着清贫的生活。逝世的时候，甚至没有钱财装敛，子孙们也没有钱财为他举办丧事。他只是把救济贫寒、养活亲族的道义留传给儿子而已。

古时候晏平仲乘破车、驾瘦马。陈桓子说："这是隐瞒君主的赏赐啊！"晏子回答说："从我显贵之后，父系的亲族，没有不坐车的人；母系的亲族，没有衣食不足的人；妻子的亲族，没有挨冻受饿的；齐国的士子，等着我的接济而点火做饭的有三百多人。像这样，是隐瞒君主的赏赐呢？还是彰明君主的赏赐呢？"于是齐君便用晏子的酒杯，罚桓子饮酒。我仰慕晏子好行仁德，齐君了解贤者，而桓子能认错服义。又仰慕晏子的仁德有亲疏层次之分，而言辞有井然的次序。先说父系亲族，后说母系亲族，再说妻子的亲族，最后才提到关系疏远的贤者。孟子说："由爱自己的亲人而施仁德于民众，由对民众仁德而爱惜世间万物。"晏子的作为接近于这一点啊。现在从范文正公购置义田这件事来看，是比晏平仲还要贤明啊。他实施的规模的久远和全面，恐怕是要超过晏子的。

啊！当今世上那些身居"三公"职位、享受万钟禄米的人，他们宅第的宏伟、车驾的华丽、歌伎的众多、妻儿的富有，仅是为满足自己一个人的私欲而已。本族的亲人不能登门的,难道还少吗？何况是帮助疏远的贤者呢？地位在他们以下的是卿,是大夫,是士,禄米的充裕、享用的丰富,也仅是为满足自己一个人的私欲而已。本族的亲人,拿着破碗讨饭,成为沟中的饿殍的,难道少吗？何况对于其他的人呢！这些人都是范文正公的罪人啊。

范文正公的忠义誉满朝廷,业绩流布边境,功名传遍天下,后代一定会有史官记载的,我可以不用赘述了。唯独敬仰推崇他的道义,因而记叙"义田"之事以留赠世人啊。

李　觏

李觏(gòu)(1009—1059),字泰伯,建昌南城(今属江西省南城县)人,北宋著名学者。南城在盱江边,故世称盱江先生。曾任太学助教、直讲等职。著作有《直讲李先生文集》(亦称《盱江集》)。

袁州州学记

【解题】

宋仁宗三十二年(1052),袁州(今江西省宜春市袁州区)知州祖无择修建州学。一年后,州学建成,请李觏写了这篇记。文章赞扬了祖无择重视教育、兴建学舍的事迹;并以秦、汉史迹为据,说明教育的重要作用,希望袁州州学能为国家培养出道德高尚、切实有用的人才。文章立论警切,结构严谨,语言凝练典重。

皇帝二十有三年①,制诏州县立学。惟时守令,有哲有愚,有屈力殚虑②,祗顺德意③;有假官借师,苟且文书④。或连数城,亡诵弦声⑤。倡而不和,教尼不行⑥。

三十有二年,范阳祖君无择,知袁州⑦。始至,进诸生⑧,知学宫阙状⑨,大惧人材放失,儒效阔疏,亡以称上意旨。通判颍川陈君佑⑩,闻而是之,议以克合。相旧夫子庙,狭隘不足改为,乃营治之东。厥土燥刚⑪,厥位面阳,厥材孔良⑫。殿堂门庑⑬,黝垩丹漆⑭,举以法。故生师有舍,庖廪有次⑮。百尔器备,并手偕作。工善吏勤,晨夜展力,越明年成。

———————————

① 指宋仁宗庆历五年,即 1045 年。

② 屈(juē):尽。殚,也作尽讲。

③ 祗:崇敬。

④ 文书:公文。

⑤ 诵弦:指礼乐教化。《论语·阳货》载,孔子的弟子子游任武城宰,很重视礼乐教化。孔子到武城,"闻弦歌之声"。诵,诵读吟咏儒家经籍。弦,抚琴奏乐。

⑥ 尼:衰败,荒废。

⑦ 祖无择:字择之,上蔡(今河南省上蔡县)人,曾任袁州、郑州、杭州等地知州,后官光禄卿、秘书监、集贤院学士、主管西京御史台等职。袁州:今江西省宜春市袁州区。

⑧ 诸生:州学的学生。

⑨ 学宫:州学校舍。

⑩ 通判:宋代州、府地方长官,地位略次于知州。陈佑(shēn):颍川(今河南省禹州市)人,当时任袁州通判。

⑪ 厥:代词,它、它的。

⑫ 孔:很,甚。

⑬ 庑:堂周的廊屋。

⑭ 黝:淡黑色。垩(è):白色。丹:红色。漆:黑色。

⑮ 庖(páo):厨房。廪:米仓。

舍菜且有日①，盱江李觏谂于众曰②：惟四代之学③，考诸经可见已。秦以山西鏖六国，欲帝万世，刘氏一呼，而关门不守，武夫健将，卖降恐后，何耶？诗书之道废，人惟见利而不闻义焉耳。孝武乘丰富④，世祖出戎行⑤，皆孳孳学术。俗化之厚，延于灵、献⑥。草茅危言者⑦，折首而不悔。功烈震主者，闻命而释兵。群雄相视，不敢去臣位，尚数十年，教道之结人心如此⑧。今代遭圣神，尔袁得圣君，俾尔由庠序⑨，践古人之迹。天下治，则谭礼乐以陶吾民⑩；一有不幸，尤当仗大节，为臣死忠，为子死孝。使人有所赖，且有所法，是惟朝家教学之意。若其弄笔墨以徼利达而已⑪，岂徒二三子之羞，抑亦为国者之忧。

【译文】

当今皇帝二十三年，诏令各州、县设立学校。当时的知州、县令，有的贤明，有的愚鲁。有的竭力尽心，恭敬地遵照圣上的意旨去办；有的虚设教官、学师的职务，只是徒具公文

① 舍菜：通作"释菜"，指开学时设供品祭奠先圣先师。舍，陈设；菜，指供品。
② 盱（xū）江：今江西省广昌县盱江镇。谂（shěn）：告。
③ 四代：虞、夏、商、周。
④ 孝武：西汉武帝刘彻。
⑤ 世祖：东汉开国君主光武帝刘秀。戎行（háng）：军队。刘秀曾是反抗王莽暴政的农民起义军的将领。
⑥ 灵：东汉末灵帝刘宏。献：指东汉的最后一个皇帝献帝刘协。
⑦ 草茅：指在野未出仕做官的人。
⑧ 教道：教化之道。
⑨ 庠（xiáng）序：古代学校名，殷称庠，周称序。
⑩ 谭（dàn）：通"诞"，发扬光大。
⑪ 徼（jiào）：谋求。

而已。以致有的一连几座州治、县城,没有读书奏乐的声音,朝廷倡议得不到响应,教化衰败而不能实行。

三十二年,范阳人祖无择担任袁州知州。刚到任,便召见生员,了解到州、县学校残破的情况,他很为人才散失、儒道被忽略轻视,不能符合君主的意旨而不安。袁州通判颍川人陈侁,听到祖无择的话非常赞成,经过商讨两人意见完全一致。他们视察了原来的孔夫子的庙堂,认为地方狭窄不能改建成学舍,于是就在州城的东边营建。学舍的土地干燥坚实,学舍的位置阳光充足,学舍使用的材料十分优良。大殿、正堂、门庭、廊屋的设置,各种颜色的装饰粉刷,都按照规格进行。故而生徒、学师各有自己的房舍,厨房、仓廪也位置适当。各种器材完备,大家一齐动手兴建。由于工匠技艺良好、官吏工作勤奋,日夜努力,第二年便全部竣工。

开学的祭典大礼快要举行了,盱江李觏对大家说:那虞、夏、商、周四代的教育,考察经籍是可以了解的。秦朝以太行山之西的险要地势和六国争斗,想要称帝万代。刘邦振臂一呼,而函谷关的天险便不能据守,骁勇的将领们争先恐后地投降,这是为什么呢? 就是因为诗书教化被废弃了,人们只顾私利而没有学习过道义啊。汉武帝凭仗着国力雄厚,光武帝出身于戎伍之中,都能致力于提倡学术,民俗风化的淳厚一直延续到汉末灵帝、献帝之时。身居草野而对朝政发表急切尖锐的言论的人,虽然遭到杀身之祸而不懊悔;功劳很大威震君主的武将,听到朝廷的诏命就马上放弃兵权。群雄彼此观望,不敢轻易背叛君主,这种情况尚能维持几十年的时间,教化之道能够维系人心竟大到如此程度。现今时代正逢上圣明的君主,你们袁州又遇到贤能的长官,使你们能通过学校的教育,追步古人的踪迹。天下大治之时,就发扬礼乐教化使民众受到陶冶;一旦不幸发生战乱,更应当保持高尚节操,作为臣子为君王尽忠殉职,作为子孙为父祖尽孝献身。使人们的精神有所信托,行动有所效法,这就是朝廷设教敦学的意图。如果只是舞文弄墨以谋求个人的利禄显达,那岂止是你们生员们的耻辱,也会成为治理国家的人的忧患啊!

欧 阳 修

欧阳修(1007—1072),字永叔,号醉翁,晚年又号六一居士。吉州庐陵(今江西省吉安市)人。宋仁宗天圣八年(1030)进士,累官至翰林学士、枢密副使、参知政事。卒谥文忠。

他是以范仲淹为首的改革派中的一员,正直敢言,曾因此遭到政敌的排斥。晚年不赞成王安石的新法,又趋向于保守。

欧阳修是北宋文坛领袖,反对当时浮靡的文风,提倡以韩愈为代表的古文,并在诗歌方面倡导自然平易的风格,开创了时代新风气,是"唐宋八大家"之一。著有《欧阳文忠公集》《新五代史》等。

朋 党 论

【解题】

宋仁宗于庆历三年(1043)撤免了吕夷简、夏竦等守旧大官,启用了改革派范仲淹、富弼、韩琦等执政,欧阳修当时也任谏官。欧阳修的友人石介作《庆历圣德诗》,对这一任免事项尽情歌颂,称赞范、富等,指责吕、夏等。守旧派借此反诬改革派为"朋党"。为此,欧阳修上书陈情,并写了这篇《朋党论》,进呈皇帝。"朋党"一词,古代使用时往往含有贬义。如《韩非子·孤愤》曾云:"朋党比周以弊主。"《史记·蔡泽列传》载,吴起为楚王立法:"禁朋党以励百姓。"独裁专制政体,最怕臣下团结,因此对"朋党"特别疑忌敏感。夏竦等造舆论指改革派为"朋党",是别有用心的诬陷。但也有人赋予"朋党"以新解,去掉其贬义性质。如宋初诗人王禹偁的《朋党论》一文中声言:"夫朋党之来远矣,自尧舜时有之。八元、八恺,君子之党也;四凶族,小人之党也。"欧阳修即袭用此说,接过政敌作为贬义使用的"朋党",加以新的说明,指出朋党有邪正之分,君子"以同道为朋",小人"以同利为朋",并进一步提出小人不可能结成真正的朋党的论点,肯定了君子结为朋党的正面作用。这在独裁专制时代是有进步意义的。文章运用历代兴亡的事例作为论证,并以正反两方面的对比手法加以说明,条理清晰,说服力强。

　　臣闻朋党之说,自古有之,惟幸人君辨其君子小人而已。大凡君子与君子以同道为朋,小人与小人以同利为朋,此自然之理也。

　　然臣谓小人无朋,惟君子则有之。其故何哉?小人所好者禄利也,所贪者货财也。当其同利之时,暂相党引以为朋者,伪也;及其见利而争先,或利尽而交疏,则反相贼害,虽其兄弟亲戚,不能相保。故臣谓小人无朋,其暂为朋者,伪也。君子则不然,所守者道义,所行者忠信,所惜者名节。以之修身,则同道而相益;以之事国,则同心而共济。终始如一,此君子之朋也。故为人君者,但当退小人之伪朋,用君子之真朋,则天下大治矣。

尧之时,小人共工、驩兜等四人为一朋①,君子八元、八恺十六人为一朋②。舜佐尧,退四凶小人之朋,而进元、恺君子之朋,尧之天下大治。及舜自为天子,而皋、夔、稷、契等二十二人并立于朝③。更相称美,更相推让,凡二十二人为一朋,而舜皆用之,天下亦大治。《书》曰:"纣有臣亿万,惟亿万心;周有臣三千,惟一心④。"纣之时,亿万人各异心,可谓不为朋矣,然纣以亡国。周武王之臣,三千人为一大朋,而周用以兴。后汉献帝时,尽取天下名士囚禁之,目为党人⑤。及黄巾贼起,汉室大乱⑥,后方悔悟,尽解党人而释之,然已无救矣⑦。唐之

----

①　《尚书·舜典》称舜:"流共工于幽州,放驩兜于崇山,窜三苗于三危,殛鲧于羽山。"共工、驩兜、三苗、鲧,古时称为"四凶"。

②　《左传·文公十八年》:"昔高阳氏有才子八人:苍舒、隤(tuí)敳、梼戭、大临、龙(páng)降、庭坚、仲容、叔达,天下之民谓之八恺。高辛氏有才子八人:伯奋、仲堪、叔献、季仲、伯虎、仲熊、叔豹、季狸,天下之民谓之八元。""舜臣尧,举八恺,使主后土","举八元,使布五教于四方"。

③　《史记·五帝本纪》引舜曰:"嗟!女二十有二人。"《集解》以为是皋陶(yáo)、夔(kuí)、后稷、契(xiè)、大禹、工垂,再加上十二牧(州长官)、四岳(大区长官)共二十二人。

④　所引是《尚书·泰誓》的原文。纣,原文作"受",是殷纣王的名字。

⑤　《后汉书·党锢列传》记载,汉桓帝时宦官弄权,迫害朝臣,用"党人"的帽子逮捕当时著名人士数百人。至灵帝时,李膺、范滂等一百多人都死于狱中,各州郡仍有六七百人受到"死、徙、废、禁"的种种迫害。史称之为党锢之祸。本文把桓、灵二帝的史实误称为献帝时事。

⑥　黄巾贼起:后汉灵帝中平元年(184)以张角为首的农民军起义。起义军头裹黄巾为标记,故称为黄巾军。黄巾军共坚持二十多年,后被官军镇压下去。

⑦　据《后汉书·党锢列传》记载,黄巾军起义后,汉灵帝为缓和地主阶级内部矛盾,解除了党人的禁锢。

晚年,渐起朋党之论①。及昭宗时尽杀朝之名士②,或投之黄河,曰:"此辈清流,可投浊流③。"而唐遂亡矣。

夫前世之主,能使人人异心不为朋,莫如纣;能禁绝善人为朋,莫如汉献帝;能诛戮清流之朋,莫如唐昭宗之世:然皆亡其国。更相称美推让而不自疑,莫如舜之二十二臣,舜亦不疑而皆用之。然而后世不诮舜为二十二人朋党所欺,而称舜为聪明之圣者,以能辨君子与小人也。周武之世,举其国之臣三千人共为一朋,自古为朋之多且大,莫如周。然周用此以兴者,善人虽多而不厌也。

嗟呼! 治乱兴亡之迹,为人君者可以鉴矣。

【译文】

臣听说"朋党"的论调,自古就有,但愿君主能分辨清楚他们是君子还是小人就好了。一般是君子和君子因志同道合结为朋党,小人与小人以同谋私利结为朋党,这是自然而然的道理。

但是臣还要说:小人没有什么朋党,只有君子才能有朋党。这是什么缘故呢? 小人所喜好的是俸禄和利益,所贪图

① 指唐代统治后期以牛僧孺为首的牛党和以李德裕为首的李党之间的政治派别斗争。历史上称之为"牛李党争"。
② 据《新五代史·六臣传》记载,天祐二年(905),当时权臣梁王朱全忠将宰臣的大多数杀害于白马驿,并将异己的士大夫都诬为"朋党",贬死者凡数百人,"朝廷为之一空"。
③ 此辈清流,可投浊流:这是朱全忠将宰相裴枢等人投于黄河前,其谋士李振说的话。流,指评价士大夫的流品;清流,指门阀士族。此前,朱全忠曾推荐张廷范为太常卿,裴枢反对,说:"太常卿唐常以清流为之,廷范乃梁客将,不可。"李振即针对此事而说,浊流喻黄河,语涉双关(参见《旧五代史·李振传》)。本文说的是昭宗时事,系作者误记。

的是金钱财物。当他们利益相同的时候,暂时互相勾结而形成所谓朋党,是假的;一到他们见利益而争先攫取,或者利益已抢光了因而交情疏淡之时,就反而互相残害,即使是他们的兄弟亲戚,也不能保持团结。所以臣说,小人没有什么朋党,他们暂时结合的所谓朋党,是虚伪的啊。君子就不这样,他们所坚持的是道义,所履行的是忠信,所珍惜的是名节。用这些来修身,就因志同道合而互相帮助;用它来服务于国家,就因同心同德而共同前进。始终如一,这就是君子的朋党啊。所以为君主的,只应该斥退小人的假朋党,任用君子的真朋党,那么天下就大治了。

唐尧那时候,小人共工、驩兜等四人结为一伙朋党,君子八元、八恺等十六人成为一个朋党。舜辅佐尧,斥退那“四凶”的小人朋党,而提拔这“元、恺”的君子朋党,唐尧的天下从而大治。等到虞舜自己当了天子,而皋陶、夔、后稷、契等二十二人同时列位于朝廷。互相表彰,彼此谦让,他们共二十二人为一个朋党。但是虞舜全都任用他们,天下也从而大治。《尚书》云:“商纣王有臣亿万人,各有异心;周有臣三千人,却只有一条心。”纣王统治时期,亿万人各存异心,可以说是不能结成朋党的了,但是殷纣王因此而亡国。周武王的臣属,三千人团结成一个大朋党,但周朝因此而兴起。后汉献帝在位时期,把全国的著名人士都关押起来,说他们是“党人”。待到黄巾贼起事了,汉王朝大乱了,然后才悔悟,又通通解除党人的禁令而释放了他们,可是国家的命运已经不能挽救了。唐朝的末期,逐渐产生了朋党的议论,到了昭宗在位时,把当朝的著名士大夫都杀害了,有的被投掷到黄河里去,说什么“此辈清流,可投浊流”。但是唐朝也就遂即灭亡了。

那么,前代的君主,能使人人异心不能团结为朋党的,谁也比不上商纣王;能彻底禁止好人结合为朋党的,谁也比不上汉献帝;能杀害清流人士形成的朋党的,谁也比不上唐昭宗那时期:但是都因此使他们的国家混乱、灭亡。互相表彰谦让而不多心自疑的,没有比得上虞舜的二十二位大臣的了,虞舜也毫不猜疑地都任用他们。但是后世并不讥笑虞舜被二十二人的朋党所欺蒙,反而称赞虞舜是聪明的圣王,原因是他能区别君子和小人啊。周武王在位时,把全国所有的臣属三千人团结成一个朋党,自古形成朋党的,人数之多与规模之大的,没有像周朝这样的;然而周朝任用这种朋党所以兴起的缘故,是因为善良的人士纵然再多,也是感到不够的啊。

啊!前代治乱兴亡的经验,为君主的可以作为借鉴了。

纵 囚 论

【解题】

这是一篇史评,评论唐太宗李世民假释死刑囚犯,犯人被释探家后又全部按时返回从而被赦免的史实。历史上某些政治领袖人物常常搞些戏剧性的"功绩"来哗众取宠,借以树立自己的威信。这种行为,必然是急功近利或华而不实的,因而就会弄虚作假,结果事与愿违。李世民虽然是一个治国有成的英明皇帝,但也不免做出这一纵囚图名的事情。这种玩弄权术的伎俩,虽然得逞于一时,但违背了统治阶级的长远利益。欧阳修写了这篇评论,以供当世执政者借鉴。作者首先指出不近人情的措施必然是虚伪的、不能持久的,因而是无益有害的,然后就纵囚一事加以具体分析。文章说理透辟,语言锋利,是评论文章中的佳作。

信义行于君子,刑戮施于小人。刑入于死者,乃罪大恶极,此又小人之尤甚者也。宁以义死,不苟幸生,而视死如归,此又君子之尤难者也。方唐太宗之六年,录大辟囚三百余人,纵使还家,约其自归以就死。是以君子之难能,期小人之尤者以必能也。其囚及期,而卒自归无后者,是君子之所难,而小人之所易也。此岂近于人情哉①?

或曰:罪大恶极,诚小人矣。及施恩德以临之,可使变而为君子。盖恩德入人之深,而移人之速,有如是者矣。曰:太宗之为此,所以求此名也。然安知夫纵之去也,不意其必来以冀免,所以纵之乎? 又安知夫被纵而去也,不意其自归而必获免,所以复来乎? 夫意其必来而纵之,是上贼下之情也;意其必免而复来,是下贼上之心也。吾见上下交相贼以成此名也,乌有所谓施恩德与夫知信义者哉? 不然,太宗施德于天下,于兹六年矣,不能使小人不为极恶大罪;而一日之恩,能使视死如归,而存信义,此又不通之论也。

然则何为而可? 曰:纵而来归,杀之无赦,而又纵之,而又来,则可知为恩德之致尔。然此必无之事也。若夫纵而来归而赦之,可偶一为之尔。若屡为之,则杀人者皆不死,是可为天下之常法乎? 不可为常者,其圣

---

① 《资治通鉴》卷一九四载,唐太宗贞观六年(632)十二月:辛未,帝亲录系囚,见应死者,闵之,纵使还家,期以来秋来就死。仍敕天下死囚,皆纵遣,使至期来京师。同卷七年九月:去岁所纵天下死囚凡三百九十人,无人督师,皆如期自诣朝堂,无一人亡匿者,上皆赦之。按此事白居易新乐府诗曾咏之,有"死囚四百来归狱"之句。

人之法乎？是以尧舜三王之治①，必本于人情，不立异以为高，不逆情以干誉。

【译文】

信义只能推行于君子，刑戮却是施加于小人的。判刑定为死罪的人，乃是罪大恶极的，这更是小人之中最突出的啊。宁肯恪守信义而死，不愿苟且侥幸而生，因而视死如归，这更是君子之中特别难能可贵的啊。当唐太宗即位的第六年，他在处理已判死刑的囚徒三百多人时，释放囚徒还家，并和他们约定要按时自行回来以服死刑。这是拿君子所难能的事，来要求小人中的最坏者必须做到啊。那些犯人到了规定日期，却主动返回而且连个迟到的也没有。这是君子所难于办到的，却成了小人很容易做到的了。这难道是近乎人之常情的吗？

也许有人说：他们罪大恶极，诚然是小人。当施加恩德来对待他们，就可以使他们变成君子。恩德深入人心，从而改造人也很快，像这种情况也是有的呀。我们说：唐太宗之所以这样做，正是想得到这种以恩德感化人的好名声啊。但是哪里会知道释放他们出去，不是料定了他们准会回来以便希求赦免，因此才释放的呢？又哪里会知道这些被放出的人，不是料定了通过这个自动返回的行动必然会获得赦免，因此才返回的呢？这种料定囚犯必然会回来而释放他们，是在上位之人窥探到了下边的隐情；判定朝廷必然会赦免才返回，是下边的囚犯窃得了上边的意图。我们所看到的只是上下互相暗自算计，用来达成这样的名誉，怎么会有所谓施恩

---

① 三王：夏禹王、商汤王、周文王及武王。儒家以二帝（尧、舜）三王作为帝王的模范。

德和讲信义的呢？不然的话,唐太宗施行德政于全国,到这时已经六年了,尚不能使小人不犯极恶大罪,难道以一日的恩惠,竟能使他们视死如归,而肯保持信义,这更是不通的论调了。

那么怎样处理才好呢？我们说:确定释放后而返回者,照旧杀之无赦。然后再释放一批,而他们又能返回时,这就可以知道真是因施行恩德而导致如此了。然而这是必定不会有的事情啊。况且因释放后而返回就赦免他们,只可以偶尔办一次罢了,如果屡次照办,那么凡杀人者都不服死刑,这可以作为治理国家的常法吗？不可作为经常执行的,这能是圣人的法规吗？正因如此,尧、舜和夏、商、周三王的治国方略,必然以合乎人情为根据,不会标新立异以为高明,更不会违背情理来沽名钓誉。

释秘演诗集序①

【解题】

秘演虽是和尚,但他出家为僧是不肯与当世官僚士绅同流合污,并非笃信宗教。据《湘山野录》记载,苏子美赠秘演诗有句为"卖药得钱只沽酒,一饮数斗犹惺惺",秘演将此句涂抹去,向苏说:"吾不能断荤酒,为浮屠罪人,何堪更为君诗所暴?"可见他并不认真遵守佛教戒律。欧阳修此序,正是强调了他这一点,称他是"隐于浮屠"的奇男子,说他属于"智谋雄伟非常之士",但和石曼卿一样,"时人不能用其材",屡

---

① 释秘演:释是佛教开创者释迦牟尼的简称。《高僧传》载,东晋著名僧人道安"以大师之本,莫尊释迦,乃以释命氏",自称释道安。从此以后,和尚尼姑开始用释作为姓氏。秘演是和尚,所以称之为"释秘演"。秘演诗集,《宋史·艺文志》著录为:"僧秘演诗集二卷。"今不传。

次写他"无所合""无所用""漠然无所向",只能写诗来寄托其未酬之壮志。作者特意写秘演和他志同道合的好友石曼卿的交游,一方面衬托出秘演的傲岸违俗的性格,另一方面体现了当时怀才不遇的不止秘演一人。文章正面表达了对秘演等人的遭遇的深切同情,又饱含着对统治者压抑人才的强烈不满。文笔婉而多讽,含蓄不尽。

　　予少以进士游京师,因得尽交当世之贤豪。然犹以谓国家臣一四海,休兵革,养息天下以无事者四十年①,而智谋雄伟非常之士,无所用其能者,往往伏而不出,山林屠贩,必有老死而世莫见者,欲从而求之不可得。其后得吾亡友石曼卿②。

　　曼卿为人,廓然有大志,时人不能用其材,曼卿亦不屈以求合。无所放其意,则往往从布衣野老酣嬉,淋漓颠倒而不厌。予疑所谓伏而不见者,庶几狎而得之,故尝喜从曼卿游,欲因以阴求天下奇士。

　　浮屠秘演者③,与曼卿交最久,亦能遗外世俗,以气节自高。二人欢然无所间。曼卿隐于酒,秘演隐于浮屠,皆奇男子也。然喜为歌诗以自娱,当其极饮大醉,歌吟笑呼,以适天下之乐,何其壮也! 一时贤士,皆愿从其

----

　　①　欧阳修以天圣八年(1030)举进士,距宋太宗统一全国时的淳化初年(淳化元年为990年)约四十年。
　　②　石延年,字曼卿,参见本书卷十《祭石曼卿文》。
　　③　浮屠:梵文佛陀(Buddha)的旧译,也写作浮图。佛教徒称为浮屠氏,佛经称为浮屠经。另外,佛塔亦称浮屠(图),是窣堵波的误译。

游①，予亦时至其室。十年之间，秘演北渡河②，东之济、郓③，无所合，困而归，曼卿已死，秘演亦老病。嗟夫！二人者，予乃见其盛衰，则予亦将老矣。

夫曼卿诗辞清绝，尤称秘演之作，以为雅健有诗人之意④。秘演状貌雄杰，其胸中浩然，既习于佛，无所用，独其诗可行于世。而懒不自惜，已老，胠其橐⑤，尚得三四百篇，皆可喜者。

曼卿死，秘演漠然无所向。闻东南多山水，其巅崖崛嵂⑥，江涛汹涌，甚可壮也，遂欲往游焉。足以知其老而志在也。于其将行，为叙其诗，因道其盛时以悲其衰⑦。

【译文】

我年轻时因举进士旅居于京城，所以能结交遍了当时的贤达和权威人士。不过我还是以为国家臣服统一了四海，消弭了兵甲战争，在没有动乱的情况下休养生息了四十年，而智谋雄伟的不平凡的人士，没有机会施展其才能，往往隐居而不出，或隐居于山林，或藏迹于屠贩之中，必然会有直至老

---

①　皆愿从其游：除欧阳修、石曼卿外，苏舜钦（子美）有赠秘演的诗篇，尹洙（师鲁）也曾为秘演诗集作序。这些人在政治上都属于以范仲淹为代表的改革派。

②　河：专有名词，古代称黄河为河。

③　济：济州，其治所在今山东省巨野县南。郓（yùn）：郓州，其治所在今山东省东平县。

④　有诗人之意：此处之"诗人"，古代常指《诗经》三百篇的作者们，引申为"典范的诗人"之意。

⑤　胠（qū）：打开。橐（tuó）：盛物的囊袋，引申为箱箧。

⑥　崛嵂（jué lù）：山形高峻。

⑦　《欧阳文忠公集》中原文末有"庆历二年十二月二十八日，庐陵欧阳修序"文句。庆历二年（1042），当时欧阳修三十六岁，在京城任官。

死而不被社会所发现的,很想从这方面去访求他们,可是没有寻找到。后来终于找到了我的亡友石曼卿。

曼卿的为人,是豁达而有大志的,当代人不能使用他的才能,曼卿也不肯委屈自己去迁就世俗。既没有地方来抒发自己的心意,就往往跟布衣平民和村野父老们饮酒作乐,即使尽情酣醉颠倒也不厌倦。我猜想所谓隐避而不被发现的人,有可能会在一块儿混熟之后就可以找得到,所以我经常喜欢和曼卿来往,想借此暗中寻求天下奇士。

和尚秘演和曼卿交游最久,也是能够抛弃世俗,以崇尚气节自守清高的。两个人融洽相处毫无隔阂。曼卿寄隐于饮酒,秘演寄隐于佛教,都是奇男子啊。而且都喜欢创作诗歌来供自己欣赏。当他们饮酒过量而大醉,又歌唱又吟诵,也欢笑也呼喊,自以为享受到天下最大的欢乐,是多么豪迈啊!当时的贤能人士都愿意和他俩交往,我也常常到他们的住处去。十年之间,秘演曾北过黄河,东到济州、郓州,却没有遇到志同道合的人,穷困而归。现在曼卿已经死去了,秘演又衰老有病。唉!这两个人,我竟能眼看着他们从壮年以至衰老,那么我也将要衰老了吧。

曼卿的诗篇清妙极了,然而他尤其称道秘演的作品,认为典雅劲健,富有古典诗人的意味。秘演相貌雄伟俊杰,他的胸怀又开阔广大,既是做了和尚,也就无从发挥其作用,只有他的诗歌可以流传在社会上。可是他懒散不自己爱惜,已经晚年了,打开他的箱子,还能得到三四百篇,都是值得欣赏的佳作。

曼卿死后,秘演落寞凄凉,没有地方可以投奔。听说东南地区多山水名胜,那儿高峰悬崖峭拔险峻,大江波涛汹涌,壮丽得很,于是准备到那儿游览。通过这点,就充分理解他人虽衰老但壮志犹存啊。在他临走时,我为他的诗集作此序言,因而谈起他的盛壮时期,并且惋惜他的衰老。

卷十

梅圣俞诗集序①

【解题】

　　梅尧臣,字圣俞,是宋代著名诗人,他和欧阳修在文坛上同样反对排比辞藻、无病呻吟的西昆派。欧阳修在诗歌写作上也深受梅圣俞的影响,两人是志同道合的。这篇序言着重说明了诗歌创作和生活实践的关系,认为并非写诗能使作者穷困,而是穷困使诗人对生活了解得更深切,诗人才能写出好诗来。"穷而后工"的说法是本文首先提出的,成为后世的一个成语,这在封建时代不失为一种深刻的见解。但本文又惋惜梅圣俞没有显达于朝廷,未能施展其才能为王朝歌功颂德,与前一论点自相矛盾。作者显然一方面借此表达为诗人生活着想,愿其富贵利达,另一方面为诗歌成就着想,认为穷而后工。这种矛盾,是作者当时所解决不了的,但也正因为如此,才能使文章写得"低昂顿挫,一往情深",成为一篇情文并茂之作。

　　予闻世谓诗人少达而多穷,夫岂然哉?盖世所传诗者,多出于古穷人之辞也。凡士之蕴其所有,而不得施于世者,多自喜放于山巅水涯之外,见虫鱼草木、风云鸟兽之状类,往往探其奇怪;内有忧思感愤之郁积,其兴于

---

　　① 梅尧臣(1002—1060),字圣俞,宣城(今安徽省宣城市)人,仕至都官员外郎。晚年曾参与编修《新唐书》。圣俞在诗歌上与苏舜钦齐名,号称"梅苏"。《宋诗钞》引龚啸云:"去浮靡之习于昆体极弊之际,存古淡之道于诸大家未起之先。"恰当地指出梅氏是宋代散文化诗风的开山者之一。著有《宛陵先生文集》,今存。

怨刺,以道羁臣寡妇之所叹,而写人情之难言。盖愈穷
则愈工。然则非诗之能穷人,殆穷者而后工也。

　　予友梅圣俞,少以荫补为吏①,累举进士,辄抑于有
司,困于州县,凡十余年。年今五十,犹从辟书,为人之
佐②,郁其所蓄,不得奋见于事业。其家宛陵③,幼习于
诗,自为童子,出语已惊其长老。既长,学乎六经仁义之
说④,其为文章,简古纯粹,不求苟悦于世,世之人徒知其
诗而已。然时无贤愚,语诗者必求之圣俞;圣俞亦自以
其不得志者,乐于诗而发之,故其平生所作,于诗尤多。
世既知之矣,而未有荐于上者。昔王文康公尝见而叹
曰⑤:"二百年无此作矣!"虽知之深,亦不果荐也。若使
其幸得用于朝廷,作为雅、颂,以歌咏大宋之功德,荐之
清庙⑥,而追商、周、鲁颂之作者⑦,岂不伟欤! 奈何使其
老不得志,而为穷者之诗,乃徒发于虫鱼物类、羁愁感叹
之言? 世徒喜其工,不知其穷之久而将老也! 可不

---

　　①　荫补为吏:宋代官员按品级享有子弟受封官职的特权,称为荫
子。欧阳修《梅圣俞墓志铭》载,圣俞的从父梅询"以仕显",故"以从父
荫补太庙斋郎,历相城、河南、河阳三县主簿"。吏,一般指低级官员。主
簿是知县的下属,故称"为吏"。

　　②　辟(bì)书:聘请书。从辟书,指接受某部门的长官的聘任,不是
朝廷直接任命的官职。据欧阳修《梅圣俞墓志铭》记载,他除任县主簿
外,还任过监盐税、监仓、签署节度判官等官职,都是辅佐职务,所以是
"为人之佐"。

　　③　宛陵:今安徽省宣城市。

　　④　六经:古人以《诗经》《尚书》《礼记》《周易》《乐经》《春秋》为
"六经"。据说《乐经》已佚失。"六经"一词,一般泛指儒家的经典著作。

　　⑤　王文康公:王曙,字晦叔,河南(今河南省洛阳市)人。宋仁宗时
任枢密使、同中书门外平章事(相当于宰相),死后谥为"文康"。他生前
曾荐举过欧阳修、尹洙等。

　　⑥　荐:这里是"奉献"的意思。清庙:帝王宗庙。

　　⑦　《诗经》的颂,包括商颂、周颂、鲁颂三部分。

惜哉！

圣俞诗既多，不自收拾。其妻之兄子谢景初，惧其多而易失也，取其自洛阳至于吴兴以来所作①，次为十卷。予尝嗜圣俞诗，而患不能尽得之，遽喜谢氏之能类次也，辄序而藏之。

其后十五年，圣俞以疾卒于京师，余既哭而铭之，因索于其家，得其遗稿千余篇，并旧所藏，掇其尤者六百七十七篇，为一十五卷。呜呼！吾于圣俞诗论之详矣②，故不复云。

【译文】

我听到社会上谈论：诗人的境遇顺利的少，穷困的多。难道真的是这样吗？可能是世间留传下来的诗歌，大都是出于自古以来的穷困人士的作品吧。在一般情况下，大凡士人中蕴怀着相当才智而又不能施展于社会的，大都乐意使自己放浪在山头、水边这种尘世之外的地方，遇见虫鱼草木、风云鸟兽等类的自然事物，往往探索它们奇特怪异的意境，而内心又有忧愁感慨愤激的郁积，当他兴发起哀怨讽刺的欲望而创作，来宣泄流放的臣子或寡妇的那种慨叹，从而就能表达出一般人所难于言传的感受来。很可能是越穷困就越能写出好的作品来。那么，不是写诗使人穷困的，应该是因为穷困了，然后才能把诗写得很好吧。

我的朋友梅圣俞，年轻时由于上辈任官，得以荫袭补受下级官吏，虽屡次被举荐进士，但老是被有关部门压抑，困顿在外州外县十多年。如今年纪五十岁了，尚且靠着人家下聘

---

① 吴兴：今浙江省湖州市吴兴区。

② 欧阳修在他的《六一诗话》和《书梅圣俞诗稿后》等文中多次评论梅圣俞的诗作。

书,当个帮办人员。素来蓄有的才能只得郁积冻结,不得奋起而表现在事业上。他的家乡是宛陵,幼年就学习诗歌,当还是一个儿童时,写出诗句来就已使父老长辈们惊异。长大了,学习了六经仁义的学说之后,他写的文章简古纯粹,不苟且迎合社会风气以求得人们的喜爱,世人不过知道他的诗罢了。但是当代人士不论贤愚,谈论诗歌的必然求教于圣俞;圣俞也乐于把自己所以不得志的感受通过诗歌创作来表达,因此他平生所作,诗歌写得尤其多。他在社会上已经很知名了,但是没有向朝廷推荐他的。先前王文康公曾看到他的诗篇而慨叹地说:"二百年来没有这样的好作品啦!"虽然相知是很深厚的,结果还是没有来得及推荐。如果使他有幸得到朝廷的任用,得以写作像《雅》《颂》那样的作品,来歌颂大宋皇朝的功业恩德,奉献给皇家宗庙,可以媲美于商颂、周颂、鲁颂的作者们,岂不是很伟大的吗!怎么会使他到老也不得志,反而写穷困者诗歌,只能单单抒发感情于虫鱼等类的事物,来写些困于偏远地区的忧愁感叹的诗句呢?世间只知道喜爱他诗篇的优美,不知道作者却长久穷困而且将要衰老了呢。能不令人惋惜吗!

圣俞的诗篇虽多,自己却不注意收拾保存。他的内侄谢景初恐怕它们太多了容易散失,选取他自洛阳到移居吴兴以来的作品,编排为十卷。我曾经嗜好圣俞的诗,可是担心不能全部得到,很高兴谢氏能分类编辑,立刻就写了这篇序言而保存起来了。

自那以后又过了十五年,圣俞因病逝世于京城,我哀痛地为他写了墓志铭,又向他家索求,得到他的遗稿一千余篇,加上从前所保存的,统共选择其中最好的计六百七十七篇,编为十五卷。唉!我对圣俞的诗歌已经评论得很详细了,所以不再多说了。

送杨寘序

【解题】

　　这是欧阳修为杨寘送行写的赠言。杨寘是个失意的人，作者建议他学弹琴以自慰。欧阳修认为音乐能宣泄、调剂感情，使人在精神上得到均衡、和谐。文艺有陶冶性情的作用，为我国历代学者所公认。本篇把这一作用说得更具体，说服力也就更强了。

　　予尝有幽忧之疾，退而闲居，不能治也。既而学琴于友人孙道滋，受宫声数引①，久而乐之，不知其疾之在体也。

　　夫琴之为技小矣，及其至也，大者为宫，细者为羽②，操弦骤作，忽然变之，急者悽然以促，缓者舒然以和。如崩崖裂石，高山出泉，而风雨夜至也；如怨夫寡妇之叹息，雌雄雍雍之相鸣也。其忧思深远，则舜与文王、孔子

---

　　①　宫声数引：我国古代乐律以宫、商、角、徵、羽五音形成一个五声音阶。这里"宫声"泛指声调。引，《初学记》引《琴操》云：古琴曲有诗歌五曲，又有十二操，又有九引，"一曰《烈女引》，二曰《伯妃引》，三曰……"曲、操、引，都是乐曲的名称。

　　②　五音的音高，按排列次序以宫声最低，羽声最高；但从音声的粗细而言，则宫声粗大，羽声尖细。这里，用五音的首尾两音"宫、羽"以概括五音阶的全部。

之遗音也①；悲愁感愤，则伯奇孤子、屈原忠臣之所叹也②。喜怒哀乐，动人必深；而纯古淡泊，与夫尧舜三代之言语③、孔子之文章④、《易》之忧患⑤、《诗》之怨刺无以异⑥。其能听之以耳，应之以手。取其和者，道其湮郁，写其幽思，则感人之际，亦有至者焉。

予友杨君，好学有文。累以进士举，不得志。及从荫调⑦，为尉于剑浦⑧。区区在东南数千里外，是其心固有不平者，且少又多疾，而南方少医药，风俗饮食异宜。以多疾之体，有不平之心，居异宜之俗，其能郁郁以久乎？然欲平其心以养其疾，于琴亦将有得焉。故予作琴说以赠其行，且邀道滋，酌酒进琴以为别。

---

① 相传大舜喜欢弹琴，《尚书大传》："舜弹五弦之琴，歌《南风》之诗，而天下大治。"据《琴操》所记，周文王被殷纣王囚禁于羑里，作《拘幽操》；孔子曾作《将归操》《猗兰操》《龟山操》。《风俗通义》说："凡琴曲，和乐而作，命之曰畅；忧愁而作，命之曰操。"传说周文王、孔子所作琴曲，都命名为操，当即是所谓"忧愁之作"。

② 《初学记》卷二引《琴操》云，尹吉甫的儿子名伯奇，吉甫听后妻之言，逐伯奇。伯奇清晨践霜而行，自怨无罪见逐，遂弹琴作《履霜操》。

③ 指《尚书》。《尚书》按虞书、夏书、商书、周书四部分编排，正是著录了尧、舜和夏、商、周三代的典、谟、训、诰。

④ 指《春秋》。相传孔子作《春秋》。据《孟子》载，孔子以为《春秋》的写作是天子之事，他来写是不得已而为之的。

⑤ 指《周易》。《周易·系辞下》云："作《易》者岂有忧患乎？"又云："《易》之兴也……当文王与纣之事邪？"相传周文王被纣囚困于羑里时，演《易》，并作《象辞》。

⑥ 指《诗经》。《毛诗·大序》云："乱世之音怨以怒。"又云："上以风化下，下以风刺上。"司马迁《太史公自序》："《诗》三百篇，大抵圣贤发愤之所为作也。"

⑦ 参见本篇"宫声数引"注释。

⑧ 剑浦：今福建省南平市。

【译文】

我曾患过内心抑郁忧伤的疾病,回家闲住静养,还是不能治疗好。其后,跟着友人孙道滋学习弹琴,学会了几个乐曲,久而久之也就更加喜爱它,竟然不觉得那疾病在身了。

说起琴来,这种技艺是很小的,但达到最高水平时,从最低的宫音,到最高的羽音,一旦弹拨琴弦演奏起来,就会迅速地出现变化多端的情态。快拍子凄惶而急促,慢拍子舒展而缓和。宛如悬崖崩塌顽石震裂,从高高的山峰上涌泻出清泉,好像是大风急雨在深夜里忽然而至;宛如那伤心的男子或寡居的妇女的叹息,又如那雌雄鸟儿在鸣唱起嘤嘤的和声。那种忧伤的深广和思虑的遥远,则是大舜、周文王和孔子留传下来的乐章;那种悲愁感愤的激情,则又是那孤子伯奇和忠臣屈原所哀叹的声音啊。喜怒哀乐的激情,感动人诚然是很深的;然而纯真、质朴、淡泊的情调,却和那《尚书》记载的尧、舜和夏、商、周三代的言语,孔子所写的文章,《周易》忧患的内涵,以及《诗经》的哀怨讽刺等都是并无二致的。倘若能聆听在耳中,应其声而弹奏于手上,选取那与自己心情相和谐的,以疏导自己的抑郁之情,宣泄自己孤寂的忧思,那么当感触于人心的当下,也会获得人生真谛的吧。

我的朋友杨君,好学习而有文采,屡次被荐举应考进士,都不能如愿。当按照荫补的规定被调遣时,却被任命为县尉派往剑浦去,小小的地方又处在东南数千里地之外,这样他的心情自然会不平衡,并且他从年轻时就多病,而南方又少医缺药,风俗、饮食也因不一样而不适宜。他以多病的身体,怀抱着不平之心,而又居住在风俗不适宜的地方,怎能郁郁寡欢地而持久下去呢?不过,要想平复他的心情来疗养他的疾病,琴艺也许将使他有所裨益吧。所以我写下了关于琴的见解作为赠言来给他送行,并且邀请了道滋,一块儿饮酒,还奏演了琴曲以作为临别纪念。

五代史伶官传序

【解题】

　　《新五代史》共七十四卷,记载了自后梁开平元年(907)至后周显德七年(960)共五十三年的历史。所谓五代,指唐朝崩溃后在中原相继建立更替的后梁、后唐、后晋、后汉、后周五个王朝。《新五代史》原名《五代史记》,因区别于宋初薛居正著的《五代史》,习称为《新五代史》。伶官,指宫廷中的文娱供奉人员。后唐庄宗李存勖(xù)宠用伶官,使他们担任政府官职,结果败政乱国,欧阳修因此专门写了这篇传记。本文是节选《伶官传》开头的导论,因此,改题为《伶官传序》。

　　本文一开始就提出很精辟的论点:盛衰之理,主要决定于人事。然后运用例证、对比、古训等方式来推论,层层深入,不仅充分表达了主题,而且加强了说服力。文章以高屋建瓴之势,使用抑扬顿挫的语调,笔端饱蘸着无限感慨,因而感染力强,成为历来传诵的佳作。

　　呜呼!盛衰之理,虽曰天命,岂非人事哉?原庄宗之所以得天下①,与其所以失之者,可以知之矣。

　　世言晋王之将终也②,以三矢赐庄宗而告之曰:

---

　　①　庄宗:后唐庄宗李存勖,后唐的第一代皇帝,本为西域突厥族,世为沙陀部酋长。其父李克用据有今山西省、河北省西部一带地区,唐朝封之为晋王。李存勖继位之后,灭了后梁,建立后唐称帝,定都于洛阳。他称帝之后,骄傲自满,沉溺于宫廷娱乐享受,选美女,重用伶官,甚至自己参加演出,自定艺名为"李天下",以致怨声载道,兵变迭起。后来伶官郭从谦(艺名郭门高)等叛乱,庄宗被杀。
　　②　晋王:后唐庄宗之父李克用。

"梁,吾仇也①;燕王,吾所立②;契丹,与吾约为兄弟,而背晋以归梁③。此三者,吾遗恨也。与尔三矢,尔其无忘乃父之志。"庄宗受而藏之于庙④。其后用兵,则遣从事以一少牢告庙⑤,请其矢,盛以锦囊,负而前驱,及凯旋而纳之。

方其系燕父子以组⑥,函梁君臣之首⑦,入于太庙,还矢先王,而告以成功,其意气之盛,可谓壮哉! 及仇雠已灭,天下已定,一夫夜呼,乱者四应,仓皇东出,未见贼而士卒离散。君臣相顾,不知所归,至于誓天断发,泣下沾襟⑧,何其衰也! 岂得之难而失之易欤? 抑

① 梁:指梁太祖朱温(全忠),后梁第一代皇帝。他称帝前和李克用同受唐朝的封爵,为了争权夺势,有一次朱温在开封宴请李克用,企图杀害之,李克用逃脱。后因争河北地,梁军一度进攻太原,因此两方结仇。

② 燕王:指刘守光。其父刘仁恭曾被李克用保荐为唐朝的幽州卢龙(今河北省北部)节度使,后来双方产生矛盾,李克用曾亲往侵伐,大败而归。此后刘仁恭依附于梁朝。克用死后,刘守光囚父自立,始称燕帝。

③ 契丹:我国古代东北地区少数民族。唐末,其酋长耶律阿保机统一其邻近部落,开始强大。李克用曾联合阿保机,共同攻击朱温,但后来阿保机背盟,反而附于朱温建立的梁朝。李存勖即位后,三次打败契丹,将其逐出幽州北境。

④ 庙:太庙,帝王祭祀祖宗的宗庙。

⑤ 从事:政府长官下属的职事人员。少牢:祭品的名称,是仅次于"太牢"(用牛、羊、猪三牲)的隆重祭品,用羊、猪二牲。

⑥ 燕父子:刘仁恭和刘守光。组:绳子。天祐九年(912),晋王李存勖派兵攻破幽州,生俘刘仁恭,并追捕了逃至沧州的刘守光。天祐十一年他俩被械送太原,缚献于李存勖之宗庙。

⑦ 函:指装在匣子里。梁君臣:指后梁末帝朱友贞和其臣僚皇甫麟等。同光元年(923)李存勖攻破后梁首都开封,朱友贞等自杀,后被砍下头颅放在匣中。

⑧ 庄宗同光四年(926),贝州(今属河北省)兵变,并进攻邺都(今属河北省),守城的伶官史彦琼弃城逃归洛阳,庄宗率兵镇压,而其部下李嗣源却自立为皇帝。唐庄宗仓皇东奔,其时,同行部将元行钦等向庄宗断发明志,向其表忠心,君臣相对哭泣于道。

本其成败之迹,而皆自于人欤?

《书》曰:"满招损,谦得益①。"忧劳可以兴国,逸豫可以亡身,自然之理也。故方其盛也,举天下之豪杰,莫能与之争;及其衰也,数十伶人困之,而身死国灭,为天下笑②。夫祸患常积于忽微,而智勇多困于所溺,岂独伶人也哉!

【译文】

啊!昌盛与衰败的道理,虽说是由于天命,难道不是与人事有关吗?探求唐庄宗之所以获得天下及其所以失去的缘故,就可以明白这个道理了。

人们传说晋王将要逝世的时候,拿了三支箭赐给庄宗,并且嘱告他说:"梁朝是我的仇家,燕王是我扶持起来的,契丹曾和我们相约为兄弟之邦,却都背叛了咱们晋家而归顺了梁朝。这三项,是我来不及解决的遗憾之事啊!给你这三支箭,你不要忘记你父亲的心愿。"庄宗接受了并把箭收藏在太庙里。其后出兵作战,就派遣办事人员用一副少牢供献并祷告于太庙,请出那收藏的箭来,用锦囊盛着,肩背着它走在队列的前面。等到胜利归来后,再把箭纳还在太庙里。

当着他用绳子捆绑起燕王父子,用匣子盛着梁朝君臣的头颅送进太庙,纳还那箭于先王而以胜利祭告时,那意气的旺盛可以说是很雄壮的了!待到仇敌已消灭,天下已经平定,仅仅一个人在夜间呐喊,叛乱者就四下里响应,闹得

---

①　"满招损,谦得益":《古文尚书》所收的晋人伪作的《大禹谟》中的话。原文"得"作"受"。

②　同光四年(926),伶人郭从谦等叛变,李存勖被流箭射死。李嗣源继位,是为唐明宗。但李嗣源是李克用的养子,又是篡位,从封建观点看来,庄宗是"身死国灭"的。

慌慌张张向东逃出，还没碰见乱贼而官兵们就离散了。君臣们互相瞧着，不知道投奔到哪里是好，以至于对天发誓，剪断头发，眼泪沾湿了衣裳，又是何等衰颓啊！难道说仅仅是"获得艰难而失掉容易"这一常说的道理吗？还是应根据其成败事迹加以探讨，其实是出自人为的缘故呢？

《尚书》说："自满会招来损失，谦虚能得到增益。"警惕与勤劳可以振兴国家，安逸和享乐可以丧失性命，这是自然的道理。因此当他强盛时，所有天下的豪杰，没有竞争得过他的；等他衰颓时，只几十个优伶围困他，就会使他丧命亡国而被全天下所讥笑。由此可见，祸患的发生常常是在一些小事上积累起来的，聪明勇敢的人反而大都在自己所沉迷的嗜好中受到困厄，难道仅仅是由于优伶的关系吗！

五代史宦者传论

【解题】

本篇是节选《新五代史·宦者传》后部评论的一段。封建帝王为了牢牢把持政权，加强独裁统治，往往对于属下的文官武将也加以猜忌，于是宠信自己的妻妾和外戚，或是信任宫廷奴仆——宦官。这样，势必使自己越来越孤立，以致因此而弄得国破身亡。封建文人称这种情况为"宦妇之祸"。究其缘故，是在于独裁者的极端自私心理，以为妻妾是自己的眷属，理应忠于自己；而宦官是生理致残的奴隶，为社会卑视，在当时习俗下不可能篡位当皇帝，因此信赖他们。所谓"宦妇"并不应承担祸乱的主要责任，欧阳修是封建文人，当然不愿也不能理解或指明这一点。因此，本文的立论就有一定的片面性。

自古宦者乱人之国①,其源深于女祸②。女,色而已,宦者之害,非一端也。

盖其用事也近而习,其为心也专而忍。能以小善中人之意,小信固人之心,使人主必信而亲之。待其已信,然后惧以祸福而把持之。虽有忠臣硕士列于朝廷,而人主以为去己疏远,不若起居饮食、前后左右之亲为可恃也。故前后左右者日益亲,则忠臣硕士日益疏,而人主之势日益孤。势孤,则惧祸之心日益切,而把持者日益牢。安危出其喜怒,祸患伏于帷闼③,则向之所谓可恃者,乃所以为患也。患已深而觉之,欲与疏远之臣图左右之亲近,缓之则养祸而益深,急之则挟人主以为质。虽有圣智,不能与谋。谋之而不可为,为之而不可成;至其甚,则俱伤而两败。故其大者亡国,其次亡身;而使奸豪得借以为资而起,至抉其种类,尽杀以快天下之心而后已④。此前史所载宦者之祸常如此者,非一世也。

夫为人主者,非欲养祸于内,而疏忠臣硕士于外,盖其渐积而势使之然也。夫女色之惑,不幸而不悟,则祸斯及矣;使其一悟,捽而去之可也⑤。宦者之为祸,虽欲

---

① 宦者:古代宫廷奴隶,为男子阉割而丧失其性功能者。他们在宫中也有品级和职位,最高级者称为"太监",后来成为所有宦者的通俗称呼,也称"宦官"。

② 女祸:在男性为中心的古代,女子被认为不应参与政治,如果女子参政造成祸乱,就称之为"女祸"。

③ 帷闼(tà):此指内室。帷,帐幕。闼,门。

④ 我国历史上有多次因宦官与朝臣(或者加上外戚)争夺把持皇帝的控制权而造成祸乱的记载。宦官失败甚至被其政敌全部捕杀的情况也有发生,如汉末的董卓、唐末的朱温都曾大批屠杀宦官。

⑤ 捽(zuó):揪出。

悔悟，而势有不得而去也：唐昭宗之事是已①。故曰"深于女祸"者，谓此也。可不戒哉？

【译文】

　　自古以来，宦官败乱国家，那本源是比妇女造成的祸害还要深得多的。妇女，单靠着美貌来取宠罢了，但宦官的危害，可不单单是一个方面啊。

　　由于他们的差使是亲近君主又亲密的，他们的处心是专一而能忍耐的，所以就能用些小小的良好表现使人满意，用些小小的忠诚姿态来巩固人们对他的信任，于是就使帝王必然信任而亲近他们。等到帝王已经信任他们了，然后就用祸福利害的说法来恐吓并从而把持帝王。虽然有忠臣贤士列位于朝廷，但是帝王认为距离自己较疏远，不如那些在起居饮食的日常生活中、在自己前后左右的人亲近。所以对前后左右的人一天天地越加亲近，那么忠臣贤士就一天比一天更为疏远，因而使帝王一天比一天孤立起来。处境越孤单，那么恐惧祸患的心理就越来越迫切，从而使把持帝王的人的地位越来越牢固。于是帝王的安危则决定于宦官的喜怒了，祸患就潜伏在宫廷的帐幔和门户之内了。那么，过去所谓可依靠的，却正是祸患的根源啊。待到危害已深才觉察到时，要想和疏远的朝臣来图谋除掉在身边左右的亲信，如果缓办呢，则纵容祸患越来越深；若操之过急，那就会被宦官劫持皇帝当作人质。虽然有圣人智士，也没法替他出谋划策。即使策划了也不可能实行，如能实行的话也不可能成功，弄到严重地步，就只能搞得两败俱伤。所

---

　　①　唐昭宗时，宦官刘季述作乱，曾囚禁昭宗。刘失败而死后，宦官照样把持皇帝，于是宰相崔胤外结梁王朱温以诛杀宦官。《宦者传》载："梁王悉诛唐宦者第五可范等七百余人，其在外者，悉诏天下捕杀之。"

以,危害大的就要亡国,其次也会害死自身,而且还能促使奸猾有势的达官贵人以此为理由而起事,以至于挖尽了宦官同类,通通杀绝了来使天下人心大快才算了结。这就是前代历史所记载的经常发生的宦官的祸乱,这可不是一世一代的事啊。

看来,当帝王的并非愿意培养祸害于宫廷之内,疏远忠臣贤士于朝廷之外,是逐渐积累起来的态势迫使他这样的啊。至于妇女美貌的诱惑,如果不幸一直不觉悟的话,那么祸患就来临了;如果他一旦觉悟,揪出她来遣散掉就行了。但是宦官的祸患,虽然想要悔悟,那处境却有不能去掉他们的难处啊。唐昭宗的情况就是这样的。所以我们说的"宦官危害比女色深",就是指此而说的。难道不应该以此为戒吗?

相州昼锦堂记

【解题】

从当时的风习来说,这本应是一篇歌功颂德的应酬文字。为宰相韩琦修建的一所厅堂作记,本来没有什么可说的,但是作者抓住"昼锦"这一名称来做文章,进一步指出人们不应该以"衣锦还乡"为荣,而且又分辩说连厅堂的兴建者和题名者的韩琦也没有"为荣"的意思。这在表面上是替韩琦说话,但实际是婉而多讽,借此向韩琦提出应以治国平天下为己任的严正要求。本篇说明欧阳修的为人不是一味地阿谀权贵,还是比较正直敢言的。文章写得回翔跌宕,含蓄隽永,是历来公认的名篇。

仕宦而至将相,富贵而归故乡。此人情之所荣,而今昔之所同也。

　　盖士方穷时，困厄闾里，庸人孺子，皆得易而侮之，若季子不礼于其嫂①，买臣见弃于其妻②。一旦高车驷马，旗旄导前，而骑卒拥后，夹道之人，相与骈肩累迹，瞻望咨嗟；而所谓庸夫愚妇者，奔走骇汗，羞愧俯伏，以自悔罪于车尘马足之间。此一介之士，得志于当时，而意气之盛，昔人比之衣锦之荣者也③。

　　惟大丞相魏国公则不然④。公，相人也，世有令德，为时名卿。自公少时，已擢高科，登显仕。海内之士，闻下风而望余光者，盖亦有年矣。所谓将相而富贵，皆公所宜素有；非如穷厄之人侥幸得志于一时，出于庸夫愚妇之不意，以惊骇而夸耀之也。然则高牙大纛⑤，不足为公荣；桓圭衮裳⑥，不足为公贵。惟德被生民，而功施社稷，勒之金石，播之声诗，以耀后世而垂无穷，此公之志，而士亦以此望于公也。岂止夸一时而荣一乡哉？

---

　　①　战国时洛阳人苏秦，字季子。参阅本书卷四《苏秦以连横说秦》。

　　②　朱买臣，西汉会稽（今浙江省绍兴市）人。家贫，好读书，伐木卖柴为生。其妻嫌买臣贫穷与之离婚再嫁。后来，买臣当了官，汉武帝任命他为会稽太守，并对他说："富贵不归故乡，如衣绣夜行，今子何如？"买臣到任时，迎送的车辆百余乘，百姓为之整修道路，其妻与后夫也被差遣修道。买臣荣归之后，其妻羞愧自缢而死。见《汉书·朱买臣传》。

　　③　衣锦之荣：《史记·项羽本纪》载，项羽进驻秦都咸阳，有人劝他于此建都，但他"怀思欲东归"，并说："富贵不归故乡，如衣锦夜行，谁知之者？"这是"衣锦还乡"成语的来源，也是"昼锦"一名的出处。

　　④　魏国公：韩琦（1008—1075），字稚圭，相州安阳（今河南省安阳市）人。曾任陕西安抚使，与范仲淹共同防御西夏。历任枢密使、宰相，执政三朝，至宋神宗继位后，出知相州、大名等地。他反对王安石变法，与司马光等同为保守派领袖，封魏国公。著有《安阳集》。

　　⑤　高牙：张衡《东京赋》有"牙旗缤纷"，注云："古者天子出，建大牙旗竿上，以象牙饰之。"纛（dào）：军中大旗。

　　⑥　桓圭：上古三公在朝廷所执礼器。衮裳：绣有龙纹的官服，《诗经·豳风·九罭》"衮衣绣裳"的省称，古代王公大臣所穿。

公在至和中①,尝以武康之节,来治于相,乃作昼锦之堂于后圃②。既又刻诗于石,以遗相人。其言以快恩仇、矜名誉为可薄,盖不以昔人所夸者为荣,而以为戒。于此见公之视富贵为何如,而其志岂易量哉! 故能出入将相,勤劳王家,而夷险一节。至于临大事,决大议,垂绅正笏,不动声色,而措天下于泰山之安,可谓社稷之臣矣③。其丰功盛烈,所以铭彝鼎而被弦歌者,乃邦家之光,非闾里之荣也。

余虽不获登公之堂,幸尝窃诵公之诗,乐公之志有成,而喜为天下道也。于是乎书。

【译文】

登朝做官能够当将帅、宰相,家富身贵而能归返故乡,这是大家都认为非常光荣的事,而又是从古到今一致公认的啊。

一般说来,当士人穷困时,在本乡街坊中过着艰难贫苦的日子,即便是平民或是儿童,都可以轻视他甚至侮辱他,例如苏季子不被嫂子以礼接待,朱买臣遭受妻子的抛弃。一旦他坐着四匹马拉着的高大的车子,旗帜在前开道,又有骑兵卫队在后边拥护着回来了,在街道两边观看的人,挤在一起肩靠肩脚并脚,一边仰着脸看一边啧啧称羡;而那所谓平常老百姓,可就又跑又窜又惊又慌,弄得汗水淋淋,也有的羞愧

---

① 至和:宋仁宗年号,1054—1056年,共三年。
② 以武康军节度使来治理相州。韩琦是相州人,任相州长官,正是所谓"衣锦还乡",不同于"衣绣夜行",所以为堂舍起名为"昼锦堂"。
③ 社稷之臣:古代帝王祭祀的土地之神称为"社",谷类之神称为"稷",因此古人以"社稷"作为国家的代称。《礼记·檀弓下》:"能执干戈以卫社稷。"能保卫安定国家的官员称为社稷之臣。

得低头弯腰,跪在车轮扬起的灰尘和马蹄子中间,来向新贵人悔过请罪。这就是普通读书人当时成功得志,那种气满意扬的盛况,是从前人们所比喻的穿着锦绣衣裳一般荣耀的事。

　　唯独大丞相魏国公不是这样。魏国公,原籍就是相州人,从老一辈起代代都有良好的德行,并且都是闻名于时的高官。魏国公自年轻时就已考取了科举的高等,登上了显赫的官位。海内人士习闻其流传四方的德音,仰望其远播所及的丰采,也已有很多年月了。所谓将帅宰相和荣华富贵,这些都是魏国公本来就应有的,不像那些穷苦困顿的人侥幸得志于一时,出乎那些平凡男子和没有见识的妇女的意料之外,因此就拿这些来向他们夸耀啊。那么高大的旗帜,不能够增加魏国公的光荣;名贵的玉圭和华丽的蟒袍,也不足以提高他的身份。只有恩德普遍施于人民,立下功勋以报效国家,使丰功伟绩镌刻在金鼎石碑之上,赞美的歌声传播于四方,以此照临于后世而传之无穷,这才是魏国公的志愿,同时士人们也是以此来期望魏国公的啊。哪能只限于炫耀于一时、显荣于一地呢?

　　魏国公早在至和年间,就曾以武康军节度使的职衔来治理过相州,于是建立名为“昼锦”的厅堂在衙门的后园中。既而又镌刻诗篇于石碑,以留赠相州人士。诗篇说的是以酬恩报仇来求得快意、以高名美誉而自豪等都是应予菲薄的行为,他本来就不以历来人们所夸耀的为光荣,反而作为自己的警诫。从这里可以看出魏国公是怎样看待富贵的,而他的志向岂能是轻易测度出来的啊! 所以他才能出为将帅入为宰相,勤勉劳苦地为皇室办事,不论是处在顺利还是艰险的境遇都始终如一。至于面临重大事件,决定重要议题时,能够在衣带整齐、执笏端正的稳重的风度下,不动声色地把天下治理得像泰山一样安定,真可以说是保护社稷的大臣啊。

他的丰功伟绩盛大光辉,应该铭刻在彝鼎之上并表演于琴弦歌喉之中的那些业绩,是国家的光荣,不仅仅是家乡的荣誉啊。

我虽然没有登上魏国公建立的厅堂,却能荣幸地诵读了他的诗篇,我为魏国公的大志有成而欢乐,并且很高兴地向天下宣告,于是就写下了以上的文字。

丰乐亭记

【解题】

本篇作于庆历六年(1046)六月。在这之前,欧阳修曾参加了以范仲淹为首的改革派。庆历三年,范仲淹、富弼等入朝为相,推行"庆历新政",欧阳修任谏官、知制诰。不久,在政敌打击下,范仲淹等失败,降调外任。欧阳修也于庆历五年出知滁州。作者写此文时,正是政治上失败不久之日。他对国家的改进仍十分关怀,希望对已呈腐败的政局有所裨益,对于那些只图保持现状的保守派很不满。这种心情,在本篇中就有所表现。本篇在表面上好像是赞美人民安居乐业,但委曲婉转地提出人们在安于现状之时已经忘了国家的根本大计了。全文在从容不迫的叙说中处处含蕴着居安思危的主旨。

修既治滁之明年夏①,始饮滁水而甘。问诸滁人,得于州南百步之近。其上则丰山,耸然而特立;下则幽谷,窈然而深藏;中有清泉,滃然而仰出。俯仰左右,顾而乐

① 滁州:今安徽省滁州市。治滁之明年:欧阳修被政敌借故排挤,在庆历五年(1045)十月以右正言知制诰的衔名出任"知滁州军州事",即知州。所说"明年"即庆历六年。

之。于是疏泉凿石,辟地以为亭,而与滁人往游其间。

滁于五代干戈之际,用武之地也①。昔太祖皇帝,尝以周师破李景兵十五万于清流山下,生擒其将皇甫晖、姚凤于滁东门之外,遂以平滁②。修尝考其山川,按其图记,升高以望清流之关,欲求晖、凤就擒之所,而故老皆无在者。盖天下之平久矣。

自唐失其政,海内分裂,豪杰并起而争,所在为敌国者,何可胜数?及宋受天命,圣人出而四海一。向之凭恃险阻,划削消磨。百年之间,漠然徒见山高而水清。欲问其事,而遗老尽矣。今滁介江、淮之间,舟车商贾,四方宾客之所不至。民生不见外事,而安于畎亩衣食,以乐生送死。而孰知上之功德,休养生息,涵煦于百年之深也③?

修之来此,乐其地僻而事简,又爱其俗之安闲。既得斯泉于山谷之间,乃日与滁人仰而望山,俯而听泉,掇幽芳而荫乔木④,风霜冰雪,刻露清秀,四时之景,无不可爱。又幸其民乐其岁物之丰成,而喜与予游也。因为本其山川,道其风俗之美,使民知所以安此丰年之乐者,幸

---

① 五代:指唐末的后梁、后唐、后晋、后汉、后周五个相继更迭的据有中原的政权,其时在边疆地区仍有很多独立的割据政权存在。滁州最初为杨氏据立的吴国占有,继之为李氏的南唐政权所继有,后来被后周所吞并。

② 太祖皇帝:宋朝开国皇帝赵匡胤。他在称帝前是后周世宗属下的大将。《宋史·太祖纪》:"三年(956)春,(宋太祖)从征淮南……南唐节度皇甫晖、姚凤众号十五万,塞清流关,击走之。"清流关,在滁州西南二十五里清流山上。《资治通鉴》卷二九二载:"(皇甫)晖整队而出。太祖拥马颈突阵而入,手剑击晖中脑,生擒之,并擒姚凤。"李景:即南唐中主李璟。

③ 涵煦(xù):此处意为保护养育。涵,包容。煦,温暖。

④ 掇(duō):拾取。

生无事之时也。夫宣上恩德,以与民共乐,刺史之事也①,遂书以名其亭焉。

【译文】

　　我在治理滁州的第二年夏天,政务处理得清闲一些了,喝水时才觉察出滁州的水原来是这么甜美。询问滁州本地人,才寻得这水源是在州城南面百来步的近处地方。那儿上面是美丽的丰山,耸挺起来似的矗立着,下面是深邃的谷峪,幽暗暗地隐藏着,两者之间则有一湾清澈的泉水,翻滚着从地下涌出来。不论是仰观俯察,还是左顾右盼,四下里回望起来是很惬意的。于是我就主持着疏通泉眼,凿去乱石,开辟了地基修建了亭子,从而就可以和滁州人士一块儿到这儿来游赏了。

　　滁州在五代的兵荒马乱之际是战争的要地。从前太祖皇帝曾经带领周朝的军队在此地清流山之下击破南唐李璟的队伍十五万人,并且活捉了他的将领皇甫晖和姚凤于滁州城东门之外,从而把滁州地区平定了。我曾经考察过它的山河地形,查对了有关它的地图和记载,并且登高眺望过清流山的关口,希望找到皇甫晖和姚凤被俘获的地方。但是当年遗留下来的老年人如今都已去世了,当然是由于天下平定已经很久了。

　　自从唐王朝损失了政权之后,中国分裂,豪杰们纷纷起

---

　　① “刺史之事”句:刺史一官,汉代是由朝廷派出到各州的监察长官,所以就有“宣上恩德”的任务。汉代的州,相当于省;宋代的州,相当于专区。宋代虽有刺史的官称,但只做虚衔用,并不赴任。宋代州的行政长官称为知州,但在习惯上把刺史、太守这种前代的官名作为知州的雅称代号。欧阳修既任知州,习惯上可以称为刺史;又因为他此时尚戴有“右正言知制诰”的京官头衔,所以能和汉代刺史的“宣上恩德”联系起来。

来互相争夺,在各处建立起对立的国家的,哪能数得清?直到宋朝承受了天命,圣人一出来四海就统一了。过去所凭仗的山险地堑,也都铲削消磨殆尽,经过百来年的时间,现在人们只是淡漠地以悠闲的心情观赏这些山峰的高耸与河流的清澈而已。要想打听当年的事迹,可是开国时的遗老如今全部都去世了。现在的滁州处在长江与淮河之间,是个船舶车辆、商人以及四方的来宾旅客都不到的地方,人民自出生以来就看不到外边的事物,却能习惯于安心地在田边地头上谋求吃饭穿衣的事儿,并乐于在这种状况下生儿育女、养老送终。又有谁能体会到皇上的功德使大家休养生息,保护和抚育民众已经有百年之久了呢?

　　我来到此地,喜欢这儿地方僻静、公务简明,也喜爱这儿风俗的安闲。既然觅得这处泉水于高山幽谷之间,就天天和滁州人士或昂首观望青山,或低头倾听流泉;既采摘那幽谷中的春花,也在那高大的树荫下乘凉,当风凉霜寒乃至冰冻雪飞之时,那山谷就像经过雕刻似的呈露出另一副清秀姿态了,四季不同的风光,没有一时不可爱的。同时,又幸运地逢到当地人民由于连年丰收而欢乐,因此就更高兴和我在一起游赏。所以就为他们根据这里的山河特点,来说明此地风俗的美好,以使人民理解到他们得以安然享受这丰收年景的快乐的缘故,这是大家幸运地生长在国家没有动乱的时期啊!宣扬皇上的恩德,并和人民共同享受丰年之乐,本是当刺史的职责,于是就把"丰乐"二字写出来作为这座亭子的题名吧。

醉翁亭记

【解题】

　　骈体文自唐朝以后逐渐没落,秦汉以前的古体散文又成了典范,这时骈体(包括赋体)也被改造。唐宋以后的古文家们则在对偶排比中有意使之疏散松动,并且糅合进一些散文句子,写了一些既典丽又活泼的抒情小品。韩愈的《进学解》、范仲淹的《岳阳楼记》、苏轼的《赤壁赋》等都是如此,欧阳修也写了《秋声赋》和本篇。这种改造了的新骈体,可以说是古代的散文诗。

　　本篇在形式上有所探求、创新。本书原编者的评语说:"通篇共用二十个'也'字(应是二十一个)。逐层脱卸,逐步顿跌。句句是记山水,却句句是记亭,句句是记太守。似散非散,似排非排,文家之创调也。"说得很中肯。

　　本篇与前面的《丰乐亭记》写于同一时期,是姊妹篇,可以参看。欧阳修此时在政治上处于失败地位,是在朝执政者的反对派。他有很多政见要说,有满腹的抑郁不平要发泄,但现在只能从侧面或背面来含而不露地表现一下。《丰乐亭记》体现出"安不忘危"的忧国之心,而本篇则偏重于表现"与民同乐"的主题,以向政敌表示自己对于失败泰然处之,毫不介怀。但本文并非只是显示自己不以个人进退为意的豁达通脱,而是向他们示意:自己理直气壮,具有信心十足的乐观精神。这一点,我们可以从他与韩琦的信中可知,他曾在丰乐亭旁修建了教场,"时集州兵弓手,阅其习射,以警饥年之盗,间以与郡官宴集其中"。我们可以从中来体会他所谓的游山饮酒的复杂心情。这对理解本篇是有帮助的。

环滁皆山也①。

其西南诸峰,林壑尤美,望之蔚然而深秀者,琅琊也②。山行六七里,渐闻水声潺潺而泻出于两峰之间者,酿泉也。峰回路转,有亭翼然临于泉上者,醉翁亭也。

作亭者谁? 山之僧智仙也。名之者谁? 太守自谓也③。太守与客来饮于此,饮少辄醉,而年又最高,故自号曰"醉翁"也。醉翁之意不在酒,在乎山水之间也。山水之乐,得之心而寓之酒也。

若夫日出而林霏开,云归而岩穴暝,晦明变化者,山间之朝暮也。野芳发而幽香,佳木秀而繁阴,风霜高洁,水落而石出者,山间之四时也。朝而往,暮而归,四时之景不同,而乐亦无穷也。

至于负者歌于涂,行者休于树,前者呼,后者应,伛偻提携④,往来而不绝者,滁人游也。

临溪而渔,溪深而鱼肥;酿泉为酒,泉香而酒洌;山肴野蔌⑤,杂然而前陈者,太守宴也。宴酣之乐,非丝非竹⑥。射者中,弈者胜,觥筹交错⑦,坐起而喧哗者,众宾欢也。苍颜白发,颓乎其中者,太守醉也。

---

① 滁:滁州,今安徽省滁州市。

② 琅琊(láng yá):山名,在滁州西南十里。

③ 太守:汉、唐时郡(相当于专区)的行政长官,相当于宋朝的知州。欧阳修这时任滁州知州,按当时风习,可以"古雅"地称为太守。

④ 伛偻(yǔ lǚ):年老驼背。

⑤ 野蔌(sù):野菜。

⑥ 丝竹:泛指音乐。丝,弦乐器。竹,管乐器。

⑦ 射:一般指射箭,也可指古代用箭投向大瓶中的"投壶"游戏,或指酒令的猜谜隐射。详其文意,应是后者。弈:下围棋。觥(gōng):牛角制的酒杯,此处指一般酒杯。筹:用竹片做的筹码,在酒令游戏中使用。

已而夕阳在山，人影散乱，太守归而宾客从也。树林阴翳，鸣声上下，游人去而禽鸟乐也。然而禽鸟知山林之乐，而不知人之乐；人知从太守游而乐，而不知太守之乐其乐也。醉而能同其乐，醒能述以文者，太守也。太守谓谁？庐陵欧阳修也。

【译文】

环绕着滁州城的都是青山啊。

西南的那些山峰，丛林溪谷特别优美。远望着青气郁郁、幽深而秀丽的，就是琅琊山啊。沿着山道走上六七里路，就渐渐听到水声潺潺；那倾泻而下流出于两个山头中间的，就是酿泉啊。随着峰崖而回绕，从迂回的山道上转过去，就有一座亭子宛如飞鸟展翅坐落在泉水边上，这就是醉翁亭啊。

建造这亭子的是谁？是山上的和尚智仙啊。给它命名的是谁？是太守把自己的别号题作亭名的啊。太守与客人来这里宴会饮酒，往往只喝一点儿就醉了；加上年纪又数他最大，所以才为自己起了个别号，叫作"醉翁"。醉翁之意不在酒，而是在于青山绿水之间啊。对于山水的这种乐趣，是领会在心头又寄托在酒上的。

当那旭日升起，山林间的烟雾散开，晚云回山，岩洞峡谷苍茫朦胧，昏暗与明朗随时变化的，是山中的黎明和黄昏啊。野花开放而偷偷地散发着清香，茂盛的树木伸枝展叶而遍地荫凉，天高气爽而霜露洁白，以及溪水低落而岩石露出的，是山中的四季啊。清晨就上山，傍晚才回来，四季的风景各不相同，那乐趣也就无穷无尽啊。

至于那些一边背着东西一边在路上唱歌的，远行者歇息在树下的，走在前边的招呼着，落在后头的答应着，还有那驼背弓腰的老人、被牵领被抱着的孩子等，来来往往而不间断的，是滁州人士来游山啊。

在岸边临水捕鱼，溪水深而鱼肥美；用酿泉的水造的酒，泉水香而酒清冽。还有山林中猎取的野味和田野里采摘的蔬菜，夹杂着在面前摆着，就是太守主办的筵席啊。宴会上使大家纵情酣饮而得以欢乐的，既不是琴弦也不是箫管。行酒令猜谜的猜中了，下围棋的得胜了，酒杯和酒令码子乱摆一气，站起来坐下去闹闹嚷嚷的时候，是客人们正在尽情欢乐啊。其中有一个面色苍老、头发雪白，醉醺醺地靠在中间的，是太守醉了啊。

过了不久，夕阳落在山头上了，人们拖着长影子散散乱乱地走着，这是太守回去而宾客们跟随着啊。这时树林阴暗起来，鸟儿上下鸣叫着的，这是游人离去鸟儿们才欢乐的啊。但是鸟类知道山林中的快乐，却不知道人们的快乐；人们虽知道伴随太守游玩的快乐，却不知道太守是以能使他们快乐而快乐。在酣醉中能和众人共同快乐，醒后又能写文章叙述这些的，就是太守啊。太守指的是谁呢？是庐陵欧阳修啊。

秋声赋

【解题】

赋是讲究字句整齐、对仗排比而又押韵的文体。唐宋古文家们加以改造，在行文中增加了散文成分，使它更自由灵活一些。欧阳修此赋，是这种创新的成功之作。

本篇把无形的秋声写得绘声绘色，把秋夜萧瑟凄清的气氛渲染得生动、优美，在写作技巧上是成功的。但其主题是宣扬安分守己、养生保命的消极思想，特别是使用了一些古代哲学术语，袭用了所谓阴阳五行的传统观点，是时代的局限性。

　　欧阳子方夜读书①,闻有声自西南来者,悚然而听之,曰:"异哉!"初淅沥以潇飒,忽奔腾而砰湃,如波涛夜惊,风雨骤至。其触于物也,鏦鏦铮铮,金铁皆鸣;又如赴敌之兵,衔枚疾走②,不闻号令,但闻人马之行声。

　　予谓童子:"此何声也? 汝出视之。"童子曰:"星月皎洁,明河在天。四无人声,声在树间。"

　　予曰:"噫嘻,悲哉! 此秋声也,胡为乎来哉? 盖夫秋之为状也,其色惨淡,烟霏云敛;其容清明,天高日晶;其气慄冽,砭人肌骨;其意萧条,山川寂寥。故其为声也,凄凄切切,呼号奋发。丰草绿缛而争茂,佳木葱茏而可悦。草拂之而色变,木遭之而叶脱。其所以摧败零落者,乃一气之余烈。

　　"夫秋,刑官也,于时为阴③;又兵象也,于行为金④。是谓天地之义气,常以肃杀而为心⑤。天之于物,春生秋

---

　　① 欧阳子:作者欧阳修的自称。子,古代对男子具有尊重意味的称呼,相当于今天的"先生"。

　　② 衔枚:枚,木片。古代军队行军为了保密,让军士用嘴含着它,以避免说话出声。

　　③ 先秦哲学界关于宇宙的构成和发展变化,曾予以朴素的解释,认为事物都是由五种元素——金、木、水、火、土构成的,而它们又在某一时间起主导作用,历史的变化就是它们递进主导的结果,故名为"五行"。又以为,一切事物都具有阴或阳的属性而无例外,故称之为"阴阳二气"。《周礼》根据这种学说,把四季按五行来分配,以为秋季是属于金的,刑罚这种行为也是属于金的,司刑罚的官府,即名之为"秋官"。古人又以为四时也具有阴阳的属性,春夏是阳,秋冬为阴。

　　④ 按五行观点来看,军兵与刑律相近,也是"金"的现象,所以与"秋"同属于五行中的金。

　　⑤ 《礼记·乡饮酒义》:"天地严凝之气,始于西南而盛于西北,此天地尊严之气也,此天地之义气也。"古人认为属于金的如秋、刑罚、军事等都有"肃杀"之含义,相当于道德范畴中的"义",义是仁的相对者,有坚持原则、辨明是非、严格要求、排除纠正坏事的含义。所以"义"在五行中也属于"金"。

实。故其在乐也,商声主西方之音,夷则为七月之律①。商,伤也,物既老而悲伤。夷,戮也,物过盛而当杀②。

"嗟夫!草木无情,有时飘零。人为动物,惟物之灵,百忧感其心,万事劳其形,有动乎中,必摇其精。而况思其力之所不及,忧其智之所不能,宜其渥然丹者为槁木,黟然黑者为星星③。奈何非金石之质,欲与草木而争荣?念谁为之戕贼④,亦何恨乎秋声?"

童子莫对,垂头而睡。但闻四壁虫声唧唧,如助予之叹息。

【译文】

欧阳子正在夜间读书,听到有种声音一阵阵从西南传来,吃惊地站起来倾听,说道:"奇怪啊!"一开始如淅沥的雨声和风声,忽然间就狂跑乱跳似的汹涌澎湃,好像在黑夜里惊闻波涛巨浪翻滚,宛如狂风暴雨突然而来一样。它碰撞在物件上,叮叮咚咚的声音像铜甲和钢刀磕碰,又好似那偷袭敌垒的士兵,悄悄地含着禁枚奔跑,不闻发号施令之声,只听见千军万马出征的步伐声。

我对童子说:"这是什么声音啊?你出去看看。"童子回报说:"月亮洁白星光闪闪,银河高高挂在青天;四下里人声

---

① 古人把音乐的五音——宫、商、角、徵、羽也分配到五行中去,商与秋季、西方、刑律等同属于金。夷则:古代把乐律的十二律分配到一年十二个月中去,其中"夷则"一律分配到七月。七月属于秋季,自然也属于金了。

② 汉语中一部分词汇有"音同义近"的现象,古人因此有以同音(近音)的词来互为解释的训诂方式。如《礼记·乡饮酒义》就说:"'秋'之为言(语音),愁也。"这和本篇中的"商,伤也"的解释相类。又,"夷则"的"夷",与"刘杀"的"刘"同音,也同义,所以本篇说:"夷,戮也。"

③ 黟(yī):黑色。

④ 戕(qiāng)贼:残害。

悄悄,这声音发生在那树梢的叶子中间。"

我说道:"哎呀,真令人悲伤啊!这就是'秋声'嘛,为什么它要来呢?说起这秋季的形状啊,它的颜色惨淡,烟雾浓云都收敛;它的相貌清明,天空升高阳光灿烂;它的空气凛冽,使得皮肤筋骨像针刺似的难过;它的情调萧条,使得山河大地一片寂寥。故而它发出的声音啊,惨惨凄凄,又呼啸激扬。茂盛的草绿油油地互相竞赛,漂亮的树木葱葱茏茏多么可爱。那花草蹭着它颜色就改变,树木遭上它叶子就掉下来。它使花草树木摧败零落的本领,不过是它这一'气运'所具有的能力的一点点罢了。

"秋,是代表执法官府的职能的,在季节中属于'二气'的阴;又象征着军事,相当于五行中的金。它就是所谓天地间的'义'气,本应以严厉和收煞为己任。大自然对待万物,就是使它春天生长,秋季结果。所以秋在音乐领域里,商声是象征西方的音调,夷则是与七月份相应的乐律。商,就是伤啊,万物衰老就悲伤了。夷,就是刈杀啊,事物发展过盛,就应当收煞了。

"唉!草木无情,有时飘零。人属动物,唯有人是万物之灵。千百种忧虑干扰他的心,上万件事情劳累消耗他的生命,只要有什么触动于胸怀,必然要撼摇着宝贵的心灵。何况常常想担负体力所不及的任务,忧虑那些智力所不能解决的事情,必然会使容光焕发的红颜变得枯槁,漆黑的头发变得白发零星。为什么不是金石的材料,却偏偏和花草树木争柳绿花红?应该好好考虑是谁危害我们,又何必怨恨这外来的秋声?"

童子没有应答,垂头昏昏而睡。只听得满屋里昆虫鸣声唧唧,好像陪伴我一块儿不停地叹息。

祭石曼卿文

【解题】

　　石曼卿(994—1041)，名延年，宋州宋城(今河南省商丘市)人，曾任低级官员。性豪爽，喜饮酒，好结交当时有志改革政治的人士。生前曾关心边防，提出很有预见的建议，闻名于时。石介曾称他和欧阳修、杜默为"三豪"。欧阳修和石曼卿是志同道合的朋友。这篇祭文在抒写作者十分怀念亡友的感情的同时，对友人怀才不遇、中年逝世的惋惜之情也流溢于语言之外。作者采用了适宜抒情的辞赋形式，通过具有韵律和节奏的文句，充分表达了他的激动和悲伤心情。

　　维治平四年七月日①，具官欧阳修谨遣尚书都省令史李敦至于太清②，以清酌庶羞之奠，致祭于亡友石曼卿之墓下，而吊之以文曰：

　　呜呼曼卿！生而为英，死而为灵。其同乎万物生死，而复归于无物者，暂聚之形；不与万物共尽，而卓然其不朽者，后世之名。此自古圣贤莫不皆然，而著在简册者昭如日星。

　　呜呼曼卿！吾不见子久矣，犹能仿佛子之平生。其轩昂磊落，突兀峥嵘而埋藏于地下者，意其不化为朽壤，而为金玉之精。不然，生长松之千尺，产灵芝而九茎。奈何荒烟野蔓，荆棘纵横，风凄露下，走磷飞萤？但见牧

---

① 治平四年：1067 年。治平，宋英宗年号。

② 具官：指作者的官职。在拟文稿时，一般不列举官职，以"具官"代之，应用时才填上。尚书都省令史：即尚书都令史，尚书省的属吏。太清：在今河南省商丘市南，石曼卿的葬地。

童樵叟,歌吟而上下;与夫惊禽骇兽,悲鸣踯躅而咿嘤①。今固如此,更千秋而万岁兮,安知其不穴藏狐貉与鼯鼪②? 此自古圣贤亦皆然兮,独不见夫累累乎旷野与荒城③?

呜呼曼卿! 盛衰之理,吾固知其如此,而感念畴昔,悲凉凄怆,不觉临风而陨涕者,有愧夫太上之忘情④。尚飨⑤。

【译文】

治平四年七月某日,具官欧阳修谨派遣尚书都省令史李敭到太清乡,用清酒和食物等祭品,来敬致祭礼于亡友曼卿的坟墓之前,并且以此文来吊唁,文云:

唉! 曼卿! 生前既是豪英,死后必为神灵。那和万物同样是由生到死,总是回归于无物的境地的,是暂时凝聚的体形;不与万物一起消亡,并且高高树立而不朽的,是流传于后世的美名。自古圣贤无不如此,那记载在文献上的姓名,辉煌得宛如太阳和明星。

唉! 曼卿! 我不见您已经很久很久啦,但还是能想象出您平日的相貌神情。那风度翩翩、胸怀坦率,以及独立不凡的性格,还有那峥嵘突出的才能。当然,埋藏在地下的遗体,我认为它不会化为腐土,而是会变成精金美玉般的结晶。不

① 踯躅(zhí zhú):徘徊不前。咿嘤:形容细小低微之声。
② 貉(hé):狸。鼯鼪(wú shēng):鼯,鼯鼠。鼪,黄鼠狼。
③ 荒城:古人对于坟墓的美称为"佳城",这里是反用其意,指荒坟。
④ 太上忘情:《世说新语·伤逝》引王戎云:"圣人忘情,最下不及情;情之所钟,正在我辈。"太上,喻圣人。
⑤ 尚飨:希望亡灵食用祭品。祭文末的套语。尚,希望之意。飨,食用。

然,也会生长为青松挺拔千尺,或诞生为名贵的灵芝生出一株九茎。为什么偏偏烟雾里野草滋蔓,荆棘丛生,寒风凄凄,露珠飘零,磷火闪闪在漫游,处处飞起星星点点的萤火虫?只见牧童和拾柴火的老人唱着歌曲在坟墓间走上走下,还有那受惊的飞鸟和慌张的野兽在这里徘徊惨叫。现在已是这样的光景了,经过千秋万岁以后,怎么知道那些狐狸、老鼠和黄鼬不会在这儿掏洞藏身?这是自古以来连圣贤也会遭遇的啊,难道单单会看不见那些一个挨一个的野外的荒坟?

唉!曼卿!事物由盛到衰的道理,我本是早已知道如此的,但是深深怀念着过去,越发感到悲凉凄怆,不觉临风而掉泪的我,也只好有愧于所谓"太上忘情"的境界罢了。希望您能够享用我的供品。

泷冈阡表

【解题】

泷冈,在今江西省永丰县凤凰山。阡,这里指墓道。阡表,即墓表、墓碑,是表彰墓中人生前状况的文体。这是欧阳修晚年为其父母墓前石碑所写的碑文。汉魏以来文人撰写这种文字,往往阿谀死者,言过其实,并且惯用华而不实的成语套语,缺少具体描述,因而内容空洞。自韩愈以来,古文家们打破这种千篇一律的格式,注重对人物的具体表现。欧阳修此文即是其中最好的篇章之一。文中避免使用过火的颂扬辞藻,而是有选择地举出几个代表性的事件加以表述,使人物性格较为鲜明,从而加强了感染力,使读者感到亲切,印象较深。

作者父亲欧阳观,任普通官吏,是个正直而富有同情心的人。他死时,其妻郑氏才二十九岁,欧阳修才四岁。郑氏家贫寡居,但很善于教育儿子,曾用芦荻秆在灰上划字教欧阳修学习,传为美谈。对于郑氏的言传身教,本文做了较好的记述。文章着重写父母的教导对自己的巨大影响,并将个人的成就归功于父母。欧阳修家的事例是值得借鉴的,在今天仍有积极意义。

当然,作者是古代士大夫,文中也表现了扬名显亲、光宗耀祖,以及积德以获善报的思想。

呜呼!惟我皇考崇公卜吉于泷冈之六十年①,其子修始克表于其阡。非敢缓也,盖有待也。

修不幸,生四岁而孤。太夫人守节自誓,居穷,自力于衣食,以长以教,俾至于成人。太夫人告之曰:"汝父为吏,廉而好施与,喜宾客。其俸禄虽薄,常不使有余,曰:'毋以是为我累。'故其亡也,无一瓦之覆、一垄之植以庇而为生。吾何恃而能自守耶?吾于汝父,知其一二,以有待于汝也。自吾为汝家妇,不及事吾姑,然知汝父之能养也。汝孤而幼,吾不能知汝之必有立,然知汝父之必有后也。吾之始归也,汝父免于母丧方逾年。岁时祭祀,则必涕泣曰:'祭而丰,不如养之薄也。'间御酒食,则又涕泣曰:'昔常不足,而今有余,其何及也!'吾始一二见之,以为新免于丧适然耳。既而其后常然,至其终身未尝不然。吾虽不及事姑,而以此知汝父之能养也。汝父为吏,尝夜烛治官书,屡废而叹。吾问之,则曰:'此死狱也,我求其生不得尔。'吾曰:'生可求乎?'"

① 皇考:死去的父亲称为"考",皇是颂词。卜吉:按迷信的方法选取一个吉利的日子。泷(shuāng)冈:见解题。

曰:'求其生而不得,则死者与我皆无恨也。矧求而有得耶①! 以其有得,则知不求而死者有恨也。夫常求其生,犹失之死,而世常求其死也!'回顾乳母剑汝而立于旁②,因指而叹曰:'术者谓我岁行在戌将死③,使其言然,吾不及见儿之立也,后当以我语告之。'其平居教他子弟,常用此语,吾耳熟焉,故能详也。其施于外事,吾不能知。其居于家,无所矜饰,而所为如此,是真发于中者耶! 呜呼! 其心厚于仁者耶! 此吾知汝父之必将有后也。汝其勉之。夫养不必丰,要于孝;利虽不得博于物,要其心之厚于仁。吾不能教汝,此汝父之志也。"修泣而志之,不敢忘。

先公少孤力学。咸平三年进士及第。为道州判官,泗、绵二州推官,又为泰州判官④,享年五十有九,葬沙溪之泷冈。太夫人姓郑氏,考讳德仪,世为江南名族。太夫人恭俭仁爱而有礼,初封福昌县太君,进封乐安、安康、彭城三郡太君⑤。自其家少微时,治其家以俭约,其后常不使过之,曰:"吾儿不能苟合于世,俭薄所以居患

---

①　矧(shěn):况且。

②　剑汝:本书原为"抱汝",据《欧阳文忠公文集》改。《礼记·曲礼上》:"负剑辟咡诏之。"郑玄注:"负谓置之于背,剑谓挟之于旁。"剑即挟抱之意。

③　术者:古代从事占卜的人。岁行在戌:岁星运行到戌区,谓干支纪年的甲子、乙丑、庚戌之类,碰到干支有戌的年份。按欧阳观死于大中祥符三年(1010),适逢庚戌年。这是偶然巧合,但作者当时则是迷信为真。

④　咸平:宋真宗咸平三年,即 1000 年。判官:掌文书事务。推官:掌管刑事,亦称军事推官。欧阳观在各州所任者,都是知州的下属官员。

⑤　宋代对官员之母的封号,按其现任官阶依次封其母为:国太夫人、郡太夫人、郡太君、县太君。

难也。"其后修贬夷陵①,太夫人言笑自若,曰:"汝家故贫贱也,吾处之有素矣;汝能安之,吾亦安矣。"

自先公之亡二十年,修始得禄而养②。又十有二年,列官于朝,始得赠封其亲③。又十年,修为龙图阁直学士、尚书吏部郎中,留守南京④。太夫人以疾终于官舍,享年七十有二。又八年,修以非才入副枢密,遂参政事⑤。又七年而罢⑥。自登二府,天子推恩,褒其三世⑦。盖自嘉祐以来,逢国大庆,必加宠锡⑧。皇曾祖府君,累赠金紫光禄大夫、太师、中书令;曾祖妣,累封楚国

---

① 夷陵:今湖北省宜昌市。仁宗景祐三年(1036),范仲淹被保守派排挤,被黜,欧阳修为此不平,写了《与高司谏书》,言辞激愤,受信人高若讷把它呈进皇帝,欧阳修被贬为夷陵令,与其母因而同至夷陵。

② 仁宗天圣八年(1030),欧阳修考中进士后,授官将仕郎、试秘书省校书郎、充西京留守推官。前两官为衔,实任西京推官。

③ 仁宗庆历元年(1041)皇帝祭祀天地于园丘,为了这一庆典封赠百官。此时,欧阳修已于康定元年(1040)被召还京,复任馆阁校勘,转任太子中允,于冬十一月因祀南郊时,摄太常博士,事后加骑都尉,改集贤校理。在祀天地后的"加恩"时,欧阳修得到赠封父母官员的荣誉。

④ 又十年:指仁宗皇祐二年(1050)。留守南京:宋时南京为应天府,在今河南省商丘市。留守以知府兼任。按年谱,欧母死于皇祐四年,即1052年。

⑤ 又八年:指仁宗嘉祐五年(1060)。副枢密:副,动词;枢密使,为全国最高军事长官。按其年十一月欧阳修为枢密副使,嘉祐六年八月转户部侍郎参知政事。参知政事为副宰相。

⑥ 又七年,指英宗治平四年(1067)。其年,欧阳修被人诬告,虽得昭雪,但仍辞副宰相职转外任,以观文殿学士、刑部尚书衔任亳州知州。

⑦ 二府:宋制,政事由中书省,军事由枢密院,称为"二府";欧阳修任枢密副使,又任参知政事入中书省,故称"登二府"。褒其三世:褒,褒奖封赠。高级官员可在国家庆典时封赠到其上世三代(曾祖、祖父、父亲)。

⑧ 大庆:指皇帝祭祀天地、封禅、册封皇后、立太子等典礼。宠锡:恩赐。

太夫人①；皇祖府君，累赠金紫光禄大夫、太师、中书令兼尚书令；祖妣，累封吴国太夫人；皇考崇公，累赠金紫光禄大夫、太师、中书令兼尚书令；皇妣，累封越国太夫人。今上初郊，皇考赐爵为崇国公，太夫人进号魏国。

于是小子修泣而言曰："呜呼！为善无不报，而迟速有时，此理之常也。惟我祖考，积善成德，宜享其隆。虽不克有于其躬，而赐爵受封，显荣褒大，实有三朝之锡命②，是足以表见于后世，而庇赖其子孙矣。"乃列其世谱，具刻于碑。既又载我皇考崇公之遗训，太夫人之所以教而有待于修者，并揭于阡。俾知夫小子修之德薄能鲜，遭时窃位，而幸全大节，不辱其先者，其来有自。

熙宁三年，岁次庚戌，四月辛酉朔，十有五日乙亥③，男推诚保德崇仁翊戴功臣④，观文殿学士，特进，行兵部

---

① 府君：古代人习称逝去的祖、父为府君。累赠：多次追赠了若干官爵，最后积累所赠的最高官爵，称为"累赠"。妣：称死去的母亲。曾祖妣：曾祖母。

② 指宋仁宗、英宗、神宗（即上节所谓"今上"）。

③ 熙宁三年（1070），岁次庚戌：其父死于庚戌，正是一个甲子的周期，欧阳修于本年撰文，实有为父逝世六十周年纪念的意义。四月辛酉朔：指本四月份的初一的干支顺序是辛酉。朔，农历每月初一日为朔日。十有五日乙亥：指本月十五日的干支顺序是乙亥。

④ 推诚……功臣：宋朝封其大臣以荣誉称号，上面的褒语是欧阳修所获得的封号。

尚书①,知青州军州事,兼管内劝农使,充京东东路安抚使②,上柱国,乐安郡开国公③,食邑四千三百户,食实封一千二百户④,修表。

【译文】

啊！在我的先父崇国公选择吉日安葬于泷冈的六十周年,他的儿子欧阳修这才得以立碑于墓前。不是敢于迟迟不办,是由于有所等待啊。

我不幸,四岁就失去了父亲。我的母亲立志守节,在穷困中靠自己来操持全家吃穿,同时还要抚养我、教育我,使我得以长大成人。太夫人曾告诉我说:"你爹当官时,既清廉又好周济别人,又喜欢招待客人。他的俸钱虽少,平时花费却又不求节余,他说:'不要让钱财多倒成了我的累赘。'为这个,自从他死了,咱家没有一片瓦遮着,没有一垅地种着,借

① 观文殿学士:正三品的侍从文官。特进:阶名,正二品。兵部尚书:总管军政的部长官,从二品。以上三职,是欧阳修戴的衔名,并不担任具体职务。

② 知青州军州事:青州(今山东省青州市)的军事和民政的长官,即知州。内劝农使:管一州的农业。京东东路安抚使:宋时的路相当于现在的省,京东东路,辖今山东全境及河南、安徽、江苏一部分,每路的军政长官称为安抚使。这几个官职是欧阳修的实任官职,简单说来,欧阳修当时的实际官职是京东东路安抚使并兼青州知州,是一路之长,相当于省长。

③ 上柱国:勋位名,正二品。乐安郡开国公:郡公,宋朝封爵的第六级。开国公:公是公侯伯子男五等爵称的等级名;凡始封爵位者称开国公、开国侯等。以上是欧阳修的勋位、爵位。

④ 食邑:原是周代分封制时分给贵族大臣以封邑,让他享用该封邑的户口租税。到唐代已徒有其名,又加一"实封"数,小于封数,才按实封数得到相应的收益。宋代的"食邑"甚至"实食邑"也都是虚名了,只显示其品级官禄之高而已。按,本节欧阳修详细罗列了自己的官衔、官阶、官职、勋位、爵位、封邑户数等,不仅是为"光宗耀祖"而夸耀自己的高官厚禄,还是为本篇主旨服务的不可缺少的一个部分。

以能有个依靠来过日子。我是依仗着什么才能守寡的呢？我对你爹的日常行事，也略知一二，这才对你有很高的期待啊。我初到你家当媳妇时，就没赶上侍候婆母，可是却明白你爹是个能孝顺养亲的人。你爹死时你又小，我看不出来你能不能长大了成家立业，可是我明白你爹一定会有个好后代的。我刚进门时，你爹服完母丧才刚过一年。逢年过节上供行礼时，他准要掉泪说：'上供的东西再多再好，也不如养亲时的粗茶淡饭啊！'有时吃顿有酒有肉的饭食，就又掉着眼泪说：'从前娘在时常常不够，现在倒是足足有余了，可又没法儿让她尝到了！'我起初见了一两回时，想是他丧事刚过去才会这样，可是以后常常这样，一直到死没有一回不是这样。我虽没能赶上侍候婆母，可是从这行事上就看出你爹是很孝顺的。你爹当着官，有一回夜里点着灯火赶办衙门里的文书，一连几次放下来在那里叹气。我问他，他就说：'这是死刑案子啊，我想替他寻条生路却又找不到呢。'我说：'难道还能找出生路来的吗？'他说：'再三替他求生不得，那么服死刑的人和我就都不会有遗憾了。何况经过寻找，是真能有求得到的呢！正因为有的案子真能求得免死的根据，所以知道不替他们寻求活路就被处死的人是含冤抱屈的啊。像这样常常替死者求生路，也还有因当官的失误而屈死的，可偏偏一般当官的都专找处死的理由哩！'他说着回头看见乳母抱着你正站在旁边，就指着你叹口气说：'算命先生说我逢到戍年就要死，若是他的话说准了，我就见不着儿子长大成人了，将来你要把我的话告诉他。'他平时教导别的子弟时，也是常说这些话的，我听熟了，因此就能详细地讲给你了。他在外边的行事，我不能知道；他在家里，是用不着装腔作势的，看他的行事还能这样厚道，真是出自内心的呢！啊，他的内心比仁者还宽厚呢！凭这个我就知道你爹一定会有好后代的，你可要努力上进啊。养活父母不一定非丰厚不可,要求的是孝敬;利益虽不能使大家均沾,重要的是那颗心能爱做仁德的事。我没有什么能教你的,这可是你爹的心愿啊。"我一边流着泪,一边牢记这些教导,绝不敢忘记。

先父少年丧父,努力读书,于咸平三年进士及第。曾任道州判官,泗州、绵州二州推官,又继任泰州判官。享年五十九岁,殡葬于沙溪的泷冈。太夫人姓郑,其已故父亲的名讳是德仪,世世代代都是江南有名望的家族。太夫人庄重俭朴、仁厚慈爱而有礼仪教养,最初诰封为福昌县太君,进封乐安、安康、彭城三郡太君。从我们家贫寒时,她就以俭朴节约持家,以后富裕了也经常不使费用超过从前,并说:"我的儿子既不能迁就来迎合当世,少费俭用才能度过那可能要遭受的患难。"后来我被贬官外放到夷陵,太夫人有说有笑态度很淡定,对我说:"你家本来就贫贱,我过这种日子过惯了;你能安然对待,我也就安心了。"

自从先父逝世的第二十年,我才得到俸钱来供养母亲。又过了十二年,列位于朝廷为京官,才得以追赠、诰封父母亲。又过了十年,我任龙图阁直学士、尚书吏部郎中,留守南京。其间太夫人因病逝世于南京官邸,享年七十二岁。又经过八年,我作为一个不才无能的人,竟能升进枢密院任枢密副使,又参与国务任参知政事。又经过七年而解任。自从登上军、政二府后,天子施恩,褒奖三代宗亲。所以从嘉祐年间以来,每逢国家举行大庆典礼,必定加以恩赏。曾祖府君累赠至金紫光禄大夫、太师、中书令;曾祖母累封至楚国太夫人;祖父府君累赠至金紫光禄大夫、太师、中书令兼尚书令;祖母累封至吴国太夫人;先父崇公累赠至金紫光禄大夫、太师、中书令兼尚书令;先母累封至越国太夫人。当今皇帝初次举行郊祀大礼,先父赐爵为崇国公,先母晋封为魏国太夫人。

于是我哭泣着说道:"啊!为善事没有不获得好报的,时间虽有早晚,但这是事理的必然。我祖先都积善有德,理应享有如此隆重的酬报。虽然他们不能享有于生前,但是赐爵位、受封官,经表彰而光荣,因褒奖而光大,实受三朝的恩赏诰封,这就足以使其德行显扬于后世,也可以庇佑子子孙孙了。"于是排列我家的世代谱系,镌刻在石碑上。又记载先父崇国公的遗训,以及太夫人对我的教育与对我的期待,都揭示于墓前,好让人们得知我的德行浅薄,才能寡少,只是因为适逢其时才能窃居高位的,但是尚能幸而保全了大的原则,没有辱没祖宗,则是有上述原因的。

熙宁三年,即庚戌年,四月初一辛酉,十五日乙亥,子推诚保德崇仁翊戴功臣、观文殿学士、特进、行兵部尚书、知青州军州事,兼管劝农使、充京东东路安抚使、上柱国、乐安郡开国公,食邑四千三百户、食实封一千二百户,欧阳修撰述表文立碑。

苏　洵

苏洵(1009—1066),字明允,眉州眉山(今四川省眉山市)人。宋代庆历七年(1047)举进士及茂才异等,皆落第,遂返乡十年闭户读书,揣摩文字。嘉祐元年(1056)携其二子轼、辙,再至京师,以文章呈当世名人,为欧阳修所赏识。欧阳修当时任翰林学士,是文坛领袖,为之延誉,苏洵得以闻名于时,曾任秘书省校书郎、霸州文安县主簿等低级官吏。苏洵的文章善于议论,能在一般士人习知的问题中进一步挖掘,提出新的评价。其观点虽然不一定全面或妥当,但能言之有理,持之有故,得以自圆其说;文笔又流畅犀利,能使读者耳目一新,引起注意。他与其子苏轼、苏辙共称"三苏",并同列于"唐宋八大家"之中。著有《嘉祐集》。

管　仲　论

【解题】

关于管仲,可参看本书卷五《管晏列传》。作者以管仲死而齐国乱为例,指出政治家选拔培养接班人的重要性。作者的论点是正确的,但离开春秋时齐国的情况单纯归罪于管仲的观点是片面的。宋代学者文人对人物评价时往往不顾实际,过分苛求,借以显示自己胜人一筹。这种"事后诸葛亮"、夸夸其谈的态度,造成一时苛刻、尖新、浮夸的文风。读这类文字应加注意,予以分析批判。

　　管仲相威公①,霸诸侯,攘夷狄,终其身齐国富强,诸侯不敢叛。管仲死,竖刁、易牙、开方用②。威公薨于乱,

---

　　①　威公:即齐桓公,"桓"为宋钦宗的名,宋人刻书时讳"桓"改"威"。

　　②　竖刁、易牙、开方:齐桓公的三个亲信。竖刁是宦臣,易牙是善烹调的厨师,开方原是卫国公子来仕于齐者。

五公子争立,其祸蔓延,讫简公,齐无宁岁①。

　　夫功之成,非成于成之日,盖必有所由起;祸之作,不作于作之日,亦必有所由兆。故齐之治也,吾不曰管仲,而曰鲍叔;及其乱也,吾不曰竖刁、易牙、开方,而曰管仲。何则?竖刁、易牙、开方三子,彼固乱人国者,顾其用之者威公也。夫有舜而后知放四凶,有仲尼而后知去少正卯②。彼威公何人也?顾其使威公得用三子者,管仲也。仲之疾也,公问之相。当是时也,吾意以仲且举天下之贤者以对,而其言乃不过曰"竖刁、易牙、开方三子,非人情,不可近"而已③。

　　呜呼!仲以为威公果能不用三子矣乎?仲与威公处几年矣,亦知威公之为人矣乎?威公声不绝于耳,色不绝于目,而非三子者,则无以遂其欲。彼之初所以不用者,徒以有仲焉耳。一日无仲,则三子者可以弹冠相庆矣④。仲以为将死之言,可以絷威公之手足耶?夫齐

───────────

　　①　《史记·齐太公世家》载,齐桓公立公子昭为太子,之后,易牙与竖刁要求桓公立卫姬之子无诡,桓公许之。桓公死后,无诡立,太子昭奔宋国,但桓公另外的四位公子——元(后来继懿公立,称惠公)、潘(后继孝公立,称昭公)、商人(后继昭公立,称懿公)、雍等也争立为君。后来,宋国派军扶助太子昭返国,杀无诡,立太子昭为孝公。从此,齐国国势渐衰。其最后一个国君是齐简公,国家为田(陈)氏篡夺,姜姓的君权至此告终。

　　②　四凶:参看本书卷九《朋党论》相关注释。少正卯:传说此人是春秋时人,在鲁国讲学,被孔子所杀。此事在当时环境中难于实现,历来为学者所怀疑,认为此事是伪造的。

　　③　《史记·齐太公世家》载,桓公问:"易牙如何?"管仲对曰:"杀子以适君,非人情,不可。"公曰:"开方如何?"对曰:"倍亲以适君,非人情,难近。"公曰:"竖刁如何?"对曰:"自宫以适君,非人情,难亲。"

　　④　弹冠相庆:成语。《汉书·王吉传》载,王与贡禹友好,世称"王阳(吉)在位,贡公弹冠",言同其取舍也。弹冠,是指弹去帽子上的尘土,准备做官。

国不患有三子,而患无仲。有仲,则三子者,三匹夫耳。不然,天下岂少三子之徒哉? 虽威公幸而听仲,诛此三人,而其余者,仲能悉数而去之耶? 呜呼! 仲可谓不知本者矣。因威公之问,举天下之贤者以自代,则仲虽死,而齐国未为无仲也。夫何患三子者? 不言可也。

五伯莫盛于威、文。文公之才,不过威公,其臣又皆不及仲;灵公之虐,不如孝公之宽厚①。文公死,诸侯不敢叛晋,晋袭文公之余威,犹得为诸侯之盟主百余年。何者? 其君虽不肖,而尚有老成人焉。威公之薨也,一败涂地。无惑也,彼独恃一管仲,而仲则死矣。

夫天下未尝无贤者,盖有有臣而无君者矣。威公在焉,而曰天下不复有管仲者,吾不信也。仲之书,有记其将死,论鲍叔、宾胥无之为人,且各疏其短。是其心以为数子者皆不足以托国,而又逆知其将死,则其书诞谩不足信也②。吾观史鳅,以不能进蘧伯玉而退弥子瑕,故有身后之谏③。萧何且死,举曹参以自代④。大臣之用心,

---

① 威、文:指齐桓公和晋文公,二人都列于"五霸"。灵公:晋文公之子,继其兄襄公而立。史载灵公"从台上弹人,观其避丸也。宰夫胹熊不熟,杀宰夫",并遣刺客欲刺杀大臣赵盾等,后被杀。见《史记·晋世家》。

② 此事载于《管子》。管仲死前曾对齐桓公评价齐国诸臣,认为鲍叔"好善而恶恶已甚,见一恶终身不忘"。并说:"鲍叔之为人好直,而不能以国诎(屈);宾胥无之为人好善,而不能以国诎。"本篇的"又逆知其将死",是作者对《管子》原文的误记,原书说管仲认为隰朋可以做他的继承人,但是他说:"天之生朋,以为夷吾(仲之字)舌也。其身死,舌焉得生哉?"果然隰朋于管仲死后不久亦死。

③ 史鳅:即史鱼,春秋时卫国大夫,有名的正直的人。蘧伯玉:卫国贤人,孔子的朋友。弥子瑕:卫国的宠臣。《孔子家语》载,史鱼将卒,命其子曰:"吾仕卫不能进蘧伯玉、退弥子瑕。我死,汝置尸牖下。"卫灵公吊焉,怪而问之,其子以告,于是灵公进蘧伯玉而退弥子瑕。

④ 萧何、曹参:汉初的功臣,相继为相,见《史记·萧相国世家》。

固宜如此也。夫国以一人兴，以一人亡。贤者不悲其身之死，而忧其国之衰，故必复有贤者，而后可以死。彼管仲者，何以死哉？

【译文】

　　管仲当宰相来辅佐桓公，成为诸侯的霸主，排斥打击夷、狄等少数民族，终其一生都能使齐国富强，诸侯不敢背叛。管仲一死，竖刁、易牙、开方就被重用了。结果是桓公死在宫廷混乱中，五位公子互相争着当君主，这个祸根蔓延不断，一直到最末一代的简公，齐国就没有安宁过一年。

　　功业的完成，不是成功于完成之日，必然由一定根源而引起；祸乱的发生，不是发作于作乱之时，也必然有其根源而萌兆。因此，齐国的富强安定，我不说是由于管仲，而说是鲍叔。至于齐国的祸乱呢，我不说是因为有竖刁、易牙、开方，而认为是由于管仲。这是为什么？竖刁、易牙、开方三人，他们本来就是搅乱人家的国家的，重用他们的是齐桓公。有了大舜然后才知道流放四凶，有了仲尼然后才能懂得杀掉少正卯。那位桓公算个什么人物啊？回顾起来，导致桓公得以重用那三个人的，应该是管仲。管仲病危时，桓公询问宰相的人选。在这个时机，我曾设想管仲可能荐举普天之下最贤能的人来作为回答，然而他的话不过是说"竖刁、易牙、开方三个人不近人情，不可亲近"罢了。

　　唉！管仲以为桓公果然能够不重用那三个人了吗？管仲和桓公相处已有若干年了，也该知道桓公的为人了吧？桓公是个音乐不暂歇于耳旁、美色不离开眼睛的人，不是这三个人那就无法满足他的欲望。他最初不重用他们，只是因为有管仲在位。一旦没有了管仲，那三个人就可以弹冠相庆了。管仲以为自己的遗言就可以捆绑住桓公的手脚了吗？

齐国不害怕有这三个人,而是害怕没有管仲。有管仲在,那么这三个人物,不过是平平常常的三条汉子罢了;如其不然,普天之下难道还会缺少三个这种人吗?即使桓公幸而听从管仲的,杀了这三个人,但是其余的这号人,管仲能够一个也不剩地通通消灭了他们吗?唉!管仲可以说是个不懂根本大计的人了。如果他趁着桓公询问之时,推荐天下最贤明的人以自代,那么管仲虽死,而齐国也不算是失去了管仲。又何必担忧那三人呢?这中间的道理不说也都明白。

五霸之中没有再强过齐桓公、晋文公的。晋文公的才能,比不过齐桓公,他的臣属又赶不上管仲,他的儿子晋灵公暴虐得很,也不如桓公的儿子孝公宽厚。但是晋文公死后,诸侯却不敢背叛晋国,晋国承袭了文公余留的威力,还能够为诸侯盟主百余年之久。为什么呢?它的国君虽然不像样子,可是尚有老成人在朝嘛。桓公死后,却是一败涂地。没有什么可怀疑的,就因他单单依靠着管仲,而这个管仲却死了。

天下从来没有不出贤明人物的时候,往往是只有贤臣而没有明君。桓公还在时,就说天下再没有管仲那样的人了,我不相信。管仲的书籍,有记载他将死时,评论鲍叔、宾胥无等的为人处世的才能,并且分析他们各自的短处。这是他心中认为这几个人都不足以委托国事,并且又能预先料定隰朋此人不久将要死亡。看来,这部书是夸大不实而不能信以为真的。看起来,史鳅因为活着没能推荐蘧伯玉和斥退弥子瑕,为此有身后谏诤之事。萧何将死,荐举曹参来代替自己。大臣的用心,本来应该如此嘛。国家由于一人而兴盛,也因为一人而灭亡。贤明的人不悲痛自己的死亡,而是忧虑国家的衰败,因此必须再推选出贤明的人来,然后才可以放心死去。那位管仲,凭什么就撒手死去呢?

辨 奸 论

【解题】

　　宋代政治家王安石是个好学深思、廉洁自爱、发愤忘食而又不修边幅的人。在执政前,他的品行文章,深为朝野人士所器重。当他入相推行"新法"、改良政治时,却遭到保守人士的反对。此后新、旧两派斗争不休。后来新派变质,和旧派的矛盾转化为官僚间谋私利的派系之争,从而加深了统治阶层的内部矛盾,广大人民受害更深。在内忧外患之下,北宋王朝崩溃,皇室南迁。

　　当时保守派为了打击王安石,传出了这篇《辨奸论》,文中抓住了王安石生活中的某些特点,比附影射,对他施以人身攻击。特别是本篇的作者题名为苏洵,更使此文耸人听闻,镀上了传奇色彩。原因是,王安石推行新法在神宗熙宁二年任参知政事之后,其年为1069年,而苏洵则早在1066年死去。这显示了王安石在未受到保守派反对的时候,作者就有"见微知著"的先见之明了。但是本篇是否是苏洵所作,早就有人怀疑,并考证是新法盛行以后伪造的。持此见解者以清人蔡上翔《王荆公年谱考略》为代表。但也有人仍然认为是苏洵的作品。

　　如果抛开本篇的写作背景,只从文中所说"凡事之不近人情者,鲜不为大奸慝"一句来体会,倒是能说明某些伪君子、两面派的特色,对于知人论世,还是有一定意义的。

　　事有必至,理有固然。惟天下之静者,乃能见微而知著。

　　月晕而风,础润而雨,人人知之。人事之推移,理势之相因,其疏阔而难知,变化而不可测者,孰与天地阴阳之事? 而贤者有所不知,其故何也? 好恶乱其中,而利害夺其外也。

昔者,羊叔子见王衍曰:"误天下苍生者,必此人也①。"郭汾阳见卢杞曰:"此人得志,吾子孙无遗类矣②。"自今而言之,其理固有可见者。以吾观之,王衍之为人,容貌言语,固有以欺世而盗名者,然不忮不求③,与物浮沉。使晋无惠帝④,仅得中主,虽衍百千,何从而乱天下乎? 卢杞之奸,固足以败国,然而不学无文,容貌不足以动人,言语不足以眩世。非德宗之鄙暗⑤,亦何从而用之? 由是言之,二公之料二子,亦容有未必然也。

今有人,口诵孔、老之言,身履夷、齐之行,收召好名之士、不得志之人,相与造作语言,私立名字,以为颜渊、孟轲复出;而阴贼险狠,与人异趣。是王衍、卢杞合而为一人也,其祸岂可胜言哉? 夫面垢不忘洗,衣垢不忘浣,此人之至情也。今也不然,衣臣虏之衣,食犬彘之食,囚

---

① 羊叔子:原书作"山巨源",今据《宋文鉴》改。按此事作者据《世说新语·识鉴》:"王夷甫(名衍,后为晋尚书令)命驾见仆射羊祜(字叔子)、尚书山涛(字巨源)。夷甫时总角,姿才秀异,叙致既快,事加有理。涛甚奇之,既退,看之不辍,乃叹曰:'生儿当不如王夷甫邪!'羊祜曰:'乱天下者必此子也!'"王衍后为西晋的宰相,提倡清谈,盛名当世,旋即八王之乱起,西晋覆灭,后人谓"王衍等清谈误国"。

② 郭子仪:唐代名将,封汾阳王。卢杞:唐代宰相。原书注云:"唐德宗以杨炎、卢杞同平章事。杞貌丑,有才辨,悦之。时郭子仪每见宾客,姬妾不离侧。惟杞至,子仪悉屏侍妾。或问其故,对曰:杞貌丑而心险,妇人见之必笑。他日杞得志,吾族无遗类矣!"

③ 忮(zhì):忌恨,嫉妒。

④ 惠帝:即晋惠帝,名司马衷,290—306年在位。

⑤ 德宗:即唐德宗,名李适,780—805年在位。

首丧面①,而谈《诗》《书》,此岂其情也哉?凡事之不近人情者,鲜不为大奸慝,竖刁、易牙、开方是也②。以盖世之名,而济其未形之患,虽有愿治之主,好贤之相,犹将举而用之。则其为天下患,必然而无疑者,非特三子之比也③。

孙子曰:"善用兵者,无赫赫之功④。"使斯人而不用也,则吾言为过,而斯人有不遇之叹,孰知祸之至于此哉?不然,天下将被其祸,而吾获知言之名,悲夫!

【译文】

一切事物有其必然的趋向和终点,任何道理都有它本来的正确答案。只有那种冷静客观的人,才能从目前的隐微,知道它那显著的将来。

月亮周围出现光圈,就要刮风,柱子底下的石礅表面如果湿润,将会下雨,这是人人都知道的。至于世间的人与事的变迁,常理和形势的相为因果,其疏远广阔而难于察知、变幻演化而不可测度的程度,怎能比得上天地阴阳的奥秘难知呢?然而即使贤明的人对于近在身边的世事也有所不知,这是什么缘故呢?因为主观上的爱憎搅乱了内心的平静,而社会上的利害关系左右了他们的耳目视听啊。

从前,羊叔子见到王衍说:"祸害天下老百姓的,一定是这个人啊。"郭汾阳见了卢杞说:"这个人若是得了志,我家的

---

① 囚首:囚犯不得梳发,喻发乱。丧面:古代风俗,长辈死了服丧时不洗脸,喻面孔很脏。

② 慝(tè):邪恶。竖刁、易牙、开方:见本卷《管仲论》注。

③ 三子:原书作"二子",据《宋文鉴》改。

④ 孙子:孙武,字长卿,齐国人。他是春秋时军事学家,著有《孙子兵法》十三篇。按作者引文,《孙子兵法》原文无有,是曹操所作注释中的话。

子孙就一个也留不下了。"在现在说起来,他们的推理固然是可以预见的。但是按我的观点来看,王衍的为人,面貌清秀,言谈机敏,原是可以用这个来欺世盗名的,而且他尚能不忌恨人也不过分贪求,不过是随波逐流罢了。假使晋朝没有惠帝那样的昏君,仅仅遇上个才能中等的皇帝的话,即使有一百个一千个王衍,能凭什么来搞乱天下呢?卢杞的奸险,诚然足以败坏国家,然而他不学无术,相貌很丑也不足以动人,言谈更不能够迷惑当世,倘若不是像唐德宗那样鄙陋昏庸的话,又凭什么会重用他呢?由此说来,羊、郭二公对那两个人的预料,或许不是必然的吧。

现在有个人,嘴上念诵着孔子、老子的语句,亲身照着伯夷、叔齐的行为办事,拉拢一伙图谋虚名的和在社会上不得志的人物,在一起制造舆论,擅自树立名望,吹捧自己是颜渊、孟轲重新出世;然而骨子里却阴险狠毒,与众不同而别有用心。这可就把王衍和卢杞的伎俩合二为一了,这种人要造成的祸害难道能说完吗?脸脏了忘不了擦洗,衣裳沾污了就想要浣洗,这是人们正常而真实的感情。现在却不然了,人家穿的是奴仆一样的下等衣服,吃的是猪狗吃的粗粝饭食,囚犯似的蓬松着一头乱发,和守灵的孝子一般满脸污垢,却又满嘴里讲说着《诗经》《书经》上的大道理。这样做难道是真心实意的吗?大凡为人做事不近人情的,很少不是老奸巨猾的,竖刁、易牙、开方这种人就是这样的。凭着盖世的好名声,来实现其尚未暴露的包藏着的祸心,虽然有励精图治的君主、爱才举贤的宰相,也会要提拔他、重用他的。那么这个人将是全天下的罪魁祸首,是必然发生而毫无疑问的,不是可以和竖刁等三人相提并论的。

孙子说:"善于用兵的,没有煊赫的功勋。"假使这个人将来不被朝廷重用,那么我的话就算说错了,而那个人也会有怀才不遇的慨叹,但又有谁了解这种人的祸害竟会到了这种地步呢?如其不然,天下将要蒙受他的祸害,而我却获得了个知人而有远见的美名,这可就太悲哀了!

心　术

【解题】

　　这是作者题为《权书》的十篇论文之一。本篇根据我国历代军事经验和理论,提出了自己对用兵的体会。这虽然是"纸上谈兵",但是他所归纳出的一些观点还是有参考价值的,如搞战争要"知理、知势、知节"的说法,给后人以很大的启发。至于其中"将欲智,士欲愚"的观点,则是封建统治者的愚民政策,是不可取的。全文提出八条意见,自成段落,但又围绕着一个中心,写得层次分明,言简意赅,文笔干净利落。

　　为将之道,当先治心。泰山崩于前而色不变,麋鹿兴于左而目不瞬,然后可以制利害,可以待敌。

　　凡兵上义,不义,虽利勿动。非一动之为利害,而他日将有所不可措手足也。夫惟义可以怒士,士以义怒,可与百战。

　　凡战之道,未战养其财,将战养其力,既战养其气,既胜养其心。谨烽燧,严斥堠,使耕者无所顾忌,所以养其财;丰犒而优游之,所以养其力;小胜益急,小挫益厉,所以养其气;用人不尽其所欲为,所以养其心。故士常蓄其怒,怀其欲而不尽。怒不尽则有余勇,欲不尽则有余贪。故虽并天下,而士不厌兵,此黄帝所以七十战而兵不殆也①。不养其心，一战而胜，不可用矣。

凡将欲智而严，凡士欲愚。智则不可测，严则不可犯，故士皆委己而听命，夫安得不愚？夫惟士愚，而后可与之皆死。

凡兵之动，知敌之主，知敌之将，而后可以动于险。邓艾缒兵于蜀中，非刘禅之庸，则百万之师可坐缚，彼固有所侮而动也②。故古之贤将，能以兵尝敌，而又以敌自尝，故去就可以决。

凡主将之道，知理而后可以举兵，知势而后可以加兵，知节而后可以用兵。知理则不屈，知势则不沮，知节则不穷。见小利不动，见小患不避，小利小患，不足以辱吾技也，夫然后可以支大利大患。夫惟养技而自爱者，无敌于天下。故一忍可以支百勇，一静可以制百动。

兵有长短，敌我一也。敢问："吾之所长，吾出而用之，彼将不与吾校；吾之所短，吾蔽而置之，彼将强与吾角，奈何？"曰："吾之所短，吾抗而暴之，使之疑而却；吾之所长，吾阴而养之，使之狎而堕其中，此用长短之术也。"

善用兵者，使之无所顾，有所恃。无所顾，则知死之不足惜；有所恃，则知不至于必败。尺棰当猛虎，奋呼而操击；徒手遇蜥蜴，变色而却步，人之情也。知此者，可以将矣。袒裼而按剑，则乌获不敢逼③；冠胄衣甲，据兵

① 黄帝：传说中的氏族领袖，《史记》把他列为"五帝"之首。相传黄帝战蚩尤，进行了七十一战。

② 邓艾：三国时魏国大将。刘禅：蜀后主，刘备之子。邓艾领兵偷袭蜀国，在险峻的小道上，用绳子拴住士兵从山崖送下。邓艾的突然袭击，使刘禅仓皇出降。

③ 乌获：先秦传闻的大力士。

而寝,则童子弯弓杀之矣。故善用兵者以形固,夫能以形固,则力有余矣。

【译文】

当将领应遵循的法则,应该是首先做好有关精神、意志的培养。能做到泰山崩塌在前而面不改色,小鹿跑跳于身旁连眼珠都不转动,然后才可以控制利弊,可以对待敌军。

大凡进行战争,要坚持正义;违背正义,虽对自己有利也不要行动。不应为一时之利而行动,否则就会因此进退失据,措置失宜。只有正义能够激励士兵,士兵产生为正义而战所激发的敌忾,可以带领他们作战百次。

大凡带兵作战的方法是,未战之时要发展生产,储备物资,作战之前要培养士兵的战斗力,战争进行时要保持士兵的锐气,胜利之后还要激发他们的进取精神。谨慎管好烽火台的预警工作,加强放哨、瞭望的戒备,以使耕田的人没有顾虑地放心生产,这就是增加了物资储备;供给优厚并多加犒赏,而又使士兵从容休养,这就是培养他们的战斗力;小胜时更要加紧督促,遇到小挫折更要加强对士兵的激励工作,这就是保持士兵的锐气;用人不要使他们的要求全都被满足,这就是激发士兵的进取精神。所以要求士兵经常保持其敌忾心和进取精神,使他们永远抱着希望而不能满足。敌忾心不消就勇气有余,希望不能满足则贪心不尽。因此,虽然兼并了天下,士兵也是不会厌战的。这就是黄帝经过七十场战争其士兵也不疲惫懈怠的缘故。倘若不培养其进取心,战胜一次就不能再打了。

凡当将领要明智而威严,凡是士兵则要愚昧。明智则不可测度,威严则不可冒犯,因此士兵就都能为之献身而听从命令,如果这样要求,怎能让他们不愚昧呢?只有使士兵愚昧,然后才可以带他们去拼命。

　　凡军事行动,要先了解敌方的君主、敌军的将领的情况,然后才可以敢于冒险行事。邓艾用绳子拴挂士兵的办法暗运军队到蜀地,如果不是刘禅昏庸的话,那么就算开来百万大军,也可以轻易地把他们捆绑起来,那邓艾原是知道刘禅君臣可以欺侮才搞这一行动的。因此古来的优秀将领,能够用一部分队伍去试探敌人,也能够以敌军来检验自己,所以对何去何从敢于做出决断。

　　凡做主帅的方法,在于懂得军事原理才可以出兵作战,懂得敌我两方形势才可以参加战斗,懂得有所节制才可以指挥军队。知道原理则不屈辱,知道形势则不失败,知道节制则不至于陷于困境。见小利不轻动,见小害不躲避,小利小害,不足以损害我的战略战术,然后才可以对付大利大害。只有那坚持自己的战略战术而又能保存自己力量的人,才能无敌于天下。因此,一忍可以对付百勇,一静可以制约百动。

　　凡军队都有长处和短处,这在敌我都是一样的。试问:"我的长处,我拿来用它,敌将不和我较量;我的短处,我隐蔽搁置起来,敌将硬要与我角逐。怎么办?"回答说:"我的短处,我偏要高举出来暴露之,使他迷惑猜疑而退回;我的长处,我却要隐藏起来而养护着,使他们轻视它,因麻痹大意而落入我的圈套之中。这就是使用长处、短处的方法。"

　　善于用兵的人,应使士兵无所顾惜,有所仗恃。没有什么顾念挂心的,就知道战死是不足惜的,有所仗恃,则相信我军不会失败。拿着一尺来长的木棍碰上猛虎,就会奋力呼喊着,抡起来就打;若空着手遇上蜥蜴,却会吓得脸面改色往后退,这是人之常情。知道这个道理的,就可以带兵了。光着膀子手持利剑,就是乌获也不敢靠近;戴着战盔穿着护甲,伏在兵器上睡觉,就是个儿童也能拉弓射死他。因此,善于用兵的会利用形势来巩固自己,只要善用形势来巩固加强自己,力量就会绰绰有余了。

张益州画像记

【解题】

全文用《汉书·龚遂传》的事典,及治乱民"不可急也,唯缓之"来立意,敷衍成篇。本篇的构成是,先记叙张方子画像一事的经过,次以作者与众人问答的方式阐明画像的意义,最后仿《诗经》风格作颂辞一首而结束。记叙简明,句法劲健,议论则用多侧面的方式反复发挥旨趣所在,颂辞则又雍容典雅。三者结合形成一篇庄重堂皇的歌颂文章。因为中段议论以主客问答的方式来发挥,较为具体生动,从而避免了歌功颂德文章呆板空洞的通病。

至和元年秋①,蜀人传言②,有寇至边。边军夜呼,野无居人。妖言流闻,京师震惊。方命择帅,天子曰:"毋养乱,毋助变。众言朋兴,朕志自定。外乱不作,变且中起。既不可以文令,又不可以武竞,惟朕一二大吏,孰为能处兹文武之间,其命往抚朕师。"乃推曰:"张公方

———————

① 至和:宋仁宗年号。元年:1054 年。
② 蜀:古族名,分布于今四川省中部偏西一带,周代称王,其首都为今四川省成都市。后人泛称四川为蜀。蜀地原划为西川路,咸平四年(1001)改名益州路。张方平任职时正是称为益州路时期,但为了与后文中的"西人"一语相配合,遂用"西川"旧名以译。又全文之"蜀"一词,根据语言环境,或译为西川,或不另译。

平其人①。"天子曰:"然。"公以亲辞,不可,遂行。冬十一月至蜀。至之日,归屯军,撤守备,使谓郡县:"寇来在吾,无尔劳苦。"明年正月朔旦,蜀人相庆如他日,遂以无事。又明年正月,相告留公像于净众寺,公不能禁。

眉阳苏洵言于众曰:"未乱易治也,既乱易治也。有乱之萌,无乱之形,是谓将乱。将乱难治,不可以有乱急,亦不可以无乱弛。惟是元年之秋,如器之攲②,未坠于地。惟尔张公,安坐于其旁,颜色不变,徐起而正之。既正,油然而退,无矜容。为天子牧小民不倦,惟尔张公。尔繄以生③,惟尔父母。且公尝为我言:'民无常性,惟上所待。人皆曰蜀人多变,于是待之以待盗贼之意,而绳之以绳盗贼之法。重足屏息之民,而以砧斧令④。于是民始忍以其父母妻子之所仰赖之身,而弃之于盗贼,故每每大乱。夫约之以礼,驱之以法,惟蜀人为易。至于急之而生变,虽齐鲁亦然⑤。吾以齐鲁待蜀人,而蜀人亦自以齐鲁之人待其身。若夫肆意于法律之外,以威劫齐民,吾不忍为也。'呜呼!爱蜀人之深,待蜀人之厚,自公而前,吾未始见也。"皆再拜稽首曰:"然。"

苏洵又曰:"公之恩在尔心,尔死,在尔子孙;其功业在史官,无以像为也。且公意不欲,如何?"皆曰:"公则

---

① 张方平(1006—1091),字安道,号乐全居士,北宋南京(今河南省商丘市)人。举进士,任著作郎,曾上《平戎十策》,累官至参知政事,卒谥"文定"。著有《乐全集》。本文记他在益州时的治绩。

② 攲(qī):倾斜。

③ 繄(yī):实。

④ 砧(zhēn)斧令:杀戮镇压的命令。

⑤ 齐鲁:齐、鲁都是先秦国名,在今山东省一带。后人以"齐鲁"泛称山东省。

何事于斯？虽然，于我心有不释焉。今夫子居闻一善，必问其人之姓名，与其邻里之所在，以至于其长短小大美恶之状；甚者，或诘其平生所嗜好，以想见其为人。而史官亦书之于其传，意使天下之人，思之于心，则存之于目；存之于目，故其思之于心也固。由此观之，像亦不为无助。"苏洵无以诘，遂为之记。

公南京人①，为人慷慨有大节，以度量雄天下。天下有大事，公可属。系之以诗曰：天子在祚，岁在甲午。西人传言，有寇在垣。庭有武臣，谋夫如云。天子曰嘻，命我张公。公来自东，旗纛舒舒。西人聚观，于巷于途。谓公暨暨，公来于于②。公谓西人："安尔室家，无敢或讹。讹言不详，往即尔常。春尔条桑，秋尔涤场。"西人稽首："公我父兄。"公在西囿，草木骈骈。公宴其僚，伐鼓渊渊。西人来观，祝公万年。"有女娟娟，闺闼闲闲；有童哇哇，亦既能言。昔公未来，期汝弃捐。""禾麻芃芃③，仓庾崇崇。嗟我妇子，乐此岁丰。"公在朝廷，天子股肱。天子曰归，公敢不承？作堂严严，有庑有庭。公像在中，朝服冠缨。西人相告："无敢逸荒。公归京师，公像在堂！"

【译文】

至和元年秋天，西川的人们互相传说，有敌寇侵至边疆，边防驻军也在夜里惊呼，乡野人家都搬光了。于是妖妄的流言传闻四方，京师也感到震惊。正在朝廷考虑可任益州路帅

---

①　南京：北宋以应天府为南京，在今河南省商丘市。
②　暨(jì)暨：刚勇貌。于于：悠然自得，安详淡定。
③　芃(péng)芃：生长繁茂的样子。

司的人选时,天子说道:"不要怠慢养成祸乱,也不应操之过急而助长叛变的暴发。大家各分朋党意见纷纷,但是朕自有主张。外寇不足为忧,担心的是叛变从当地发生。既不可以单凭礼乐教化来管教,又不可以只仗着武力来硬压下去。只从朕手下的几个大臣里挑选,谁能够办好这件夹杂在文武之间的事,就派谁到那里安抚朕的军队。"于是都推荐道:"张公方平就是这样的人。"天子说:"对。"张公以父母年老为理由来辞让,没有被准许,遂即赴任。当年冬季十一月他来到蜀地。就任那天,立即把已集中的队伍遣回原地,解除战备,派人告知本路各州县官员:"外寇来时由我处理,无须你们再辛苦了。"第二年正月初一清晨,西川人欢庆元旦和往年一样,得以平安无事。又过了一年的正月,人们共同禀告,请求为张公留帧肖像于净众寺中,张公禁止不得。

眉阳人苏洵向众人说道:"没有叛乱时容易治理,已经乱了也容易治理。就怕是已经有了叛乱的苗头,尚没看到叛乱的景象,这叫作'将乱'。将乱不乱的时候最难治理了,既不能用治叛变的办法抓紧拿办,又不可以因为没出乱子而松懈放手。就说至和元年秋天,咱们这里就好像一件器皿快要歪倒了,可是还没有掉在地上一样。只有你们张公,安安静静地坐在这件家什的旁边,看见了连面色都不变样,从从容容地站起来把它扶正当了。安放妥当以后,又慢悠悠地退回去,没有丝毫骄傲自满的样子。替天子照管着小民而不厌倦的,就是你们张公了。你们这样能够活下来,因为张公就是你们的再生父母。而且张公曾经跟我说过:'老百姓没有固定的生性脾气,单看上边怎么来对待。人家都说蜀人多变乱,于是就拿对付盗贼的态度来对待他们,用惩办盗贼的法子来惩治他们。对那些并起脚来连大气也不敢喘的老百姓们,却用杀戮镇压来办事。于是百姓才开始狠下心把自己那条养活父母妻小的身子,豁上去投靠盗贼那一边,所以蜀地常常大乱。可是若用礼教来约束,用法律来管理他们,唯有蜀人最容易管教了。至于逼迫急了发生变乱,即使齐鲁这种地方也会如此的。我用看待齐鲁百姓的心意来对待蜀人,蜀人也会用齐鲁人作榜样来要求自己的。像那种肆意超出法律之外,用残酷手段来劫持平民的事,我是不忍心做的啊。'啊! 爱我们西川人这样深,待我们西川人这么厚的,自张公来以前,我可从来没有看见过呢。"众人都拜了又拜,磕着头说:"是啊。"

　　苏洵接着又讲道:"张公的恩情在你们的心里,你们死了,会传给你们的后代;他的功勋事业会有史官记载下来保存着,不用画像也能留名传世啊。何况张公也不愿意,怎么办?"大家都说:"张公还用得着办这事来图名吗? 不过,虽然这样,我们的心里可就放不下了。就说如今日常里听到一件好事,都愿意打听那办事人的姓名,连他的街坊邻居在哪儿,以至于他长得高矮胖瘦丑俊,甚至还要询问他平生的嗜好是什么,好去想象这人是什么模样。再说那史官也会把这些写在传记上,意思是使普天下的人将他记在心里,存放在眼前;有存在眼前的,那在心里的感念就更牢固了。这样看来,画像也不是没有益处的呢。"苏洵再没有理由来反驳了,就替他们把这事记载下来。

　　张公是南京人,为人慷慨,能保持大节,心胸宽洪为天下之最。天下如有大事发生,张公是可以信赖托付的。附之以诗云:天子在位,甲午之年,西川传闻,外寇侵边。朝中多武将,谋士众如云,天子说了话,特命张公赴临。张公自东来,旗帜齐飘扬。西川人欢迎,满街又满巷。人说张公性刚强,来到才知他温良。张公告诉西川人:"安好你的家,不要信谣言。谣言不吉祥,返家就照常年办。春天就把桑枝整,秋来

赶紧净场园。"西川百姓齐叩首:"张公如我父兄般。"张公来
到西猎场,草木争发真旺相。张公摆酒请众官,鼓声咚咚敲
得欢。西川百姓都来看,齐祝张公万万年。"俺那女儿貌娟
娟,照常在家不出院。俺儿当时哇哇哭,如今长大会言谈。
那年不是张公来,本想把儿女抛路边。""如今庄稼勃勃长,粮
仓高高装得满。叫声我的妻和子,快活过个丰收年。"张公在
朝廷,天子看他赛臂膀。天子若要说"回去",张公怎敢不承
当? 新建厅堂多雄壮,庭院左右有庑房。张公画像堂中挂,
朝服纱帽帽带长。西川人人都说道:"可别闲游胡浪荡。即
使张公回京去,画像还在咱厅堂!"

苏 轼

　　苏轼(1037—1101),字子瞻,别号东坡居士。眉州眉山
(今四川省眉山市)人,苏洵之子。宋仁宗嘉祐二年(1057)
进士。曾任密州(今山东省诸城市)、徐州、湖州知州。因反
对王安石新法,神宗元丰二年(1079)被人罗织其平日诗文,
加以比附夸大,以讽刺皇帝、攻击朝政的罪名奏进朝廷,因被
逮捕下狱。后贬谪黄州(今湖北省黄冈市)任团练副使。神
宗死后,守旧派司马光执政,苏轼得任杭州知州,又提升为礼
部尚书兼翰林学士。但他也反对守旧派的某些反新政的过
分措施,因遭疏远,被派为外任地方官。宋哲宗亲政之后,新
派又上台,旧派失势,又以其作文讥斥先朝的罪名远谪至惠

州(今广东省惠州市惠阳区)、儋州(今海南省儋州市)。宋徽宗即位,蒙赦北还,在常州病死。苏轼在政治上较注重实际,对新旧两派的脱离实际及其派系成见导致的过头做法都不赞成,因而既被新派迫害又被旧派排斥,终身不得志。他的思想虽以儒家为主,但羼杂老庄思想,又兼有佛、道二教的某些观点,一直受官办儒家的歧视。

　　苏轼的文学艺术成就却为历代推崇:诗文成就为李杜、韩柳之后的高峰,与欧阳修并称为"欧苏"。又与其父及弟苏辙并称"三苏",列入"唐宋八大家"。他的词开一代新风,是豪放派的代表,与辛弃疾合称"苏辛"。在学术上他又是"蜀学"大师。他的书法、绘画成就杰出,书法是"苏黄米蔡"四大家之首。总之,他的才能是多方面的,他富有创新精神而又才华横溢,尤其在文学上成为继往开来的盟主。当时许多著名文人都受他的影响,如黄庭坚、秦观、晁补之、张耒,人称为"苏门四学士";或再加上陈师道、李廌称为"苏门六君子"。他对于后世也有深远影响,民间流传着关于他的许多传说,并编入戏曲、话本,成为"才子"的典型。著有《东坡七集》。

刑赏忠厚之至论

【解题】

　　本文是苏轼二十一岁考进士的试卷文字。宋人曾作为逸话流传,说欧阳修主持嘉祐二年的礼部考试,请诗人梅圣俞阅卷,梅阅此文后以为有"孟轲之风",荐于欧阳修。此时欧阳修的门生曾巩也一同应试,他俩认为此文优异,可能是曾巩作的,欧阳修为了避嫌因不敢将其定为第一,遂降为第二。但文中所举尧与皋陶对刑罚的互相制约的例证,不知其出处,待苏轼谒见时问他,苏轼笑道:"想当然耳。"竟是他捏造了来哄骗试官的,欧、梅因其才高,也不介意。实际所引事例出于《礼记·文王世子》,是周公的事,苏轼临考时误记为尧的事了。好事者因不知出处,遂加以增饰,造作出这段"佳话"来。但从这佳话中也反映出古代应试文字的情况。我们对于此类应试文字不应过于执着,认为是表达了作者真实的见解。本书选的苏轼几篇论文,都是他为应试而拟作的文字。苏轼在其《答李之仪书》中曾说自己年轻时"读书作文,专为应举而已",又因应举制策科,就写了些"妄论利害,挽说得失"的文章,"此正制科人习气"。这句客气话,虽含有遁词成分,但也道出其中的几分真情。所以读本书所选的这五篇论文时,应予考虑。

本篇题目出自伪《古文尚书·大禹谟》孔安国的注文:"刑疑付轻,赏疑从众,忠厚之至。"为了扣题,其立论不过是儒家的施仁政、行王道,推崇尧舜周孔,属于当时的滥调。但是作者在扣紧题目、布局谋篇、引用圣经贤传与论据紧密结合等方面的技巧是很高的,文笔酣畅,说理透辟。

尧、舜、禹、汤、文、武、成、康之际①,何其爱民之深,忧民之切,而待天下以君子长者之道也! 有一善,从而赏之,又从而咏歌嗟叹之,所以乐其始而勉其终。有一不善,从而罚之,又从而哀矜惩创之,所以弃其旧而开其新。故其吁俞之声,欢休惨戚,见于虞夏商周之书②。成、康既没,

---

① 唐尧、虞舜、夏禹、商汤、周文王、周武王、周成王、周康王,都是儒家标榜的理想政治家的代表人物,即本文中统称的"先王"。

② 吁俞之声:《尚书》各篇按时代分为虞书、夏书、商书、周书四部分。其中有些篇章,特别是在《皋陶谟》中记载古时君臣的对话,多用"吁""俞"的语气词,表达他们对事物的感情、态度。吁,多表示慨叹;俞,多表示同意。

穆王立而周道始衰,然犹命其臣吕侯,而告之以祥刑①。其言忧而不伤,威而不怒,慈爱而能断,恻然有哀怜无辜之心,故孔子犹有取焉②。

传曰:"赏疑从与,所以广恩也;罚疑从去,所以慎刑也③。"当尧之时,皋陶为士,将杀人,皋陶曰"杀之"三,尧曰"宥之"三④。故天下畏皋陶执法之坚,而乐尧用刑之宽。四岳曰:"鲧可用。"尧曰:"不可,鲧方命圮族。"既而曰:"试之。"何尧之不听皋陶之杀人,而从四岳之用鲧也?然则圣人之意,盖亦可见矣⑤。《书》曰:"罪疑惟轻,功疑惟重。与其杀不辜,宁失不经⑥。"呜呼!尽之矣。

可以赏,可以无赏,赏之过乎仁;可以罚,可以无罚,罚之过乎义。过乎仁,不失为君子;过乎义,则流而入于

---

① 《尚书·吕刑》一篇记载周穆王命令吕侯代为传达的关于刑罚的文告。所谓"祥刑",因篇中有"王曰:吁!宋!有邦有土(指诸侯)。告尔祥刑,在今尔安百姓"。祥刑,即善刑,好的法律。本篇以周刑与苗族的刑法对比,说明自己的仁厚宽大。故苏轼引之为"忠厚"的例证。

② 儒家传说,古者有《书》三千,孔子删定选为百篇,故作者说"孔子犹有取焉"。

③ 所引"传曰"的话出自《汉书·冯野王传》,传言杜钦为冯野王辩护,引"传曰"云云,可参看。

④ 此事出自《礼记·文王世子》,记载周公对于公族判刑的仪式:"有司谳于公,其死罪,则曰:'某之罪在大辟。'公曰:'宥之。'有司又曰:'在辟。'公又曰:'宥之。'有司又曰:'在辟。'及三宥,不对走出。""公又使人追之曰:'虽然,必赦之。'有司对曰:'无及也。'"苏轼在临考时将周公与有司的对话误记为尧和皋陶的了。

⑤ 四岳:传说尧把全国分为四大行政区,其长官名为"四岳"。鲧(gǔn):夏禹的父亲,儒家说他的品德不佳,治水无功,被尧所杀,而以禹代之。圮(pǐ):毁坏、败坏。本句引用的事例出自《尚书·尧典》。

⑥ 引《书》四句,见晋人梅赜伪《古文尚书·大禹谟》。但其后二句是《左传》引已散佚的《夏书》的话,被作伪者搜来利用于《大禹谟》的伪文中。苏轼那时尚未发现它是伪书。

忍人。故仁可过也,义不可过也。古者赏不以爵禄,刑不以刀锯。赏之以爵禄,是赏之道行于爵禄之所加,而不行于爵禄所不加也;刑之以刀锯,是刑之威施于刀锯之所及,而不施于刀锯之所不及也。先王知天下之善不胜赏,而爵禄不足以劝也;知天下之恶不胜刑,而刀锯不足以裁也。是故疑则举而归之于仁。

以君子长者之道待天下,使天下相率而归于君子长者之道,故曰忠厚之至也。《诗》曰:"君子如祉,乱庶遄已。君子如怒,乱庶遄沮①。"夫君子之已乱,岂有异术哉? 制其喜怒,而无失乎仁而已矣。《春秋》之义,立法贵严,而责人贵宽,因其褒贬之义以制赏罚,亦忠厚之至也。

【译文】

尧、舜、禹、汤、文、武、成、康的时候,那是多么深爱人民,关切人民,并且用看待仁人君子的方式来对待天下庶民的啊!只要有一件好事,随即给以奖赏,又及时用歌曲来赞叹他,以此庆贺他的良好开端并且勉励他终身坚持。办了一件坏事,就及时予以处罚,又从而以怜恤痛心的态度来惩戒鞭策他,以此来使他抛弃旧恶,开其新路。所以圣君贤臣们"唯唯否否"的感叹声,那种高兴与怜悯的关切心情,表现在《尚书》的虞、夏、商、周的各篇之中。成王、康王相继逝世以后,周穆王即位时期,周朝的优良传统开始衰落了,但是他仍然召见大臣吕侯,向他宣告了宽厚的好刑律。穆王告诫的话忧虑而不伤痛,威严而不愤怒,慈爱而能决断,亲切地充满着怜悯无辜的善

---

① 《诗》曰四句,引自《诗经·小雅·巧言》。祉(zhǐ):福气,喜悦。遄(chuán):快,疾速。

心。因此,孔子还是把这篇《吕刑》选进《尚书》里去。

《尚书》的传文说:赏赐如有可疑者照样在应赏之列,以此使恩惠扩大;责罚时遇有可疑者则要从应罚之列划去,以表示施行刑罚时尽量慎重。在唐尧时候,皋陶担任最高司法官,将要杀人时,皋陶三次说"执行死刑",而尧帝却一连三次都说"宽恩赦免"。因此,全天下都畏惧皋陶执法的坚决,而庆幸尧帝量用刑律的宽大。四岳建议说:"鲧可以治水。"尧帝却说:"不可以,鲧抗命违众。"过后,还是说:"试用一下吧。"为什么尧帝不听从皋陶杀人,而同意四岳任用鲧呢?圣人的心意,从这里也可以看得出来了。《尚书》说:"罪行有疑者,量刑从轻;功绩有疑者,仍从其重。与其误杀无辜的人,宁可承担执法失误的责任。"啊!这话总算把圣王的用心说得很详尽了。

可以赏可以不赏的,赏了他,就施行仁政过头了;可以罚可以不罚的,罚了他,就坚持正义过头了。推行仁政过分,不失为君子;坚持正义过火,就到了冷酷无情的地步了。因此,仁可以过分,义可不能过分的啊。古时候奖赏不仅用爵位和俸禄,刑罚不只用刀锯之类。用爵禄来赏赐,那么奖赏只能赐给具有授予爵禄条件的人,而不能施行于不具备条件的人了;只用刀锯刑罚,这是刑律的威力只加于那些够得上服刑的罪犯,而不施行于够不上判刑条件的人了。先王知道天下的善行是赏不胜赏的,只用有限的爵禄是不足以普遍奖励的;也知道天下的坏行为是罚不胜罚的,只用刀锯是不足以制裁的啊。正因为这样,所以对于赏罚中有疑似不定者统统都纳入仁慈宽大的范畴中去。

用君子长者的道理来对待天下人,使天下人都互相劝勉,返回到君子长者的行列中去,所以说是忠厚之至啊。《诗经》说:"君子如果喜爱好的,祸乱就要迅速结束。君子如果气愤坏的,祸乱将要很快停止。"君子结束、停止祸乱难道还有什么特殊的法子吗? 不过是控制个人喜怒,使之不离开仁德罢了。《春秋》的义例是,立法注重严格,而责人着重宽大,再根据褒贬的义例来体现其赏罚,这也是忠厚之至的啊。

范　增　论

【解题】

本篇是对范增离开项羽一事的分析和评论。一般都以为项羽是中了陈平的反间计才使范增离去的,作者则进一步找出理由说明项羽早对范增不满,即使没有陈平的反间也要除去范增,同时提出范增应该回家,但走得太迟了,并代范增找出了离去的最佳时刻。文章主旨是以范增为例,论证封建士大夫的原则和掌握进退的时机。由于立论在一般人的意料之外,见解新颖,同时配合对立论有利的论据,把话说得头头是道,又能自圆其说,因此能引人注意,获得读者的好感。

但是这种文章的写法是不严肃的,经不起全面分析和认真的考察。因为它只从事实中选取有利于己的例子,对于立论不利者则不敢触动;而且其立论的根据也有相当一部分建立在作者的主观想象推测之上。此文原未编进苏轼的文集,是后人搜集他的墨迹而编入《志林》(又名《东坡手泽》)中去的,说明作者并不重视它。根据其内容来看,可能因为此文是作者准备科举的习作之故。科举文字为博取阅卷人的好感,就要揣摩阅卷者的心理。阅卷人要在限定时间内读大量同一题目的文章,如果立论平实,很容易被滑过去,如果立论新颖,则容易被注意而获取好感。同时,料知阅卷人没有时间反复思考立论是否全面、中肯,很可能在一时快意之下将其置入优等。于是在科举习作之中就形成了这种华而不实、哗众取宠的文风。当然,这是我们所不取的。

　　汉用陈平计,间疏楚君臣①。项羽疑范增与汉有私,稍夺其权。增大怒曰:"天下事大定矣,君王自为之,愿赐骸骨归卒伍。"归未至彭城,疽发背死②。苏子曰:增之去善矣,不去,羽必杀增。独恨其去不早耳。

　　然则当以何事去?增劝羽杀沛公,羽不听③,终以此失天下,当于是去耶?曰:否。增之欲杀沛公,人臣之分也;羽之不杀,犹有君人之度也。增曷为以此去哉?《易》曰:"知几其神乎④!"《诗》曰:"相彼雨雪,先集维霰⑤。"增之去,当于羽杀卿子冠军时也⑥。

　　陈涉之得民也,以项燕扶苏⑦;项氏之兴也,以立楚

　　　① 汉高帝元年,项羽与范增围攻荥阳的汉军。汉高祖刘邦采用陈平的反间计,当项羽的使者到汉军驻地时,"(汉方)为太牢具,举欲进之。见使者,佯惊愕曰:'吾以为亚父(范增)使者,乃反项王使者。'更持去,以恶食食项王使者。使者归报项王,项王乃疑范增与汉有私"(见《史记·项羽本纪》)。
　　　② 彭城:当时项羽的都城,即今江苏徐州。疽(jū):毒疮。
　　　③ 指著名的鸿门宴事件。
　　　④ 引自《周易·系辞下》,原句是:"子曰:知几其神乎!君子上交不谄,下交不渎,其知几乎!几者,动之微、吉之先见者也。君子见几而作,不俟终日。"几,生活中某些事物的微细的苗头。苏轼引语,暗含着范增不能"见几而作"的意思。
　　　⑤ 引自《诗经·小雅·頍弁》,"相彼雨雪"之"相",原句为"如"。意思是下大雪之前,先降落的是白色不透明的小冰粒。霰(xiàn):俗名"雪糁"。
　　　⑥ 卿子冠军:楚怀王所封大将宋义的称号。当时秦将章邯打垮项梁军之后,又围赵军张耳、陈馀于巨鹿。楚怀王派宋义为上将军领兵救之,他屯兵安阳不动,项羽假托楚王命令刺杀之,因而带领其军救赵,获大胜。
　　　⑦ 陈涉起义时假借楚将项燕、秦太子扶苏的名义以资号召。见《史记·陈涉世家》。

怀王孙心。而诸侯叛之也，以弑义帝①。且义帝之立，增为谋主矣。义帝之存亡，岂独为楚之盛衰，亦增之所与同祸福也。未有义帝亡，而增独能久存者也。羽之杀卿子冠军也，是弑义帝之先兆也。其弑义帝，则疑增之本也，岂必待陈平哉？物必先腐也，而后虫生之；人必先疑也，而后谗入之。陈平虽智，安能间无疑之主哉？

　　吾尝论义帝，天下之贤主也。独遣沛公入关，不遣项羽；识卿子冠军于稠人之中，而擢以为上将，不贤而能如是乎②？羽既矫杀卿子冠军，义帝必不能堪。非羽弑帝，则帝杀羽，不待智者而后知也。增始劝项梁立义帝，诸侯以此服从。中道而弑之，非增之意也。夫岂独非其意，将必力争而不听也。不用其言而杀其所立，羽之疑增，必自是始矣。

　　方羽杀卿子冠军，增与羽比肩而事义帝③，君臣之分未定也。为增计者，力能诛羽则诛之，不能则去之，岂不毅然大丈夫也哉？增年已七十，合则留，不合则去。不以此时明去就之分，而欲依羽以成功名，陋矣！虽然，增，高帝之所畏也。增不去，项羽不亡。呜呼！增亦人杰也哉！

---

　　①　义帝：楚怀王的孙子，名心。《史记·项羽本纪》云，"居鄛人范增，年七十"，往说项梁立楚王之后以资号召，"于是项梁然其言，乃求楚怀王孙心民间，为人牧羊，立以为'楚怀王'，从民所望也"。其后项羽占领咸阳，尊怀王为义帝。汉高帝元年四月，项羽分封诸侯之后，使义帝徙居长沙，令人在半道上杀之。

　　②　据《史记·项羽本纪》，宋义曾判断项梁兵必败，为义帝所知，因此"王召宋义与计事而大悦之，因置以为上将军"。擢（zhuó）：提拔。

　　③　楚怀王派兵救赵时，宋义为上将军，项羽为次将，范增为末将。因此作者称当时范增与项羽是"比肩"的同僚关系，不是君臣关系。

【译文】

汉高祖用陈平的计策,利用反间计来分化楚国的君臣。于是项羽果然怀疑范增与汉高祖有秘密勾结,遂逐渐剥夺范增的权力。范增很气愤,说:"天下事已经大致平定了,君王可以自己办理了,希望把这副老骨头赏给我好让我回家归入里邑居民的编制中去吧。"回去时还没有走到彭城,背上患痈疽疮而死。苏子说:范增的离去是对的,不去,项羽必定要杀害范增的。只是恨他离开得不早罢了。

那么他应该因为什么事情离去呢?范增劝项羽杀害沛公刘邦,项羽不听,终于因此而失掉天下,是否应当在这时离去才好呢?回答是否定的。范增当时想要杀沛公,是作为一个大臣应该尽的责任;项羽不杀,也是作为一个君主应有的度量。范增有什么必要为此事而离去呢?《周易》曾说:"知道细微的征兆者是神明吧!"《诗经》云:"瞧那下大雪以前,先降下来的却是小冰糁。"我认为范增的离去,应当在项羽刺杀卿子冠军宋义的时刻。

陈涉得到民心,是依靠着项燕和扶苏的名义;项氏的兴起,也是因为树立楚怀王的孙子熊心。然而诸侯背叛项羽,也是因为杀死所扶立的义帝。何况义帝被拥立,范增是主要的策划者呢。楚义帝的存亡,不但关系着楚国的盛衰,更是范增与之同命运共祸福的关键所在啊。不会有义帝被杀,而范增单单长久生存的情况啊。项羽杀害卿子冠军,即是杀死义帝的先兆。而他杀死义帝,则是猜疑范增的本源,又何必等待陈平来施反间计呢!东西必然是先腐朽了,然后虫子才得以生出来;人必然是先有了猜疑,然后谗言谤语才能乘虚而入。陈平虽然是很聪明的,但怎么能够挑拨毫不猜疑的君主呢?

我曾经评论过义帝,认为他是当世的贤明君主。例如单命令沛公攻进函谷关,而不派遣项羽;发现卿子冠军于稠人广众之中,并且提拔他为上将军,倘不贤明能够这样做的吗?项羽既假托义帝的命令来杀死卿子冠军,义帝肯定是不堪忍受的。不是项羽杀害义帝,就是义帝诛杀项羽,这是不必有什么智慧而后才能明白的。范增最初劝说项梁拥立义帝,诸侯因此而服从。半道中杀死他,当然不是范增的主意。不但不是他的主意,很可能是尽力争取不杀,但没有被项羽听从啊。不采用范增的意见,而杀害他拥立的人,项羽对范增的猜疑,肯定是从这一时刻开始的啊。

当项羽杀害卿子冠军的时候,范增和项羽是并肩平列地在义帝手下办事的同僚,君臣的身份尚未确定。替范增打算,有力量诛杀项羽则诛之,倘若不能就该离开他。这岂不是称得上刚毅的大丈夫了吗?那时范增的年纪已经七十了,合则留,不合则去嘛。不在此时划清去或不去的原则界限,反而想依靠项羽来成就自己的功业和名声,真是固陋得很啊!虽是如上所评,但范增仍是汉高帝所惧怕的人。范增不离去,项羽就不会灭亡。唉!范增也算个杰出的人才了。

留 侯 论

【解题】

本篇是宋仁宗嘉祐六年(1061)苏轼在二十五岁时应制科考试时呈上的《进论》之一。全文就张良在桥上遇见黄石公"纳履受书"这一传说加以评论。旧时一般认为张良后来协助刘邦用兵取天下,都亏了这本书。但作者则认为黄石公给张良的教益,不在于赠书,而在于通过"纳履"来考验启发张良,使他学会"忍小忿而就大谋"的道理。张良懂得了,并在以后影响了刘邦所制定的战略,终于战胜了项羽。这种以独特新颖的见解来争取优胜的文字,固然是科考卷子中惯有的,但本篇提出的这一点,尚不失为刘邦、张良拟定的战略中的一项,对认识社会矛盾斗争的复杂现象具有参考价值。

本篇的结构设计着重开头和结尾。开头部分,在具体评论张良之前,先将结论当头提出,使人注目,造成悬念。结尾则是在充分发挥题旨之后,笔尖一转,逗出对张良相貌的评价上来,好像是闲文,但在末句点出"貌如其人",则隐隐与开头所提前摆出的结论相照应。好像闲话实是点题,似为游离却实际是加固前后文统一的手段。初读时出人意料,读完后才知全在情理之中。这种技巧的卖弄,对打动试官,当时是颇有用的。自然,苏轼以后修养提高了,也就不屑于使用这种手法了。

古之所谓豪杰之士,必有过人之节,人情有所不能忍者。匹夫见辱,拔剑而起,挺身而斗,此不足为勇也。天下有大勇者,卒然临之而不惊,无故加之而不怒,此其所挟持者甚大,而其志甚远也。

夫子房受书于圯上之老人也,其事甚怪①。然亦安知其非秦之世有隐君子者,出而试之?观其所以微见其意者,皆圣贤相与警戒之义,而世不察,以为鬼物,亦已

① 子房:即张良之字。张良后封为留侯。圯(yí):楚地俗称桥为"圯"。关于张良受书的传说,《史记·留侯世家》虽然记载,但司马迁同时认为"亦可怪矣"。据说张良在下邳(pī)(今江苏省睢宁县古邳镇),于圯上逢见一老者,老者故意将鞋弄掉桥下,叫张良下去拾。张良"愕然,欲殴之,为其老,下取履"。但老人又令他穿鞋,张良只好替他穿上。老人遂说:"孺子可教矣!"让他过五天后早晨在桥头等候。张良去时,老人已先在,嫌他迟到,又再推迟五日,直到第三次约会时,张良"夜未半而往",总算来到老人之前,于是老人赠他一编书,曰:"读此,则为帝王师矣。"人称老人为"黄石公"。

过矣。且其意不在书。

当韩之亡①、秦之方盛也，以刀锯鼎镬待天下之士，其平居无罪夷灭者，不可胜数。虽有贲、育②，无所获施。夫持法太急者，其锋不可犯，而其势未可乘。子房不忍忿忿之心，以匹夫之力，而逞于一击之间③。当此之时，子房之不死者，其间不能容发，盖亦危矣。千金之子不死于盗贼，何哉？其身可爱，而盗贼之不足以死也。子房以盖世之才，不为伊尹、太公之谋④，而特出于荆轲、聂政之计⑤，以侥幸于不死，此圮上老人所为深惜者也。是故倨傲鲜腆而深折之。彼其能有所忍也，然后可以就大事，故曰："孺子可教也。"

楚庄王伐郑，郑伯肉袒牵羊以迎。庄王曰："其主能下人，必能信用其民矣。"遂舍之⑥。勾践之困于会稽，而归臣妾于吴者，三年而不倦⑦。且夫有报人之志，而不能下人者，是匹夫之刚也。夫老人者，以为子房才有余而忧其度量之不足，故深折其少年刚锐之气，使之忍小忿以就大谋。何则？非有平生之素，卒然相遇于草野之

① 张良的先辈是韩国的大臣，秦灭韩后，张良曾为韩王复国而努力。
② 贲(bēn)：孟贲。育：夏育。两人都是先秦时卫国著名的勇士。
③ 《史记·留侯世家》载，秦灭韩后，张良为韩报仇，请一位力士，用一个一百二十斤重的铁锥，当"秦皇帝东游，良与客狙击秦皇帝博浪沙中，误中副车。秦皇帝大怒，大索天下，求贼甚急，为张良故也"。
④ 太公：即太公望吕尚，佐周武王灭纣者。伊尹：商汤大臣，佐商灭夏桀者。
⑤ 荆轲：刺客，为燕国刺秦王者。聂政：刺杀韩相侠累的刺客。
⑥ 楚庄王侵郑，攻入城中。郑伯肉袒牵羊以迎，说："孤不天，不能事君，使君怀怒，以及敝邑，孤之罪也，敢不唯命是听！"楚庄王因而退军三十里，和平解决。见《左传·宣公十二年》。
⑦ 即"卧薪尝胆"的故事，见《国语·越语》。

间,而命以仆妾之役,油然而不怪者,此固秦皇之所不能惊,而项籍之所不能怒也。

观夫高祖之所以胜,项籍之所以败者,在能忍与不能忍之间而已矣。项籍唯不能忍,是以百战百胜,而轻用其锋。高祖忍之,养其全锋而待其敝,此子房教之也。当淮阴破齐而欲自王,高祖发怒,见于词色。由是观之,犹有刚强不能忍之气,非子房其谁全之①?

太史公疑子房以为魁梧奇伟,而其状貌乃如妇人女子,不称其志气②。呜呼! 此其所以为子房欤!

【译文】

古时候所说的豪杰人物,必定有超过众人的节制力,能忍受一般人不能忍受的境遇。平常一个男子受了侮辱,拔剑而起,挺身而斗,这够不上称为勇敢。世界上有那种大勇的人,屈辱突然来临而不震惊,无故地加在他头上也不愤怒。这是因为他承担的任务重大,而他的志向是很远大的啊。

张子房接受圯上老人的赠书,这事看来很奇怪。但是怎么会知道这不是在秦朝隐居的君子出来试探考验他的呢? 观察他所做的那件细微的小事所体现出来的意图,都是古来圣贤互相警诫的道理,可是世人不留心考察,就以为是鬼神,

---

① 韩信领兵平定齐国之后,派人向刘邦要求为"假(代理)齐王","当是时,楚方急围汉王于荥阳,韩信使者至,发书,汉王大怒,骂曰:'吾困于此,旦暮望若来佐我,乃欲自立为王!'张良、陈平蹑汉王足,因附耳语曰:'汉方不利,宁能禁信之王乎? 不如因而立,善遇之,使自为守。不然,变生。'汉王亦悟,因复骂曰:'大丈夫定诸侯,即为真王耳,何以假为!'乃遣张良往立信为齐王。"见《史记·淮阴侯列传》。韩信后来封为淮阴侯,故以"淮阴"称韩信。

② 太史公:即司马迁。本篇所引,取自《史记·留侯世家》的"赞语"。

也太错误了吧。况且他的用意并不在赠书一事呢。

在韩国灭亡、秦朝正当强盛的时候,用残杀人的刀锯和烹炸人的大锅来对待普天下人士的,甚至那些安居在家从不生事的人也被杀身灭族的,都没法数清。这时虽然有孟贲、夏育那样的勇士,也无法获得施展的机会。操持法禁刑罚过于严峻的,他的锋芒是不可冒犯的,而这种情势也是没有机会可乘的。子房忍耐不住愤愤的感情,只凭借个人的力量,竟想得逞于一次突然袭击之间。当此之时,子房居然没有死,简直是只有一根头发那样的误差,真是太危险了。家有千金的人,不会死在和盗贼的搏斗上,为什么呢?因为他的身份很值得爱护,犯不上和盗贼去拼命的嘛。子房凭着盖世的才能,不去搞伊尹、太公那种重大谋略,却单单学习荆轲、聂政之流的小算计,以求侥幸于偶然得逞而不死,这就是圯上老人所深深为之惋惜的啊。因此,以倨傲无礼的态度深深地挫折他一番。他若能够有所忍耐,然后才可以成就大事,所以老人才说:"这个年轻人是可以教育的啊。"

楚庄王侵伐郑国,郑襄公袒着膀子牵着羊来迎接。楚庄王说:"郑国的君主能对人谦卑,一定也能够以信义管理他的人民。"于是释放了他。越王勾践被围困于会稽之时,而能以奴仆的身份归附于吴国,达三年之久而不懈怠。那有复仇志气的人,而不能屈就俯下于人的,是普通人的刚强。这位老人以为子房的才能有余,而担心他的度量不足,所以深深地挫折他年轻人的刚强锐气,使他能忍受小的愤恨以成就其大的图谋。这是为什么呢?从来不相识,突然相遇于坡野之间,却命令他做奴婢所干的事情,张良居然从从容容而不见怪,这肯定是秦始皇所不能惊动,也是项羽所不能激怒的啊。

观察汉高祖所以胜利,项羽之所以失败的缘故,就在于能忍耐与不能忍耐的区别罢了。项羽就是不能忍耐,所以逢仗必打,逢打务必取胜,因而是轻率地使用其兵力的。汉高祖却能忍受得住,保存自己的完整的力量,而等待项羽的军力衰敝,这该是子房教的吧。当淮阴侯韩信攻陷了齐国而想要自己称王时,汉高祖发怒了,而且表现在言谈脸色上。从这里看来,他犹有刚强不能忍受的脾气,如果不是子房又有谁能来成全他呢?

太史公司马迁原以为子房是个魁梧奇伟的人,然而发现其相貌宛如姑娘一样,认为和他的胸怀气度不相称。噢! 这就是子房之所以为子房的的原因吧!

贾 谊 论

【解题】

对于贾谊,作者抓住了他以卓越的才能遭逢了为历代称颂的贤明君主汉文帝,然而以失意夭折告终一事来做文章。经过分析,作者认为贾谊不善于运用自己的才能。作者强调,贾谊应首先做好团结大臣的工作,然后推行其政治主张,批评他不善于等待时机成熟而操之过急,但在文末又提出君主也应体察臣属的个性而恰当地使用之。本文在批评贾谊时引用了孔、孟的例子,批评汉文帝时引用了苻坚的例子,很好地利用了对比的方式,使说服力得以加强。

非才之难,所以自用者实难。惜乎贾生王者之佐,而不能自用其才也①。夫君子之所取者远,则必有所待;

---

①　贾谊(前200—前168),洛阳人,汉文帝时任大中大夫,甚得信任,汉文帝拟擢之以公卿之位,周勃、灌婴等大臣皆反对。后因被中伤,出任长沙王太傅,又任梁怀王太傅。梁怀王堕马死,贾谊自恨有失太傅的职责,郁郁而死,时年三十三岁。论文《过秦论》等为传世名作。著有《贾谊新书》《贾长沙集》。

所就者大,则必有所忍。古之贤人皆负可致之才,而卒不能行其万一者,未必皆其时君之罪,或者其自取也。

愚观贾生之论,如其所言,虽三代何以远过①?得君如汉文,犹且以不用死,然则是天下无尧舜,终不可有所为耶?仲尼圣人,历试于天下,苟非大无道之国,皆欲勉强扶持,庶几一日得行其道。将之荆,先之以冉有②,申之以子夏③。君子之欲得其君,如此其勤也。孟子去齐,三宿而后出昼,犹曰:"王其庶几召我④。"君子之不忍弃其君,如此其厚也。公孙丑问曰⑤:"夫子何为不豫?"孟子曰:"方今天下,舍我者谁哉?而吾何为不豫?"君子之爱其身,如此其至也。夫如此而不用,然后知天下果不足与有为,而可以无憾矣。若贾生者,非汉文之不能用生,生之不能用汉文也。

夫绛侯亲握天子玺而授之文帝⑥,灌婴连兵数十万,以决刘吕之雌雄⑦,又皆高帝之旧将。此其君臣相得之

---

① 三代:夏、商、周。

② 冉有:名求,孔子弟子,为鲁国执政贵族季氏之宰。

③ 子夏:卜商之字。孔子弟子,晚年居魏,为魏文侯所尊师。

④ 昼:齐国邑名。此事见《孟子·公孙丑下》。孟子去齐时曾说:"千里而见王,是予所欲也;不遇故去,岂予所欲哉,予不得已也!予三宿而出昼,于予心犹以为速。王庶几改之,王如改诸,则必反予。夫出昼而王不予追也,予然后浩然有归志。予虽然岂舍王哉?王犹足用为善,王如用予,则岂徒齐民安,天下之民举安。王庶几改之,予日望之。"

⑤ 公孙丑:齐人,孟子弟子。关于此事,系充虞和孟子问答,苏轼误把充虞记为公孙丑了。

⑥ 绛侯:周勃的封爵位号。吕后时,周勃任太尉,吕后死,周勃将吕后家族的政治势力除去,将政权归于刘邦之子——汉文帝。

⑦ 灌婴:汉初功臣,封颍阴侯。吕后死,齐哀王举兵反对吕氏掌权,吕禄等派灌婴领兵击齐。灌婴与周勃合谋,遂屯兵荥阳,与齐兵联合,静待时机。周勃诛吕氏家族后,灌婴与之共迎立汉文帝。历任太尉、丞相。

分,岂特父子骨肉手足哉？贾生,洛阳之少年,欲使其一朝之间尽弃其旧而谋其新,亦已难矣。为贾生者,上得其君,下得其大臣如绛、灌之属,优游浸渍而深交之,使天子不疑,大臣不忌,然后举天下而唯吾之所欲为,不过十年可以得志。安有立谈之间,而遽为人"痛哭"哉①？观其过湘,为赋以吊屈原②,萦纡郁闷,趯然有远举之志③。其后以自伤哭泣,至于夭绝,是亦不善处穷者也。夫谋之一不见用,则安知终不复用也？不知默默以待其变,而自残至此。呜呼！贾生志大而量小,才有余而识不足也。

古之人有高世之才,必有遗俗之累。是故非聪明睿智不惑之主则不能全其用。古今称苻坚得王猛于草茅之中,一朝尽斥去其旧臣而与之谋④。彼其匹夫略有天下之半,其以此哉！愚深悲生之志,故备论之。亦使人

---

① "痛哭":指贾谊自长沙王太傅任内调返京师,汉文帝召见他于宣室中彻夜长谈,谊于此后上疏(本书卷六的《治安策一》即其节文),提出方今事势:"可为痛哭者一,可为流涕者二,可为长太息者六。"并一一举出应予注意和改革的意见。按:苏轼既把此事列于他出任长沙之前,又说"立谈之间,而遽为人'痛哭'"云云,说明苏轼把此事的时间记错了。贾谊早被文帝信任,贾谊此疏又在调回畅谈之后,而其言也被汉文帝采纳并逐渐执行。不马上提拔他,是因他资历浅,恐怕大臣不满。如果贾谊不早死,是会重用他的。苏轼此文只是取一件事来表达自己的处世哲学,不是对贾谊认真严肃的评论。

② 指贾谊的《吊屈原赋》,见《史记·屈原贾生列传》。

③ 萦纡(yū):曲折萦绕,形容心情不畅,即纠结。趯(tì)然:跳跃的样子,跃身而起。

④ 苻坚:十六国时前秦皇帝。357—385 年在位,氐族人,任用王猛为相,灭前燕、前凉、代国,统一了华北大部地区,又攻占益州。淝水之战败后,不久被羌族姚苌擒杀。王猛(325—375),字景略,北海剧(今山东省寿光市东)人,出身贫寒。后为苻坚信任,任前秦的司徒、录尚书事,后为丞相。

君得如贾生之臣，则知其有狷介之操①，一不见用，则忧伤病沮，不能复振。而为贾生者，亦谨其所发哉！

【译文】

有才并不难得，怎样很好地运用自己的才能才的确是难能可贵的。可惜的是贾生本应是个辅佐帝王的贤臣，然而不善于运用自己的才能啊。作为一个君子，所要求取得的成就是深远的，那就必须有所等待；所建立的功业是巨大的，那就必须有所忍耐。古来的贤能人士，都是具有可以成就功业的才干的，但能实现的往往不过万分之一，这未必都是当时君主的过错，或者是他们自己的原因吧。

我看贾生的议论，如果实现了他所说的，即使是三代盛世又怎能超过呢？得到了像汉文帝这样的贤明君主，尚且不被重用而死去，那么天下如果没有尧舜一般的圣君，就注定不可有所作为了吗？孔仲尼是圣人，尚且因试求任用遍历了天下列国，只要不是过于无道的邦国，都想勉强扶持起来，希冀有朝一日得以实行自己的主张。将要到楚国去，先派遣了冉有去接洽，随后又派遣子夏去。君子企求获得君主的信任，是这样的勤勤恳恳啊。孟子离开齐国，连住了三夜才从淹留的昼邑出境，尚且说："齐王可能要召回我的。"君子不忍心抛弃自己的君主，是这样的情深意厚啊。公孙丑提问道："夫子为什么不愉快呢？"孟子说："如今的天下，除了我还有谁呢？那么我为什么会不愉快？"君子对个人的自重自爱，是这样极为珍惜的啊。倘若这样做了还得不到信任，然后才真的知道天下果然是不值得有所作为的，这才可以扪心自问而无遗憾的了。像贾生这样，并非是汉文帝不能重用他，实际

---

①　狷(juàn)介：清高正直。

是贾生不会利用汉文帝嘛。

　　绛侯周勃是亲自捧着天子玉玺授予汉文帝的,灌婴则是结联大军几十万人,起了决定刘氏和吕家胜败作用的,而且又都是汉高帝时的故旧将领。这种君臣相知相亲的情分,岂止是父子骨肉手足的关系才有的呢?贾生不过是洛阳的一个青年,却想在一朝之间,使天子完全抛弃那旧政而谋求这新政,也就太困难了。作为贾生来说,应该从上面争取君主,下面团结大臣如绛侯、灌婴等人,从容地去浸润、去熏染,从而深深地结交他们,使天子不猜疑,大臣不忌惮,然后可以使全天下都照着自己的主张办,不出十年,理想就可以实现了。怎么会在站着谈话的一霎时间内,就立即为人家"痛哭、流涕、长太息"起来呢?看他经过湘江时,作辞赋以凭吊屈原,纠结忧郁,跃然有离世而高飞远逝的愿望。其后又因自怨自艾而常常哭泣,以至于夭折而死,这是不善于与困穷来相处。况且个人的建议一次不被采用,怎么会知道始终不被采用呢?不知道静静地等待情况的变化,以至于自我摧残到这种地步。唉!贾生志气大而度量小,才能有余而见识不足啊。

　　自古以来的人们,倘有超越当代的才气,也就会有被世俗厌弃的毛病。因此,若非聪明智慧而不疑惑的君主,则不能充分发挥他的才能。从古至今都称道符坚在茅屋篱舍间得到王猛,登时之间完全排去自己的老部属而只和他商讨大计。他这样一个平常的男子居然差不多占有了天下的一半,就是因为能够这样做吧!我深深地为贾生的雄心大志而痛惜,所以才全面地来评论他。也希望做君主的如得到像贾生这样的臣属,能够谅察他是有孤高耿介的性格的,只要一次不被任用,就会忧郁、悲伤、难过、沮丧,不能再振作了。然而作为贾生这样的人,也应慎重地考虑发表政见的时机啊!

晁 错 论

【解题】

　　本文总结了晁错为汉景帝削弱七个王国而失败的教训，认为他操之过急，并且事先没有考虑好当发生不利情况时的相应措施，这一见解是正确的。然后说晁错在七国联合起兵时让皇帝领兵前去抵抗而自己留守京师，只图保全自己，因而被人乘此间隙进谗言遭到杀害，并提出如晁错自己领兵出外，就可以免受此害了。这一论点，作者并没有举出坚实的论据，使人不由感到这是脱离当时环境的片面要求，说服力是不足的。按：苏轼以上几篇论文，都是为了应试所作，多是为了引起试官的注意而发论，往往有夸饰的地方。苏轼在《答王庠书》中曾说："轼少时好议论古人，既老，涉世更变，往往悔其言之过。"可资参考。

　　天下之患，最不可为者，名为治平无事，而其实有不测之忧。坐观其变而不为之所，则恐至于不可救。起而强为之，则天下狃于治平之安而不吾信。惟仁人君子豪杰之士，为能出身为天下犯大难，以求成大功。此固非勉强期月之间，而苟以求名之所能也。

　　天下治平，无故而发大难之端，吾发之，吾能收之，然后有辞于天下。事至而循循焉欲去之，使他人任其责，则天下之祸，必集于我。昔者晁错尽忠为汉，谋弱山东之诸侯①。山东诸侯并起，以诛错为名。而天子不之察，以错为之说。天下悲错之以忠而受祸，不知错有以取之也。

古之立大事者，不唯有超世之才，亦必有坚忍不拔之志。昔禹之治水，凿龙门，决大河，而放之海。方其功之未成也，盖亦有溃冒冲突可畏之患。惟能前知其当然，事至不惧，而徐为之图，是以得至于成功。夫以七国之强而骤削之，其为变岂足怪哉？错不于此时捐其身，为天下当大难之冲，而制吴楚之命，乃为自全之计，欲使天子自将而己居守。且夫发七国之难者谁乎？己欲求其名，安所逃其患？以自将之至危，与居守之至安，己为难首，择其至安，而遗天子以其至危，此忠臣义士所以愤怨而不平者也。当此之时，虽无袁盎亦未免于祸②。何者？己欲居守，而使人主自将，以情而言，天子固已难之矣，而重违其议，是以袁盎之说得行于其间。使吴楚反，错以身任其危，日夜淬砺，东向而待之，使不至于累其君，则天子将恃之以为无恐。虽有百盎，可得而间哉？

嗟夫！世之君子欲求非常之功，则无务为自全之计。使错自将而讨吴楚，未必无功。惟其欲自固其身，

---

① 晁错（前200—前154）是汉景帝做太子时的太子家令，景帝即位后超升御史大夫。汉文帝时晁错就曾上书请求削弱诸侯国。景帝即位后，诸侯中特别是吴国、楚国更为强大，傲视朝廷，不遵法令。因此晁错促使景帝削弱其权利，并定出条令三十章，诸侯纷纷反对。景帝三年，各诸侯以吴王濞为首，联结胶西王、胶东王、淄川王、济南王、楚王、赵王七国起兵反抗，并以"清君侧"为口号。汉景帝惊慌失措，听信袁盎的谗言，为了向诸侯让步，于是"杀晁错以谢天下"。晁错死后，吴楚等国并未罢兵，景帝枉自诛杀了自己的大臣。狃（niǔ）：因循，拘泥。

② 袁盎：曾任太常，素与晁错不睦，吴楚等七国反时，袁盎乘机进谗，杀害了晁错，自己到吴国去说服其罢兵，无功而返。事见《汉书·袁盎晁错传》。

而天子不悦，奸臣得以乘其隙。错之所以自全者，乃其所以自祸欤？

【译文】

天下的祸患，最难处理的是表面上治安平静无事，但其实有难以测知的可忧的因素。坐在一旁眼看着变乱发生，而不为之作出适当的安排，就可能发展到不可救药的地步。起来强行处理，天下却已习惯于这治安平静的现状而不会相信我们。唯有那仁人君子、豪杰之士才能够挺身而出为天下冒巨大的风险，以求得建立伟大的功业。这事本来就不是勉强在几个月之间，将就着以博取名誉的人所能办到的嘛。

天下安稳平静，无故地来触发巨大的患难的端绪，我触发了它，我又能收住它，然后才有理由来说服天下人。事到临头却想顺顺当当地躲开它，让别人来担当这个责任，那么天下的祸害，必然集中到我身上来。从前晁错尽忠于汉朝王室，计划削弱崤山以东的各个王侯封国。山东诸侯共同起兵，以杀晁错为名义。而天子不对这事认真考察，就把晁错杀了作为说服他们罢兵的依据。天下人都悲痛晁错因尽忠而受祸，却不理解晁错是自取其祸啊。

古来那些成大事的人，不但有超出当代的才干，也必须有坚韧不拔的意志。从前夏禹治理洪水，凿通了龙门，决开黄河河道，使洪水奔流到大海。当他没有完工的时候，很可能也有决口、涨溢、冲突等可怕的灾患。只是他能够预先测知灾害必然要发生，所以事故临前就不会慌张，而是从容地为它计划安排，因此才得到成功。以七大封国的强盛，而骤然间削弱它们，发生变乱难道有什么奇怪的吗？晁错不在这一时刻豁出自身来，为天下承担大难的冲击，从而置吴楚等国于死地，却搞了个保全自己的计划，想使天子亲身领兵打仗而自己留守后方。况且那挑起七国之乱的是谁呢？自己既想以此博取名誉，怎么能逃避这患难呢？对于亲身领兵这种最危险和留守后方这样最安全的两件事，自己是个引发患难的主谋者，却为自己挑选了个最安全的事，而把那最危险的留给了天子，这可是使忠臣义士们最为愤怒不平的呢。当这时刻，纵使没有袁盎其人，晁错也不可能免去杀身之祸。为什么？自己想要坐在家里守候，却叫天子亲自领兵去打仗，按照常情来说，天子本来就为亲征一事作难了，同时又难于违背晁错的建议，在这进退两难的情况下，所以袁盎的谗言才能够通得过。假使吴楚造反时，晁错自身承担这一危险，日日夜夜像淬火磨刃似的整顿军队，领着队伍指向东方而等待破敌，就不至于贻累于自己的君主，同时天子也会以他作为无所畏惧的依靠。即使有一百个袁盎，能够有机可乘吗？

哎呀！世上的君子，如果想求得不寻常的功勋，就不要致力于寻求保全自己的计划。假如晁错自己领兵去征讨吴楚，未必不会成功。正因为他一心想保全自身，而使天子不高兴，奸臣得以钻了这个空隙。晁错为自全而做的打算，不就是自招其祸的原因吗？

卷十一

上梅直讲书

【解题】

梅直讲,即著名诗人梅尧臣(参见本书卷十《梅圣俞诗集序》),当时他任国子监直讲,故作者如此称之。苏轼于嘉祐二年(1057)二十一岁应进士考试,梅尧臣为考官,取中了他(参见本书卷十《刑赏忠厚之至论》)。事后,苏轼上此书信要求谒见。

本篇以获得贤人作知己是人生最大乐事为主旨。先以富贵如周公无知己而可悲、穷困如孔子却因有弟子为知己而可乐作为对照,从而引出梅尧臣与欧阳修相得为知己一事为自己素所欣慕。最后转入自己被梅、欧知遇,也想要与之结交,表达了要求谒见的心愿。文中以孔门师徒作比,隐隐以圣贤来颂扬梅、欧,并借以自负,但说得委婉有致,含而不露。给尊官名流写信,不亢不卑,这固然是封建士大夫所要求的范式,但也因苏轼本人有坚实的自信心,才能写得如此轩昂潇洒。

轼每读《诗》至《鸱鸮》,读《书》至《君奭》,常窃悲周公之不遇①。及观史,见孔子厄于陈、蔡之间,而弦歌之

---

① 《鸱鸮(chī xiāo)》:载《诗经·豳风》。旧说此诗是周公所作。周灭殷之后,武王使武庚(纣之子)为诸侯以奉殷祀,并派弟管叔、蔡叔为其监督。武王死,成王年幼,周公执政。管叔、蔡叔随同武庚一同叛乱。周公东征,诛管叔及武庚,周公因作此诗以喻成王。《君奭(shì)》:载《尚书·周书》。旧说此文是周公执政时,召(shào)公奭怀疑周公要抛弃成王自己当王,周公为此写此篇以明心迹。

730　古文观止

声不绝,颜渊、仲由之徒相与问答①。夫子曰:"'匪兕匪虎,率彼旷野②。'吾道非耶? 吾何为于此?"颜渊曰:"夫子之道至大,故天下莫能容。虽然,不容何病? 不容然后见君子。"夫子油然而笑曰:"回,使尔多财,吾为尔宰。"夫天下虽不能容,而其徒自足以相乐如此。乃今知周公之富贵,有不如夫子之贫贱。夫以召公之贤,以管、蔡之亲,而不知其心③,则周公谁与乐其富贵? 而夫子所与共贫贱者,皆天下之贤才,则亦足以乐乎此矣。

轼七八岁时,始知读书,闻今天下有欧阳公者,其为人如古孟轲、韩愈之徒;而又有梅公者从之游,而与之上下其议论。其后益壮,始能读其文词,想见其为人。意其飘然脱去世俗之乐,而自乐其乐也。方学为对偶声律之文,求升斗之禄,自度无以进见于诸公之间。来京师逾年,未尝窥其门。

今年春,天下之士群至于礼部,执事与欧阳公实亲试之④,轼不自意获在第二。既而闻之,执事爱其文,以为有孟轲之风,而欧阳公亦以其能不为世俗之文也而取,是以在此。非左右为之先容,非亲旧为之请属,而向之十余年间,闻其名而不得见者,一朝为知己。退而思

① 《史记·孔子世家》载,孔子晚年居于蔡,楚国闻孔子在陈、蔡之间,使人聘孔子。陈、蔡的大夫们害怕孔子在楚国得势后不利于己,"于是乃相与发徒役围孔子于野。不得行,绝粮。从者病,莫能兴。孔子讲诵弦歌不衰"。子路对此不满,孔子因和众徒谈话。本文下面所记,即对这次谈话的摘引。

② "匪兕(sì)……"二句:载《诗经·小雅·何草不黄》。

③ 指周公执政时,被贵族大臣怀疑,认为他将篡夺王位。召公是仅次于周公的大臣。管叔、蔡叔和周公是兄弟。

④ 执事:指古代官僚的侍从人员。在写信时用以指代受信人,意思是不敢直接麻烦对方,所以向他的执事人员陈述,以此表示尊敬。

之,人不可以苟富贵,亦不可以徒贫贱。有大贤焉而为其徒,则亦足恃矣。苟其侥一时之幸,从车骑数十人,使闾巷小民,聚观而赞叹之,亦何以易此乐也?

传曰"不怨天,不尤人①",盖"优哉游哉,可以卒岁②"。执事名满天下,而位不过五品,其容色温然而不怒,其文章宽厚敦朴而无怨言,此必有所乐乎斯道也。轼愿与闻焉。

【译文】

我每次读《诗经》读到《鸱鸮》,读《尚书》读到《君奭》时,常私自替周公遇不到知心人而难过。待到阅读史籍时,看到孔子被围困在陈、蔡两国的交界处,但是他照常抚琴歌咏而不停歇。当他和颜渊、仲由等弟子互相问答时,夫子问道:"《诗》云:'不是野牛不是虎,为啥跑向荒山野土?'难道我们的学说是错误的吗? 我们为什么落到这种地步?"颜渊说:"夫子的学说太伟大了,所以天下都没有容得下的地方。虽是如此,容不下又有什么可难过的呢? 他们容不下咱们,正好显出夫子是崇高的君子哩。"夫子轻松地笑起来说:"如果你发财致富了,我情愿当你的大管家。"天下虽然不能容他,但是徒弟们足以和他说笑谈心如此快乐。这时才体会到周公的富贵,倒有不及孔子贫贱的地方。以召公的贤德,以管叔和蔡叔的亲属关系,竟然不体谅他的好心,那么周公去和谁来安享富贵之乐呢? 可是与孔子共同过贫贱生活的弟子们,却都是天下的贤才,也就足以与之同心同德而快乐

---

① "不怨天,不尤人":载《论语·宪问》。
② 《史记·孔子世家》载,孔子为政于鲁,齐人赠鲁定公女乐,鲁君因而怠政,孔子遂去鲁适卫。去鲁时,师已送行,孔子乃歌曰:"彼妇之口,可以出走;彼妇之谒,可以死败。盖优哉游哉,维以卒岁。"

的吧。

我七八岁时，刚知道读书，就听说如今天下有位欧阳公，他的为人好像古时孟轲、韩愈一流，同时又有位梅公和他交游，互相启发一块儿讨论。以后年龄渐长，才能够阅读他们的诗文，从而想象他们的为人，猜想他们一准是潇洒地摆脱了世俗的快乐，而高兴地过着自己认为快乐的生活吧。那时正在学习讲究对仗平仄格律的文字，想谋求三升两斗的俸禄，自己也觉得没有什么资格来参见于诸公之间。因此来到京师已经一年多了，也不曾探望过各位。

今年春天，天下士人都到礼部来应试，执事和欧阳公亲自测验我们，我出乎意外地获得了第二名。后来才听说，执事喜爱我的文章，认为颇有孟轲的风格，同时欧阳公也以我不作一般化的世俗文字而同意录取；所以我的名字就排在前列了。既不是通过您身边的人替我事先托面子，又不是有亲戚老友为我嘱托说情，向往了十几年之久，闻其名而不得相见的人物，居然一朝成为知己。回家考虑这事，认为一个人不可苟且地享富贵，也不可以无所作为地过贫贱日子。如今有大贤在此而可以追随之为弟子，就也能够有凭仗而引为知己之乐了。那苟且地碰上一时的运气而富贵，身后跟着车辆、骑兵等几十个人，让那街坊上的小民聚集观看而啧啧称羡的，又怎能抵换我的这种快乐呢？

书传说"不埋怨天，也不责备人"，又说"从容啊游乐啊，就可以安度余年了"。执事的名声传遍天下，但官位不过是五品，您和颜悦色而毫不气愤，您的文章宽厚敦朴而无怨言，这必然是有得以快乐的道理的吧。我苏轼是很愿意听您的指教的。

喜雨亭记

【解题】

　　本篇是嘉祐七年(1062)苏轼在凤翔府(今陕西省宝鸡市凤翔区)任签书判官时作的。其时久旱得雨,官舍新建的亭子也恰好落成,就以"喜雨"为此亭命名。文中表达了重视农业生产、关心人民生活的心情。文笔灵活多变,语调轻快,充分体现了作者的喜悦之感。

　　亭以雨名,志喜也。古者有喜,则以名物,示不忘也。周公得禾,以名其书①;汉武得鼎,以名其年②;叔孙胜敌,以名其子③。其喜之大小不齐,其示不忘一也。

　　予至扶风之明年④,始治官舍。为亭于堂之北,而凿池其南,引流种树,以为休息之所。是岁之春,雨麦于岐山之阳⑤,其占为有年。既而弥月不雨,民方以为忧。越三月,乙卯乃雨⑥,甲子又雨,民以为未足;丁卯大雨,三日乃止。官吏相与庆于庭,商贾相与歌于市,农夫相与

---

　　①　《尚书》今传本中的伪古文说唐叔得到了嘉禾,献给天子,天子命唐叔送给周公,周公于是作《嘉禾》。今案此篇伪《古文尚书》中有目无文。

　　②　我国自汉武帝起,纪年开始加上年号直至清亡。汉武帝元狩七年夏六月在汾河上得到一个古鼎,改年号为元鼎元年(前116)。

　　③　《左传·文公十一年》载,狄人侵犯鲁国,叔孙得臣领兵抵抗,击败狄军,获其将侨如,得胜后给自己的儿子起名为"侨如",来纪念这一功绩。

　　④　扶风:即凤翔府的古名。治所在今陕西省宝鸡市凤翔区。

　　⑤　雨麦:有版本以为是撒播麦种,如此则与冬小麦时令不合,请参看译文。岐山:在凤翔县东北。

　　⑥　乙卯:指四月初二。下面的甲子为四月十一日,丁卯为四月十四日。

忭于野①。忧者以喜,病者以愈,而吾亭适成。

于是举酒于亭上,以属客而告之,曰:"五日不雨可乎?"曰:"五日不雨则无麦。""十日不雨可乎?"曰:"十日不雨则无禾。"无麦无禾,岁且荐饥,狱讼繁兴,而盗贼滋炽。则吾与二三子,虽欲优游以乐于此亭,其可得耶?今天不遗斯民,始旱而赐之以雨,使吾与二三子得相与优游而乐于此亭者,皆雨之赐也。其又可忘耶?

既以名亭,又从而歌之,曰:"使天而雨珠,寒者不得以为襦;使天而雨玉,饥者不得以为粟。一雨三日,伊谁之力? 民曰太守②,太守不有,归之天子。天子曰不然,归之造物③。造物不自以为功,归之太空。太空冥冥,不可得而名。吾以名吾亭!"

【译文】

亭子用"雨"来命名,是为纪念喜事的。自古有喜事,就用来给事物取名字,表示永志不忘。周公得到了优异的谷穗,就用它为自己的书篇命名;汉武帝获得了古鼎,拿它作为年号的名称;叔孙得臣战胜了敌人,用来给儿子取名字。这些喜庆事或大或小并不一样,但是表示不忘则是一致的。

我到扶风的第二年,开始修筑官舍,建立亭子在大堂的北面,同时开凿了个池塘在它的南面,又是引水又是栽树,以作为休息的地方。这年的春天,岐山以南下了一场滋润麦苗的雨,因此预测是个丰收年景。过后足足有一个月没有下

---

① 忭(biàn):欢喜。

② 太守:汉代郡长官名,此处用此雅名称宋代的府、州长官。旧注有的认为其时太守为陈希亮(参看本卷《凌虚台记》),误。这时太守为宋选。

③ 造物:古时以为是天创造万物,故称天为造物。

雨,百姓这才担忧了。过了三月份,乙卯那天才下雨,甲子那天又下了雨,百姓都认为雨量还不够。到了丁卯日降下大雨来,下了三天才停住。于是官员们共同在官厅庆贺,商贩们在集市上互相唱起小调来,农民们都在村野里兴高采烈。忧愁的因此而喜,着急的因此而愈,而我们的亭子恰恰在这时落成了。

于是在亭子上举办酒宴,来劝客人饮酒并告诉他们,问:“若迟五天下雨行不行?”都说:“五天不下雨,麦子就收不成了。”“若要晚十天下雨行不行?”回说:“十天不下雨,就收不到谷子了。”不打麦子不收谷,就要闹饥荒了,打官司告状的就多起来了,那偷盗抢劫的也会越发厉害了。那么,我和你们几个虽然想在这亭子上优游自在地快活,能办得到吗?如今老天不抛弃这些百姓,刚刚天旱就赐给咱们这场雨,使我和大家能优游自在地在这座亭子上快活的,都是下雨的恩赐。这又怎么可以忘记呢?

既然已给亭子取了名字,又接着写了歌词来歌唱它,唱道:“假使老天下珍珠,受冻的不能用它做衣服;假使老天降宝玉,挨饿的不能拿它当小米。一场雨下了三天整,这是谁的力量?老百姓都说是太守,太守说我没有,把它归功于天子。天子说这不然,把它归功于老天。老天自己不居功,把它归功于太空。太空一片空洞洞,没法为它颂功扬美名。我只好给我的亭子取了这个名字。”

凌虚台记

【解题】

这是苏轼中进士后派任凤翔府签书判官的青年时期的作品。判官是知府的下级属员,知府自己规划兴建了高台,亲自命名,并令苏轼作记,本有居功扬名的意图。但苏轼认为事物有成有毁,倚仗它来"夸世",是不对的。一个人的为人处世自有其安身立命的凭借,却不在什么兴建工程等上面。这说明他正直敢言,并没有讨好上级来歌功颂德。文中,作者没有直接说明人生的凭借是什么,却在字里行间暗示人生于世应建立一个合理的宇宙观、人生观。这一说法是对的。全文写得具体实际,但意在言外,含蓄不尽。

国于南山之下,宜若起居饮食与山接也。四方之山,莫高于终南①;而都邑之丽山者,莫近于扶风。以至近求最高,其势必得,而太守之居未尝知有山焉。虽非事之所以损益,而物理有不当然者,此"凌虚"之所为筑也。

方其未筑也,太守陈公杖履逍遥于其下②,见山之出于林木之上者,累累如人之旅行于墙外而见其髻也,曰:"是必有异。"使工凿其前为方池,以其土筑台,高出于屋之檐而止。然后人之至于其上者,恍然不知台之高,而以为山之踊跃奋迅而出也。公曰:"是宜名凌虚。"以告其从事苏轼,而求文以为记。

轼复于公曰:物之废兴成毁,不可得而知也。昔者荒草野田,霜露之所蒙翳,狐虺之所窜伏,方是时,岂知有凌虚台耶?废兴成毁,相寻于无穷,则台之复为荒草野田,皆不可知也。尝试与公登台而望,其东则秦穆之

---

① 终南山:一称南山,在陕西省西安市南,秦岭的主峰之一。
② 太守陈公:太守为汉代郡的长官,此指知府。陈公,陈希亮。

祈年、橐泉也①，其南则汉武之长杨、五柞②，而其北则隋
之仁寿、唐之九成也③。计其一时之盛，宏杰诡丽，坚固
而不可动者，岂特百倍于台而已哉！然而数世之后，欲
求其仿佛，而破瓦颓垣，无复存者；既已化为禾黍、荆棘、
丘墟、陇亩矣，而况于此台欤？

　　夫台犹不足恃以长久，而况于人事之得丧，忽往而
忽来者欤？而或者欲以夸世而自足，则过矣！盖世有足
恃者，而不在乎台之存亡也。

　　既以言于公，退而为之记。

【译文】

　　城郭建立在南山下面，自然每日的起居饮食都应该和青
山接触了。四方的青山，没有高于终南山的；而依傍着山的
城市，没有比扶风再靠近的了。凭着最靠近的地位来求得最
高的山景，在这种形势之下应是必然得到的，然而太守的府
邸中不曾知道还有高山在这里呢。这虽然不是什么重要的
事情而有兴建改造的必要，但是根据常理来说却又不应该这
个样子，这就是建造"凌虚"的缘故了。

　　当此台未兴建以前，太守陈公扶杖漫步在它下面散心，
看见峰尖在丛林上面冒出来，一个连一个地宛如行人在墙外
经过只能看见他们头顶上的鬟髻一般，就说："这儿必定有特
殊之处。"于是命令工匠开凿它的前边成为方池，然后用挖掘
出的土筑起高台，一直修建到高出屋檐才停止。自这以后，

---

　　① 　春秋时秦穆公的祈年宫、橐（tuó）泉宫。
　　② 　长杨：长杨宫，汉武帝狩猎场，故址在今陕西省周至县东南。五
柞：五柞宫，汉武帝修的宫殿，殿内有五棵柞树，笼荫数亩，故称五柞宫。
　　③ 　隋代修筑的仁寿宫，故址在今陕西省麟游县，唐太宗改建为九
成宫。

人们登至它的上面,恍惚之间没有觉出台子的高来,竟以为是山峰突然间从下面奋起跳跃出来似的。陈公说:"这样子很适合叫作凌虚。"将这情况告诉其僚属苏轼,并要求他做文章以为记。

我回复陈公说:事物的废弃与兴建、落成与毁坏,是不能够预先得知的。从前这里是荒草野坡,露水寒霜弥漫遍野,狐狸长蛇出没,当那时节,怎会知道有座凌虚台呢? 废弃与兴建、落成与毁坏,是前后相连而循环无穷的,那么高台是否恢复为荒草野坡,都是不可预知的啊。曾经试着与您登上台子看一看,那东面就是秦穆公的祈年宫和橐泉宫的遗址,在它南面就是汉武帝当年的长杨苑和五柞神宫的废墟,而它的北面就是隋朝的仁寿宫、唐太宗所改建的九成宫了。想当年它们盛极一时,那宏大高耸、新颖华丽的外貌,坚固而不可动摇的结构,岂止是超过这台一百倍而已呢! 可是几代以后,纵想要寻觅它的模糊的踪迹,甚至连破瓦断墙也都不存在了,早就已经变成长庄稼、生荆棘的田垄丘墟了,何况区区这座台子呢?

这座高台尚且不能保证其永久,又何况是人事的得失,匆匆而来又匆匆而去呢? 倘或想利用这一建筑工程以炫耀于世间而自满,那就错了。因为人世间本来就有足以凭借的东西,却不在于一座台子的存在或有无啊。

我把这话回复了陈公,回去就为他写了这篇记文。

超然台记

【解题】

苏轼于熙宁七年(1074)从杭州通判任上调任密州(今山东省诸城市)知州。这座台在密州城上,他的弟弟苏辙正在齐州(今山东省济南市)任掌书记,苏轼特为他写了一篇

《超然台赋》，序中谈到命名为"超然"是根据《老子》的"虽有荣名，燕处超然"的句子取义。苏轼在到任的第二年写这篇文字时，也发挥了此义。所谓"超然"，作者以为是"游于物之外"，即从俗世的事物中超脱出来，客观而冷静地对待自身的遭遇，就会心平气和、优游自在了。文中特意写了登台四望、怀古感今的感慨，以此体现出因人生无常，所以随遇而安、"无往而不乐"的道家的人生哲学。文中的记叙和议论，都围绕着"乐"字互相配合，结构严密而又文从字顺，流畅可诵。

凡物皆有可观。苟有可观，皆有可乐，非必怪奇伟丽者也。餔糟啜醨①，皆可以醉；果蔬草木，皆可以饱。推此类也，吾安往而不乐？

夫所谓求福而辞祸者，以福可喜而祸可悲也。人之所欲无穷，而物之可以足吾欲者有尽。美恶之辨战于中，而去取之择交乎前，则可乐者常少，而可悲者常多，是谓求祸而辞福。夫求祸而辞福，岂人之情也哉？物有以盖之矣。彼游于物之内，而不游于物之外。物非有大小也，自其内而观之，未有不高且大者也。彼挟其高大以临我，则我常眩乱反复，如隙中之观斗，又焉知胜负之所在？是以美恶横生而忧乐出焉，可不大哀乎？

予自钱塘移守胶西②，释舟楫之安，而服车马之劳；去雕墙之美，而庇采椽之居；背湖山之观，而适桑麻之野。始至之日，岁比不登，盗贼满野，狱讼充斥，而斋厨

---

① 餔（bǔ）糟啜醨（chuò lí）：餔，食、吃；糟，酒糟；啜，饮、喝；醨，薄酒。

② 钱塘：在今浙江省杭州市境。胶西：汉朝郡、国名，此处泛指山东胶河以西、高密以北地区，实指当时的密州。

索然，日食杞菊①，人固疑予之不乐也。处之期年，而貌加丰，发之白者，日以反黑。予既乐其风俗之淳，而其吏民亦安予之拙也。

于是治其园圃，洁其庭宇，伐安丘、高密之木②，以修补破败，为苟全之计。而园之北，因城以为台者旧矣。稍葺而新之，时相与登览，放意肆志焉。南望马耳、常山③，出没隐见，若近若远，庶几有隐君子乎？而其东则卢山④，秦人卢敖之所从遁也。西望穆陵，隐然如城郭，师尚父、齐威公之遗烈⑤，犹有存者。北俯潍水，慨然太息，思淮阴之功，而吊其不终⑥。台高而安，深而明，夏凉而冬温。雨雪之朝，风月之夕，予未尝不往，客未尝不从。撷园蔬，取池鱼，酿秫酒，瀹脱粟而食之⑦。曰：乐哉游乎！

方是时，予弟子由适在济南，闻而赋之，且名其台曰"超然"，以见予之无所往而不乐者，盖游于物之外也。

【译文】

凡是事物都有可观赏之处。只要有可以观赏者，就都能

---

①　杞菊：枸杞、菊花。详见作者的《后杞菊赋》。

②　安丘、高密：均为山东省县级市名。

③　马耳：山名，在山东省诸城市南五里。常山：在诸城市南二十里。

④　卢山：在诸城市南三十里。传说燕国人卢敖，秦始皇召以为博士，使求仙，后隐居此山，故名卢山。

⑤　师尚父：吕尚，始封于齐。齐威公：即齐桓公，南宋人编印东坡文集时因避宋钦宗的名讳而改。

⑥　潍水：源出于山东箕屋山，流经诸城、高密等地，至昌邑入海。淮阴：韩信封爵为淮阴侯。韩信伐齐时，楚将龙且领兵二十万救齐，与韩信夹潍水而战，被韩信打败。韩信后来被吕后所害，故本文云其"不终"。

⑦　瀹（yuè）：煮。

得到快乐,不必非要古怪、新颖、雄伟、美丽的不可。嚼酒糟喝薄酒,都可以酣醉;果实青菜甚至草根树皮,都可以吃饱。以此而类推,我到什么地方不快乐呢?

那些求福而避祸的人,是因为福是可喜的,而祸是可悲的。人们的欲求是无穷的,但是能满足我们欲望的事物却是有尽的。分辨哪是好哪是坏的在心里斗争,而收纳和弃去的选择权又交错地摆在眼前,于是可以快乐的就常常很少,而可以悲哀的就常常多起来了,这倒可以说是求祸而避福。这种求祸而避福,难道人们甘心情愿吗?不过是被事物遮盖住了心窍罢了。那些人只转悠在事物之内,而不是优游于事物之外。事物是没有绝对大小的,从它里面来观察时,没有不是既高又大的。它挟着又高又大的架势降临在我头上,我就常常会晕头转向、反复折腾起来,好像在夹缝里瞧打架,又怎能看明白谁胜谁败呢?所以好的坏的纷纷齐来,忽忧忽乐也就随之而发生了,这不是大可悲哀的吗?

我从钱塘任上调到胶西任知州,这是卸下行船划桨的安适,去受这乘车骑马的劳累;离开雕梁画栋的美好宅第,而栖身于用原木做椽子的住处;舍开湖山的景观,而到这桑麻遍野的地方。才到的时候,收成连年不获,盗贼遍地,刑事案件和民间诉讼充满公庭,然而厨房里却是空荡荡的,天天吃些枸杞、菊花当菜蔬,人们当然怀疑我不会快乐了。过了一周年,我的脸面却丰满了,白的头发也一天天又黑起来了。我既喜欢这里风俗的淳朴,而这里的官民也习惯于我的迂拙了。

于是整治这里的果园菜圃,清扫院落房舍。伐了安丘、高密的木材,以修补屋宇的破漏,作为生活上勉强完备的打算。而在园畦的北面,那座借着城墙建起的高台已经陈旧了,于是稍加修缮遂使它面貌一新,就常常同人们登台观览,借以抒怀散心。南望马耳山、常山，时隐时现，若近若远，或许有隐居的君子住在那里吗？在其东面则是卢山，是秦朝卢敖隐遁的地方啊。西望穆陵关，隐隐约约好像是城郭的样子，当年师尚父、齐桓公的辉煌事业的遗迹，仍然有存下来的。从北面俯视潍河，不由慨然叹息，想起了淮阴侯的功勋，而凭吊他的不得善终。这座台子虽高但是很稳妥，阁内虽深但是明朗，夏天凉爽而冬季温暖。当雨落雪飘的早晨，风清月朗的夜晚，我没有不到此登临的，客人们也未曾不伴随我。摘些园畦中的青菜，捕取池中的活鱼，自酿黄米老酒，现焖糙米饭，来作为食品。不由地说道：玩得真快乐啊！

　　我弟弟子由正在济南，听到后作了一篇赋并且命名此台为"超然"，借以看出我无论到哪里从来没有不快乐的，这是由于能超脱于俗物之外而优游自在啊。

放鹤亭记

【解题】

　　称羡在自给自足的自然经济条件下过着自耕农式生活的"隐士"，说他们万事不求人、与世无争、俭朴而自适，这是古代文人经常重复的主题，苏轼也未能免俗。我国封建士大夫虽然口头称羡隐士，实际不是真心想做。如苏轼口口声声谈佛谈道，却参与当时的政治斗争，坚持自己的主张，对新旧两派都不退让，历受打击而不悔：哪里有一点儿只求自足自乐的气息！他对隐居生活的称羡，无非是作为自己思想感情的调节，是一个安全阀、一服清凉剂。如果斤斤计较，对他的这类诗文过分执着地分析评判，那就被其蒙蔽了。因为他本人对待这一点是并不认真的。

　　熙宁十年秋,彭城大水①。云龙山人张君之草堂②,水及其半扉。明年春,水落,迁于故居之东,东山之麓。升高而望,得异境焉,作亭于其上。彭城之山,冈岭四合,隐然如大环,独缺其西一面,而山人之亭,适当其缺。春夏之交,草木际天,秋冬雪月,千里一色。风雨晦明之间,俯仰百变。山人有二鹤,甚驯而善飞,旦则望西山之缺而放焉,纵其所如,或立于陂田,或翔于云表,暮则傃东山而归③,故名之曰"放鹤亭"。

　　郡守苏轼,时从宾佐僚吏往见山人,饮酒于斯亭而乐之。挹山人而告之曰:"子知隐居之乐乎?虽南面之君未可与易也。《易》曰:'鸣鹤在阴,其子和之④。'《诗》曰:'鹤鸣于九皋,声闻于天⑤。'盖其为物清远闲放,超然于尘埃之外,故《易》、诗人以比贤人君子。隐德之士,狎而玩之,宜若有益而无损者,然卫懿公好鹤则亡其国⑥。周公作《酒诰》⑦,卫武公作《抑戒》⑧,以为荒惑

----

　　①　熙宁十年:即 1077 年,熙宁是宋神宗的年号。

　　②　彭城:指徐州,苏轼此时任徐州知州。云龙山:在徐州南面。张君:名张天骥。

　　③　傃(sù):向。

　　④　《易经·中孚》的爻辞。

　　⑤　引自《诗经·小雅·鹤鸣》。

　　⑥　旧记卫懿公爱养鹤,以车载鹤而行。狄人侵卫,臣属都说:"让鹤替你去打仗吧。"遂亡国。(见《左传·闵公二年》。)

　　⑦　酒诰:原载《尚书·周书》。周公鉴于殷贵族酗酒无度,终于亡国,遂作《酒诰》以告诫周人。

　　⑧　抑戒:即《诗经·大雅》之《抑》篇。旧说是卫武公九十五岁时作,以此自警,其中有关于戒饮酒过分的内容。

败乱无若酒者；而刘伶、阮籍之徒①，以此全其真而名后世。嗟夫！南面之君，虽清远闲放如鹤者，犹不得好，好之则亡其国。而山林遁世之士，虽荒惑败乱如酒者，犹不能为害，而况于鹤乎？由此观之，其为乐未可以同日而语也。"山人欣然而笑曰："有是哉！"

乃作《放鹤》《招鹤》之歌曰：鹤飞去兮西山之缺，高翔而下览兮择所适。翻然敛翼，宛将集兮；忽何所见，矫然而复击。独终日于涧谷之间兮，啄苍苔而履白石。鹤归来兮，东山之阴。其下有人兮，黄冠草履，葛衣而鼓琴。躬耕而食兮，其余以汝饱。归来归来兮，西山不可以久留。

【译文】

熙宁十年秋季，彭城洪水大发。云龙山人张君的草堂，洪水水位达到大门的一半高。第二年春天，水势才落下去，于是他迁居于故居的东面、东山脚下。在这里登高而望，发现了一处优异的环境，就建了一座亭子在这里。彭城的山势，山冈丘陵四周合围，隐隐约约宛如一个巨大的环，只是单单缺了西边一面，可是张山人的亭子，恰好补上了空缺的一面。春夏之交，丛草林木茂盛地遮住半边天，秋冬两季，在飞雪或是月明之夜，则是千里一片银白。当那刮风下雨、阴晴交替之际，低头伸腰之间就会变化百出，气象万千。张山人

①　刘伶、阮籍之徒：指西晋的"竹林七贤"，还包括嵇康、山涛、王戎、向秀、阮咸。他们处于魏末晋初司马氏与曹氏夺权斗争激烈之时。出于政治上的原因，他们提倡饮酒，以躲避司马氏的迫害，但也有思想上的原因。在曹操倡导摧毁传统的儒家思想之后，道家思想盛行，因此也促成认为人生应"率性自然""全性保真"的人生观的流行，使他们公然打破礼教，提倡喝酒放浪的行为有了理论根据。

有两只鹤,养得很驯熟而且善于飞翔,一大早就朝着西山的缺口放出去,任凭它们飞到哪儿都行,或是站在水田里,或者飞翔在白云之外,到了傍晚就沿着东山飞回来。因此,就为亭子取名为"放鹤亭"。

知州苏轼,时常带着幕友、同僚等去看望张山人,在这亭子里饮酒感到很快乐。曾举杯而向张山人说:"您知道隐居的快乐吗? 即使是南向而坐的帝王,也不能与之交换哩!《周易》说:'鸣叫着的白鹤,虽是在那幽深的角落,但是它的雏鸟啊,已经听见并随声相和。'《诗经》也咏道:'白鹤鸣叫在曲折幽深的沼泽中,一声声传到了高高的天边。'这是由于它作为动物,自有其貌清意远而神情闲散的特点,能超脱于尘埃之外。所以《周易》和经典诗人都把它比拟为贤人君子。隐居有德的士人,驯养熟化了来赏玩它,理应是有益而无害的,然而卫懿公却因爱好鹤而亡了国。还有,周公曾作《酒诰》,卫武公也作了《抑戒》,都认为荒唐迷惑败家乱国,再没有比得上酒的了;可是刘伶、阮籍之流,却以饮酒来保全了个人的真性情而传名于后世。哦! 南向而坐的帝王,即便像白鹤这种貌清意远、神情闲散的禽鸟,都爱好不得,爱好它就会亡国。但是山林中逃避世俗的人士,纵然像酒这种荒唐迷惑、败家乱国的东西,尚且不能够损害他,又何况是白鹤呢? 由此看来,做隐士的快乐和帝王相比,真是不能相提并论的啊。"张山人高兴地笑道:"是有这种情况!"

于是我作了《放鹤》《招鹤》的歌词,云:白鹤飞去呀在那西山的缺口上,高高飞起朝下望呀选个合适的地方。翻动着将要敛起翅膀,好似要下降呀;忽然间发现了什么,矫健地去袭击又飞向了远方。整天独自在山涧峡谷里呀,啄食那青苔而行走在雪白的石头上。白鹤回来呀,回到东山的背阴。那下面有个人呀,戴道士帽子,穿着草鞋,穿着葛布衣裳在弹琴。他靠自己耕田来吃饭呀,剩余的粮食把你喂饱。回来回来呀,西山不可久留。

石钟山记

【解题】

　　这是为人传诵的名篇。作者写石钟山,把月夜、江水、山石三者结合而形成的巉岩激荡、清幽阴森的气氛,描画得非常传神;特别是写风声、水声、石声,乃至鸟类的夜鸣声,都惟妙惟肖,起了很好的烘托作用,给读者以一种具有特色的艺术享受。

　　在写景的配合下,作者通过自己游山的经历,反驳了过去认为石钟山的命名是由于敲其山石响如钟声的说法,而以为是山下的石穴和风水相激,声如洪钟而命名的。他不轻信古人的说法,提出疑问,并亲自考察,这是对的。然而他虽悟出山石中空因而水激有声的道理,仍然是因循《水经注》的旧说来发挥,只得到命名根据的一个方面,没有获得全面的认识。明代罗洪先在其《石钟山记》(载《念庵罗先生集》),清代俞樾在《春在堂随笔》中都提供了石钟山命名的另一缘故,而批评了苏轼。原来石钟山分上、下两山,上钟山在西,靠近鄱阳湖,下钟山在东,濒临长江。两山的外形不但像钟,尤其是上钟山中心的洞穴特别大,可容千人,这样就更与中空的钟相似了。洞穴的门在山下,被水浸没,只有到冬天水落时,才可得见。苏轼乘船夜游正是盛夏七月水涨之时,又只着重游历了下钟山,因此就忽略了。当然这并不是亲身调查之错,而是因为他调查得还不深入、不全面。

　　《水经》云:“彭蠡之口,有石钟山焉①。”郦元以为下临深潭,微风鼓浪,水石相搏,声如洪钟②。是说也,人常疑之。今以钟磬置水中,虽大风浪不能鸣也,而况石乎?至唐李渤始访其遗踪,得双石于潭上。扣而聆之,南声函胡,北音清越,枹止响腾,余韵徐歇③。自以为得之矣。然是说也,余尤疑之。石之铿然有声者,所在皆是也,而此独以钟名,何哉?

　　元丰七年六月丁丑④,余自齐安舟行适临汝⑤,而长子迈将赴饶之德兴尉⑥,送之至湖口,因得观所谓石钟者。寺僧使小童持斧,于乱石间择其一二扣之,硿硿然⑦,余固笑而不信也。至其夜月明,独与迈乘小舟至绝壁下,大石侧立千尺,如猛兽奇鬼,森然欲搏人。而山上栖鹘,闻人声亦惊起,磔磔云霄间⑧。又有若老人欬且笑

　　① 《水经》:古代地理书,旧说以为汉代桑钦著。彭蠡:彭泽蠡,即鄱阳湖。石钟山:在江西省湖口县境内。
　　② 郦元:即郦道元。郦道元是《水经注》的作者,北魏的地理学家、文学家。本篇所引当是《水经注》的注文,但今本《水经注》已无,据熊会贞的论证,当是北宋时《水经注》尚有此段文字,后代散佚的。
　　③ 李渤:字濬之,唐代洛阳人,曾任江州(今江西省九江市)刺史,曾治理湖水、筑堤,作《辨石钟山记》。南声、北音:古代把五音“宫、商、角、徵、羽”,与五方“南、北、东、西、中”次序相配,南声指宫声,北音指商声。
　　④ 元丰:宋神宗年号,元丰七年是1084年。六月丁丑:此处丁丑是用干支序列来记日数的,是六月九日。
　　⑤ 齐安:今湖北省黄冈市,苏轼贬官为黄州团练副使时居此地。临汝:今河南省汝州市。是年作者奉命自黄州移汝州安置,故自黄冈到临汝去。
　　⑥ 长子迈:字伯达,苏轼的长子。饶:即饶州,今江西省鄱阳县。德兴:今江西省德兴市。尉:县尉,为知县下属官僚。
　　⑦ 硿(kōng)硿:象声词,击金石之声。
　　⑧ 鹘:隼,鹰属,亦称雀鹰,俗称小鹰子。磔(zhé)磔:象声词,笑声。

于山谷中者,或曰:此鹳鹤也。余方心动欲还,而大声发于水上,噌吰如钟鼓不绝①。舟人大恐。徐而察之,则山下皆石穴罅,不知其浅深,微波入焉,涵澹澎湃而为此也。舟回至两山间,将入港口,有大石当中流,可坐百人,空中而多窍,与风水相吞吐,有窾坎镗鞳之声,与向之噌吰者相应,如乐作焉。因笑谓迈曰:"汝识之乎?噌吰者,周景王之无射也②;窾坎镗鞳者,魏献子之歌钟也③。古之人之不余欺也!"

　事不目见耳闻,而臆断其有无,可乎?郦元之所见闻,殆与余同,而言之不详;士大夫终不肯以小舟夜泊绝壁之下,故莫能知;而渔工、水师,虽知而不能言。此世所以不传也。而陋者乃以斧斤考击而求之,自以为得其实。余是以记之,盖叹郦元之简,而笑李渤之陋也。

【译文】

　《水经》云:"彭泽蠡的口沿上,有石钟山在此。"郦道元认为是由于山下濒临深潭,微风吹起波浪,水和岩石互相冲撞搏击,发出犹如洪钟一样的声音而命名的。这一解说,人们常怀疑它。现今把钟和磬放到水中,即使有大风大浪也不会发出响声来的,何况是岩石呢?到了唐朝李渤,才开始访

---

①　噌吰(chēng hóng):形容钟鼓之声洪亮壮阔。

②　周景王之无射:春秋时周景王曾铸造无射钟,无射是古代乐律十二律之一。当时,伶州鸠曾和周景王阐说乐律的意义,认为"无射,所以宣布哲人之令德,示民轨仪也"。见《国语·周语》。窾(kuǎn)坎镗(tāng)鞳(tà):象声词,指钟鼓齐鸣之声。

③　魏献子之歌钟:魏献子,晋国大夫。这里应是其祖父魏庄子之误。据《左传》载,郑国进献晋国的贡品中有"歌钟二肆"(据杜预注:编钟十六个一套名为一肆。歌钟就是编钟)。晋悼公将歌钟一肆赏赐给魏庄子魏绛。当时魏绛向晋侯说过"夫乐以安德"的话。

问当年命名所根据的原址，发现了两块岩石在水潭之上，敲打着一听，发出了深沉含混的宫声，另一个声音宛如清爽飘逸的商声，鼓槌停敲之后声音仍然震发着，那袅袅的余音慢慢地才消歇。于是他就自以为得到命名的原因了。然而这一解说，我更为怀疑。石头能敲打出"铿铿"的声响的，各处都有，偏偏叫这里的石头为"钟"，为什么呢？

　　元丰七年六月丁丑那天，我从齐安乘船出发到临汝去，同时我的大儿子苏迈将要到饶州德兴县就任县尉，顺便送他到湖口县，从而得以观察了所谓的石钟山。山上寺院里的和尚派了个孩子拿着斧子，在乱石中间挑出一两个，敲打得"硿硿"响，我自然是要发笑而不相信的了。到了夜晚正好月色晴明，就只同迈儿坐了条小船，划至石钟山峭壁下面。那些巨大的岩石在身边突兀立起有上千尺之高，宛如猛兽和鬼怪，阴森森地像要搏击人似的。而山峰上栖住的老鹰，听到人声也惊得飞起来，"喳喳喳"地鸣叫在云霄之上。又有好像老年人又咳嗽又笑的声音在山谷中回响着，有人说："这是捞鱼鹳在叫哩。"我正心慌想着回去，忽然有巨大的声响在水中发出"咚咚嗡嗡"的声音，像撞钟敲鼓似的响个不停。船上的人很害怕。慢慢地观察一番，原来山根下面尽是些石窟窿，也看不出深浅，微波流进这些洞穴里，荡漾着澎湃着，才发出这声响来。小船划回到两座山峰中间，将要进入港口的地方，有座大礁石正处在水流当中，这石头可以坐上百来个人，石头中心是空的，石头上又有很多孔眼儿，与风水互相吞吐，发出"窾坎镗鞳"的音响，和前面所说的"咚咚嗡嗡"的声音彼此呼应，宛如音乐正在演奏。我笑着对迈儿说："你懂得吗？'咚咚嗡嗡'的是周景王铸造的无射编钟，'窾坎镗鞳'的是魏庄子那套歌钟在演奏。可见古代命名的人并没有愚弄我们啊！"

事物如果不眼见耳闻，而只凭想象来判断，行吗？郦道元的所见所闻，大概是和我相同的，可是说得不周详；士大夫们毕竟是不会驾着小船在夜里停泊在峭壁之下的，因此不可能知道；而那些渔民和掌船的把式们，虽然知道又不能向社会说明。这就是正确的解说不流传于社会的原因啊。而见识粗浅的人竟会用斧子榔头敲敲打打来探求那原因，还自以为找到了正确答案。我因此特意记述下来，算是代郦道元的简略而惋惜，并且为李渤的粗浅鄙陋而发笑吧。

潮州韩文公庙碑

【解题】

唐宪宗于元和十四年（819）派员迎接所谓"佛骨"到皇宫中供养。韩愈上表予以批评谏止，宪宗大怒，将其交与宰相，准备处以死刑。经朝臣贵戚的挽救，韩愈被免除刑部侍郎职务，贬到潮州（今广东省潮州市潮安区）任刺史。后来潮州人士修建此庙来纪念他，因韩愈死后谥为"文"，故称韩文公庙。本篇是苏轼于元丰七年（1084）应潮州人士请求而写的。此文对韩愈生平作了中肯的概括和崇高的评价。南宋洪迈说："刘梦得、李习之、皇甫持正、李汉，皆称颂韩公之文，各极其势。"但是"及东坡之碑一出，而后众说尽废"（《容斋随笔》）。韩愈反对几百年来因循的浮靡、程式化的文风，提倡所谓古文，对发扬我国民族生气勃勃的先秦及汉初的精神，起了巨大的推动作用。苏轼对此作了充分评价，尤其是对韩愈的坎坷遭遇寄予深厚的同情，对封建统治者眼光短浅的行为表示愤慨，笔尖饱蘸着浓烈的感情，文气充沛，侃侃而谈。因此，本文为历代人士所称赞不是偶然的。

　　匹夫而为百世师，一言而为天下法。是皆有以参天地之化，关盛衰之运。其生也有自来，其逝也有所为。故申吕自岳降①，傅说为列星②，古今所传，不可诬也。孟子曰："我善养吾浩然之气③。"是气也，寓于寻常之中，而塞乎天地之间。卒然遇之，则王公失其贵，晋、楚失其富，良、平失其智，贲、育失其勇，仪、秦失其辩④。是孰使之然哉？其必有不依形而立，不恃力而行，不待生而存，不随死而亡者矣。故在天为星辰，在地为河岳，幽则为鬼神，而明则复为人。此理之常，无足怪者。

　　自东汉以来，道丧文弊，异端并起。历唐贞观、开元之盛⑤，辅以房、杜、姚、宋而不能救⑥。独韩文公起布衣，谈笑而麾之，天下靡然从公，复归于正，盖三百年于

---

　　① 《诗经·大雅·崧高》："崧高维岳，骏极于天，维岳降神，生甫及申。"甫，即吕侯，也称甫侯，曾作《吕刑》。申：申伯。吕侯、申伯都是西周王室大臣。

　　② 傅说：商王武丁的宰相。《庄子·大宗师》说他死后之精"乘东维"（乘上东方苍龙星列中），"骑箕尾"（骑在靠近箕宿的尾宿上）。按箕宿是二十八宿之一，是现代天文学通称的人马星座的一部分。尾宿，也列入二十八宿，属于通称的天蝎星座的一部分。古人把黄道的二十八宿又划分成四大组合：苍龙、白虎、朱雀、玄武。尾宿与角宿、亢宿、房宿、心宿等被划在"苍龙"之中，"苍龙"的尾端一星即"傅说星"。

　　③ 《孟子·公孙丑上》载孟子的话，他接着说："其为气也，至大至刚，以直养而无害，则塞于天地之间。"

　　④ 卒(cù)然：突然。晋、楚：《孟子·公孙丑下》引曾子的话说："晋楚之富，不可及也。"良、平：汉高祖的谋士张良、张平。贲、育：先秦著名勇士孟贲、夏育。仪、秦：战国的纵横家张仪、苏秦。

　　⑤ 贞观：唐太宗年号。开元：唐玄宗年号。史称这两个年代是唐代最昌盛时期，称"贞观开元之治"。

　　⑥ 房、杜：房玄龄、杜如晦，唐太宗的宰相。姚、宋：姚崇、宋璟，唐玄宗开元年间的宰相。

此矣。文起八代之衰，而道济天下之溺①，忠犯人主之怒②，而勇夺三军之帅③，此岂非参天地，关盛衰，浩然而独存者乎？

　　盖尝论天人之辨，以为人无所不至，惟天不容伪。智可以欺王公，不可以欺豚鱼④；力可以得天下，不可以得匹夫匹妇之心⑤。故公之精诚，能开衡山之云⑥，而不能回宪宗之惑⑦；能驯鳄鱼之暴⑧，而不能弭皇甫镈、李

---

　　①　文起八代之衰：按自东汉、魏、晋、宋、齐、梁、陈、隋八个朝代以来，盛行骈体文，这种文体形式死板，很难具体细微地表现内容，只图辞藻华美，不重视逼真地表现内容，是一种程式化的浮夸文风。韩愈提倡文章散文化，向先秦西汉古文学习，领导了文坛上的古文运动，推动了我国文学的发展。道济天下之溺：汉代以来道教（与道家学派不同）盛行，三国以来，佛教逐渐兴起，于是佛、道二教与儒家并列，到南北朝以后佛、道的影响力已超过了儒家。宗教的流行，阻碍了我国学术的正常发展，韩愈作《原道》等篇，辟佛、老（道），倡儒家学术，所以被称为道济天下之溺。
　　②　忠犯人主之怒：指韩愈谏佛骨表一事，见本篇解题。
　　③　勇夺三军之帅：《论语·子罕》：“三军可夺帅也，匹夫不可夺志也。”指镇州兵乱，杀节度使田弘正，拥立王廷凑。唐王室派人宣抚之，韩愈担当了这个任务，出使于叛乱之地，终于说服了王廷凑。此事载《新唐书·韩愈传》。
　　④　《易经·中孚》：“豚鱼：吉。信及豚鱼也。”意思是能博得猪、鱼的信任，是吉祥的。
　　⑤　参看注⑨。
　　⑥　指韩愈的《谒衡岳庙遂宿岳寺题门楼》一诗所说，他到衡山时，正逢秋雨连绵、阴云遮山，他“潜心默祷”后，云开天晴，得见衡山面目。这种巧合，韩、苏等人则误认为“精诚所感”。衡山，称南岳，在湖南省衡山市。
　　⑦　指谏迎佛骨事，见本篇解题。
　　⑧　指驱鳄鱼事，见本书卷八《祭鳄鱼文》。

逢吉之谤①;能信于南海之民,庙食百世,而不能使其身一日安于朝廷之上。盖公之所能者天也,其所不能者人也。

始潮人未知学,公命进士赵德为之师,自是潮之士皆笃于文行,延及齐民,至于今,号称易治。信乎孔子之言:"君子学道则爱人,小人学道则易使也②。"潮人之事公也,饮食必祭,水旱疾疫,凡有求必祷焉。而庙在刺史公堂之后,民以出入为艰,前太守欲请诸朝作新庙,不果。元祐五年③,朝散郎王君涤来守是邦,凡所以养士治民者,一以公为师。民既悦服,则出令曰:"愿新公庙者听。"民欢趋之,卜地于州城之南七里,期年而庙成。

或曰:"公去国万里,而谪于潮,不能一岁而归④。没而有知,其不眷恋于潮也审矣。"轼曰:"不然。公之神在天下者,如水之在地中,无所往而不在也。而潮人独信之深,思之至,焄蒿凄怆⑤,若或见之。譬如凿井得泉,而曰水专在是,岂理也哉?"元丰元年,诏封公昌黎伯⑥,故榜曰"昌黎伯

① 韩愈被谪潮州后,宪宗有悔意,想召回他,被皇甫镈(bó)〔唐泾州临泾(今属甘肃省镇原县)人,德宗贞元间进士,授监察御史,累官至同中书门下平章事。他荐方士,向宪宗皇帝献"长生药"。宪宗服药致死,他因此贬崖州司户参军,死于贬所〕进谗言阻止,因改调韩为袁州刺史。后来韩愈回朝任京兆尹兼御史大夫,宰相李逢吉(字虚舟,陇西人,元和十一年拜相,元和、长庆两朝为宰相。他引荐牛僧孺,与李德裕争权倾轧)玩弄手法,挑拨韩愈与御史中丞李绅的关系,趁机调离了两人的职务。见《新唐书·韩愈传》。

② 孔子的话出自《论语·阳货》。

③ 元祐:宋哲宗年号。五年:即1090年。

④ 按韩愈于元和十四年正月被贬潮州,同年十月调任袁州刺史,在潮州不满一年。

⑤ 焄(xūn)蒿凄怆:出自《礼记·祭义》"焄蒿凄怆",孔颖达疏云:"焄,谓香臭也。蒿,谓蒸出貌。凄怆者,谓此等之气,人闻之,情有凄有怆。"

⑥ 韩愈祖籍昌黎(今河北省昌黎县),故宋代追封他为昌黎伯。

韩文公之庙"。

潮人请书其事于石，因作诗以遗之，使歌以祀公。其辞曰：公昔骑龙白云乡①，手抉云汉分天章②，天孙为织云锦裳。飘然乘风来帝旁，下与浊世扫秕糠。西游咸池略扶桑③，草木衣被昭回光。追逐李杜参翱翔④，汗流籍湜走且僵⑤，灭没倒影不能望。作书诋佛讥君王，要观南海窥衡湘⑥，历舜九嶷吊英皇⑦。祝融先驱海若藏⑧，约束蛟鳄如驱羊。钧天无人帝悲伤，讴吟下招遣巫阳⑨。犦牲鸡卜羞我觞⑩，於粲荔丹与蕉黄⑪。公不少留我涕

① 《庄子·天地》："乘彼白云，至于帝乡。"白云乡，指天帝之仙乡。

② 手抉云汉分天章：《诗经·大雅·棫樸》："倬彼云汉，为章于天。"即：那高高的银河，像美丽的图画似的悬在天空之上。

③ 咸池：古代神话中所说太阳的洗浴池。扶桑：神话中太阳休息的神树。屈原《离骚》："饮余马于咸池兮，总余辔乎扶桑。"

④ 韩愈《调张籍》："李杜文章在，光焰万丈长……我愿生两翅，捕逐出八荒。"

⑤ 汗流籍湜走且僵：张籍、皇甫湜(shí)都是韩愈文派的追随者。韩愈在《调张籍》中有"乞君飞霞佩，与我高颉颃"句，意思是请他和自己一起追上李白、杜甫。但是张籍、皇甫湜的成就远远赶不上韩愈，所以苏轼说他们追赶得出汗、腿僵也赶不上。

⑥ 潮州古属南海郡。衡山、湘江为韩愈谪赴潮州时经过之地。

⑦ 传说大舜南巡死于苍梧、零陵之间，葬于九嶷山附近。舜妻娥皇、女英从舜南巡，也死于衡、湘之间。

⑧ 祝融：神话中的南方神名。韩愈《南海神庙碑》谓祝融亦为南海之神。海若：古代神话中的海神。

⑨ 巫阳：神巫名，《楚辞·招魂》："帝告巫阳曰：'有人在下，我欲辅之。'巫阳乃下招道：'魂兮归来！'"

⑩ 犦(bó)牲：牦牛。鸡卜：古代南方用鸡骨占卜，见《汉书·郊祀志》。羞我觞：谓进我之觞。

⑪ 於粲：於，语气词；粲，颜色漂亮。本书误"粲"为"餐"，据《经进东坡文集事略》改正。韩愈曾为祀柳宗元写的《柳州罗池庙碑》中有"荔子丹兮蕉黄，杂肴蔬兮进侯堂"句，苏轼特引用于韩庙。

漭,翩然被发下大荒①。

【译文】

一个普通人居然成为百代的宗师,区区一句话竟能为普天下树立了规范。这种人物都是能够参与天地的化育、关系到世运的盛衰的。他们的降生有所自来,甚至他们的逝世也是有其作用的。所以西周的吕侯、申伯的降生来源于山岳,商代的傅说死后为苍龙星区的列星,这都是古今相传有据,而不可以诬蔑它为不真实的啊。孟子说:"我善于培养我的浩然充沛之气。"这个"气"啊,蕴藏在平常的事物之中,却充塞于天地之间。突然间遇到它,王公大臣会失掉所依赖的高贵,晋国、楚国也失去了所依仗的财富,张良、陈严丢弃了智慧,孟贲、夏育也丧失了勇敢,而张仪和苏秦也会失去了他们的辩论的才能。是谁促使它这样的呢?这必定有不依附形体而可以站立、不仗恃力量而能够行动、不等待生育而能存在、不跟随死亡而消逝的因素呢。所以它在天上为星宿,在大地则为黄河和五岳,处于幽冥为鬼神,处于阳世则又转化为人。这本是事理的常态,没有什么可奇怪的。

自东汉以来,儒学道统丧失,文风败坏,旁门左道纷纷并起。经历唐代贞观、开元那样的盛世,而且还有房玄龄和杜如晦、姚崇和宋璟那样贤明的宰相来辅佐,竟然也不能挽救这个局势。唯独韩文公从平民中崛起,谈笑之间,举手一挥,普天下都望风倾服而追随韩公,从而使学术又回归正统。这情况大概有三百年之久了。他的文章振兴了沿袭八代之久的衰败文风,他所发扬的儒道拯救了普天下人心的沉溺,他的忠直敢

---

① 引用韩愈《杂诗》:"翩然下大荒,被(pī)发骑麒麟。"大荒:《山海经·大荒西经》:"大荒之中,有山名大荒之山,日月所入。"

于触犯皇帝的暴怒,而其勇气可以夺取三军的帅权。这岂不是能参与天地、关系盛衰、浩然而独立长存的吗?

我曾经分析过天道和人事的区别,常说人们做事可以为所欲为,乃至无所不用其极,唯有天道是不容许任何虚伪的。智巧可以欺骗帝王三公,但是不能够蒙骗猪、鱼等畜生;势力可以夺得了天下,但是不能够赢得普通男女的心悦诚服。因此,韩公的精诚,可以感动得衡山的云雾散开,而不能挽回唐宪宗的迷途;能驯服鳄鱼的凶暴,而不能消除皇甫镈、李逢吉之流的毁谤;能取信于南海地区的平民,在祠庙里享祭祀百世,而不能使自己在朝廷中安稳地度过一天。这是因为韩公所能做的是顺应了天道,他做不成的是人为的阻挠而使然啊。

当初潮州人士不知道学习,韩公就委派进士赵德做他们的师长,从这以后潮州人士都能够专心学习重视德行,从而影响了普通百姓。一直到现在,潮州都被人称作是个容易治理的地方。这就证实了孔子的话:"士大夫学了道义就懂得爱护别人,平民学了道义就容易指挥了。"潮州人士的奉祀韩公,逢饮酒宴会必定浇奠,每逢水旱灾害、疾病流行必然要祷告。可是祠庙原在知州的大堂后面,百姓以为出入不便,前任知州原想请示朝廷建座新庙,没能做到。元祐五年,朝散郎王君涤来此地任知州,凡是培养士人治理百姓的措施,一概都以韩公为榜样,百姓已经心悦诚服了,就下命令道:"凡自愿新建韩文公庙的人听我的命令。"老百姓就高高兴兴地奔赴赶办。占卜选择的新址在州城南面七里的地方,仅仅一周年祠庙就落成了。

或许有人问:"韩公离开京师万里之遥,贬谪到潮州来,不到一年时间就回去了。假使死而有灵的话,他也不会眷恋潮州而肯降临的,这道理是很清楚的。"我回答说:"不是这样。韩公的精神存在于天下,宛如水存在于地下,这是到哪里都会存在的啊。况且潮州人信仰他特别深,思念他达到极点,香烟浮腾感情激动,就好像望见了他似的。比如凿井得到地下水源,却说水只在这里有,哪有这种道理呢?"元丰元年,皇帝诏封韩公为昌黎伯,所以门额上写"昌黎伯韩文公之庙"。

　　潮州人士让我记载此事刻于石碑上,于是作词以赠之,供他们歌唱以祭祀韩公。歌词云:您从前乘驾苍龙在那白云飘浮的地方,亲手拨弄着银河以评选云锦的花样,织女纺织云霞特为您做了云锦衣裳。您轻飘飘地乘着清风来自天帝的身旁,降临下来为污浊的人世扫除灰尘秕糠。朝西方走向咸池又经过那棵神异的扶桑,于是大地的花草树木都披上了辉煌缭绕的金光。您追赶上李白、杜甫和他们一起飞翔,而那张籍、皇甫湜追随您奔跑得汗流腿僵,他们只能在地上看到您那闪烁着的倒影,而不能望见您在天上的容光。进奏章痛斥佛教讥刺君王,要游览南海观赏衡山和湘江,经过了埋葬大舜的九嶷山而凭吊那女英与娥皇。祝融为您开路清道,海神也为您把魔怪掩藏,你管教蛟龙、鳄鱼就像驱赶群羊。上天缺少贤人天帝悲伤,派来了吟唱着《招魂》曲的那位巫阳。宰牦牛用鸡卜请享用我们的酒觞,美丽啊,供献的荔枝嫣红蕉叶嫩黄。您若不停留一会儿我们就流泪汪汪,愿您翩然而来披拂着长发走下那大荒山冈。

乞校正陆贽奏议进御札子

【解题】

　　札子是臣下奏事所使用的表、状之外的一种公文文体。陆贽(754—805),字敬舆,苏州嘉兴(今浙江省嘉兴市)人。唐德宗时自翰林学士升任中书侍郎、同平章事(宰相之一),正直敢言,进奏政见多篇。不久被裴延龄所谗,因而罢相,贬为忠州别驾,抑郁而死。著有《翰苑集》,又名《陆宣公奏议》,内容多是改革弊政的建议,文笔畅美。这是苏轼在宋哲宗元祐八年(1093)任翰林学士兼侍读时所写的呈文。当时哲宗年幼,由太后执政,苏轼兼任侍读,负有为皇帝教学的责任。因此他和同僚吕希哲、吴安礼、范祖禹等请求允许他们将陆贽的奏议校正后进呈皇帝阅读。本文运用具体的比拟,使人读来感到亲切,乐意接受其建议。唐、宋公文仍沿用骈体,作者在驾驭这种呆板的文体时,写得婉转流畅,令人几乎感觉不出是骈体文字,好像读散文一样轻松,表现了苏轼的高明纯熟的写作技巧。

　　臣等猥以空疏,备员讲读。圣明天纵,学问日新。臣等才有限而道无穷,心欲言而口不逮,以此自愧,莫知所为。窃谓人臣之纳忠,譬如医者之用药,药虽进于医手,方多传于古人。若已经效于世间,不必皆从于己出。

　　伏见唐宰相陆贽,才本王佐,学为帝师。论深切于事情,言不离于道德。智如子房而文则过①,辩如贾谊而术不疏②。上以格君心之非,下以通天人之志。但其不幸,仕不遇时。德宗以苛刻为能③,而贽谏之以忠厚;德宗以猜忌为术,而贽劝之以推诚。德宗好用兵,而贽以

---

①　子房:张良,字子房。汉高祖的谋士,后封留侯。

②　贾谊:汉初文人,参见本书卷六《过秦论》等文章。

③　德宗:名李适,779—805 年在位。曾推行两税法,征收间架税、茶税等,加紧搜括,以增加朝廷收入。对地方藩镇割据势力采取裁抑政策,但操之过急,并无成效,从而导致 783 年的泾原兵变,长安被朱泚占领,他一度逃往奉天(今陕西省乾县)。自此对藩镇姑息迁就,并信用宦官,以宦官统率禁兵,宦官势力日盛。

消兵为先；德宗好聚财，而贽以散财为急。至于用人听言之法，治边御将之方，罪己以收人心，改过以应天道，去小人以除民患，惜名器以待有功，如此之流，未易悉数。可谓进苦口之药石，针害身之膏肓①。使德宗尽用其言，则贞观可得而复②。

臣等每退自西阁，即私相告，以陛下圣明，必喜赞议论。但使圣贤之相契，即如臣主之同时。昔冯唐论颇、牧之贤，则汉文为之太息③；魏相条晁、董之对，则孝宣以致中兴④。若陛下能自得师，则莫若近取诸贽。夫六经三史，诸子百家⑤，非无可观，皆足为治。但圣言幽远，末学支离，譬如山海之崇深，难以一二而推择。如贽之论，开卷了然，聚古今之精英，实治乱之龟鉴⑥。

臣等欲取其奏议，稍加校正，缮写进呈。愿陛下置之坐隅，如见贽面，反复熟读，如与贽言。必能发圣性之高明，成治功于岁月。臣等不胜区区之意，取进止。

---

① 膏肓：人体部位名。杜预云："心下为膏；肓，鬲也。"成语喻人病势严重为"病入膏肓"，语出《左传·成公十年》。

② 贞观：唐太宗年号，627—649年，共二十三年。这是唐代较为昌盛的时期，也是封建政治史上的模范，人称"贞观之治"。

③ 廉颇、李牧都是战国时期赵国的著名将领。冯唐是汉初郎中署长，曾经向汉文帝介绍他们的战绩，汉文帝叹息说："我独不得颇、牧为将，何忧匈奴哉！"见《汉书·冯唐传》。

④ 魏相：字弱翁。汉宣帝历任御史大夫、丞相，协助宣帝清除霍光死后其家族的势力，夺回政柄。史称其"好观汉故事及便宜章奏""数条汉兴已来国家便宜行事，及贤臣贾谊、晁错、董仲舒等所言，奏请施行之"。汉宣帝时，号为"中兴"，魏相亦有辅佐之功。见《汉书·魏相传》。

⑤ 六经：指《诗经》《尚书》《礼记》《周易》《春秋》以及佚失的《乐经》六部儒家经典。三史：《史记》《汉书》《后汉书》。诸子百家：泛指先秦两汉的各学派的著作，如《庄子》《管子》《淮南子》等。

⑥ 龟鉴：龟指古人以龟甲占卜，鉴指镜子，意为借鉴。

【译文】

　　臣等勉强凑合着以空疏不学的资质,在御前讲读的职位上备员充数。但是陛下的圣明为上天所赋予,学问日新月异,天天得到新的进展。臣等的才能是有限的而道理是无穷的,心中虽想讲说但是口头表达能力又不够,因此自愧,不知怎样做才好。私下里我们商议说,人臣献纳忠心,好像医生用药,药品虽然进奉自医生之手,处方却大都是传自古人。如果已经在世间行之有效,就不一定都要由自己开出。

　　我们觉得唐朝宰相陆贽,才能本可以辅佐圣王,学问堪做皇帝的师傅。议论深刻地联系具体情况,发言毫不背离道德规范,智慧宛如张良而文采则超过他,思辨好似贾谊但方法却不空疏。上面能够劝止君主意图的错误,下边可以沟通天下士人的意见。但是他遭遇不幸,出任官职没有逢上昌明之时。唐德宗以苛刻为拿手的本领,而陆贽进谏他要忠厚待人;唐德宗以猜忌为防备部下的手法,而陆贽则劝勉他推诚心以待官民。唐德宗好用兵,陆贽以消除战争为先务;唐德宗好搜括民财,而陆贽却以散财于民为急事。至于用人听取意见的方法,加强边防驾驭将领的策略,下罪己诏来收揽民心,改正错误以顺应天道,去掉坏人以除民害,珍惜职衔留以奖励有功之臣,如此之类,是难于全部列举出来的。可是说是进献了苦口的良药,针刺着了病人膏肓的正确穴位。假使唐德宗全部采用他的建议,那么贞观之治就要重新出现。

　　臣等每次从西阁退朝以后,曾私下议论,以陛下天资的圣明,必然喜爱陆贽的议论。只要使得圣主贤臣能互相契合,就犹如明君良相生活在同一时代。从前冯唐谈论廉颇、李牧的贤能,致使汉文帝为不遇贤才而叹息;魏相列举晁错、董仲舒回答皇帝的策论,就使汉宣帝中兴汉室。倘若陛下能够自得良师,就不如就近选取陆贽。那六经三史、诸子百家,不是无可借鉴,也足以使政治昌明。但是经典中圣人的格言深奥遥远,而子书史籍又往往支离破碎,好比山高海深,难以一一选择。可是像陆贽的议论,却开卷了然,集中了古今理论的精华,实在是治乱经验的宝鉴。

臣等希望录取他的奏议,稍加校正,缮写进呈,愿陛下放在座旁,就如亲见陆贽的面貌,反复熟读,好似自己和陆贽相谈。相信必定能启发圣主高明的智慧,而能成就太平功业于不久的岁月之中。臣等不胜拳拳眷恋之意,仰取"进、止"的批示。

前赤壁赋

【解题】

赤壁之战,是古代著名的战役。建安十三年(208)秋,曹操占领荆州后,利用荆州的舰只,借上游的有利地形,率军进攻江东。东吴周瑜联合刘备残军,以少胜多,在赤壁大败曹军。赤壁在长江、汉水流域一带就有五个同名地方。这次战争,后人一般认为在湖北嘉鱼县的是其旧址,苏轼所游的地方则在湖北黄冈。苏轼知道此地为战争旧址的传说并不可靠,在他著名的《念奴娇·赤壁怀古》中曾指出"人道是三国周郎赤壁"。文艺创作与史地著作不同,是有见景生情、利用传说加以想象的自由的。

此赋作于宋神宗元丰五年(1082)。在元丰二年,苏轼的政敌由何正臣等谏官出面,摘录他平日诗文加以穿凿附会,讦告他诽谤朝廷,逮捕他下狱。出狱后名义上是降级外放,在黄州(今湖北省黄冈市)任团练副使,实际是令其在黄州安置,不得签署公事,不得擅离安置处所,不过是一种隔离罢了。苏轼在这种"软禁"的情况下,出游赤壁,怀古感今,其抑郁感愤自不待言。本篇以赋体常用之主客问答形式,发抒观感。主客所云各有不同,其实代表了作者思想的两个方面:一是为青春虚度而慨叹;一是以"物与我皆无尽"的庄子的观点来故作旷达。这不过是苦中作乐,尽情享受"清风明月不用一钱买"(李白诗句)的眼前景物,作为自己的精神支柱。他不向政敌屈膝,硬是要活得快意,对当前的迫害表示不在乎,有一定的积极因素。本文文笔优美,写景与抒情融合无间,表达了寓悲愤于旷达的复杂感情,自是佳作。

壬戌之秋,七月既望①,苏子与客泛舟,游于赤壁之下。清风徐来,水波不兴。举酒属客,诵"明月"之诗,歌"窈窕"之章②。少焉,月出于东山之上,徘徊于斗、牛之间③。白露横江,水光接天。纵一苇之所如④,凌万顷之茫然。浩浩乎如冯虚御风,而不知其所止,飘飘乎如遗世独立,羽化而登仙。

于是饮酒乐甚,扣舷而歌之。歌曰:"桂棹兮兰桨,

① 壬戌:指宋神宗元丰五年(1082)。既望:我国天文学称月相最圆的一天为"望日",即农历每月的十五日,有时是十六日或十七日。但通常称农历每月十五日为"望"。既望谓过了十五日,即十六日。

② "明月""窈窕":原注谓指《诗经·陈风·月出》篇,其第一章为:"月出皎兮,佼人僚兮;舒窈纠兮,劳心悄兮。"按本赋所指为"明月""窈窕"与《月出》字句不吻合,自是泛指,而且与后文之"歌曰"几句和客引曹操诗照应,不必拘泥以为是指某一诗篇。

③ 斗、牛之间:斗、牛都是黄道二十八宿之一。斗宿,亦称南斗,列于今称之人马星座之中。牛宿,亦称"牵牛"(但不是习称的与织女相对之牵牛星),划入今摩羯星座中。二宿均在银河南端,其方位为日、月所经。苏轼于农历七月十六日望见月亮在东半天的斗、牛二宿之间,应为夜间九时左右。

④ 一苇:喻指小船。

击空明兮溯流光。渺渺兮予怀,望美人兮天一方①。"客有吹洞箫者,依歌而和之。其声呜呜然,如怨如慕,如泣如诉,余音袅袅,不绝如缕,舞幽壑之潜蛟,泣孤舟之嫠妇②。

苏子愀然,正襟危坐,而问客曰:"何为其然也?"

客曰:"'月明星稀,乌鹊南飞③',此非曹孟德之诗乎?西望夏口④,东望武昌,山川相缪⑤,郁乎苍苍,此非孟德之困于周郎者乎?方其破荆州,下江陵⑥,顺流而东也,舳舻千里,旌旗蔽空,酾酒临江,横槊赋诗⑦,固一世之雄也,而今安在哉?况吾与子渔樵于江渚之上,侣鱼虾而友麋鹿,驾一叶之扁舟,举匏樽以相属。寄蜉蝣于天地,渺沧海之一粟,哀吾生之须臾,羡长江之无穷,挟飞仙以遨游,抱明月而长终。知不可乎骤得,托遗响于悲风。"

苏子曰:"客亦知夫水与月乎?逝者如斯,而未尝往也;盈虚者如彼,而卒莫消长也。盖将自其变者而观之,则天地曾不能以一瞬,自其不变者而观之,则物我皆无尽也,而又何羡乎?且夫天地之间,物各有主,苟非吾之所有,虽一毫而莫取。惟江上之清风,与山间之明月,耳

---

①　按此歌的风格是模拟《楚辞·九歌》。美人:即《离骚》中所谓"香草美人",比喻君王、君子之辞。

②　嫠(lí)妇:寡妇。

③　指曹操《短歌行》,所引为其后章之首二句。

④　夏口:即今汉口。武昌:指今湖北省鄂州市,非现在的武昌。

⑤　缪(liáo):通"缭",缭绕。

⑥　荆州:东汉末年刘表据荆州,治所为襄阳(今属湖北省)。江陵:今属湖北省荆州市。

⑦　元稹《唐故工部员外郎杜君墓系铭并序》:"曹氏父子鞍马间为文,往往横槊赋诗。"槊:长矛。酾(shī)酒:斟酒。

得之而为声,目遇之而成色,取之无禁,用之不竭,是造物者之无尽藏也,而吾与子之所共适。"

客喜而笑,洗盏更酌,肴核既尽,杯盘狼藉,相与枕藉乎舟中,不知东方之既白。

【译文】

壬戌年的秋天,七月十六日,苏子和客人乘船漫游,游览于赤壁之下。清风微微吹来,江水静静的,连波纹也不起。于是举酒敬客,吟诵"明月"的诗篇,歌唱起"窈窕"的乐章。一会儿,月亮升起于东面的山巅,徘徊在南斗和牛宿之间。银白的霜露弥漫江上,水光闪闪接连青天。纵放这一片苇叶似的小船任其漂荡,凌驾在万顷绿波中茫茫无边。浩浩荡荡啊,宛如凭空驾风,不知停在何处;飘飘摇摇啊,好似离开人间而独立,生长了翅膀变成神仙。

在这时,酒越喝越高兴,大家拍着船舷就唱起歌来。唱道:"桂木篙啊木兰木的桨,划拨起这一片清澈透明啊,迎头穿过那流荡的银光。渺渺遥遥啊我的情怀,远望那美人啊在天一方。"客人中有会吹洞箫的,随着歌声伴奏起来。那声音呜呜咽咽,既像怨恨又像爱慕,宛如哭泣又如倾诉,余音袅袅,恰似细而不断的丝缕,感动得潜伏在幽深洞穴的蛟龙起舞,使居住在孤零零小船上的寡妇痛哭。

苏子不由面色忧愁起来,理一理衣襟挺直起身子来坐好了,问客人道:"为什么箫声这样动人呢?"

客人答道:"'月儿亮了星儿稀,乌鸦喜鹊向南飞',这不是曹孟德的歌词吗?西望夏口,东望武昌,山河缭绕,郁郁苍苍的所在,这不是曹孟德被周郎所困的地方吗?当他攻破荆州,出兵江陵,顺流而下指向正东,后舳挨前舻的舰只千里不断,旗帜如林遮住了天空,临江饮酒,横握长矛作诗吟咏,真是一代的英雄啊,但是如今在哪儿呢?何况我和您不过是打柴捕鱼,活动在江岸沙洲,和鱼虾作伴侣,同麋鹿交朋友。乘着一片叶子似的小船,举着葫芦瓢来互相敬酒。把蜉蝣一样的短暂寿命寄存在永远不老的天地,让小米粒似的身子投进那沧海般无边的宇宙。哀痛我们生命的短暂,羡慕那长江滔滔的无穷,真想要挽着飞仙去漫游,抱着明月而永生,既然知道是不能马上得到的事,只好用这袅袅的箫声寄托于悲凄的寒风。"

　　苏子说道:"尊客也知道那水和月亮吗?所谓'逝去的像这流水',其实是水并没有流逝得净尽啊;又圆又缺地犹如那月亮,可终究是不消不长啊。因为如果从事物变化的角度来观察它,那么即使是天长地久也不过只是眼睛一眨;若从不变的方面来看它,万物和我都是无穷无尽的,这又何必羡慕呢?况且这天地之间,物各有主,只要不归我所有,那就丝毫也拿不到手。只有江上的清风与山间的明月,耳朵听到了就表现为声音,眼睛遇见了就形成颜色。获取它没有禁令,享用它不会用尽。这是上天赋予我们的无穷无尽的宝库啊,这些是我和您能共同享受的快乐。"

　　客人喜悦地笑了,洗洗酒杯又喝起来。菜肴吃光了,杯子盘子乱放乱摆,大家挨挤着睡在船上,沉睡得不知道东方已经发白。

后赤壁赋

【解题】

　　此赋与前篇作于同一年,前篇写的是秋景,本篇写的是冬季的赤壁风光。本篇写冬夜赤壁清冷阴森的气氛,写仙鹤托梦的幻境,凄凉朦胧,象征着作者当时抑郁不平的心情。

作者尽力捕捉赤壁景物来创造一个特异的境界,渲染出这种情调、气氛,以此暗示自己胸中的块垒和被压抑的情绪,文章基调是消沉、寂寞的,风格则具有浪漫主义的特色。

　　是岁十月之望①,步自雪堂,将归于临皋②。二客从予,过黄泥之坂③。霜露既降,木叶尽脱,人影在地,仰见明月,顾而乐之,行歌相答。

　　已而叹曰:"有客无酒,有酒无肴。月白风清,如此良夜何?"客曰:"今者薄暮,举网得鱼,巨口细鳞,状如松江之鲈。顾安所得酒乎?"归而谋诸妇,妇曰:"我有斗酒,藏之久矣,待子不时之需。"

　　于是携酒与鱼,复游于赤壁之下。江流有声,断岸千尺,山高月小,水落石出。曾日月之几何,而江山不可复识矣。

　　予乃摄衣而上,履巉岩,披蒙茸,踞虎豹,登虬龙,攀栖鹘之危巢,俯冯夷之幽宫④。盖二客不能从焉。划然长啸,草木震动,山鸣谷应,风起水涌。予亦悄然而悲,肃然而恐,凛乎其不可留也。反而登舟,放乎中流,听其所止而休焉。时夜将半,四顾寂寥,适有孤鹤,横江东来。翅如车轮,玄裳缟衣,戛然长鸣,掠予舟而西也。

　　须臾客去,予亦就睡。梦一道士,羽衣蹁跹,过临皋

　　①　是岁:即上篇的元丰五年(1082)壬戌。望:农历每月的十五日,称为"望",参看前篇注释。
　　②　雪堂:苏轼在黄州自建的厅堂,因在大雪时建,四壁又画了雪景壁画,故称。临皋:临皋亭,在湖北省黄冈市南,长江之旁,是苏轼在黄州的住处。
　　③　黄泥之坂:坂是斜坡,黄泥坂是从雪堂到临皋亭的必经之路。
　　④　鹘(hú):猛禽,鹰类。冯夷:河伯,古代神话中的黄河神,此处泛指水神。

之下,揖予而言,曰:"赤壁之游乐乎?"问其姓名,俯而不答。"呜呼噫嘻! 我知之矣! 畴昔之夜,飞鸣而过我者,非子也耶?"道士顾笑,予亦惊寤,开户视之,不见其处。

【译文】

这年的十月十五日,我从雪堂步行,将要回到临皋亭去,两位客人伴随着我。经过黄泥坂这段斜坡时,霜露已经降下了,树木的叶子全部脱落,人影子就清清楚楚显露在地上了。仰头一看,已经升起明月。我们看得高兴,于是你唱我和地边走边唱起来。

过了一会儿,我不觉叹气道:"有了客人却没有酒,即使有酒也没有菜肴。月色银白微风清和,怎样打发这美好的月夜呢?"客人说:"今天傍晚,撒网捕了一条鱼,大嘴细鳞,样子好像松江的四鳃鲈。可是到哪儿搞到酒呢?"回家和妻子商量,妻子说:"我有一斗酒,藏起来已经很久,预备着您临时有意外的需求。"

于是带着酒和鱼,又游览于赤壁山下。江水奔流空谷传声,高岸更显得峭拔,直立千尺,山显得更高月亮却觉得更小,水位降低礁石露出。才过去了几月几日啊,可是江山的面貌已经不认识了。

我就提着袍子,登上高岸,踏着陡峭的冈陇,拨开葱茏的草丛。蹲坐过的石头凶如虎豹,攀缘着的古树蟠似蛟龙。爬上了老鹰宿栖的险峻的巢穴,俯身窥看那水神深藏的水晶宫。上这些地方时,两位客人已是不能够陪从。我一声长啸,草木簌簌振动,四山齐鸣而深谷回应,风忽然而起水也波浪汹涌。我也不觉暗自伤悲,悚然惊恐,浑身寒森森地不可久留。回身登上船头,一任其在江心漂流,让船儿愿在哪里停住就在哪里罢休。这时夜已将半,四顾寂寥,恰巧一只孤零零的白鹤,从东面横飞过江来,翅膀大如车轮,好似穿着白衣黑裙,"戛戛"地长叫着,掠过我的船头朝西飞去。

不一会儿客人告辞而去,我也回去睡觉。梦见一位道士,穿着羽衣,轻快飘拂,来到临皋亭前,向我作揖请安,然后问道:"赤壁的游览,是很快乐的吧?"问他姓名,他低头不回答。"哎呀!我明白啦!昨儿晚上,一边叫一边飞过我而去的,不就是您吗?"道士回顾一笑,我也被惊醒了,开门四下察看,看不见他的踪影。

三槐堂铭

【解题】

铭文原是刻在器物上以资纪念的文体,汉代以后多是刻格言来警诫自己,又刻在石碑或墓石上来歌功颂德。厅堂等建筑物也可有铭,以表彰其主人,词句多模拟先秦的韵文,以示典雅严肃之意。形式上虽以铭辞为主体,但主要内容却写在前面的序文中。封建社会一个家族往往为家庭起一个"堂号"。"三槐堂"是北宋大官僚世家王祐家的堂号。其所以名为三槐,是象征朝廷中的三公,以求子孙当大官之意。苏轼与其孙子王巩是朋友,应其请求而作此铭。王祐一家虽累世富贵,但功业学问的成就并不很大,作者只好敷衍成文。这种应酬文字,思想价值是不会高的。

天可必乎?贤者不必贵,仁者不必寿。天不可必乎?仁者必有后。二者将安取衷哉?吾闻之申包胥曰:

"人定者胜天,天定亦能胜人①。"世之论天者,皆不待其定而求之,故以天为茫茫,善者以怠,恶者以肆。盗跖之寿,孔、颜之厄②,此皆天之未定者也。松柏生于山林,其始也困于蓬蒿,厄于牛羊,而其终也贯四时、阅千岁而不改者,其天定也。善恶之报至于子孙,则其定也久矣。吾以所见所闻考之,而其可必也审矣。

国之将兴,必有世德之臣厚施而不食其报,然后其子孙能与守文太平之主共天下之福。故兵部侍郎晋国王公③,显于汉、周之际,历事太祖、太宗,文武忠孝,天下望以为相,而公卒以直道不容于时。盖尝手植三槐于庭,曰:"吾子孙必有为三公者④。"已而其子魏国文正公⑤,相真宗皇帝于景德、祥符之间,朝廷清明天下无事之时,享其福禄荣名者十有八年。今夫寓物于人,明日而取之,有得有否。而晋公修德于身,责报于天,取必于数十年之后,如持左契,交手相付。吾是以知天之果可

---

① 申包胥:春秋时楚国大夫。楚国迫害伍员,后伍员仕吴,率兵伐楚,占领郢都,乃掘楚平王墓,出其尸而鞭之。申包胥使人谓子胥云:"子之报仇,其以甚乎。吾闻之:人众者胜天,天定亦能破人。今子故平王之臣,亲北面而事之,今至于僇死人,此岂其无天道之极乎?"后申包胥到秦国求救,败敌复国。见《史记·伍子胥列传》。今按苏轼引申包胥之语,与此小异,当依《史记》为正,但译文仍从苏轼所写。

② 盗跖:古代传说的活动于春秋时代的大盗。孔、颜:孔子、颜回。

③ 晋国王公:王祐,字景叔。莘(今山东省莘县)人,五代末至宋初人。宋初任潞州知州,后任兵部侍郎,死后封晋国公。王旦之父。

④ 据《周礼·秋官》:"面三槐,三公位焉。"上古朝廷的外朝所植三槐,是三公之位,因此就把"三槐"作为"三公"的代称。王祐种三槐于庭为的是取吉利之意,盼望子孙当大官。三公:历代指谓的官名不相同,东汉以后以太尉、司徒、司空为三公,唐宋一般为一品大员的荣誉职称。

⑤ 魏国文正公:王旦(957—1017),字子明,王祐次子。宋真宗时任给事中、同知枢密院事,后又任工部尚书、同中书门下平章事(宰相)。死后封魏国公,谥文正。

必也。

　　吾不及见魏公,而见其子懿敏公①,以直谏事仁宗皇帝,出入侍从将帅三十余年,位不满其德。天将复兴王氏也欤?何其子孙之多贤也?世有以晋公比李栖筠者②,其雄才直气,真不相上下。而栖筠之子吉甫,其孙德裕,功名富贵,略与王氏等,而忠恕仁厚,不及魏公父子。由此观之,王氏之福,盖未艾也。

　　懿敏公之子巩与吾游③,好德而文,以世其家,吾是以录之。铭曰:呜呼休哉!魏公之业,与槐俱荫,封植之勤,必世乃成。既相真宗,四方砥平,归视其家,槐荫满庭。吾侪小人,朝不及夕,相时射利,皇恤厥德?庶几侥幸,不种而获,不有君子,其何能国?王城之东,晋公所庐,郁郁三槐,惟德之符。呜呼休哉!

【译文】

　　天道是可以料定其必然的吗?但是贤能的人未必能获得高位,仁德的人也未必能够长寿。天道是不可以认为其必然的吗?但是仁德的人必然有鼎盛的后代。这两点将怎样折中于一起呢?我听申包胥说过:"人的意志坚定能够胜天,但是天的决定也能够胜过人。"世间讲论天道的,都不等待天道起决定作用之后而来要求它,就以为天道是茫茫无知的

①　懿敏公:王素(1007—1073),字仲仪,王旦之子。曾任鄂州知州,知谏院,因事贬为成都知府,后任渭州知州,教民耕战,积粮可供十年,士气振奋,敌不敢犯。官至工部尚书,谥懿敏。
②　李栖筠:唐代宗时人,官至给事中,因被元载所忌,贬为外官,代宗曾拟任之为相,为元载阻止。其子李吉甫,唐宪宗时两次为宰相。李吉甫之子李德裕,任唐武宗时宰相,与牛僧孺各植党为敌。后遭牛派打击,贬死于崖州。
③　巩:王巩,字定国,号清虚先生,喜作诗,任宗正丞。王素之子。

了。因此,行善的就懈怠了,作恶的就更加放肆起来。盗跖的长寿,孔子、颜回的困厄,这些都是天道的决定作用尚未显示时的情况啊。例如松柏树生长在山林之中,刚出苗时,被困于蓬蒿的遮蔽之下,被牛羊所糟践,可是到长成以后,却能贯通四季,经历上千年而长青不改,这就是天道所决定的嘛。善恶的报应在于其子孙,这是天道早已确定了的。我根据平生所见所闻来考察验证,天是必然要表示它的意志的,则是非常清楚的啊。

王朝将要兴起,必然有累世积德的人臣为国做了很多好事却不享有其报酬,然后他的子孙才能和用文治来守成的太平君主共同享有天下的幸福。已故兵部侍郎晋国王公,闻名于后汉、后周之际,连续辅佐我朝的太祖和太宗,能文能武,又忠又孝,天下人士都盼望他出任宰相,但是晋公终于因性情正直而不容于时。听说他曾经种植了三棵槐树于庭院,说:"我的子孙必定会有当上三公的。"后来,他的公子魏国文正公,果然当宰相辅佐真宗皇帝于景德、祥符年间的朝廷清明、天下无事的时期,享受福禄荣誉达十八年之久。就拿现今情况来看,把东西寄存于他人处,即使第二天去取,是否拿到手还不一定。然而晋公修德于自身,要求酬报于天道,并且相信必然于数十年以后实现,结果是就和拿着契约文书一样,一伸手就交付了。我以此而知道天道果然是可以料定其必然的。

我没能赶上见到魏公,可是见过他的公子懿敏公。懿敏公是以敢于直谏的作风奉仕仁宗皇帝的,入为侍从、出为将帅共有三十多年,但是职位不足以和其德行相配。天将要重新使王家兴盛吗?为什么他家有这么多的贤德子孙啊?世上有拿晋公和唐朝李栖筠来比较的,他俩的雄才和正直气概,真是不相上下的,而且栖筠的儿子李吉甫、孙子李德裕的功名富贵,大致和王家相等,但是李家的忠厚仁恕,却不及魏公父子了。由此看来王家的福气,还是无穷无尽的啊。

懿敏公的公子王巩和我交游,喜好道德又有学问,以此继承他的家风。我因此记述如上。铭云:哦,多么美好啊!魏公的勋业,和槐树一起萌生;辛勤地种植培养,必然在后代有成。既任真宗宰相,四方宛如磨刀石那样的平。退朝回家看望,槐树的绿荫遮满了庭院。我们平常百姓,早晨不作晚上的算计,只看一时来谋求利益,还有什么心思把积德来考虑? 只巴望着侥幸得手,弄个不种而获的待遇。如果没有积德的君子,国家怎么能够建立? 皇城的东面,是晋公建立的房屋,郁郁苍苍长着三棵槐树,这就是积德的凭据。哦,多么美好啊!

方山子传

【解题】

　　这不是一篇正式传记,只记其人的生活片段,是"别传"的体裁。传主陈慥字季常,是苏轼的老朋友。有件轶闻:季常喜谈佛理,自号龙丘居士。妻柳氏,柳的郡望为河东。苏轼以诗戏之云:"龙丘居士亦可怜,谈空说有夜不眠。忽闻河东狮子吼,柱杖落手心茫然。"佛教吹捧世尊说法威力最大,宛如"狮子吼",此以"河东狮子吼"喻柳氏。后世就以此喻悍妻,而"季常癖",也成为怕妇的代称。苏轼是开玩笑,陈慥不一定怕妇,前人曾有论辩;但由此可见陈慥家庭中对礼教淡漠的情形。本篇记陈慥的行为:早年游侠,晚岁避世;不想升官耀祖,而愿弃财过贫穷生活。作为一个富贵家族的子弟能如此行动,是与提倡修身齐家治国的伦常观念矛盾的。旧道德把个性束缚在忠君孝父等礼教之中,陈慥则蔑视之,任情而为,这含有发展个性的思想萌芽,应是古代遗产中的民主性的精华。尽管苏轼不一定自觉地认识这一点,但他对此持赞赏的态度,并特意为之作传。作品注意选取具有典型性的事件,着意于重要细节的描写,因小见大,富有启发性,这一写作构思也是很成功的。

方山子,光、黄间隐人也①。少时慕朱家、郭解为人②,闾里之侠皆宗之。稍壮,折节读书,欲以此驰骋当世,然终不遇。晚乃遁于光、黄间,曰岐亭③,庵居蔬食,不与世相闻。弃车马,毁冠服,徒步往来,山中人莫识也。见其所着帽方耸而高,曰:“此岂古方山冠之遗像乎④?”因谓之“方山子”。

余谪居于黄,过岐亭,适见焉。曰:“呜呼!此吾故人陈慥季常也,何为而在此⑤?”方山子亦矍然问余所以至此者,余告之故。俯而不答,仰而笑。呼余宿其家,环堵萧然,而妻子奴婢皆有自得之意。余既耸然异之。

独念方山子少时使酒好剑,用财如粪土。前十九

① 光、黄:光州(今河南省光州市)、黄州(今湖北省黄冈市),二州相邻,宋时同属淮南西路。
② 朱家:西汉鲁(今山东省曲阜市一带)人,曾秘密收留保护豪士数百。郭解:西汉轵(zhǐ)(今河南省济源市)人,以德报怨,救人性命而不居功。两人皆为西汉时民间自发势力的领袖,类似后世的土豪,当时称之为“游侠”。均见《史记·游侠列传》。
③ 岐亭:镇名,在今湖北省麻城市,当时属黄州。
④ 方山冠:汉朝祭祀时乐师所戴的帽子,形制与进贤冠(前高七寸,后高三寸,长八寸)相似,但按五方的地位施以五色。见《后汉书·舆服志》。
⑤ 苏轼《岐亭》诗序:“元丰三年(1080)正月,余始谪黄州,至岐亭北二十五里,山上有白马青盖来迎者,则余故人陈慥季常也,为留五日,赋诗一篇而去。”苏轼谪居黄州情况,参见本卷《前赤壁赋》解题。矍(jué)然:吃惊的样子。

年,余在岐山①,见方山子从两骑挟二矢游西山,鹊起于前,使骑逐而射之,不获。方山子怒马独出,一发得之。因与余马上论用兵,及古今成败,自谓一时豪士。今几日耳,精悍之色,犹见于眉间,而岂山中之人哉?

　　然方山子世有勋阀,当得官②,使从事于其间,今已显闻。而其家在洛阳,园宅壮丽,与公侯等。河北有田,岁得帛千匹,亦足以富乐。皆弃不取,独来穷山中,此岂无得而然哉?

　　余闻光、黄间多异人,往往佯狂垢污,不可得而见,方山子傥见之欤?

【译文】

　　方山子是在光州和黄州之间隐居的人,青年时曾仰慕朱家、郭解的为人,因此乡里街坊的豪侠人物都拥戴他。进入壮年时,改变了作风而认真读书,希望借此能在当代文场上竞争,风行天下,但是终于没有遇到机会。晚年就退隐在光、黄二州之间叫"岐亭"的地方,茅庵作为住宅,蔬菜粮食作为食物,和世间不通音讯。弃去车马,毁掉士绅的衣冠,徒步往来,因此山里的人都不知道他的来历。只是看见他戴的帽子方顶高耸,说:"这也许是古时方山冠的老样式吧?"因此就称呼他为"方山子"。

　　我贬谪到黄州安置,经过岐亭,恰好逢到了他,就说:"哎

① 此文作于元丰四年(1081),上溯十九年为宋仁宗嘉祐八年(1063),苏轼任凤翔签书判官,其上司知州是陈希亮,即陈慥之父,因与慥相识。陈希亮即建凌虚台者,参见本卷《凌虚台记》。岐山:今属陕西省宝鸡市凤翔区。
② 按陈慥之父为陈希亮,官至太常少卿,赠工部侍郎。按其官位当荫其子任官。见苏轼所作《陈公弼传》。

呀！这是我的老朋友陈慥——季常啊！您为什么也在这里?"方山子也吃惊地看着我，就询问我来到此地的缘故，我就把被贬谪的经过告诉了他。他只是低头不出声，忽又仰面大笑，招呼着我到他家住宿。他的家四面围墙之内空荡荡的，可是妻子儿女和男女佣人却都有生活得很惬意的表情，我就已经感到不平常了。

我偏偏想起了方山子年轻时狂饮酒、好弄刀剑，挥霍钱钞宛如粪土时的情况。记得十九年之前，我在岐山碰见了方山子，他率领两个骑马的伴当，挟着两副弓箭，正在西山打猎。突然有只猎物在马前像野鹊似的惊跳起来，他命令伴当策马追去射它，不中。方山子催马狂奔亲自出击，只一发就命中了。接着就骑着马和我谈论起军事及古今战争成败等，那意气是以一代的豪杰而自居的。这好像才几天的事呢，他当年的精明强悍的神气，至今仍然在眉眼间露出来，哪里像个隐居山中的人呢?

何况方山子的家庭世代都有功勋资历，他本应荫补为官的。假使他按例补了官随衙办事，到如今早就官高位显了。而且他家在洛阳这样的名城，园林宅第很壮丽，和公侯府邸一般美好;在河北面又有庄田，每年能得到价值一千匹帛的地租，也满可以过富裕快乐的日子了。但是他都舍去不取，单单来到穷苦的山中生活，这岂是心中毫无所得的人能办到的吗?

我听说光、黄二州一带有不少独特不凡的人物，往往假装癫狂，故意搞得邋里邋遢的样子，一般人却不能发现。方山子倘或能遇见他们的吧?

苏　辙

　　苏辙(1039—1112),字子由,眉州眉山(今四川省眉山市)人。十九岁与兄苏轼同榜进士。他在政治上反对王安石的新法,随着新旧派的更替,他的遭遇起落不定。王派当政时,他因苏轼下狱受连累,贬谪到筠州监盐酒税。司马光执政时,他擢升至尚书右丞、门下侍郎。王派复起后降职外放,初任知州,后又斥降为化州别驾、雷州安置。晚年居颍川(治所在今河南省禹州市),自号颍滨遗老。著有《栾城集》。

　　苏辙与父苏洵、兄苏轼齐名,号称"三苏",又同列入"唐宋八大家"中,文笔虽然明快畅达,但远不及其兄。按实际,他与其父在文学成就上是不应和苏轼并列的。

六　国　论

【解题】

　　古时读书人为了应考,就要学写史论,他们并不是对历史确有研究,对政治有相当见解而写作的。这种应考习作,其内容往往是人云亦云,只是在枝节上或说法上尽量花样翻新,以博取考官的注意和好感。多数古文家写的史论也是这样。例如本篇提出的:六国如团结起来,阻止秦国于韩、魏之地,就不会失败。这一简单的道理,当时战国的将相谋士岂能不知？只是在具体的历史环境中为各种因素所制约,难以办到,同时秦国的强大自有其重要的内因,其胜利也不仅仅是因为六国不团结;况且当时历史发展的总趋势是统一合并,地区分立的局面已不能长期继续下去了。本篇所以入选,原编者无非是取其内容简单,写法也浅显易学,作为初学写说理文章的参考。只要认清它的缺点,使初学者在写作技巧上将其作为借鉴,还是可以的。

　　尝读六国世家①,窃怪天下之诸侯以五倍之地,十倍之众,发愤西向,以攻山西千里之秦,而不免于灭亡。常为之深思远虑,以为必有可以自安之计。盖未尝不咎其当时之士,虑患之疏而见利之浅,且不知天下之势也。

　　夫秦之所与诸侯争天下者,不在齐、楚、燕、赵也,而在韩、魏之郊;诸侯之所与秦争天下者,不在齐、楚、燕、赵也,而在韩、魏之野。秦之有韩、魏,譬如人之有腹心之疾也。韩、魏塞秦之冲,而蔽山东之诸侯,故夫天下之所重者,莫如韩、魏也②。

　　昔者范雎用于秦而收韩③,商鞅用于秦而收魏④。

---

　　①　指《史记》中的《燕召公世家》《楚世家》《赵世家》《魏世家》《韩世家》《田敬仲完世家》。

　　②　按魏国的疆域,包括陕西省渭南、山西省西南部和河南省北部,西邻秦国。韩国包括山西省东南部和河南省中部,西邻秦国、魏国。两国是秦向东侵略的阻碍。商君曾对秦孝公说:"秦之与魏,譬若人之有腹心疾,非魏并秦,秦即并魏。"(《史记·商君列传》)范雎对秦昭王说:"秦韩之地形,相错如绣。秦之有韩也,譬如木之有蠹也,人之有心腹之病也。"(《史记·范雎蔡泽列传》)本篇的立论,就是根据商鞅、范雎的这些话。

　　③　范雎:魏人,秦昭王时的宰相,曾经攻韩,威胁之使附于秦。

　　④　商鞅:即卫公子鞅,发动秦孝公变法,封于商,故称商鞅,也称商君。曾威胁魏使附秦。

昭王未得韩、魏之心,而出兵以攻齐之刚、寿,而范雎以为忧①,然则秦之所忌者可见矣。秦之用兵于燕、赵,秦之危事也。越韩过魏,而攻人之国都,燕、赵拒之于前,而韩、魏乘之于后,此危道也。而秦之攻燕、赵,未尝有韩、魏之忧,则韩、魏之附秦故也。夫韩、魏,诸侯之障,而使秦人得出入于其间,此岂知天下之势耶?委区区之韩、魏,以当虎狼之秦,彼安得不折而入于秦哉?韩、魏折而入于秦,然后秦人得通其兵于东诸侯,而使天下遍受其祸。

夫韩、魏不能独当秦,而天下之诸侯藉之以蔽其西,故莫如厚韩亲魏以摈秦。秦人不敢逾韩、魏以窥齐、楚、燕、赵之国,而齐、楚、燕、赵之国因得以自完于其间矣。以四无事之国佐当寇之韩、魏,使韩、魏无东顾之忧,而为天下出身以当秦兵。以二国委秦,而四国休息于内以阴助其急。若此可以应夫无穷,彼秦者将何为哉?不知出此而乃贪疆埸尺寸之利②,背盟败约,以自相屠灭。秦兵未出,而天下诸侯已自困矣。至于秦人得伺其隙,以取其国,可不悲哉!

【译文】

我曾经阅读六国的各《世家》,个人感到奇怪的是,天下各国凭着五倍的土地、十倍的人口,发愤指向西方,以抗击崤山以西的秦国,居然会不免于灭亡。经常对这个问题深思远

---

①　秦昭王三十六年,秦相魏冉"欲伐齐取刚、寿,以广其陶邑",范雎"讥穰侯之伐齐,乃越三晋(指韩、赵、魏)以攻齐也,以此时奸说秦昭王"(《史记·穰侯列传》)。按:魏冉封地在陶(今山东省菏泽市定陶区北),刚在兖州附近,寿在曹州附近,均在今山东省西南部。

②　疆埸(yì):边境,边界。

虑,我终于认为根据六国那时的环境条件必然会有自我保全的策略的。因此未尝不责怪当时的执政当局,他们对于祸患考虑得太粗略,谋求利益的眼光太短浅了,并且未能正确理解天下的形势啊。

秦国和诸侯争夺天下的地方,并不在齐、楚、燕、赵,而是在韩、魏两国的城郊;诸侯和秦国争夺天下的区域,也不是齐、楚、燕、赵,而是在韩、魏两国的郊野。秦国有韩、魏,比如一个人有了心腹的疾病。韩、魏两国堵塞着秦国的通道,而能掩护崤山以东的各国,所以天下最重要的地区,再没有比得上韩、魏的了。

从前范雎在秦国当政就收抚韩国,商鞅在秦国当政就收抚魏国。秦昭王在尚未安抚好韩、魏之前,就想出兵攻取齐国的刚邑和寿邑,可是范雎却非常担忧。那么秦国忌惮的是什么,就可以看得很清楚了。秦国在燕、赵用兵,是最危险的事情。越过韩国和魏国的国境,再去攻击另一国的都城,燕国和赵国抗击于其前,而韩国和魏国就会乘之于其后,这是非常危险的办法。然而事实是秦国进攻燕、赵,却未曾对韩、魏有什么担忧,这就是因为韩、魏都归附秦国的缘故啊。这韩、魏啊,本是各国的屏障,居然能让秦国军队随意在其间出入,这岂是懂得天下的形势的呢?豁出区区的韩、魏,使它们抵挡如狼似虎的秦国,它们怎能不屈服而投入秦国的怀抱呢?韩、魏既然屈服而归附了秦国,然后,秦国就能运输其军队出征东方的诸侯,而使天下各国普遍地受它的祸害了。

韩、魏不能独立抵挡秦国,但是天下各国却想依靠它们来掩护于西方,所以不如深深结纳韩、魏来排斥秦国。秦国军队不敢越过韩、魏来窥伺齐、楚、燕、赵这些国家,于是齐、楚、燕、赵等国就从而能够保全自身本土了。以四个没有战事的国家,来帮助抵抗侵略的韩、魏,使韩、魏没有东顾之忧,而为天下挺身而出以对付秦军。拿出这两个国家来和秦国接触，而其余四国得以休养生息于韩、魏的屏障之下，来暗地里资助韩、魏的急需，如此就可以对付秦国而毫不受局限了，那个秦国还有什么作为呢？不知道出此策略，却各自贪图边界的尺寸小利，背弃盟约，以自相残杀。秦国的大军还没有出发，而天下诸侯就已经自我消耗陷入困窘了。致使秦国人得以钻了空子，来夺取这些国家，不是很可悲的吗！

上枢密韩太尉书

【解题】

这是苏辙于宋仁宗嘉祐二年（1057）十九岁时考取进士后给当时任枢密使（全国最高军事长官）的韩琦（参见本书卷十《相州昼锦堂记》）的一封信。称韩为"太尉"，是宋代的风俗，太尉是汉唐主管军事的最高职称，宋时一般都称高级军官为太尉，以示尊敬。

写此信的目的，无非是少年进士求得达官贵人的接见，内中也不免有阿谀奉承之处。但值得注意的是他发表了自己对作文的见解。他以为文人首先要经多见广，强调作者的实践阅历。其次，他继承发展了自曹丕、刘勰、韩愈以来的"文气"说。气，是我国古代哲学的一个术语。孟子首先提出"养浩然之气"。气，在古人看来是由物质而产生的一种能量，也称为气质。苏辙认为文是气形成的，作者要养气，首先要效法司马迁游历天下广交人士，以此来培养心灵。这个论点是正确的。本文运用例证恰当，语气流畅，字里行间跃动着一股勃勃的生气，是与其论文主张相符的。

太尉执事①：辙生好为文，思之至深。以为文者气之所形，然文不可以学而能，气可以养而致。孟子曰："我善养吾浩然之气②。"今观其文章，宽厚宏博，充乎天地之间，称其气之大小。太史公行天下，周览四海名山大川，与燕、赵间豪俊交游③，故其文疏荡，颇有奇气。此二子者，岂尝执笔学为如此之文哉？其气充乎其中而溢乎其貌，动乎其言而见乎其文，而不自知也。

辙生十有九年矣。其居家所与游者，不过其邻里乡党之人；所见不过数百里之间，无高山大野可登览以自广；百氏之书，虽无所不读，然皆古人之陈迹，不足以激发其志气。恐遂汨没，故决然舍去，求天下奇闻壮观，以知天地之广大。过秦、汉之故都，恣观终南、嵩、华之高④，北顾黄河之奔流，慨然想见古之豪杰。至京师仰观天子宫阙之壮，与仓廪府库、城池苑囿之富且大也，而后知天下之巨丽。见翰林欧阳公⑤，听其议论之宏辩，观其容貌之秀伟，与其门人贤士大夫游，而后知天下之文章聚乎此也。

太尉以才略冠天下，天下之所恃以无忧，四夷之所

---

① 执事：官僚的下属，如秘书之类的职员。写信时称受信者的执事，表示客气，意谓不敢麻烦你本人，请你的秘书处理就行了。

② 语出《孟子·公孙丑上》。

③ 太史公：即司马迁，曾任太史令，故云。燕、赵：指先秦时该国地域，今山西省、河北省一带。

④ 秦、汉之故都：秦都咸阳（在陕西省）、西汉都长安（在陕西省）、东汉都洛阳（在河南省）。终南：在今西安市西南，是秦岭的主峰。嵩：嵩山，在河南省郑州市西南，称中岳。华：华山，在陕西省渭南市，称西岳。

⑤ 欧阳公：欧阳修，时任翰林学士，嘉祐二年（1057）权知贡举，苏轼兄弟即于是年同时被录取。

惮以不敢发,入则周公、召公①,出则方叔、召虎②,而辙
也未之见焉。且夫人之学也,不志其大,虽多而何为?
辙之来也,于山见终南、嵩、华之高,于水见黄河之大且
深,于人见欧阳公,而犹以为未见太尉也。故愿得观贤
人之光耀,闻一言以自壮,然后可以尽天下之大观而无
憾者矣。

　　辙年少,未能通习吏事。向之来,非有取于升斗之
禄,偶然得之,非其所乐。然幸得赐归待选,使得优游数
年之间,将以益治其文,且学为政。太尉苟以为可教而
辱教之,又幸矣。

【译文】

　　太尉执事:我生来就喜好作文章,并经过很深的思考。
我以为文章是由个人的气概而形成的,虽然文章是不可以单
纯通过练习而学好的,但是气概却可以通过修养而获得。孟
子说:"我善于培养我的浩然充沛之气。"现在我们阅看他的
文章,确实是宽广、深厚和宏博,充沛于天地之间,是和他的
"浩然之气"的分量相称的。太史公走遍天下,周游观览了四
海的名山大河,和燕、赵各地的豪杰英俊之士交游。所以他
的文章广阔浩荡,颇有奇伟的气概。这两位夫子,哪里曾经
执笔专门练习过这样的文章呢? 不过是浩气充满了他们的
胸中,然后洋溢在他们的面貌之上,激动着使他们畅所欲言,
而表现于他们的文章之中,是他们在不知不觉间自然流露出
来的啊。

----

　　① 周公、召公:两人都是周武王之弟,辅佐周成王为相。
　　② 方叔:周宣王时曾带兵镇压荆蛮。召虎:召公的后裔,周宣王时
带兵镇压淮夷。

我出生已经十九年了,我在家乡所交游的,不过是邻舍乡里之人;所见到的不过是几百里之内的事物,没有高山大野可以登高望远以开阔自己的胸襟;诸子百家的书籍,虽然没有不看的,但都是古人留下来的旧经验,以此来激发自己的志气还是不够的。我担心这样会在人海中沉没下去,所以毅然离开了故乡,探求天下的奇闻壮观,借以理解天地的广阔巨大。于是我经过秦、汉各代的故都,纵情观览终南山、嵩山和华山的崇高,北望黄河奔驰而下的激流,想象着当年在此地活动着的古代豪杰而无限感慨。到了京城,仰观天子宫殿阙门的雄壮,以及粮食钱帛等仓库的储备,还有城郭、护城池壕、园林猎场的富丽宏大,这才察知了天下最宏伟的壮丽景象。又见到了翰林学士欧阳公,亲耳听到他的宏辩的议论,亲眼见到了他的文秀而雍容大雅的容貌,又得以和他门下的学生、贤士大夫相交往,然后才明白了天下文学成就都集中在这里啊。

太尉是以才干韬略而超出于天下的,天下依靠着您才得以平安无忧,四境的外族因为慑服于您才不敢轻举妄动。您在朝廷之内宛如贤相周公、召公,您在边镇又好像良将方叔、召虎一般,可是我还没有见到您啊。何况士人的学习,如不向往求得那伟大的,即使见到的再多又有什么用处呢?我这次来京赴试,对于山我见到了终南山、嵩山和华山的崇高,对于河流我看到了黄河的大而且深,对于人我已经见到了欧阳公,但是仍然为没有见到太尉而遗憾。因此,深愿得以观瞻贤人奕奕的神采,能听到您的一句话使自己的志气得以鼓舞,然后才算得上圆满地瞻仰了天下伟大的景象,而没有遗憾了呢。

我很年轻,没能全面地见习过政务,当时出来应试,并非为谋求三斗五升的俸禄,如今偶然得到了这一资格,却不是我所喜欢的。只是幸而能让我回家等待遴选,从而使我从容地再学习几年,将会使我研究提高自己的学业,并且学习从政的业务。太尉如果以为我尚且可以教诲而能够屈尊见教的话,我就更为荣幸了。

黄州快哉亭记

【解题】

　　本文作于宋神宗元丰六年(1083),当时王安石为代表的改革派执政,作者被贬谪到筠州(今江西省高安市)去监盐酒税。其兄苏轼也谪居黄州安置(参看本卷《前赤壁赋》)。与苏轼同贬谪黄州的张梦得这时建筑了一座亭子,由苏轼命名,苏辙为之作记。建亭者、命名者、作记者都是受处分而在政治上不得意的人,他们却偏偏在"快哉"上做文章,这其实是对朝廷的一种变相抗议,表示不屑于为政治上的迫害而悲观消沉,而是胸襟宽广,无往而不快乐。

　　文章以短小的篇幅,围绕建亭一事委曲尽致地表达了江山的壮丽和复杂矛盾的心情。引古证今,见景生情,而文笔酣畅,有咫尺千里之致。

　　江出西陵①,始得平地,其流奔放肆大,南合湘、沅②,北合汉、沔③,其势益张。至于赤壁之下,波流浸灌,与海相若。清河张君梦得,谪居齐安,即其庐之西南

---

　　① 西陵:西陵峡,长江三峡之一,在今湖北省宜昌市西北。

　　② 湘、沅:湘江、沅江,湖南省的两条大河,北流入洞庭湖,汇入长江。

　　③ 汉、沔(miǎn):本是一条河流,流经沔县(今陕西省勉县)名沔水,至汉中后名汉水,流经湖北省西北部至武汉市入长江。

为亭,以览观江流之胜①,而余兄子瞻名之曰"快哉"。

盖亭之所见,南北百里,东西一舍。涛澜汹涌,风云开阖;昼则舟楫出没于其前,夜则鱼龙悲啸于其下;变化倏忽,动心骇目,不可久视。今乃得玩之几席之上,举目而足。西望武昌诸山②,冈陵起伏,草木行列,烟消日出,渔夫、樵父之舍皆可指数。此其所以为"快哉"者也。至于长州之滨,故城之墟,曹孟德、孙仲谋之所睥睨,周瑜、陆逊之所驰骛③,其风流遗迹,亦足以称快世俗。

昔楚襄王从宋玉、景差于兰台之宫。有风飒然而至者,王披襟当之,曰:"快哉此风!寡人所与庶人共者耶?"宋玉曰:"此独大王之雄风耳,庶人安得共之④?"玉之言,盖有讽焉。夫风无雄雌之异,而人有遇不遇之变。楚王之所以为乐,与庶人之所以为忧,此则人之变也,而风何与焉?

士生于世,使其中不自得,将何往而非病?使其中坦然,不以物伤性,将何适而非快?今张君不以谪为患,收会稽之余,而自放山水之间,此其中宜有以过人者。将蓬户瓮牖⑤,无所不快,而况乎濯长江之清流,挹西山

① 赤壁:见本卷《前赤壁赋》注。清河:今河北省南宫市。张梦得:字怀民。齐安:古代郡名,即黄州,今湖北省黄冈市。
② 武昌:指今湖北省鄂州市辖区,不是今武昌。
③ 曹孟德:曹操。孙仲谋:孙权。周瑜、陆逊:三国东吴的大将。周瑜事参看本卷《前赤壁赋》。陆逊曾击败刘备的大军,两次驻节于黄州附近。睥睨:傲视的样子。
④ 宋玉、楚襄王:参见本书卷四《宋玉对楚王问》。景差:楚国文人,传说与宋玉同为屈原弟子。本段宋玉事是节引宋玉《风赋》。雄风:宋玉以为王宫的风是雄风,庶人家里的风是雌风。
⑤ 蓬户瓮牖(yǒu):用蓬草编门,用破翁做窗,指穷苦人的房子。牖:窗。

之白云,穷耳目之胜以自适也哉? 不然,连山绝壑,长林古木,振之以清风,照之以明月,此皆骚人思士之所以悲伤憔悴而不能胜者,乌睹其为快也哉?

【译文】

长江江水流出西陵峡后,开始得遇平地,于是它的水流才奔放浩大。在南面汇合了湘江和沅江,在北面汇合了汉、沔后,水势愈加盛大。来到赤壁下面时,水流汇聚浸灌于其附近,简直就和大海一样了。清河张梦得君因被贬谪住在齐安,就在靠近他住宅的西南方修建了一座亭子,借以观览江水奔流的优美景致。同时我的兄长子瞻又为它命名为"快哉"。

在亭子这儿可看到从南到北一百里,自东至西三十里左右。下面波澜汹涌,上面风云或开或合;白天则是船只出没于其间,黑夜则是鱼龙水族悲伤地鸣叫在水下;一时之间变化多端,触动人们的感情,惊骇人们的眼睛,简直令人不敢多看一会儿。如今却可以把这惊心动魄的风光赏玩于几前座上,一抬眼就能看个够了。向西遥望武昌附近的群山,那起伏的平冈峻岭,成行排列的丛草林木,当烟云消散太阳露出时,远处渔人、樵夫的房舍,甚至都可以用手指清清楚楚地点数出来。这就是命名它为"快哉"的缘故吧。至于在那长长的洲渚沿岸,以及故城的废墟,则是曹孟德、孙仲谋当年瞭望窥伺的区域,周瑜、陆逊的大军当年奔驰的战地。他们风尚的流播、战迹的遗存,也足以使世人为之称快的了。

从前楚襄王带领着宋玉、景差在兰台宫里,一阵清风习习地吹来,襄王敞开衣襟冲着风说道:"痛快啊,这阵风! 这该是寡人和老百姓们共同享受的快乐了吧?"宋玉说:"这是大王所专有的雄风罢了,老百姓怎么能和您同享呢?"宋玉这话大概是含有讽刺的。风可没有什么雌雄的区别,但是人却有逢时不逢时的不同。楚王之所以感到快乐，以及老百姓之所以感到忧愁，这是人为造成的变化，与那风有什么关系呢？

士人生活在世间，假使他心中不得意，将会向何处去而不忧伤呢？设若他的心胸坦荡不因外物而伤害自己的本性，将会到什么境地而不快活呢？如今张君不认为被贬谪是忧患，当清理完文书簿籍等零碎公事以后，就自己纵情于高山流水之间，这就是他的胸怀自然有超过人们之处了。以这种心胸，甚至住在茅屋瓦窗之中，也没有什么不快意的，又何况是洗濯于长江的清流，招揽着西山的白云，尽量地亲身赏玩这优美的风光来享受呢？如果不是这种心胸的话，那么这群山连绵，悬崖壁立，辽阔的森林和古树，再加上清风吹拂，明月照耀，这都是诗人和思乡的士子为之不胜悲伤憔悴的景色，怎能会看到它而称为"快哉"呢？

曾 巩

曾巩（1019—1083），字子固，建昌南丰（今江西省南丰县）人。宋仁宗嘉祐二年（1057）进士，历任越州通判，齐州（今山东省济南市）、福州知州，在地方以善治理闻名，官至中书舍人。任史馆修撰时，曾校勘《战国策》《列女传》等古籍。曾巩是欧阳修的门下士，其文风亦与欧阳修相近。文章结体平妥，按部就班，细致谨严，但缺少丰采。他也是"唐宋八大家"之一，著有《元丰类稿》。

寄欧阳舍人书

【解题】

本文是曾巩因欧阳修为其祖父曾致尧作《神道碑铭》而写的致谢信。欧阳修于庆历八年(1048)至翌年四月曾以起居舍人的职称任地方官,此信称之为"舍人",当写于此时。本文结构方式,系所谓"剥笋法"。先从铭文与史传的对比说起,突出了铭文的特点,又慨叹当时铭文作者为徇私情而夸大溢美,不能取信而降低了应有的教化作用。然后强调铭文作者应具很高的修养,因而这样的作者难以觅到;这时才归结到推美欧阳修并向他致谢。本书原评云:"因铭祖父而推重欧公,则推重欧公正是归美祖父。其文纡徐百折,转入幽深,在《南丰集》中,应推为第一。"

去秋人还,蒙赐书及所撰先大父墓碑铭①,反复观诵,感与惭并。夫铭志之著于世,义近于史,而亦有与史异者。盖史之于善恶无所不书,而铭者,盖古之人有功德、材行、志义之美者,惧后世之不知,则必于铭见之。或纳于庙,或存于墓,一也。苟其人之恶,则于铭乎何有?此其所以与史异也。其辞之作,所以使死者无有所憾,生者得以致其严。而善人喜于见传,则勇于自立;恶人无有所纪,则以愧而惧。至于通材达识、义烈节士、嘉言善状,皆见于篇,则足为后法。警劝之道,非近乎史,其将安近?

---

① 大父:祖父。曾巩的祖父曾致尧。墓碑铭:曾巩请欧阳修撰写的《曾公神道碑铭》,现存于《欧阳文忠公集》。

　　及世之衰，人之子孙者，一欲褒扬其亲，而不本乎理。故虽恶人，皆务勒铭以夸后世。立言者既莫之拒而不为，又以其子孙之请也，书其恶焉，则人情之所不得，于是乎铭始不实。后之作铭者，当观其人，苟托之非人，则书之非公与是，则不足以行世而传后。故千百年来，公卿大夫至于里巷之士，莫不有铭，而传者盖少。其故非他，托之非人，书之非公与是故也。

　　然则孰为其人而能尽公与是欤？非畜道德而能文章者，无以为也。盖有道德者之于恶人，则不受而铭之；于众人，则能辨焉。而人之行，有情善而迹非，有意奸而外淑，有善恶相悬而不可以实指，有实大于名，有名侈于实。犹之用人，非畜道德者，恶能辨之不惑，议之不徇①？不惑不徇，则公且是矣。而其辞之不工，则世犹不传，于是又在其文章兼胜焉。故曰：非畜道德而能文章者，无以为也。岂非然哉？

　　然畜道德而能文章者，虽或并世而有，亦或数十年，或一二百年而有之，其传之难如此，其遇之难又如此。若先生之道德文章，固所谓数百年而有者也。先祖之言行卓卓②，幸遇而得铭其公与是，其传世行后无疑也。而世之学者每观传记所书古人之事，至于所可感，则往往盡然不知涕之流落也③，况其子孙也哉？况巩也哉？其

---

　　① 徇（xùn）：曲从私情。
　　② 先祖之言行卓卓：曾致尧生于五代之际，仕宋，历任直史馆、两浙转运使、知制诰、泉州及扬州等地知州，后降为监江宁盐酒税。致尧曾批评宰相向敏中，又进谏宋真宗"近年以来，以爵禄畜盗贼"等，因屡受贬斥。有《直言集》《西陲要纪》《四声韵》等著作。事迹见欧阳修《神道碑》、王安石《赠谏议大夫曾公墓志铭》及曾巩《先大夫集后序》。
　　③ 盡（xǐ）：感动。

追晞祖德①,而思所以传之之由,则知先生推一赐于巩,而及其三世②。其感与报,宜若何而图之?

抑又思若巩之浅薄滞拙,而先生进之;先祖之屯蹶否塞以死③,而先生显之。则世之魁闳豪杰不世出之士,其谁不愿进于门?潜遁幽抑之士,其谁不有望于世?善谁不为?而恶谁不愧以惧?为人之父祖者,孰不欲教其子孙?为人之子孙者,孰不欲宠荣其父祖?此数美者,一归于先生。既拜赐之辱,且敢进其所以然。所论世族之次,敢不承教而加详焉?愧甚,不宣。

【译文】

去年秋季所托付的人已回来,承蒙您赐予我书信和为先祖父撰写的神道碑铭,我反复阅览诵读,又是感激又是惭愧。按铭志的制作公布于世间,它的性质与史传相近,但也有与史传相异之点。因为史传对于好事坏事没有不记载的,可是铭文呢,则是古人对于有功绩、有才干、有道义的好人好事,担心后世无从知道,就必须用铭文来表现他,或者纳藏于庙堂之内,或者保存在坟墓之中,其意图则是一致的。如果这人是坏的,那还用得着什么铭文呢?这就是它和史传的不同之处。它写作的文辞,是使死者因此可无遗憾,而生者得以致自己的敬意。并且,好人乐于善事能够被传播,就勇于自己立身行善;坏人因没有被记载称道,就为此惭愧而惧怕。至于那富于才干和见识高明的、义气壮烈和坚持节操的人物,他们发表过的好言论和做出的优良事迹等,都表现在篇

---

① 晞(xī):通“悕”,念、思。
② 三世:谓祖致尧、父太常丞博士曾易占、曾巩,共三世。
③ 屯蹶否塞:颠沛困窘。屯,《周易》卦名,有迍邅险难之义。否,《周易》卦名,有天地不交、万物不通之义。

章之中，就能够为后世人所效法。铭文的警诫和劝勉的作用，不与史传近似，那又会和什么体裁更相近呢？

待到世运衰颓之后，凡是当子孙的人，全都愿意褒扬自己的长辈亲人，却不根据道理来行事。所以即使是坏人，也非得镌刻铭文来向后世夸耀不可。那写作的人，既不能拒绝他们而不写，又因为是应他子孙的请求，如果写他的坏处，从人情上来说又不能这样做，于是铭文就开始不真实了。后世写作铭文的，应当观察那个被写的人；如果托付作铭辞的人不恰当，写的文辞就会不公正和不正确，这就不足以流传于当代以及传留给后世了。因此，千百年以来，从公卿大夫，以至于市井乡野的平凡之人没有不搞铭文的，但是流传的却很少。那原因不是别的，是嘱托作铭文的是不合格的人，而写的文辞又不公正和不正确的缘故。

那么，什么样的人才能充分履行公道、正确的职责呢？若非具有道德素养而擅长写文章的人，是无从做到的。因为有道德的人对于坏人，不会接受而为他作铭辞，对于一般人的好坏，就能分辨其是非。人们的行事，有的意图是善良的但表现不怎么好，有的内心奸诈但外表装得善良，有的善恶悬殊但又不能具体指出，有的实际超过了名声，有的名声大于实际。好像任用人才一样，不是具有道德素养的，怎么能分辨得清楚而不迷惑，评论得毫不徇情偏私呢？不迷惑、不徇私情，算是够得上公正和正确的啦，如果他的文辞写得不漂亮，那世间仍然是不会流传的，于是还要求他在文章写作方面也兼有能力。所以说：若非具有道德素养而擅长写文章的人，是无从做到的。难道不是这样的吗？

然而具有道德素养又擅长写文章的人，虽有可能和我们同时存在，也有可能或者要数十年，或者一二百年才有的哩。这铭文的流传是这样的难得，而逢到真能写铭文的人又是如此困难。像先生的道德文章,当然是数百年才会有的。先祖父言行卓然显著,幸而遇到您而能够以公正、正确的铭文来评价,他的事迹的传播并流行于后世是毫无疑问的了。世间学者,每逢观看传记所写的古人事迹,遇到感动人的地方,就往往唏嘘感慨不由得流下眼泪,何况他的子孙呢?更何况是我呢?当我追念想象祖先德行于仿佛如见之时,从而思考这所以能传世的缘故,就更体会到先生对我的这一赐予,就是施恩惠于我家祖孙三代人的。这感激与酬谢的心愿,应该怎样尽心来表达才好?

况且又想到像我这样浅薄愚拙,而先生能够造就提高我;先祖父的一生艰难困苦,默默而死,而先生能够表彰他。那么世间那些突出的豪杰和一代少有的人士,谁不愿意进身求教于门下,那些隐居无闻被埋没的人士,又谁不寄希望于世间呢?善事谁不愿意做,而坏人谁不感到羞愧和惧怕呢?为人祖父、父亲的,哪一个不想教好他的子孙?为人子孙的,哪一个不想着光宗耀祖呢?这些好处,全部应当归功于先生。既已拜受您屈尊所赐予的铭文,并且大胆地将自己对此事的体会写出奉寄。碑铭中所论列的舍下世族的辈次,怎敢不奉您的教导再加详细地开列出来呢?很惭愧,说不出无限感激之意。

赠黎安二生序

【解题】

本文是作者给两个青年写的赠序。文中提出古与今、道与俗的矛盾,并以自己为例,启发劝勉他俩"信于古,而志于道",不要与世俗同流合污。"古"这个概念,不应单纯理解为古代。在当时儒家看来,"古"具有优良传统以及"典范"的含义。自孔子以来儒家的标榜学古,大都并不是真的复古,而是"托古改制"。韩愈提倡"古文",实际是文体改革运动。王安石强调学周礼,实际是进行政治改良。那么,曾巩所谓的"古",就不难理解了。以此来衡量本篇,还是有一定积极意义的。文章写得层次分明,言简意赅。

  赵郡苏轼,予之同年友也①,自蜀以书至京师遗予②,称蜀之士曰黎生、安生者。既而黎生携其文数十万言,安生携其文亦数千言,辱以顾予。读其文,诚闳壮隽伟,善反复驰骋,穷尽事理,而其材力之放纵,若不可极者也。二生固可谓魁奇特起之士,而苏君固可谓善知人者也。

  顷之,黎生补江陵府司法参军③,将行,请予言以为赠。予曰:"予之知生,既得之于心矣,乃将以言相求于外邪?"黎生曰:"生与安生之学于斯文,里之人皆笑以为迂阔。今求子之言,盖将解惑于里人。"

  予闻之,自顾而笑。夫世之迂阔,孰有甚于予乎?知信乎古,而不知合乎世;知志乎道,而不知同乎俗。此予所以困于今而不自知也。世之迂阔,孰有甚于予乎?今生之迂,特以文不近俗,迂之小者耳,患为笑于里之人;若予之迂大矣,使生持吾言而归,且重得罪,庸讵止

  ① 苏轼与曾巩同为宋仁宗嘉祐二年(1057)的进士,故称同年。苏轼本是眉山人,这里称之为赵郡,赵郡是苏姓的郡望,犹之本卷《黄州快哉亭记》称张某为清河,清河是张姓的郡望一样。郡望,是某姓祖先的原籍。

  ② 蜀:今四川省一带。当是苏轼服父丧回原籍眉山时给曾巩写来的信。

  ③ 江陵:今湖北省荆州市。司法参军:州府长官的下属官佐,掌狱讼纠察。

于笑乎？

　　然则若予之于生，将何言哉？谓予之迂为善，则其患若此；谓为不善，则有以合乎世，必违乎古，有以同乎俗，必离乎道矣。生其无急于解里人之惑，则于是焉必能择而取之。

　　遂书以赠二生，并示苏君以为何如也。

【译文】

　　赵郡苏轼是我的同年好友，从四川写信到京师给我，称道蜀地人士，说是有黎生和安生二人。不久，黎生携来自己的文章数十万字，安生也带来自己的文章数千字，屈尊来看望我。我阅看他俩的文章，确实是宏博雄壮而俊秀，善于照应并且文气流畅，能尽量充分地表达事物及其道理，而其才力豪放纵逸，好像不可阻挡似的。二生诚然可以说是超拔奇伟而特起之士，苏君诚然可以说是善于发现人才的了。

　　最近，黎生补任江陵府的司法参军，将要出发，请求我写几句话作为赠言。我说："我对你的了解，已在内心深处相知了，还需要用语言在表面上多说吗？"黎生说："我和安生学写古文，里巷的人们都讪笑说是迂滞疏阔——不合时宜，不切实际。如今请求您的赠言，是想解除众人的疑惑。"

　　我听了，不觉自顾而笑。世上的迂滞疏阔者，还有哪一个比我更严重的呢？只知道笃信古代，而不知道合乎今世；只知道立志学儒道，而不知道随同世俗。这就是我为什么在当今遭受困顿而不自觉的啊。世上的迂滞疏阔者，还有哪一个比我更严重的吗？如今您的迂滞，主要是由于文章不合世俗，是迂滞中很小的一点，所担心的不过是被里巷的人们讪笑；像我的迂滞可就很大了，假使您持着我的赠言回去，必将更加得罪于世俗了，岂止是被讪笑就算完的呢？

那么，像我这样的人，对于您还能说些什么呢？若说我的迂滞是好的，但自身遭遇这样的患难；若说我这样是不好的，那就要迎合当代，又必将违背古人，那就要随同世俗，又必将背离儒道。您且不要急于解除里巷人们的疑惑，只就这事来考虑，必定能够有所选择而取其一的。

于是把这些话写出来以赠给二生，并请苏君看看是不是这样呢。

王 安 石

王安石（1021—1086），字介甫，号半山，抚州临川（今江西省抚州市临川区）人，宋仁宗庆历二年（1042）进士。他立志改革时政的弊端，于嘉祐三年（1058）曾向宋仁宗上万言书，建议在政治上"改易更革"。宋神宗即位，大力支持他。熙宁二年（1069）提升为参知政事，并先后两度为宰相，晚年退居金陵（今江苏省南京市）。封荆国公，死后追封为舒王。著有《临川集》。

王安石是封建社会的改良主义者，他为使宋朝富国强兵，以周礼为理想，提出一系列的改革措施，号为新法。意图虽好，但因利用封建官僚体系来推行新法，必然在执行中变质，新法实际为贪官污吏开辟了一些扰民刮财的新门路。保守派又从而反对之，同时一些投机分子又借拥护新法猎取官位，遂使新旧政见之争转变为官僚谋取私利的派系倾轧，造成宋朝政局人事的反复更迭,直至北宋王朝的倾覆。

　　王安石为人耿直廉洁,学识渊博,早年受知于欧阳修,是宋代古文运动中的中坚人物,在"唐宋八大家"中仅次于韩、柳、欧、苏(轼)。其诗歌善于雕词琢句和巧用典故,与黄庭坚开创的"江西诗派"有异曲同工之妙。他的诗文都具有简劲峭拔的风格,有较高的成就。

读孟尝君传

【解题】

　　《孟尝君列传》载于《史记》,孟尝君其人参见本书卷四《冯煖客孟尝君》。本篇过去以简劲警策著称。全文围绕"得士"与"不得士"立论。但是"士"这一概念,一般认为指读书从政的人物,在先秦甚至把军人也列入"士"中。因此,史称孟尝君能得士,是正确的。王安石则把"士"理解为能治国平天下的杰出人物,从而否定了旧史对孟尝君的评价,在逻辑上这是偷换概念。同时,他在孟尝君招致的上千士人中只选取一两个人作例证,对其余如冯煖等则视而不见,这是攻其一点、不计其余的片面观点。因此本文虽然写得句句转折,语言遒劲,但在立论上则是不足为训的。

　　世皆称孟尝君能得士,士以故归之,而卒赖其力,以脱于虎豹之秦①。嗟乎!孟尝君特鸡鸣狗盗之雄

---

　　① 《史记·孟尝君列传》略称,孟尝君在秦被囚,请其士求秦王幸姬劝解,幸姬需要狐白裘,其士有善狗盗者,窃王库中的狐白裘以献之。幸姬为之劝解,秦王释放孟尝君。他于是急忙回国,抵函谷关,时正夜半,秦法必须鸡鸣后才开关门。而秦王这时已悔,派人追捕之。孟尝君急于出关而不得,其士有善仿鸡鸣者,遂鸣而使众鸡皆鸣,得以出关脱难。

耳,岂足以言得士? 不然,擅齐之强,得一士焉,宜可以南面而制秦①,尚取鸡鸣狗盗之力哉? 鸡鸣狗盗之出其门,此士之所以不至也。

【译文】

世间称道孟尝君善于得到士人,士人因此也都归附于他,终于依靠他们的力量,能够脱险于如虎似豹的秦国。

哼! 孟尝君只算个鸡鸣狗盗的头子罢了,怎么能够说是能得到有真才实学的人呢? 不然,掌握着齐国的强大国力,即使得到一个士人,就应该可以用帝王的姿态而制伏了秦国,还用得着什么鸡鸣狗盗的力量吗? 鸡鸣狗盗之流出身于他的门下,这就是士人不到他那里的原因啊。

同学一首别子固

【解题】

本文是作者成为进士后的第二年(庆历三年)在扬州任签书淮南判官时所作,年方二十二岁。王安石正在青年志学时期, 当时范仲淹、欧阳修等提倡关心国事、崇儒术、倡古文的新的学风,王安石、曾巩等有志青年正处在这一新风气之下。先是曾巩(子固)写《怀友》一文赠安石,王安石即作此文相答,头一年王安石也曾写《送孙正之序》一文。通过这些文字,可以想见北宋有志青年好学向上的风范。本文主要是写曾巩,而以孙正之作陪衬,并把自己也写进去,互相映发,较具体地表达了三人志同道合、互学互励的情况。

---

①　此句来源于韩愈《祭田横墓文》:"当秦氏之败乱,得一士而可王。何五百人之扰扰,而不能脱夫子于剑铓? 抑所宝之非贤,亦天命之有常。"

　　江之南有贤人焉,字子固,非今所谓贤人者,予慕而友之;淮之南有贤人焉,字正之①,非今所谓贤人者,予慕而友之。

　　二贤人者,足未尝相过也,口未尝相语也,辞币未尝相接也,其师若友,岂尽同哉? 予考其言行,其不相似者何其少也。曰:学圣人而已矣。学圣人,则其师若友必学圣人者。圣人之言行,岂有二哉? 其相似也适然。予在淮南,为正之道子固,正之不予疑也;还江南,为子固道正之,子固亦以为然。予又知所谓贤人者,既相似又相信不疑也。

　　子固作《怀友》一首遗予,其大略欲相扳以至乎中庸而后已②,正之盖亦尝云尔。夫安驱徐行,辅中庸之庭③,而造于其室,舍二贤人者而谁哉? 予昔非敢自必其有至也,亦愿从事于左右焉尔,辅而进之其可也。

　　噫! 官有守,私有系,会合不可以常也。作《同学》一首别子固,以相警,且相慰云。

【译文】

　　长江以南有位贤人,字子固,可不是现在所谓的"贤人"

---

　　①　孙正之:名侔,一字少述,吴兴(今浙江省湖州市吴兴区)人。知扬州刘敞荐之,授校书郎扬州州学教授。林子中为之作传,载《宋文鉴》。

　　②　曾巩作《怀友》赠王安石一文,今《南丰类稿》不载,这是后人编辑者因避讳王安石所删(不止此一篇)。此文今载吴曾《能改斋漫录》卷十四。文中有云:"自得介卿(安石初字介卿,又改介甫),然后始有周旋激恳,摘予之过而接之以道者。使予幡然其勉者有中,释然其思者有得矣。望'中庸'之域,其可策而及也。"所以安石答以"安驱徐行,辅中庸之庭"云云。"中庸"即儒家所谓"中庸之道",参见朱熹《四书集注》的《中庸》部分。遗(wèi):赠送。

　　③　辅(lìn):经过。

之流,我景仰他并和他结为朋友;淮河以南有位贤人,字正之,也不是现在所谓的"贤人"之流,我景仰他也和他结为朋友。

这两位贤人,腿未曾有过来往,嘴也不曾彼此交谈,书信和礼品也没有互相寄赠过。他们的老师和朋友,又怎能会全都相同呢? 我考察他们的言行,两人的不相似之处为什么竟这样少呢? 答道:都是学圣人罢了。既然效法圣人,那么他们的老师或朋友必然是学圣人的了。圣人的言行,难道还会有两样的吗? 他俩的相似就是当然的了。我在淮南,向正之称道子固,正之对我毫不怀疑;回到江南,对子固称道正之,子固也以为我说得对。我又因此知道所谓贤人者,是既相似而又互相信任不疑的啊。

子固作《怀友》一篇赠给我,文中主要是要拉着我达到中庸的境界才罢休,正之也曾经这样说。那安详地驾着车子不急不躁地前进,轮子经过中庸的庭院,而一直走向它的堂奥的,除却二位贤人之外还有哪一个呢? 我从前是不敢自信必然能达到的,如今也愿追随在你们的左右,请帮助我、提高我才好啊!

哎! 官府的职责是要守着的,私人的家务是要牵扯着的,我们的聚会是不可能经常的啊。因此作《同学》一篇给子固作为临别赠言,借以互相警诫,并互相劝慰吧。

游褒禅山记

【解题】

此文是王安石任舒州通判时于至和元年(1054)七月所作。褒禅山在今安徽省含山县北。本篇借游山来说明治学的道理,指出不要浅尝辄止或半途而废,而是要克服困难坚持到底。前半写游山时,已经暗喻治学,后半写治学又处处以游山作比喻。因此,游记和议论两者在本文中互相渗透而不可分割,足见谋篇时经营之妙。

褒禅山亦谓之华山,唐浮图慧褒始舍于其址,而卒葬之,以故其后名之曰褒禅①。今所谓慧空禅院者,褒之庐冢也。距其院东五里,所谓华山洞者,以其乃华山之阳名之也。距洞百余步,有碑仆道,其文漫灭,独其为文犹可识,曰"花山"。今言华如"华实"之华者,盖音谬也。

其下平旷,有泉侧出,而记游者甚众,所谓前洞也。由山以上五六里,有穴窈然,入之甚寒,问其深,则其好游者不能穷也,谓之后洞。予与四人拥火以入,入之愈深,其进愈难,而其见愈奇。有怠而欲出者,曰:"不出,火且尽。"遂与之俱出。盖予所至,比好游者尚不能十一,然视其左右,来而记之者已少。盖其又深,则其至又加少矣。方是时,予之力尚足以入,火尚足以明也。既其出,则或咎其欲出者,而予亦悔其随之,而不得极乎游之乐也。

于是予有叹焉。古人之观于天地、山川、草木、虫鱼、鸟兽,往往有得,以其求思之深而无不在也。夫夷以近,则游者众;险以远,则至者少。而世之奇伟瑰怪、非常之观,常在于险远,而人之所罕至焉,故非有志者不能至也。有志矣,不随以止也;然力不足者,亦不能至也。有志与力,而又不随以怠,至于幽暗昏惑,而无物以相

---

① 禅:亦梵语音译"禅那"的省称,后来泛指与佛教有关的人和物。

之，亦不能至也。然力足以至焉，于人为可讥，而在己为有悔。尽吾志也，而不能至者，可以无悔矣，其孰能讥之乎？此予之所得也。

予于仆碑，又有悲夫古书之不存，后世之谬其传而莫能名者，何可胜道也哉！此所以学者不可以不深思而慎取之也。

四人者：庐陵萧君圭君玉，长乐王回深父，予弟安国平父、安上纯父①。

【译文】

褒禅山也叫作华山，唐朝僧人慧褒开始在这里建立房舍，而他死后又殡葬在此地，因此其后又叫作褒禅山。现在称之为慧空禅院的，就是慧褒的房舍和坟墓。距离这禅院以东五里地，叫作华山洞的，是因为它在华山的南面，所以取名如此。距离山洞一百多步，有座石碑倒伏在路上，上面的碑文已经模糊不清了，其中只有个别字尚能认出的，道是"花山"。如今把花山读为"华实"的"华"，可能是念错声调了吧。

它下面很平坦宽阔，有泉水在其旁边流出，这里题字留念的人很多，此处即人们所说的前洞。由此山再登上五六里路，有一处洞穴很幽深，一进去觉着寒森森的，打听它有多么深，即使是酷好游览的人也没有到达过尽头，此处叫作后洞。我和四个人执着火把进去，走进去愈深，前进就愈困难，但所

①　庐陵：今江西省吉安市。萧君圭，未详。长乐：今福建省福州市长乐区。王回：中进士，曾任亳州卫真县主簿，不足一年离去，终身不仕，著有文集二十卷。安国：熙宁初及第，任西京国子教授、崇文院校书、秘阁校理等职。因不赞成新法，后与吕惠卿不合，罢官后卒，年四十七。安上：晚年以管勾江宁府集禧观，其余事迹不详。

见到的也愈奇妙。有个疲乏了想要退回的同伴,说:"不出去,火就要燃尽了。"我们就随他一起出来了。大概我所达到的,比起酷好游览的人来,还不到人家的十分之一,但是察看洞的左右石壁上,来到这里而题记姓名的人已经很少了。可能那更深的地方,到过的人就更加少了吧。当那时,我的体力还完全可以再深入,火把也可以继续照明。大家已经出来了,就有人埋怨那提议出来的人,同时我也后悔跟随他出来,不能充分享受游赏的快乐。

在这儿我很有感触。古人观察天地、山河、草木、虫鱼、鸟兽,往往都有收获。这是由于他们探索思考得很深入,而且时时处处都是这样做的。比如这平坦而路近的,游人就很多,艰险而遥远的,去的就很少了。可是世上那奇伟的、光怪陆离的、不同平常的胜景,常常是在艰险而遥远之处,而人们很少走到,所以没有志气的人是不能够到达的。有了志向,就不会随着人家而中止了,但是体力不足,仍然是不能够到达的。既有志气又有体力,能不随着人家怠惰中止了,但走到黑暗迷惑的处所,如果没有工具来帮助他,还是不能够到达的。那体力充足可以到达而中止的,旁人就可以讥笑他,自己若这样就该悔恨了。如果尽了全部的力量,还不能达到的话,自己就可以不后悔,而旁人又有谁能讥笑他呢?这就是我的心得体会。

我看到倒伏的石碑,又惋惜很多古籍不能保存下来,后世因错就错传留下来而不能确切指名的,那是说不尽的啊!这就是为什么学者不可不深入思考而郑重地采纳的道理啊。

同游的四人是:庐陵的萧君圭字君玉、长乐的王回字深父,我的弟弟安国字平父、安上字纯父。

泰州海陵县主簿许君墓志铭

【解题】

　　正如本卷曾巩《寄欧阳舍人书》所说,写铭志很难。特别是被写的人品较差,但因受其家属请托,既不能谢绝或直言不讳地写,又不愿意违背良心加以吹捧,就更困难了。王安石写此铭,就碰上了这种尴尬情况。他只好使用含蓄隐晦的手法,迂回地把自己的意见略加示意,既顾全了家属的情面,又保留了应有的客观评价。这在作者是不得已而为,读者却可以欣赏他的闪躲腾挪的手段,得以借鉴。如他对许平的鉴定是:"自少卓荦不羁(也可理解为不守法度),善辩说(巧言善辩),与其兄俱以智略(机灵会盘算)为当世大人所器(为达官贵人所赏识)。"这些考语,个别使用时,是褒义的,但缀联在一起形成特有的语境时,就会出现另一效果,只要留心体会,就成为贬义的了。文中说大人物推荐他做官,他也"慨然自许,欲有所为",表面来看也是褒义的,但作者又加上一段"士固有离世异俗""困辱而不悔,彼皆无众人之求"的表扬洁身自好的另一种人物的话,来和许平对照,这就使"欲有所为"在色彩上起了变化,成为贬义的了。尤其是在文内屡次出现疑问的句子,而又不予解答,以促使读者深思,启发读者得出与作者心中相同的结论来。如再深入追究,文中两次提到他和其兄许元很友爱,若考察许元其人,就更能悟出许平的品质来。当然,这种写法,既然要应付其家属,就要尽量隐晦,可能使不留心的读者也一同被瞒过,而不能正确理解作者的旨趣。这恰是体会错了,以至于认为作者好似是"为含蓄而含蓄",故意卖弄技巧。可见,这种写法是有其局限性的。

君讳平，字秉之，姓许氏。余尝谱其世家，所谓今泰州海陵县主簿者也①。君既与兄元相友爱称天下，而自少卓荦不羁，善辩说，与其兄俱以智略为当世大人所器②。宝元时，朝廷开方略之选，以招天下异能之士，而陕西大帅范文正公、郑文肃公争以君所为书以荐③。于是得召试，为太庙斋郎，已而选泰州海陵县主簿。贵人多荐君有大才，可试以事，不宜弃之州县，君亦尝慨然自许，欲有所为。然终不得一用其智能以卒。噫！其可哀也已。

士固有离世异俗，独行其意，骂讥、笑侮、困辱而不悔，彼皆无众人之求而有所待于后世者也，其龃龉固宜④。若夫智谋功名之士，窥时俯仰，以赴势利之会，而辄不遇者，乃亦不可胜数。辩足以移万物，而穷于用说之时；谋足以夺三军，而辱于右武之国⑤。此又何说哉？嗟乎！彼有所待而不悔者，其知之矣。

君年五十九，以嘉祐某年某月某甲子，葬真州之扬

---

① 王安石有《许氏世谱》一文，载《临川集》。泰州海陵县：今江苏省泰州市。

② 《宋史·许元传》称，元历知扬、越、泰州。元在江淮十三年，以聚敛刻剥为能，急于进取，多聚珍奇，以赂遗京师权贵。

③ 宝元二年（1039），皇上开始命近臣举荐方略材武之士各二人。（见《宋史·仁宗纪》）宝元：宋仁宗年号（1038—1040）。按《资治通鉴长编》卷一四一云：庆历三年（1043）五月以试方略人姜潜、许平为太庙斋郎。范文正公：即范仲淹，参见本书卷九《岳阳楼记》。郑文肃公：郑戬，苏州吴县（今属江苏省苏州市）人，曾任陕西四路都总管兼经略招讨史，卒谥文肃，《宋史》有传。

④ 龃龉(jǔ yǔ)：意见不合。

⑤ 右武：崇尚武功。

子县甘露乡某所之原①。夫人李氏,子男瓌②,不仕;璋,真州司户参军;琦,太庙斋郎;琳,进士。女子五人,已嫁二人:进士周奉先、泰州泰兴③令陶舜元。铭曰:有拔而起之,莫挤而止之。呜呼许君,而已于斯,谁或使之?

【译文】

　　君名平,字秉之,姓许。我曾经为其家撰写过家谱,他就是其中所说的今泰州海陵县主簿。许君已经因和他兄长许元互相友爱而闻名于天下了,并且从年轻时就显得特为突出而不拘小节,也很善于讲话辩论,和他的兄长都是由于很有智谋韬略而被当代大人物所器重的。宝元年间,朝廷开创经举荐而召试方略的制度,以招收天下的有优异才能的人士。因而陕西大帅范文正公和郑文肃公争着以许君所著的书籍来推荐,于是得参与召试,被任命为太庙斋郎,不久选拔为泰州海陵县主簿。许多达官贵人们都推荐许君有大才,可以试用担当政事,不应该把他弃置在外地州县里。许君也爽快地表示自己很有信心,希望有所作为,但是终于没能得到一次使用其智谋才干的机会而死去。唉! 这是多么的可悲啊。

　　士人中间固然也有脱离当世而与习俗相违背,只依照个人的意志去行动,纵然被辱骂、讥笑,遭受穷困屈辱也不反悔的。那种人不与众人一样而无求于当代,而是有待于后世的考验,他们和世间发生矛盾是当然的。可是像那有智谋想博取功名的人物,能看清当时潮流的起伏,会奔赴那形势有利的地方去,却偏偏遇不到好机会的,也是多得数不清的呢。能言善辩能够感动万物,偏偏在重用口才的时期受窘困;足

---

①　宋淮南路真州,治扬子县(今江苏省仪征市)。
②　瓌(guī):美玉。
③　泰州泰兴:今江苏省泰兴市。

智多谋足以夺取三军,恰恰在尚武的国家里被屈辱。这情况
又怎样解说呢? 哦! 那种对后世有所期待而不反悔的人,可
能是明白的吧!

　　许君享年五十九岁,于嘉祐某年某月某甲子的那天,埋
葬于真州的扬子县甘露乡某处的茔地。夫人李氏。儿子许
瓌,不曾任官职;许璋,任真州司户参军;许琦,任太庙斋郎;
许琳,是进士。女儿五人,出嫁者二人,一位嫁于进士周奉
先,一位嫁于泰州泰兴县令陶舜元。铭辞云:

　　只有提拔而升任了你的,并没有排挤阻止了你的。唉!
许君,居然最终落到这种境地,到底是谁使你如此的?

卷十二

宋 濂

宋濂(1310—1381),字景濂,浦江(今浙江省浦江县)人。受业于元末古文家吴莱、柳贯等,有名于世。元代至正年间曾被荐为翰林院编修,辞不赴召。明初,应朱元璋征聘,任江南儒学提举,官至翰林院承旨知制诰。晚年辞官居家,在朱元璋屡次诛杀大臣之际,他也因其孙犯罪,被流放茂州(今四川省北川县、汶川县及茂县等地),半途而死。他曾为太子讲经,主持编著《元史》,善于撰写文章,刘基曾推为"当今文章第一"。著有《宋学士文集》。

送天台陈庭学序

【解题】

文中称羡陈庭学能外出游历,对诗歌创作大有裨益,但进一步向他建议,外在的阅历虽然重要,但也应注意内心的修养。文字叙说得婉转含蓄,易于为对方接受。

西南山水,惟川蜀最奇。然去中州万里,陆有剑阁、栈道之险①,水有瞿唐、滟滪之虞②。跨马行,则竹间山高者,累旬日不见其巅际。临上而俯视,绝壑万仞,杳莫测其所穷,肝胆为之悼栗。水行,则江石悍利,波恶涡诡,舟一失势尺寸,辄糜碎土沉,下饱鱼鳖。其难至如此。故非仕有力者,不可以游;非材有文者,纵游无所得;非壮强者,多老死于其地。嗜奇之士恨焉。

天台陈君庭学,能为诗,由中书左司掾,屡从大将北征有劳,擢四川都指挥司照磨③,由水道至成都。成都,川蜀之要地,扬子云、司马相如、诸葛武侯之所居④。英雄俊杰战攻驻守之迹,诗人文士游眺饮射、赋咏歌呼之所,庭学无不历览。既览必发为诗,以纪其景物时世之变,于是其诗益工。越三年,以例自免归。会予于京师,其气愈充,其语愈壮,其志意愈高,盖得于山水之助者侈矣。

予甚自愧。方予少时,尝有志于出游天下,顾以学未成而不暇。及年壮可出,而四方兵起,无所投足。逮今圣主兴而宇内定⑤,极海之际,合为一家,而予齿愈加耄矣。欲如庭学之游,尚可得乎?然吾闻古之贤士,若

① 剑阁:在今四川省北部、嘉陵江流域,现称剑阁县,县北有剑门关,自古以"剑门天下险"闻名。栈道:过去陇蜀山道架木傍山以通行,谓之栈道。

② 瞿唐:长江三峡之一,水流湍急。滟滪:滟滪堆是长江江心凸起的巨石,在重庆市奉节县之瞿唐峡(今为瞿塘峡)口,旧时为著名的险滩。

③ 天台:今浙江省天台县。中书左司掾:中书省左司的职事人员,掾为长官属员的称呼。四川都指挥司(四川地区军事衙门)照磨:官府的中层官吏,掌管磨勘事宜。

④ 扬子云:西汉末学者,名雄,字子云。司马相如:字长卿,西汉武帝时文学家。诸葛武侯:即诸葛亮的爵称。

⑤ 指朱元璋建立明朝。

颜回、原宪①,皆坐守陋室,蓬蒿没户,而志意常充然,有若囊括于天地者,此其故何也? 得无有出于山水之外者乎? 庭学其试归而求焉。苟有所得,则以告予,予将不一愧而已也。

【译文】

　　西南的山水,其中数四川最为奇特。但是它距离中原有万里之远,走旱路有剑阁、栈道的艰险,行水路有瞿唐峡(今为瞿塘峡)、滟滪滩的危难。骑马行走呢,那竹林高山,接连走上十来天还看不见它的边沿或峰顶。从上边低头一看,陡峭的山谷有万丈深,渺渺茫茫看不到底部,肝胆都惊恐得战栗。水上航行呢,则那江水激悍礁石锋利,波涛凶恶漩涡险怪,船舶一离开航线不过尺寸之间,就碰得粉碎而沉溺于泥沙,在水下喂了鱼鳖。它的路途是如此的困难,所以不是当官或有财力的,是不能游览的;不是有才能又具有文学修养的,纵然游览了也没有什么收获;不是年壮力强的,大都要因老因病而死在那里,以至于嗜好奇景异情的人士常常因此而感到遗憾。

　　天台陈庭学君,能写诗歌,他由中书左司掾,屡次随从大将北伐有功,提升为四川都指挥司的照磨,经由水路到了成都。成都是四川的要地,又是扬子云、司马相如、诸葛武侯的故居所在。凡是英雄俊杰所进军驻守的遗址,诗人文士所游览、宴会行令、赋诗唱歌欢呼的地方,庭学没有不经历观览过。游览之后又发挥为诗歌,来表现其景物和时世的变迁,于是他的诗歌写得更工致了。过了三年,他按惯例辞职还

---

　　① 颜回、原宪:孔子的徒弟,他们两人都家境贫寒而好学,成为儒家的"大贤"。

家。会见我于京师时,他的气概更加充沛,他的言谈更加豪壮,他的志向意气越发高大了。这应是得到山水的帮助很大吧。

我很自愧。当我年轻时,曾经希望游遍天下,考虑到学业未成因而没有余暇。待到成年以后,却正值四方战争兴起,连个落脚的地方也没有。等到如今圣明天子兴起而天下安定,一直到四海的边沿都合成一家了,可是我的年纪已是越来越大了。若想如庭学一样游历,又怎能办到呢?但是我曾听说古代的贤士,如颜回、原宪,都是坐守在简陋的房屋里,蓬蒿杂草长得遮住了门户,然而他们的志向意趣却经常是很充沛的,好似能包容天地万物一般。这是什么缘故呢?莫非是他们的学业有出于山水之外的东西吗?请庭学回家后试验探求一番,如果有所收获,就请把心得告诉我,将会使我不仅为游历这一方面而自愧了吧。

阅江楼记

【解题】

朱元璋当皇帝后,曾准备在南京狮子山建立一座阅江楼,命令文臣作记。宋濂借此机会,在歌功颂德之中也提出了安不忘危、乐不忘民的意见。全文庄重典丽,符合宫廷台阁体的风格,但能在歌颂时又婉转地表达了警诫规箴的意思,还是有可取之处的。

金陵为帝王之州,自六朝迄于南唐,类皆偏据一方,无以应山川之王气①。逮我皇帝定鼎于兹②,始足以当之。由是声教所暨,罔间朔南,存神穆清,与天同体,虽一豫一游,亦可为天下后世法。京城之西北,有狮子山,自卢龙蜿蜒而来③,长江如虹贯,蟠绕其下。上以其地雄胜,诏建楼于巅,与民同游观之乐,遂锡嘉名为"阅江"云。登览之顷,万象森列,千载之秘,一旦轩露。岂非天造地设,以俟大一统之君,而开千万世之伟观者欤?

当风日清美,法驾幸临,升其崇椒,凭阑遥瞩,必悠然而动遐思。见江汉之朝宗,诸侯之述职,城池之高深,关阨之严固。必曰:"此朕栉风沐雨,战胜攻取之所致也。"中夏之广,益思有以保之。见波涛之浩荡,风帆之上下,番舶接迹而来庭,蛮琛联肩而入贡。必曰:"此朕德绥威服,覃及内外之所及也。"四陲之远,益思有以柔之。见两岸之间,四郊之上,耕人有炙肤皲足之烦,农女有捋桑行馌之勤。必曰:"此朕拔诸水火,而登于衽席者也。"万方之民,益思有以安之。触类而思,不一而足。臣知斯楼之建,皇上所以发舒精神,因物兴感,无不寓其致治之思,奚止阅夫长江而已哉!彼临春、结绮④,非不华矣;齐云、落星⑤,非不高矣,不过乐管弦之淫响,藏燕、赵之艳姬,一旋踵间而感慨系之。臣不知其为何说也。

---

①　金陵:今江苏省南京市。六朝:指吴、东晋、宋、齐、梁、陈六个偏安于南方的王朝,都曾在金陵建都。南唐:五代时由李氏建立的割据政权,也建都于金陵,为宋所灭。王气:帝王的气运,是迷信的说法。

②　指朱元璋。他建立明朝后,以南京为首都。

③　卢龙:地名,河北省旧有卢龙塞,是燕山山脉东段隘口,今名喜峰口。此盖言其山脉遥远,并没有地理学的根据。

④　临春、结绮:南朝陈后主建筑的楼阁名。

⑤　齐云:楼名,在苏州,唐代兴建,朱元璋攻占长江时,吴王张士诚的姬妾在此楼焚死。落星:楼名,三国时吴国建于南京东北落星山上。

虽然,长江发源岷山①,委蛇七千余里而入海,白涌碧翻,六朝之时往往倚之为天堑。今则南北一家,视为安流,无所事乎战争矣。然则果谁之力欤?逢掖之士,有登斯楼而阅斯江者,当思圣德如天,荡荡难名。与神禹疏凿之功,同一罔极。忠君报上之心,其有不油然而兴耶?

臣不敏,奉旨撰记,欲上推宵旰图治之功者,勒诸贞珉。他若留连光景之辞,皆略而不陈,惧亵也。

【译文】

金陵是帝王建都的区域,但自六朝至于南唐,大都是偏据于一方,不能与这里山河所蕴积的王气相应。直到我朝皇帝确定京师在此地,这才当之而无愧。从此威名教化所达到的各地,不再将朔北和江南分割,存念神明于雍穆的清庙之中,而与上天同气共体。即使是每一次休息每一次游赏,也可以为天下后世的楷模。京师的西北方,有座狮子山,其山脉远从卢龙那里蜿蜒而来,而长江宛如长虹横贯,盘曲围绕在它的下面。皇上因为这地方雄伟壮丽,颁下诏令建筑高楼在山顶,好和百姓同享游览的快乐,于是赏赐了一个美好的名字,称之为"阅江"。登楼远望之时,万种景象,森然排列,千年埋藏的幽境,一下子显露出来了。这岂不是天所造地所设,以等待着大一统的君主,来开辟这传之千秋万代的伟大胜地吗?

每当风清日丽,荣幸地迎接仪仗车驾的亲临,当皇上登上崇高的峰顶,凭依着栏杆遥望时,想必是悠然地触动起深远的思虑的。看到长江、汉水滔滔东流奔向大海,四方官长

---

① 岷山:在四川北部,古人误认为其为长江发源地。

都来到京师禀奏各地政情;看到城堡的高大和池堑的深险、关口的紧严和要塞的坚固,一定会说:"这都是朕冒着风吹雨淋,靠着战斗而获胜,经过攻打而争取来的呢。"中国广大,更加要考虑如何保卫它了。看到大江波涛浩浩荡荡,风帆在沿江上下游航行,番国的船舶接连不断地来朝谒见,使者携南蛮地区的珍宝肩并肩地来京进贡。一定会说:"这是朕的仁德威望所绥靖安抚,延伸于国内外所达到的呢。"四方边疆之外,就越发思考怀柔的方略了。看见长江两岸之间,四方原野之上,耕田的百姓有皮肉烤晒两脚皲裂的辛苦,农家妇女有采桑送饭的勤劳,一定会说:"这是朕把他们拯救于水深火热之中,而使百姓安卧在席褥之上的呢。"对于各地的人民,就更加想着如何使他们过安宁的日子了。在这儿会触类旁通,不一而足。臣于是体会到这座高楼的建造,是皇上抒发精神,遇物兴感,无不蕴藏着求得天下大治的思想,岂止是观赏一番长江的风景就算完了呢!前朝名为"临春""结绮"的高阁,不是不华丽啊;叫"齐云""落星"的层楼,不是不高大啊,不过是在那里供管弦乐器,演奏些靡靡之音,收容燕、赵等地的漂亮女人。从历史上看,只是转动脚步的刹那,就要为其消逝而感慨叹息了。臣不知道当时怎样为这种事情来解说啊。

　虽然如此,但是长江发源于岷山,弯弯曲曲流经七千余里而入海,白波汹涌,绿浪翻滚;六朝时期,往往依靠它为天然的壕堑。如今已是南北一家,把长江看作一条和平的河流,不再利用它搞战争了。然而这到底是靠着谁的力量呢?宽袍大袖的士人,凡是登楼观看这条大江的,应当思念圣明皇帝的恩德如天,浩荡无涯而难于形容。就和那神圣的大禹疏通开凿治理洪水一样,这恩情同样是无穷无尽的。于是忠于君主报答皇上的心愿,哪有不油然而兴起的呢?

臣是个不聪敏的人，奉圣旨撰写此记，很想推求皇上日日夜夜规划国泰民安的功业，得以镌刻在坚固的珉石之上。其他如流连光景的词句，都省略不说，我是恐怕亵渎了圣明啊。

刘　基

刘基(1311—1375)，字伯温，处州青田(今浙江省青田县)人。元末进士，曾任浙江儒学副提举、浙东元帅府都事等官。因与上司意见不合，曾受羁管处分，后弃官而去。朱元璋起兵，聘请他为辅佐，成为明朝开国功臣。明朝建国后，曾任御史中丞、弘文馆学士等职，封诚意伯。在朱元璋的猜忌、大臣的排挤下，他辞官返乡，在忧愤抑郁中死去。他是明初的诗文名家，元末写的《郁离子》以寓言的形式，揭露社会弊端，在古文家中别具特色。后人编辑其作品为《诚意伯文集》。

司马季主论卜

【解题】

本篇选自《郁离子》，原名《东陵侯》，是仿照《楚辞·卜居》而写的赋，但并不全部押韵，是唐宋古文家所提倡的"散赋"的写法。作者假托汉代的邵平和司马季主关于占卜的谈话,表达了自己关于人世盛衰循环、无往不复的看法。这一观点虽包含一定道理,但这种形而上学的循环论是不能正确反映社会发展规律的,只是为没落失意的人提供一个借口,使他们自我宽解而已。

东陵侯既废,过司马季主而卜焉①。季主曰:"君侯何卜也?"东陵侯曰:"久卧者思起,久蛰者思启,久懑者思嚏。吾闻之,蓄极则泄,闷极则达,热极则风,壅极则通。一冬一春,靡屈不伸;一起一伏,无往不复。仆窃有疑,愿受教焉。"季主曰:"若是,则君侯已喻之矣,又何卜为?"东陵侯曰:"仆未究其奥也,愿先生卒教之。"

季主乃言曰:"呜呼! 天道何亲? 惟德之亲。鬼神何灵? 因人而灵。夫蓍,枯草也,龟,枯骨也,物也②。人灵于物者也,何不自听,而听于物乎? 且君侯何不思昔者也? 有昔者必有今日。是故碎瓦颓垣,昔日之歌楼舞馆也;荒榛断梗,昔日之琼蕤玉树也③;露蛩风蝉④,昔日之凤笙龙笛也;鬼磷萤火,昔日之金釭华烛也⑤;秋荼春荠,昔日之象白驼峰也;丹枫白荻,昔日之蜀锦齐纨也。昔日之所无,今日有之不为过;昔日之所有,今日无之不为不足。是故一昼一夜,华开者谢;一秋一春,物故者新。激湍之下,必有深潭;高丘之下,必有浚谷。君侯亦

---

① 东陵侯:邵平在秦时封东陵侯,汉朝时为平民,卖瓜为生。司马季主:汉朝的善于占卜的人。

② 蓍(shī):一种草,古人用它作为卜筮的筹码。龟:上古占卜时把龟腹甲钻凿后用火烤,观其裂痕而推测。

③ 琼蕤(ruí):玉花,此指盛开的花朵。

④ 蛩(qióng):蟋蟀。

⑤ 釭(gāng):油灯。

知之矣,何以卜为?"

【译文】

东陵侯失掉了爵位,到司马季主那里去占卜。季主说:"君侯,您卜问什么呢?"东陵侯说:"常躺卧着的想起立,常蛰藏的想把门窗来开启,常憋闷着的想打喷嚏。我曾听说,蓄水到了顶端就要泄溢,捂憋极了就会通气,天热极了就要刮风,壅塞极了就要开通。有冬就有春,蜷曲的早晚要伸开;有起就有伏,任何逝去的都要回复。鄙人颇有怀疑,希望受到您的指教。"季主说:"像您刚才所说,您已经是明白了,又何必占卜呢?"东陵侯说:"鄙人还没有探求它的奥妙哩,希望先生彻底地来指教我。"

季主就说道:"啊!上天的道理是亲近谁呢?它只亲近那有德行的人。鬼神有什么灵验呢?它是因着人才灵验的。这蓍草,不过是枯枝罢了,龟甲,不过是枯骨罢了,它们两者都是物啊。人是比物要灵敏得多的,为什么不相信自己,偏要听信这物呢?而且君侯为什么不回忆那从前的情况呢?有从前的情况就必会有今天的境遇。所以这碎瓦破墙,就是从前表演着歌舞的高楼公馆啊;这荒草断梗,就是从前的名花珍树啊;这风露中鸣叫的蟋蟀和蝉,是从前的凤笙和龙笛啊;这磷火和萤火,就是从前的金灯盏和花烛台啊。秋天的苦菜和春天的荠菜,就是从前大象的脂肪和骆驼的峰肉呢;红色的枫叶和白色的芦花,就是从前的西蜀织锦和东齐细绸呢。从前所没有的,今天有了不算过分;从前所有的,今天没有了不算是不足。因此,从昼到夜不过一天,开放的花朵就会凋谢;从秋到春不过一年,植物死去了就会新生。激流的水下,必定有深潭;高山下面,必定有深谷。君侯也知道这些了,又何必占卜呢?"

卖柑者言

【解题】

　　本篇用"我"和卖柑者的交谈，抨击了那些拥有特权、骄奢淫逸、不为国家办事、不顾人民死活的封建官僚，说他们是"金玉其外，败絮其中"的盗名欺世的骗子。作者利用对比和对话，使讽刺更为辛辣和鲜明。本文构思巧妙，语言亦简练。开头一段，比《诚意伯文集》本的字数略少，因于文义无害，故不增补。

　　杭有卖果者，善藏柑，涉寒暑不溃。出之烨然，玉质而金色；剖其中，干若败絮。予怪而问之曰："若所市于人者，将以实笾豆，奉祭祀，供宾客乎？将衒外以惑愚瞀乎？甚矣哉为欺也！"

　　卖者笑曰："吾业是有年矣！吾赖是以食吾躯。吾售之，人取之，未闻有言，而独不足子所乎？世之为欺者不寡矣，而独我也乎？吾子未之思也。今夫佩虎符、坐皋比者①，洸洸乎干城之具也②，果能授孙、吴之略耶③？峨大冠、拖长绅者④，昂昂乎庙堂之器也，果能建伊、皋之业耶⑤？盗起而不知御，民困而不知救，吏奸而不知察，

----

① 皋比(pí)：蒙着虎皮的坐椅，指军将帅的坐椅。

② 洸(guāng)洸：武勇的样子。干城：《诗经·周南·兔罝》："赳赳武夫，公侯干城。"比喻国家的盾牌与长城。

③ 孙、吴：指战国军事家孙武、吴起。

④ 长绅：长长的衣带。绅：衣带。

⑤ 伊、皋：伊尹，佐商汤治理天下的贤相；皋陶，舜的大臣，协助舜、禹使天下大治。

法斁而不知理①,坐糜廪粟而不知耻②。观其坐高堂,骑大马,醉醇醲,而饫肥鲜者③,孰不巍巍乎可畏,赫赫乎可象也?又何往而不金玉其外,败絮其中也哉?今子是之不察,而以察吾柑!"

予默然无以应,退而思其言,类东方生滑稽之流④。岂其忿世嫉邪者耶⑤?而托于柑以讽耶?

【译文】

杭州有个卖鲜果的,善于保藏柑子,经过一冬一夏而不腐烂。摆出来闪闪发光,质地宛如美玉而颜色好比黄金,剥开看它当中,却干瘪得像破旧棉絮一样。我责怪地质问他说:"你卖给人家的这种东西,将要盛在竹盘陶碟里,祭祀奉献,或供宾客吗?还是想要炫耀外表欺瞒傻子、瞎子呢?你这骗局搞得太过分了!"

卖柑子的人笑笑说:"我干这一行多年啦!我靠着它养活我自己。我卖它,人要它,从来没有听到人家说闲话的,唯独你就不满意了吗?世上搞欺骗的不少嘛,难道只有我吗?我的先生,您没有好好想一想啊。如今那些佩戴着虎符、坐虎皮褥子的,威风凛凛好像那护国的盾牌、城墙似的,他们真的能拿出孙武、吴起一样的韬略来吗?那些高高地戴着大纱帽、拖着长带子的,大模大样地好像是宗庙朝堂的大家具似的,他们真的能建立伊尹、皋陶一样的功勋吗?盗贼起来了不知道抵御,人民穷困了不知道救济,官吏作奸犯

---

① 斁(dù):败坏。
② 糜(mí):消耗。
③ 醇醲:美酒。饫(yù):饱餐。
④ 东方生:汉武帝时辞赋家东方朔,以善于讽谏与滑稽著称。
⑤ 东汉赵壹有《刺世嫉邪赋》,对封建统治者予以尖锐的讽刺。

科不知道禁止,法规败坏了不知道清理,白坐着消耗官仓的粮食而不知羞耻。瞧他们住的是高堂广厅,骑的是高头大马,醉饮的是美酒甜露,饱食的是肥羊鲜鱼,哪一个不是高巍巍地令人敬畏,显赫赫地使人景仰效法的呢?然而他们又何尝不是金玉其外、败絮其中的呢?如今先生不考察这些,倒来考察我的柑子!"

我默默地无话可答,回家考虑他的话,类似东方朔那种滑稽玩世的作风。难道他也是愤世嫉俗的吗?是用柑子作为寄托来讽刺的吗?

方 孝 孺

方孝孺(1357—1402),字希直,一字希古,人称正学先生。台州宁海(今浙江省宁海县)人。朱元璋死,建文皇帝即位,他任翰林侍讲学士。燕王朱棣举兵夺权,攻破南京后,命方孝孺起草即位的诏书,他不从。朱棣用"灭九族"来威胁,他回答"虽灭十族,亦不附乱"。于是受到朱棣的残酷报复,除杀其九族外,还杀他的学生,以凑"十族"之数,与他同时被杀害的竟有八百七十余人之多。他师事宋濂,是明初的古文家,著有《逊志斋集》。

深 虑 论

【解题】

这是作者题为《深虑论》的一组论文之一。自秦始皇至宋太祖，历代开国皇帝为了加强皇权，并使其子孙永远统治，从而深谋远虑，借鉴前朝的失误予以改正，定出种种措施来预防皇朝的颠覆，却都一一失败。本篇举出上述事实加以论证。作者以为这都是只谋人事而忘记了"天"的结果。作者所谓"天""天心"，是一种存在于人力之外的无形力量，倘若以"积至诚""用大德"来治天下的话，这个"天"会眷顾、保护他的皇朝的，从而得出以诚德感天、不以智求谋人的结论。这里的"天"，是作者从儒家的"天听自我民听"，以及汉儒的"天人感应说"引申出来的一个模糊的词。其实，所谓"天心"，不过是"民心"而已。如在《深虑论》其二中，作者曾说过"人民者，天下之元气也"的话。作者鉴于朱元璋当权后，以"私谋诡计"想出种种办法来加强皇权，而不考虑人民的利益，所以写作此文。为了不引起皇帝的猜忌而又使他易于接受，所以才用了这个含混的"天"，这是不得已的。朱元璋死后的明朝事实证明，作者此文的预见性是很强的。

虑天下者，常图其所难，而忽其所易；备其所可畏，而遗其所不疑。然而祸常发于所忽之中，而乱常起于不足疑之事。岂其虑之未周欤？盖虑之所能及者，人事之宜然，而出于智力之所不及者，天道也。

当秦之世，而灭诸侯，一天下，而其心以为周之亡，在乎诸侯之强耳，变封建而为郡县。方以为兵革可以不复用，天子之位可以世守，而不知汉帝起陇亩之中，而卒亡秦之社稷。汉惩秦之孤立，于是大建庶孽而为诸侯，以为同姓之亲可以相继而无变，而七国萌篡弑之谋①。武、宣以后，稍剖析之而分其势，以为无事矣，而王莽卒移汉祚②。光武之惩哀、平，魏之惩汉，晋之惩魏，各惩其所由亡而为之备，而其亡也，盖出于所备之外③。唐太宗闻武氏之杀其子孙，求人于疑似之际而除之，而武氏日侍其左右而不悟④。宋太祖见五代方镇之足以制其君，尽释其兵权，使力弱而易制，而不知子孙卒困于敌国⑤。

此其人皆有出人之智、盖世之才，其于治乱存亡之几，思之详而备之审矣。虑切于此而祸兴于彼，终至乱亡者何哉？盖智可以谋人，而不可以谋天。良医之子，多死于病；良巫之子，多死于鬼。岂工于活人而拙于谋

----

① 刘邦得天下后，基本上袭用郡县制，但为了维护刘家的皇权，封刘氏子孙甚至疏远的同族为诸侯，杂立于郡县之中，并定出"非刘氏不得王"的规矩。到汉景帝时，出现了七国之乱。参看本书卷十《晁错论》等篇。

② 汉武帝、汉宣帝鉴于七国之乱，采用了诸王的儿子不分长幼继承王国的土地，使王国逐渐分割缩小，以及"坐酎（zhòu）金失侯"等办法削弱诸侯。这时诸侯无力反叛了，却没有料到权力转移到外戚手中，终于导致外戚王莽篡夺西汉政权，建立了新朝。

③ 汉光武帝刘秀建立东汉王朝，鉴于西汉哀帝、平帝之时的外戚掌权，于是疏远外戚，不料政权为宦官把持，东汉王朝终于为宦官所败坏。曹操建立魏朝，鉴于亲属、外戚、宦官把持政权，对于这些都加以防范，导致王权孤立，终于为门阀士族的代表司马氏篡位。司马炎鉴于曹氏的孤立，建立晋朝后又分封本家子弟为诸侯，结果导致"八王之乱"。

④ 传说唐太宗李世民时就有人提出"武氏代天下"的警告，唐太宗曾经除杀姓武的人，但这时武则天是个年轻的宫女，已经在他的跟前，而被忽略了。结果武则天自立为皇帝。这个迷信传说显然是后人附会的，不足信。

⑤ 宋太祖赵匡胤得天下后，鉴于从唐中叶以至五代时地方政权为节度使把持，形成武将地方割据势力，因此削弱武将的兵权，节度使成了有名无实的职务。宋太祖把军权收回朝廷，并以文官分掌兵权，结果使宋代军事力量削弱，导致西夏、辽、金、元的侵略，以致灭亡。

子也哉？乃工于谋人而拙于谋天也。

古之圣人①，知天下后世之变，非智虑之所能周，非法术之所能制，不敢肆其私谋诡计，而唯积至诚、用大德以结乎天心，使天眷其德，若慈母之保赤子而不忍释。故其子孙虽有至愚不肖者足以亡国，而天卒不忍遽亡之，此虑之远者也。夫苟不能自结于天，而欲以区区之智，笼络当世之务，而必后世之无危亡，此理之所必无者，而岂天道哉？

【译文】

忧虑天下的人，常常算计他认为导致患难的事情，而忽略了那些平易的事情；防备他所畏惧的情况，而漏掉了他毫不怀疑的情况。但是祸患往往发生在忽略的地方，而变乱却常常出现于他毫不怀疑之处。难道是他考虑得不周密吗？原因是他所考虑到的是人事中理应出现的东西，而超出于人的智力所能测度的，是"天道"啊。

当秦朝之世，在吞灭诸侯、统一天下之后，当时的想法，以为周朝的灭亡，只是在于诸侯各国的强大罢了，于是改变分封制为郡县制。正在认为军备武装可以不再使用，天子的宝座可以世代保持时，却不知道汉高祖崛起于农田之中，终于灭亡了秦朝的皇权。汉朝鉴戒于秦始皇当年孤立的教训，于是大大地分封子弟以至于连远房亲属也使之建立诸侯国，认为有了同姓的血亲关系，就可以世代相传而不发生叛变，但是吴、楚等七国诸侯萌发了篡位弑君的阴谋。汉武帝、汉宣帝之后，逐渐瓜分这些封国，以分散它们的势力，认为可以

---

① 古之圣人：指夏禹王、商汤王、周文王、周武王，是儒家标榜的施仁政于民的圣王。

无事了,但外戚王莽终于转移了汉朝的帝位。东汉光武帝鉴戒于西汉哀帝、平帝的失误,魏朝鉴戒于东汉,晋朝鉴戒于魏朝,都是吸取前朝灭亡的教训而预先防备,但是它们的灭亡,都出乎其所防备之外。唐太宗听见"武氏杀其子孙"的话,把疑似的人都搜索出来除掉了,但是武则天天天侍候在自己的身边,他却没有觉悟到。宋太祖鉴于五代时地方军事长官能够压制其君主,于是全部解除了各地区的军权,使其力量削弱而容易统制,却不知道自己的子孙终于在敌国的面前受困顿。

　　这些人物都有超出一般人的智慧,有盖世的才能,他们对于治乱存亡的微小的契机,考虑得很详细,防备得很周密了。可是他们所考虑的切合于这里,而祸患却发生在那里,终于导致变乱灭亡的原因是什么呢? 恐怕是智力仅仅能够算计人事,而不能够算计到"天"的作用吧。良医的儿子,大多是死亡于疾病;巧于弄鬼神的巫者的儿子,多数是死于鬼祟。他们难道是善于救活别人而拙于替自己的儿子打算吗?其实是善于图谋人事而拙于图谋"天道"啊。

　　上古的圣王,意识到天下后世的变化,不是智力能够完全预想到的,更不是用什么办法和权术所能制约的,因此不敢任意地逞其私谋诡计,而只是积累自己的至诚心意,用广大的仁德来结合"天心",使"天"眷爱他的德政,好像慈母爱护孩子那样不忍撒手不管。因此,他的子孙虽然出了最愚蠢或最不像样的足以亡国的人,然而"天"终于不忍很快地灭亡他的王朝。这是圣王的深谋远虑的缘故啊。倘若自己不能够结合"天心",而只想靠着小小的智谋来笼络当世的人事,而保证后代必定不会危亡,这在事理中是绝不会有的,又何况用"天道"来衡量呢?

豫让论

【解题】

战国初期,晋国的政权为几家大贵族所把持,在彼此争夺中,智、赵、韩、魏四家,吞并了范、中行两家。智氏最强,向其他三家强索土地,赵氏不从。前448年,智伯胁迫韩、魏两家围攻赵襄子,结果是韩、魏暗中与赵氏通谋,共同吞灭了智氏。豫让是智伯的门下士,为其报仇行刺赵襄子,被抓获后释放,于是漆身吞炭,改形变声,二次行刺又被抓获而自杀。他曾在范、中行两家的门下为士,两家被智氏等吞并后,他反而投靠智氏;智氏灭亡后,却只为智氏报仇献身。人们问他,他说:"范和中行是以众人待我,而智氏则以国士待我,我就以国士报之。"这表现了君臣的情谊是相互对等的,历来人们都对豫让持同情的态度。

本文却责备他在智氏未亡时没有谏止智氏,以致其覆亡,仅在其亡后而报仇,算不上"国士"。这样来要求人物,任何人都可以被责难。自宋代理学盛行以后,儒者往往高悬道德标准来苛求人,结果形成了"三代以下无完人"的局面。作者在这种风气之下,作了这篇翻案文章,只能反映他的形而上学的脱离实际的谬见。但是作为"儒者以理杀人"(清代戴震语)的资料来看,却是有参考价值的。

士君子立身事主,既名知己,则当竭尽智谋,忠告善道,销患于未形,保治于未然,俾身全而主安。生为名臣,死为上鬼,垂光百世,照耀简策,斯为美也。苟遇知己,不能扶危为未乱之先,而乃捐躯殒命于既败之后,钓名沽誉,眩世炫俗,由君子观之,皆所不取也。

盖尝因而论之。豫让臣事智伯，及赵襄子杀智伯，让为之报仇。声名烈烈，虽愚夫愚妇莫不知其为忠臣义士也。呜呼！让之死固忠矣，惜乎处死之道有未忠者存焉。何也？观其漆身吞炭，谓其友曰："凡吾所为者极难，将以愧天下后世之为人臣而怀二心者也。"谓非忠可乎？及观其斩衣三跃①，襄子责以不死于中行氏，而独死于智伯。让应曰："中行氏以众人待我，我故以众人报之；智伯以国士待我，我故以国士报之。"即此而论，让有余憾矣。

段规之事韩康，任章之事魏献，未闻以国士待之也，而规也章也，力劝其主从智伯之请，与之地以骄其志，而速其亡也②。郤疵之事智伯，亦未尝以国士待之也，而疵能察韩、魏之情以谏智伯。虽不用其言以至灭亡，而疵

---

① 豫让第二次行刺被赵襄子抓获后，"使兵环之，豫让曰：'君前已宽舍臣，天下无不称君之贤。今日之事，臣故伏诛；然顾请君之衣而击之，虽死不恨。'于是襄子义之，乃使使者持衣与豫让。豫让拔剑三跃，呼天击之曰：'而可以报智伯矣！'遂伏剑而死。死之日，赵国之士闻之皆为涕泣"。事载《战国策·赵一》。

② 智伯索地于韩，韩康子不想给，段规劝他说："智伯之为人也，好利而鸷愎，来请不与，必加兵与韩矣。君其与之。彼狃(niǔ)，且将请地于他国，他国不听，必飨之以兵；然则韩可以免于患难，而待事之变。"韩康子听后即将万家之邑与智伯。事见《战国策·赵一》。段规：战国策士，事韩虎(即韩康子)。智伯又索地于魏，魏桓子不想给(原文是"魏献"，按魏献子是桓子的曾祖父，作者误)，任章说："无故索地，邻国必恐；重欲无厌，天下必惧。君与之地，智伯必骄。彼骄而轻敌，邻国惧而相亲。以相亲之兵，待轻敌之国，智氏之命不长矣。君不如与之。"魏桓子也献万象之邑于智伯。事见《战国策·魏一》。

之智谋忠告,已无愧于心也①。让既自谓智伯待以国士矣,国士,济国之士也。当伯请地无厌之日,纵欲荒暴之时,为让者正宜陈力就列,谆谆然而告之曰:"诸侯大夫各安分地,无相侵夺,古之制也。今无故而取地于人,人不与,而吾之忿心必生;与之,则吾之骄心以起。忿必争,争必败;骄必傲,傲必亡。"谆切恳至,谏不从,再谏之,再谏不从,三谏之。三谏不从,移其伏剑之死,死于是日。伯虽顽冥不灵,感其至诚,庶几复悟。和韩、魏,释赵围,保全智宗,守其祭祀。若然,则让虽死犹生也,岂不胜于斩衣而死乎?

　　让于此时,曾无一语开悟主心,视伯之危亡,犹越人视秦人之肥瘠也。袖手旁观,坐待成败,国士之报,曾若是乎?智伯既死,而乃不胜血气之悻悻,甘自附于刺客之流②。何足道哉?何足道哉?虽然,以国士而论,豫让固不足以当矣。彼朝为仇敌,暮为君臣,靦然而一自得者③,又让之罪人也。噫!

【译文】

　　具有君子美德的士人侍奉主君,就应该竭尽自己的智谋,给予忠告并善于开导,消祸患于没有形成之际,保障安定于不出灾难之前,使自身得以保全,而主君也能平安。这样,

---

　　① 智伯率领韩、魏攻赵,"围晋阳而水之,城之不沉者三板。郄疵谓智伯曰:'韩、魏之君必反矣。'智伯曰:'何以知之?'郄疵曰:'以其人事知之。夫从韩、魏之君而攻赵,赵亡,难必及韩、魏矣。今约胜赵而三分其地。今城降有日,而韩、魏之君无喜志而有忧色,是非反如何也?'"郄疵的话没有被智伯听信,便借故躲到齐国去。事载《战国策·赵一》。

　　② 《史记》载豫让行刺之事于《刺客列传》中。

　　③ 靦(tiǎn)然:厚颜无耻的样子。

活着作为名臣，死了也能成为高尚的英灵，垂留光辉于百代，照耀在史籍典册之中，这才是美好的啊。倘若遇到知己的主君，不能扶救危险于未乱之先，而只是牺牲生命于既败之后，以此来沽名钓誉，借以迷惑世间并夸耀于俗人，从君子的眼光看来，都是很不足取的呢。

我曾持这观点来评论。豫让以家臣的身份来侍奉于智伯，当赵襄子杀了智伯以后，豫让为他报仇，声名烜赫，即使是愚昧的男子和无知的妇女，也没有不知道他是忠臣义士的。哦！豫让的死应该是忠心的了，可惜的是他安排怎样去死的方式还存有不足以称为忠心的地方。为什么呢？试看他漆身吞炭后，向他朋友所说："凡我所做的都是极其艰难的事，我将以此来使天下后世为人臣而怀二心的人感到惭愧。"能说这不是忠心吗？但看到他劈斩衣服连跳三次时，赵襄子责问他不为中行氏而死，而单单为智伯而死，豫让回答所说："中行氏以对待普通人的态度来待我，我因此也用普通人的姿态来回报他；智伯以对待国士的态度来待我，我所以用国士的行为来报答他。"就只从这一点来分析，豫让是死而有余憾的哩。

比如段规侍奉韩康子，任章侍奉魏桓子（原文是"魏献"，当是作者的误记），并未听说曾以国士来对待他们，可是不管是段规还是任章，都竭力劝说其主君依从智伯的要求，用割让给他土地来促使智伯越来越骄纵，从而加速他的灭亡。郗疵侍奉智伯，智伯也未曾以国士来对待他，但是郗疵能觉察出韩、魏的情况来谏止智伯；虽然智伯不采纳他的话以至于灭亡，然而郗疵的智谋及其忠告，已经可以问心无愧了。豫让既然自己说智伯以国士对待他，国士，就是救国之士嘛！当智伯索求土地而贪心不已之日，纵欲肆暴之时，作为国士的豫让，正应该拿出自己的能力站在应有的地位上，谆谆地告诉他："诸侯和大夫都应该安守各自的分地，不应互相争夺,这是自古以来的制度。如今无故向别人索取土地,人家不给,我们必然要生气;人家给了,那我们就必然要心生骄气。气愤必定会争夺,争夺必然会失败;骄纵必定要傲慢,傲慢必然要灭亡。"说得谆谆亲切而态度又极其诚恳,劝谏不听,就再一次劝谏,再谏不听,就第三次劝谏他。三谏若不从,把那事后的"伏剑而死",就挪到这个日子来死。智伯纵然是冥顽不灵,也会为他的至诚所感动,很可能又会醒悟过来。这样一来就会与韩、魏和好,解除赵国的围困,保全了智氏的宗族,使其世世保持祭祀祖先的礼仪。如能这样,那豫让就是虽死而犹生的,岂不是胜过斩衣而死吗?

豫让在当时,从无一句话来启发主君的心,眼看着智伯的危险以至灭亡,好似越国人看着秦国的人肥瘦。袖手旁观,坐等胜败,所谓"国士"的报答,能是这样的吗?待到智伯已经死了,才受不了自己血气的冲动愤恨之情,甘心把自己附在刺客之流的行列中,这有什么可称道的?有什么可称道的啊?虽是如此,以"国士"而论,豫让固然是承当不起的,但那种早上还是仇敌,到了晚上就成了君臣,并且厚颜无耻而自鸣得意的人,在豫让面前却又成为有罪的人了。唉!

王　鏊

王鏊(ào)(1450—1524),字济之,苏州人。明代成化年间进士,明武宗即位后,累官至户部尚书、文渊阁大学士。当时太监刘瑾专权,迫害大臣,他曾力救。后因在朝廷不得志而辞官,死后谥"文恪"。他乡试、会试都名列第一,文笔清通,当时颇有名声,著有《姑苏志》《震泽集》《震泽长语》等。

亲 政 篇

【解题】

朱元璋当皇帝后,废除宰相制度,军国大事全由自己专断。这一制度直至明朝覆亡而不改。但其后代皇帝耽于享乐,既不信任大臣,又懒惰不理政务,就依靠太监管理。明朝中期以后,皇帝很少接见大臣,有的甚至连节日朝见百官的礼仪也很少举行,有的内阁首揆大臣,在朝多年从未面见皇帝一次。明世宗朱厚熜即位后,派人存问王鏊,王鏊写了此文,希望他能亲自接见大臣,改革本朝恶习。

本文先引儒家经典《周易》来支持自己的论点,又列举历代王朝与宰相大臣议政的优良传统,更标举本朝开国二帝的亲政事迹作为范例,最后对朱厚熜委婉地在揄扬之中加以劝勉,请他"亲政",叙说得有理有据。全文正面立论,婉而多讽,具有相当的说服力。但朱厚熜虽然对他"优诏报闻",只是虚应故事而已,并未采纳实行。

　　《易》之《泰》曰:"上下交而其志同①。"其《否》曰:

---

　　①　《周易》的《泰》卦,由象征"天"的"乾"和象征"地"的"坤"组成,但坤在上,乾在下。古人认为这样一来,天气上升,地气下降,两气从而相交,象征着帝王臣民的上下交融,所以叫作安泰的"泰"。《周易》此卦的《象》文是:"则是天地交而万物通也,上下交而其志同也。"

"上下不交而天下无邦①。"盖上之情达于下，下之情达于上，上下一体，所以为"泰"；下之情壅阏而不得上闻，上下间隔，虽有国而无国矣，所以为"否"也。

交则泰，不交则否，自古皆然。而不交之弊，未有如近世之甚者。君臣相见，止于视朝数刻。上下之间，章奏批答相关接，刑名法度相维持而已。非独沿袭故事，亦其地势使然。何也？国家常朝于奉天门②，未尝一日废，可谓勤矣。然堂陛悬绝，威仪赫奕，御史纠仪③，鸿胪举不如法④，通政司引奏⑤，上特视之，谢恩见辞，惴惴而退。上何尝治一事，下何尝进一言哉？此无他，地势悬绝，所谓堂上远于万里，虽欲言无由言也。

愚以为欲上下之交，莫若复古内朝之法。盖周之时有三朝：库门之外为正朝，询谋大臣在焉；路门之外为治朝，日视朝在焉；路门之内曰内朝，亦曰"燕朝"。《玉

---

① 《周易》的《否》卦，与《泰》正相反，而是乾（天）在上，坤（地）在下。古人以为象征统治者的"天"高高在上，象征臣民的"地"低沉在下，两者的气不能相交，所以叫作闭（否）塞的"否"。《周易》此卦的《彖》文是："则是天地不交而万物不通也，上下不交而天下无邦也。"

② 明代在北京皇宫的奉天门（即北京故宫的太和门）朝见，只有文武官员排行就列的仪式作用，不过是显示皇帝的尊严，并不治理或商讨政务。

③ 御史：封建王朝的监察官，上朝时有专职御史来监督朝臣的行动，有不合礼仪的就纠举之。

④ 鸿胪：鸿胪寺的官员。封建王朝设鸿胪寺，职掌朝会祭祀等礼仪的赞导，相当于宫廷的司仪官。

⑤ 通政司：明朝始设通政使司，相当于朝廷接收转上的报告（奏章等）的传递处。

藻》云："君日出而视朝,退适路寝听政①。"盖视朝而见群臣,所以正上下之分;听政而适路寝,所以通远近之情。汉制,大司马、左右前后将军、侍中、散骑诸吏为中朝,丞相以下至六百石为外朝②。唐皇城之北,南三门曰"承天",元正、冬至受万国之朝贡则御焉,盖古之外朝也。其北曰"太极门",其西曰"太极殿",朔、望则坐而视朝③,盖古之正朝也。又北曰"两仪殿",常日听朝而视事,盖古之内朝也。宋时常朝则文德殿,五日一起居则垂拱殿,正旦、冬至、圣节称贺则大庆殿,赐宴则紫宸殿或集英殿,试进士则崇政殿。侍从以下,五日一员上殿,谓之轮对,则必入陈时政利害。内殿引见,亦或赐坐,或免穿靴,盖亦有三朝之遗意焉。盖天有三垣④,天子象之。正朝,象太极也;外朝,象天市也;内朝,象紫微也,自古然矣。

国朝圣节、正旦、冬至,大朝会则奉天殿,即古之正

---

① 《玉藻》载于《礼记》中,此篇记天子及贵族的生活规程。本文为节文,原文为:"朝,辨色始入。君日出而视之,退适路寝听政。使人视大夫,大夫退,然后适小寝释服。"路寝是宫廷内门,路门内的宫室是君王日常治理政务之所,所以也叫燕寝。关于内、外朝的解释不同,参见《周礼·秋官》郑注。按:据《礼记》等记载,周王的内朝是朝见同族官员的,不是接见异姓大臣的地方。作者引此不过作为比附的说法而已。

② 西汉的大司马,多为外戚掌权者担任,是"太尉"的改名,东汉又改为太尉,属三公之一。侍中、散骑常侍等官,都是皇帝的近臣;而丞相以下,则是政府官员。"六百石"指官员的薪俸,汉代二千石以上是高级官员,此指中级官员。汉朝皇帝与宰相分权,政府以丞相为首长,权力甚大,与明代根本不同,作者举此,也只是比附的说法。

③ 朔:农历每月初一日。望:农历每月十五日。

④ 三垣:我国古代天文术语,系将天空星辰划分为两大部分,围绕北极星(今称小熊座 α 星)附近的拱极区域分为三垣,太阳及行星通行的黄道附近分为二十八宿,共三十一个星区。三垣在北极星周围依次为太微垣(即本文所说的"太极")、紫微垣和天市垣。

朝也;常日则奉天门,即古之外朝也;而内朝独缺。然非缺也,华盖、谨身、武英等殿,岂非内朝之遗制乎①?洪武中如宋濂、刘基②,永乐以来如杨士奇、杨荣等日侍左右,大臣蹇义、夏元吉等常奏对便殿③。于斯时也,岂有壅隔之患哉?今内朝未复,临御常朝之后,人臣无复进见,三殿高閟④,鲜或窥焉。故上下之情,壅而不通,天下之弊,由是而积。孝宗晚年⑤,深有慨于斯,屡召大臣于便殿,讲论天下事。方将有为,而民之无禄,不及睹至治之美,天下至今以为恨矣。

惟陛下远法圣祖⑥,近法孝宗,尽刬近世壅隔之弊,常朝之外,即文华、武英二殿,仿古内朝之意。大臣三日或五日一次起居,侍从、台谏各一员上殿轮对。诸司有事咨决,上据所见决之;有难决者,与大臣面议之。不时引见群臣,凡谢恩辞见之类,皆得上殿陈奏。虚心而问之,和颜色而道之,如此,人人得以自尽。陛下虽深居九重,而天下之事灿然毕陈于前。外朝所以正上下之分,

①　奉天门、奉天殿,亦称皇极门、皇极殿,即今称之太和门、太和殿,在紫禁城午门之内。华盖殿即中极殿,今称中和殿。谨身殿即建极殿,今称保和殿。三殿均在乾清门之南。奉天门(太和门)的东西两侧,东华门内为文华殿,西华门内为武英殿。

②　洪武:明太祖朱元璋年号,共三十一年(1368—1398)。刘基、宋濂,见本卷有关各篇的作者介绍。

③　永乐:明成祖朱棣年号,共二十二年(1403—1424)。杨士奇:名寓,以字行。明成祖时官至左谕德。后因其子下狱,忧惧而死,谥文贞。杨荣:字勉仁,累官谨身殿大学士、工部尚书,死谥文敏。与杨士奇及杨溥同为内阁大学士,人称"三杨"。蹇义:字宜之,成祖朝辅太子监国,累官至少师,死谥忠定。夏元吉:字维喆,官至户部尚书,历事五朝。

④　高閟(bì):崇高密闭。

⑤　孝宗:朱祐樘,年号弘治,共在位十八年(1488—1505)。

⑥　陛下:指明世宗朱厚熜,年号嘉靖。

内朝所以通远近之情,如此,岂有近时壅隔之弊哉?唐、虞之时,明目达聪①,嘉言罔伏,野无遗贤,亦不过是而已。

【译文】

《周易》的《泰》卦说:"上下相交,两者的心意就同一了。"它的《否》卦说:"上下不相交,天下就无所谓国家了。"因为上面的意旨传达到下面,下面的意见通达到上面,从而上下一体,所以是"泰";下边的意见闭塞而不能使上边听到,上下有隔阂,即使是有国家也会失去了国家,所以为"否"啊。

互相交流就安泰,不相交流就否(闭)塞,自古以来无不如此;可是不相交流的弊病,再没有比近年来更为严重的了。如今君臣相见,只限于一般朝会的几刻的工夫。上下之间不过利用臣下的奏章和皇上的批示来彼此联系,依靠法律章程来维持行政事务罢了。这不仅是沿袭陈规旧习,也是其形势地位而使之如此的。为什么呢?我们国家的一般朝会在奉天门举行,从没有一天取消过,可以说是勤劳的了;但是从大殿到层层的台阶却很遥远而不能通,并且严肃的礼仪盛大隆重,又有御史纠察仪式的执行,鸿胪寺的官员检举不合礼法的人。通政使司的官员虽也引见有事的臣僚面奏,皇上也特为看视他们,但他们也只是履行谢恩或辞朝的礼仪,诚惶诚恐地行完礼退下去。皇上何尝治理过一件事,臣下又何尝进奏过一句话呢?这没有别的缘故,而是由于地位形势相隔遥远而不能通达,所谓"堂上远于万里",虽然想说话也没有办

---

① 唐、虞:唐尧、虞舜。明目达聪:《尚书·舜典》:"月正元日,舜格于文祖。询于四岳,辟四门,明四目,达四聪。"指舜即位后,能开四方之门,看到听到四方的情况。

法说啊。

　　依我愚拙的看法，要想上下交流，不如恢复上古的内朝的办法。据说周代有三种朝会：库门的外面为正朝，和大臣商议时就在这里；路门的外面为治朝，每天上朝时就在此处；路门之内叫作内朝，也称为燕朝。《礼记·玉藻》说："君王在日出时临朝，朝会后回到路寝来办理政务。"这是临朝来接见百官，以此体现上下官爵的名分；办理政务到路寝之中，以此来沟通远近的意见。汉朝的制度：大司马及左右前后将军、侍中、散骑常侍等官员为中朝的职官，自丞相以下至俸禄六百石以上的官员，为外朝的职官。唐朝皇城的北面南三门叫作"承天"，凡新年、冬至节等接受各国的朝贺与贡品时就驾临此处，大致相当于上古的外朝。它的北面名"太极门"，其西名"太极殿"，每逢农历初一、十五日就坐殿临朝，这大约是上古的正朝了。再往北叫作"两仪殿"，是日常接见和办事的地方，这相当于上古的内朝吧。宋朝的常朝是在文德殿，每隔五天一次的请安问候则在垂拱殿，新年、冬至节、皇帝诞辰等百官庆贺则在大庆殿，赏赐百官酒筵时就在紫宸殿或在集英殿，考试进士时就在崇政殿。侍从大臣以下，每隔五天由一人上殿，叫作"轮对"，这是必须进殿面陈时政的利弊情况的。在内殿引见大臣时，也有赐予座位，或是免穿朝靴朝见的。这也保存着上古的三种朝会的意义的吧。因为天上的星象有三垣，天子就模拟它。正朝，比拟太微垣；外朝，比拟天市垣；内朝，比拟紫微垣，自古以来就是这样的呢。

　　我大明国朝，皇上圣诞、新年、冬至节的大朝会则在奉天殿，就是上古的正朝；通常临朝则在奉天门，就是上古的外朝；可就是单单缺少内朝。但是并非真的缺少，如我朝的华盖殿、谨身殿，以及武英殿等，岂不是古来内朝传留下来的体制吗？洪武年间如宋濂、刘基，永乐年间以来如杨士奇、杨荣等,天天侍奉于皇上左右,大臣如蹇义、夏元吉等人,经常在便殿中和皇上问答。在这时期,难道还有闭塞隔绝的害处吗?如今内朝没有恢复,皇上驾临常朝之后,臣下不能再进见,况且紫禁城内三大殿崇高深邃,更是少有望见的机会。所以上下的意见,壅塞不通,天下的弊端,从而越积越多。孝宗皇帝晚年时,对这事深为慨叹,屡次召见大臣于便殿之中,互相谈论天下大事。刚要有所作为,但百姓没有福气,来不及看到天下大治的美好日子,普天下到现在还非常惋惜呢。

只要陛下远效法太祖、成祖,近学习孝宗,就可全部铲去近世壅塞隔绝的弊病,除常朝之外,再亲临文华、武英这两座大殿,仿效上古内朝之意,使大臣每三天或五天伺候一次,侍从官和御史谏官各一员轮流上殿答话。各衙门有事请批示时,皇上根据自己的看法予以解决,有难以决定的事,就和大臣们当面商议。不时地引见群臣,凡是臣属谢恩、辞见之类的事,都能上殿当面陈奏。皇上再虚心地询问他们,和颜悦色地开导他们,这样,人人都可以言无不尽了。陛下虽然身居皇城九重的深宫之内,但天下万事,就会明明白白地摆列在面前的。举行外朝是端正君臣上下的名分的,设置内朝是互通远近各地的情况的。这样办了,难道还有近年来的壅塞隔绝的弊病吗?唐尧、虞舜时,人们歌颂帝王眼明耳亮,好意见从不埋没,乡野间的贤能之士从不被遗弃的盛况,也不过是这样罢了。

王 守 仁

　　王守仁(1472—1529)，字伯安，余姚(今浙江省余姚市)人。曾在故乡阳明洞讲学，世称阳明先生。明朝弘治十二年(1499)进士，任刑部、兵部主事；正德年间太监刘瑾专权，他因反对刘瑾被贬谪为龙场(在今贵州省修文县)驿丞。刘瑾被诛后才起用，后以左佥都御史巡抚南赣，因镇压农民军与平定明宗室宁王朱宸濠的叛乱，封为新建伯。官至南京兵部尚书，卒谥文成。著有《王文成公全书》。

　　王守仁是古代重要的哲学家，"阳明学派"的开创者，对后世有很大影响，学说传播于日本。他反对朝廷支持的程朱学派的"知先行后"的说法，主张"知行合一"。他认为人人具有"良知良能"，把封建伦理道德认为是人生具有的"良知"，只要反求于内心，恢复了良知，就与儒家的圣经贤传相合，就与天地万物"一体"了。这在树立个人的自尊和自信心方面有帮助，在封建社会中有一定的打破传统、解放思想的作用，但是由于只注重内心的省察，轻视对客观事物和前人经验的考察与研究，就必然导致盲目空谈。本书所选《尊经阁记》就表现了他的这种片面的看法，可参看。

尊经阁记

【解题】

本文主旨是认为儒家的经书不过是普通人内心的反映，因而学习经书主要是反求内心，以此与内心相验证罢了。作者批判了过分尊崇"六经"、死记硬背的教条主义态度，也反对利用"六经"的词句来美化自己谋求私利的行为。但是他不知道经书的观点并不代表全民的观点，在阶级社会里，不可能人人都与经书的观点一致。他更不理解人的思想认识是客观实践的产物，没有直接的和间接的经验，是不可能形成的。因此，本文的论点就不能不是片面性的。全篇说理清楚，一环扣一环，能层层深入，而且语言流畅，能充分表达作者的意旨。

经，常道也。其在于天谓之命，其赋于人谓之性，其主于身谓之心。心也，性也，命也，一也。通人物，达四海，塞天地，亘古今，无有乎弗具，无有乎弗同，无有乎或变者也，是常道也。

其应乎感也，则为恻隐，为羞恶，为辞让，为是非。其见于事也，则为父子之亲，为君臣之义，为夫妇之别，为长幼之序，为朋友之信。是恻隐也、羞恶也、辞让也、是非也，是亲也、义也、别也、序也、信也，皆所谓心也、性也、命也。通人物，达四海，塞天地，亘古今，无有乎弗具，无有乎弗同，无有乎或变者也，是常道也。

以言其阴阳消长之行，则谓之《易》①；以言其纪纲政事之施，则谓之《书》②；以言其歌咏性情之发，则谓之《诗》③；以言其条理节文之著，则谓之《礼》④；以言其欣喜和平之生，则谓之《乐》⑤；以言其诚伪邪正之辨，则谓之《春秋》⑥。是阴阳消长之行也，以至于诚伪邪正之辨也，一也。皆所谓心也、性也、命也。通人物，达四海，塞天地，亘古今，无有乎弗具，无有乎弗同，无有乎或变者也，夫是之谓"六经"。"六经"者非他，吾心之常道也。

是故《易》也者，志吾心之阴阳消息者也；《书》也者，志吾心之纪纲政事者也；《诗》也者，志吾心之歌咏性情者也；《礼》也者，志吾心之条理节文者也；《乐》也者，志吾心之欣喜和平者也；《春秋》也者，志吾心之诚伪邪

---

① 《易》：即《周易》，儒家经典之一。原是殷周卜筮之书，用阴爻与阳爻搭配为八卦，再用八卦搭配为六十四卦。后来儒家加上说明自然社会变化的一些哲理，遂成为"经"书，此书大约形成于战国初期。

② 《书》：即《尚书》，儒家经典之一。唐以后的官定本为五十多篇，其中羼进了晋朝伪造的所谓"古文尚书"的篇章。其中只有汉代今文家所传的二十八篇是先秦的作品，如最早写于殷朝、最晚写于战国初期的《尧典》等。这是一部殷周政府法令文诰的汇编。

③ 《诗》：即《诗经》，儒家经典之一。本书分风、雅、颂三部分，保存了西周至春秋时期的宫廷、民间的诗歌，共存三百零五首。

④ 《礼》：指《周礼》《仪礼》《礼记》，亦称"三礼"，它们都被收入"十三经"中，《礼记》又收入"五经"之中。其中《仪礼》较早，约写于春秋时，记载贵族的礼仪程式；《周礼》是战国时期的人写的一个理想政权机构的设计；《礼记》是汉朝人戴胜编选的一部自春秋至汉初的有关礼仪的文集。

⑤ 《乐》：亦称《乐经》，一说先秦有此书，后散失了；一说原来的乐谱是附属在《诗经》中的诗句上的，已失传。儒家举"六经"时就包括了它，举"五经"时就排除了它。先秦儒家对音乐的论说，见《礼记》中《乐记》一文。

⑥ 《春秋》：儒家经典之一，相传为孔子所作，其实是当时鲁国史官撰写的一部编年史，孔子用它做教材而已。它记录了从前722—前481年共计二百四十一年的军国大事，后人因称这一时期为春秋时代。

正者也。君子之于"六经"也,求之吾心之阴阳消息而时行焉,所以尊《易》也;求之吾心之纪纲政事而时施焉,所以尊《书》也;求之吾心之歌咏性情而时发焉,所以尊《诗》也;求之吾心之条理节文而时著焉,所以尊《礼》也;求之吾心之欣喜和平而时生焉,所以尊《乐》也;求之吾心之诚伪邪正而时辨焉,所以尊《春秋》也。

盖昔圣人之扶人极,忧后世,而述"六经"也,犹之富家之父祖,虑其产业库藏之积,其子孙者或至于遗亡散失,卒困穷而无以自全也,而记籍其家之所有贻之,使之世守其产业库藏之积而享用焉,以免于困穷之患。故"六经"者,吾心之记籍也,而"六经"之实,则具于吾心。犹之产业库藏之实积,种种色色,共存于其家,其记籍者,特名状数目而已。而世之学者,不知求"六经"之实于吾心,而徒考索于影响之间,牵制于文义之末,硁硁然以为是"六经"矣①。是犹富家之子孙,不务守视享用其产业库藏之实积,日遗亡散失,至为窭人丐夫②,而犹嚣嚣然指其记籍曰:"斯吾产业库藏之积也。"何以异于是?

呜呼!"六经"之学,其不明于世,非一朝一夕之故矣。尚功利,崇邪说,是谓乱经;习训诂,传记诵,没溺于浅闻小见,以涂天下之耳目,是谓侮经;侈淫词,竞诡辩,饰奸心盗行,逐世垄断,而犹自以为通经,是谓贼经。若是者,是并其所谓记籍者而割裂弃毁之矣,宁复知所以为尊经也乎?

---

① 硁(kēng)硁然:浅薄固执的样子。
② 窭(jù)人:穷人。

　　越城①旧有稽山书院,在卧龙西冈,荒废久矣。郡守渭南南君大吉,既敷政于民,则慨然悼末学之支离,将进之以圣贤之道。于是使山阴令吴君瀛,拓书院而一新之,又为尊经之阁于其后。曰:"经正则庶民兴,斯无邪慝矣。"阁成,请予一言以谂多士②。予既不获辞,则为记之若是。

　　呜呼! 世之学者得吾说而求诸其心焉,则亦庶乎知所以为尊经也已。

【译文】

　　经,就是经常而普遍的道理。它在于天就叫作"命",它赋于人时就叫作"性",它主导于全身时就称之为"心"。所谓心、性、命,是一致的。它沟通人心和物体,贯彻于四海之间,充塞于天地之内,绵亘于古今之中;不管在什么处所,无不具有,无不相同,是没有任何例外和变异的。所以它是经常而普遍的道理啊。

　　它作用于情感时,就为同情和怜悯,为羞耻和憎恶,为推辞和谦让,为肯定和否定。它表现于生活实践时,就为父子间的亲爱,为君臣间的道义,为夫妻间的区分,为长幼间的次序,为朋友间的诚信。这种同情和怜悯、羞耻和憎恶、推辞和谦让、肯定和否定,这种亲爱、道义、区分、次序、诚信,都是所说的心、性、命啊。它沟通人心和物体,贯彻于四海之间,充

---

　　①　越城:浙江省绍兴地区古称越州,宋高宗时划为府,以其年号为名,称"绍兴府",山阴、会稽是其属县。宋以后一直延续到清代都为绍兴府。本文的地名、官名都用古称,如称绍兴为越、府称郡、知府称郡守(郡太守之省略)、知县称令等,这是当时文人的习惯,以为如此才"古雅"。卧龙山,在绍兴城内。

　　②　谂(shěn):劝勉。

塞于天地之内,绵亘于古今之中;不管在什么处所,无不具有,无不相同,是没有任何例外和变异的。所以它是经常而普遍的道理啊。

用它来讲述阴阳二气的消歇与生长的运动的著作,就称之为《周易》;用它讲述纲领政事的施行的著作,就称之为《尚书》;用它来表述歌咏性情的抒发的著作,就称之为《诗经》;用它来说明条理秩序的体现的著作,就称之为《礼经》;用它来论述欣喜和平的滋生的著作,就称之为《乐经》;用它来论述对真伪邪正的辨别的著作,就称之为《春秋》。这种阴阳二气的消歇和生长的运动,以至于真伪邪正的辨别等,是一致的,都是所说的心、性、命啊。它沟通人心和物体,贯彻于四海之间,充塞于天地之内,绵亘于古今之中;不管在什么处所,无不具有,无不相同,是没有任何例外和变异的,只有这样才能称之为"六经"。"六经"不是别的,而是我们心中所固有的经常而普遍的道理啊。

因此,《周易》是记载我们内心的阴阳二气的消歇和生长的,《尚书》是记载我们内心的纲领政事的,《诗经》是记载我们内心的歌咏性情的,《礼经》是记载我们内心的条理秩序的,《乐经》是记载我们内心的欣喜和平的,《春秋》是记载我们内心的真伪邪正的。君子对待"六经",应探求我们内心的阴阳二气的消歇和生长而适时行动,所以才尊重《周易》;探求我们内心的纲领政事而适时施行,所以才尊重《尚书》;探求我们内心的歌咏性情而适时抒发,所以才尊重《诗经》;探求我们内心的条理秩序而适时体现,所以才尊重《礼经》;探求我们内心的欣喜和平而适时滋生,所以才尊重《乐经》;探求我们内心的真伪邪正而适时辨别,所以才尊重《春秋》啊。

想当初圣人树立人生的标准,并忧虑其后世的倾覆,因而著述"六经"时,不过像是富家的老家长,忧虑他家的产业和仓库的积蓄,到他子孙手里时,或可能遗失消散,终于困穷而无以自全,所以把家中所有的物产记在账簿上交给子孙,使他们辈辈保守其产业和仓库的积蓄来享用,并免于困穷之害。因此,"六经"就是我们内心的账簿啊,可是"六经"的实体,却存在于我们内心之中。犹如产业和仓库积蓄的实物,种种色色,这些都存放在他的家里,而那账簿,只是实物的名单、数目罢了。可是世间的学者,不知探求"六经"的实体于我们各自的内心,却白白地在它的影子和回声之间求索,被牵制于文字词义的末节,固执浅陋地以为这就是"六经"了。这好像富家的子孙,不去看守、享用自家的产业和仓库积蓄的实物,因而一天天遗失消散,以至于成了穷汉、乞丐,却还大嚷大叫地指着那账簿说:"这是我的产业和仓库的积蓄啊。"世间的学者与这情况又有什么不同呢?

啊!"六经"的学术,不为世间所正确理解,并不是一朝一夕的缘故了。好尚功利,尊崇邪说,这叫作乱经;只学习词语注释,传授死记硬背的方法,沉溺于一些肤浅的见解和说法,并以此来遮掩天下的耳朵眼睛,这叫作侮经;夸夸其谈地说些过分的词语,竞相用诡辩来曲解,美化自己的奸诈的心意和盗贼的行为,追随社会风尚来投机取巧,而居然还认为自己是通晓"六经"的,这叫作戕害经书。像这样的"尊经",是连那所谓的账簿也撕裂毁掉了的,哪里还会知道什么是真正的尊经呢?

绍兴府城旧有稽山书院,在卧龙西冈,久已荒废了。知府渭南人南大吉,推行政令于百姓以后,又慨叹悼惜晚近的学术支离破碎,将要推进之于圣贤的大道中去,于是命令山阴知县吴君瀛开拓书院并翻修一新,又建造尊经阁于其后院。他说:"经学正了,百姓就人人向上了,这样就没有坏人坏事了。"尊经阁落成后,请我说句话来劝告众多的士人。我既是推辞不得,就为他撰写了上述的文字。

哦!世间的学者,读到我的论说以后再探求于自己的内心,那么就可能知道怎样才算是尊经的了吧。

象 祠 记

【解题】

灵博山在今贵州省黔西市,是苗族聚居的地方,这时王守仁被贬斥在贵州,遂为当地整修的象祠作此记。象,是古代传说大舜的后母所生的弟弟,曾与父母共同迫害大舜,儒家经典认为他是一个冥顽自私的人。苗族建庙供祭他,可能出于古代传说的另一种说法,或许象的品质不如中原传说的那样坏。士大夫们是只信儒家经典的,按照经书所说,是不应尊象为神灵的。唐代道州刺史薛伯高就曾毁掉当地鼻亭的象祠,柳宗元也曾写《毁鼻亭神记》。王守仁为了适应当地的风习,并不公然反对,只是赋予它新的意义,加以利用。本文从经书的字里行间找出一些根据,证明象已被大舜教育成好人了,是个改过自新的典型,因此还是有当神灵的资格的。全文持之有据,言之成理,能自圆其说。不过,这只能作为应酬文字,敷衍一时,是经不起认真的考证与分析的。读者对此文应分别观之,不要把它当作对古代传说人物的学术研究来看。

灵博之山,有象祠焉①,其下诸苗夷之居者,咸神而祠之。宣尉安君因诸苗夷之请,新其祠屋,而请记于予。

---

① 灵博山:在今贵州省黔西市。象祠:古代传说大舜的后母生的弟弟名叫象,当地苗族人为他立的庙宇。

予曰:"毁之乎,其新之也?"曰:"新之。""新之也何居乎?"曰:"斯祠之肇也,盖莫知其原。然吾诸蛮夷之居是者,自吾父、吾祖溯曾、高而上,皆尊奉而禋祀焉,举而不敢废也。"

予曰:胡然乎? 有鼻之祀①,唐之人盖尝毁之。象之道,以为子则不孝,以为弟则傲。斥于唐,而犹存于今;坏于有鼻,而犹盛于兹土也,胡然乎? 我知之矣。君子之爱若人也,推及于其屋之乌②,而况于圣人之弟乎哉? 然则祠者为舜,非为象也。意象之死,其在"干羽既格"之后乎③? 不然,古之驁桀者岂少哉④? 而象之祠独延于世,吾于是盖有以见舜德之至,入人之深,而流泽之远且久也。

象之不仁,盖其始焉耳,又乌知其终之不见化于舜也?《书》不云乎:"克谐以孝,烝烝乂,不格奸。""瞽瞍

---

① 有鼻:一作有庳,又名庳墟、庳亭,在今湖南省道县北。传说大舜当了帝王之后,封象当有庳的诸侯。道县在唐朝建有象祠,元和年间道州刺史薛伯高以为象不是贤人,下令毁掉。柳宗元也撰有《毁鼻亭神记》一文。

② 象之道句:"为子则不孝,为弟则傲。"原本于先秦传说,象与其后母怂恿其父瞽叟杀害舜,屡次暗害,但舜都侥幸逃脱。《尚书·尧典》说舜是:"瞽子,父顽、母嚚、象傲。""推及于其屋之乌"句:《尚书大传·大战》:"爱人者,兼其屋上之乌。"为成语"爱屋及乌"之所本,比喻为推爱。

③ 干羽既格:传说舜命禹征有苗,不服,禹班师。舜乃施行文德,舞干羽之乐于两阶,七旬之后,有苗格。格,这里是来朝贡的意思。原文见伪《古文尚书·大禹谟》。

④ 驁桀(áo jié):傲慢不驯,暴横。

亦允若①。"则已化而为慈父。象犹不弟，不可以为"谐"。进治于善，则不至于恶；不底于奸，则必入于善。信乎象盖已化于舜矣。孟子曰："天子使吏治其国②。"象不得以有为也。斯盖舜爱象之深而虑之详，所以扶持辅导之者之周也。不然，周公之圣，而管蔡不免焉③。斯可以见象之见化于舜，故能任贤使能而安于其位，泽加于其民，既死而人怀之也。诸侯之卿，命于天子，盖《周官》之制，其殆仿于舜之封象欤④？吾于是盖有以信人性之善，天下无不可化之人也。

然则唐人之毁之也，据象之始也；今之诸苗之奉之也，承象之终也。斯义也，吾将以表于世，使知人之不善，虽若象焉，犹可以改；而君子之修德，及其至也，虽若象之不仁，而犹可以化之也。

---

① "克谐以孝，烝烝乂（yì），不格奸"是《尚书·尧典》的原文。"瞽瞍亦允若"：出于《孟子·万章上》，云："《书》曰：（舜）祗载见瞽瞍，夔夔齐栗，瞽瞍亦允若。"后此段文字被作伪者利用编入伪《古文尚书·大禹谟》中去，王守仁当时还没有发现《大禹谟》是伪造的。

② 此句引自《孟子·万章上》："万章曰：'象至不仁，封之有庳。有庳之人奚罪焉？仁人固如是乎？在他人则诛之，在弟则封之。'（孟子）曰：'仁人之于弟也，不藏怒焉，不宿怨焉，亲爱之而已矣。亲之欲其贵也，爱之欲其富也。封之有庳，富贵之也。身为天子，弟为匹夫，可谓亲爱之乎？''敢问或曰：放者，何谓也？'曰：'象不得有为于其国，天子使吏治其国而纳其贡税焉，故谓之放。岂得暴彼民哉？虽然，欲常常而见之，故源源而来，不及贡，以政接于有庳。此之谓也。'"这是孟子为古书中所载大舜传说中的纰漏之处加以弥补的说法。

③ 《史记·周本纪》载，周初，周公旦摄政，其弟管叔、蔡叔伙同殷遗民叛乱，周公东征，诛管叔，流放蔡叔。亦见《史记·鲁周公世家》。

④ 诸侯之卿，命于天子，盖《周官》之制：《周官》即《周礼》。按《周礼》及《礼记·王制》都有天子任命诸侯的三卿之记载，这是战国以后的儒家的说法，不一定是西周的实际情况。

【译文】

　　灵博山上有座象祠，山下众多的苗族住民都尊崇象为神灵而供奉他。宣尉使安君由于苗族诸户的请求，重新修缮了这座祠庙的屋宇，并且让我撰写一篇记事文字。我说："毁掉它呢，还是重新整修它呢？"回答说："翻新它。""翻新它是为的什么呢？"说："这座祠庙最初创建于何时，已没法知道其来历了，但是我们众边疆民族凡是住在这一带的，从我们的父辈、祖辈，再追溯到曾祖、高祖以前，都是尊奉他、祭祀他的，因此世代举行而不敢废弃啊。"

　　我说：这是对的吗？有鼻地区的奉祀，唐朝人曾经毁废了它。象的行为，作为儿子则是不孝，作为弟弟却又那样傲慢。已经被排斥于唐朝，但还能存在于今世；早已毁废于有鼻地区，却仍然兴盛在这一带土地上。这是对的吗？我领悟出这道理来了。君子爱某一个人，能推爱于这个人的房屋上栖止的乌鸦，又何况对于圣人的弟弟呢。那么这祭祀是为了大舜，并不是为了象的吧。料想那象的死亡，可能是大舜在提倡干羽的乐舞以修文德而使苗族来朝以后的事吧。不然，自古以来桀骜不驯的人难道还少吗？可是独有象的祠庙留传于后世。我从这里更深地体会出大舜德行的崇高及其深入人心，并且那恩泽流布广泛又长久。

　　象不仁爱，那是他早年的事，又怎么能断定他后来不被大舜教育感化好了呢？《尚书》不是说过吗："（大舜在家庭中）能够和谐而孝敬，使之提高到和睦安善，不堕落到奸恶之中。""瞽瞍也信任大舜而赞同他了。"那么，瞽瞍已变成了慈父，倘若象仍然不敬爱兄长的话，就不能称之为"和谐"的。推进于善，就不至于作恶；不堕落于奸恶，就必然走向了善。可以相信象很可能已被大舜感化过来了。孟子说："天子派遣官员去治理他的封国。"可见象是不得自行管理的。这应是大舜对弟弟爱得很深而考虑得很细致,因此扶持、辅导他的措施也很周密了。不然的话,即使像周公那样的圣明,管叔和蔡叔尚且免不了惩罚的呢。由此可以看出象已经是被大舜教化好了,所以他能依靠贤能的人管理,而自己能甘心安分地守着自己的爵位,以至于恩泽施加于百姓,死了以后还被人们怀念着。诸侯各国的卿,由天子来任命,《周礼》的这一制度,可能是依照大舜封象的方式吧。我对此就更有根据来相信人性是善的,真是天下没有不可以教化的人啊。

那么,唐朝人毁坏祠庙,是根据象的早期的行为;如今众苗民奉祀他,是承接象晚年的德行。这个道理,我将拿来表彰于社会,使大家知道人即使如象一样不善,还是可以改造的,同时君子的修养德行,待达到最高境界之时,即使如象这样的不仁,也是可以感化他的呢。

瘗 旅 文

【解题】

这是王守仁被贬谪于贵州任龙场驿丞时所作。瘗(yì),意为埋葬;旅,在这里是指旅行在外死于异乡的人。这是一篇祭文,祭奠的是远赴贵州当小官吏的不知名者,及其子、其仆共三个人。王守仁此时政治上受打击,降调边疆,因此对死者抱有深切的同情。这篇祭文寄托了作者自己的悲愤,写得沉痛悲伤,很有感染力。

维正德四年秋月三日①,有吏目云自京来者②,不知其名氏。携一子一仆,将之任,过龙场,投宿土苗家。予

---

① 正德四年:正德是明武宗年号,四年为1509年。
② 吏目:明代知州之下设吏目一职,掌管出纳文书等事。

从篱落间望见之，阴雨昏黑，欲就问讯北来事，不果。明早，遣人觇之，已行矣。薄午，有人自蜈蚣坡来云："一老人死坡下，傍两人哭之哀。"予曰："此必吏目死矣。伤哉！"薄暮，复有人来云："坡下死者二人，傍一人坐哭。"询其状，则其子又死矣。明日，复有人来云："见坡下积尸三焉。"则其仆又死矣。呜呼伤哉！

念其暴骨无主，将二童子持畚锸往瘗之①。二童子有难色然。予曰："噫！吾与尔犹彼也。"二童闵然涕下，请往。就其傍山麓为三坎，埋之。

又以只鸡、饭三盂，嗟吁涕洟而告之曰：呜呼伤哉！繄何人？繄何人？吾龙场驿丞余姚王守仁也。吾与尔皆中土之产，吾不知尔郡邑，尔乌乎来为兹山之鬼乎？古者重去其乡，游宦不逾千里。吾以窜逐而来此，宜也②。尔亦何辜乎？闻尔官吏目耳，俸不能五斗③，尔率妻子躬耕可有也，乌为乎以五斗而易尔七尺之躯？又不足，而益以尔子与仆乎？呜呼伤哉！

尔诚恋兹五斗而来，则宜欣然就道，乌为乎吾昨望见尔容，蹙然盖不胜其忧者？夫冲冒霜露，扳援崖壁，行万峰之顶，饥渴劳顿，筋骨疲惫，而又瘴疠侵其外，忧郁攻其中，其能以无死乎？吾固知尔之必死，然不谓若是

---

① 暴（pù）：暴露。畚（běn）：簸箕。锸（chā）：铁锹。瘗：埋葬。

② 指正德元年（1506）作者因上疏弹劾太监刘瑾，被廷杖、囚禁，后贬谪今贵州省修文县的龙场驿任驿丞事。

③ 五斗：喻县令的薪俸，这里指相当于县级官员的薪俸。典出于《晋书·隐逸传》，陶渊明任彭泽令时，"郡遣督邮至县，吏白：'应束带见之。'陶渊明叹道：'吾不能为五斗米折腰，拳拳事乡里小人耶！'遂离职去县"。五斗米，是陶渊明当时当县令的俸禄数，后人则用以指代县令俸金。

其速,又不谓尔子尔仆亦遽然奄忽也。皆尔自取,谓之何哉!

吾念尔三骨之无依而来瘗耳,乃使吾有无穷之怆也。呜呼伤哉!纵不尔瘗,幽崖之狐成群,阴壑之虺如车轮①,亦必能葬尔于腹,不致久暴尔。尔既已无知,然吾何能为心乎?自吾去父母乡国而来此三年矣,历瘴毒而苟能自全,以吾未尝一日之戚戚也。今悲伤若此,是吾为尔者重,而自为者轻也,吾不宜复为尔悲矣。

吾为尔歌,尔听之。歌曰:连峰际天兮飞鸟不通,游子怀乡兮莫知西东。莫知西东兮维天则同,异域殊方兮环海之中。达观随寓兮莫必予宫,魂兮魂兮无悲以恫②。

又歌以慰之曰:与尔皆乡土之离兮,蛮之人言语不相知兮。性命不可期,吾苟死于兹兮,率尔子仆,来从予兮。吾与尔遨以嬉兮,骖紫彪而乘文螭兮③,登望故乡而嘘唏兮。吾苟获生归兮,尔子尔仆尚尔随兮。道傍之冢累累兮,多中土之流离兮,相与呼啸而徘徊兮。餐风饮露无尔饥兮,朝友麋鹿暮猿与栖兮。尔安尔居兮,无为厉于兹墟兮。

【译文】

　　正德四年八月三日,有位吏目听说是从北京来的,不知道他的姓名,携带着一个儿子和一个仆人去赴任,经过龙场,投宿在当地苗族人家。我从篱笆间望见他们,正值阴雨昏

---

　①　虺(huǐ):毒蛇。
　②　恫(dòng):恐惧。
　③　骖(cān):古代驾在车前两侧的马叫骖,这里指驾驭。彪:小虎。文螭(chī):文指花纹,螭是传说中的无角的龙类。

黑,本想打听一下他从北边来时的情况,却没有做到。明日清晨,派人去看望他时,却已经走了。快到中午时,有人从蜈蚣岭来,说:"有位老人死在山坡下,旁边有两个人哭得很悲伤。"我说:"这一定是那吏目死了,真令人伤心啊!"接近黄昏时,又有人来说:"坡下边死的是两个人,旁边有一个人蹲着大哭。"询问那情况,那是他的儿子死了。第二天,又有人来说:"看见山坡下总共有三具尸体哩。"那么他的仆人又死去了。哎呀,多么痛心啊!

考虑到他们暴尸荒野没有人管,我就领着两个童仆拿起簸箕、铁锹去埋葬他们。两个童仆露出为难的样子,我说:"唉!我和你们正和他们是一样的情况啊。"两个童仆也难过地落下眼泪,就主动要求去了。就在尸体附近的山坡上刨了三个坑,埋葬了他们。

又用一只鸡、三碗饭,叹着气流着泪地祝告他们道:哎呀,真伤心啊!你们是谁?是谁啊?我是龙场驿丞王守仁啊。我和你都是内地生长的,但是我不知道你的原籍是何州何县,你为什么偏偏要来做这山区的鬼魂呢?古时候,把远离故乡是看得很严重的,外出当官为宦不超过千里。我是因为被贬谪撵到这里,是该当如此的,可是你又有什么罪过呢?听说你不过担任个吏目罢了,连县官的"五斗"俸禄也拿不到,你若带领妻子儿男,亲自耕田也就可以得到相同的收入的,为什么要为区区的"五斗"来换取自己的堂堂七尺的身子?这还不够,又搭上你的儿子和仆人的呢?哎呀,多么使人伤痛啊!

你若真留恋这"五斗"的俸禄而来,就应该高高兴兴地上路,为什么我昨天望见你的面容,却是皱着眉头好像有忍受不了的忧愁似的呢?这样冒霜露冲瘴雾,攀登悬崖峭壁,走在千千万万高峰山顶之上,又饥又渴而又劳苦困顿,精疲力

竭,还有瘴气瘟疫侵袭于身外,忧愁抑郁交战于心中,这样怎
能不死亡呢? 我本以为你这样子必定要活不下去的,却不料
想会这么快,又不料想你的儿子、你的仆人也这么快死去了。
这些都是你自己招致的,还有什么可申说的呢?

　　我是怜悯你们的三具尸体没有依靠才来埋葬的,竟使我
产生了无穷的悲怆。哎呀,多么令人伤心啊! 即使不埋葬
你,那僻静的山岗中的狐狸成群,阴森的山谷里的毒蛇身围
宛如车轮,准会把你埋藏在肚子里,不至于使尸体长久地暴
露着的。你反正没有知觉了,但我怎么能平静下这颗心来
呢? 自从我离开父母之邦来到此地已经三年了,经受了瘴雾
毒气而勉强能保全自己,是因为我一天也不曾有过忧愁苦痛
啊。现在却这样的悲伤,竟是我对待你看得重,而对待自己
倒看得轻了,我真的不应该再为你而悲痛了。

　　我为你唱挽歌,你听吧。唱的是:接连不断的高山矗立
在天边啊,连飞鸟都不能通行。外出的人们怀念故乡啊,却
不知道是西是东。虽是不知东西南北啊,但都是覆盖着同一
片天空。不同的地域不同的方位啊,却都是处在四海的环绕
之中。只要看得开想得通就可到处为家啊,又何必非住在自
己的家庭? 亡灵啊亡灵啊,请不要悲伤哀痛!

　　又唱一首来安慰他道:我和你都是离乡背井啊,南蛮居
民的语言不相通啊。人的寿命不能预期,我若死在这地方
啊,请你带着儿子仆人伴随我的身旁啊。我将和你漫游笑语
啊,驾着紫虎并乘着有花纹的蛟螭啊,登高遥望故乡而叹息
唏嘘啊。倘若我侥幸能活着返回啊,你的儿子及仆人仍会伴
随着你啊。道旁坟墓一座又一座啊,大都是内地的流落者
啊。你们一块儿徘徊又唱又说啊,吃清风喝露水不会饥渴,
早晨和鹿群结伴晚上与猿猴同卧啊。你要安心地住在你的
处所啊,不要化为厉鬼扰乱这附近的村落啊。

唐 顺 之

　　唐顺之(1507—1560)，字应德，一字义修，号荆川，武进（今江苏省常州市武进区）人。嘉靖八年(1529)会试第一，成进士，任翰林院编修。不久罢官，居阳羡山读书十余年。嘉靖三十三年(1554)复起用，官佥都御史，巡抚淮扬，曾抗击倭寇的侵扰。因抱病巡海，死于船中。

　　他与王慎中、陈束、李开先、赵时春等并称为"嘉靖八才子"。当时文坛以李梦阳、何景明等为首的"秦汉派"盛行，主张为文以秦汉为模式，滞古不化。唐顺之与王慎中、归有光等力矫此弊，提倡向唐宋古文学习，形成了"唐宋派"。两派虽同是师古，但秦汉派只是学习古代的词汇句法，取貌遗神；而唐宋派则学习古文的写作方法，学得较为灵活。同时，秦汉年代遥远，字词艰深；唐宋较近，文句平易。所以唐宋派的文字较为委婉畅顺，从而击败了秦汉派。唐顺之主要学习欧阳修、曾巩，成就较高，对清代桐城派有很大的影响。曾编选《文编》，著有《荆川先生集》。

信陵君救赵论

【解题】

　　信陵君的事迹，见于《史记·魏公子列传》。他名无忌，魏国人,与齐国孟尝君、赵国平原君、楚国春申君并称为战国时代的"四公子",同以养士三千著名。前259年,秦国派兵围攻赵国都城邯郸,赵国平原君是信陵君的姐夫,求救于信陵君。魏国贤者任夷门监的侯生献计劝信陵君求魏王宠幸的侍妾如姬,盗取兵符,如姬曾受恩于信陵君,遂窃之。因而信陵君得以持符统兵解救了赵国之围。这个富有戏剧性的事件,被司马迁写得情文并茂,很受读者喜爱,历来对信陵君的行为也是赞赏的。此文却要做翻案文章,抨击信陵君不遵守朝廷制度去请求魏王发兵,而是偷窃兵符;救赵的动机不是为国家而是为亲戚;最后,又追究魏王不该失去君主的权柄。宋明理学盛行,造成持着大道理来批判历史人物的学风,往往脱离其历史环境条件,唱不近人情的高调,本文也不例外。但是,由于当时的朝政往往落于太监之手,他们结党营私,误国害民,唐顺之此论,是有感而发的,自有其现实的意义。文章的批驳,一层深入一层,步步逼近主旨,文句严刻锋利,在写作技巧上还是可以借鉴的。

　　论者以窃符为信陵君之罪,余以为此未足以罪信陵也。夫强秦之暴亟矣,今悉兵以临赵,赵必亡。赵,魏之障也,赵亡,则魏且为之后。赵、魏,又楚、燕、齐诸国之障也,赵、魏亡,则楚、燕、齐诸国为之后①。天下之势未有岌岌于此者也。故救赵者亦以救魏,救一国者亦以救六国也。窃魏之符以纾魏之患,借一国之师以分六国之灾,夫奚不可者?

　　然则信陵果无罪乎? 曰:又不然也。余所诛者,信陵君之心也。信陵,一公子耳,魏固有王也。赵不请救

---

　　① 按:战国时韩、赵、魏均与秦接境,作者在这里说得不够贴切。

于王,而谆谆焉请救于信陵,是赵知有信陵,不知有王也。平原君以婚姻激信陵,而信陵亦自以婚姻之故,欲急救赵,是信陵知有婚姻,不知有王也①。其窃符也,非为魏也,非为六国也,为赵焉耳;非为赵也,为一平原君耳。使祸不在赵,而在他国,则虽撤魏之障,撤六国之障,信陵亦必不救。使赵无平原,或平原而非信陵之姻戚,虽赵亡,信陵亦必不救。则是赵王与社稷之轻重,不能当一平原公子;而魏之兵甲所恃以固其社稷者,只以供信陵君一姻戚之用。幸而战胜,可也;不幸战不胜,为虏于秦,是倾魏国数百年社稷以殉姻戚,吾不知信陵何以谢魏王也。

夫窃符之计,盖出于侯生,而如姬成之也。侯生教公子以窃符,如姬为公子窃符于王之卧内,是二人亦知有信陵,不知有王也。余以为信陵之自为计,曷若以唇齿之势,激谏于王,不听,则以其欲死秦师者,而死于魏王之前,王必悟矣。侯生为信陵计,曷若见魏王而说之救赵,不听,则以其欲死信陵君者,而死于魏王之前,王亦必悟矣。如姬有意于报信陵,曷若乘王之隙,而日夜劝之救,不听,则以其欲为公子死者,而死于魏王之前,王亦必悟矣。如此,则信陵君不负魏,亦不负赵,二人不负王,亦不负信陵君。何为计不出此? 信陵知有婚姻之

---

① 《史记·魏公子列传》载,赵被秦围,魏王虽派军救赵,但驻在附近"实持两端以观望"。平原君使者冠盖相属于魏,让魏公子曰:"胜(平原君名)所以自附为婚姻者,以公子之高义,为能急人之困。今邯郸旦暮降秦而魏救不至,安在公子能急人之困也! 且公子纵轻胜,弃之降秦,独不怜公子姊邪?"信陵君于是"数请魏王,及宾客辩士说王万端。魏王畏秦,终不听公子"。作者避开这一事实,来责备人,从而使以下的论点都落了空。

赵，不知有王。内则幸姬，外则邻国，贱则夷门野人，又皆知有公子，不知有王。则是魏仅有一孤王耳。

呜呼！自世之衰，人皆习于背公死党之行，而忘守节奉公之道，有重相而无威君，有私仇而无义愤。如秦人知有穰侯，不知有秦王①；虞卿知有布衣之交，不知有赵王②。盖君若赘旒久矣③。由此言之，信陵之罪，固不专系乎符之窃不窃也，其为魏也，为六国也，纵窃符犹可；其为赵也，为一亲戚也，纵求符于王而公然得之，亦罪也。虽然，魏王亦不得为无罪也。兵符藏于卧内，信陵亦安得窃之？信陵不忌魏王，而径请之如姬，其素窥魏王之疏也。如姬不忌魏王，而敢于窃符，其素恃魏王之宠也。木朽而蛀生之矣。古者人君持权于上，而内外莫敢不肃。则信陵安得树私交于赵？赵安得私请救于信陵？如姬安得衔信陵之恩？信陵安得卖恩于如姬？履霜之渐，岂一朝一夕也哉④！由此言之，不特众人不知有王，王亦自为赘旒也。

故信陵君可以为人臣植党之戒，魏王可以为人君失

①　穰侯：秦昭王相魏冉的封爵，《史记》有《穰侯列传》。《史记·范雎蔡泽列传》载，范雎向秦王说："臣居山东时，闻秦之有太后、穰侯……不闻其有王也。"指出穰侯专权，以离间其君臣关系。

②　虞卿：赵国上卿，他的布衣之交魏齐得罪秦王，秦王求之于赵。虞卿弃相印，与魏齐逃亡于魏国。见《史记·平原君虞卿列传》及有关各传。

③　赘旒(zhuì liú)：旗帜上装饰的飘带，喻指实权旁落，有名无实。赘：多余。旒：旗帜上的飘带。

④　此句概括了《易经·坤卦》："初六，履霜，坚冰至。"该卦"文言"解释道："积善之家必有余庆，积不善之家必有余殃。臣弑其君，子杀其父，非一朝一夕之故，其所由来渐矣。"

权之戒。《春秋》书"葬原仲""翚帅师"①。嗟夫！圣人之为虑深矣。

【译文】

　　评论者把盗窃兵符一事作为信陵君的罪过，我认为凭这一点还够不上用来怪罪于信陵君的哩。那强劲的秦国暴虐到极点了，如今用其所有的兵力来侵伐赵国，赵国肯定会灭亡。赵国是魏国的屏障，赵国亡了，那么魏国将要步其后尘；赵国与魏国，又是楚、燕、齐各国的屏障，赵、魏亡了，那么楚、燕、齐各国就得步其后尘了。天下的形势，再没有岌岌可危到像当时一样的了。因此，救赵国，也就是用以救魏国；救这一个国家，也就是用以救六个国家啊。盗窃魏国的兵符来解脱魏国的祸患，借用一国的军队来分解六国的灾难，这有什么不可以的呢？

　　那么信陵君真的没有罪过吗？回答是：这话又不对了。我所责备的，是信陵君的心啊！信陵君不过是一个王室公子罢了，魏国自有其君王的嘛。赵国不请求于魏王，而不断地恳切求救于信陵君，这说明赵国只知道有信陵君，不知道还有个魏王哩。平原君用亲戚情分来激将信陵君，而信陵君自己也为了亲戚的缘故，急于救赵，这说明信陵君只知道有自己的亲戚，不知道还有个君王哩。他盗窃兵符，不是为了魏

----

　　① 《春秋》书"葬原仲"，指《春秋》鲁庄公二十七年（前667）所写："秋，公子友如陈葬原仲。"据《公羊传》的解释，原仲是陈国大夫，大夫死应称"卒"，因为鲁公子季友私自出行，故称"葬"。《左传》以为"非礼也。原仲，季友之旧也"。翚（huī）帅师：《春秋》鲁隐公四年（前719）云："秋，翚帅师。"翚是鲁公子，字羽父。《左传》云："秋，诸侯复伐郑，宋公使来（鲁国）乞师，公（鲁隐公）辞之，羽父请以师会之，公弗许，固请而行。故（《春秋》）书曰'翚帅师'，疾之也。"作者举此两事，以公子季友事来诫人臣的结党营私，以公子翚事来诫人君之失权。说明孔子是反对这种事情的，从而证明自己的论点合乎"圣人"之道。

国,不是为了六国,而是为了赵国才如此;其实也不是为了赵国,只是为了一个平原君罢了。假使祸患不在赵国,而在其他国家,即使撤销了魏国的屏障,撤销了六国的屏障,信陵君也必然不会去拯救的。假使赵国没有平原君,或者平原君不是信陵君的亲戚,纵然赵国亡了,信陵君也必然不会拯救的。这就是说赵王及其国家的轻重,不能当得起一个平原公子;而魏国的军备原是依靠它来巩固自己的国家的,如今却拿来供信陵君的一个亲戚使用了。幸而战胜了,还算是可以的;如果不幸而战不胜,做了秦国的俘虏,就是倾覆了魏国几百年来的国家命运来殉葬于自己的亲戚。如果这样,我不知道信陵君用什么来向魏王谢罪。

盗窃兵符的计谋,那是出自侯生,而由如姬来完成的。侯生教魏公子来盗窃兵符,如姬替魏公子盗窃兵符于魏王卧室之内,这两个人也只知道有信陵君,而不知道有魏王啊。我认为信陵君若为自己打算,不如用赵、魏两国唇齿相依的形势,以激发、建议于魏王,如果不听,就用他本人想为赵国而牺牲于秦国军中的心愿,死在魏王面前,魏王也就必然会醒悟了。侯生为信陵君打算,不如朝见魏王来劝说他救赵,如果不听,就以想为信陵君而死的心愿,死在魏王面前,魏王也必然醒悟了。如姬既有意于报答信陵君,不如趁魏王空闲时,日日夜夜劝他救赵,如果不听从,就用想为公子而死的心愿,而死在魏王面前,魏王也必然醒悟了。这样做,就使信陵君不辜负魏国,也不辜负赵国;侯生等二人不辜负魏王,也不辜负信陵君。为什么不用这种计策呢?信陵君只知道有作为亲戚的赵国,不知道有魏王。里边有宠幸的侍妾,外边则有邻国,低贱者则有像夷门监侯生等鄙野之人,又是都只知道有个魏公子,却不知道还有位君王。这就是魏国仅仅有一个有名无实的君王罢了。

　　啊！自从世运衰败以来，人们都习惯于违背公益而甘心死于私党的行为，却忘掉了守节义而奉公的道理。于是就形成只有重要的宰相而没有具有权威的君王，只有私仇而没有义愤的局面。例如秦国人只知道有穰侯魏冉，而不知道有秦王；虞卿只知道贫贱时的老朋友，而不知道有赵王。大概君王好像装饰旗帜的飘带一样形同虚设已经很久很久了。由此说来，信陵君的罪过，原不在于兵符的盗窃与否，若是为了魏国，为了六国，纵然是盗窃兵符，还是可以的；若是为了赵国，为一个亲戚，纵然请求魏王，并且公然得到了它，也是有罪过的嘛。虽是如此，魏王也不得被认为是没有罪责的。兵符既藏在卧室之内，信陵君怎么能盗窃了呢？信陵君不害怕魏王，而居然直接请托如姬，这是他平日已看到魏王的疏忽了。如姬不害怕魏王，而敢于盗窃兵符，这是她素来仗恃着魏王的宠爱嘛。木头枯朽了，而后蛀虫就生出来了。古代的人君操持权柄于上，而宫廷内外没有敢不肃敬的，那么信陵君怎能建立私交于赵国呢？赵国怎能私下求救于信陵君呢？如姬怎能私下接受信陵君的恩惠呢？信陵君怎能施卖恩德于如姬呢？《易经》所谓的踩着路上的寒霜，就意味着坚固的冰块将要出现了，难道是一朝一夕就会突然发生的吗？由此说来，不只是众人不知道有魏王，连魏王也自以为是个只起装饰作用的旗帜飘带吧。

　　因此，信陵君可以作为人臣结党营私的鉴戒，魏王可以作为人君失权的鉴戒。从《春秋》书写"葬原仲"和"翚帅师"的笔法来看，哦！圣人考虑得多么深远啊！

宗 臣

宗臣(1525—1560),字子相,兴化(今江苏省兴化市)人。嘉靖二十九年(1550)进士,曾任吏部员外郎,因作文祭杨继盛得罪了恃权专横的宰相严嵩,被贬为福建布政使司左参议。后以防御倭寇有功,升任提学副使。他是明代中叶文坛的著名人物,是以李攀龙、王世贞为首的"后七子"之一。著有《宗子相集》。

报刘一丈书

【解题】

刘一丈,是作者父亲的友人,字墀石,其他不详。"一"是排行,"丈"是对前辈男子的尊称。本篇是篇复信(原编选者有所删节),可能刘墀石以前辈的身份劝诫作者在京任官要搞好上下级关系,不要过于坦率而锋芒外露,因此含蓄地向他提出"上下相孚,才德称位"的要求。但作者不愿意在官僚社会中同流合污,因而写此信答复。本篇形象地勾画出当时趋炎附势的官僚们的嘴脸,表现了作者对他们的鄙视,既揭发了明代官场的腐朽,又体现了作者的耿介品质。

数千里外,得长者时赐一书,以慰长想,即亦幸甚矣;何至更辱馈遗,则不才益将何以报焉? 书中情意甚殷,即长者之不忘老父,知老父之念长者深也。

至以"上下相孚,才德称位"语不才①,则不才有深感焉。夫才德不称,固自知之矣。至于不孚之病,则尤不才为甚。

且今之所谓"孚"者何哉? 日夕策马候权者之门,门者故不入,则甘言媚词作妇人状,袖金以私之。即门者持刺入,而主人又不即出见,立厩中仆马之间,恶气袭衣袖,即饥寒毒热不可忍,不去也。抵暮,则前所受赠金者出,报客曰:"相公倦②,谢客矣,客请明日来。"即明日又不敢不来。夜披衣坐,闻鸡鸣,即起盥栉③,走马抵门。门者怒曰:"为谁?"则曰:"昨日之客来。"则又怒曰:"何客之勤也? 岂有相公此时出见客乎?"客心耻之,强忍而与言曰:"亡奈何矣,姑容我入。"门者又得所赠金,则起而入之,又立向所立厩中。幸主者出,南面召见,则惊走匍匐阶下。主者曰:"进!"则再拜,故迟不起,起则上所上寿金。主者故不受,则固请,主者故固不受,则又固

---

①　"上下相孚,才德称位":刘墀石含蓄地向作者提出的要求。"上下相孚",言外之意是要博得上级的信任。"才德称位",字面上指才能和德行要和官位相副,但封建社会通常指的"德"是"安分守己、谦虚谨慎"之意,此句言外之意是:要求作者不要显露才能,要在长官面前谦和并尊重之。作者是体会到了,他在信中用以自谦的称谓有二:前段称己为"不才",末后才称己为"仆"。这也是有用意的。前面屡称"不才",暗含着自认为有德,只是才能不够的意思,这是针对刘墀石的"才德称位"而来的,意思是:你说我才有余而德不足,我不这样看,我是有品德的。

②　相公:唐宋时称宰相为相公,明代社会上则用以称一般官员。因作者写的是古文,所以此处是专指宰相,即喻当时的首揆大学士严嵩。译文则按上下行文情况译为"相爷"或"宰相"。

③　盥栉(guàn zhì):梳洗。

请,然后命吏纳之。则又再拜,又故迟不起,起则五六
揖,始出。

出,揖门者曰:"官人幸顾我①,他日来,幸无阻我
也。"门者答揖,大喜奔出。马上遇所交识,即扬鞭语曰:
"适自相公家来。相公厚我,厚我!"且虚言状。即所交
识,亦心畏相公厚之矣。相公又稍稍语人曰:"某也贤,
某也贤。"闻者亦心计交赞之。

此世所谓"上下相孚"也,长者谓仆能之乎? 前所谓
权门者,自岁时伏腊一刺之外②,即经年不往也。间道经
其门,则亦掩耳闭目,跃马疾走过之,若有所追逐者。斯
则仆之褊衷③,以此常不见悦于长吏,仆则愈益不顾也。
每大言曰:"人生有命,彼将奈我何矣!"长者闻此,得无
厌其为迂乎?

【译文】

在几千里之外,能够得到老前辈时常赐寄一封书信,用
以安慰自己悠久的思念,也就很幸福了。怎么又劳您屈尊赠
送礼品,就使不才的我更加难以报答了。来信中情意深厚,
从老前辈不忘记我的年高的父亲,我体会到老父对您的思念
也是很深厚的。

至于用"上下级之间要互相信任,才能与德行要和自己
的官位相称"的道理来告知我,这也就是不才的我所深有感
触的呢。这才能德行与我的官位不相称,原是自己早就知道
了的。至于"不能互相信任"的毛病,那就尤其数不才的我是

---

①　官人:对管门人的谀称。
②　伏:夏天的伏日。腊:冬天的腊日。这里喻一年中较重要的节
日,如端午、中秋等。
③　褊(biǎn)衷:私心,偏狭的内心。

最严重的了。

且说如今所谓的"信任"是怎样的呢？无非是早晚鞭打着马儿去探询当权者的大门，守门人故意不让进去，就甜言蜜语地拿捏出妇女的姿态，袖子里藏着银子暗地里递给他。于是守门人拿着来客的名片进去了，可是当主人的却又不立刻出内宅召见，只好在马棚院里站在仆人和马匹中间，那臭气扑进了衣服里，即使挨饿受冷甚至酷热难当，也是不敢离去的。一直到傍晚，那之前接受银子的人出来了，回报来客说："相爷累乏了，如今辞谢来客，客人请明天来吧！"这就使他明天又不敢不来了。头一天半夜里就披上衣服坐等着，听到鸡一叫就赶紧起来洗脸梳头了，接着催马快跑直到相府门前。守门人生气地说："是谁？"就说："我是昨天来过的那客人。"却又发怒道："你这客人未免太殷勤了吧，哪有相爷在这时候见客的呢？"客人心怀羞惭，只得强忍着向他说道："既是来早了，没奈何，您就将就一下让我进去吧。"守门人从而又得到了一份银子，这才起来让他进门，他就又站在昨天立等着的马棚院里了。幸而那主人出了内宅，在厅堂上朝南坐着召见了，就慌慌张张地跑着，低头弯腰地来到厅堂台阶下面。当主人的说："进！"立即进堂行再拜之礼，还特意跪叩，迟迟地不起身，一站起来就献上所奉赠的折礼的金银。那主人故意不接受，就坚决恳请；主人还是故意不受，那就更坚决地再次恳请，然后主人才命令管事人员收纳了。于是又叩头行再拜之礼，又是特意地跪着不起来，起来了又连连拱手作揖五六次才退出来。

出来后，拱手作揖向守门人说道："幸而官人多关照我，改天我来时，希望您可别拦住我呀。"这会儿守门人居然也回了一揖之礼。这可高兴极了，跑将出来。骑着马在路上碰见熟人，就高高扬起鞭子说："我刚刚从相爷家出来，相爷太厚待我了！太厚待我了！"并且虚报一些厚待的情况。这就连所交往的人们也从心里敬畏他是宰相厚待的人了。那宰相又微露口风向人谈及："某某是贤能的，某某好。"听到的心里盘算着也要附和而交口称赞他了。

这就是所谓"上下级互相信任"的了，老前辈说说，我能干这个吗？前面提到的"当权者的大门"那儿，我除了一年中伏、腊等节日去投递上一张名片之外，整年也不去。偶尔走路经过他的门前，也是掩耳闭目，催马奔跑尽快地过去，宛如被追赶似的。这就是我褊窄的心胸，因此常常惹得长官不喜欢。但我越发不管不顾，并经常扬言说："人生有命，他还能怎么着我嘛！"老前辈听了这话，也许要讨厌我如此迂执而不通人情的吧？

归 有 光

归有光（1507—1571），字熙甫，号震川，昆山（今江苏省昆山市）人，长年教书为生，嘉靖四十四年（1565）始成进士，出任知县，官至南京太仆寺丞。归有光生逢以追模秦汉以前的文章为宗旨的所谓前、后"七子"风靡之时，但他不随波逐流，敢于以平实的文字表现自己生活中的具体感受，形成一种冲淡而亲切的文风。由于他的笔调与欧阳修、苏轼相近，人们推他为"唐宋派"的代表，但他的写作得力于《史记》，据说他曾用五种颜色的笔批点《史记》。他善于捕捉具有深广意义的生活细节,并予以生动的表现,能写得言近旨远,富于情感,证明他确实从司马迁那里学得了一些长处。他的作品对后代的古文家有很大影响。著有《震川先生集》。

吴山图记

【解题】

归有光的同年魏用晦任江苏吴县(今属江苏省苏州市)知县,离任时,当地人士赠送他一幅吴山图(吴县山水图)以资纪念。作者应他的要求而作此记文。吴,既可专指吴县,也可泛指先秦吴国所辖的明代以后的江苏省一带。作者是昆山人,与吴县同属于苏州府,自然也是"吴人"。因此,文章以本地人的身份记写苏州山水以及人民与地方官员的关系。文情曲折委婉,饱含着爱乡土的感情,字里行间流露出地方官吏应关心人民的要求。

　　吴、长洲二县,在郡治所,分境而治①,而郡西诸山皆在吴县。其最高者,穹窿、阳山、邓尉、西脊、铜井。而灵岩,吴之故宫在焉,尚有西子之遗迹②。若虎丘、剑池,及天平、尚方、支硎③,皆胜地也。而太湖汪洋三万六千顷,

————————

　　① 吴县与长洲县同在一城,今在苏州市内。明朝此两县所共居之城,亦为苏州府署所在地,郡是古称,隋朝曾名此地为吴郡。古代文人追求古雅,往往将今名改为相应的古名以指代,如本文之"郡"皆为"府"的代称、"令"为"知县"的代称等。

　　② 灵岩山在今苏州市吴中区木渎镇西北,春秋末吴王夫差建离宫于此。有响屧廊、西施洞等古迹,传说是西施(即"西子")的遗迹。

　　③ 支硎(xíng):山名,在今苏州西郊,又名观音山。

七十二峰沉浸其间,则海内之奇观矣①。

余同年友魏君用晦为吴县,未及三年,以高第召入为给事中②。君之为县有惠爱,百姓扳留之不能得,而君亦不忍于其民,由是好事者绘吴山图以为赠。

夫令之于民诚重矣!令诚贤也,其地之山川草木亦被其泽而有荣也,令诚不贤也,其地之山川草木亦被其殃而有辱也。君于吴之山川,盖增重矣。异时吾民将择胜于岩峦之间,尸祝于浮屠、老子之宫也③,固宜。而君则亦既去矣,何复惓惓于此山哉?昔苏子瞻称韩魏公去黄州四十余年而思之不忘④,至以为思黄州诗,子瞻为黄人刻之于石。然后知贤者于其所至,不独使其人之不忍忘而已,亦不能自忘于其人也。

君今去县已三年矣,一日与余同在内庭,出示此图,展玩太息,因命余记之。噫!君之于吾吴,有情如此,如之何而使吾民能忘之也?

【译文】

吴县、长洲两县在苏州府府衙门的所在地区,划分境界

---

① 太湖:在江苏省南部,我国第三大淡水湖。三万六千顷:湖南省面积的泛指数,今其面积为 21.18 万平方千米。七十二峰:湖中岛屿山峦的泛指数。太湖有吴淞江(苏州河)等流道泄入长江,地临苏州。

② 同年:科举时代,同榜考举人、进士等,称为同年。给事中:明代设吏、户、礼、兵、刑、工六科,每科都给事中、左右给事中各一人,给事中若干人,抄发章疏,稽查违误,是内阁各部的监察官员。

③ 尸祝:先秦祭祀时任尸(代表神灵的人)和祝的人,这里引申为奉祀。浮屠:梵文的音译,又释为浮图、佛陀,这里指佛教。老子:先秦思想家,道家学派的代表,后来道教尊奉他为祖师。这里指道教。

④ 苏子瞻:即苏轼,见本书卷十之作者介绍。韩魏公:即韩琦,见本书卷十《相州昼锦堂记》注释。黄州:今湖北省黄冈市,参见本书卷十一《前赤壁赋》注文。

各自管理,但是府城西南方的众多的山岗都在吴县。山峰最高的有穹窿、阳山、邓尉、西脊、铜井等。而那灵岩山,吴国的宫殿故址就在那里,还存有西施的遗迹呢。又如虎丘、剑池,以及天平、尚方、支硎等山,也都是名胜之地。至于太湖,则是浩渺无垠,占地三万六千顷之广,有七十二座山峰浸漫于水波中间,则称得上是海内最优异的名胜观赏区了。

我的同年友人魏用晦君治理吴县,还没到三年任满,因评为高等而调进朝内任给事中的官职。魏君做知县时对当地有惠爱,百姓挽留他但没有成功,同时魏君也不忍心离开这里的百姓。因此,热心办事的人为他绘制了吴山图来作为赠品。

知县这种官职对于人民来说实在是很重要的呢!知县确实是贤明的,这地方的山河草木也要披戴他的恩惠而感到光荣。知县如果确实是不贤明的,这地方的山河草木也要遭受他的祸害而蒙受耻辱啊。魏君对于吴县的山河,那是为它增光了的。以后我们当地的百姓将要在山岭中选择风景胜地,在佛教或道教的寺庙里奉祀他,这本是很应该的。可是魏君既已离别而去了,为什么还是眷恋于此地的山水呢?从前苏子瞻称道韩魏公离开黄州四十多年,但仍怀念它而不能忘记,甚至为此作了怀念黄州的诗篇,子瞻还特为黄州人士镌刻于石碑之上。想到此事之后才领会到贤人对于他所到之处,不仅是使那里的人们不忍忘记他,而且他本人也忘却不了那里的人士啊。

如今魏君离开吴县已经三年了,一天和我同在内院里,拿这吴山图展观,一面观赏一面叹息,因此命我作文记载此事。啊!魏君对于我们吴县有如此深厚的情意,这怎么能使我们当地人民忘记了他呢?

沧浪亭记

【解题】

　　沧浪亭是苏州著名园林胜地之一，为北宋诗人苏舜钦（子美）所创建。苏舜钦在政治上属于以范仲淹为首的革新派，后被政敌排陷落职。本文的主旨是：沧浪亭之所以被后人喜爱，不仅是因为亭园之美，主要是创建者苏舜钦的人格与才华被人们所尊敬。文章怀古感今，一往情深，在娓娓有情的叙述中，突出了主旨，富有感染力。

　　浮图文瑛居大云庵，环水，即苏子美沧浪亭之地也①。呕求余作《沧浪亭记》，曰：“昔子美之记，记亭之胜也，请子记吾所以为亭者。”

　　余曰：昔吴越有国时②，广陵王镇吴中，治南园于子城之西南③，其外戚孙承佑亦治园于其偏。迨淮海纳土④，此园不废。苏子美始建沧浪亭，最后禅者居之，此沧浪亭为大云庵也。有庵以来二百年，文瑛寻古遗事，复子美之构于荒残灭没之余，此大云庵为沧浪亭也。

---

　　①　文瑛：僧人名。苏子美：诗人苏舜钦（1008—1049）的字。宋代绵州盐泉（今四川省绵阳市）人，仕为大理评事、集贤校理、监进奏院，参加北宋范仲淹为首的革新政治集团，其岳父系宰相杜衍，亦是该派中坚人物。反对者为打击杜衍等，倾陷苏舜钦，使之除名。苏舜钦退居苏州，于庆历五年（1045）修立沧浪亭，并作文为记。著有《苏学士文集》。
　　②　吴越：五代十国之一。893 年，唐镇海节度使钱镠（liú），据今之江苏、浙江一带，称为吴越王，建都杭州，共传五主，历七十二年。
　　③　广陵王：名钱元璙，今沧浪亭址原为其花园。子城：外城。
　　④　淮海纳土：指吴越国于 978 年降于宋朝，献出其版图。

　　夫古今之变,朝市改易。尝登姑苏之台①,望五湖之渺茫②,群山之苍翠,太伯虞仲之所建③,阖闾夫差之所争④,子胥种蠡之所经营⑤,今皆无有矣!庵与亭何为者哉?虽然,钱镠因乱攘窃,保有吴越,国富兵强,垂及四世。诸子姻戚乘时奢僭,宫馆苑囿极一时之盛。而子美之亭,乃为释子所钦重如此。可以见士之欲垂名于千载之后,不与澌然而俱尽者,则有在矣。

　　文瑛读书喜诗,与吾徒游,呼之为沧浪僧云。

【译文】

　　僧人文瑛住持于大云庵,被水所环绕,即苏子美修建的沧浪亭的所在地。文瑛屡次要求我作篇《沧浪亭记》,他说:"从前苏子美写的那篇记文,是记叙此亭的优美的,如今请您记述我所以修复这座亭子的缘故。"

　　我以为,从前吴越保有国土时,广陵王在吴地坐镇,修建南园于子城的西南,吴越的王室亲戚孙承裕也在它的旁边建了花园,一直到吴越王降宋而献纳了淮海一带的国土后,这里的亭园尚没有被废除。苏子美在这里开始修建了沧浪亭,其后由僧人居住了,这沧浪亭就变为大云庵。建庵二百年后,文瑛探寻古时的遗闻旧事,又在荒废残缺而尚泯没不尽

----

　　①　姑苏之台:姑苏台,在今江苏省苏州市西南姑苏山上,又名胥台,春秋时吴王所筑。越国攻吴,吴太子友战败,遂焚其台。

　　②　五湖:这里指太湖及其附近。《周礼·职方》载,扬州"其泽薮曰具区""其浸五湖",具区指太湖,五湖指其附近的湖泊。

　　③　太伯虞仲:《史记·吴太伯世家》载,太伯及虞仲系文王之父王季的两个哥哥,他俩主动让王位于王季,离开周原来到今江苏地区建立了吴国。

　　④　阖闾夫差:春秋时吴国的两个国王。

　　⑤　子胥:伍员之字,原楚国人,后为吴国大夫。种,文种;蠡,范蠡,都是越国大夫。吴被灭于越,故说苏州为子胥等所经营。

的故址之上修复了苏子美的亭子,大云庵又变为沧浪亭了。

由于古今时事的变化,宫殿市场等所在地区也不断地改换。我曾经登上姑苏台,遥望五湖的渺茫,群山的青翠,那太伯、虞仲所创立,吴王阖闾、夫差所争夺,伍子胥、文种和范蠡所经营的吴越胜迹,如今都没有了!而这区区的庵院和亭子又算得了什么呢?虽是如此,然而当年钱镠因天下大乱攘夺窃取了这一带,保持据有了吴越一国,并且国富兵强,延续了四代;他的儿子们和亲戚们,也趁此时机过着奢侈而僭越过度的生活,所建立的宫殿馆亭及花圃禽苑等,达到当时鼎盛的极限。可是唯有苏子美的亭子,却为僧人所如此敬重。从这一事实可以看出,士人希望留名于千古之后,不至于如冰块融化似的与生命一块儿消逝,则是自有其原因的呢。

文瑛能读儒家书,喜爱诗歌,好与我们士人交游,因而大家就称呼他为“沧浪和尚”了。

茅 坤

茅坤(1512—1601),字顺甫,号鹿门,归安(今浙江省湖州市吴兴区)人,嘉靖十七年(1538)进士,官至大名兵备副使,罢官后居家为文多年。他与唐顺之同为“唐宋派”的古文家,著有《白华楼藏稿》等诗文集多种。他编选与评点的《唐宋八大家文钞》颇为流行,对初学古文者有较大影响。

青霞先生文集序

【解题】

　　沈炼是个正直的官员,他因反对当政者严嵩而被斥逐塞外后,对于百姓的痛苦感受更深,并表现于所作诗文中。茅坤为他的文集作序,特为表彰其敢于面对现实、讽刺朝政、为民请命的精神,并进一步为这种激愤怨刺的文风辩护,对不准"过中"的为文之道予以反对。这在封建专制时代是有进步意义的。最后提出评价文章要"论其大者"(内容),其文辞的工整与否则是次要的论点;虽然这是茅坤为掩饰沈炼写作技巧不高而故为遁词,但在当时重形式而泥古不化的风气下,仍是具有针砭作用的。

　　青霞沈君①,由锦衣经历上书诋宰执,宰执深疾之,方力构其罪,赖天子仁圣,特薄其谴,徙之塞上。当是时,君之直谏之名满天下。已而君累然携妻子出家塞上。会北敌数内犯,而帅府以下,束手闭垒,以恣敌之出没,不及飞一镞以相抗。甚且及敌之退,则割中土之战没者与野行者之馘以为功。而父之哭其子,妻之哭其夫,兄之哭其弟者往往而是,无所控吁。君既上愤疆埸之日弛,而又下痛诸将士日蘄刈我人民以蒙国家也,数呜咽欷歔,而以其所忧郁发之于诗歌文章,以泄其怀,即

---

　　①　沈君:沈炼,字纯甫,会稽(今浙江省绍兴市)人,嘉靖进士。时严嵩专朝政,俺答侵京师时,沈炼上疏劾严嵩十大罪,因而被廷杖,谪佃于保安(今河北省涿鹿县)。

集中所载诸什是也①。

君故以直谏为重于时，而其所著为诗歌文章又多所讥刺，稍稍传播，上下震恐，始出死力相煽构，而君之祸作矣②。君既没，而一时阃寄所相与谋君者③，寻且坐罪罢去。又未几，故宰执之仇君者亦报罢。而君之门人给谏俞君④，于是裒辑其生平所著若干卷⑤，刻而传之。而其子以敬，来请予序之首简。

茅子受读而题之曰：若君者，非古之志士之遗乎哉？孔子删《诗》，自《小弁》之怨亲⑥，《巷伯》之刺谗以下⑦，其忠臣、寡妇、幽人、怼士之什，并列之为"风"，疏之为"雅"，不可胜数⑧，岂皆古之中声也哉？然孔子不遽遗之者，特悯其人，矜其志，犹曰"发乎情，止乎礼义""言之

---

①　诸什：《诗经》的雅、颂部分，每十篇（或多一篇）为一什，以其首篇为名，如《鹿鸣之什》《清庙之什》等。后人遂以"什"称诗文的篇章。

②　沈炼在保安时，总督杨顺、巡按路楷等在严嵩的示意下借蔚州白莲教阎浩一案，将沈炼构陷其中。嘉靖三十六年（1557），沈炼被处以死刑。

③　阃（kǔn）寄：谓委托以阃外之事，即任以重要的军职。本文指总督杨顺等。阃，郭门的门槛。《史记·张释之冯唐列传》："臣闻上古王者之遣将也，跪而推毂，曰阃以内者，寡人制之；阃以外者，将军制之。"

④　给谏：宋代将给事中和谏议大夫两种谏官合称为给谏。明以后作为中朝六科的给事中（监察官）的别称。

⑤　裒（póu）：编辑。

⑥　孔子删《诗》：传说古有诗三千篇，孔子删存三百篇，是为《诗经》。《小弁》之怨亲：《小弁》是《诗经·小雅》中的一篇，旧说此诗为周幽王太子宜臼所作。周幽王宠褒姒，立其子伯服为太子，逐宜臼。宜臼遂作此诗以自怨。按《孟子》中曾肯定此诗之"怨"是正确的。《孟子·告子下》："《小弁》之怨，亲亲也；亲亲，仁也。"

⑦　《巷伯》：《诗经·小雅》中的一篇。此诗是周王室的宦官孟子所作，内容为讥刺向上级讲谗言而诬陷人的所谓"谗人者"，诗中扬言："取彼谗人，投畀豺虎。"

⑧　风：指《诗经》的国风部分。雅：指《诗经》的大雅、小雅部分。

者无罪,闻之者足以为戒"焉耳①。予尝按次春秋以来,屈原之骚疑于怨②,伍胥之谏疑于胁③,贾谊之疏疑于激④,叔夜之诗疑于愤⑤,刘蕡之对疑于亢⑥,然推孔子删《诗》之旨而哀次之,当亦未必无录之者。

君既没,而海内之荐绅大夫⑦,至今言及君,无不酸鼻而流涕。呜呼! 集中所载《鸣剑》《筹边》诸什,试令后之人读之,其足以寒贼臣之胆,而跃塞垣战士之马,而作之忾也固矣。他日国家采风者之使出而览观焉,其能遗之也乎? 予谨识之。至于文词之工不工,及当古作者之旨与否,非所以论君之大者也,予故不著。

【译文】

青霞沈君,以锦衣卫经历的身份上书朝廷,斥责当朝宰相,宰相深为忌恨他,正要大力制造罪案构陷他时,却靠天子的仁德圣明,特予减轻了处分,而流放他到边塞上去。就在这时候,沈君直谏的名声已传遍了天下,但不久他像服刑的罪犯一样携带着妻儿,远出居家在边塞之上。恰巧逢上北边

---

① 引号内的话是《毛诗·大序》的节文,传说此序为孔子弟子卜商(子夏)所传自于孔子者。

② 屈原曾作《离骚》。见本书卷五《屈原列传》。

③ 伍胥:即伍员,字子胥,为吴国大夫,曾进谏于吴王。见本书卷二《吴许越成》。

④ 贾谊:见本书卷六《治安策》。

⑤ 叔夜:嵇康,字叔夜,魏晋之际的著名文学家,后被陷害下狱,曾写《幽愤诗》。嵇康反对司马氏篡曹魏政权,终于被杀害。

⑥ 刘蕡:字去华。唐代太和年间举贤良方正,他在对策时直言极谏,抨击宦官擅权之害,被宦官排挤下第。李邰对人说:"刘蕡下第,我辈登科,实厚颜矣。"

⑦ 荐绅:"荐"为"搢"的借字。搢绅,指搢(插)笏而垂绅带的官员。

敌军俺答汗屡次侵犯内地，但是从守边主帅府以下，各守军都关起城堡的大门而袖手坐视，从而纵容敌军任意来去，连发射一支箭来抗拒也不做。甚至等到敌军撤出后，就割取中土士兵的战死者与在田野上的行人的首级来呈报冒功。于是父亲哭他儿子，妻子哭她丈夫，哥哥哭他弟弟的，随处都有，却无处可以控诉呼吁。沈君既气愤上级防守边疆的措施日益松懈，而又痛心下面各部官兵天天杀害人民来蒙骗朝廷，屡次痛哭流涕，而把他所忧愤者抒发为诗歌文章，以宣泄自己积愤的胸怀，这就是本文集所刊载的篇章。

沈君早就以直谏敢言为当代所尊重，他表现于诗歌文章中的，又多所讥刺，稍稍传播出来，使上下的官员们又惊又怕，这才开始出死力互相煽动、构陷，于是沈君的大祸来临了。沈君逝世后，当时任边塞将帅，相互勾结以诬陷他的人，不久因犯罪被撤职而去；又过了不久，原来当宰相而仇恨沈君的人也通报罢官了。于是沈君的门人给事中俞君这才收集编辑他生平的著作若干卷，刻版以传世，而他的儿子以敬来请我在卷首作篇序文。

我受书读后而题序文道：像沈君这样的，岂不是古代志士的遗风吗？孔子删《诗》，从埋怨他父亲的《小弁》，讥刺谗言的《巷伯》以下，把那些忠臣、寡妇、被埋没的人和愤激不平之士的篇章，编列之于《国风》，或分辑之于大、小《雅》的，是多得难于数过来的。这些难道就是上古的中和的声音吗？但是孔子之所以不草率地删掉它，主要是怜悯这种人，爱惜他们的心志，仍然说是"从感情出发，并不超出于礼义之外的"，是"言之者无罪，闻之者足以戒"的。我曾经按顺序考察过自春秋以来的情况：屈原的《离骚》可能是怨恨的，伍子胥的谏词可能是要挟的，贾谊的《治安策》可能是偏激的，嵇叔夜的诗歌可能是愤懑的，刘蕡的对策可能是过分的，然而推求孔子删《诗》的主旨而来收集编列之,大概也未必会不选录它们的吧。

　　沈君既已逝世,而海内官员士绅直到今天谈起他来,没有不鼻腔发酸而流泪的。啊!文集中所载的《鸣剑》《筹边》各篇卷,试令后人读起来,将足以使奸臣胆战心寒,使边塞战士跃马而起,鼓舞他们的壮烈士气是必然的了。今后国家调查民情、搜集诗歌的使臣出朝征集来阅读时,难道能弃掉这些诗文吗?我慎重地记载上述意见,至于诗文的修辞技巧是否工整,以及内容符合于古代作者的主旨与否,则不是讨论沈君文字的关键所在了,我因此就不再加以表述了。

王 世 贞

　　王世贞(1526—1590),字元美,号凤洲,又号弇州山人,南直隶苏州府太仓(今江苏省太仓市)人,明代著名文学家。嘉靖进士,曾任刑部主事、南京刑部尚书等职。他历览群书,博闻强记,著作很多,诗文有名于当时,与李攀龙等七人并称为“后七子”。他力倡“复古”,主张“文必两汉,诗必盛唐”,主持文坛达二十年之久,影响很大。文集有《弇州山人四部稿》。

蔺相如完璧归赵论

【解题】

这是一篇史论。文章对《史记·廉颇蔺相如列传》中记载的著名的"完璧归赵"的故事进行了分析,指出了它的矛盾之处,言之成理,颇有见地。"完璧归赵"的故事,本来是出自战国策士们的传说,按当时情势看,是不可能发生的,人们却对此事习而不察。作者虽看出矛盾之处,但仍然认为是事实,不能解释,于是只好归之于"天也"。这其实是遁词。行文精练隽洁,辨析深刻,在写作上值得借鉴。

蔺相如之完璧①,人皆称之,予未敢以为信也。

夫秦以十五城之空名,诈赵而胁其璧,是时言取璧者情也,非欲以窥赵也。赵得其情则弗予,不得其情则予,得其情而畏之则予,得其情而弗畏之则弗予。此两言决耳,奈之何既畏而复挑其怒也?

且夫秦欲璧,赵弗予璧,两无所曲直也。入璧而秦弗予城,曲在秦;秦出城而璧归,曲在赵。欲使曲在秦,则莫如弃璧;畏弃璧,则莫如弗予。夫秦王既按图以予城,又设九宾②,斋而受璧③,其势不得不予城。璧入而城弗予,相如则前请曰:"臣固知大王之弗予城也。夫璧非赵璧乎? 而

---

① 战国时,赵惠文王得和氏璧,秦昭王愿意用十五处城池换取它。赵王采纳蔺相如的意见,派蔺相如携璧赴秦。相如见秦王只想要璧,无意授城,便命其侍从怀璧归赵,他则在秦廷之上面责昭王。昭王衡量利害,只得将相如送回赵国。事详见《史记·廉颇蔺相如列传》。

② 设九宾:是古代各国外交中的一种隆重的仪式,朝会大典设执事傧相九人,传呼迎侍。

③ 斋:斋戒。

十五城秦宝也。今使大王以璧故，而亡其十五城，十五城之子弟，皆厚怨大王以弃我如草芥也；大王弗予城，而绐赵璧①，以一璧故，而失信于天下，臣请就死于国，以明大王之失信！"秦王未必不返璧也。今奈何使舍人怀而逃之②，而归直于秦？是时秦意未欲与赵绝耳，令秦王怒，而僇相如于市③，武安君十万众压邯郸④，而责璧于信。一胜而相如族⑤，再胜而璧终入秦矣。

吾故曰：蔺相如之获全于璧也，天也。若其劲渑池⑥，柔廉颇⑦，则愈出而愈妙于用，所以能完赵者，天固曲全之哉！

【译文】

蔺相如保全和氏璧，人们都予以称颂，我却不敢苟同。

秦以十五座城池的空口许诺，欺骗赵国而强行索取赵国的和氏璧，当时，声言要取璧是真情，并非有意侵掠赵国啊。赵国如果了解秦的本意就不给它璧，不知它的本意就给它璧；如果了解它的本意而惧怕它就给它璧，了解它的本意而不惧怕它便不给它璧。这样，两句话就可以决断了，怎么能既惧怕强秦又去挑逗它的愤怒呢？

---

① 绐(dài)：欺哄。

② 舍人：有职务的门客。

③ 僇(lù)：通"戮"。

④ 武安君：秦将白起。邯郸：赵国的都城。

⑤ 族：灭族。

⑥ 渑池：地名，在今河南省渑池县西。赵惠文王十九年(前280)，秦昭襄王约赵惠文王在此会盟。蔺相如陪从赵王前往，会盟时蔺相如勇敢机智地驳斥了秦昭襄王的无理要求，保护了赵国的利益。

⑦ 廉颇：赵国的良将，为上卿。渑池会盟之后，蔺相如也被任为上卿，地位在廉颇之上。廉颇不服，多次寻衅，蔺相如以国事为重，委曲忍让，终于感动了廉颇，两人成为刎颈之交。

　　况且，秦国想要璧，赵国不给它璧，双方无所谓对错。收了璧而秦国不给应诺的城池，秦国就理屈了；秦国交出城池而璧又送归赵国，那便是赵国理屈了。想让秦国理屈，就不如舍弃和氏璧；害怕丢掉璧，就不如不送到秦国。秦王既然按照地图答应将城池划归赵国，又设了九宾大礼，斋戒沐浴然后郑重地接受和氏璧，这种情势就使秦国不能不将城池交给赵国了。收了璧而城却不给，蔺相如便可以走上前去奏请说："我原本就知道大王不会交与城池的。这璧难道不是赵国的吗？而十五座城池却是秦国的珍宝啊。如今假若大王因为换璧的缘故，而丧失十五座城，十五座城镇的百姓们，就会因大王像草芥一样抛弃他们而非常怨恨。大王不交出城池，而骗取赵国的璧，因为一块璧，在天下诸侯面前失信。我请求在这儿一死，以便表明大王的失信！"秦王未必就不退还和氏璧啊，怎么能让随从的舍人怀揣着璧偷偷地逃走，而使秦国占了理呢？当时秦国还不想和赵国决绝罢了，假如秦王发怒，将蔺相如公开处决，武安君带领十万大军围困邯郸，索取璧并谴责赵国失信。一胜之后蔺相如便要被灭族，再胜之后璧便永远归秦所有了。

　　我因此说，蔺相如能保全和氏璧，是天意啊！至于他在渑池会上坚强的表现，使廉颇由骄横变为和顺，那办法就越来越高妙了。他所以能保全赵国，是天在徇情地周全他啊！

袁 宏 道

袁宏道(1568—1610),字中郎,号石公,明代公安(今湖北省公安县)人。万历二十年(1592)进士,官至吏部郎中。与兄宗道(字伯修)、弟中道(字小修)并称"三袁"。他们反对前、后"七子"所鼓吹的拟古之风,主张写诗作文"倡以清真",要表现个人的性灵,时人称之为"公安派"。其中,尤以袁宏道成就最高,他的散文婉丽清新,能抒发个人的具体感受,是晚明散文中的杰出代表。著作有《袁中郎全集》。

徐文长传

【解题】

徐渭(1521—1593),字文长,号天池山人、青藤道士,山阴(今浙江省绍兴市)人。成秀才后,乡试屡试不中,壮年曾在浙江巡抚胡宗宪幕下当书记,后胡宗宪获罪被诛,他也潦倒终身。他有多方面的艺术才能,诗文、戏曲、书画都有很深的造诣。他性格狂傲,愤世嫉俗,郁郁不得志而死,时人目之为"狂"。袁宏道与徐渭并不相识,但他少年时就十分喜爱徐渭的杂剧和书画。徐渭死后五六年,他才偶然见到徐渭的诗集《阙编》,并了解到徐渭的生平。在这篇传记中,他热情赞扬了徐渭的才识和多方面的艺术成就,生动地描述了他的狂傲不羁的性格,对他怀才不遇的坎坷遭际寄予了深厚的同情。

　　徐渭,字文长,为山阴诸生①,声名籍甚。薛公蕙校越时②,奇其才,有国士之目③。然数奇④,屡试辄蹶。中丞胡公宗宪闻之⑤,客诸幕。文长每见,则葛衣乌巾,纵谈天下事,胡公大喜。是时公督数边兵,威镇东南,介胄之士⑥,膝语蛇行,不敢举头,而文长以部下一诸生傲之,议者方之刘真长⑦、杜少陵云⑧。会得白鹿,属文长作表,表上,永陵喜⑨,公以是益奇之,一切疏记⑩,皆出其手。文长自负才略,好奇计,谈兵多中,视一世事无可当意者,然竟不偶。

　　文长既已不得志于有司,遂乃放浪麹蘖⑪,恣情山水,走齐鲁、燕赵之地,穷览朔漠。其所见山奔海立,沙起雷行,雨鸣树偃,幽谷大都,人物鱼鸟,一切可惊可愕之状,一一皆达之于诗。其胸中又有勃然不可磨灭之气,英雄失路托足无门之悲,故其为诗,如嗔如笑,如水

---

　　①　诸生:县学生员,即秀才。
　　②　薛公蕙:薛蕙,明代正德年间进士,官至吏部郎中。按薛蕙未担任过浙江学官,其死时恰与徐渭中秀才是同一年。据记载,薛应旂,字仲常,号方山,武进(今江苏省常州市武进区)人,仕为南京考功郎中,曾为浙江提学副使,并赞扬过徐渭。此处的薛蕙,可能是袁宏道的误记。
　　③　国士:一国杰出的人士。
　　④　数奇:命运不好。
　　⑤　胡公宗宪:胡宗宪,字汝贞,号梅林,祖籍安徽绩溪,嘉靖三十四年(1555)任浙江巡按御史,后升总督。明制,巡按例带副都御史官衔,都御史的雅称为中丞。
　　⑥　介胄:甲胄,即铠甲与头盔,代指军服。
　　⑦　刘真长:刘惔,字真长,东晋沛国相人。仕为丹阳尹,深为丞相王导所器重,为人恃才傲物。
　　⑧　杜少陵:即杜甫。杜甫曾在剑南节度使成都尹严武幕中供职。他与严武是世交,关系密切,不拘礼仪。
　　⑨　属(zhǔ):托付,交付。永陵:指明世宗朱厚熜。他的年号为嘉靖,陵墓叫永陵。
　　⑩　疏:奏疏,臣下呈给皇帝的公文。
　　⑪　麹蘖(qū niè):指酒。

鸣峡,如种出土,如寡妇之夜哭,羁人之寒起①。虽其体格,时有卑者,然匠心独出,有王者气,非彼巾帼而事人者所敢望也。文有卓识,气沉而法严,不以模拟损才,不以议论伤格,韩、曾之流亚也②。文长既雅不与时调合,当时所谓骚坛主盟者,文长皆叱而怒之,故其名不出于越,悲夫!

喜作书,笔意奔放如其诗,苍劲中姿媚跃出,欧阳公所谓妖韶女老自有余态者也③。间以其余,旁溢为花鸟,皆超逸有致。

卒以疑杀其继室,下狱论死,张太史元汴力解④,乃得出。晚年愤益深,佯狂益甚,显者至门,或拒不纳。时携钱至酒肆,呼下隶与饮。或自持斧击破其头,血流被面,头骨皆折,揉之有声;或以利锥锥其两耳,深入寸余,竟不得死。

周望言⑤:"晚岁诗文益奇,无刻本,集藏于家。"余同年有官越者,托以抄录,今未至。余所见者,《徐文长集》《阙编》二种而已。然文长竟以不得志于时,抱愤而卒。

石公曰⑥:先生数奇不已,遂为狂疾。狂疾不已,遂为图圄⑦。古今文人牢骚困苦,未有若先生者也。虽然,

---

① 羁人:羁旅之人。

② 韩愈,唐代著名散文家,古文运动领导者。曾巩,宋代著名散文作家。

③ 欧阳公:即指欧阳修,宋代著名文学家。句见《水谷夜行寄子美圣俞》诗。

④ 张太史元汴:张元汴,字子荩,号阳和,山阴人,曾任翰林院编修,故称为太史。

⑤ 周望:陶望玲,字周望,号石篑,会稽(今浙江省绍兴市)人,曾任翰林院编修,是袁宏道的朋友。

⑥ 石公:袁宏道的号。

⑦ 图圄(líng yǔ):牢狱。

胡公间世豪杰,永陵英主,幕中礼数异等,是胡公知有先生矣。表上,人主悦,是人主知有先生矣,独身未贵耳。先生诗文崛起,一扫近代芜秽之习,百世而下,自有定论,胡为不遇哉?

梅客生尝寄予书曰①:"文长吾老友,病奇于人,人奇于诗。"余谓文长无之而不奇者也,无之而不奇,斯无之而不奇也。悲夫!

【译文】

徐渭,字文长,是山阴县县学生员,名声很大。薛蕙担任浙江学政时,很欣赏他的才能,认为他是国内杰出的才士。然而他的命运却不好,屡次应试都遭到挫折。中丞胡公宗宪听说他的情况,延请入幕。文长每逢拜见胡公,头戴葛巾,身穿青衫,尽兴畅谈天下之事,胡公十分高兴。当时胡公统率海防的大军,威镇东南一带,军中将校,跪拜而言,屈身而行,不敢抬头仰视;而文长却以部下的一个秀才身份傲然相对,人们谈论起来将他比作刘真长、杜少陵。适逢猎获了白鹿,胡公委托文长写奏表。奏表奉上,世宗皇帝很喜欢,胡公因此就更加看重他,军中一切奏疏公文,都是由他来撰写。文长以才能识见而自负,喜好奇特计谋,关于军事问题的谈论常常是中肯切实的。在他的眼中一切世事没有一件可以使他满意的,然而终生没有施展才能的际遇。

文长科举不得志,就嗜酒放浪,纵情于游山玩水,漫游齐鲁、燕赵一带,遍观北地荒漠景致。他所见到的大山起伏、海涛澎湃、黄沙弥天、疾雷行空、骤雨鸣响、风树倾伏、幽深的山谷、繁华的都市、形形色色的人物、千姿百态的鱼鸟,所有一切令人惊叹诧异的景色,都用诗将它们描述表达出来。他的

---

① 梅客生:梅国桢,字客生,湖北麻城人,作者的朋友。

胸中又有着蓬勃激荡不能磨灭的豪迈气概,英雄途穷无处立脚的悲慨愤懑,因此他写诗,像嗔怒,像嬉笑,像溪水在洞谷中鸣响,像种子从沃土里萌芽,像寡妇在暗夜里发出幽咽的哭声,像游子在秋寒中起身徘徊。虽然他的诗歌的风格或有欠高雅之处,然而能独出心裁,有卓然独立的气概,不是那些像妻妾一样侍奉别人的作者所能比攀的。文章写得有卓越的见识,气度深沉而章法严谨,不因模拟古人而损害才气,不因议论辩说而损伤格调,与韩愈、曾巩的文风相近啊。文长素来不与当时的习气相合,当时所谓的主盟文坛的名家,文长都加以贬斥而使他们非常恼怒,故而他的名声仅在浙江一带流传,可悲啊!

(他)喜爱写字,笔意奔放和他的诗一样,苍劲的笔力中透出娟媚的丰姿,正如欧阳公所说的美貌女子年纪虽老但仍余留着婉娈的姿容啊。有时以他的余力,随意画些花鸟,也都高超飘逸,很有情致。

其后,他因为怀疑而杀死了自己的继妻,被捕入狱判处死刑,张元汴太史极力营救解免,才得到释放。晚年悲愤更加深沉,故作疯癫更加厉害。显贵登门,有时拒不接纳。常常带着钱到酒店中,招呼奴仆们和他一块饮酒。有时自己拿着斧头击破自己的头,血流满面,头骨都折了,揉一揉碎骨就发出响声;有时用锋利的锥子扎他的两只耳朵,扎进去一寸多,竟然不能死去。

周望说:“他晚年诗文愈发奇特,但没有刻印成书,集子收藏在家中。”我的同年中有一位到浙江去做官的,我托他将文集抄录,至今没有送来。我所见到的,仅《徐文长集》《阙编》二种罢了。然而文长竟因为在当世不得志,怀着满腔悲愤郁郁而死。

我说:先生晦运不转,以致积郁成狂疾;狂疾不好,以致陷身牢狱。古往今来文人的忧患困苦,没有像先生这样的。

虽说如此,胡公是世上罕见的豪杰,世宗是英明的君主。在幕中供职以非常的礼节相待,这是胡公了解先生啊。奏表呈上而皇帝欣悦,是皇帝知道有先生啊,只是本人没有显贵而已。先生的诗文崛起于文坛,扫荡了近代杂乱卑污的风习,百代之后,一定会有正确的评价,怎么能算是未遇于时呢?

梅客生曾经寄给我书信说:"文长是我的老朋友,他的病比他的为人更奇特,他的为人比他的诗更奇妙。"我认为文长没有一样不是非凡的。没有一样不是非凡的,这样也就没有一点而与世相合了。可悲啊!

张　溥

张溥(1602—1641),字天如,明末江苏太仓(今江苏省太仓市)人。崇祯元年(1628)以选贡生入北京,名满京都,崇祯四年(1631)中进士,是明末江南知识分子进步社团——复社的领袖。他为人刚正义烈,崇尚气节,对于朝政腐败、阉党横行甚为不满,经常予以抨击。他针对明末空疏不学的弊病,以"兴复古学"为号召,同时,他又强调"居今之世"须"为今之言",强调古学应为现实服务。他的文章抨击时政,指斥世事,政治色彩很强烈,内容充实,风格质朴。文集有《七录斋诗文合集》等。

五人墓碑记

【解题】

明熹宗天启四年（1624），左副都御史杨涟、都给事中魏大中等七十余人上书弹劾权阉魏忠贤，被革职、外调。次年，又被诬下狱论死。当魏大中被捕解京途经苏州时，吏部员外郎周顺昌正乞假居家，挽留魏大中三日，以孙女许配魏大中的孙子，并指名大骂魏忠贤。天启六年（1626），魏忠贤使人诬告周顺昌贪污，派东厂缇骑赴苏州逮捕周顺昌。周顺昌平日为人正直，很为当地人所推重，逮捕时，市民万人不约而至，激而成变，击杀东厂缇骑一人，逐走其余。后朝廷下令捕杀所谓"倡乱"的市民领袖五人，周顺昌被捕入京后，也被拷掠至死。崇祯即位后，魏忠贤失势被贬，自尽而死。苏州士人在原魏忠贤生祠废址为五人建墓立碑，张溥为之写了这篇碑文。碑文记述、赞颂了苏州市民反抗权阉的正义斗争，描绘了五位市民领袖慷慨义烈、视死如归的英雄气概，笔势纵放，感情充溢，富于感染力。

　　五人者，盖当蓼洲周公之被逮①，激于义而死焉者也。至于今，郡之贤士大夫请于当道②，即除魏阉废祠之址以葬之③，且立石于其墓之门，以旌其所为。呜呼，亦盛矣哉！

　　夫五人之死，去今之墓而葬焉，其为时止十有一月

---

　　①　周公：周顺昌，字景文，号筼洲，又号蓼洲，吴县（今属江苏省苏州市）人。官至吏部员外郎。天启六年（1626），为魏忠贤党徒陷害被捕。
　　②　郡：即苏州，为省会所在地。
　　③　明熹宗时，大宦官魏忠贤为司礼监秉笔太监，得势专权，各地无耻官僚争先恐后地为他建立"生祠"，凡不建祠及入祠不拜者皆论死。崇祯即位后，魏忠贤被贬，自尽而死，各地"生祠"也都被拆毁。

耳。夫十有一月之中,凡富贵之子,慷慨得志之徒,其疾病而死,死而湮没不足道者,亦已众矣,况草野之无闻者欤!独五人之皦皦①,何也?

予犹记周公之被逮,在丁卯三月之望②。吾社之行为士先者③,为之声义,敛资财以送其行,哭声震动天地。缇骑按剑而前④,问谁为哀者,众不能堪,扶而仆之⑤。是时以大中丞抚吴者⑥,为魏之私人,周公之逮所由使也。吴之民方痛心焉,于是乘其厉声以呵,则噪而相逐,中丞匿于溷藩以免⑦。既而以吴民之乱请于朝,按诛五人,曰:颜佩韦、杨念如、马杰、沈扬、周文元,即今之傫然在墓者也⑧。然五人之当刑也,意气扬扬,呼中丞之名而詈之⑨,谈笑以死,断头置城上,颜色不少变。有贤士大夫发五十金,买五人之脰而函之⑩,卒与尸合。故今之墓中,全乎为五人也。

嗟夫!大阉之乱,缙绅而能不易其志者,四海之大,有几人欤?而五人生于编伍之间⑪,素不闻诗书之训,激

---

① 皦(jiǎo)皦:光明貌。
② 丁卯:即明熹宗天启七年(1627),按周顺昌被捕是在天启六年(1626),是为丙寅年。丁卯应是丙寅之误。望:月圆为望,即指农历每月十五日。
③ 吾社:即复社。
④ 缇(tí)骑:红衣骑士,本指贵族侍从,此处指明代朝廷特务机构"东厂"派出的办案人员。
⑤ 扶(chì):用鞭杖击打。
⑥ 指当时的江苏巡抚毛一鹭。明代巡抚例挂副都御使的官衔。大中丞:即副都御史的旧称。
⑦ 溷(hùn)藩:厕所。
⑧ 傫(lěi)然:重叠堆放的样子。
⑨ 詈(lì):骂。
⑩ 脰(dòu):头颅。
⑪ 编伍:古时户籍编制以五家为一伍。此处借指平民。

昂大义,蹈死不顾,亦曷故哉?且矫诏纷出①,钩党之捕,遍于天下,卒以吾郡之发愤一击,不敢复有株治。大阉亦逡巡畏义,非常之谋,难于猝发,待圣人之出而投缳道路②,不可谓非五人之力也。

由是观之,则今之高爵显位,一旦抵罪,或脱身以逃,不能容于远近,而又有剪发杜门,佯狂不知所之者,其辱人贱行,视五人之死,轻重固何如哉?是以蓼洲周公,忠义暴于朝廷,赠谥美显③,荣于身后。而五人亦得以加其土封④,列其姓名于大堤之上,凡四方之士,无有不过而拜且泣者,斯固百世之遇也。不然,令五人者保其首领,以老于户牖之下⑤,则尽其天年,人皆得以隶使之,安能屈豪杰之流,扼腕墓道,发其志士之悲哉?故予与同社诸君子,哀斯墓之徒有其石也,而为之记。亦以明死生之大,匹夫之有重于社稷也⑥。

贤士大夫者,冏卿因之吴公、太史文起文公、孟长姚公也⑦。

【译文】

这五位志士,是在周蓼洲先生被逮捕的时候,激于义愤而牺牲的啊。到了现在,苏州郡的贤德的士大夫,向巡抚恳

---

① 矫诏:假托皇帝的名义发出的诏书。

② 圣人:指明思宗朱由检,即崇祯皇帝。1627 年,崇祯皇帝即位,逮捕魏忠贤,将他贬往凤阳看守皇陵,行经阜城,魏忠贤畏罪自缢身死。崇祯即起用东林党人,尽逐魏党。投缳:即自缢。

③ 崇祯即位后追赠周顺昌为太常卿,谥忠介。

④ 土封:指坟墓。五人之墓在虎丘,碑立于虎丘前山塘河大堤上。

⑤ 户:门。牖(yǒu):窗。此处指家中。

⑥ 社稷:国家。

⑦ 吴默,字因之,官至太仆侍卿,太仆侍卿雅称为冏卿。文震孟,字文起,仕为翰林院修撰。姚希孟,字孟长,曾任翰林院庶吉士。翰林之职,雅称为太史。

请,清除大宦官魏忠贤的"生祠"废址来筑坟安葬他们,并且在墓门之前立了碑石,以表彰他们的行为。啊! 这也是很荣耀的啊!

五位志士的死,离现在筑墓安葬,时间仅十一个月。在这十一个月中,富贵子弟、慷慨激昂的仕宦得意之辈,生病而死,死后默默无闻的,也够多的了,何况是本来就默默无闻的平民百姓呢! 唯独五位志士的名声昭彰。这是为什么呢?

我还记得周公被捕,是在丁卯年(丁卯应是丙寅之误)三月十五日。我们复社之中德行足以为士人榜样的,为他伸张正义,敛聚银钱以为路费,送他启程,痛哭之声震动天地。东厂捕人的差役按着长剑走到前面来,厉声喝问:"这是为谁而哀哭?"民众不能忍受,将他打倒在地。当时以大中丞的官衔做吴地巡抚的官员,是魏忠贤的亲信,周公被捕就是由他指使的。吴地的民众正悲愤填膺,于是便趁他厉声呵斥之机,呐喊鼓噪着追逐他,中丞藏在厕所里才逃脱了。事过之后,他诬称吴民叛乱,奏请朝廷镇压,按律处死了五个人,他们是:颜佩韦、杨念如、马杰、沈扬、周文元,就是现在一起排列在墓穴中的五位。然而五位志士临刑之时,意气昂扬,喊着中丞的名字痛骂他,谈笑自若地面对死亡。割下的头颅挂在城上,神色依然一点也不变。有几位贤德的士绅拿出五十两银子,买下五位志士的头颅用木匣收藏起来,终于和尸身聚合。故而如今的墓穴中,完整地安葬着五个人的尸体啊。

啊! 大宦官魏忠贤祸乱天下,身为达官贵人而能不改变节操的,四海之内,有几个人啊? 而五位志士出身于平民,从来没有蒙受过诗书的教诲,却能激奋昂扬,大义凛然,足践死地而不顾盼犹豫,又是什么缘故呢? 况且权阉伪托的诏书纷至沓来,捉拿东林党人的捕快,遍布天下,终于因为我们郡城民众一次愤怒的反击,不敢再予以株连惩治,权阉也畏惧正义而有所顾忌,篡位的阴谋难以很快地实行。等到圣君即位,权阉在被贬黜的道路上自缢身死,不能说不是五位志士的力量啊。

　　由这一点来看,如今那些依附权阉得到高官厚禄的人,一旦犯法抵罪,有的脱身逃走,远近都不能容身,又有的剃光头发闭门念佛,有的假装疯癫不知归于何处的,他们这种可耻的人格、卑贱的行为,和五位志士的死对照起来,到底是哪个轻,哪个重呢? 正因为如此,周蓼洲的忠义品节昭示于朝廷,获得了美好显贵的追赠和谥号,身后十分荣耀。而五位志士也能够得到大墓安葬,将他们的姓名刻碑立于大堤之上。四方的人士,经过这里没有一个不施礼致敬而感动流泪的,这本来也是百代的幸遇啊。如果不是这样,使五个人能保住头颅,在家中病老而死,那么,尽其一生,在上位的人都可以役使他们,怎么能使英雄豪杰们倾心俯首,在墓前扼腕拊胸,抒发其仁人志士的悲痛之情呢! 故此,我和同社的诸位君子,为五位志士的墓只有碑石感到难过,而为它写了这篇碑文,也是为了用来阐明如何对待生死的重大意义,说明平凡的个人也可以对国家发挥重要的作用啊。

　　上面提到的几位贤德的士绅是:大仆寺卿吴公因之、翰林文公文起、姚公孟长。

修订后记

　　《古文观止今译》系由著名学者徐北文先生主编,袁梅、刘炎、李永祥、徐北文四人合作而成。其分工大致为袁梅负责第一、二、三卷译注,刘炎负责第四、五、六卷译注,李永祥负责第七、八、九卷译注,徐北文负责第十、十一、十二卷译注,最后由徐北文先生通稿审定。

　　该书 1983 年由齐鲁书社出版,问世后,深受广大读者喜爱,不少院校的中文系、历史系将其列为学生必读书目。1992 年,该书获得第五届全国图书“金钥匙”奖。初版之后三十余年间,齐鲁书社先后重印二十余次。时至今日,广大读者对此书仍有强烈的兴趣和迫切的需求。故而齐鲁书社决定修订再版。

　　这次修订再版,齐鲁书社编辑孔帅同志负责联络工作。鉴于本书主编徐北文先生和作者袁梅先生已故世,修订只能由刘炎和李永祥分别承担,刘炎负责第一至六卷,李永祥负责第七至十二卷。修订工作主要体现在以下几个方面。

　　一、将书名《古文观止今译》改为《古文观止》。

　　二、对原书中漏校的错字加以修改。

　　三、正文中的疑难字,原版均用括号以拼音、同音字的方式予以注读,今统一删去,并根据需要在注释时添加拼音注读,以求得原文阅读时完整通畅。